HANS WILDBERGER/JESAJA

BIBLISCHER KOMMENTAR
ALTES TESTAMENT

BEGRÜNDET VON

MARTIN NOTH †

IN VERBINDUNG MIT

ROBERT BACH, HANS JOCHEN BOECKER, KARL ELLIGER,
GILLIS GERLEMAN, FRIEDRICH HORST †,
ALEXANDER REINARD HULST, KLAUS KOCH,
HANS-JOACHIM KRAUS, ERNST KUTSCH, AARRE LAUHA,
OTTO PLÖGER, ROLF RENDTORFF, WERNER H. SCHMIDT,
RUDOLF SMEND, ODIL HANNES STECK,
CLAUS WESTERMANN, HANS WILDBERGER UND WALTHER ZIMMERLI

HERAUSGEGEBEN VON

SIEGFRIED HERRMANN UND HANS WALTER WOLFF

BAND X/1

HANS WILDBERGER

JESAJA

I. TEILBAND

NEUKIRCHENER VERLAG
DES ERZIEHUNGSVEREINS NEUKIRCHEN-VLUYN

HANS WILDBERGER

JESAJA

I. TEILBAND
JESAJA 1–12

1972

NEUKIRCHENER VERLAG
DES ERZIEHUNGSVEREINS NEUKIRCHEN-VLUYN

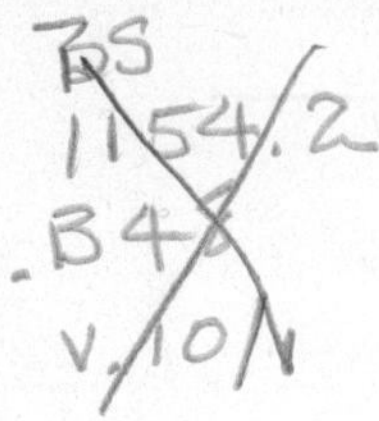

Die Lieferungen des 1. Teilbandes erschienen:

1965	Lfg. X/1	(S. 1– 80)
1966	Lfg. X/2	(S. 81–160)
1968	Lfg. X/3	(S. 161–240)
1969	Lfg. X/4	(S. 241–320)
1970	Lfg. X/5	(S. 321–400)
1972	Lfg. X/6	(S. I–VIII; 401–495)

Umschlag- und Einbandgestaltung: Kurt Wolff, Kaiserswerth
Gesamtherstellung: H. Veenman & Zonen, Wageningen, Niederlande
Printed in the Netherlands – ISBN 3 7887 0029 7

VORWORT
zum ersten Teilband

Die sechs ersten Lieferungen meines Jesaja-Kommentars, die in diesem Band vereinigt sind, führen bis zum Schluß des 12. Kapitels. Damit ist eine eindeutige und allgemein anerkannte Zäsur im Jesajabuch erreicht. Da die Vollendung des Werkes den Tribut an Zeit fordern wird, der bei der fast bedrohlich anwachsenden Flut von Literatur und den vielen drängenden Verpflichtungen eines akademischen Lehramtes unumgänglich ist, lag es nahe, die erschienenen Lieferungen zu einem ersten Teil des Kommentars zusammenzufassen.

Das hat allerdings zur Folge, daß die Einleitung zum ganzen Kommentar dem Werk nicht vorangestellt werden kann, sondern es abschließen wird. Daß die Übersicht über das Buch und seine Geschichte, den Propheten und seine Botschaft wie die der vielen Unbekannten, die dazu ihren Beitrag geleistet haben, nicht geschrieben werden konnte, bevor die Arbeit am ganzen Text durchgeführt ist, darf ja wohl auf Verständnis hoffen. Die Forschung am Jesajabuch wird weiter gehen, und ich selbst bin immer wieder überrascht, wie sich bei intensiver Beschäftigung mit einem Abschnitt neue Wege des Verständnisses zeigen, wo man sich auf festgetretenem Gelände wähnte. Im übrigen werden dem Benützer des Kommentars beim Lesen die Grundlinien meines Verständnisses des Buches und des Propheten durchaus deutlich werden.

Es ist mir ein Anliegen, zu danken: dem Verlag für seine großzügige Förderung, dem Arbeitskreis von Alttestamentlern um den Biblischen Kommentar für manche Anregungen, den Herausgebern, Martin Noth und Hans Walter Wolff, für ihren Rat, ihre Umsicht und ihre nicht geringe Mühe, meinen Assistenten, Hans Heinrich Schmid, jetzt Professor in Bethel, Hans Heinrich Müri, jetzt Pfarrer in Oberkulm, und Felix Mathys in Zürich; sie haben durch Jahre hindurch unverdrossen Kärrnerarbeit geleistet – und mehr als das: sie waren eifrige Mitarbeiter am Werk. Die Register besorgte cand. theol. Marianne Röthlisberger.

Wer einen Jesaja-Kommentar schreibt, sieht sich veranlaßt, über Gottes עֵצוֹת nachzudenken, er muß aber auch aus eigener Erfahrung zur Kenntnis nehmen, wie fragwürdig menschliches Planen ist. Immerhin, es steht zu hoffen, daß die künftigen Lieferungen nicht nur im bisherigen, sondern bald einmal in beschleunigterem Rhythmus erscheinen können. Das wäre nicht möglich, müßte der Verfasser warten, bis sich so manche brennende Frage über das Verständnis Jesajas – und darüber hinaus des Prophetismus überhaupt – geklärt hätte. Die Diskussion wird und muß weiter gehen. Wie ich versucht habe, auf die Stimme anderer zu hören und sie ernst zu nehmen, mag die Auslegung selber zeigen. Daß ich selbst an manchen Punkten Anregung geben konnte, zeigen gleicherweise Anerkennung und Kritik. Es bleibt darüber hinaus die Hoffnung, daß das Wort des Propheten und die Worte der vielen Interpreten und Ergänzer im Buche selbst neu für unsere Zeit zu sprechen beginnen. Die Mitte der jesajanischen Botschaft ist heute so aktuell wie zu des Propheten Zeit:

אִם לֹא תַאֲמִינוּ כִּי לֹא תֵאָמֵנוּ

Zürich, im Juli 1971 Hans Wildberger

INHALTSÜBERSICHT

KOMMENTAR

REGISTER

BIBLISCHER KOMMENTAR

ALTES TESTAMENT

HANS WILDBERGER

JESAJA

X 1

NEUKIRCHENER VERLAG
DES ERZIEHUNGSVEREINS · GMBH · NEUKIRCHEN-VLUYN

BIBLISCHER KOMMENTAR
ALTES TESTAMENT

IN VERBINDUNG MIT

ROBERT BACH, KARL ELLIGER, KURT GALLING,
GILLIS GERLEMAN, SIEGFRIED HERRMANN, FRIEDRICH HORST†,
ALEXANDER REINARD HULST, KLAUS KOCH,
HANS-JOACHIM KRAUS, ERNST KUTSCH, AARRE LAUHA,
OTTO PLÖGER, ROLF RENDTORFF, RUDOLF SMEND,
THEODORUS CHRISTIAAN VRIEZEN, CLAUS WESTERMANN,
HANS WILDBERGER UND WALTHER ZIMMERLI

HERAUSGEGEBEN VON

MARTIN NOTH UND HANS WALTER WOLFF

Bisher abgeschlossene Bände:

Band XIV/1: H. W. Wolff, Dodekapropheton 1 (Hosea)
2., verbesserte und ergänzte Auflage 1965
Band XV: H.-J. Kraus, Psalmen
2., durchgesehene Auflage 1961
Band XVIII: G. Gerleman, Ruth/Hoheslied
Band XX: H.-J. Kraus, Klagelieder (Threni)
2., erweiterte Auflage 1960

NEUKIRCHENER VERLAG DES ERZIEHUNGSVEREINS GMBH
NEUKIRCHEN – VLUYN

DIE ÜBERSCHRIFT

(11)

Zu Kap. 1ff.: ACondamin, Les chapitres I et II du livre d'Isaïe: RB 1 (1904) 7–26. – KBudde, Zu Jesaja 1–5: ZAW 49 (1931) 16–40. 182–211 und ZAW 50 (1932) 38–72. – RJMarshall, The Structure of Is 1–12: Bibl. Research 7 (1962) 19–32. – Ders., The Unity of Is 1–12: LuthQuart 14 (1962) 21–38. – NHTur-Sinai, A Contribution to the Understanding of Isaiah I–XII: ScrHier 8 (1961) 154–188. Literatur

Zu Kap. 1: JLey, Metrische Analyse von Jesaja Kp. 1: ZAW 22 (1902) 229–237. – FZorell, Is c. 1: VD 6 (1926) 65–70. – FRuffenach, Malitia et remissio peccati (Is 11–20): VD 7 (1927) 145–149. 165–168. – ERobertson, Isaiah Chapter I: ZAW 52 (1934) 231–236. – LGRignell, Isaiah Chapter I. Some exegetical remarks with special reference of the relationship between the text and the book of Deuteronomy: StTh 11 (1957) 140–158. – GFohrer, Jesaja 1 als Zusammenfassung der Verkündigung Jesajas: ZAW 74 (1962) 251–268.

Zur Chronologie der jesajanischen Zeit: JBegrich, Die Chronologie der Könige von Israel und Juda: BHTh 3 (1929). – SMowinckel, Die Chronologie der israelitischen und jüdischen Könige: ActaOr 10 (1932) 161–277. – WFAlbright, The Chronology of the Divided Monarchy of Israel: BASOR 100 (1945) 16–22. – Ders., New Light from Egypt on the Chronology and History of Israel and Juda: BASOR 130 (1953) 4–11. – ERThiele, The Mysterious Numbers of the Hebrew Kings (1951). – Ders., A Comparison of the Chronological Data of Israel and Juda: VT 4 (1954) 185–195. – AJepsen, Die Quellen des Königsbuches (²1956). – EKutsch, RGG³ III, 942–944. – CSchedl, Textkritische Bemerkungen zu den Synchronismen der Könige von Israel und Juda: VT 12 (1962) 88–119. – AJepsen/RHanhart, Untersuchungen zur israelitisch-jüdischen Chronologie: ZAWBeih 88 (1964). – VPavlovský/EVogt, Die Jahre der Könige von Juda und Israel: Bibl 45 (1964) 341–347.

1 **Die Schauung Jesajas, des Sohnes des Amoz, die er schaute über Juda und Jerusalem in den Tagen Ussias[a], Jothams, Ahas' und Hiskias[b], der Könige von Juda.** Text

1a 𝔐 kennt neben עזיהו (s. auch 2 Kö 15 32. 34 2 Ch 26 1–23 (12mal) 11
27 2 Jes 6 1 7 1) anderwärts die Kurzform עזיה (2 Kö 15 13. 30 Hos 1 1 Am 1 1 Sach 14 5). VQa: עוזיה. Die Kurzform ist jünger (MNoth, Die israelitischen Personennamen: BWANT III/10, 1928, 105). Zur Schreibung des Namens mit mat. lect. in der Qumranhandschrift s. PKahle, Die Handschriften aus der Höhle (1951) 40ff. – b VQa statt יחזקיהו: חזקיה mit Korrektur zu יחזקיה. 𝔐 verwendet im AT die vier Formen יחזקיהו, יחזקיה, חזקיהו und חזקיה (alle öfters). Zum präfigierten י s. Noth a.a.O. 246, ferner DDiringer, Le inscrizioni antico-ebraiche palestinesi (1934) 74f.

Die Überschrift ist geschaffen worden in Anlehnung an eine fest geprägte Tradition für Einführungen in literarische Werke. Die „Normal- Form

form“ eines Titels über einem Prophetenbuch dürfte in Hos 11 vorliegen: „Das Wort Jahwes, das an Hosea, den Sohn Beeris, erging, zur Zeit Ussias ...“. Davon unterscheidet sich die vorliegende Überschrift darin, daß sie den Inhalt des Jesajabuches als „Schauung“ des Propheten bezeichnet, wie es auch bei Obadja der Fall ist. Alle Elemente des Titels lassen sich auch sonst aus solchen Überschriften mehrfach belegen.

Der Name des Vaters (mit בן־) wird genannt in Jer 11 Ez 13 Hos 11 Jl 11 Jon 11 Zeph 11 Sach 11; die Wendung אשר חזה, die nur nach חזון oder einem Synonym dieses Wortes zu erwarten wäre, begegnet auch in 21 (an הדבר anschließend), Am 11 (nach דברי־עמוס), Mi 11 (nach דבר־יהוה), Hab 11 (nach המשא). Die Angabe des Adressaten der prophetischen Verkündigung, die im hoseanischen Beispiel fehlt, liegt vor bei Amos („über Israel“ 11), Micha („über Samarien und Jerusalem“ 11), Nahum („über Ninive“ 11), Haggai („an Serubabel ... und an Josua ...“ 11), Maleachi („über Israel“ 11); zur zeitlichen Fixierung der prophetischen Tätigkeit sind in Hos 11 dieselben judäischen Könige wie hier bei Jesaja genannt, wobei dort aber Jerobeam als König Israels hinzugefügt wird. Im Gegensatz zu Amos, Micha, Nahum und Jeremia wird die Heimat Jesajas nicht erwähnt, gewiß nicht, weil sie nicht bekannt war, sondern weil es jedem Leser des Buches in die Augen springt, daß dessen Verfasser nur aus Jerusalem stammen kann.

Bei solchen Überschriften ist offensichtlich nur ein Substantiv notwendig, welches das betreffende Werk seinem Inhalt nach charakterisiert, und der dazu im Genetiv stehende Name des Verfassers. So beschränkt sich die Überschrift über das Obadjabüchlein auf die Angabe חזון עבדיה. Parallele Bildungen treffen wir in der Weisheitsliteratur: „Worte von Weisen“ Prv 22 17 oder „Sprüche Salomos“ Prv 10 1, vgl. Prv 11 25 1 Qoh 11, vgl. Cant 11 Prv 30 1 31 1. Eine diesen kurzen Überschriften gegenüber ausführlichere Form, die derjenigen von Jes 11 auffallend ähnlich ist, findet sich schon in der ägyptischen Weisheitsschrift des Ptah-hotep (um 2450): „Die Lehre des Bürgermeisters(?) und Wezirs Ptah-hotep unter der Majestät des Königs von Unter- und Oberägypten, Izezi, der ewig lebt“ (ANET² 412), oder bei Amen-em-het (um 1960): „Der Beginn der Lehre, welche die Majestät des Königs von Unter- und Oberägypten: Sehetep-ib-Re, der Sohn des Re: Amen-em-het, der Triumphierende, machte...“ (ANET² 418). Es scheint demnach, daß solche Titel zunächst für die Schriften der Weisen gebräuchlich waren und dann in entsprechender Abwandlung über die Schriften der Propheten gesetzt wurden.

Ort 11 will zweifellos als Überschrift über das ganze Buch mit all seinen 66 Kapiteln verstanden werden. Möglicherweise hat sie aber zunächst nur „Protojesaja“, d.h. die ersten 39 Kapitel des Buches, im Blick gehabt. Auch so verstanden, wäre sie nicht von Jesaja selbst herzuleiten. Die

Literarkritik hat erwiesen, daß auch der erste Teil des Jesajabuches keineswegs in seiner Gesamtheit auf den Propheten selbst zurückgeht. Dazu spricht gegen die Herkunft der Überschrift von Jesaja a) die dritte Person, in welcher hier vom Propheten gesprochen wird, b) die Tatsache, daß die Überschrift voraussetzt, daß die Tätigkeit Jesajas abgeschlossen ist, c) die Wortfolge „Juda und Jerusalem", die erst seit exilischer Zeit vorkommt, während der Prophet selbst regelmäßig die umgekehrte Reihenfolge wählt (3 1.8 5 3 22 21). „Juda und Jerusalem" wurde in nachexilischer Zeit, wenn nicht geradezu offizielle Bezeichnung, so doch stereotype Formel zur Umschreibung der kleinen Gemeinde des wahren Israel, deren Zentrum nach dem Exil Jerusalem war. (Eine Statistik dazu bei DJones, The Traditio of the Oracles of Isaiah of Jerusalem: ZAW 67, 1955, 226–246, s. 239f.)

Die in 1 1 genannten Könige werden im Jesajabuch auch sonst noch erwähnt: Ussia in 6 1 und 7 1 (als Vater Jothams), Jotham in 7 1 (als Vater Ahas'), Ahas in 7 1.3.10.12 14 28 und 38 8 und Hiskia im erzählenden Teil von 36–39 (passim). Nach 6 1 ist Jesaja im Todesjahr des Ussia zum Propheten berufen worden. Es besteht kein Grund, die Zuverlässigkeit dieser Notiz zu bezweifeln. Ebenso ist es gewiß, daß Jesaja noch zu Hiskias Zeit wirkte, wenn auch der Name dieses Königs nicht in Worten erwähnt wird, die vom Propheten selbst stammen. Es kann sein, daß 1 4–9, ein Abschnitt, der auf die Katastrophe der Sanheribbelagerung zurückblickt, das letzte uns erhaltene Jesajawort ist, jedenfalls bietet kein Ausspruch des Propheten Anlaß zur Annahme, daß sich Jesajas Wirksamkeit noch wesentlich über dieses Datum hinaus bis ans Ende der Regierung Hiskias oder gar in die Ära Manasses hinein erstreckt hätte.

Leider sind die Regierungszeiten der genannten Könige immer noch nicht eindeutig zu fixieren. Unsicher in der Chronologie dieser Zeit ist vor allem das Todesjahr des Ahas. Nach 2 Kö 18 13 hätte Hiskia erst 715 den Thron bestiegen, so daß JBright (A History of Israel, 1959, 461ff.), im wesentlichen auf den Untersuchungen von Albright gründend, zu folgenden Datierungen kommt: Ussia 783–742, Jotham (Mitregent von etwa 750 an) 742–735, Ahas 735–715 und Hiskia 715–687/86. Aber 2 Kö 18 13 steht im Widerspruch zu 2 Kö 18 1, und das ins Todesjahr des Ahas datierte Wort Jes 14 29–32 nimmt doch wohl auf den Tod Thiglath-Pilesers III. (727) Bezug, so daß sich grundsätzlich die von Begrich und andern vertretene Frühdatierung empfiehlt. In Anknüpfung an die Untersuchungen Begrichs geben Jepsen/Hanhart (a.a.O. 42) folgende Zahlen: Asarja/Ussia 787–736, Jotham 756–741, Ahas 741–725, Hiskia 725–697. Nach dieser Auffassung fiel die ganze Regierungszeit des Jotham und sogar noch ein Teil derjenigen des Ahas mit der Zeit der Krankheit Asarjas zusammen (2 Kö 15 5), so daß die Herrschaft Jothams in Wirklichkeit nur eine Mitregentschaft war und Jesajas Tätigkeit sich nur über die Regierungszeiten des Ahas und Hiskia erstreckte. Doch fehlt dafür jeder Anhaltspunkt in den alttestamentlichen Texten. Diese Schwierigkeit ist beim Vorschlag von Pavlovský-Vogt (a.a.O.), die sich auf die Erwägungen von Schedl stützen, vermieden. Sie reduzieren die Regierungsdauer von Ahas von 16 (s. 2 Kö 16 2) auf 6 Jahre, nehmen wie andere Mitregentschaften bei Asarja und Jotham an und setzen in Juda Nachdatierung und Herbstbeginn des Jahres, in Israel Vordatierung und Frühjahrsbeginn voraus. So kommen sie für die Könige der Zeit Jesajas zu folgenden Datierungen: Asarja/Ussia 767–739 (Mitregent von 792 an), Jotham 739–734/33 (Mitregent von 750/49 an), Ahas 734/33–728/27, Hiskia 728/27–699. Diese Ansetzungen bedingen allerdings, daß Ahas, der mit 20 Jahren den Thron bestieg, schon mit 26 Jahren starb. Folglich kann sein Sohn und Nachfolger Hiskia bei seiner Thronbesteigung nicht 25 (s. 2 Kö 18 2), sondern erst 5 Jahre alt gewesen sein und wurde somit erst kurz nach dem Syrisch-Ephraimitischen Krieg geboren.

Wort 1 1 Die Vokalisation von יְשַׁעְיָהוּ steht nicht absolut fest. 𝔊 bietet neben Ησαιας eine Reihe anderer Namensformen, wie Ιεσσ(ε)ια (1 Ch 23 20 2 Esr 10 31), 𝔙 sagt nach 𝔊 Isaias oder Esaias. Auch die Bedeutung des Namens ist nicht mit letzter Sicherheit zu ermitteln. Das erste Element als Perfekt ḳal von ישע aufzufassen scheint schwierig zu sein, weil das Verb sonst nur im hi. und ni. vorkommt; der Deutung als Imperfekt ḳal widerspricht zudem die masoretische Punktation. Man hat darum schon an Ableitung von der Wurzel שעה „blicken“ gedacht (s. Gn 4 4f. Ex 5 9), also „Jahwe blickt“. Aber es empfiehlt sich doch, bei ישע, das oft für Namensbildungen verwendet wird (הוֹשֵׁעַ, הוֹשַׁעְיָה, מֵשַׁע bzw. מֵישָׁע und יִשְׁעִי), zu bleiben. Die Wiedergabe in 𝔊 läßt an die Aussprache יֵשַׁעְיָה(וּ) denken: „Jahwe ist Heil“, und das Hypokoristikon יִשְׁעִי (1 Ch 2 31 4 20. 42 5 24) mag die Namensform יִשְׁעִיָּהוּ „Jahwe ist meine Hilfe“ voraussetzen (vgl. auch Namen wie חִלְקִיָּהוּ, צִדְקִיָּהוּ und עֻזִּיָּהוּ), wofür auch die Wiedergabe des Namens mit Ιεσσια namhaft gemacht worden ist. Da aber auch sonst bei Namensbildungen anstelle einer abgeleiteten Stammform das ḳal des verbalen Elementes verwendet wird (s. Noth a.a.O. 176, vgl. auch Delitzsch 39), läßt sich die Deutung von ישע als Perfekt ḳal durchaus rechtfertigen. Der Name bedeutet also: „Jahwe hat Heil geschenkt“. Das Alte Testament kennt auch andere, durchweg jüngere Träger dieses Namens, 1 Ch 25 3. 15 26 25, in der späteren Form ישעיה 1 Ch 3 21 Esr 8 7. 19 Neh 11 7. Von Jahwes „Hilfe“ bzw. davon, daß er „Hilfe“ ist, wird mit Vorliebe in den Psalmen gesprochen (18 47 24 5 25 5 27 1. 9 u.ö.), im Kult wird Gottes „Hilfe“ erfleht oder wird bekannt, daß Jahwe „geholfen“ hat, z.B. 20 7: „Nun weiß ich, daß Jahwe seinem Gesalbten geholfen hat“ (הוֹשִׁיעַ). Auch Jesaja selbst spricht von Jahwe als dem „Gott deiner (Israels) Hilfe“ (17 10 parallel zu צוּר מָעֻזֵּךְ „starker Fels“). Der Name des Propheten ist also ein Reflex jerusalemischer Kultfrömmigkeit; er erscheint auch auf Siegeln (s. Diringer a.a.O. 209 und IEJ 13, 1963, 324).

אָמוֹץ, der Name des Vaters Jesajas, dürfte Kurzform zu אמציהו, „Jahwe ist stark", sein. Er findet sich auch auf einem Siegel unbekannter Herkunft (vgl. Diringer a.a.O. 235). Daß sich dieses im Besitz des Vaters des Propheten befand, ist ganz unwahrscheinlich (gegen RTAnderson, JBL 79, 1960, 57f.). Nach der jüdischen Überlieferung (s. Delitzsch z.St.) wäre der Vater Jesajas der Bruder des Königs Amazja, d.h. des Vaters und Vorgängers Ussias, gewesen (Megilla 10b und Sota 10b), so daß Jesaja Davidide gewesen wäre. A limine ausgeschlossen ist das nicht – Jesaja besaß enge Beziehungen zum Hofe (s. 7 3ff.), aber jede Möglichkeit zur Überprüfung dieser späten Nachricht fehlt. – Auch der Name Amoz weist in die Welt der Kultdichtung zurück, wo man bekennt, daß Jahwe „stark macht", oder ihn darum bittet, dies zu tun (Ps 80 16. 18 89 22 vgl. 27 14 31 25). – Die Namen der in 1 genannten Könige sind übrigens aus derselben Welt heraus zu verstehen: Ussia = „Jahwe ist meine Stärke", Jotham = „Jahwe ist redlich", Ahas (Hypokoristikon für Joahas, bei Thiglath-Pileser heißt er *Ja-u-ḫa-si*) = „Jahwe hat ergriffen" (scil. bei der Hand, vgl. Ps 73 23), Hiskia = „Jahwe ist meine Stärke".

Es ist auffallend, daß die Sammlung der Jesajaworte als חזון י״ bezeichnet wird. Das hat nicht nur, wie oft angenommen wird, in einer späten Theorie über den Offenbarungsempfang der Propheten seinen Grund. Jesaja kennt den Begriff (29 7, vgl. חִזָּיוֹן in 22 1. 5) und weiß von „Sehern" (חֹזִים 30 10). Es ist wahrscheinlich, daß er sich selbst als „Seher" verstanden hat; zu den Männern, denen man nach 30 10 das „Sehen" wehren will, gehört offensichtlich er selbst. Auch Amos wird חֹזֶה genannt (7 12, vgl. ferner 2 S 24 11 Mi 3 7 2 Kö 17 13), und das Substantiv חזון kennen auch 1 S 3 1 und Hos 12 11, um von späteren Stellen zu schweigen. Zweifellos ist der präzise Sinn von חזה schon früh verblaßt, braucht also nicht unbedingt visionäres Schauen vorauszusetzen, sondern kann allgemein das Offenbarungsgeschehen, und zwar auch und gerade den Wortempfang, meinen (vgl. 2 1: „Das Wort, das Jesaja schaute", ferner 1 S 3 1 Jes 29 10 Mi 3 6).

Der Titel חזון entspricht somit dem Selbstverständnis Jesajas, und es ist sachgemäß, daß der Prophet in der Überschrift nicht als נביא und seine Tätigkeit nicht mit einer Ableitung der Wurzel נבא bezeichnet wird (vgl. dagegen Hab 1 1 Hag 1 1 u.ö. Sach 1 1). נביא wird er nur in den Prophetenerzählungen genannt (37 2 38 1 39 3). Wo er selbst von נביאים spricht (3 2 28 7 – in 9 14 und 29 10 liegen Zusätze vor), geschieht es in abwertendem Sinn. Auch er hätte wie Amos sagen können: „Ich bin kein נביא" (7 14). Wenn ihn die spätere Überlieferung trotzdem so nennt, dann widerspricht das der deutlichen Distanzierung vom Nabitum, die bei ihm selbst zu beobachten ist.

Die Verwendung des Singulars חזון könnte damit zusammenhängen, daß ursprünglich durch die (noch kürzere) Formel nur gerade ein einzelner Visionsbericht eingeleitet wurde. So nimmt Budde an, daß die Überschrift von Haus aus über 6 1 stand (s. ZAW 38, 1919/20, 58). Aber das Alte Testament kennt den Plural von חזון nicht, das Wort kann durchaus kollektiv verstanden (vgl. Hos 12 11 Na 1 1, auch 1 S 3 1) bzw. abstrakt im Sinn von Gesamtheit der Offenbarungen verwendet werden. Es ist am wahrscheinlichsten, daß חזון ישעיהו בן־אמוץ die Überschrift über die Teilsammlung von Kap. 1 bildete und dann von einem Redaktor zum Gesamttitel des Werkes erweitert wurde.

Als Adressat der prophetischen Verkündigung ist „Juda und Jerusalem" genannt. Die Angabe deckt sich nur grosso modo mit dem, was aus den einzelnen Worten zu erschließen ist. Oft wird „Israel" angesprochen. Damit kann die sakrale Jahwegemeinde gemeint sein (1 3 5 7 8 14). Aber Jesaja spricht vor dem Untergang Samariens auch zu den Bewohnern des Nordreiches; das Bewußtsein der Zusammengehörigkeit der beiden getrennten Reiche als Teile des einen Gottesvolkes und der Verantwortlichkeit der religiösen Führer über die künstlich errichteten staatlichen Schranken hinweg ist auch beim Jerusalemer Jesaja durchaus lebendig (s. 8 23 9 8ff. 17 4ff. 28 1ff.). Daneben stehen auch Fremdvölker im Gesichtskreis der jesajanischen Verkündigung: die Assyrer (10 5ff. 14 24ff.), die Philister (14 29ff.), Damaskus (17 1ff.), Kusch (18 1ff. 20 1ff.), Ägypten (20 1ff., vielleicht auch 19 1ff.) und möglicherweise die Phönizier (23 1ff.).

Aber wenn sich diese Worte auch formal an die Fremdvölker wenden, so ist der wirkliche Adressat doch Jerusalem/Juda, sei es, daß Jesaja dem eigenen Volk etwa die Grenze, die Assurs „Hochmut" gesetzt ist, zeigen möchte, sei es, daß er Israel die Illusion nehmen will, es könne sein Heil von der Verbindung mit fremden Mächten erwarten.

Ziel Die Überschrift über das Jesajabuch erhebt den Anspruch, daß dessen Inhalt als göttliche Offenbarung anzunehmen sei. Was der Leser vernimmt, ist vom Offenbarungsmittler „geschaut" und darum als bindendes und verpflichtendes Wort zu betrachten. Die Objektivität der ergangenen Offenbarung wird dadurch unterstrichen, daß wir außer dem Namen des Propheten (zu dem der Vatername nur nähere Bestimmung ist) nichts über dessen Lebensumstände erfahren. Der Prophet ist nicht wichtig als religiöse Persönlichkeit im individuellen Rahmen seiner besonderen Existenz, sondern nur in seiner Funktion als Künder der ihm zuteil gewordenen Schauung. Die Angabe der Zeit allerdings verrät ein Wissen darum, daß zum Verständnis der prophetischen Botschaft auf die Kenntnis von Ort und Zeit, in welcher das Wort ergangen ist, nicht verzichtet werden kann. Der Leser soll sich das illic et tunc vergegenwärtigen, wenn er zum Verstehen dessen, was geschrieben ist, vordringen will. Das ist bei Jesaja um so notwendiger, als er umfassender als irgendein anderer Prophet mit seinem Wort die Geschichte seines Volkes ausgeleuchtet hat.

EINSICHTSLOSE JAHWESÖHNE

(1 2–3)

Literatur JZiegler, Ochs und Esel an der Krippe. Biblisch-patristische Erwägungen zu Is 1,3 und Hab 3,2 LXX: MThZ 3 (1952) 385–402. – ENielsen, Ass and Ox in the Old Testament: Studia Orientalia Ioanni Pedersen dicata (1953) 263–274. – GEMendenhall, Recht und Bund in Israel und dem Alten Vordern Orient: ThSt (Zürich) 64 (1960) (Übersetzung aus BA 17/2, 1954, 26–46 und 17/3, 49–76). – HBHuffmon, The Covenant Lawsuit in the Prophets: JBL 78 (1959) 285–295. – JHarvey, Le „Rîb-Pattern", réquisitoire prophétique sur la rupture de l'alliance: Bibl 43 (1962) 172–196. – GEWright, The Lawsuit of God: A Form-Critical Study of Deuteronomy 32: Festschr. JMuilenburg (1962) 26–67.

Text **[2]Hört, ihr Himmel[a], und horch auf, du Erde[a],**
denn Jahwe spricht[b]:
Söhne habe ich großgezogen[c] und emporgebracht,
doch sie erhoben sich wider mich.
[3]Es kennt der Stier seinen Meister
und der Esel die Krippe seines Herrn[a];
doch Israel hat keine Einsicht,
mein Volk[b] keinen Verstand.

1 2 **2**a Zum Fehlen des Artikels beim Vokativ in poetischer Sprache vgl.
Joüon, Gr § 137g. V^{Qa} liest הארץ – b Zur Wortfolge von יהוה דבר (Voranstellung
des Subjektes zur Heraushebung) vgl. Joüon, Gr § 155m. – c 𝔊 für גדלתי ἐγέννησα,
dagegen Σ und Θ: ἐξέθρεψα. 𝔙: enutrivi. Die Exegeten halten sich an 𝔐.
Sachlich ist die Lesart von 𝔊, die doch wohl הוליד voraussetzt, nicht unmög-
lich, da ja die Israeliten als „Söhne" und Jahwe als „Vater" vorgestellt sind.
Aber das Alte Testament verwendet הוליד mit Jahwe als Subjekt, abgesehen von
Jes 66 9, wo das Verbum aber „gebären lassen" bedeutet, nicht, und auch vom
„Zeugen" Gottes wird nur ganz selten gesprochen (Dt 32 18 Ps 2 7). Ebenso-
wenig existieren im Alten Testament mit ילד oder הוליד zusammengesetzte
3 theophore Eigennamen, so daß es sich empfiehlt, bei 𝔐 zu bleiben. – **3**a Der
„Herrschaftsplural" (בעליו) dient zur Bezeichnung überlegener Wesen, vgl.
Ex 21 29 22 10f. Hi 31 39 u.a., s. dazu BrSynt § 19c und Joüon, Gr § 136d. –
b Eine größere Zahl von MSS und V^{Qa} lesen ועמי, ebenso die Vorlagen von
𝔊𝔖𝔙, doch ist 𝔐 vorzuziehen, da das Subjekt der beiden Vershälften (im
Gegensatz zur vorangehenden Zeile) identisch ist.

Form Kap. 1 muß einmal eine Sammlung für sich gebildet haben; in 2 1 stoßen wir auf eine neue Überschrift, die 1 1 nicht voraussetzt. Sechs ursprünglich selbständige Prophetenworte sind hier zu einer höheren Einheit zusammengestellt: 2–3. 4–9. 10–17. 18–20. 21–26 (erweitert mit 27f.). 29–31.

Die Verse 2–9 werden allerdings auch von vielen neueren Forschern (Hertzberg, Kaiser, Eichrodt) als Einheit betrachtet. Dagegen spricht schon die Verschiedenheit des Versmaßes (s. zu diesem Ley a.a.O., Robertson a.a.O. und KBudde, ZAW 49, 1931, 20ff.). Noch mehr fällt die Verschiedenheit der Gattungen und der Unterschied im Ton ins Gewicht: „Das von Jesaja eingeleitete Jahwewort 1 2–3 ist eine harte und scharfe Anklage, während Jesaja in dem Scheltwort 1 4–9 eher schimpfend beginnt, dann aber sein Volk mehr beklagt, als daß er es schilt" (Fohrer a.a.O. 254f.).

Der Abschnitt 2–3 besteht aus 4 Versen zu je 6 Hebungen, einmal 2 + 2 + 2, dreimal 3 + 3. Die Einleitung von 2a ist also schon formal von der folgenden Jahwerede abgegrenzt.

Das Wort beginnt mit einer Appellation an Himmel und Erde zu hören, wie schändlich sich Israel benommen hat. Wir haben es ohne Zweifel mit einer Gerichtsrede („*rîb-pattern*") zu tun. Die engste Parallele ist die Einleitung zum Moselied Dt 32 1: האזינו השמים ואדברה ותשמע הארץ אמרי־פי. Ebenso will nach Dt 31 28 Jahwe Himmel und Erde zu Zeugen anrufen (העיד), und zwar in einer Versammlung, in welcher er die Worte des Gesetzes vor den Ohren des Volkes proklamieren wird, vgl. auch 30 19 und 4 26. In Mi 6 2 werden die Berge aufgerufen, die Rechtssache (ריב) Jahwes anzuhören, und wird an die Grundfesten der Erde appelliert, das Ohr zu leihen (ebenfalls האזין nach allgemein akzeptierter Textemendation). In etwas abgewandelter Form erscheint der Aufruf in Mi 1 2, wo „alle Völker" ermahnt werden zu hören und „die Erde und was sie erfüllt" zum Aufhorchen ersucht wird. Auch bei Jeremia erscheint die Formel (2 4), und im „Bundesfestpsalm" 50 werden Himmel und Erde herbeizitiert, um beim Gericht Jahwes anwesend zu sein (4). Einen Nachklang dieser Appellation finden wir schließlich in Hi 20 27. Wie Mendenhall (a.a.O. 37) gesehen hat, erklärt sich diese Anrufung Himmels und der Erde aus der Erwähnung der Götter als Zeugen in altorientalischen Staatsverträgen vornehmlich aus dem hethitischen Bereich (s. ANET[2] 199–206 und VKorošec, Hethitische Staatsverträge, 1931, vgl. aber auch die Verträge von *sefîre* in aramäischer Sprache, s. MA Dupont-Sommer, Les inscriptions araméennes de Sfiré, 1958, 19 u.ö., oder etwa den Vertrag zwischen Šuppiluliuma mit Niqmadu von Ugarit, s. JNougayrol, Le palais royal d'Ugarit IV, 1956, Text Nr. 17, 340). Die dabei üblichen Götterlisten umfassen auch die deifizierten Naturmächte: Berge, Flüsse, Quellen, Meer, Himmel und Erde, Wind und Wolken. Dieses „profane" Vertragsformular hat zweifellos die Formsprache des alttestamentlichen Jahwebundes beeinflußt. Auch hier werden Himmel und Erde, unter Umständen auch die Berge und Grundfesten der Erde, als Zeugen des Bundes aufgefaßt. Im Epos des Tukulti-Ninurta wird der Bundesschwur „Schwur Himmels (und) der Erde" (*mamītu ša šamê irṣiti*) genannt (s. Harvey a.a.O. 182). Darum wird in der „Gerichtsrede", in welcher der eine Bundespartner, Jahwe, den andern, Israel, des Bundesbruches anklagt, an diese Mächte als Wächter über den Bund appelliert; die Zeugen der Bundesschließung werden zu Zeugen des Bundesbruches (vgl. Hi 20 27), welche die Verfehlung festzustellen und natürlich auch die bei der Bundesschließung für den Fall des „Ungehorsams" vorgesehenen Sanktionen in Kraft zu setzen haben. In Wirklichkeit ist allerdings vom alttestamentlichen Gottesglauben her die noch stehengebliebene Form völlig ausgehöhlt. Jahwe bedarf keiner Zeugen, die seine Anklagen unterstützen, und er allein läßt die Flüche des Bundes über Israel kommen, die Götter sind weggelassen, und die Anrufung von Himmel und Erde ist nur noch als rhetorisches Requisit stehengeblieben. HSchmidt, der die Gattung der Gerichtsrede erkannt hat (Schr. des AT in Ausw. II/2, 133 und 143), glaubte, daß diese aus dem profanen Rechtswesen herzuleiten sei. Demgegenüber hat EWürthwein zu zeigen versucht, daß die prophetische Gerichtsrede zum mindesten ihren u r s p r ü n g l i c h e n Sitz im Leben im Kult, und zwar bei der Bundeserneuerungsfeier, gehabt habe (Der Ursprung der prophetischen Gerichtsrede: ZThK 49, 1952, 1–16). Von Ps 50 her liegt es in der Tat nahe, anzunehmen, daß bei der Bundesfestfeier ein Sprecher Jahwes aufgetreten ist, der im Namen seines Gottes Klage gegen den untreuen Bundespartner erhob. Die These ist auf heftigen Widerspruch gestoßen (FHesse, Wurzelt die prophetische Gerichtsrede im israelitischen Kult?: ZAW 65, 1953, 45–53; BGemser, The rîb- or controversy-pattern in Hebrew mentality: VTSuppl 3, 1955, 120–137 und HJBoecker, Redeformen des Rechtslebens im Alten Testament: WMANT 14, 1964), während EvWaldow, Der traditionsgeschichtliche Hintergrund der prophetischen Gerichtsreden: ZAWBeih 85 (1963), eine vermittelnde Stellung einnimmt: „Formal betrachtet, wurzeln die prophetischen Gerichtsreden im profanen Rechtsleben der hebräischen Rechtsgemeinde. Aber inhaltlich gesehen weisen sie zurück auf die Tradition vom Bunde Jahves mit Israel" (a.a.O. 20). Angesichts von Ps 50 oder Dt 32 (vgl. dazu Wright a.a.O.), vor allem aber angesichts des Zusammenhangs mit der Formsprache des Suzeränitätsvertrages fragt es sich, ob Form und Inhalt so zu trennen sind und nicht doch die prophetische Gerichtsrede in einer kultischen Situation ihr Urbild hat. Daß dabei auch Einflüsse der profanen Formen forensischen Redens zu konstatieren sind, braucht keineswegs dagegen zu sprechen. Als wesentliches Ergebnis der Diskussion ist festzuhalten, daß hinter der prophetischen Gerichtsrede die Formen- und Gedankenwelt des Jahwebundes steht und Israel also an der Bundessatzung gemessen wird. Das bedeutet nicht, daß Jesaja, weil er sich der Gattung der Gerichtsrede bedient (s. auch 1 18–20 3 13–15, in bedingtem Sinn 5 1–7),

Kultprophet oder Beamter der Jahweamphiktyonie gewesen ist, eine These, die HGraf Reventlow für Amos (Das Amt des Propheten bei Amos, 1962) und Jeremia (Liturgie und prophetisches Ich bei Jeremia, 1963) aufgestellt hat. Es sind, aufs Ganze gesehen, keineswegs bloß die Traditionen der Amphiktyonie, die sich in Jesajas Verkündigung spiegeln. Es ist aber für das Verständnis Jesajas von grundsätzlicher Bedeutung, daß bei ihm Bekanntschaft mit der Bundesüberlieferung festzustellen ist und daß er sich diesem Erbe Israels auch als Jerusalemer unbedingt verpflichtet sah. Natürlich ist dieser Zusammenhang vom Inhalt seiner Verkündigung her zu verifizieren, von dessen Analyse aus sichtbar werden muß, daß bei Jesaja die Gerichtsrede, aber darüber hinaus weite Teile seiner Botschaft überhaupt, nicht nur Formen, sondern, woran die Diskussion weitgehend vorbeigegangen ist, auch Aussagegehalte der Bundestradition aktualisiert hat, wobei darauf zu achten ist, in welcher Weise das überlieferte Gedankengut bei dieser Rezeption neu interpretiert worden ist.

Ort

Über die Zeit, in der Jesaja dieses Wort gesprochen hat, läßt sich nichts Sicheres ausmachen. WZimmerli (Das Gesetz und die Propheten, 1963, 114f.), der zumal in der Frühverkündigung Jesajas Abhängigkeit von Amos und Hosea annimmt, glaubt in 1 2f. einen Anklang an Hoseas Vorstellung von der Sohnschaft des Volkes herauszuhören und vermutet, daß die bei Hosea in das Wort von der „Erkenntnis Gottes" zusammengeraffte Gehorsamsforderung hier von Jesaja übernommen sei. Dann wäre das vorliegende Wort vermutlich dem Beginn der Tätigkeit Jesajas einzugliedern. Aber die Rede von der „Sohnschaft" und „Erkenntnis" hat, wie zu zeigen sein wird, andere, weitergreifende traditionsgeschichtliche Hintergründe. Die knappe, apodiktische Form des Abschnittes, die für Fragen und Einwände keinen Raum läßt und in keiner Weise ein tastendes Suchen nach einer angemessenen Beurteilung Israels verrät, sondern dieses in ätzender Schärfe unter die vernichtende Anklage Gottes stellt, läßt eher vermuten, daß der Prophet das Wort auf Grund langer Erfahrungen mit seinem Volk gesprochen hat.

Wort 1 2a

Die Appellation an die Zeugen spricht von Jahwe, dem Kläger, in der dritten Person, im Gegensatz zu Dt 4 26 30 19 31 28 und 32 1. Es wird hier also grundsätzlich geschieden zwischen dem Propheten, der Sprecher Jahwes ist, und Jahwe, dem Kläger selbst, ebenso in 3 13. 14a Mi 6 1f. Ps 50 6 (vgl. auch den Unterschied des Tempus כי יהוה דבר mit אדברה in Dt 32 1). Es liegt nicht mehr die naive Identifikation des Sprechers mit Gott selbst vor; der Offenbarungsempfang gehört im Moment der Verkündigung bereits der Vergangenheit an. Diese Verschiebung ist Anzeichen dafür, daß Jesaja nicht aus der Unmittelbarkeit der kultischen Situation heraus spricht, in welcher der θεὸς ἐπιφανής selbst gegenwärtig ist und sein Gerichtswort ergehen läßt (vgl. die der Gerichtsrede in Mi 1 3f. und Ps 50 3 vorausgehende Epiphanie Jahwes). – Da im Bereich des Jahweglaubens Himmel und Erde nicht mehr wie in der Umwelt Israels als vergöttlichte Naturmächte über dem Bund wachen können, stellt sich die Frage, in welcher Weise das durch die Tradition gegebene Motiv von Jesaja verstanden worden ist. Einen Hinweis für die Neuinterpretation gibt uns Mi 1 2, wo statt des „Himmels" die „Völkerwelt insgesamt" und statt der „Erde" die „Erde und was sie erfüllt" zum Erheben der Anklage gerufen sind. Ähnlich wird Jesaja sagen wollen: Alle lebenden Wesen Himmels und der Erde sollen (und können) bezeugen, wie sehr Jahwe mit seiner Anklage auf Bundesbruch im Recht ist.

1 2b In der Anklage stellt Jahwe seinen Guttaten an Israel den Abfall des Volkes gegenüber. Dessen Untreue ist qualifiziert durch den schrillen Kontrast zur empfangenen Güte Gottes, die unter dem Bild der Fürsorglichkeit eines Vaters zur Darstellung kommt. Dasselbe Bild, ebenfalls unter Verwendung der Verben גדל und רומם, aber vermehrt durch חיל und ילד, wird auch in 23 4 verwendet. Sonst beschreibt das Alte Testament das elterliche Werk an den Kindern mit Vorliebe mit den beiden Verben ילד „zeugen" bzw. „gebären" und גדל, das in diesem Zusammenhang zunächst einfach bedeutet: (angesichts der hohen Kindersterblichkeit) „davonbringen", s. 49 21 51 18 Hos 9 12 und 1 Kö 11 20 (emend. Text), ferner Hi 31 18 (vgl. dazu LKöhler, Alttestamentliche Wortforschung, Rektoratsrede Zürich, 1930, 13). Aber es kann doch mehr gemeint sein als die Sorge um Leib und Leben. Der Sinn des Verbums גדל enthüllt sich schön in Hi 7 17, wo er durch das parallele שִׂית לֵב אֶל „sich kümmern um" umschrieben ist (vgl. dazu auch Hi 31 18). Die Verwendung dieses Bildes ist in mehrfacher Hinsicht bemerkenswert. Einmal, weil die Metapher von Jahwe als Vater im Alten Testament relativ selten verwendet wird. Dann, weil im allgemeinen im semitischen Vaterbegriff das Moment der Herrschaft und der Eigentums- und Verfügungsgewalt stark betont ist (s. Eichrodt, TheolAT I, 152), hier aber nach dem Kontext Israel die fürsorgliche Güte seines Gottes vor Augen gehalten wird. Daß der Gedanke der Güte auch sonst im Alten Orient im Vaterbegriff stark mitklingt, mag beispielhaft eine der phönizischen Torinschriften von Karatepe zeigen, wo Azitawadda feststellt: „Als Vater erkannte mich jeder König wegen meiner Gerechtigkeit und meiner Weisheit und der Güte meines Herzens (נעם לבי) an" (s. WO I/4, 1949, 274 und WO II/2, 1955, 178, vgl. den Brief des *Jarîm-Lim* von Aleppo an *Jašûb-Jaḫad* von *Dîr*: „Ich bin für dich ein Vater und Bruder; du aber bist gegen mich böse und ein Feind", s. Harvey a.a.O. 183f.). Drittens: Nach den erwähnten Parallelen wäre zu erwarten, daß Jesaja die beiden Verben ילד und גדל, die mit auffallender Konstanz die

elterliche Leistung umschreiben, verwendet hätte. Das Moselied, das sich nicht nur durch seine Appellation an Himmel und Erde, sondern auch sonst im Wortfeld auffallend mit der vorliegenden Gerichtsrede berührt, redet nicht nur davon, daß Jahwe als Vater Israel erschaffen (קנה), gemacht (עשה) und bereitet (כונן) habe (Dt 32 6), sondern wagt es, unbefangen zu sagen, Gott sei der Fels, der es gezeugt (ילד), der Gott, der es unter Wehen geboren habe (18). Natürlich ist ילד dabei wie in Ps 2 7 bildlich zu verstehen. Aber Jesaja, und mit ihm in der Regel das Alte Testament überhaupt, ist behutsam darauf bedacht, auf keinen Fall den Anschein zu erwecken, als könnte von Jahwe wie von zeugenden Göttern, wie sie in der Umwelt Israels wohl bekannt sind, gesprochen werden. Das dürfte auch der Grund sein, warum er, wiederum im Gegensatz zu Dt 32, Jahwe nun doch nicht ausdrücklich den Vaternamen gibt (zu El als Vater in den Texten von Ras Schamra vgl. MHPope, El in the Ugaritic Texts: VTSuppl 2, 1955, 47ff. und JGray, The Legacy of Canaan: VTSuppl 5, 1957, 116ff.). Und schließlich: Obwohl das Volk angesprochen wird, redet Jesaja doch, diesmal in Übereinstimmung mit dem Moselied (5), von „Söhnen“, sieht also (wie 30 9) den einzelnen vor sich. Sonst gilt in altisraelitischer Zeit das Volksganze als „Sohn“ Jahwes [Ex 4 22 Hos 11 1 (𝔊 allerdings τὰ τέκνα) Jer 31 20 (von Ephraim)]. Von „Söhnen“ Jahwes spricht aber in späterer Zeit das Deuteronomium (14 1) und Jeremia (3 14. 19. 22 4 22 u.a., s. Jes 43 6f. 63 16 Mal 1 6 3 17; zum Problem der Sohnschaft im Alten Testament: GQuell, ThW V, 970ff. und HWWolff, Hosea: BK 14/1, 255ff.). Wie kommt Jesaja dazu, von den Israeliten als Söhnen zu reden? Im Alten Orient gilt weithin der König als „Sohn“ der Gottheit, die Gottheit als sein Vater, und diese Vorstellung ist auch dem Alten Testament nicht fremd (s. dazu HFrankfort, Kingship and the Gods, [3]1958, 159ff. und 299ff., ferner SMorenz, Ägyptische Religion, 1960, 36ff. Für das Alte Testament: 2 S 7 14 Ps 2 7 89 27, ferner Jes 9 1-6 11 1-9). Aber im Bereich der Königsideologie ist der „Sohn“ irdischer Repräsentant der himmlischen Gottheit, für sie handelnd, ihr verantwortlich. Davon ist an der vorliegenden Stelle nicht die Rede. Die Verben verweisen eindeutig auf den Bereich der Erziehung. Erziehung aber ist zentrales Thema in der Welt der Weisheit. Tatsächlich ist die Idee der geistigen Sohnschaft von alters her im Bereich der Weisheit zu Hause (für Ägypten s. HBrunner, Altägyptische Erziehung, 1957, 10f.).

In der zwölften Lehre des *Ptah-hotep* ist zu lesen: „Wenn du ein reifer Mann geworden bist, dann schaffe dir einen „Sohn“ (d.h. einen Schüler), um Gott gnädig zu stimmen. Wenn er gerade ist und sich zu deiner Art wendet und sich um dein Gut in der gehörigen Weise kümmert, so erweise ihm alles Gute: dann ist er dein Sohn, dann gehört er zu den Zeugungen deines Ka; dann sollst du dein Herz nicht von ihm scheiden. Der „Same“ aber (d.h. der leibliche Sohn), wenn er Zwietracht stiftet, wenn er in die Irre geht und deine

Weisungen übertritt und sich allem widersetzt, was ihm gesagt wird, und sein Mund geht mit elenden Reden, so verstoße ihn, er ist nicht dein Sohn. Mache ihn zum Knecht ..." (nach Brunner a.a.O. 155f., vgl. ferner LDürr, Das Erziehungswesen im Alten Testament und im antiken Orient: MVAG 36/2, 1932, 15). Wie in Ägypten und Babylonien betrachtet sich auch in Israel der Weisheitslehrer als „Vater" und spricht seinen Schüler als „Sohn" an (Prv 2 1 3 1 4 1.10.20 5 1.20 6 1 7 1).

Das Fehlen von Einsicht und Verstand (3), das der Prophet an den Söhnen zu rügen hat, weist in dieselbe Richtung. Damit können wir präzisieren: Jahwe als Vater ist hier der wohlmeinende, guten Rat erteilende, Weisheit zur Bewältigung des Lebens vermittelnde, alle Gefahren abwehrende Erzieher (vgl. dazu Hi 7 17 und 31 18).

Die wohlbetreuten Söhne aber „erhoben sich" wider ihn. Das Verbum פשע ist von Haus aus ein politischer Begriff: „Israel lehnte sich auf gegen das Haus Davids" (1 Kö 12 19). Dieses sich auflehnende Israel hatte aber einen „Bund" mit David geschlossen (2 S 5 3). פֶּשַׁע ist der Bundesbruch (s. 2 Kö 11 3 5.7 2 Ch 10 19), der die Inkraftsetzung der Fluchandrohungen der Bundesurkunde auslöst, und somit das Gegenteil von חֶסֶד „Bundestreue" bzw. אֱמֶת. Das Verbum פשע ist also in einer Anklagerede, die sich im Bereich der Bundestradition bewegt, durchaus sachgemäß (s. die Verwendung des Verbs in Jer 2 8.29 3 13, des Substantivs in Mi 1 5 6 7, d.h. ebenfalls in Gerichtsreden). Mit פשע wird demnach nicht von Einzelverfehlungen geredet – das Substantiv erscheint denn auch in den alten Texten kaum je im Plural, es brandmarkt die grundsätzliche Aufkündigung der Loyalität gegen den göttlichen Herrn, der seine Guttaten unter Beweis gestellt hat (s. dazu Köhler, TheolAT 159f. und ders., ZAW 46, 1928, 213ff.). Was der Bundespartner als Anklage zu erheben hat, wird Israel schon mit diesem Verb allein in seiner umfassenden Schwere ins Gesicht gesagt.

1 3 Durch einen Vergleich sorgt aber der Prophet dafür, daß die Tragweite des göttlichen Vorwurfs nicht verkannt wird. Ochs und Esel sind in Palästina wohl bekannt, beide Tiere gehören zur Ackerbaukultur (s. etwa Gn 34 28 Ri 6 4 und Jes 32 20, vgl. Nielsen a.a.O.), beide werden zum Pflügen verwendet (Dt 22 10, s. auch 22 4). 3a sieht wie eine sprichwörtliche Wendung aus und läßt an einen pädagogischen Weisheitsspruch denken. Tatsächlich lieben es die Chokmalehrer, ihren Adepten das Verhalten von Tieren als vorbildlich hinzustellen: die Ameise (Prv 6 6 30 25), den Klippdachs (30 26), die Heuschrecken (30 27), die Eidechse (30 28) u.s.f. (s. 26 2f.), und daß das Verhalten der Tiere ein bevorzugtes Thema der Weisheit ist, bezeugt auch 1 Kö 5 13. Vergleiche aus dem Tierreich sind häufig, zB.: „Futter, Stock und Last für den Esel; Brot, Zucht und Arbeit für den Sklaven!" (Sir 33 25). Auch sonst muß der Esel herhalten (Prv 26 3), aber auch der Ochse (Prv 7 22 15 17, vgl. auch 14 4). Es

handelt sich aber in der Weisheit bei solchen Sprüchen um mehr als das, was für uns Bilder und Vergleiche sind. Die Chokma will die Grundordnung aufzeigen, der die belebte und unbelebte Welt, Mensch und Kosmos, gleichermaßen unterworfen sind. Tiere können vorbildlich sein, insofern sie die Grundordnung (ägyptisch Maat) in Selbstverständlichkeit verwirklichen (s. vRad, TheolAT I, 422f., Morenz a.a.O. 130ff.). Zur Grundordnung, in die sich der Mensch einzufügen hat, gehört gerade auch die gegebene Struktur des sozialen Lebens, die Unterordnung unter den Meister, den Herrn. Jesaja stellt nun aber das in der Weisheit beheimatete Bild in eine neue Dimension; ihm geht es nicht um die in der Schöpfung begründete Ordnung der Maat, sondern um die Bundestreue, die mit der gnädigen Zuwendung Jahwes zu seinem Volk zu korrespondieren hat.

Doch „Israel hat keine Einsicht, mein Volk keinen Verstand". Die beiden Verben ידע und התבונן sind, wie sie hier verwendet werden (ידע ist intransitiv, Jesaja tadelt nicht das Fehlen der Gotteserkenntnis), offensichtlich wieder in der Weisheit beheimatet. D.h., Jesaja kann den Bundesbruch Israels mit Begriffen der Weisheit interpretieren. Zwischen der Treueforderung des Bundes und dem Ruf der Weisheit zu einsichtsvollem, „vernünftigem" Verhalten, wie es das chokmatische Ideal ist, besteht für ihn kein Gegensatz. Jahwe gegenüber Treue üben und sich „weise" verhalten ist ihm geradezu eins. „Die Auflehnung erwächst aus der Einsichtslosigkeit ..., die hier wie 30 8–11 keineswegs als Auswirkung einer Verstockung durch Jahwe verstanden ist, sondern als etwas Naturwidriges hingestellt wird" (RFey, Amos und Jesaja: WMANT 12, 1963, 120).

Die beiden Wurzeln ידע und בין stehen übrigens auch sonst bei Jesaja nebeneinander (6 9 בין und ידע, s. auch 32 4), und auch an anderen Stellen verwendet er ידע absolut (6 9 32 4 5 13 מבלי דעת, 11 2 רוח דעת, vgl. auch Hos 4 6, wo aber דעת durch דעת אלהים in 1 und die Sachparallele תורת אלהיך näher bestimmt ist). Dieser intransitive Gebrauch ist für die Weisheit bezeichnend (Prv 1 2 steht דעת parallel mit חכמה und מוסר, 4 1 mit בינה, 14 7 spricht von שׂפתי דעת, bei Hiob ist ידעים parallelisiert mit חכמים 34 2, vgl. 13 2, in Ps 73 22 das לא אֵדַע mit בַּעַר „viehisch, dumm", das, wie Prv 12 1 30 2 zeigt, der Weisheit ebenfalls geläufig ist. Vgl. auch Qoh 9 11).

Auch in dieser Anklagerede, die keinen Raum mehr für Diskussion offenläßt, nennt Jahwe Israel doch noch עמי (vgl. לא עמי bei Hos 1 9), womit Herrschaftsrecht und väterliche Zuneigung zugleich ausgedrückt sind.

Damit bricht die Anklage ab. Man erwartet entweder eine Androhung des Gerichts, wie etwa im „Weinberglied" 5 1–7, oder eine Mahnung zur Umkehr, wie 1 10–17. Aber wie in der Gerichtsrede 3 13–15 wird der

Hörer allein mit der Härte der Anklage konfrontiert, und es bleibt ihm selbst überlassen, seine Konsequenzen zu ziehen. Was eines störrischen und trotzigen Sohnes, wenn er sich nicht zurechtweisen läßt, wartet, ist im Gesetz gesagt (Dt 21 18-21), und welche Drohungen auf dem Bundesbruch liegen, war jedem Israeliten bewußt. Jedem Hörer mußte klar sein, wie todernst die Situation geworden war.

Die Stelle ist zusammen mit Hab 3 2 (𝔊) zur Grundlage der Darstellung von Ochs und Esel an der Weihnachtskrippe geworden. Im Evangelium Pseudo-Matthaei ist zu lesen: Am dritten Tage nach der Geburt unseres Herrn Jesus Christus trat die seligste Maria aus der Höhle, ging in einen Stall hinein und legte ihren Knaben in eine Krippe, und Ochs und Esel beteten ihn an. Da erfüllte sich, was durch den Propheten Jesaja verkündet ist, der sagt: „Der Ochse kennt seinen Besitzer und der Esel die Krippe seines Herrn" (Ps.-Matth. 14, nach Hennecke-Schneemelcher, Neutestamentliche Apokryphen I, ^{3}1959, 306, s. dazu Ziegler a.a.O.).

Ziel Zweifellos steht der Abschnitt bewußt zu Beginn der Sammlung von Kap. 1 (wie auch diese Sammlung nicht zufällig das Buch einleitet). Sie erhebt die zentrale Anklage Jesajas gegen Israel; was im einzelnen zu rügen sein wird, kann nur konkrete Folge der grundsätzlichen Treulosigkeit gegen Jahwe sein. Die Wertung der Sünde als Auflehnung und Widerspenstigkeit gegen Gott entspricht der Grundauffassung Jesajas und begegnet darum immer wieder (1 4 3 8f. 30 8f. 31 6). Sie wird gelegentlich modifiziert als Hochmut und Überheblichkeit gesehen (2 6ff. 10 5ff.). Indem ihr das väterliche Erziehungshandeln Jahwes gegenübergestellt wird, wird ihre besondere Verwerflichkeit aufgedeckt. „Mit diesen wenigen Worten ist ein ganzer Horizont göttlichen Geschichtswaltens aufgerissen", „ein langer Geschichtsweg zu seinem völlig negativen Ende gekommen" (vRad, TheolAT II, 191 und 162). Bei diesem Weg Jahwes mit Israel denkt Jesaja allerdings nicht an die Heilsgeschichte, wie sie die Auszugstradition festgehalten hat (s. ThCVriezen, Essentials of the Theology of Isaiah: Festschr. JMuilenburg, 1962, 128f.), sondern an das Eingreifen Jahwes zugunsten Israels im Heiligen Krieg (s. zu 9 3 28 21), an die Früchte des Ackers (s. 1 19, aber auch das „Weinberglied"), an die Gaben von Recht, Gerechtigkeit und Frieden (9 1ff. 11 1ff.). In Korrespondenz dazu, daß hier Jahwe nicht als fordernder Herr, sondern als gütig leitender und schützender Vater gesehen wird, besteht die Erwartung, die sich auf den Bundespartner Israel richtet, nicht in Gehorsam, sondern liegt in der Perspektive des Vertrauens und der Dankbarkeit. Das eigentliche Pendant zu פשע, mit welchem Jesaja sein Letztes sagt, ist neben „sich verlassen, sich stützen auf ihn", „blicken auf ihn" und „vertrauen" der Glaube (האמין). Ebenso ist es ein Ereignis auf dem Weg Israels mit seinem Gott, daß von Jesaja die Verweigerung der Bundestreue mit dem Fehlen von Erkenntnis und Einsicht zusammengesehen wird. In seiner Untreue gegen seinen Gott hat sich das Volk auch außerhalb der Schöpfungsordnung gestellt und verleugnet „den Grundzug alles geschöpflichen Seins, das die Kreatur zu ihrem Meister und Versorger zieht“ (Eichrodt 26). Wer Gott die Treue aufsagt, ist letztlich auch vor dem Forum menschlicher Weisheit ein Tor.

BEINAHE WIE SODOM

(1 4–9)

Text 4 Weh sündiges Volk,
schuldbeladenes Geschlecht,
Brut von Bösewichten,
Söhne, die Verderbliches tun.
Verlassen haben sie[a] Jahwe,
den Heiligen Israels verschmäht, [b][sich rückwärts gewandt][b].
5 Worauf wollt ihr noch geschlagen werden,
daß ihr im Aufruhr verharrt?
Das ganze[a] Haupt ist krank
und siech das ganze Herz!
6 Von Kopf bis Fuß
[a]keine heile Stelle an ihm[a]!
Nur Wunden und Beulen
und Male von frischem Schlag,
nicht ausgedrückt[b] und nicht verbunden
und nicht gelindert mit Oel!
7 Euer Land: eine Wüste,
eure Städte[a]: vom Feuer[b] verbrannt,
euer Ackerland: vor euren Augen
zehren es Fremde auf! [c][und Wüste[d] wird's wie bei der Zerstörung von 'Sodom'][c]
8 Ja, Zions Tochter ist übriggeblieben
wie im Weinberg eine Hütte aus Laub,
wie im Gurkenfeld eine Bleibe[a] für die Nacht,
wie ein [b]Eselsfüllen 'im Pferch'[b]!
9 Hätte uns nicht Jahwe der Heere
an Entronnenen eine kleine Zahl[a] verschont,
wie Sodom[b] wär's uns ergangen,
Gomorrha[b] wären wir gleich.

1 4 **4a** עזבו ist ein Perf. der Dauer, das die Fortsetzung einer Handlung von ferner Vergangenheit her bis in die Gegenwart hinein beschreibt, vgl. Joüon, Gr § 112e. – b–b נזרו אחור fehlt in 𝔊𝔏; 𝔊ʰΘ𝔖ʰ u.a. (s. Ziegler) setzen mit ἀπηλλοτριώθησαν εἰς τὰ ὀπίσω den 𝔐-Text voraus. Der Grund des Fehlens in 𝔊𝔏 könnte die Schwierigkeit des Textes sein. נזר ist doch wohl ni. von זור und bedeutet „sich abwenden von", אחור „Rückseite, hinten, nach hinten" (vgl. etwa סבב לאחור Ps 114 3.5). Besser würde sich die Emendation Buddes (ZAW 49, 1931, 21) מֵאַחֲרָיו in den Zusammenhang einfügen, doch läßt sie sich kaum rechtfertigen. GRDriver (JThSt 38, 1937, 36f.) stellt נזר mit arab. *zarra* „ausdrücken, zurücktreiben" zusammen, was aber im Kontext nicht befriedigt. 𝔙 (abalienati sunt retrorsum) und 𝔗 (אסתחרו והוו לאחרא) scheinen den 𝔐-Text vorauszusetzen (gegen BHK[3]). Der Vorschlag von NHTur-Sinai (a.a.O. 155f.), יחד oder כאחד für אחור zu lesen und zu übersetzen: „They have become estranged altogether", ergäbe wohl einen guten Sinn, ist aber

zu unsicher, als daß man sich ihm anschließen möchte. Es empfiehlt sich,
beim überlieferten Text zu bleiben. Die beiden Wörter schießen aber über das
Versmaß hinaus, sie sind mit den meisten neueren Exegeten als Glosse zu
betrachten. – 5a In der poetischen Sprache kann der Artikel fehlen, der vor 1 5
ראשׁ bei der erforderlichen Bedeutung „das ganze Haupt" zu erwarten wäre,
vgl. Joüon, Gr § 139e. – 6a–a Nach HDHummel, JBL 76 (1957) 105, ist אֵין־בּוֹ מְתֹם 6
Schreibfehler für ursprüngliches אין במו תם, eine Änderung, die sich (gegen
Kaiser) nicht empfiehlt, da auch Ps 38 4. 8 אין מתם bietet. Die drei Wörter zu
streichen, weil 𝔊 für sie kein Äquivalent bietet ('A𝔊h: ουκ εστιν εν αυτω
ολοκληρια), empfiehlt sich nicht, schon weil das Metrum sie fordert. – b זֹרוּ
ist pass. ḳal von זרר (vgl. Joüon, Gr § 82 l) „ausgedrückt werden" nach dem
arab. *zarra* „drücken, pressen", nicht nur „die Augen zukneifen", wie KBL
angibt. – 7a Eine größere Zahl von MSS 𝔗L 𝔖 setzen ועריכם voraus, bei der 7
Knappheit des jesajanischen Stils kaum mit Recht. – b אשׁ abhängig vom st.-
cstr. שׂרפות zur Angabe des Grundes, s. Joüon, Gr § 121p. – c–c 𝔐: „und eine
Wüste wird's wie bei der Zerstörung von Fremden" ist, da unmittelbar vorher
von זרים gesprochen wird, unmöglich. Dazu kommt, daß im Alten Testament auf das Subst. מהפכה ausnahmslos „Sodom und Gomorrha" folgt, d.h., es
handelt sich um eine fest geprägte Formel (s. Dt 29 22 Jes 13 19 Jer 49 18 50 40
Am 4 11). Schon Ewald hat darum vorgeschlagen, סדם für זרים zu lesen. Diese
Emendation ist der neuerdings von Tur-Sinai (a.a.O. 156) vorgeschlagenen Änderung in זֵדִים vorzuziehen. Das ganze Sätzchen ist aber metrisch
überflüssig und dürfte Glosse auf Grund von 9b sein. – d VQa ושממו עליה
für ושממה. – 8a VQa: וכמלונה, s. auch 𝔊𝔖𝔙. – b–b כעיר נצורה „wie eine bewach- 8
te (oder beschützte?) Stadt" gibt trotz mancher gut gemeinter Rettungs-
versuche (s. z.B. Delitzsch z.St., der an Blockade denkt) keinen befriedigenden Sinn. 𝔊: ὡς πόλις πολιορκουμένη, 𝔗: כקרתא דצירין עלה, 𝔖 bietet für
נצורה *ḥebîštâ*; die Versionen denken also alle an eine „belagerte Stadt",
was schon Dillmann bewogen hat, נְצוֹרָה (part. ni. von צור) statt נְצוּרָה zu
lesen. Auch diese Emendation befriedigt nicht, da so die Bewohnerschaft Zions
mit einer Stadt verglichen wird. Abzulehnen ist auch die Übersetzung „Turm
der Wacht" (Hitzig, Duhm u.a.), da „נצורה nicht Wacht, עיר nicht Turm bedeutet und es keine Wachtstädte (Castelle!) gibt" (Dillmann). Der Hinweis auf
נְצוּרִים in Jes 65 4 hilft nicht weiter, da die Stelle textlich wie der Bedeutung nach
problematisch ist. Möglicherweise sitzt der Fehler tiefer. FXWutz (BZ 21, 1933,
11f.) schlägt vor, כְּעַיִר בַּצִּירָה zu lesen, was er übersetzt: „wie ein Pflock in
einem Pferch" (nach arab. *'ajr* „Pflock" und arab. *ṣîra* „Pferch", das auch in
Mi 2 12 vorzuliegen scheint). Aber dieses עיר ist sonst im Hebr. nicht nachzuweisen, und man versteht nicht, warum gerade ein „Pflock" einsam in einem
Pferch stehen soll. Ich schlage vor, von Wutz, der sich auf der richtigen Spur
befindet, die Emendation בצירה zu übernehmen und עִיר (ev. als עַיִר vokalisiert)
als „Eselsfüllen" zu verstehen. – 9a מעט kann dazu dienen, die Kleinheit einer 9
Zahl zu unterstreichen (z.B. מעט מִזְעָר 10 25, שְׁאָר מְעַט מִזְעָר 16 14, vgl. auch
26 20, ferner Ps 105 12 Prv 5 14 10 20). Es ist an unserer Stelle durchaus am Platz
und darf nicht gestrichen werden, nur weil 𝔊𝔖𝔙 kein Äquivalent dafür geben.
כמעט heißt allerdings auch „beinahe", und es ist zu erwägen, ob der Atnach
nicht zu שׂריד zu setzen und כמעט zur nächsten Zeile zu ziehen ist. Aber die
Logik verbietet diese oft vorgenommene Umstellung, da ohne die Güte Jahwes
(𝔗 deutet sachlich richtig ברחמוהי „in seinem Erbarmen") Zion vollständig
und nicht nur „beinahe" Sodom und Gomorrha gleich sein müßte. – b VQa
liest סודם und עומרה, wozu der Vokalismus im griechischen Σοδομα und Γομορρα

zu stellen ist. Der zweite Vokal klang bereits in der ersten kurzen Silbe an (s. dazu WBaumgartner, Beiträge zum hebräischen Lexikon: ZAWBeih 77, 1958, 29).

Form 4 scheint sich thematisch an 2f. anzuschließen. Wieder ist von „Söhnen" die Rede, und פשע von 2 wird durch die sinnverwandten Verben עזב und נאץ aufgenommen. In Wirklichkeit setzt aber mit הוי ein neuer Abschnitt ein. Hier spricht nicht, wie vorher, Jahwe selbst, sondern es ist in der 3. Person von ihm die Rede (im übrigen s. zur Abgrenzung oben zu 1f.). – Daß 10 neu einsetzt, ist unbestritten.

Das *Versmaß* ist unregelmäßig. Die beiden ersten Zeilen von 4 enthalten nach Tilgung von נזרו אחור je einen Doppelzweier, die dritte einen umgekehrten Fünfer (2 + 3), womit eine Zäsur markiert ist: die eigentliche Klage ist zu Ende. Es folgen in 5 und 6a vier Doppelzweier, in 6b ein Doppeldreier, der abermals das Ende eines Teilabschnittes anzeigt: das Bild vom kranken, zerschlagenen Leib. Im 3. Teil stehen in 7f. (bei Ausscheidung von 7bγ) noch einmal vier Doppelzweier, während 9 mit einem gewichtigen Doppeldreier und einem ausklingenden Doppelzweier die Schilderung der Verwüstung abschließt.

Der Abschnitt ist also metrisch kunstvoll aufgebaut, der Wechsel im Versmaß ist nicht willkürlich, sondern indiziert die Sinnabschnitte.

Der *Gattung* nach ist der Abschnitt ein *Scheltwort*, genauer, wie oft bei Jesaja, ein *Weheruf* (vgl. CWestermann, Grundformen prophetischer Rede, 1960, 136ff., dazu EGerstenberger, The Woe-Oracles of the Prophets: JBL 81, 1962, 249–263). Mit 4 ist dieser eigentlich zu Ende, es wäre im folgenden ein Mahn- oder Drohwort zu erwarten. Statt dessen fährt der Prophet fort mit der Darstellung der traurigen Lage, in der sich Jerusalem befindet, zunächst bildhaft, dann direkt durch die Schilderung der prekären Situation der Stadt. Das Gericht muß nicht mehr angekündigt werden, es ist bereits über Jerusalem dahingefahren. Der Prophet ringt darum, daß das Geschehene als Folge des Abfalls von Jahwe verstanden werde. Das Scheltwort geht, wenn auch nicht explizit, in eine Mahnrede über.

Ort Die Zeit, in der Jesaja dieses Wort (dessen Echtheit unbestritten ist) gesprochen hat, läßt sich genau bestimmen. Das Land ist verwüstet, die Städte Judas sind verbrannt, Jerusalem ist in bedrückender Isoliertheit allein noch übriggeblieben. Das kann nur *die Situation nach der Einschließung der Stadt durch Sanherib im Jahr 701* sein (vgl. 2 Kö 18 13–16 und die Darstellung des Feldzugs Sanheribs auf dem Taylor-Prisma, AOT[2] 352ff., ANET[2] 287f., TGI 56–58). Offensichtlich ist die Bevölkerung Jerusalems, froh darüber, daß ihr die bedingungslose Kapitulation erspart blieb (zur Stimmung in der Stadt nach Abzug der feindlichen Truppen s. 22 1ff.), noch nicht dazu gekommen, das Ausmaß der Katastrophe, die das Land getroffen hat, zu ermessen, geschweige denn, daß sie sich der Besinnung geöffnet und zur Umkehr entschlossen hätte. Andererseits ist im Propheten die Hoffnung noch nicht erstorben, daß es aus dem Erschrecken über das erlebte Gericht heraus zu einem Neuanfang kommen könnte. Das Wort kann also nicht lange nach den unheilvollen Ereignissen von 701 gesprochen worden sein. – Kaiser, der 1 2-9 als eine Einheit betrachtet (s. z.St.), glaubt, daß „die feierliche, altem Kultbrauch verpflichtete Anrufung von Himmel und Erde als Gotteszeugen ... mit großer Wahrscheinlichkeit auf den Jerusalemer Tempel als Ort, an dem Jesaja dieses Gedicht vorgetragen" habe, hinweise. Der Sitz im Leben sei eine Klagefeier gewesen, bei welcher der Prophet, statt ein Heilsorakel vorzutragen, zur Besinnung auf die eigene Schuld aufgerufen habe. Man hat aber gar nicht den Eindruck, daß Jesaja zu Menschen spricht, die einen Bußtag halten. Der Inhalt des Wortes läßt eher vermuten, daß es an einem Zionsfest gesprochen wurde, bei dem man die Unüberwindlichkeit und Herrlichkeit der Gottesstadt zu feiern pflegte (vgl. die Zionspalmen 46 48 76 u.a.).

Das Wehe wird über den גוי חֹטֵא und den עם כבד עון ausgerufen. Wie Wort 1 4
öfter stehen die beiden geläufigen Begriffe für „Sünde" und „Schuld" nebeneinander. Wenn auch פֶּשַׁע, das man nach dem zu 2b Gesagten erwarten möchte, zweifellos das jesajanische Sündenverständnis am adäquatesten zum Ausdruck bringt (vgl. zu den drei Begriffen VMaag, Text, Wortschatz und Begriffswelt des Buches Amos, 1951, 187ff.), so ist der Prophet doch nicht an dieses Wort gebunden. Die Grundbedeutung der Wurzel חטא ist „fehlgehen" (vgl. Prv 19 2 אָץ בְּרַגְלַיִם חוֹטֵא, s. ferner Prv 8 36 Hi 5 24 und das arab. *ḫaṭa'a*, das vom Verfehlen des Ziels durch den Pfeil verwendet wird). Im juristischen Bereich meint חטא darum die Verfehlung der Rechtsnorm, im kultisch-religiösen den Verstoß gegen die festgesetzte Ordnung, durch die das Verhältnis zum Heiligen geregelt ist. – Der Parallelbegriff עון leitet sich von der Wurzel עוה her, deren Grundbedeutung „krümmen" (s. arab. *ʿawā* „beugen"), dann „sich vergehen" ist. „Mit עָוֹן wird ausgesagt, daß beim handelnden oder unterlassenden Menschen eine unrichtige, mit Gottes Willen nicht in Einklang stehende Gesinnung vorliegt ... עון Vergehen setzt immer das Bewußtsein der Schuldhaftigkeit voraus" (Köhler, TheolAT 159). Während kraft der „synthetischen Lebensauffassung" der Alten, bei welcher zwischen „Sünde" und „Schuld" grundsätzlich nicht geschieden werden kann (vgl. dazu KHFahlgren, *ṣᵉdāḳā*, nahestehende und entgegengesetzte Begriffe im AT, 1932, 50ff. und 190ff. und KKoch, Gibt es ein Vergeltungsdogma im AT?: ZThK 52, 1955, 1–42; HGese, Lehre und Wirklichkeit in der alten Weisheit, 1958, 37ff. u.ö.; USkladny, Die ältesten Spruchsammlungen in Israel, 1962, 71ff.), auch חטא unsern Begriff der „Schuld" involviert, hat sich doch עון weit mehr in dieser Richtung entwickelt, so daß erst durch das Nebeneinander der beiden Vokabeln der Sünde-Schuld-Komplex vollständig erfaßt wird. In der vor-

liegenden jesajanischen Formulierung kommt dieser Tatbestand trefflich zum Ausdruck; das Verhalten des Volkes ist ein immer wieder sich ereignendes Verfehlen des Richtigen (beachte das Part. חֹטֵא, nicht die Nominalbildung חַטָּא wie in 1 28 und Am 9 8), das Ergebnis davon ist Beladenheit mit Schuld. Dabei klingt, wieder nach dem synthetischen Daseinsverständnis mit dessen „Verhalten-Schicksal-Zusammenhang", in עון immer auch schon das Moment der Strafe mit an, wobei allerdings auf der Stufe des prophetischen Denkens jener Zusammenhang keineswegs mehr als undurchbrechbar gedacht ist. Denn wenn auch Jesaja sich eben darum müht, den Zusammenhang der bedrängenden Gegenwartssituation mit der Schuldverhaftung des Volkes aufzudecken, ist und bleibt doch Jahwe der freie Herr der Geschichte und kann, wie 9 bezeugt, der sich im Gericht auswirkenden Schuld Schranken setzen. – Zur Vorstellung, daß die Schuld als schweres Gewicht auf dem Sünder lastet, vgl. Gn 4 13.

Die zweite Zeile von 4 doppelt nach. Wie in 2 liegt das Bild von den widerspenstigen Söhnen vor (s. Dt 21 18–21), das wiederum an Dt 32 erinnert: „Ein Gott der Treue und ohne Falsch, gerecht und redlich ist er. Gebrochen (שִׁחֵת!) haben seine Söhne 'seine Treue'(?), ein verkehrtes und verdrehtes Geschlecht" (4f.) (zum Plural בָּנִים vgl. oben zu 2). Procksch (z.St.) meint: „In זרע מרעים ist die Erbschuld angedeutet". Aber die Wendung kann als Parallele zu בנים משחיתים keinesfalls „Nachkommen von Bösewichten" bedeuten (bei denen kraft ihrer Abstammung das Böse sozusagen zur Natur geworden wäre), sondern „Nachkommenschaft bzw. Geschlecht, das aus Bösewichten besteht" (Gen. epexegeticus sive explicativus, s. Ges-K § 128k-q). Als „Vater" dieses זרע ist also durchaus Jahwe zu denken, wie er „Vater" der בנים משחיתים ist.

Vgl. dazu den oben (zu 2) zitierten Text des *Ptah-hotep*, in welchem der mißratene leibliche Sohn „Same" genannt wird. זרע מרעים findet sich auch in Jes 14 20, wo sich bei unserer Deutung des Genetivs die dort allgemein vorgeschlagene Textänderung in den Sing. מרע erübrigt. Vgl. auch בית מרעים in 31 2, parallel zu פעלי און, aber auch das sachlich gleichbedeutende זרע רשעים, parallel zu 'עַוָּלִים' (emendiert!) in Ps 37 28. Die Parallelen ergeben zugleich, daß זרע in diesen Verbindungen einen verächtlichen, verurteilenden Ton hat.

In 4b werden die an sich weiten und unbestimmten Begriffe חֹטֵא und עון modifiziert. חֹטֵא läßt vermuten, daß irgendwelche Rechtssätze oder kultische Normen „verfehlt" worden sind, aber die Anklage greift tiefer: „sie haben Jahwe verlassen, den Heiligen Israels verworfen". Wieder verwendet Jesaja mit עזב und נאץ zwei Verben, die in der Bundestradition beheimatet sind; vgl. Dt 31 20 „Sie werden sich andern Göttern zuwenden und ihnen dienen, mich aber werden sie verwerfen (נאץ) und meinen Bund brechen", wobei diesem „Verwerfen" Jahwes durch das Volk das Verwerfen des Volkes durch seinen Gott entspricht (Dt 32 19, vgl.

auch die Parallele „verwerfen" und „den Bund brechen" in Jer 14 21). Mit der Verwendung von נאץ ist also zweifellos Anklage auf Bundesbruch erhoben. Genauso ist in Dt 31 16 auch עזב gleichbedeutend mit dem danebenstehenden הפר את־בריתי verwendet, und ebenso ist diesem Verlassen Gottes durch das Volk das Verlassen des Volkes durch Jahwe angedroht. In der deuteronomistischen Sprache wird dann עזב (wie auch נאץ), ohne daß explizit der Bund erwähnt wäre (Ri 2 12f. 10 6.10.13 1 S 8 8 12 10 u.ö.), für den Abfall zu den heidnischen Gottheiten verwendet. So äusserlich-formal versteht Jesaja das „Verlassen Jahwes" nicht. In 5 24 wird vom Verwerfen des Wortes (אמרה) des Heiligen Israels gesprochen (par. zu מאס את תורת יהוה צבאות). Nach dem dortigen Zusammenhang, der allerdings nicht gesichert ist, besteht der Abfall konkret in der Verdrehung des Rechts (5 23). Aber auch das wäre nur eine konkrete Auswirkung des Verlassens Jahwes selbst, das in der Preisgabe des Lebenszusammenhangs mit Jahwe besteht und Verweigerung von Vertrauen und Gehorsam in sich schließt, wobei in keiner Weise an einen „Abfall" zu den Götzen gedacht wird. Wenn Nu 14 11 das Verwerfen (נאץ) als Gegensatz zum Glauben an Jahwe (האמין) sieht, so entspricht das ganz der Tiefe der jesajanischen Sicht.

Jahwe, der Gott Israels, wird in der Parallele der Heilige Israels genannt, ein Name, dessen Streubereich fast ganz auf das unter dem Namen Jesajas gehende Schrifttum beschränkt ist.

Abgesehen von der vorliegenden Stelle geht die Bezeichnung auf den Propheten selbst zurück in 5 19.24 30 11.12.15 31 1, umstritten oder nachjesajanisch sind 10 20 12 6 17 7 29 19 37 23 (= 2 Kö 19 22), deuterojesajanisch 41 14.16.20 43 3.14 45 11 47 4 48 17 49 7 54 5 55 5, tritojesajanisch 60 9.14, dazu Jer 50 29 51 5 und Ps 71 22 78 41 und 89 19. Das seltene Vorkommen im Psalter beweist, daß der Name jedenfalls nur in einem beschränkten Kreis des Jerusalemer Kultes verwendet worden ist.

Nach Procksch (ThW I, 93) ist Jesaja selbst der Schöpfer des Namens gewesen. Das muß dahingestellt bleiben. Während Ps 71 wohl erst nachexilisch ist (s. HJKraus, Psalmen: BK 15/1), ist es sehr wohl möglich, daß die Psalmen 78 und 89 älter als Jesaja sind (für Ps 78 s. OEißfeldt, Das Lied Moses Dt 32 1–43 und das Lehrgedicht Asaphs Ps 78: BAL ph.-hist. Kl. 104 5, 1958, 33f; für Ps 89 neben Kraus (a.a.O.) GWAhlström, Psalm 89, 1959). Das Wissen um die Heiligkeit Jahwes allerdings gehört von alters her zur jerusalemischen Theologie: Der Berg, da Jahwe thront, ist heilig (Ps 2 6 3 5 u.ö.), sein Tempel (5 8 11 4 u.ö.), die Wohnungen des Höchsten (46 5 68 6 u.ö.), sein Thron (47 9), natürlich auch sein Name (33 21 u.ö.), und schließlich – theologisch gesprochen zuerst – Gott selber ist heilig (99 5). Procksch (a.a.O. 88) vermutet, daß die Wurzel קדש von Hause aus kanaanäisch ist. Im phönizisch-punischen Bereich spielt sie jedenfalls eine nicht unwichtige Rolle. In Ugarit spricht man im Keretepos, in dem die Königsideologie zur Entfaltung kommt, vom König als dem Sohn Els, Sproß des Freundlichen und Heiligen (*qdš*) (II K I–II, 10f, s. WSchmidt, Wo hat die Aussage: Jahwe „der Heilige" ihren Ursprung?: ZAW 74, 1962, 62–66; vgl. ferner UBunzel, Der Begriff der Heiligkeit im AT,

1914; ders: qdš und seine Derivate in der hebräischen und phönizisch-punischen Literatur, 1917; JHänel, Die Religion der Heiligkeit, 1931).

Es ist wohl nicht zufällig, daß gerade der Jerusalemer Jesaja in der Berufungsvision das Dreimalheilig der Seraphen vernimmt und neben קדוש ישׂראל auch die Bezeichnung האל הקדוש verwendet (5 16). Man wird schon im vorisraelitischen Jerusalem vom heiligen Gott gesprochen haben. Aber damit bestand die Gefahr, daß der Begriff der Heiligkeit im magisch-kultischen Verständnis aufging (vgl. etwa 1 S 6 20 einerseits mit Hos 11 9 andererseits). Durch die genetivische Determination ישׂראל war aber das genuin israelitische Verständnis gesichert. Es steht zu vermuten, daß der Name in Analogie zu אביר יעקב (Gn 49 24 Jes 49 26 60 16 Ps 132 2.5) oder, wie Jesaja selbst sagt, אביר ישׂראל (1 24) gebildet worden ist (29 23 zeigt, daß auch der Name קדוש יעקב verwendet werden konnte). Von Ps 132 her ist es wahrscheinlich, daß der Name אביר יעקב mit der Lade und ihren Traditionen nach Jerusalem kam, so daß קדוש ישׂראל ein instruktives Beispiel für die Synthese zwischen jerusalemischen und altisraelitischen Traditionen ist, wie sie sich in der Stadt des Tempels herausgebildet hat. Der Begriff der Heiligkeit Gottes muß dabei aus dem neuen Zusammenhang heraus interpretiert werden. Der Parallelbegriff אביר יעקב läßt annehmen, daß Jahwe „Heiliger Israels" heißt, insofern er sich Israel zuwendet, es leitet und schützt (s. unten bei 24 zu אביר ישׂראל). Der Blick in die Geschichte zwischen Gott und seinem Volk wird aufgetan, weil diese das Gesicht Gottes enthüllt. Diese Deutung des Namens fügt sich gut in den vorliegenden Kontext ein; der Heilige Israels ist der als gütiger Vater-Erzieher gedachte Bundesgott, womit die Unerhörtheit und Unverständlichkeit des Affronts, der im Verlassen Jahwes liegt, unterstrichen wird. In einem analogen Zusammenhang tritt der Name in 5 24 auf, und auf derselben Linie liegt die Erwähnung in 31 1: man müßte auf den Heiligen Israels schauen, um Vertrauen gewinnen und erkennen zu können, daß man der ägyptischen Rosse und Streitwagen nicht bedarf. Es ist aber auch zu beachten, daß bereits im erwähnten ugaritischen Text *qdš* neben *lṭpn* steht, das von arab. *laṭîf* „gütig, freundlich" her zu deuten ist. Im Begriff der Heiligkeit Jahwes ist eindeutig das Moment der freundlichen Zuneigung eingeschlossen. Aber Procksch hat mit Recht auf die Paradoxie hingewiesen, welche der Vorstellung eignet: „An sich höchste Gnade, wird die Stellung des קדוש ישׂראל in seinem Volke zum Gericht" (a.a.O. 93). Die Heiligkeit des heiligen Gottes muß wie ein Brand alles verzehren, was sie verletzt. Darum wird „das Licht Israels zum Feuer und sein Heiliger zur Flamme" (10 17, s. ferner 5 16 30 12ff.). Jahwes Heiligkeit ist offensichtlich vom ersten Gebot nicht zu trennen, Heiligkeit und Eifer gehören zuhauf. Dennoch ist es nicht richtig, daß Eifer und Heiligkeit „nur verschieden schattierte Begriffe für ein und dieselbe Eigenschaft Jahwes" sind (vRad,

TheolAT I, 204). Das widerlegt schon Hos 11 9, besonders klar aber sprechen sekundäre Stellen in Jes 1–39 dagegen. Da ist der Heilige Israels Trost der Entronnenen (10 20), der bejubelte Gott der Erlösten, die Zuversicht des Menschen am Tage des Gerichts (17 7) und die Freude der Elenden und Ärmsten unter den Menschen (29 19). Nicht anders wird auch an den deutero- und tritojesajanischen Stellen der Heilige Israels dort genannt, wo Erlösung und Heil über Israel oder den Völkern aufstrahlt. Daß der Name so stark in der Heilsverkündung verankert ist, muß doch in seinem ursprünglichen Sinngehalt einen Ansatzpunkt haben.

Der Zusatz am Ende von 4, נזרו אחור „sie haben sich rückwärts gewandt", ist, wenn wir ihn richtig verstanden haben, ein Interpretament, das hervorheben will, daß Israel einmal loyal zu seinem Herrn stand. Im Verbum זור ni. (vgl. das Subst. זָר) liegt das Moment der Entfremdung, des Sichloslösens aus vertrautem Kreis: „Fremd bin ich geworden (מוּזָר) meinen Brüdern, ein Unbekannter unter den Söhnen meiner Mutter" (Ps 69 9). Israel ist mit seinem Abfall herausgetreten aus der Welt, in der es zu Hause und damit geborgen war.

Obwohl die zerstörenden Folgen des Bundesbruches offen zutage lie- 1 5.6
gen, verharrt Israel im Aufruhr. Mit סָרָה greift Jesaja nach עזב und נאץ zu einem weiteren Begriff, der die Unbotmäßigkeit des Volkes umschreibt. Er verwendet das Wort auch sonst, s. 31 6 (das Part. סורר in 1 23 und 30 1). Es gehört wiederum zum Bild vom widerspenstigen Sohn (vgl. 31 1.6 mit Dt 21 18.20, s. auch Prv 7 11). Bereits Hosea kennt den bildlichen Gebrauch: 4 16 7 14 9 15. Die in Dt 13 6 verwendete Formel דִּבֶּר סָרָה עַל ist geradezu terminus technicus für die Verführung zum Abfall geworden (Jer 28 16 29 32 Jes 59 13, vgl. Dt 19 16).

Verharren in der Widerspenstigkeit müßte weitere Akte des Gerichts zur Folge haben. Mit Vorliebe werden diese in den Fluchandrohungen als „Schläge" (מַכָּה) bezeichnet, womit bösartige Krankheiten gemeint sind (Dt 28 59.61 29 21 Lv 26 21). Dem vorgegebenen Schema entsprechend, müßte Jesaja also neue „Schläge" dieser Art ankünden; er redet auch tatsächlich von מכה und הכה, aber von Schlägen anderer Art, indem er Jerusalem daran erinnert, daß der „Leib" des Volkes schon genug „zerschlagen" sei. Dieser Leib ist seinerseits Bild für das kriegsverwüstete Land. GFohrer meint, daß Jesaja ein von seinem Herrn ausgepeitschter Sklave vor Augen gestanden habe (ZAW 74, 1962, 257).

FBuhl (ZAW 36, 1916, 117) verweist dazu auf Tabari, Annalen III, 164f.: Ein Polizeipräfekt gebietet, den Schreiber und Klienten des vorigen Statthalters auszupeitschen, und läßt ihn sich vorführen. Da sein Körper vom Scheitel bis zu den Fußsohlen eine Wunde ist, fragt er ihn: „Wo wünschest du noch geschlagen zu werden?" Der Schreiber antwortet: „Bei Allâh, es ist an meinem Körper keine Stelle zum Schlagen; wenn du aber willst, dann meine inneren Handflächen!"

Nach dem aufgezeigten traditionsgeschichtlichen Hintergrund ist aber hier nicht an einen von Schlägen malträtierten, sondern an einen kranken, mit Geschwüren über und über bedeckten Leib zu denken (vgl. חלי, aber auch דוי, gar vom Herzen ausgesagt). Daß Kopf und Herz von der Krankheit befallen sind, zeigt ihre Gefährlichkeit (דַּוָּי ist zudem Intensivform zu דָּוֶה), daß von Kopf bis Fuß keine heile Stelle mehr zu finden ist, ihre Totalität (zu letzterem s. ראש וזנב in 9 13). אין מתם wird auch sonst in Krankheitsschilderungen verwendet (Ps 38 4.8, wo es in 4 parallel zu אֵין שָׁלֹם, emendierter Text, steht und die Krankheit ebenfalls als Auswirkung des göttlichen Zorns verstanden ist). – Die drei Substantive von 6a פצע, חבורה und מכה sind der Bedeutung nach kaum scharf auseinanderzuhalten. Die Häufung der Ausdrücke hat nur den Sinn der Verstärkung des Krankheitsbildes. Alle drei Vokabeln stehen auch in Prv 20 30 nebeneinander, und alle drei können auch bei Verwundungen verwendet werden. טרי meint (wie arab. *ṭarîj*) frisch und feucht zugleich, es ist an ein triefendes Geschwür gedacht.

6b läßt etwas erkennen von der Behandlung von Wunden. Man denkt dabei an die Fürsorglichkeit des barmherzigen Samariters (Lk 10 34). Schon im Sumerischen kann der Arzt *iazu* = „Ölkundiger" heißen, und als Linderungsmittel wird in der Antike oft Öl erwähnt (z.B. noch Schabbat XIX 2). Der Arzt trägt in Babylon bei seinen Krankenbesuchen eine Tasche bei sich, in welcher sich neben anderen Utensilien Binden befinden. Kranke Körperteile werden beträufelt, besprengt, bespült, übergossen, gewaschen (vgl. BMeißner, Babylonien und Assyrien II, 1925, 284f. und 310; für Ägypten vgl. ferner HGrapow, Kranker, Krankheiten und Arzt, 1956, 94f. 106f. 125f.; für das Alte Testament s. PHumbert, Maladie et médecine dans l'Ancien Testament: RHPhR 44, 1964, 1–29).

1 7 Die direkte Beschreibung der Notlage bewegt sich zunächst im traditionellen Wortfeld solcher Schilderungen. שממה (s. auch 6 11 und 17 9) hat seinen Sitz in den Segensverheißungen und Fluchandrohungen der Bundestradition (Ex 23 29 = Lv 26 33 והיתה ארצכם שממה, das wurzelverwandte שמה in Dt 28 37), die Zerstörung der Städte wird in Lv 26 31.33 angedroht. Vom Verbrennen mit Feuer wird häufig im Josuabuch in den Berichten über die Vernichtung kanaanäischer Städte gesprochen: Jericho (Jos 6 24), Ai (8 28), Hazor (11 11.13) u.s.w. (vgl. auch Jes 9 4), d.h., שרפות אש gehört zum Wortfeld des heiligen Krieges. Was einst Israel, unter dem Segen Jahwes stehend, seinen Feinden anzutun vermochte, ist jetzt als Fluch auf es selbst gefallen. Das ist das „seltsame Tun", das „befremdliche Werk", von dem Jes 28 21 spricht (s. dazu HWildberger, Jesajas Verständnis der Geschichte: VTSuppl 9, 1962, 100). Zu den Motiven der Fluchandrohung gehört wiederum, daß Israel den Ertrag seiner Felder nicht selbst genießen kann (Lv 26 16 Dt 28 30ff. 38ff., vgl. auch Jes 5 10

Am 5 11 Zeph 1 13, umgekehrt in der Heilsweissagung Am 9 14 Jes 65 21f. u.ä.). Das heißt: Es ist wörtlich genau eingetroffen, was Israel für den Fall der Untreue angedroht worden war. Natürlich setzt die Diktion Jesajas voraus, daß den Zuhörern seine Anspielungen durchsichtig waren. Zum mindesten der Ideengehalt, wenn nicht die Institution des Bundesfestes muß also zu seiner Zeit noch lebendig gewesen sein.

Die Gebundenheit an traditionelle Motive bedeutet nicht, daß die 1 8.9
Darstellung des Propheten unhistorisch wäre. Der Bericht Sanheribs und die kritisch betrachteten Nachrichten der Königsbücher bestätigen, daß das Bild, das Jesaja hier von der Situation nach 701 zeichnet, durchaus realistisch ist. Doch auch das Motiv der kleinen Zahl Entronnener, das nun folgt, ist, so sehr es den geschichtlichen Tatsachen entspricht, zugleich von der Tradition her zu verstehen. Der Restgedanke klingt an, der bereits vor Jesaja eine lange Geschichte hatte (s. unten zu 7 3). Auch er ist letztlich in den Schilderungen des heiligen Krieges zu Hause; die Israeliten schlagen die Leute von Ai עד בלתי הִשְׁאִיר־לו שׂריד וּפָלִיט Jos 8 22 (s. ferner Jos 10 28–40 11 8 Dt 2 34 3 3). In Anlehnung an solche Formulierungen kann Amos sagen, daß auch der Rest (שׁארית) der Philister noch umkommen werde 1 8, vgl. השׁאיר שׂריד in Jos 8 22 10 28ff. 11 8 2 Kö 10 11). Es läge in der Konsequenz der Übertragung von Vorstellungen vom heiligen Krieg auf Jahwes Gericht an Israel, daß nun auch im Blick auf dieses von der Verhängung des Bannes, der Vernichtung bis auf den letzten Rest gesprochen würde. Stellen wie Lv 26 36. 39 Dt 28 62ff. 4 27ff., wenn sie auch jünger als Jesaja sind, lassen aber darauf schließen, daß in gewissen Kreisen über die Möglichkeit der Rettung eines Restes im Gericht diskutiert wurde. Nun, Jesaja stellt fest, daß „Entronnene", wenn auch nur „gering an Zahl" (כמעט, s. Dt 4 27), übriggeblieben sind. Nicht, weil das der Rest ist, der „seine Knie vor Baal nicht gebeugt und deren Mund ihn nicht geküßt hat" (1 Kö 19 18), sondern, so kann man doch, auch wenn es nicht explizit ausgesprochen ist, nur deuten, weil Jahwes Treue sein Volk nicht völlig preisgegeben hat. Anlaß zu Selbstsicherheit gibt allerdings diese Treue nicht: das Damoklesschwert der völligen Preisgabe bleibt über dem Volk schweben. Die heiße Hoffnung Jesajas, daß die Entronnenen zu einem „Rest, der umkehrt" (שׁאר־ישׁוב), werden möchten (7 3), ist offensichtlich der eigentliche Grund, warum Jesaja dieses Wort gesprochen hat. Es kann kein Zufall sein, daß Gott in diesem Zusammenhang „Jahwe Zebaoth" heißt. Jesaja steht mit der Verwendung dieser Gottesbezeichnung bereits in einem breiten Traditionsstrom. Schon Amos hat von ihr, allerdings in der Regel in der erweiterten Form יהוה אלהי (ה)צבאות einen reichen Gebrauch gemacht. Wie längst erkannt worden ist (s. EKautzsch, ZAW 6, 1886, 17–22), steht der Name in enger Beziehung zur Lade und taucht darum zum ersten Mal in den Samuelisbüchern im Zusammenhang mit dem Heiligtum von Silo und

dem dort betreuten Kriegspalladium Israels auf (1 S 1 3.11 4 4 15 2 2 S 5 10 6 2.18 7 8.26.27, vgl. auch 1 S 17 45). 2 S 6 2 definiert geradezu: „die Lade Gottes, die nach Jahwe der Heere, der auf den Cheruben thront, genannt ist“. Der Name ist zweifellos mit dem Ladekult nach Jerusalem gekommen und dort ebenso fester Bestandteil der Zionstheologie geworden (s. Ps 24 10 46 8.12 48 9), wie er früher in der Theologie Silos verankert gewesen sein muß (s. FBaumgärtel, Zu den Gottesnamen in den Büchern Jeremia und Ezechiel: Festschr. WRudolph, 1961, 1–29, bes. 12ff.; ferner OEißfeldt, Silo und Jerusalem: VTSuppl 4, 1957, 138–147, und HJKraus, Psalmen: BK 15/1, 201). יהוה צבאות findet sich im ersten Teil des Jesajabuches nicht weniger als 56mal (häufiger wird der Name nur noch im Jeremiabuch verwendet, s. die Statistik bei Baumgärtel a.a.O. 1). Während die Bezeichnung bei den andern Propheten fast nur in festen Formeln vorkommt, steht sie bei Jesaja vorwiegend in freiem Gebrauch. Das heißt, daß sie von ihm bewußt verwendet ist und theologisches Gewicht hat.

Leider ist die Frage der religionsgeschichtlichen Herkunft und damit der ursprünglichen Bedeutung von Jahwe Zebaoth immer noch ungeklärt. Kontrovers ist schon, ob יהוה צבאות eine nachlässige Verkürzung der längern Form "י׳ אלהי צ׳" ist oder ob die längere Form bereits als Interpretation des nicht mehr verstandenen "י׳ צ׳" zu gelten hat. Man wird sich für die zweite Möglichkeit entscheiden müssen, weil "י׳ א׳ צ׳" offensichtlich Erleichterung des schwierigen "י׳ צ׳" ist, die längere Form nur 18mal vorkommt, die kürzere aber 267mal und "י׳ א׳ צ׳" nach dem alttestamentlichen Befund keineswegs als die ältere Gestalt des Namens zu erweisen ist (s. vRad, TheolAT I, 27f., anders VMaag, Jahwäs Heerscharen: SchwThU 20, 1950, 27–52). Nach Eichrodt (TheolAT I, 120f.) sind mit den צבאות „die Scharen, Mengen, Massen“, d.h. „der Inbegriff aller irdischen und himmlischen Wesen“ gemeint. Damit ist aber die ursprüngliche Bedeutung noch nicht erfaßt, auch der Verschiedenheit der Interpretation in den einzelnen Schichten des Alten Testamentes nicht Rechung getragen. OEißfeldt (Jahwe Zebaoth: Misc. Acad. Berolin., 1950, 128–150) sieht in צבאות einen intensiven Abstraktplural mit der Bedeutung „Mächtigkeit“. In diesem Fall ist das Wort Attribut zum Namen Jahwe, was jedenfalls eher verständlich ist, als ein bei einem Eigennamen kaum erklärbarer Genetiv. Aber einen Abstraktplural als Gottesepitheton in alter Zeit anzunehmen bietet auch seine Schwierigkeiten. Die Deutung schließlich von VMaag, die צבאות seien „die depotenzierten mythischen Naturmächte Kanaans“ (a.a.O. 50), scheitert doch wohl daran, daß das Alte Testament für diese Auffassung keine einleuchtenden Belege bietet. Nach 1 Kö 22 19 steht das „Heer des Himmels“ um Jahwes Thron, Jos 5 14 spricht vom „Obersten über Jahwes Heer“, und nach Ps 103 21 sind „Jahwes Heerscharen“ (צְבָאָיו), seine „Diener“, offensichtlich identisch mit seinen „Boten, den starken Helden, die sein Wort vollführen“ (20). Obwohl an keiner dieser Stellen der feminine Plural צבאות verwendet ist, darf aus ihnen doch wohl geschlossen werden, daß mit dem Epitheton Zebaoth Jahwe als Herr jener Geister zu verstehen ist, die um seinen Thron versammelt sind, jederzeit bereit, seinen Willen zu vollstrecken. Die Bezeichnung setzt die Vorstellung von Gott als dem König, umgeben von einem himmlischen Hofstaat, voraus, die ja dem Alten Orient keineswegs fremd ist. Sie paßt ausgezeichnet zum Gott der Lade, die als Gottesthron aufzufassen ist. Es leidet aber keinen Zweifel, daß die alte mythische Bedeutung vergessen wurde und der Name damit neuen Interpretationen zugänglich war. Entmythologisierend deutet ihn 1 S 17 45 als „Gott der Schlachtreihen Israels", und in Ps 24 steht „Jahwe der Heere" parallel mit „Jahwe, der Starke und Held, Jahwe, der Held im Kampf" (8). Diese Umdeutung war darum nicht unmöglich, weil Israel, wie Jos 5 14 zeigt, die Vorstellung nicht unbekannt war, daß Gott mit seinem himmlischen Heer in die Kämpfe der Seinen eingreift. Es erklärt sich so auch leicht, warum Jesaja den Namen Jahwe der Heere gerade in solchen Stücken verwendet, in denen Traditionselemente des heiligen Krieges aufgenommen sind.

Daß hier ein Jerusalemer spricht, kommt darin zum Vorschein, daß nicht vom Rest Israels, sondern von demjenigen der Tochter Zion gesprochen wird, d.h. der Bewohnerschaft Jerusalems (יושב ירושלם 5 3 8 14, s. auch 10 24. 32). „Zion" und „Jerusalem" werden von Jesaja promiscue verwendet (zum Vorkommen und zur Streuung von „Zion" im AT – am häufigsten ist das Wort in den Psalmen und den Klageliedern – vgl. GFohrer, Art. Σιων: ThW VII, 294f. und 298f.).

Wenn Jesaja auffallend oft den Namen Zion verwendet (3 16f. 8 18 10 12. 32 14 32 28 16 29 8 31 4, s. auch 10 24 16 1 18 7), dann darum, weil dessen Erwähnung den Zuhörern sofort die der Gottesstadt geltenden Verheißungen in Erinnerung ruft, während „Jerusalem" mehr den politisch-profanen Aspekt der Stadt zum Ausdruck bringt. Jahwe selbst hat den Zion gegründet. Die „Tochter Zion" ist Trägerin der am Gottesberg haftenden Verheißungen, aber sie soll wissen, daß diese keine von der Bundestreue loszulösende Sicherheit geben können. Die Zionsverheißungen, die als Ideologie gewiß auch hinter der tollkühnen Rebellion Hiskias gegen die Assyrer standen, sind durch den Abfall des Volkes in Frage gestellt, so gewiß wirklicher Glaube (s. 28 16) sich darauf zu berufen das Recht hätte. Man bekennt im Heiligtum auf dem Zion, daß Jahwe seine Getreuen in seiner „Hütte" (סֻכָּה) birgt (Ps 31 21, vgl. סֹךְ in Ps 27 5), und singt im Zionslied: „In Salem erstand seine Hütte (סֹךְ) und seine Wohnstatt auf dem Zion" (Ps 76 3). Aber nun ist die Tochter Zion einer סֻכָּה im Weinberg gleich, einer Raststätte für die Nacht im Gurkenfeld (zu מלונה vgl. das gleichbedeutende מלון in 10 29).

Weingärten und Gurkenfelder werden zur Zeit, da die Früchte reifen, bewacht. Das jüdische Recht kennt die „Fruchthüter" und auch die „Gurkenhüter". Deren Unterkunft kann ein eigentlicher Bau sein, einem Wohnhaus zu vergleichen, aber auch eine Hütte, sei es aus Lehm oder aus Schilf (s. Dalman, AuS II, 61ff. und die Abb. 12–16, ferner HGuthe, Palästina, 1927, 43 und Abb. 23), aber statt Schilf kann natürlich, wie heute noch im Vordern Orient zu beobachten ist, auch Laub verwendet werden. Eine anschauliche Beschreibung einer Wachthütte im Weinberg aus Nordafrika findet sich im pseudocyprianischen Traktat „De montibus Sina et Sion" (vgl. dazu AStuiber, Die Wachthütte im Weingarten: Jahrb. für Ant. und Christentum 2, 1959, 86–89).

Der Vergleich mit Sodom und Gomorrha überrascht, diese Städte sind ja nicht durch Krieg zerstört worden. Vor allem aber verraten die Worte Jesajas sonst keine Kenntnisse der Genesisüberlieferungen. Aber die Städte werden auch in 1 10 erwähnt (Sodom auch in 3 9). Sündhaftigkeit und Vernichtung von Sodom und Gomorrha müssen sprichwörtlich gewesen sein (s. 13 19 Am 4 11 Zeph 2 9 u.ö.), so noch im Neuen Testament, wo die vorliegende Stelle in Röm 9 29 (s. auch Apk 11 8) zitiert wird. Daß die vorexilischen Propheten von der Zerstörung der beiden Städte wissen, erklärt sich daraus, daß von diesen auch in der ihnen bekannten Bundestradition gesprochen wird (s. Dt 29 22, wo neben Sodom und Gomorrha noch von Adma und Zeboim gesprochen wird). Wie fest geprägt die Überlieferung gewesen sein muß, zeigt die in der Glosse von 1 7 (emend. Text) verwendete Formel מהפכת סדם, die genauso in Dt 29 22 und Jer 49 18 vorliegt. Sie scheint eine Verkürzung von מהפכת אלהים סדם zu sein (Am 4 11 Jes 13 19 Jer 50 40). Die Verwendung von אלהים legt nahe, daß die Erzählung einmal nicht von Jahwe handelte (s. HGunkel, Genesis, [3]1910, 217 und JRieger, Die Bedeutung der Geschichte für die Verkündigung des Amos und Hosea, 1929, 4ff.).

אלהים wird in dieser ursprünglichen Fassung als „Götter" (oder „ein Gott"?) verstanden worden sein. Es scheint, daß diejenige Version der Sodomerzählung, die außerhalb der Genesis anklingt, sich von der uns bekannten Ausgestaltung wesentlich unterschied. מהפכה, das konstant verwendet wird, wenn die Rede auf den Untergang der Städte kommt, setzt doch wohl Zerstörung durch Erdbeben voraus.

Ziel Die Analyse der im Weheruf verwendeten Begriffe und Motive hat ein komplexes Bild ergeben. Es sind Elemente des heiligen Krieges aufgenommen, und die Ziontradition klingt an. Von der dichterischen Gestaltungskraft Jesajas legt die Metapher vom über und über mit Wunden bedeckten Leib oder die Beschreibung des isolierten Jerusalem Zeugnis ab. Auch bei den dabei verwendeten Bildern begegnen wir zwar solchen, die Israels Überlieferungsgut dem Propheten darbot, aber in souveräner Freiheit hat er daran anknüpfend seine eigene Botschaft zum Ausdruck gebracht. Der Gottesbund, d.h. die Botschaft von Jahwe als dem gütig sich seinem Volk zuwendenden Herrn mit seinem Anspruch an Israel und seinen Fluchandrohungen wider es ist doch offensichtlich das theologische Zentrum, aus dem heraus auch hier Jesajas Verkündigung grundsätzlich zu verstehen ist. Gerade eine sorgfältige Beachtung der traditionsgeschichtlichen Wurzeln der Rede läßt die besondern Akzente, die der Prophet setzt, scharf heraustreten: daß Jahwe als der Heilige Israels der Gott ist, der vor aller Gehorsamsforderung Israel mit Güte umgibt und es in Treue schützt; daß es an dieser allein lag, wenn das Verhalten des Volkes nicht dessen völlige Vernichtung nach sich zog, daß der Rest, der geblieben ist, noch eine Chance hat; aber auch, daß die Sünde nicht in der Übertretung einzelner Gebote besteht, sondern ein Heraustreten aus der Gemeinschaft mit Gott ist. – In einer Weise, die bei Jesaja selten ist, spürt man dem vorliegenden Wort an, wie erschüttert der Prophet ob des Schicksals Jerusalems ist und mit welch persönlichem Engagement er um die rechte Einsicht seines Volkes ringt (s. AJHeschel, The Prophets, 1962, 86). Bei der Beschreibung des verheerten Volkskörpers packt ihn der helle Jammer: „nicht ausgedrückt, nicht verbunden, nicht gelindert mit Öl!" (6b); so spricht nicht der Zorn und nicht ein Gerichtsprediger, sondern die Liebe, das Mitleid eines Mannes, der die Hoffnung für sein Volk nicht preisgeben will.

In Röm 9 29 zitiert Paulus Jes 1 9 als Beleg dafür, daß Gott Israel nicht verworfen hat. Davon spricht Jesaja hier nicht; die Frage des Weiterbestandes bleibt bei ihm offen, so gewiß gerade von seinen Prämissen her nicht einzusehen ist, daß Jahwe sein Volk endgültig und total verwerfen könnte. Die christliche Gemeinde wird gut daran tun, die tiefe Sorge um die Zukunft des Gottesvolkes, welche aus diesen Worten spricht, nicht beiseite zu schieben und für die mahnende Stimme göttlicher Gerichte wach zu sein.

WAHRER UND FALSCHER GOTTESDIENST

(1 10–17)

Literatur Zur Metrik: KFullerton, The Rhythmical Analysis of Is 1, 10–20: JBL 38 (1919) 53–63. – JBegrich, Der Satzstil im Fünfer: ZS 9 (1933/34) 169–209, bes. 204–209 = GesStud 132–167.

Zum Problem Prophet und Kult (in Auswahl): WRBetteridge, „Obedience and not Sacrifice“, an Exposition of Isa 1, 18–20: The Bibl. World 38 (1911) 41–49. – MLöhr, Das Räucheropfer im Alten Testament: Schr. Königsbg. Gel. Ges. geisteswiss. Kl. 4/4 (1927). – CRNorth, Sacrifice in the Old Testament: ExpT 47 (1935/36) 250–254. – JBegrich, Die priesterliche Tora: ZAWBeih 66 (1936) 63–88. – PVolz, Die radikale Ablehnung der Kultreligion durch die alttestamentlichen Propheten: ZsTh 14 (1937) 63–85. – CLattey, The Prophets and Sacrifice, A Study in Biblical Relativity: JThSt 42 (1941) 155–165. – NHSnaith, The Prophets and Sacrifice and Salvation: ExpT 58 (1946/47) 152f. – HHRowley, The Prophets and Sacrifice: ExpT 58 (1946/47) 305–307. – NWPorteous, Prophet and Priest in Israel: ExpT 62 (1950/51) 4–9. – HWHertzberg, Die prophetische Kritik am Kultus: ThLZ 75 (1950) 219–226. – ACWelch, Prophet and Priest in Old Israel (1953). – RRendtorff, Priesterliche Kulttheologie und prophetische Kultpolemik: ThLZ 81 (1956) 339–342. – RHentschke, Die Stellung der vorexilischen Schriftpropheten zum Kultus: ZAWBeih 75 (1957). – RDobbie, Sacrifice and Morality in the Old Testament: ExpT 70 (1958/59) 297–300. – HGrafReventlow, Prophetenamt und Mittleramt: ZThK 58 (1961) 269–284. – EWürthwein, Kultpolemik oder Kultbescheid?: Festschr. AWeiser (1963) 115–131. – ACaquot, Remarques sur la fête de la „néoménie“ dans l'Ancien Israel: RHR 158 (1960) 1–18.

Text 10 Hört das Wort Jahwes,
ihr Fürsten von Sodom[a]!
Merk auf die Weisung unseres Gottes,
du Gomorrhavolk[a]!
11 Was soll mir die Menge eurer Schlachtopfer?
spricht Jahwe.
Ich bin satt[a] der Brandopfer an Widdern
und des Fettes der Tiere aus der Mast,
und das Blut der Jungstiere [und der Lämmer][b] und Böcke —
ich mag es nicht!
12 Kommt ihr, mein Antlitz zu sehen[a]
.....[b]
Wer hat solches von euch[c] verlangt,
so daß man meine Vorhöfe[e] zertritt[d]?
13 Bringt nicht länger Geschenke[a], die nichtig,
[b]Rauchopfer, die mir ein Greuel sind[b]!
Neumond, Sabbat, Festtage ausrufen[c]:
ich mag nicht Frevel[d] und Feiertag!
14 'Eure Feste'[a] und eure Versammlungen
sind mir tief verhaßt,

sind mir zur Last[b] geworden;
  ich bin müde, sie zu ertragen[c].
15Und breitet ihr eure Hände aus[a],
  verhülle ich meine Augen vor euch.
Auch wenn ihr noch so viel betet,
  ich höre es nicht.
Eure Hände sind voll Blut[b].
  16Wascht euch, reinigt euch[a]!
Entfernt die Bosheit eurer Taten,
  mir aus den Augen damit!
Hört auf, böse zu handeln,
  17lernt Gutes tun!
Fragt nach dem Recht,
  führt den Unterdrückten wohl[a]!
Verteidigt das Recht der Waise,
  führt der Witwe Sache zum Sieg!

10a V^{Qa} liest סודם und עומרה, s. zu 9b. – **11**a Zum präsentischen Sinn von 1 10. 11
שׂבעתי vgl. Joüon,Gr § 112a. – b וכבשׂים fehlt in 𝔊, die Kommentare schwanken
im Urteil; Procksch meint, das Wort dürfe nicht gestrichen werden, weil der
Vers sonst zu kurz sei. In Wirklichkeit ist dieser ohne Streichung des Wortes
überfüllt. Das Wort ist Zusatz eines Lesers, der Vollständigkeit in der Aufzählung erstrebte. – **12**a 𝔊: ὀφθῆναί μοι, es ist mit 1 MS לִרְאוֹת zu lesen (vgl. auch 𝔖 12
l^{e}meḥzâ 'appaj); das ni. ist bewußte Änderung, durch die vermieden werden
soll, daß vom Sehen Gottes gesprochen wird, da Jahwe doch unsichtbar ist,
bzw. wer ihn sieht, sterben muß, vgl. Ex 23 15 34 23f. Dt 16 16 31 11 1 S 1 22 Ps
42 3. – b Es scheint, daß ein Hemistich ausgefallen ist. – c „von euren Händen"
will nicht recht passen, wenn das vorangehende זאת Vorwegnahme von
רמס חצרי sein soll. Es ist darum vorgeschlagen worden, מֵאִתְּכֶם zu lesen. Aber
זאת bezieht sich wohl auf den ausgefallenen Halbvers, der etwa gelautet haben wird: „was bringt ihr viele Gaben mit?" – d Es wird vorgeschlagen, רוֹמְסֵי
für רְמֹס zu lesen. Möglich, aber notwendig ist diese Änderung nicht. V^{Qa}
liest לרמוס, was als Erleichterung zu beurteilen ist. – e 𝔊 für den Plural
חצרי: τὴν αὐλήν μου. Aber 2 Kö 21 5 und 23 12 sprechen von den beiden Vorhöfen des Tempels, und auch sonst ist öfters von den „Vorhöfen des Tempels"
bzw. „Jahwes" die Rede, indem man einen inneren (Ez 8 16 u.ö.) und einen
äußeren Hof (Ez 10 5 u.ö.) unterschied. – 𝔊 verbindet übrigens das Ende von
12 mit dem Anfang von 13: πατεῖν τὴν αὐλήν μου οὐ προσθήσεθε, worin ihr
auch moderne Ausleger folgen (Duhm, Gray, Eichrodt u.a.), aber dann bietet
die Übersetzung des folgenden הביא מנחת־שׁוא Schwierigkeiten, die man kaum
mit 𝔊 so beseitigen kann, daß man מנחה statt מנחת liest (ἐὰν φέρητε σεμίδαλιν,
μάταιον!). Die st.cstr.-Verbindung מנחת־שׁוא hat ihre Parallelen in שֵׁמַע שׁוא
Ex 23 1, עֵד שׁוא Dt 5 20, הַבְלֵי־שׁוא Jon 2 9 Ps 31 7 u.a., darf also an unserer
Stelle nicht aufgelöst werden. – **13**a Zu 𝔊 vgl. die vorangehende Anmerkung. – 13
b–b Viele folgen 𝔊 (θυμίαμα βδέλυγμά μοί ἐστιν), die קטרת als st.abs. versteht und
in תועבה das Prädikat sieht. Andere, so auch die Zürcher Bibel, fassen קטרת תועבה
als st.cstr.-Verbindung auf: „ein Greuelopfer ist es mir". Procksch will mit
Buhl קטרת streichen, weil das Wort den Fünfer überlaste. Aber muß es denn
ein Fünfer sein? In Wirklichkeit ist תועבה היא לי als Relativsatz zu verstehen,
der sich an קטרת anschließt (zum asyndetischen Relativsatz s. BrSynt § 146ff.;
LKöhler, Syntactica II: VT 3, 1953, 84f.). Dieser nimmt syntaktisch dieselbe

Stellung ein, wie שׁוא in 13aα. – c JMorgenstern (JBL 43, 1924, 315ff.) hält
קרא מקרא mit FSchwally (ZAW 11, 1891, 257) und Marti (z.St.) für eine In-
terpolation. Aber schon metrisch sind die beiden Wörter nicht zu entbehren, und
daß מקרא eine Abkürzung von מקרא קֹדֶשׁ sei, das erst nachexilisch ist, leuchtet
nicht ein. – d 𝔊 liest für און νηστεία, scheint also צום vorauszusetzen, worin
ihr viele Ausleger, neuerdings wieder Kaiser, gefolgt sind. 'A (ανωφελες), Σ
und Θ (αδικια) gehen mit 𝔐. Die textkritische Entscheidung hängt zusammen
mit der grundsätzlichen Beurteilung der Stellung Jesajas zum Kult (s. dazu
unten); bleibt און stehen, wird es schwierig, in Jesaja einen grundsätzlichen
Gegner des Kultes zu sehen. Es empfiehlt sich aber nicht, einer modernen Abwertung des Kultes zuliebe 𝔐 zu verlassen. Dazu kommt, daß das Fasten in
vorexilischer Zeit noch keine wichtige Rolle spielte, so daß es unwahrscheinlich ist, daß Jesaja es mit Festen und Opfern auf dieselbe Ebene gestellt hätte,
zumal auch die andern vorexilischen Propheten in ihrer Polemik gegen den
1 14 Kult das Fasten nicht erwähnen (vgl. hingegen Jes 58 3ff.). – **14**a Es wirkt
störend, daß zu Beginn von 14 wie am Anfang von 13b חֹדֶשׁ steht. Darum ist dem
alten, neuerdings wieder von Tur-Sinai (a.a.O. 156) aufgenommenen Vorschlag zu folgen, חדשׁיכם durch חגיכם zu ersetzen. חג steht oft neben מועד (s.
Hos 9 5 Ez 46 11). In Hos 2 13 und Ez 45 17 begegnen wir der sich eng mit unserer Stelle berührenden Reihe חג, חדשׁ, שׁבת und מועד; in Am 5 21 steht חג par.
mit עצרת. Diese Vorkommen erheben es beinahe zur Gewißheit, daß חג an
unserer Stelle nicht fehlen kann, zumal Jesaja das Wort sonst nicht meidet
(29 1 30 29). – b Zur Vokalisation ("לָ!) vgl. Joüon, Gr § 103c. – c Inf. cstr. als
Objekt vgl. Joüon, Gr § 124c (s. auch חדלו הרע in 16 und למדו היטב in 17). –
15 **15**a Zur Vokalisation von פְּרִשְׂכֶם vgl. Joüon, Gr § 61d Anm. 1. – b V^Qa fügt hinzu:
אצבעותיכם בעאון „eure Finger (sind) mit Schuld (befleckt)". Der Zusatz steht
vereinzelt da und geht auf einen Glossator zurück, der hier die Finger vermißte.
16 – **16**a הִזַּכּוּ wird in der Regel (s. Ges-K § 54 d, KBL) als hitp. von זכה aufgefaßt.
AMHoneyman (VT 1, 1951, 63ff.) will unter Versetzung des Akzentes das
Wort als imp. ni. von זכך auffassen, was dem Sinn nach insofern einen gewissen Unterschied ausmacht, als זכה ein forensischer Begriff ist, während זכך
wie רחץ der Sprache des Kults angehören (anders Tur-Sinai, a.a.O. 156). –
17 **17**a אשׁרו חמוץ ist problematisch. 𝔊 (ῥύσασθε ἀδικούμενον) faßt חמוץ als Passivum
auf (ebenso 'AΘ βλαπτομενον „den Geschädigten" und Σ πεπλεονεκτημενον
„den Übervorteilten", 𝔗 דאנים, 𝔖 *ṭelîmê* und 𝔙 oppressus). Man schlägt darum
vor, חָמוּץ zu vokalisieren (zur Bedeutung von חָמוֹץ s. PWernberg-Møller,
ZAW 71, 1959, 58). Die Frage ist nicht zu trennen von derjenigen nach dem
Sinn des vorangehenden Verbs אשׁרו. GRDriver (JThSt 38, 1937, 37) zieht das
aram. אשׁר pe. „stark sein", pa. „stärken" heran, aber diese aram. Wurzel
darf kaum für Jesaja vorausgesetzt werden, zumal אשׁר bei ihm sonst (3 12 9 15)
in der Bedeutung „führen" verwendet wird. Aus demselben Grund geht es
kaum an, אשׁר die Bedeutung „in Schranken weisen" zuzuschreiben oder mit
Rignell (a.a.O. 151) nach 𝔖 zu übersetzen: „Seid gut zu den Unterdrückten!",
indem man אשׁר mit אַשְׁרֵי „glücklich" zusammenstellt. Man hat also bei der
Übersetzung „gut führen" zu bleiben (Hertzberg „sich annehmen", Fohrer
„leiten", anders Kaiser und Eichrodt), wobei nach dem einhelligen Zeugnis
der Versionen חָמוֹץ in חָמוּץ zu ändern ist.

Form Die einleitende Formel von 10 läßt keinen Zweifel darüber, daß hier ein neues Wort einsetzt; ebenso klar ist, daß mit 18 eine neue Verkündigungseinheit beginnt. Dieselbe Abtrennung ergibt sich von der

Thematik her. Daran ändert die Erwähnung Sodoms und Gomorrhas in 10, welche diesen Vers mit 9 zu verknüpfen scheint, nichts. Zweifellos ist die Erwähnung dieser beiden Städte in 10 der Grund dafür gewesen, warum der Abschnitt an 9 angeschlossen wurde.

JBegrich hat versucht, in 10–14 durchgehend Fünfer zu lesen. Das bedingt bei ihm eine Reihe fragwürdiger Eingriffe in den Text. Zwar herrscht der Fünfer vor, und Schwierigkeiten in der Feststellung des Metrums dürften zum Teil auf Textbeschädigungen zurückzuführen sein. Aber grundsätzlich ist ein gleichmäßiges Versmaß gar nicht zu erwarten. In 10–12 liegen 7 Fünfer vor (bei Streichung von וכבשׂים in 11b und in der Annahme, daß in 12a nur der erste Hemistich einer Verszeile erhalten ist). In 13 scheinen 2 Siebener vorzuliegen, die langen Verszeilen veranschaulichen geradezu, wie schwer der aufgeblähte Kult- und Festbetrieb zu ertragen ist. In 14–16a folgen wieder Fünfer (ist 15a ein Doppeldreier?, möglicherweise ist מכם zu streichen). Den Abschluß bilden in 16b und 17 3 Doppelzweier, welche in ihrer Knappheit die Dringlichkeit der Forderungen wirkungsvoll herausstellen.

Wie in 1 2f. wird auch der vorliegende Abschnitt mit den Imperativen שׁמעו und האזינו eingeleitet, so daß es naheliegt, auch ihn als Gerichtsrede aufzufassen. Aber bei näherem Zusehen erheben sich Bedenken. Hier sind nicht „Himmel" und „Erde" angerufen, sondern „die Fürsten von Sodom" und das „Gomorrhavolk". Das aber sind nicht Zeugen im Prozeß; es handelt sich also (gegen LKöhler, Deuterojesaja stilkritisch untersucht, 1923, 112) nicht um einen „Zweizeugenruf". Trotzdem könnte eine Gerichtsrede vorliegen, nur daß in diesem Fall die Angeklagten angesprochen wären. Aber in 10 wird die Gottesrede als דבר־יהוה und תורת אלהינו bezeichnet, von denen auf alle Fälle der zweite Ausdruck sich nicht als Bezeichnung einer Anklagerede eignet. Inhaltlich wird in diesem Jahwewort nicht auf Bundesbruch geklagt, und die für die Gerichtsrede charakteristische Topik fehlt (שׁפט, משׁפט vgl. 5 3 3 14, דין 3 13 Dt 32 36, ריב 3 13 Mi 6 1, יכח 1 18 Mi 6 2). Es wird nicht Gericht gehalten, sondern Unterweisung erteilt, und zwar darüber, was Jahwe überdrüssig ist, was er nicht ertragen kann, andererseits darüber, was er von der Kultgemeinde erwartet.

Der von HWWolff (Hosea: BK 14/1, 122f.) für Aufrufe wie in 1 10 vorgeschlagene Terminus „Lehreröffnungsformel" trifft hier (im Unterschied zu Jes 1 2) den Sachverhalt gut. Jesaja verwendet in 28 23 eine ähnliche, allerdings viergliedrige Formel, dort eindeutig zur Einführung einer Belehrung, die von der Welt der Weisheit her zu verstehen ist. Formeln dieser Art dienen auch sonst zur Einleitung von Instruktionen der Weisheitslehrer: Prv 4 1 7 24 Hi 33 31 34 2 Ps 49 2. Schon Amen-em-ope fordert seinen „Sohn" auf: „Gib (mir) deine Ohren (vgl. hebr. האזין von אזן „Ohr") und höre, was ich sage", und was beim Weisen zu vernehmen ist, wird als „Lehre für das Leben", „Unterricht zum Heil" vorgestellt (AOT² 38f., ANET² 421). Auch thematisch ist Opferkritik im Raum der Weisheit nicht unmöglich, und zwar nicht nur in Israel, sondern schon in Ägypten: „Mache deinen Sitz im Westen schön und dein Haus in der Totenstadt herrlich durch Rechtschaffenheit und Tun des Rechten, dies ist es, worauf das Herz eines Mannes sich verlassen kann. Die Sinnesart des recht Gesinnten wird eher angenommen als das Rind des Unrecht Tuenden" (Lehre für Merikarê, Z. 127–129; AOT² 35, ANET² 417), ein Wort, das an Prv 21 3.27 Qoh 4 17 (aber auch an 1 S 15 22 und Hos 6 6) erinnert. So spricht vieles dafür, daß Jesajas Opferkritik in der Chokma ihre Wurzeln hat. Auch תועבה (13) ist ein Lieblingsausdruck der Weisheit, der ausgerechnet in Sprüchen, die das Opfer in Frage stellen, vorkommt (s. Prv 15 8 und 21 27). Andererseits ist aber dieses selbe תועבה auch ein typischer Begriff der Kultsprache (z.B. Dt 17 1: ein unvollkommenes Opfer ist Jahwe „ein Greuel", s. auch Dt 18 9.12 u.ö. Lv 18 22.26.27.29.30 20 13 Ez 18 12.13.24 u.ö.). תועבה היא (Lv 18 22), erweitert תועבת יהוה אלהיך (Dt 7 25 17 1 18 12 22 5 23 19 u.ö.) scheint geradezu eine im Kult verwendete deklaratorische Formel zu sein, die bei der Ablehnung kultisch nicht einwandfreier Opfer zu verwenden war (zu solchen Formeln s. GvRad, Die Anrechnung des Glaubens zur Gerechtigkeit: ThLZ 76, 1951, 129–132 = GesStud 130–135; ferner WZimmerli, Ezechiel: BK 13, 410). Noch deutlicher führt uns die Bezeichnung des Jahwewortes als תּוֹרָה in die priesterliche Sphäre (s. Dt 17 11 33 10 Jer 18 18 Hos 4 6 Hag 2 11), obwohl auch die Weisheit תורה erteilen kann (s. Prv 3 1 6 20 31 26 u.ö. und JFichtner, Die altorientalische Weisheit in ihrer israelitisch-jüdischen Ausprägung: ZAWBeih 62, 1933, 82f.), aber offensichtlich doch erst in ihrer jüngeren Ausgestaltung, in welcher die Bereiche von Weisheit und Kult nicht mehr scharf getrennt sind. In den Bereich kultischer Bestimmungen weist schließlich auch die Aufforderung, sich zu „waschen" und zu „reinigen".

Es sind offensichtlich Beziehungen zur Welt der Chokma wie zu derjenigen des Kultes vorhanden. Da aber der Abschnitt beansprucht, תורה zu sein, und die einzelnen Termini doch stark in der Sprache des Kultes verwurzelt sind, hat man im vorliegenden Prophetenwort grundsätzlich eine priesterliche Thora zu sehen. Die Gattung ist aber in der Verwendung durch den Propheten vollständig modifiziert, so daß man nicht zu Unrecht von prophetischer Thora spricht (s. OEißfeldt, Einleitung in das Alte Testament, ³1964, 415). Jesaja kennt den Begriff תּוֹרָה auch sonst: 2 3 par. zu דבר־יהוה, 5 24 par. zu אִמְרָה, 8 16 par. zu תְּעוּדָה, ebenso 20, ferner 30 9 (Hos 8 1 par. zu ברית; vgl. auch 8 12 und das Verbum הוֹרָה in Jes 2 3 [9 14] 28 9.26). Dies relativ häufige Vorkommen zeigt, daß Jesaja sein prophetisches Amt weithin in Analogie zu dem eines priesterlichen bzw. weisheitlichen Lehrers aufgefaßt hat, während das Zurücktreten der Vokabel bei den anderen Propheten vermuten läßt, daß sie Wert darauf legten, nicht mit einem Priester oder Weisheitslehrer verwechselt zu werden. Doch ist auch bei Jesaja durch die Parallelbegriffe der prophetische Anspruch scharf genug gewahrt.

Jesaja muß dieses Wort anläßlich einer öffentlichen Versammlung ge- Ort
sprochen haben, bei welcher Stadtoberhäupter und Volk zugegen waren. Da von der Menge der Opfer, vom Zertreten der Vorhöfe Jahwes, von Festversammlungen und vom Beten gesprochen wird, wird es eine offizielle kultische Feier gewesen sein, wobei es angesichts der vielen Opfer und Gebete, gegen die sich der Prophet richtet, naheliegt, an einen Bußtag zu denken. Da amoseische und hoseanische Gedanken anklingen, mag der Abschnitt aus Jesajas Frühzeit stammen. Andere allerdings vermuten, daß die in 4–9 dargestellte Situation den Hintergrund auch dieses Stückes bilde, da gerade Notzeiten die kultische Betriebsamkeit auf hohe Touren trieben (s. Betteridge a.a.O.).

Führer und Volk sind gemeinsam zu unterrichten. קָצִין gehört zu- Wort 1 10
sammen mit arab. *qāḍin* „Richter", welches von *qaḍā* abzuleiten ist, einem Verb, das „richten", aber auch allgemeiner „bestimmen, entscheiden" oder „durchführen, verrichten" heißt. In Jos 10 24 Ri 11 6. 11 und Dan 11 18 sind militärische Führer gemeint, bei Jesaja aber (s. noch 3 6f. 22 3) Magistraten der Stadt (bei Micha, 3 1. 9, die verantwortlichen Leiter des Volkes überhaupt). „Sodomfürsten" und „Gomorrhavolk" scheinen das verwerfliche Verhalten der Bewohner dieser Städte auch den Bürgern Jerusalems zuschreiben zu wollen. Da zur Zeit Jesajas, wie oben (zu 1 9) ausgeführt wurde, wohl Überlieferungen über diese Städte bekannt waren, die sich mit dem, was in Gn 18f. erzählt wird, nicht decken, kann es sein, daß Jesaja konkretere Anspielungen machen will, als wir zu erkennen vermögen, etwa darauf, daß man dort wohl Opfern und Festen mit großem Eifer oblag, sich aber um seine sozialen Pflichten nicht kümmerte. Da aber nach den alttestamentlichen Belegstellen bei der Erwähnung der beiden Städte dem Hörer immer sofort die Erinnerung an ihre Vernichtung präsent gewesen sein muß, will die Anrede auf alle Fälle die Gefahr ins Bewußtsein rufen, die über Jerusalems Zukunft schwebt. Am Schicksal der beiden Städte wird im Alten Testament exemplarisch der Ernst des göttlichen Gerichts belegt (vgl. noch im Neuen Testament Lk 10 12 2 Petr 2 6 Jud 7 u.a.).

Die kritische Stellung zum Opfer ist, so gewiß nach dem oben Gesagten auch Verbindungslinien zur Weisheit festzustellen sind, schon früh bei Verfechtern des Glaubensgutes der Amphiktyonie wach geworden (1 S 15 22, s. dazu AWeiser, I Samuel 15: ZAW 54, 1936, 1–28). Nach Ps 50 8ff. gehörte eine Stellungnahme zum Opfer zu den Themata der Gerichtsverhandlung beim Bundesfest. Amos (5 25) und Jeremia (7 22) können die Meinung vertreten, daß Israel zur Zeit des Auszuges nicht geopfert habe. Das ist, historisch beurteilt, eine kühne Behauptung, aber jedenfalls ein Beweis dafür, wie tief schon zur Zeit des Amos die

Betreuer der amphiktyonischen Überlieferung davon durchdrungen waren, daß Hekatomben von Opfern kein Beweis für Bundestreue seien (in Hos 6 6 wird die Darbringung von Opfern dem חסד entgegengesetzt, wobei im folgenden Vers bezeichnenderweise von der Übertretung des Bundes geredet wird).

Lehnt Jesaja Opfer und kultische Frömmigkeit prinzipiell ab, wie immer wieder behauptet worden ist (so neuerdings wieder ausführlich Hentschke a.a.O. 94–103)? Davon kann keine Rede sein. Das beweist erstens die konstante Verwendung des Suffixes כם –: eure Opfer, von euren Händen, eure Feste, eure Versammlungen, das Ausbreiten eurer Hände. Was hier Jesaja sagt, liegt zunächst durchaus auf der Ebene dessen, was auch ein Priester bei der Erteilung einer Thora sagen konnte. Gerade nach antiken Anschauungen ist das Opfer keineswegs eine Gabe an die Gottheit, die von ihr unter allen Umständen angenommen wird. Entspricht es nicht bestimmten Vorschriften, so ist es eine מנחת־שוא bzw. eine תועבה (Dt 17 1, vgl. auch Ex 8 22 2 Ch 28 3). Wie das Opfer, so muß auch der Priester bestimmten Ansprüchen genügen, wenn seine Gabe Gottes Wohlgefallen finden soll; Aaron und seine Söhne müssen gewaschen werden (רחץ), um ihren Dienst legitim versehen zu können (Lv 8 6), und ebenso sollen die Leviten sich reinigen lassen (טהר) und ihre Kleider waschen (כבס, s. Nu 8 6ff.), bevor sie die Weihe empfangen. Kultische Handlungen, bei denen nicht die vorgeschriebenen Regeln eingehalten werden, sind wirkungslos. Wie ein Priester im einzelnen Fall statuieren muß, daß ein Opfer inakzeptabel sei, so erklärt Jesaja in analoger Weise, daß „eure" Opfer und Feste Jahwe ein Greuel sind. Damit sind die Opfer an sich aber nicht abgelehnt. Zweitens: was Jesaja offensichtlich besonders mißfällt, ist die Plerophorie kultischer Frömmigkeit. Wo man der Auffassung ist, daß das Opfer ex opere operato wirksam sei, muß man der Illusion erliegen: je mehr, desto wirksamer, je „fetter" (s. מְרִיאִים), desto angenehmer bei Gott (zum Opferbetrieb im jerusalemischen Tempel s. etwa 2 Kö 16 15ff.). Wenn Jesaja hier sein scharfes Nein ausspricht, dann entlarvt er die magische Opferauffassung als gefährliche Illusion. Aber Opfer und Feste sind damit keineswegs grundsätzlich verworfen. Diese Auffassung ist dadurch gesichert, daß Jesaja auch das viele Beten (15b) auf eine Linie mit der Menge der Opfer und der großen Zahl der Feste stellt. Auch das Beten gehört zum „Kult"; davon, daß Jesaja es prinzipiell in Frage stellen wollte, kann natürlich keine Rede sein. Drittens liegt der Schlüssel zum Verständnis des Abschnittes in der Feststellung: „Ich mag nicht Frevel und Feiertag." Was Jesaja ablehnt, ist damit eindeutig Gesinnung und Treiben der Menschen, die sich zum Fest versammeln. „Es handelt sich also in der Polemik der Propheten darum, ob der Bundesbruch durch Opfer geheilt werden kann oder ob sie (scil. die Opfer) nur unter der Voraussetzung des intakten Bundesverhältnisses einen Sinn haben, nicht aber um die Ersetzung des Kultus durch Moral" (Eichrodt, TheolAT I, 103 Anm. 348). Wie versucht wird, durch Manipulationen am Text dieser Auffassung auszuweichen, ist etwa bei Marti (z.St.) nachzulesen. Demgegenüber sei auf die Ausführungen in den Kommentaren von Fischer, Kissane, Hertzberg (s. auch dessen Artikel: Die prophetische Kritik am Kult: ThLZ 75, 1950, 219–226), Steinmann, Herntrich, Ziegler, Fohrer, Kaiser u.a. verwiesen; s. ferner Rignell a.a.O. 147ff.; HHRowley, ExpT 70 (1958/59) 341f. (gegen RDobbie, ebenda 297ff.).

11 nennt die beiden hauptsächlichen Opferarten זבח und עלה (so 1 11
auch 1 S 15 22 Hos 6 6 u.ö., zu den Begriffen für das Opfer s. Köhler, TheolAT 172ff.). Der זבח ist das Mahlopfer, in dessen Verlauf Gottheit und Kultgenossen zusammen das betreffende Tier verzehren. Das Schlachtopfermahl gehört von Haus aus zur Hirtenkultur der Steppe. „Durch ihre Teilnahme am זבח stellt sich die Gottheit gleichsam schützend zwischen die noch irgend mögliche Tierrache und die schlachtende Hirtenfamilie" (so VMaag, VT 6, 1956, 16). Israel hat also den זבח aus seiner nomadischen Vergangenheit mitgebracht, so gewiß sich nach der Seßhaftwerdung Verschiebungen in seinem Verständnis vollzogen haben, und zwar im Sinn einer Angleichung an das Verständnis des Brandopfers, bei dem das ganze Tier der Gottheit auf dem Altar verbrannt wird. Eine עלה kann sich ein Hirte in der Steppe kaum leisten, im Kulturland aber ist man reich genug, ganze Tiere der Gottheit übergeben zu können. Der ursprüngliche Sinn des Brandopfers ist zweifellos die Speisung der Gottheit, um ihr Lebenskräfte zuzuführen (vgl. etwa Gilgameschepos 11, 160, aber auch die Bezeichnung לֶחֶם אלהים, die sich bei Ezechiel, Maleachi und in der Priesterschrift findet, ferner die Ablehnung des Gedankens, als bedürfe Jahwe der Opfer als Speise in Ps 50 12ff., schließlich die Verwendung des Verbums שׂבע im vorliegenden Abschnitt, wenn seine Bedeutung nun auch im Sinn von „überdrüssig sein" abgewandelt ist). Die עלה gehört von Haus aus schon zur Ackerbaukultur und ist von Israel beim Hineinwachsen in die kanaanäische Welt übernommen worden. Dabei vollzog sich zweifellos im Lauf der Zeit eine Uminterpretation, indem das Bekenntnis zur Machtfülle Jahwes den Gedanken der Stärkung der Gottheit bzw. der Zufuhr von Lebensenergie als völlig inadäquat erscheinen lassen mußte. Und ebenso ertrug das Wissen um die Freiheit Jahwes, der als Partner in einem Bundesverhältnis gedacht war, das nach dem Suzeränitätsvertrag ausgestaltet wurde, kein Einwirken auf die Gottheit durch magische Riten mehr. Welche Vorstellungen des Genaueren die Zeitgenossen Jesajas mit dem Opfer verbanden, ist schon darum nicht leicht auszumachen, weil es zweifellos keine einlinige Opfertheorie gab. Die unterschiedslose Verwendung von זבח und עלה beweist, daß der ursprüngliche Sinn der beiden Opferarten weitgehend verwischt

war. Wo Opferkritik laut wird, fallen immer beide Opferarten unter dasselbe Verdikt. Ihren konkreten Sinn bekommen die Opfer erst durch den Anlaß, bei dem sie dargebracht werden. Wenn Klagepsalmen des Einzelnen wie des Volkes von Opfern reden, so sollen sie offensichtlich die Gottheit günstig stimmen (Ps 4 6 20 4 54 8). Man opfert aber auch, wenn man Jahwes Hilfe erfahren hat (s. Ps 107 22 116 17, 27 6 זִבְחֵי תְרוּעָה „Opfer unter Festjubel“, vgl. HJKraus, Psalmen: BK 15/1 zu Ps 27 6), also zweifellos Opfer, durch welche der Dank bekundet werden soll, wobei aber im Hintergrund der Gedanke stehen mag, sich Gott im Blick auf die Zukunft für die Erfüllung der eigenen Wünsche geneigt zu machen. – Einen Hinweis auf das Verständnis des Opfers gibt an unserer Stelle der Oberbegriff מִנְחָה, unter den in 13a die verschiedenen Opferarten subsumiert werden. Das Wort wird auch im profanen Bereich verwendet, und zwar im Sinn von Huldigungsgabe, vorab eines Geringeren, der sich dadurch die Gunst eines Höhergestellten sichern will (vgl. Gn 32 14–16 43 11 Ri 3 15 u.ö.). Zugleich bezeichnete מנחה früh schon das Opfer (Gn 4 3–5 Ri 13 19.23 1 S 2 17 26 19 Am 5 22.25), ohne doch auf den Spezialsinn der späteren Zeit, „Zerealienopfer“, eingeengt zu sein, was gewiß auch von der vorliegenden Stelle gilt. Damit ist der Sinn des Opfers nach dem Verständnis der Zuhörer Jesajas wenigstens in einem allgemeinen Rahmen zu definieren als Gabe an die Gottheit, um sich deren Gunst zu sichern. Der Zusatz שוא zu מנחה aber sagt, daß diese Absicht durch Opfer nicht zu erreichen ist.

Jesaja lehnt sich in 11 offensichtlich an bereits geprägte Formen der Opferkritik an. Die Übereinstimmung mit 1 S 15 22 החפץ ליהוה בעלות וזבחים כשמע בקול יהוה הנה שמע מזבח טוב להקשיב מחלב אילים ist frappant. Daß hier wie dort „Brandopfer“ und „Schlachtopfer“ nebeneinanderstehen, verwundert zwar nicht; daß aber an beiden Stellen der חלב der Opfertiere erwähnt wird, kann nicht Zufall sein, auch nicht die Verwendung der Wurzel חפץ (s. auch Hos 6 6), für die das Alte Testament in solchen Zusammenhängen sonst רצה bzw. רצון verwendet (Ps 40 14 50 18 51 18 [רצה und חפץ] Am 5 22 Hos 8 13 Mi 6 7 Jer 6 20). Also nicht nur das Wissen um die Fragwürdigkeit der Opfer war Jesaja vorgegeben, sondern bereits geläufige Formulierungen, in denen man davon sprach.

Vom „Fett“ der Opfertiere hat schon Abel geopfert. Es ist derjenige Teil des זבח (bzw. זבח שלמים), der für Jahwe verbrannt wird, und zwar wird unterschieden zwischen dem Fett, das die Eingeweide bedeckt, und dem Fett um Nieren und Leber (Lv 3 3ff., vgl. 4 8ff. 7 3ff. u.a.); Lv 4 26 spricht ausdrücklich vom חֵלֶב זבח. Ist vom „Fett“ die Rede, liegt es nahe, auch das „Blut“ zu nennen (vgl. Ex 23 18 „Blut des Schlachtopfers und Fett des Festopfers“, ferner Ez 44 7.15 u.a.). Ausdrücklich bestimmt Lv 3 17 als „immerwährende Satzung von Geschlecht zu Geschlecht in allen euren Wohnsitzen: Ihr sollt nie und nimmer Fett und Blut essen". (Wenn uns auch die betreffenden Opfergesetze erst aus der Priesterschrift bekannt sind, so waren sie doch offensichtlich schon zu Jesajas Zeiten in Kraft.) Das Blut bringt man Gott darum dar, weil es Sitz des Lebens, ja das Leben selbst ist (Gn 9 4). Überläßt man es der Gottheit, ist man gegen die Rache des Schutzgeistes der Tiere gefeit. Aber natürlich hat sich auch hier die ursprüngliche Sinngebung im Lauf der Zeit verschoben. Da andere Völker in der Umgebung Israels das Bluttrinken als Bestandteil des Kultes, aber auch als Mittel zur Hervorrufung ekstatischer Weissagung oder auch orgiastischen Einswerdens mit der Gottheit kennen (s. Eichrodt, TheolAT I, 79), dürfte das Verbot jeglichen Blutgenußes auch aus der Abwehr fremder Kulte zu begreifen sein.

Als Opfertiere werden Widder, Masttiere, Jungstiere, Böcke genannt. Rind, Schaf und Ziege sind tatsächlich die wichtigsten opferbaren Tiere. Daß in dieser Liste aber auch die „Masttiere" erscheinen (s. auch Am 5 22), hat seinen guten Sinn: Es muß dem Propheten besonders anstößig gewesen sein, daß man glaubte mit dem Mästen der Opfertiere vermehrten Einfluß auf Jahwe gewinnen zu können. 1 S 15 22 sagt nur „Fett der Widder", Jesaja setzt einen schärferen Akzent. (Vgl. KAT^3 595 A. 1).

In Scharen strömt das Volk in den Tempel, um „das Angesicht Gottes 1 12
zu sehen". ראה את פני אלהים ist terminus technicus für den Besuch des Heiligtums, was, wie Ex 23 15 34 23f. Dt 16 16 zeigen, anläßlich der großen Jahresfeste geschah (vgl. FNötscher, Das Angesicht Gottes schauen, 1924). Die Wendung muß in einer Welt entstanden sein, in der man ins Heiligtum ging, um dort ganz wörtlich den Gott, nämlich in seiner Verkörperung durch das Bild, zu sehen; sie entspricht denn auch der akkadischen Formel *amāru pān ili*. Im bildlosen Kult der Jahwereligion hat sie sich gehalten, weil auch Israel die Gegenwart Gottes im Heiligtum als höchst real empfunden hat. Die Punktation von 𝔐 andererseits läßt erkennen, wie skrupulös man in späterer Zeit in der Verwendung solch bildlicher Redensarten geworden ist. – Gewiß ist es nicht die Meinung Jesajas, daß man überhaupt nicht mehr „das Angesicht Gottes schauen" sollte. Es ist auch hier, wie vermutlich der ausgefallene Hemistich hätte deutlicher werden lassen, die das sinnvolle Maß überbordende Häufigkeit von kultischen Begehungen, worauf der Prophet zielt. Die „Vorhöfe" Jahwes werden geradezu durch die große Zahl der Besucher „zerstampft".

Daß wir mit dem eben Gesagten richtig gedeutet haben, beweist das 13a
לא תוסיפו in 13a. Es fällt auf, daß nach dem Sammelbegriff מִנְחָה (s. oben) noch eine besondere Opferart, die קטרת, erwähnt wird. Das wird seinen Grund darin haben, daß das Rauchopfer als besonders anstößig hervorgehoben werden soll. Das Verdikt תועבה, das über dieses gefällt wird, ergeht mit Vorliebe über heidnische Kultgegenstände oder Kultge-

bräuche (Dt 7 25f. Götterbilder, Dt 18 9 Wahrsagerei, s. ferner Dt 20 18 u.ä.) und ist härter als die bisher gefallenen Negationen. Wie die Funde aus Megiddo, Beth-Schean, Geser, *tell bēt mirsim* u.a. bezeugen, war das Rauchopfer im kanaanäischen Bereich sehr verbreitet und beliebt (s. dazu GEWright, Biblical Archaeology, 1957, 70ff), so daß es wohl verständlich ist, daß das Urteil Jesajas bzw. Jahwes so scharf lautet; es ist wirklich ein heidnischer „Greuel", den Israel übernommen hat.

Unter קטרת ist nicht der Opferrauch zu verstehen, sondern das „Räucherwerk", d.h. im Opferfeuer verbrannte Riechstoffe. Das hohe Alter dieser Opferart bezeugt 1 S 2 28 und Dt 33 10. Jer 6 20 nennt mit Schlacht- und Brandopfern zusammen „Weihrauch aus Saba" und „Würzrohr aus fernem Land" (vgl. auch Jes 43 23f.). Rauchopfer kamen also teuer zu stehen, sind aber gewiß ebendarum für besonders wirksam gehalten worden. Nach 1 Kö 7 48 (s. auch 1 Makk 1 21) gab es bereits im salomonischen Tempel neben dem Schaubrottisch einen goldenen Altar, der als Räucheraltar diente. Man hat die Richtigkeit dieser Notiz bezweifelt, aber durch Jes 6 6 ist ein Altar für Rauchopfer im vorexilischen Tempel sichergestellt (zum Räucheraltar in der „Stiftshütte" s. Ex 30 1ff., archäologische Abbildungen in BRL 19, AOB[2] Abb. 466f., ANEP Abb. 575ff., vgl. ferner Löhr a.a.O. und FNötscher, Biblische Altertumskunde, 1940, 296ff., MHaran, The Uses of Incense in the Ancient Israelite Ritual: VT 10, 1960, 113–129).

1 13b In 13b und 14 folgt die Liste der Feste. Schade, daß nur zwei mit Namen genannt sind, Neumond und Sabbat. Sie gehören zusammen, weil sie regelmäßig im Jahresablauf wiederkehren. Auch in 2 Kö 4 23 Am 8 5 Hos 2 13 und Jes 66 23 werden sie nebeneinander erwähnt. Daraus darf aber, beim Fehlen diesbezüglicher Hinweise im Alten Testament, nicht geschlossen werden (so KMarti, Geschichte der israelitischen Religion, [5]1907, 54), daß auch der Sabbat von Haus aus ein Mondtag, nämlich der des Vollmondes, gewesen sei. Wir haben keinen Grund anzunehmen, daß der Sabbat nicht auch schon zu Jesajas Zeiten der siebente Tag der Woche und vom Mondlauf und den Mondphasen unabhängig war. Über den Charakter dieses Feiertags läßt sich auch unserer Stelle nichts entnehmen. Da der Sabbat erst nach dem Neumondfest genannt wird, kann er kaum schon die überragende Bedeutung gehabt haben, die ihm später zukam. Aus Am 8 5 geht aber hervor, daß bereits zu Jesajas Zeit an diesem Tag (wie übrigens auch am Neumond) die Arbeit ruhte (vgl. auch Ex 34 21 2 Kö 4 23 und 11 5. 7. 9, zum Sabbat s. RdeVaux, Les Institutions de l'AT II, 1960, 371ff. und 456f., zum Neumondfest s. HJKraus, Gottesdienst in Israel, [2]1962, 96f.). – Vom Neumondfest erfahren wir im Alten Testament nur wenig. Nach 1 S 20 6 findet an ihm das Jahresfest einer Sippe statt. Er ist nach Ez 46 1–7 und Nu 28 11–15 mehr als der Sabbat (Nu 28 9–10) durch Opfer ausgezeichnet. In Israel ist er natürlich als Jahwetag gefeiert worden, in dessen Umwelt hingegen als Tag des Mondgottes Jarich. In den Texten von Ras Schamra wird der

ym ḥdṯ erwähnt, „der Tag, an dem der Mond sich erneuert" (III D I 9; vgl. ferner für Ugarit: JGray, The Legacy of Canaan: VTSuppl 5, 1957, 180ff., für Palästina: den Namen Jericho, den man doch wohl von dem des Mondgottes nicht trennen darf). Die Riten des Neumondtages galten zweifellos der Förderung der Fruchtbarkeit, vielleicht daß an ihm der ἱερὸς γάμος vollzogen wurde (s. GBoström, Proverbiastudien, 1935, 135f. und HWWolff, Hosea: BK 14/1 zu 2 13), jedenfalls haftete gerade an ihm kanaanäisches Ideengut.

Es folgen die Festtage, die „ausgerufen" werden. Man kann ein Fasten ausrufen (1 Kö 21 9. 12 Jer 36 9 Jon 3 5 Esr 8 21 2 Ch 20 3), eine עֲצָרָה (Jl 1 14 2 15) oder einen מוֹעֵד (Lv 23 2. 4. 37). Das Verbum קרא wird gelegentlich absolut im Sinn von „ein Fest ausrufen" verwendet (Lv 23 21), aus welchem Gebrauch sich für מקרא die Bedeutung „Festtag" leicht verstehen läßt (vgl. dazu EKutsch, ZAW 65, 1953, 247–253). In der Kultgesetzgebung werden bestimmte Feste als מקרא קדש, „heiliger Festtag", hervorgehoben, wobei „heilig" heißen will, daß an einem solchen Tag jegliche Arbeit zu unterbleiben hat. Vermutlich war der Ausdruck מקרא zunächst auf Feiertage beschränkt, die nicht regelmäßig nach dem Kalender wiederkehren, wie z.B. Bußtage bei besonderer Landesnot. Noch an der vorliegenden Stelle dürfte es nicht anders sein. Auch das parallele עצרה kann für Feiern verwendet werden, die man ad hoc anberaumt (s. 2 Kö 10 20 Jl 1 13f.). – Da die Grundbedeutung des Verbums עצר „zurückhalten" ist, dürfte עצרה bzw. עצרת „(Tag der) Zurückhaltung von der Arbeit" bedeuten (wozu Lv 23 36 Dt 16 8 und Nu 29 35, wo an solchen Festtagen die Arbeit ausdrücklich untersagt wird, zu vergleichen ist). Das wird dadurch bestätigt, daß נֶעְצַר „feiern" im Doppelsinn des deutschen Wortes sowohl desistere ab opere als auch celebrare heißen kann (s. 1 S 21 8, vgl. EKutsch, VT 2, 1952, 57–69).

Es wurde bereits dargelegt, daß die Zusammenstellung von אָוֶן und עצרה für die Deutung des Abschnittes entscheidend ist. Wie SMowinckel (Psalmenstudien I, 1921, 1–58) und JPedersen (Israel I–II, 1926, 431) gesehen haben, ist אָוֶן mit און „Kraft", speziell „Zauberkraft" („magic power") verwandt. Gewiß ist diese ursprüngliche Bedeutung des Wortes bei Jesaja verblaßt, aber sie wirkt doch noch nach; אָוֶן ist das Böse als unheimliche, sich mit zerstörender Gewalt auswirkende Macht, auch der unheilschwangere Gedanke, der aus dem bösen Herzen kommt (Prv 6 18, vgl. Ps 66 18 Jes 32 6 Ez 11 2 Ps 55 11). Dem Frevler liegt און rasch auf der Zunge (Prv 17 4), der Gottlosen Mund läßt און sprudeln (Prv 19 28 Ps 10 7). Der Begriff gehört nicht zum Wortfeld der Bundestradition, sondern scheint Jesaja aus der Welt der Weisheit zugeflossen zu sein. Er gibt jedenfalls dem jesajanischen Verständnis der Sünde gegenüber פשע, aber auch עון und חטא einen wesentlich neuen Aspekt: Es ist die frevlerische Gesinnung, welche die menschliche Gemeinschaft, die nur auf Vertrauen beruhen kann, zerstört. Ein Festbetrieb, bei dem און seine Blüten treiben kann, muß Jahwe unerträglich sein. – לא אוכל steht zweifellos prägnant für לא אוכל לשאת o.ä., vgl. Jer 44 22 und Hab 1 13.

1 14 14 bietet zwei weitere Bezeichnungen für Feste, um Fülle und Vielfalt der Begehungen an den Heiligtümern zu unterstreichen. Die חגים und die מועדים meinen die großen Jahresfeste. Der Wurzel חגג scheint die Grundbedeutung „springen, tanzen“ anzuhaften (s. Ps 107 27 und 1 S 30 16), so daß der חג zunächst den Kulttanz, dann aber, als pars pro toto, das Kultfest in seiner Gesamtheit bezeichnet (vgl. die ähnliche Entwicklung des arab. *ḥağğ*). Im alttestamentlichen Sprachgebrauch dient das Wort schon in den alten Festkalendern als Bezeichnung des Mazzen-, Wochen- und Herbstfestes (s. Ex 23 15–18 34 22.25 Dt 16 10–16). In Ri 21 19ff. ist der חג יהוה eindeutig das Herbstfest (s. auch in 1 Kö 12 32 Jes 30 29). Gern wird mit חג zusammen der מועד genannt; beide sind später faktisch Synonyma geworden. Der Grundbedeutung der Wurzel יעד gemäß heißt das Wort zunächst „Ort (oder Zeit), da man sich trifft“, dann „der verabredete Zeitpunkt“ oder „Termin“ und schließlich „die Festzeit“. Die Feste sind die jährlich wiederkehrenden Fixpunkte, nach denen man die Zeit einteilt. In den alten Festkalendern kommt das Wort zwar bereits vor, aber erst in der Bedeutung „bestimmte Zeit“ (Ex 23 15 34 18 Dt 16 6). Aber schon Hosea kennt das Wort als „Festtag“ (9 5), wenn er es daneben auch noch im alten Sinn verwendet (2 11 12 10). Die Bedeutung „Fest“ ist also zur Zeit Jesajas erst im Entstehen begriffen, und es wird kein Zufall sein, daß sie bei Amos noch fehlt.

Diese Feste „haßt“ Jahwe, genauer Jahwes נפש. Die נפש als Sitz der Vitalität des Individuums umfaßt auch dessen Begehren und Triebhaftigkeit und ist Träger der Affekte (s. Eichrodt, TheolAT II/III, 87ff.). שנא ist der stärkste der Ausdrücke, mit denen der Prophet die Reaktion Gottes auf Jerusalems Kultbetrieb beschreibt. Er verwendet das Wort nur hier und lehnt sich offensichtlich an traditionelle Formulierungen an: „Ich hasse, ich verschmähe eure Feste (חגיכם) und mag nicht riechen eure Feiertage“, sagt Amos (5 21, vgl. Hos 9 15, Jer 12 8 44 4 u.ö.). Schon im Baalzyklus von Ras Schamra ist aber zu lesen: *hm . tn . dbḥm . šn'a . b'l . tlt . rkb . 'rpt . dbḥ – btt . wdbḥ . dnt . wdbḥ . tdmm . 'amht*: „Wahrlich, zweierlei Gastmähler (Opfer) haßt Baal, ein drittes der auf Wolken Einherfahrende, (nämlich) ein Gastmahl der Schande und ein Gastmahl des Zwistes und ein Gastmahl, (auf dem) die Mägde (etwas) zu tuscheln haben“ (II AB III 17–21, Übersetzung nach JAistleitner, Die mythologischen und kultischen Texte aus Ras Schamra, 1959). Auch שנא ist also längst vor den Propheten für die Diskriminierung von Opfern oder Kultbegehungen, welche die Gottheit nicht als qualifiziert ansehen kann, verwendet worden. Die kultische Sprache Israels bedient sich des Wortes wiederum häufig in der Polemik gegen kanaanäische Formen der Gottesverehrung. Die heidnischen Kultsitten Dt 12 31, die Mazzeben 16 22 u.ä. sind Jahwe verhaßt. Es mußte schockierend wirken, wenn Jesaja und mit ihm andere Propheten kündeten, daß Jahwe als legitim erachtete kultische Handlungen Israels genauso „haßt“ wie den illegitimen Götzenkult. Die Kultpolemik ist damit in den Horizont des ersten Gebotes gerückt – man wird das „unser Gott“ von 10b in diesem Zusammenhang zu bedenken haben.

Was Jesaja also zunächst in Aufnahme traditioneller Wendungen ausgesprochen hat, sagt er in 14aβb noch einmal in eigener Diktion. לאה verwendet er auch sonst (7 13, s. auch 16 12), nach Mi 6 3 und Hi 16 7 gehört das Verbum der forensischen Sprache an (s. auch Dt 1 12). Die Erklärung eines Klägers, er sei der Machenschaften des Angeklagten „müde“, läßt den Strafantrag erwarten. – Es fragt sich, was als Objekt von נשׂא zu denken ist: „euch“? (s. Dt 1 9), aber das könnte kaum weggelassen werden; „sie“ (nämlich die Feste)?, das ist möglich und wird allgemein angenommen. Aber נשׂא kann als Abkürzung von נשׂא עון o.ä. verstanden werden, so daß das Verb die Bedeutung „vergeben“, die hier zum mindesten mitschwingt, erhalten kann.

Man hat den Eindruck, daß die Instruktion, die mit 13f. immer deut- 1 15
licher zur Anklagerede geworden ist, nun ans Ende gekommen sei. Aber Jesaja steigert die Schärfe seiner „Belehrung“ noch einmal; auch die scheinbar unanfechtbarste Kulthandlung, das Beten, ist von der Verwerflichkeit der Kultübungen Jerusalems nicht ausgenommen. Hier läßt sich gewiß nicht sagen, daß der Brauch nach Kanaan zurückweise und schon darum ein Fremdkörper innerhalb des Jahweglaubens sei. Die sich in 15a geradezu häufenden Suffixe wehren aber auch das Mißverständnis energisch ab, als ob das Beten an sich disqualifiziert werden sollte; es ist das Beten von Menschen, an deren Händen Blut klebt, das kein Gehör finden wird, auch nicht, wenn Länge oder Wiederholung den Gebeten Nachdruck verleihen sollen. Natürlich ist hier das Beten im Heiligtum, wie es die Opfer zu begleiten pflegte, und nicht die private Andachtsübung ins Auge gefaßt, womit nicht gesagt sein soll, daß das private Gebet außerhalb der hier anvisierten Gefahrenzone stünde. – תפלה dürfte mit dem arab. *falla* „Einschnitte machen“ zusammengehören (s. JWellhausen, Reste arabischen Heidentums, ²1897, 126, anders KAhrens, Der Stamm der schwachen Verben in den semitischen Sprachen: ZDMG 64, 1910, 163, der an einen Zusammenhang mit der Wurzel נפל denkt, zur Diskussion über Ableitung und Grundbedeutung vgl. DRAp-Thomas, Notes on Some Terms Relating to Prayer: VT 6, 1956, 225–241, bes. 230ff.). Dann wäre sein ursprünglicher Sinn derselbe wie bei הִתְגֹּדֵד (s. 1 Kö 18 28 u.a.). Jedenfalls ist durch Jesaja das Gebet völlig aus dem Bereich magischer Weltanschauung herausgehoben, die Freiheit Gottes gesichert und der Habitus des Betenden als Voraussetzung der Gebetserhörung erkannt.

Man betet, indem man die Hände ausbreitet, genauer: die Handflächen nach oben richtet, um sie von der Gottheit füllen zu lassen (vgl. Vergil, Aen. 1 93: „duplicis tendens ad sidera palmas" und eine Reihe ähnlicher Stellen). Von Salomo heißt es in 1 Kö 8 54: „Er erhob sich vor dem Altar Jahwes, wo er sich auf die Knie niedergebeugt hatte, die Handflächen gen Himmel ausgebreitet." Man kann aber auch zum Gebet aufrecht stehen (1 Kö 8 22 1 S 1 26 Jer 18 20) oder sich so niederwerfen, daß das Angesicht den Boden berührt (s. Jehu, ANEP 355 und die Abb. in BHHW I, 521ff., deVaux a.a.O. 351f.).

Wie einer, von welchem ein Armer eine Gabe erbittet, unter Umständen „die Augen verhüllt" (s. Prv 28 27), so tut es Jahwe vor dem Betenden, der ihn nur „mit den Lippen ehrt" (Jes 29 13). – Die mit dem Blut der Opfertiere befleckten Hände erinnern Jesaja an die Blutschuld (der Plural von דם wird in diesem abstrakten Sinn verwendet), welche die Beter mit ihren Gewalttaten auf sich geladen haben. Die Fortsetzung zeigt aber, daß der Prophet „Blutschuld" nicht nur dort findet, wo Blut vergossen wird, sondern jede Verkürzung des Rechtes des Bruders als solche betrachtet (vgl. aber Jer 7 6.9). Unschuldig vergossenes Blut „schreit zum Himmel" (Gn 4 10). Wenn Menschen nicht die Rache vollziehen, so tut es Gott (vgl. 1 Kö 21, s. dazu HGrafReventlow, „Sein Blut komme über sein Haupt": VT 10, 1960, 311–327 und KKoch, Der Spruch „Sein Blut bleibe auf seinem Haupt": VT 12, 1962, 396–416). Auf Blutschuld steht Todesstrafe (Ex 21 14 Gn 9 6). Schärfer könnte die Anklage nicht sein!

1 16f. Aber nun folgt doch nicht das Todesurteil, allerdings auch nicht das Angebot bedingungsloser Gnade, sondern ein nüchterner, konkreter Hinweis auf den Weg des Lebens. Die beiden ersten Verben (רחצו und הזכו) gehören noch zur Sprachwelt des Kults (s. oben), meinen aber hier die ethische Erneuerung (s. Ps 51 9).

An Marduk wird die Bitte gerichtet: „Die Tamariske möge mich reinigen, das ... -Kraut mich lösen, das Palmmark meine Sünden tilgen, das Weihwasserbecken von Ea und Asariluchi möge mir Gutes zukommen lassen!" (AFalkenstein/WvSoden, Sumerische und akkadische Hymnen und Gebete, 1953, 306, s. ferner Ex 29 4 30 18f. u.ö.).

Mit 16aβ verläßt Jesaja aber die kultische Sprache. „Entfernt die Bosheit eurer Taten" erinnert an Jeremias Tempelrede (7 3, vgl. 18 11 25 5 26 13 35 15). Von רע מעלליכם spricht man in der Fluchandrohung der Bundesüberlieferung (Dt 28 20). Hosea hat bereits darauf zurückgegriffen (9 15, s. auch 4 9 5 4 7 2 12 3), und vor allem im Jeremiabuch ist der Ausdruck beliebt (4 4 21 12 23 2 26 3 44 22). Es scheint sich also um eine geläufige Wendung in Mahnreden und bei Gerichtsankündigungen zu handeln. מעלל kann an sich gute wie böse Taten bezeichnen, faktisch verwendet es Jesaja (s. 38.10) wie Hosea immer im negativen Sinn, wie denn die Wurzel im hitp. die Bedeutung „seinen Mutwillen treiben, böse handeln an“ und sogar die Spezialbedeutung „mißbrauchen“ (im geschlechtlichen Sinn, s. Ri 19 25) entwickelt hat. מעללים sind danach „Untaten“, bei denen aus Mutwillen und Überheblichkeit die Würde des Menschen zertreten wird (vgl. lat. facinus).

Den Negationen „entfernt“, „hört auf“ folgt zunächst in 17 eine entsprechend allgemeine positive Mahnung „lernt Gutes tun!“ Es ist für Jesaja bezeichnend, daß er zum „Lernen“ mahnt, seine pädagogische Absicht findet darin einen sachgemäßen Ausdruck. Daß er nicht zur „Umkehr“ ruft, ist nur eine Sache der Formulierung, die Aufforderung dazu ist in den drei Imperativen „entfernt“, „hört auf“ und „lernt“ durchaus da. Zu beachten ist aber auch die Verwendung der beiden intransitiven Hifilformen הרע und היטב, die genaugenommen nicht meinen „Gutes“ bzw. „Böses tun“, sondern „sich gut“ bzw. „böse verhalten“ (und „handeln“), d.h., es geht nicht primär um Einzeltaten und Gesetzeserfüllung, sondern um eine grundsätzlich neue Ausrichtung menschlicher Existenz. Jesaja erwartet nicht nur eine neue „Gesinnung“, sondern eine andere Grundhaltung, die sich im konkreten Verhalten zur mitmenschlichen Umwelt zu äußern hat. „An die Spitze und geradezu an die Stelle der Vielfalt der alten Rechtssätze, die zu bloßen Einzelbeispielen werden, tritt als ihre prophetische Interpretation die Konzentration des Gotteswillens in der einen grundlegenden Forderung ‚Gutes tun‘, die damit zugleich dem Bereich des Rechts und des Gesetzes entnommen wird“ (GFohrer, Tradition und Interpretation im Alten Testament: ZAW 73, 1961, 27). Die beispielhaften Einzelforderungen kommen in 17aβb zur Sprache. Amos fordert משפט und צדקה (5 24); dasselbe meint hier Jesaja, wenn er auch etwas anders formuliert. Zweifellos denkt er beim „Suchen des Rechts“ schlicht wie Amos an Entscheidungen im Gericht, die dem durchaus nicht verborgenen Gotteswillen entsprechen. Daß er nicht wie sein Vorgänger formuliert „stellet das Recht her“ (Am 5 15), sondern „suchet“ es, spiegelt aber wie das vorangehende למדו des Propheten Wissen um die Problematik rechter Entscheidung. Ist auch der Gotteswille offenbar, so liegt doch nicht einfach auf der Hand, was im einzelnen Fall Recht ist; „Gerechtigkeit“ muß Gegenstand zähen Sichmühens und andauernder Sorge sein (s. CWestermann, Die Begriffe für Fragen und Suchen im AT: KuD 6, 1960, 2–30, s. bes. 15).

Leider ist 17aγ nicht sicher zu übersetzen (s. oben). Es ist bezeichnend, daß in einem Atemzug mit den Witwen und Waisen die Unterdrückten genannt werden, s. auch Ps 10 18 (hier דָּךְ statt חמוץ). שפט kann an unserer Stelle wie oft (s. 23, Ps 72 4 par. zu הוֹשִׁיעַ, Ps 82 3 par. zu הצדיק) nur heißen „zum Recht verhelfen“, und danach ist auch ריב zu deuten (s. 23 und 51 22). Die Gerechtigkeit, die das Alte Testament vom Richter fordert, ist nicht eine iustitia distributiva, sondern eine iustitia adiutrix miseri, s. Ex 22 20–23 Dt 24 17 27 19 u.ö.. Der Forderung des Gesetzes entspricht präzis die Prädikation Gottes als Schützer der Geringen und Armen, Witwen und Waisen (Dt 10 18 Ps 68 6 82 3f. 146 9).

Nach unsern heutigen Kenntnissen der Umwelt Israels läßt sich aber die Auffassung nicht mehr festhalten, daß wir es dabei mit spezifischen Gedanken des israelitischen Gottesrechts zu tun haben. Bereits in einer sumerischen Hymne auf die Göttin Nanše lesen wir: „Sie, welche die Waise kennt, welche die Witwe kennt, die Unterdrückung des Menschen durch den Menschen kennt, Mutter der Waise ist, Nanše, welche für die Witwe sorgt, Gerechtigkeit(?) für die Ärmsten(?) erstreckt ..." (zitiert nach SNKramer, Geschichte beginnt mit Sumer, 1959, 87). Was hier von der Göttin gerühmt wird, wird andererseits in der großen Tenpelbauhymne zum Ruhme Gudeas von Lagasch berichtet: „Das Recht Nanšes und Ningirsus hatte er beachtet: Dem Armen tat der Reiche nichts zu Leide, der Witwe tat der Mächtige nichts zu Leide, in einem Hause, das keinen Erbsohn hatte, ließ er (des Hauses) Tochter beim Schaffett-Verbrennen einstehen ..." (zitiert nach AFalkenstein/WvSoden, Sumerische und akkadische Hymnen und Gebete, 1953, 180). Hammurabi bezeugt, berufen zu sein, dafür zu sorgen, „daß der Starke nicht den Schwachen bedränge, Waise und Witwe ihr Recht bekommen ... um das Recht des Landes zu richten ... dem Bedrückten Recht zu verschaffen ..." (Epilog, XXIVr, 59ff. Übersetzung nach AOT[2] 407). Die ugaritsche Aqhat-Legende rühmt *Dan'el*: „Er setzte sich an das Tor unter die Vornehmen auf der Tenne. Er richtete das Recht der Witwen, er fällte das Urteil der Waisen" (*ydn dn. 'almnt. yṯpṭ. ytm* II D V 6–8 = I D 22–25), und der Sohn Kerets wirft seinem Vater vor, dieser gebe den ärgsten Gewaltmenschen nach: „Du läßt deine Hand auf Ungerechtigkeit verfallen, du läßt nicht den Witwen Gerechtigkeit widerfahren, sprichst nicht den Notleidenden Recht" (II K VI 32–34, vgl. auch 44–50, Übersetzung nach Aistleitner a.a.O.). Die Parallelität reicht also bis in den Wortlaut der Formulierungen hinein (s. dazu auch FCFensham, Widow, Orphan, and the Poor in Ancient Near Eastern Legal and Wisdom Literature: JNESt, 21, 1962, 129–139). Für den jerusalemischen König erbittet man, daß er ebendiese Aufgabe, den Geringen Rechtsschutz zu gewährleisten, wohl zu erfüllen vermöge (Ps 72 2.4), oder preist ihn, daß er das tut (Ps 72 12–14, vgl. auch Jes 11 1ff. 32 1ff. Jer 21 11ff. 22 1ff. 23 5ff.). Was aber im Alten Orient vornehmste Pflicht des Königs ist (und auch in Israel von diesem erwartet wird), ist im alttestamentlichen Bundesrecht „demokratisiert". Das menschliche Verhalten überhaupt hat die richterliche Gerechtigkeit Jahwes widerzuspiegeln. Die Propheten haben dann ihrerseits diesen alten Bundesforderungen neues Gewicht verliehen (Am 2 6f. 4 1 5 7. 10ff. 8 4ff. Jes 1 23 10 2, aber auch noch Sach 7 9–10 Mal 3 5 und Jk 1 27 Röm 12 1ff.).

Ziel Die Einzelexegese hat bestätigt, daß 1 10–17 als Instruktion für eine bestimmte Situation, nicht als allgemeingültige Lehre über die Verwerflichkeit des Kultes zu verstehen ist. Bei den andern vorexilischen Propheten dürfte die Opferkritik grundsätzlich nicht anders zu verstehen sein, wenn auch bei Jesaja die Gezieltheit seines Wortes besonders klar zu konstatieren ist. Aber allerdings sieht sich Jesaja so wenig wie andere Propheten veranlaßt, Belehrungen darüber zu erteilen, wie ein Jahwe wohlgefälliges Opfer, ein ihm angemessenes Fest etwa aussehen müßte und welche Bedeutung von Führern und Volk aus dem Stand der Treue zu Gott heraus vollzogene kultische Handlungen haben könnten. Auch bei Kultbeamten ließe sich gewiß eine kritische Haltung gegenüber Auswüchsen kultischer Frömmigkeit denken, und auch der Hinweis auf ethische Forderungen als Bedingung der Teilnahme am Kult wäre keineswegs unmöglich, aber die positive Würdigung wahrer kultischer Frömmigkeit oder die Anleitung dazu wären dann allerdings unentbehrlich. Aber davon vernehmen wir auch bei Jesaja nichts. Israel, auch die Propheten, verdanken kultischen Traditionen viel. Die „Torliturgien" (Ps 15 24 1–6 Jes 33 14–16), die als Gattung sicher älter als Jesaja sind, zeigen, daß kultisch verwurzeltes Denken der vom Prophetismus erhobenen Kritik nicht fern zu stehen braucht. Auch bei Israels Nachbarn weiß man um Bedingungen, die vom Tempelbesucher erfüllt sein müssen (vgl. dazu HJKraus, Psalmen: BK 15/1 zu Ps 15). Für Israel bezeugt Dt 26 12ff., daß sich der Besucher des Heiligtums wohl bewußt war, daß nur die Gabe des Gehorsamen von göttlichem Segen begleitet sein kann. Der „Reinigungseid" von Hi 31 ist eine späte, aber reich entfaltete Nachbildung eines solchen Bekenntnisses, das vom Kultteilnehmer erwartet wurde. „Wer reine Hände hat und ein lauteres Herz ... der wird Segen empfangen von Jahwe" (Ps 24 4f.). Bei aller Verwandtschaft der Vorstellungen ist das trotzdem nicht der Tenor, in dem die Propheten sprechen. Sie sahen ihre Aufgabe darin, eine tödliche Gefahr für den Glauben ihres Volkes abzuwehren: dessen Absinken zur bloßen Kultreligion, in welcher der Mensch meint, durch den Vollzug magisch wirksamer Riten das Wohlwollen der Gottheit erzwingen und die Abwehr bedrohlicher Gewalten selbst manipulieren zu können. Sie haben es mit einer einem „Kultbeamten" unmöglichen Schärfe zu sagen, daß das Israel angebotene Heil nur eine Realität sein kann, wenn Israel in der Treue zum Bundesgott verharrt, einer Treue, die seine Existenz grundlegend bestimmt und unablösbar ist von Solidarität, ja Güte gegenüber dem „Nächsten" (s. Mt 12 7). Jede Frömmigkeitsübung, vom offiziellen Gottesdienst bis hin zum persönlichsten Gebet, muß sich vom Standort der Propheten aus immer wieder neu nach ihrer Legitimität fragen lassen, ja wird tatsächlich immer wieder in ihrer Fragwürdigkeit enthüllt. Denn wo gibt es denn Kult, der in ungebrochenem Treueverhältnis zu Gott vollzogen wird, wo ein „Ausbreiten" von Händen im Gebet, die „rein" sind? Die Radikalität der Opferkritik wie die Vertiefung der Gehorsamsforderung der Propheten überhaupt führt an Fragen hin, die erst jenseits des Alten Testaments ihre Antwort finden.

GUTES ODER DAS SCHWERT
(118–20)

Literatur JSchoneveld, Jesaia I 18–20: VT 13 (1963) 342–344.

Text [18]Kommt, wir halten miteinander einen Rechtsstreit,
spricht Jahwe.
Wenn [a] eure Sünden wie Karmesin [bc] sind,
können sie (dann) als weiß gelten wie Schnee [c]?
Wenn [d] sie rot sind wie Purpur,
können sie (dann) wie Wolle sein?
[19]Wenn ihr willig seid [a] und gehorcht [a],
sollt ihr des Landes gute Gaben essen.
[20]Doch wenn ihr euch weigert und widerstrebt,
sollt ihr gefressen werden vom Schwert [a].
Denn Jahwes Mund hat es geredet.

1 18 **18a** Joüon, Gr § 171d will אִם konzessiv verstehen („même si“). Das ist unwahrscheinlich und vom Sinn des Abschnittes her nicht nötig. – b Für den Plural
שנים lesen einige MSS und VQa den Singular, den auch 𝔊𝔖𝔙 voraussetzen
und der schon von Michaelis als Emendation vorgeschlagen worden ist (s.
GRDriver, JThSt 2, 1951, 25). – c Zum Artikel bei שנים bezw. שני, שלג, תולע und
צמר (Stoffbezeichnungen) vgl. BrSynt § 21cβ – d Statt אם lesen viele MSS und
19 die Vers. ואם. – **19a** Zur Parataxe statt Hypotaxe von שמע vgl. Joüon, Gr § 177h
und LKöhler, Ein verkannter hebräischer irrealer Bedingungssatz (Jes 119):
20 ZS 4 (1926) 196f. – **20a** Joüon, Gr § 128c sucht חרב neben dem Passiv תאכלו als
Akkusativ zu verstehen, was sich nicht rechtfertigen läßt. Aber auch die
Punktierung von תאכלו als Aktiv („das Schwert kosten“, s. Duhm und GRDriver, ZAWBeih 77, 1958, 42) ist zu gesucht, um einzuleuchten. Möglicherweise
muß מחרב gelesen werden (Haplogr. des מ), eher aber בחרב (s. Neh 2 3.13
אֻכַּל בָּאֵשׁ), was VQa tatsächlich bietet.

Form Der Abschnitt ist durch die einleitende Formel יאמר יהוה und durch die Schlußformel כי פי יהוה דבר als Einheit für sich herausgehoben. Das Thema „Kult“ ist hier verlassen, und zu Unrecht betrachten manche (unter den Neueren wieder Kaiser) 110–20 als Einheit. Die Verbindung ist auch hier rein assoziativ; die forensischen Begriffe שפט und ריב scheinen bruchlos zu נוכחה und überhaupt zur Gerichtsrede von 18–20 überzuführen.

Metrum: Der Abschnitt ist durchgehend aus Fünfern aufgebaut (je 3 + 2); ונוכחה in 18 ist wohl doppelbetont, טוב הארץ in 19 ist als eine „Hebung“ zu lesen. Die Schlußformel steht für sich. Sie findet sich auch in 40 5 58 14 Mi 4 4, dürfte aber kaum späterer Zusatz (Marti, Cheyne) eines Sammlers sein. Sie hat den Sinn, die Autorität des Wortes zu unterstreichen.

Der Abschnitt ist eine Gerichtsrede, wie eine solche bereits in 1 2–3 vorlag. Dafür ist נוכחה eindeutiger Hinweis. Aber „Gerichtsrede“

ist nur ein Sammelbegriff. In 1 2–3 war es eine Anklagerede, die an Zeugen appellierte. JBegrich (Studien zu Deuterojesaja, 1938, 20 und 27) zählt den vorliegenden Abschnitt zu den „Appellationsreden eines Beschuldigers". Aber es werden hier keine Beschuldigungen laut, sondern es wird von zwei Möglichkeiten gesprochen, welche in der Gerichtsverhandlung zu klären sind. HJBoecker (Redeformen des Rechtslebens im Alten Testament: WMANT 14, 1964, 68f.) spricht darum mit Recht von einer „Appellation zur Einleitung eines Feststellungsverfahrens". Tatsächlich wird in 18a aufgefordert, zu einer richterlichen Feststellung des Tatbestandes zu erscheinen. Zu Anfang der Rede steht darum nicht eine vorwurfsvolle Frage an den Partner (wie 3 15 Mi 6 3), sondern der Imperativ לְכוּ, der hier nicht wie anderwärts zu einer bloßen Interjektion abgeblaßt ist, sondern wörtlich verstanden werden muß. Eine formale Parallele liegt in 41 1–4 vor: „Hört mir schweigend zu, ihr Inseln, und ihr Völker, harrt meiner Zurechtweisung (יחלו לתוכחתי emendierter Text). Man soll hinzutreten und alsdann reden; zusammen wollen wir vor Gericht gehen! ..." Es folgt eine Reihe strittiger Fragen, die im Prozeß zu erörtern und zu entscheiden sind.

Es könnte sein, daß Jesaja dieses Wort bei Anlaß eines Bundesfestes gesprochen hat (s. zu 1 2–3). Dafür kann man geltend machen, daß die Topik von 19f. (s. unten) der Bundesfesttradion entstammt. Aber wir wissen zuwenig davon, ob und wie das Bundes(erneuerungs)fest zu Jesajas Zeiten begangen worden ist, um diese Frage auch nur mit annähernder Sicherheit beurteilen zu können. Ort

Die Entstehungszeit des Abschnittes ist nicht sicher zu bestimmen. Immerhin ist das Land noch nicht von den Assyrern verheert (wie in 7–9). Das Wort mag in die Zeit hineingehören, da die führenden Kreise in Juda sich mit dem Gedanken trugen, assoziiert mit Ägypten Assur die Loyalität aufzusagen, d.h., es mag um 705 entstanden sein.

Wieder spricht Jahwe selbst. Mit wem er sich auseinandersetzen will, wird nicht gesagt. Nach dem jetzigen Zusammenhang wären es Jerusalem und seine Führer (10). Da aber 18 neu einsetzt und 19f. Verheißung und Drohung der Bundestradition rezipieren, wird das Bundesvolk Israel als Jahwes „Prozeßgegner" zu denken sein. – Die Wurzel יכח dient zur Bildung forensischer Begriffe. Das hi. bedeutet „zurechtweisen", was durch Erziehung oder öffentliche Rüge geschehen kann (Prv 3 12 9 8 28 23 u.a.), aber auch vor Gericht geschieht. Der מוֹכִיחַ (Am 5 10 Jes 29 21) scheint derjenige Teilnehmer an der Rechtsgemeinde zu sein, der die Machenschaften eigensüchtiger Machthaber mutig und schonungslos anprangert. Er ist also weder Richter noch Ankläger, sondern eine unparteiische Drittperson (so daß הוכיח בין die Bedeutung „Schiedsrichter sein zwischen" [Gn 31 37 Hi 9 33] annehmen kann), die „richtigstellt" (יכח ist mit נֹכַח „gerade, recht" verwandt) und zum Recht vermahnt Wort 1 18a

(s. Lv 19 17 Ez 3 26). So kann Jahwe am Bundesfest als der מוֹכִיחַ erscheinen (Ps 50 8. 21). An der vorliegenden Stelle ist aber das seltene ni. verwendet (s. auch Hi 23 7 und vgl. das gleichbedeutende hitp. in Mi 6 2). Im beabsichtigten Prozeß ist zwar Jahwe nicht bloß unparteiischer מוֹכִיחַ, sondern zugleich Kläger. Durch die Verwendung des Reflexivs ist aber vorausgesetzt, daß Israel, der Beklagte, auch seinerseits die Möglichkeit haben soll, als מוֹכִיחַ gegen Jahwe aufzutreten. Wenn auch die בְּרִית zwischen Jahwe und Israel im Suzeränitätsvertrag der altorientalischen Politik ihre profane Entsprechung hat (s. Mendenhall a.a.O. 31f. 40f.), so wird doch Israel als Partner voll ernst genommen, die Beziehung Gott-Volk entspricht einer echten Gesprächssituation.

1 18b 18b bietet dem Verständnis große Schwierigkeiten, die in einer Vielfalt von Übersetzungsversuchen zum Vorschein kommen. 𝔊 liest καὶ ἐὰν ὦσιν αἱ ἁμαρτίαι ὑμῶν ὡς φοινικοῦν, ὡς χιόνα λευκανῶ, ἐὰν δὲ ὦσιν ὡς κόκκινον, ὡς ἔριον λευκανῶ. Diese Fassung spricht eindeutig von Gottes unbeschränkter Vergebung. Aber es leidet keinen Zweifel, daß 𝔐 den ursprünglichen Text bewahrt hat. In der Regel wird dieser übersetzt: „Wenn eure Sünden gleich blutrot sind, sollen sie doch schneeweiß werden, wenn sie gleich wie Scharlach sind, sollen sie doch wie Wolle werden“ o.ä., was auch von neuern Auslegern (Ziegler, Hertzberg, Herntrich, Kaiser, Eichrodt, Schoneveld a.a.O.) faktisch im Sinn von 𝔊 gedeutet wird: „Er (Jahwe) selbst also durchstößt die Mauer, die den Menschen von ihm trennt, er erklärt die Schuld, an deren Größe alle menschliche Sühneleistung scheitert, für gesühnt... In der Vergebung aus freier Gnade leuchtet die Lösung der Schicksalsfrage Israels auf“ (Eichrodt z.St.). Aber Duhm hat recht: „Nirgends bietet Jesaja so zuvorkommend dem Volk die Sündenvergebung an.“ Wenn die Interpretation Eichrodts richtig ist, dann kann 18b nicht von Jesaja stammen. Sie widerspricht auch dem Kontext. Wozu dann die Aufforderung zur Auseinandersetzung? Und vor allem: Was soll dann die Alternative von 19 und 20? – Duhm selbst will den Satz ironisch auffassen: „Laßt sie wie Schnee weiß sein! laßt sie wie Wolle sein!“, im Sinn von: „Macht euch zu unschuldigen Lämmern! nämlich, wenn ihr könnt!“ Seit JDMichaelis ist nun aber der Nachsatz immer wieder als Fragesatz verstanden worden (so auch die Zürcher Bibel). Das Fehlen einer Fragepartikel braucht nicht dagegen zu sprechen (s. Joüon, Gr § 161a; GFohrer, ZAW 74, 1962, 262f.). Sachlich trifft sich diese Auffassung mit der Deutung Duhms, ist jener aber sicher vorzuziehen.

Zu חֲטָאִים ist das in 1 4 zu חֹטֵא Gesagte zu vergleichen. שָׁנִי (ugar. *tn*, vielleicht „Purpur“, arab. *sana'* „Glanz“) Karmesinrot ist ein Farbstoff (arab. *qirmiz*), der aus den Eiernestern einer Schildlaus hergestellt wird, die auf den Blättern der quercus coccifera eingesammelt werden (s. Dalman, AuS V, 84f.). תּוֹלָע (akkad. *tultu*), gewöhnlich mit „Purpur“

übersetzt, meint mit dieser Farbe gefärbte Stoffe; häufig sind die beiden Wörter verbunden: תּוֹלַעַת שָׁנִי (s. dazu RGradwohl, Die Farben im Alten Testament: ZAWBeih 83, 1963, 73f.). Da die Schafe als Wollieferanten in Palästina ein helles Fell tragen, ist die Gleichsetzung von „Wolle" und „Schnee" möglich.

Indem Jahwe zur Abklärung vor Gericht auffordert, muß er sagen, warum das nötig ist. Man wird der Verkündigung des Propheten entgegengehalten haben, daß doch die Möglichkeit der Wiedergutmachung der Sündenschuld bestehe, und zwar durch kultische Riten, seien es Opfer oder rituelle Waschungen (s. zu 16aα). Nicht die Vergebung der Sünden, sondern die Möglichkeit der Sühne steht zur Diskussion. Es liegt nun völlig auf der Linie von 10–17, wenn Jesaja auch hier der auf dem Vollzug kultischer Riten gründenden Zuversicht ein schärfstes Nein entgegenhält und so verstandene Heilsgewißheit als Illusion zerreißt. So leicht ist mit der Sündenschuld nicht fertig zu werden, und ein so frevles Spiel mit Gottes Langmut soll der Mensch nicht treiben wollen. Jesaja hat in dieser Sache kein anderes Urteil als Jeremia, der ein ähnliches Bild verwendet: „Wenn du dich schon wüschest mit Lauge und noch so viel Seife dir nähmest, schmutzig bleibt doch deine Schuld vor mir, ist der Spruch Jahwes" (2 22, vgl. Hi 9 30).

Heißt das, daß Israel kein Ausweg bleibt und es also an seiner Schuld 1 19f.
zugrunde gehen muß? Nein, auch hier gilt: Die Zukunft steht immer noch offen, Israel wird vor die durchaus echte Alternative gestellt: Segen oder Fluch.

Es kann kein Zufall sein, daß die beiden Verben אבה und שמע in Lv 26 21, im „Bundesfestpsalm" 81 (12) und in Jos 24 10 (s. auch Ez 3 7 und 20 8 [hier auch parallel mit מרה]) nebeneinanderstehen (vgl. auch Jes 28 12 und 30 9). Die Vokabeln in ihrer Zusammenordnung sind eindeutig in der Bundestradition zu Hause, welche Israel vor die beiden Möglichkeiten von Heil oder Unheil, Segen oder Fluch stellt. Das unterstreicht auch das übrige Vokabular. Für den Fall des Gehorsams kann sich Israel satt essen in seinem Land (Lv 26 5. 10, vgl. dazu 26 16. 26 Dt 28 31. 33 u.a.). Daß auch טוב dort beheimatet ist, zeigt Dt 6 11; mit diesem Wort sind die guten Gaben zusammengefaßt, die sonst einzeln in den Segensverheißungen namhaft gemacht werden. Die Drohung mit dem „Schwert" schließlich gehört erst recht zum Wortfeld dieser Tradition (Lv 26 25. 33 Dt 28 22 u.ö.).

Der „Rechtsstreit" soll sich angesichts dieser klaren Alternative, vor die der Jahwebund Israel stellt, abwickeln; irgendeine billige Möglichkeit, die Schuld „abzuwaschen", gibt es für Israel nicht. – Mit מרה (vgl. 3 8) verwendet Jesaja einen Ausdruck für den Treuebruch Israels, der ähnlich wie סרה (s. zu 1 5) den Konflikt zwischen Vater und Sohn bezeichnen kann (Dt 21 18. 20, vgl. auch Hos 14 1); die Auflehnung Israels gegen seinen Gott ist der „Widerspenstigkeit" eines Sohnes gegen seinen

Vater zu vergleichen. – מרה dient zur Verdeutlichung des vorangehenden מאן. Dieses wird in der Regel mit einem Infinitiv konstruiert. So sagt Hosea (11 5): מאן לשוב (so auch Jer 5 3 8 5), und Jeremia, der das Verbum auffallend häufig verwendet, sagt: „Sie weigern sich, Zucht (מוּסָר) anzunehmen" (5 3). Man kann sich fragen, ob nicht auch an der vorliegenden Jesajastelle ein Infinitiv hinzuzudenken sei, und zwar, dem שמעתם in 19 entsprechend, לשמע, vgl. 1 S 8 19 Jer 11 10 13 10, wobei mit dem „Hören" zweifellos das Hören und Beachten der Grundforderungen des Bundesrechtes gemeint wäre. Aber אבה und מאן sind doch wohl von Jesaja bewußt ohne den notwendig scheinenden Infinitiv verwendet. Israel steht zwischen den Möglichkeiten grundsätzlicher Willigkeit gegenüber seinem Herrn oder ebenso grundsätzlicher „Sperrung" gegen ihn. מאן berührt also das Phänomen der „Verstockung", auf das Jesaja bei seiner Berufung so nachdrücklich hingewiesen worden ist (6 10ff.), wobei die Verstockung nicht als von Jahwe über Israel verhängt, sondern als von Israel selbst heraufbeschworene Unfähigkeit, Jahwe die Treue zu halten, verstanden wird.

Ziel Sollte Israel diesen „Prozeß", zu dem es herausgefordert wird, nicht zum vornherein verloren haben? Was anderes sollte zutage kommen als sein totales Versagen, und was anderes sollte es also zu gewärtigen haben als ein Urteil, das ihm keine Zukunft mehr eröffnet? 18b läßt erkennen, wie todernst die Situation Israels ist. Jedes Ausweichen in die trügerische Hoffnung, die Folgen der Untreue auswischen zu können, wird abgeschnitten. Und doch: Das Vernichtungsurteil fällt nicht. Wenn auch unausgesprochen, so ist doch immer noch die Hoffnung sehr real präsent, daß Israel, wenn es sich dem „Prozeß" mit Jahwe stellt, Schuldhaftigkeit und Bedrohlichkeit seines Starrsinns erkennt. Jahwe, der Gott Israels, hat keine Freude am Verdammen und Vernichten. Immer noch hofft er mit Israel in ein Gespräch zu kommen, in welchem Einsicht und Erkenntnis zum Durchbruch gelangen könnten. Dann würde auch das Angebot der Gnade in Kraft treten. So leuchten Treue und Geduld des Bundesgottes gerade in diesem Abschnitt hell auf. Aber es darf in keiner Weise unterschlagen werden, daß dieses Angebot der Gnade nach einer grundsätzlichen und totalen Neuorientierung ruft. „Es wäre eine Mißdeutung Jesajas, wollte man in der zur Rettung erforderlichen Umkehr des Menschen oder in der Entscheidung dafür eine von ihm zu erbringende Leistung erblicken, die sich das Heil erringen oder aus der ein Anspruch erwachsen könnte. Vielmehr ist es eine von Gott angebotene und sogar gewünschte Möglichkeit, die nun aber freilich auch ergriffen und verwirklicht werden muß... Die Willigkeit des Menschen und die Vergebungsbereitschaft Gottes gehören zusammen und sind letztlich zwei Aspekte oder Teile eines einzigen Vorgangs: der Rettung des sündigen und todverfallenen Daseins" (GFohrer, ZAW 74, 1962, 264).

JERUSALEM IM LÄUTERUNGSGERICHT

(1 21–28)

Literatur

HJahnow, Das hebräische Leichenlied im Rahmen der Völkerdichtung: ZAWBeih 36 (1923). – LKöhler, Sīg, sīgīm = Bleiglätte: ThZ 3 (1947) 232–234. – NWPorteous, Jerusalem-Zion: The Growth of a Symbol: Festschr. WRudolph (1961) 235–252. – HWHertzberg, Die Nachgeschichte alttestamentlicher Texte innerhalb des Alten Testaments: ZAWBeih 66 (1936) 110–121 = „Beiträge zur Traditionsgeschichte und Theologie des Alten Testaments" (1962) 69–80.

Text

21 Wie ist zur Dirne geworden
  die treue[a] Stadt,
erfüllt[b] mit Recht,
  Gerechtigkeit wohnte in ihr [jetzt aber Mörder][c].
22 Dein Silber wurde zu Bleiglätte,
  dein Bier ist [mit Wasser][a] gepanscht[b]!
23 Deine Führer sind Aufrührer[a]
  und der Diebe Gesellen!
Jeder[b] liebt Bestechung
  und jagt Geschenken nach.
Der Waise verhelfen sie nicht zum Recht,
  der Witwe Sache kommt nicht vor sie.
24 Darum lautet der Ausspruch des Herrn[a], Jahwes der Heere,
  des Starken Israels:
„Weh, ich will mich letzen an meinen Widersachern
  und will mich rächen an meinen Feinden
25 [und will meine Hand gegen dich kehren]
und mit Pottasche[a] deine Bleiglätte läutern
  und all deine Schlacken entfernen.
26 Deine Richter werde ich machen wie zur ersten Zeit
  und deine Räte wie zu Anbeginn.
Alsdann wird man dich nennen
  „Burg des Rechts, treue Stadt".

****

[27 Zion soll erlöst werden durch Recht
  und seine Bekehrten[a] durch Gerechtigkeit;
28 doch zerschmettert werden[a] Abtrünnige und Sünder zumal,
  und die Jahwe verlassen, kommen um.]

21a Nach נאמנה liest 𝔊 Σιων. Daß das (wie 𝔊 es auffaßt) Apposition zu 1 21
„treue Stadt" ist, ist nicht wahrscheinlich. Hingegen ist zu erwägen, ob das Wort nicht als Akk.-Objekt zu מלאתי zu ziehen ist, das dann als מִלֵּאתִי zu punktieren wäre: „Ich habe Zion mit Recht erfüllt", vgl. 33 5 (מִלֵּא ציון משפט), aber auch 1 27, wo Zion ebenfalls erwähnt wird. Indessen wäre eine Jahwerede zu Beginn des als Totenklage formulierten Abschnittes befremdlich, so daß 𝔐

zu belassen ist; „Zion“ ist in 𝔊 von 27 her eingedrungen. – b Zum „Chiräq
compaginis“ bei מלאתי vgl. Joüon, Gr § 93m und Beer-Meyer I § 45, 3d. –
c ועתה מרצחים wird von vielen neueren Auslegern (Duhm, Procksch, Fohrer,
Kaiser) mit Recht als Zusatz betrachtet. Metrisch sind die beiden Wörter
überflüssig, sachlich bilden sie keinen rechten Gegensatz zu dem vorher skizzier-
ten früheren Zustand, zudem sind die in 22f. erhobenen konkreten Vorwürfe
1 22 anderer Art. – **22**a במים wird von vielen Auslegern als Zusatz verdächtigt, es
spreche Selbstverständliches aus. Zwingend für eine Streichung ist dieser Grund
nicht, aber das Metrum legt doch Tilgung des Wortes nahe. – b מהל wird als
Nebenform zu מול „beschneiden“ betrachtet, wobei man ihm den Sinn „ver-
schneiden, versetzen, panschen“ beilegt. KBL verweist auf arab. *mahîn*, „verdorben“ (von der Milch), andere stellen das Wort mit dem arab. *muhl* und dem
(aus dem Arabischen entlehnten) neuhebr. Wort מוהל „Fruchtsaft“ zusammen,
s. ThNöldeke, ZDMG 40, 1886, 741. 𝔊 liest μίσγουσιν „mischen“, 𝔗 מערב „vermischt“, 𝔙 mistum. In analoger Weise reden auch andere semitische und in-
dogermanische Sprachen von verfälschten als von „verschnittenen“ Flüssigkeiten: z.B. arab. *ʿudah maqṭūʿah* „verschnittenes Aloeöl“, lat. castrare vinum,
franz. couper du vin, du lait, span. trasegar (= lat. transsecare), s. Marti
z.St. Es empfiehlt sich, auf Textänderungen zu verzichten und bei der Bedeu-
23 tung „verschnitten“ zu bleiben. – **23**a Die Übersetzung ist gewählt um der Alliteration שריך סוררים willen, wörtlich lautet der hebr. Text: „Deine Beamten
sind widerspenstig“. – b Das Suffix in כֻּלּוֹ hat einen vagen Sinn: „die Gesamt-
24 heit davon“ = „jeder“, vgl. Joüon, Gr § 146j. – **24**a Möglicherweise ist האדון
Doublette zu יהוה. Da aber Jesaja den Titel הָאָדוֹן für Jahwe auch sonst kennt
(vgl. 10 16 und 19 4) und auch die Versionen האדון gelesen haben, ist auf
25 Ausscheidung zu verzichten. – **25**a בֹּר heißt „Pottasche, Lauge“, 𝔊 (εἰς καθαρόν)
hat das Wort allerdings als „Reinheit“ verstanden, ebenso 𝔙 (ad purum).
Aber auch die Übersetzung „Lauge“ befriedigt viele Ausleger sachlich nicht,
und sie emendieren in בַּכֻּר, während Eichrodt gar beides nebeneinander liest:
„(ich will) dich läutern mit Lauge im Schmelzofen“. Diese Änderung ist aber
unnötig, da Laugensalze bei der Silbergewinnung als Flußmittel eine Rolle
27 spielen (s. Köhler a.a.O. 232f.). – **27**a וְשָׁבֶיהָ ist umstritten, sowohl in bezug auf
seine Übersetzung wie auf seine Ursprünglichkeit. Beide Fragen sind verquickt
mit derjenigen nach der Jesajanität von 27f. 𝔊 bietet ἡ αἰχμαλωσία αὐτῆς, 𝔖
wašbîtāh, was auf hebr. וְשִׁבְיָהּ („seine Gefangenschaft, Gefangenen“) führt. Man
müßte dann exilisch-nachexilische Herkunft annehmen, was ebenso der Fall ist,
wenn man 𝔐 mit „und seine Heimkehrer“ übersetzt. Tur-Sinai (a.a.O. 157)
will unter Verweis auf 10 21 וְשָׁבָה („und will zurückkehren“) lesen, während
schon Döderlein וְיֹשְׁבֶיהָ vorgeschlagen hat, was mit 10 24 (יֹשֵׁב צִיּוֹן, vgl. auch
30 19) zu begründen wäre. Da aber 27 in negativer Parallele zu 28 steht, ist
als Pendant zu פשעים und חטאים in 28 die Deutung „seine (zu Jahwe) Um-
28 gekehrten“ geradezu unerläßlich. – **28**a Das Substantiv שֶׁבֶר zu Beginn des
Verses klingt hart, zumal kein על folgt. JHuesman (Bibl 37, 1956, 286) will
den inf. abs. וְשָׁבֹר lesen und übersetzt „shall be destroyed“, doch scheitert dieser
Vorschlag daran, daß שׁבר im ḳal immer kausativ ist. Die Versionen (𝔊
καὶ συντριβήσονται, 𝔗 ויתברון, 𝔙 et conteret) fordern eine Verbalform, וְשֻׁבְּרוּ
oder, da das pu. sonst nicht vorkommt, וְנִשְׁבְּרוּ bzw. יִשָּׁבְרוּ.

Form Mit 21 beginnt ein neuer Abschnitt, bestehend aus einer prophetischen Scheltrede bzw. der Anklage (21–23) mit anschließendem Drohwort oder Gerichtsankündigung (24ff.), die nach der Einleitung von 24a mit

הוי einsetzt. Diese Verbindung von Schelt- und Drohwort ist für die prophetische Verkündigung bezeichnend, weil die Gerichtsankündigung grundsätzlich nicht ohne Begründung erfolgt. Mit עיר הצדק und קריה נאמנה in 26 kommt das Wort deutlich an sein Ende, indem mit diesen Begriffen in kunstvoller Weise die Prädikate, die Jerusalem in 21 zu Anfang des Wortes gegeben wurden, aufgenommen werden. Die Verse 27 und 28 sind ein Nachtrag (s. dazu Hertzberg a.a.O. 75). 27 schließt aber inhaltlich an 26b an, und die beiden Verse wollen offensichtlich bewußt das vorher Gesagte vertiefen und in bestimmter Richtung modifizieren. Es fragt sich, ob diese „Nachinterpretation" Jesaja selbst zuzuschreiben ist. Ihr Verheißungscharakter kann nicht gegen die Authentizität ausgespielt werden. Jesaja kennt allerdings den Begriff פדה sonst nicht, da ihn aber sowohl Hosea (7 13 13 14) als auch Micha (6 4) verwenden, ist er auch bei ihm nicht unmöglich. Die Frage wäre entschieden, wenn שביה auf die Rückkehrer aus dem Exil bezogen werden müßte, aber dazu besteht keine Notwendigkeit (s. oben zum Text). שבר findet sich auch sonst bei Jesaja und wird auch von Amos verwendet (6 6), die andern Begriffe wird man erst recht im Mund Jesajas nicht für unmöglich halten. Es besteht also keine Veranlassung, an Abhängigkeit von Deutero- oder Tritojesaja zu denken (wie z.B. Duhm mit Verweis auf Jes 52 3ff. 59 17–20 61 8). Aber es ist unwahrscheinlich, daß Jesaja selbst ein früheres Wort durch einen Nachtrag in dieser Weise erweitert hätte, so daß man in den beiden Versen doch wohl die Hand eines Schülers am Werk sehen muß, zumal der Zusatz zum Vorhergehenden deutlich einen neuen Akzent setzt (s. unten die Auslegung der beiden Verse).

So bleiben für Jesaja die Verse 21–26. Das Scheltwort des ersten Teils hat seine formale Eigenart darin, daß es weitgehend in das Gewand einer Leichenklage gekleidet ist. Das beweist schon das für den Beginn dieser Gattung bezeichnende איכה. Es ist allerdings eine Leichenklage eigener Art. Daß ein solches Lied über eine Stadt angestimmt werden kann, beweisen zwar schon die Threni mit ihrer Klage über das zerstörte Jerusalem. Das Besondere der vorliegenden Klage besteht aber darin, daß sie nicht einer zerstörten, und insofern ja wirklich einer „toten", sondern einer sittlich und rechtlich korrupten Stadt gilt. Es gehört zur Gattung, daß der Darstellung des gegenwärtigen bejammernswerten Verfalls des Toten die Beschreibung seines früheren Glanzes und seiner edlen Eigenschaften entgegengestellt wird (s. Jahnow a.a.O. besonders 99 und 253f.). Während von der „Herrlichkeit" nur in 21aβb in kurzen, aber prägnanten Formulierungen gesprochen wird, nimmt die „Elendsschilderung" einen relativ breiten Raum ein (22f.). Sie trägt die Form einer Scheltrede, die vom Propheten selbst gesprochen ist, während die Gerichtsankündigung – mit einer entsprechenden Einleitung versehen – als Jahwewort erscheint. In chiastischer Entsprechung sind

Prophetenrede und Jahwewort aufeinander bezogen: 24b korrespondiert mit 23, 25 mit 22, 26a mit 21b, 26b mit 21a (s. RFey, Amos und Jesaja: WMANT 12, 1963, 64). Die Gerichtsankündigung geht in 26 in ein Verheißungswort über, was nicht überraschen kann, da das Gericht als Schmelzprozeß, der zur Läuterung dient, beschrieben wird.

Zum Metrum: In 21, 22 und 23aβ liegen nach Ausscheidung der Glossen (s. oben zum Text), wie von der Gattung her zu erwarten ist, Qinaverse vor (in 21b ist מלאתי doppelt zu betonen). 23aα ist ein Doppelzweier. Bei der Unregelmäßigkeit des Versmaßes, der man immer wieder begegnet, dürfte kaum mit KBudde (ZAW 49, 1931, 33) zwischen den beiden ersten Wörtern in Analogie zu 21 und 22 הָיוּ zu ergänzen sein. Ebenso ist das abweichende Versmaß in 23b (2 + 4) nicht Grund genug, die Zeile zu streichen (so Budde a.a.O. 33 und neuerdings wieder Fey a.a.O. 64), und die Umstellung der beiden Vershälften (s. Duhm z.St.) verkennt, daß es zweifellos Absicht ist, den ersten Teil des Wortes mit einem verlängerten Hemistich abzuschließen. – Die Einleitung in 24a steht außerhalb des Metrums. 24b ist wieder ein Qinavers. – Aus metrischen Gründen hat auch 25 zu Diskussionen Anlaß gegeben. Der Vers besteht aus drei Gliedern, so daß man versucht ist, die Normalität zweigliedriger Verszeilen dadurch zu erreichen, daß man eines der drei Glieder streicht oder ein viertes ergänzt (s. Marti, Fohrer und Budde a.a.O. 33). Tatsächlich dürfte 25aα mit Fohrer als Glosse auszuscheiden sein, womit auch die unschöne Wiederholung von ואשיבה wegfällt. – 26a ist Qinavers; 26b bietet wieder Schwierigkeiten. JLey (Metrische Analyse von Jesaja Kp. 1: ZAW 22, 1902, 229–237) hält קריה נאמנה für eine Glosse und kommt nach deren Streichung auf einen Fünfer; aber gerade mit diesem Ausdruck wird bewußt auf den Anfang des Wortes zurückgegriffen. Budde (a.a.O. 34) will das „müßige" אחרי־כן durch bloßes ו ersetzen und vor עיר noch עוד einschieben. Aber אחרי־כן ist nicht „müßig", sondern hat die wichtige Funktion, festzuhalten, daß die neue Zeit erst nach hartem Gericht kommen kann. Der Vers dürfte als Sechser (2 + 2 + 2) zu lesen sein. – 27: 3 + 2, 28: 4 + 3.

Ort Eine sichere Datierung dieser Rede ist unmöglich. Auf alle Fälle hat die Stadt die Katastrophe von 701 noch nicht hinter sich, von konkreter Kriegsgefahr ist nicht die Rede. Der Inhalt von 23 steht Stücken wie 3 12–15 5 22–24 und 10 1–4 nahe, die der Frühzeit Jesajas angehören, als in erster Linie die Verwilderung des Rechts und der öffentlichen Ordnung das Interesse des Propheten beanspruchten. – Es läßt sich sehr wohl denken, daß der Prophet das Wort am „königlichen Zionsfest" gesprochen hat, an welchem die Zionspsalmen ihren Sitz im Leben haben und bei dem Zion/Jerusalem als wohlgegründete Stadt, voll von Recht und Gerechtigkeit, gepriesen wurde. Es müßte größtes Aufsehen erregt haben, wenn Jesaja inmitten der euphorischen Stimmung eines solchen Festes die makabre Leichenklage über die in der Liturgie des Tages eben gefeierte stolze Gottesstadt angestimmt hätte.

Wort 1 21 Die im Leichenlied zu beklagende Stadt wird zunächst als קריה נאמנה angesprochen. Das Wort קריה ist im Alten Testament relativ selten und machte zweifellos einen altertümlichen und feierlichen Eindruck. In einer Leichenklage wählt man natürlich bei der Beschreibung dessen, was der Tote war, groß klingende Worte (s. Jahnow a.a.O. 96ff.). Es ist zu beachten, daß sich das Wort auch im Zionslied findet (Ps 48 3 קרית מלך רב), woraus sich erklären dürfte, daß es bei Jesaja relativ häufig erscheint (22 2 29 1 32 13). Das Attribut נאמן läßt sich allerdings in den Zionspsalmen als Attribut der Gottesstadt nicht nachweisen. Aber das Alte Testament spricht vom בית נאמן für David (1 S 25 28, s. auch 2 S 7 16 1 Kö 11 38 und Jes 55 3), so daß also das Wort den Festbesuchern in Jerusalem schon in den Ohren lag. Dazu kommt, daß אמן Synonym zu כון ist, und Ableitungen von dieser Wurzel gehören zum Lobpreis der Gottesstadt (Ps 48 9 87 5, s. auch נכון in Jes 2 2). Jesaja verwendet dafür das Synonym נאמן um der Doppelbedeutung dieser Wurzel willen: „fest gegründet" und „zuverlässig, treu" zugleich. Damit interpretiert er die alte Tradition neu. Die „fest gegründete" Gottesstadt hat nur als Stadt der Treue Aussicht auf Zukunft und Bestand, wie ihr König nur als Glaubender (האמין 7 9) „bleiben" kann und die neue Zionsgemeinde nur als Glaubende (מאמין 28 16) nicht zu erschrecken braucht. Diese Parallelen zeigen, daß sich in diesem נאמנה bereits der jesajanische Glaubensbegriff ankündet (vgl. auch אמת Jes 10 20).

„Treue" aber ist nicht zu trennen von ihrer Bewährung in משפט und צדק (auch in 11 5 steht אמונה mit צדק parallel). Das ist bezeichnend für den hebräischen Begriff der Gerechtigkeit, der von der Treue, auf die man sich verlassen kann, nicht zu trennen ist. – Daß Jerusalem in der Ziontradition als Stadt des Rechts und der Gerechtigkeit gepriesen wird, bedarf keines Belegs (vgl. Porteous a.a.O.). Das kann nicht anders sein, da dort Jahwe, Schützer des Rechts und Hüter der Gerechtigkeit, thront (צדק ומשפט מכון כסאו Ps 97 2), aber auch, weil ebendort Gottes irdischer Wesir, der Davidide, herrscht, zu dem unter Verwendung derselben Vokabeln gesagt werden kann: צדק ומשפט מכון כסאך (Ps 89 15, vgl. Jes 9 6 11 4). Von dort aus übt Jahwe Gericht über Israel wie über die Völker (Ps 48 11 97 98 99, s. auch 50 4), dort „stehen die Throne des Hauses Davids, die Throne zum Gericht" (Ps 122 5, vgl. 72 1ff. u.s.w.). Der letzte Davidide auf dem Thron in Jerusalem trägt den Namen צדקיהו, und der von Jeremia verheißene Sproß soll יהוה צדקנו genannt werden (Jer 23 6). Die enge Verbindung zwischen Jerusalem und „Gerechtigkeit" wird letztlich darin begründet sein, daß man in ihm bereits in vorisraelitischer Zeit das Gottesepitheton צדק kannte, was Namen wie Melchisedek und Adonisedek vermuten lassen (s. Porteous a.a.O. 239, ferner ThW IV, 573). Sie läßt sich aber auch von dem auf dem Zion thronenden Jahwe her ohne weiteres verstehen. – Wie oft ergänzen sich משפט und צדק: meint jenes die konkrete Ausübung der Rechtspflege, so dieses die grundsätzlich gebotene Haltung zum andern innerhalb einer Gemeinschaftsform. „Gerecht" ist, wer den Forderungen eines Gemeinschaftsverhältnisses entspricht. צדק ist also keineswegs nur ein forensischer Begriff, so gewiß sich die Gerechtigkeit zuerst und wesentlich im Gericht zu manifestieren hat, wie gerade auch die Fortsetzung unseres Wortes zeigt.

Das mit so hohen Prädikaten ausgewiesene und gepriesene Jerusalem ist nun aber zur זונה geworden. Jesaja verwendet das Bild nur hier; es ist aber nicht von ihm geschaffen worden, sondern bereits Hosea hat von ihm einen reichen Gebrauch gemacht (1 2 2 7 3 3 4 12–15 9 1). Eindeutig wird bei jenem Propheten mit dem Vorwurf der „Hurerei" der Abfall von Jahwe zu den kanaanäischen Göttern mit ihrem Sexualkult verurteilt. Aber „Hurerei" in diesem Sinn wirft Jesaja seinen Jerusalemern nicht vor. Der Vergleichspunkt ist bei ihm vielmehr die Treulosigkeit (vgl. dazu Ps 73 27) und Käuflichkeit der Bewohner der Stadt, so daß also זונה und נאמנה miteinander korrespondieren. Amos hat über den Fall, d.h. den Tod, der Jungfrau Israel eine ähnliche Leichenklage angestimmt (5 1f.), und das Lied Thr 1, das dem vorliegenden Abschnitt in manchen Zügen ähnlich ist, spricht von der volkreichen Stadt, die nun zur „Witwe" geworden sei. Bei Jesaja aber ist die Gattung so stark umgebogen, daß nicht einmal mehr der Tod das tertium comparationis ist. Und doch, „die im Hintergrunde lauernde Todesstimmung gibt dem Gedicht etwas Unheimliches" (Jahnow a.a.O. 255).

Die Glosse „nun aber Mörder" ist als Aktualisierung des Jesajawortes auf eine bestimmte Situation zu verstehen. Man könnte an die Zeit Manasses denken (2 Kö 21 16, vgl. Hos 6 9). רצח meint das „gemeinschaftswidrige" Töten, „das heimtückische Totschlagen", den Mord (vgl. JJStamm, Sprachliche Erwägungen zum Gebot „Du sollst nicht töten": ThZ 1, 1945, 81–90).

1 22 Zunächst kommt die innere Verkommenheit der Stadt mit zwei Bildern, die für Jesaja typisch sind, zur Sprache: „Dein Silber wurde zur Bleiglätte, dein Bier ist verpanscht." Das Wort סיג, das zur Wurzel סוג „abweichen" gehört (s. LKöhler, ThZ 3, 1947, 232ff.), hat den alten und neuen Übersetzern nicht wenig Mühe bereitet und wird recht verschieden gedeutet. Es ist ein fachtechnischer Ausdruck der Silbergewinnung. Bei dieser verwendet man in alter Zeit als Ausgangsstoff silberhaltigen Bleiglanz (PbS), „z.B. indem man ihn mit Eisen erhitzte, das sich mit dem Schwefel verbindet; es bleibt dann Silber plus Blei, und Letzteres wird in geeigneten Öfen durch die sogenannte Treibarbeit zu Bleioxyd oxydiert, d.i. Bleiglätte (= PbO), auch Silberschaum genannt... Die Treibarbeit war mühsam und schwierig, und wenn sie nicht gut gelang, ... blieb (das Silber) zum Teil mit der Bleiglätte vermischt, und diese 'Schlacke' verhinderte natürlich die Ausbeute und brachte große Verluste..." (Zitat bei Köhler a.a.O. 232f. aus einem Brief von EvLippmann). Damit ist nicht nur die genaue Bedeutung von סיג eruiert, sondern auch das jesajanische Bild verständlich geworden. Man hat die Absicht, Silber

zu gewinnen, und bekommt bei mangelnder Sorgfalt Bleiglätte, der Schmelzprozeß ist mißglückt. Die Bedeutung von סבא ist von JJHeß geklärt worden (MGWJ 78, 1934, 6–9). Es gehört zu akkad. *sabû* oder *sību*, die ein bestimmtes Getränk bezeichnen, und zu arab. *sūbjeh*, das „Bier" bedeutet. – Mit den beiden Bildern ist in trefflicher Weise der Verfall der Ordnung und die Zersetzung des Rechts gekennzeichnet, wobei das erste die mangelnde Sorgfalt im Umgang mit diesen Gütern, das zweite deren bewußte Zerstörung heraushebt.

Hat 22 von der Stadt bzw. deren Bevölkerung gesprochen, so hebt 1 23
nun 23 die Verantwortung der שׂרים hervor. Die שׂרים sind „zeitlebens und hauptberuflich eingesetzte Beamte und unterstehen als solche dem Königtum" (so RKnierim, Exodus 18 und die Neuordnung der mosaischen Gerichtsbarkeit: ZAW 73, 1961, 146–171, s. 159). Der שׂר hat richterliche Funktionen auszuüben, es können ihm aber auch militärische und administrative Aufgaben überbunden werden (s. 3 3). Inwieweit die verschiedenen Funktionen in derselben Hand vereinigt sind oder doch sein können, ist schwer zu beurteilen. Zur richterlichen Funktion der „Fürsten" in Jerusalem ist die Darstellung des Prozesses gegen Jeremia (Kap. 26) eine gute Veranschaulichung (s. auch Jes 32 1). Diese שׂרים sind סוררים, offenbar ein geflügeltes Wort (s. Hos 9 15, zu סרר vgl. oben 5). „Widerspenstig" sind Beamte gegenüber ihrem unmittelbaren Herrn, dem König, hier aber gegenüber ihrem mittelbaren Auftraggeber, Gott. – Noch schockierender ist der nächste Vorwurf: חברי גנבים (zu חבר vgl. Prv 28 24). Es mit Dieben zu halten gehört nach Ps 50 18 zu den Invektiven, die am Bundesfest erhoben wurden. Das Besondere der vorliegenden Stelle besteht darin, daß durch Jesaja ehrenwerte Beamte in diese Kategorie von Übeltätern eingereiht werden. Sie nehmen Bestechungsgeld und – lassen die Diebe laufen. Auch in 5 23 tadelt Jesaja die Unsitte der Bestechung und steht darin mit Micha (3 11) in einer Front. Das Gesetz verbietet ausdrücklich die Annahme eines שחד (Ex 23 8 Dt 16 19, s. auch 10 17). Über einen, der sich bestechen läßt, einen Unschuldigen zu töten, wird der Fluch ausgesprochen (Dt 27 25). שֹׁחַד (Wurzel שחד „beschenken") heißt von Haus aus einfach „Geschenk", das Hapaxlegomenon שלמנים (zu שִׁלֵּם „vergelten") ist die Gegengabe für den „Dienst" des Richters. Die beiden Verben אהב und רדף decken die Gier auf, mit der die Gelder eingerafft werden. Die rechtlich Wehrlosen, für die wie in 17 beispielhaft die Waisen und Witwen stehen, sind damit jeder Willkür ausgeliefert (zu den sozialen Verhältnissen, die den Hintergrund zum Versagen der Rechtsprechung bilden, vgl. AAlt, Der Anteil des Königtums an der sozialen Entwicklung in den Reichen Israel und Juda: KlSchr III, 1959, 348–372; zur Zerrüttung des Rechtswesens s. LKöhler, Die hebräische Rechtsgemeinde: Jahresbericht der Univ. Zürich 1930/31, 15ff. = Der hebräische Mensch, 1953, Anhang 143ff.).

124a Die Naht zwischen Schelt- und Drohwort bildet wie so oft לכן, „darum". Die Gerichtsankündigung ist als „Ausspruch" des Herrn, Jahwes der Heere, formuliert. Erst jetzt also folgt die igentliche Botschaft. Was bis anhin im Stil der Prophetenrede gesagt wurde, ist für jeden evident, der den Willen Gottes kennt; und es ist keine Frage, daß Israel weiß, was ihm geboten ist. Dennoch ist das „Scheltwort" nicht überflüssig, weil es ins Bewußtsein hebt, daß Jahwes Gerichtshandeln nicht willkürlich, sondern von den Bundessatzungen her notwendig – und für Israel letztlich heilsam ist, indem es der „Heillosigkeit" seiner Untreue ein Ende setzt. Das Jahwewort wird hier nicht mit der häufigen Botenformel „so spricht Jahwe" o.ä. eingeleitet, sondern durch נאם יהוה. Jesaja verwendet den Ausdruck selten, wie bei ihm überhaupt die die Jahwerede ein- oder ausleitenden Formeln nicht häufig sind (s. noch 3 15 am Schluß einer Anklage, 17 3. 6 und 19 4 am Schluß einer Gerichtsankündigung, 30 1 eingeschoben zu Beginn eines Weherufes, schließlich in 31 9 am Schluß eines Verheißungswortes für Israel, das zugleich Gerichtsankündigung für Assur ist). Die Formel ist also weder in bezug auf Gattung und Inhalt noch hinsichtlich der Stellung im Jahwewort eindeutig festgelegt. Immerhin gilt die Beobachtung FBaumgärtels (Die Formel *n^{e}'um jahwe*: ZAW 73, 1961, 277–290) auch für die jesajanischen Stellen: „Wo ein Gottesspruch ein "נ״י" enthält, ... ist sein Inhalt niemals ein konkreter Befehl". "נ״י" „hat also nichts zu tun mit Befehls- und Anweisungsinhalten" (a.a.O. 285). Ganz zu Beginn eines Gottesspruches steht נאם יהוה nur noch in Ps 110 1 (s. aber auch Nu 24 3. 4. 15. 16 und 2 S 23 1). Demnach ist es möglich, daß diese Einleitung bei Orakeln für den König üblich war und aus solchen von Jesaja übernommen wurde. Die Etymologie des Wortes ist nicht gesichert, es wird aber gern mit arab. *na'ama* „flüstern" zusammengestellt, so daß also eine geheimnisvolle Mitteilung der Gottheit gemeint wäre. Nach Baumgärtel (a.a.O. 287ff.) gehört die Formel von Haus aus zum Nabitum, während כה אמר יהוה צבאות aus dem kultischen Ritual stammt. Jedenfalls ist נאם יהוה, „solange es noch nicht seinem Gehalt nach verblaßt ist, signum für prophetisches Reden aus dem Gottesgeist" (Baumgärtel a.a.O. 283).

Auffallend ist aber bei der Formel auch, daß keineswegs bloß, wie es nach נאם im allgemeinen der Fall ist, der Genetiv יהוה folgt, sondern die ausführliche Titelreihe האדון יהוה צבאות אביר ישראל. Abgesehen vom letzten Glied אביר ישראל, findet sich die Formel auch in 19 4. Jesaja verwendet das Gottesepitheton אדון im Vergleich zum übrigen alttestamentlichen Schrifttum relativ häufig (s. ThW III, 1058ff.). Das Wort gehört möglicherweise zu ugar. *'ad* „Vater" (s. dazu AHerdner in GLECS VI, 64, andere Ableitungen s. FZimmermann, VT 12, 1962, 194f.). Im Unterschied zu בעל „Besitzer" meint es mehr den Herrn als denjenigen, der über alles, was er erworben hat, als Gebieter waltet

(s. Ps 105 21), so daß die oft gewählte Übersetzung „Allherr" ein wichtiges Moment unterstreicht. Das Wort ist im phönizischen Bereich als Gottesepitheton häufig (s. WWGrafBaudissin, Kyrios als Gottesname im Judentum und seine Stellung in der Religionsgeschichte II und III, 1929), so *Adon-Esmun*, *Adon-Palaṭ*, *Adon-Baal*; in Keilschrifttexten *Adūni-iḫa*, *Adūni-ṭūri* u.a. (s. WWGrafBaudissin, Adonis und Esmun, 1911, 66ff.). Daß es gerade von Jesaja relativ häufig verwendet wird, hängt zweifellos damit zusammen, daß es ein altes jerusalemisches Gottesprädikat schon aus jebusitischer Zeit ist, was die Namen der Könige Adonibesek (Ri 1 5–7) und Adonizedek (Jos 10 1. 3) bezeugen (für die israelitische Zeit Adoniram 1 Kö 4 6 u.ö. und Adonija bzw. Adonijahu 2 S 3 4 1 Kö 1 8 u.ö.). Gerade diese Herkunft des Namens wird daran schuld sein, daß diesem in alter Zeit in Israel nur beschränkte Bedeutung zukommt; man wollte das kanaanäische Gottesepitheton meiden, was beim synonymen בעל ohnehin auf der Hand liegt. An sich ist die Bezeichnung hervorragend geeignet, Jahwes Wesen zu umschreiben; Jesaja war frei genug, sie aufzunehmen, wie er auch den verwandten Titel מלך, gegen welchen nach Ausweis des Vorkommens im alttestamentlichen Schrifttum ähnliche Hemmungen bestanden haben müssen, rezipiert hat (s. zu 6 1ff.).

Wie in 10 16. 33 ist das Epitheton האדון kombiniert mit dem Gottesnamen יהוה צבאות (אדני mit יהוה צבאות in 3 15 10 23. 24 22 5. 12. 14. 15 28 22). Das relativ häufige Zusammengehen der beiden Namen wird auf einer kultischen Tradition beruhen, die wiederum speziell in Jerusalem zu Hause gewesen sein muß (vgl. das Vorkommen in der Doxologie von Am 9 5). Die Übernahme der aus Silo stammenden und mit der Lade verknüpften Gottesbezeichnung Jahwe Zebaoth als Kultname des Gottes von Jerusalem bildete ein festes Band, das die jerusalemischen Traditionen mit Israels genuinem Glaubensgut verknüpfte. Der Gott von Jerusalem ist der Gott des einstigen amphiktyonischen Zentrums Silo.

Aber Jesaja will in der vorliegenden Einleitungsformel den Hörern noch mehr Aspekte Jahwes ins Bewußtsein rufen und fügt אביר ישראל hinzu. Der Name „der Starke Israels" findet sich im Alten Testament nur hier. Aber es leidet keinen Zweifel, daß er als Variation von אביר יעקב zu verstehen ist (s. Gn 49 24 Jes 49 26 60 16 Ps 132 2. 5), und dieser wiederum ist offenbar die ältere Form des sonst gebräuchlichen אלהי יעקב (Ex 3 6. 15. 16 4 5 2 S 23 1 Jes 2 3 Mi 4 2 Ps 20 2 24 6 (𝔊) 46 8. 12 75 10 76 7 81 2. 5 84 9 94 7; wir haben [zu 1 4] vermerkt, daß קדוש ישראל eine weitere Variation dieses Gottesnamens zu sein scheint). Auch diese Namenformen gehören also keineswegs allen Schichten des Alten Testaments an. Daß auch sie in spezifisch jerusalemische Traditionskreise Eingang gefunden haben, ist erstaunlich; denn weder in der Ziontheologie noch bei Jesaja ist sonst von den Überlieferungen, die sich um die Gestalt Jakobs ranken, die Rede – und der „Gott Abrahams" und der „Schrecken Isaaks", deren

Verehrung an Stätten im Süden Judas haftet, wird in den jerusalemischen Traditionen wie bei Jesaja mit absolutem Stillschweigen übergangen. Auf welchem Weg die Gottesbezeichnung nach der Stadt der Davididen kam und wie sie der Ziontradition integriert wurde, läßt sich nicht mit Sicherheit eruieren. Nach Ausweis der Ladepsalmen 132 und 24 scheint aber auch sie an der Lade gehaftet zu haben. (Zu den Vätergöttern vgl. AAlt, Der Gott der Väter: BWANT III/12, 1929 = KlSchr I, 1953, 1–78 und VMaag, Der Hirte Israels: SchwThU 28, 1958, 2–28; ferner BGemser, Vragen rondom de Patriarchenreligie, 1958; JHoftijzer, Die Verheißungen an die drei Erzväter, 1956 [s. dazu MNoth, VT 7, 1957, 430ff.]; LRost, Die Gottesverehrung der Patriarchen im Lichte der Pentateuchquellen: VTSuppl 7, 1960, 346–359; FMCross, Yahwe and the God of the Patriarchs: HThR 55, 1962, 225ff.).

Es sind hier in einzigartiger Fülle Gottesnamen zusammengestellt, deren Kombination etwas davon ahnen läßt, wie bewegt die Religionsgeschichte Israels gewesen ist und in welchem Umfang Jerusalem die zunächst getrennten Traditionsbereiche, in denen sich Israels Glaube manifestierte, an sich gezogen hat. Es ist aber bei aller Wichtigkeit der spezifisch jerusalemischen Kulttraditionen nicht der Gott Jerusalems, der hier letztlich das Wort ergreift (so wird Jahwe nur in 2 Ch 32 19 genannt, s. auch Esr 7 19 und die Inschrift aus einer Grabhöhle östlich von Lachisch, IEJ 13, 1963, 84), sondern der „Heilige Israels". Israels Glaube negiert die hohen Erwartungen, die an Jerusalem als der „Gottesstadt" und am Zion als dem „Gottesberg" haften, nicht. Aber es besteht kein Zweifel, daß deren Realisierung allein bei der Unterwerfung unter den Willen Jahwes, des Gottes Israels, zu erhoffen ist.

1 24b Das erste der beiden Verben, die in 24b Jahwes Gerichtshandeln ankünden, das ni. von נחם, ist hier in der Bedeutung „sich letzen" singulär. Der Grundsinn des hebr. Wortes ist nach KBL „sich (seelische) Erleichterung verschaffen" (vgl. arab. *naḥama* „heftig atmen"). Wie das folgende ni. von נקם ist es ein starker Anthropomorphismus, dessen sich der Prophet bedient. Es liegt Jesaja daran, die tiefe innere Beteiligung Jahwes, seine heilige Erregung über das Versagen der auserwählten Stadt auszudrücken, ein Affekt, der doch nur aus der göttlichen Liebe zu seinem Volk heraus verständlich ist. „There is sorrow in God's anger. God's affection for Israel rings even in the denunciations..." (AJHeschel, The Prophets, 1962, 82). Beide Verben gehören der Begriffswelt des Jahwetages an. Im Moselied steht in einer Ankündigung des Jahwetages neben נָקָם das mit dem ni. scheinbar identische hitp. התנחם (Dt 32 35f.). Aber der Tag der Rache wird dort Israels Feinden angedroht, und das hitp. hat die Bedeutung „sich erbarmen" (über Israel). Die Wurzel נקם erscheint auch sonst sehr häufig im Zusammenhang mit dem Jahwetag (Dt 32 41. 43 Jes 34 8 35 4 Na 1 2 u.a.). Das heißt, Jesaja

kündet hier faktisch, wie es in 2 12 expressis verbis geschieht, einen Jahwetag an, nur daß die Feinde Jahwes, an denen er sich rächen wird, die Jerusalemer sind! Das ist wieder Jahwes „seltsames Tun, sein befremdliches Werk" (28 21, vgl. dazu Am 5 18–20; zum Tag Jahwes s. LČerny, The Day of Jahwe and some Relevant Problems, 1948; SMowinckel, Jahves Dag: NTT 59, 1958, 1–56.209–229 und vor allem GvRad, The Origin of the Concept of the Day of Yahweh: JSSt 4, 1959, 97–108). Worin das Eingreifen Jahwes an seinem Tag besteht, bleibt völlig offen. Jesaja ist kein Wahrsager, der die Zukunft bis in Einzelheiten hinein voraussagen kann.

Der Zusatz zu Beginn von 25 „ich werde meine Hand gegen dich 1 25
kehren" nagelt fest, wer die „Bedränger" und „Feinde" Jahwes von 24 sind. Dann aber wird auf das Bild vom Silber, das zu Bleiglätte geworden ist, zurückgegriffen. Wenn der Schmelzprozeß, bei dem reines Silber gewonnen werden sollte, mißlungen ist (s. oben zu 22, vgl. Jer 6 29f.), muß versucht werden, in einem neuen Verfahren doch noch Silber zu erhalten. בֹּר, „Laugensalze", besteht aus kohlensaurem Kalium und Natrium (Pottasche und Soda). „Diese Salze dienten als Flußmittel, wie in vielen Zwecken noch heute" (EvLippmann nach LKöhler, ThZ 3, 1947, 233). Jesaja kennt also das Läuterungsgericht. Er kündet keine Vernichtung Israels an, sondern sagt ausdrücklich, daß Jahwe die „Schlacken" entfernen wird. Dann bleibt also Hoffnung für die Zukunft. Der Restgedanke, der für Jesaja von manchen bestritten wird (s. neuerdings wieder GFohrer, ThLZ 87, 1962, 748, aber auch die große Zurückhaltung bei vRad, TheolAT II, 175f.), fügt sich in Jesajas Gerichtsankündigung durchaus ein.

Die neue Gemeinde, der aus der Sichtung hervorgegangene heilige 26
Rest, wird – das ist nach dem Zusammenhang das Entscheidende – der Gerechtigkeit und der Treue in ihrer Mitte Raum geben. Das aber bedeutet, daß in der Gottesstadt Richter das Recht verwalten, die ihres Amtes würdig sind. Der Text sagt כבראשנה, dem im zweiten Hemistich כבתחלה entspricht. Jeremia kennt eine ideale Epoche der Vergangenheit, die Norm für die Gegenwart sein müßte, die „Brautzeit" der Wüstenwanderung 2 2. Eine ähnliche Vorstellung vertritt hier Jesaja; aber die große Zeit, an der sich die Gegenwart messen müßte, liegt für ihn in der Geschichte Jerusalems. Es ist zweifellos die Regierungszeit Davids (und Salomos?) gemeint. Jerusalem ist für Jesaja „die Stadt, da David lagerte" (29 1). Es müssen bereits zu Jesajas Zeiten Überlieferungen über die erste Königszeit existiert haben, die ein ideales Gemälde jener Frühzeit, das als Leitbild für Gegenwart und Zukunft dienen konnte, zeichneten (vgl. Ps 122 5). Diese Traditionen konnten an das anknüpfen, was historische Wirklichkeit gewesen war. Es ist von vornherein anzunehmen, daß David, nachdem er die Stadt erobert hatte und

in die Rechte und Pflichten der Jebusiterkönige eingetreten war, als oberster Gerichtsherr auch das Rechtswesen ordnete und Richter einsetzte. In der einst kanaanäischen Stadt werden in dieser Hinsicht, wie es ihrem politischen Status als „Krongut" der Davididen entspricht, andere Verhältnisse geherrscht haben als in eigentlich israelitischen Städten, wo die Rechtspflege „im Tor" in den Händen der Sippenältesten lag. In Jerusalem aber sind nach 23 die Richter שׂרים, königliche Beamte, und solche sind in der Folge offenbar auch in andern Städten eingesetzt worden (vgl. Dt 16 18-20 und 19 16-18 2 Ch 19 4-11, s. RdeVaux, Les Institutions de l'AT I, 235ff. und Knierim a.a.O. 151). Überraschend nennt der zweite Hemistich in Parallele zu den „Richtern" die „Ratgeber". In 3 3 erscheinen diese in der Liste der Würdenträger der Stadt. Zweifellos sind damit Berater des Königs gemeint. Ahitophel wird in 2 S 15 12 als „Ratgeber" Davids bezeichnet (vgl. ferner 2 S 15 31 16 23 1 Ch 27 32-33 2 Ch 25 16 Esr 4 5 7 28 8 25). Offenbar handelt es sich also auch hier um ein königliches Amt, und zwar ein solches, dem Jesaja entscheidende Bedeutung für Ordnung und Wohl des Staates zumißt. Der idealen Zeit der Vergangenheit wird mit אחרי־כן die Heilszeit der Zukunft gegenübergestellt. Auf die Krise folgt die Integration. אחרי־כן in unserem Text entspricht באחרית הימים in 2 2, עת אחרון in 8 23 (im Gegensatz עת ראשון) und יום אחרון in 30 8. Das Ende der Geschichte oder der Einbruch der Transzendenz in die immanente Geschichtswelt ist in all diesen Fällen nicht gemeint. Aber es ist eine Zukunft in Aussicht gestellt, in welcher sich eine entscheidende Wende vollzogen haben und ein Neuanfang gesetzt sein wird. Insofern – aber nur in diesem Rahmen – kann von einer Eschatologie Jesajas gesprochen werden (zur „Eschatologie" bei Jesaja vgl. ThCVriezen, Prophecy and Eschatology: VTSuppl 1, 1953, 199–229). Nach unserem Abschnitt wird Jerusalem in der kommenden Zeit des Heils nicht mehr sein, als was es in der idealen Vergangenheit schon war und seinem Wesen als Gottesstadt entsprechend sein müßte. „Heilszeit" und „Urzeit" entsprechen sich. Aber zur Heilszeit kommt es allerdings von der Gegenwart aus nicht durch eine innerweltliche, kontinuierliche Entwicklung, sondern, wie 25aα richtig interpretiert, nur so, daß Jahwe noch einmal seine Hand an Jerusalem legt.

127 Die Nachinterpretation von 27f. verwendet den theologischen Begriff für „erlösen", פדה. Im profanen Gebrauch ist פדה ein neutraler handelsrechtlicher Terminus mit der Bedeutung „auslösen" (z.B. einen in Sklaverei geratenen Sippenangehörigen, s. JJStamm, Erlösen und Vergeben im Alten Testament, o.J. (1940), 7ff.). In der Kultsprache ist das Verbum Terminus für die Auslösung eines Jahwe verfallenen Wesens (Ex 13 11-16 u.a.). Häufig steht es in den Psalmen zur Angabe der Erlösung aus der Not des einzelnen (69 19 26 11 31 6 71 23 u.a.). In Jer 15 21 sagt Jahwe dem Propheten Erlösung aus Feindesnot zu. Aber natürlich wird auch im

Volksklagepsalm um Erlösung gebetet (s. Ps 44 27). Wie Hosea (7 13 13 14) wird auch der Verfasser der vorliegenden Stelle die Vorstellung aus der Kultlyrik übernommen haben. Wovon Zion erlöst bzw. losgekauft werden soll, sagt er nicht. Gern spricht aber das Alte Testament von der Erlösung (des einzelnen) vom Tode oder aus der Unterwelt, d.h. faktisch aus Todesnot (Ps 49 8. 16 Hi 5 20 33 28 Sir 51 1f., s. aber auch Hos 13 14). Ps 25 22 bittet um Erlösung aus aller Not. In Ps 130 8 schließlich bezeugt der Beter die Zuversicht, daß Jahwe Israel von allen seinen Sünden erlösen werde. Die vorliegende Stelle darf kaum nach diesen beiden späten Psalmen interpretiert werden. Wie bei Hosea ist an Befreiung aus Feindesbedrängnis zu denken, bei der die physische Existenz bedroht ist. Bedrängnis durch Feinde kann durchaus mit dem Bild der Bedrängnis durch Tod und Scheol umschrieben werden. Diese Deutung ist auch von der antithetischen Drohung mit Vernichtung (כלה) in 28 her gefordert. Wäre die Herleitung aus exilisch/nachexilischer Zeit gesichert, wäre genauer Befreiung von Fremdherrschaft gemeint (s. Jes 35 10 51 11), aber 28 spricht nicht für diese Deutung.

Die Erlösung geschieht במשפט und בצדקה. Das בְּ nach פדה ist ein בְּ pretii, s. Ex 13 13. 15 34 20 Lv 27 27. Es fragt sich, ob Zions eigene Gerechtigkeit oder diejenige Gottes gemeint sei. Die Frage hängt mit der anderen zusammen, wie שׁביה zu verstehen sei. Wenn es als „Umkehrende“ gefaßt wird (s. oben zum Text), dann kann nur Recht und Gerechtigkeit des neuen Zionsvolkes gemeint sein. Das heißt nicht, daß dieses sich selbst erlöst, eben durch seine Gerechtigkeit; das logische Subjekt kann nur Jahwe sein. Aber der Ergänzer will betonen, daß das Recht unabdingbar den ihm gebührenden Platz finden muß, wenn die Erlösung volle Realität sein soll. Es will aber wohl beachtet sein, daß nach dem Zusammenhang, in dem die Verse 27 und 28 jedenfalls jetzt stehen, Jahwe selbst – dadurch, daß er sein Volk im Gericht läutert und ihm „Richter“ und „Ratsherren“ wie „vorzeiten“ gibt – die Voraussetzung dafür schafft, daß „die bessere Gerechtigkeit“ Wirklichkeit werden wird.

Den Umkehrenden stehen die פשעים und die חטאים gegenüber; für sie 1 28
gibt es keine Hoffnung mehr. „Sünder“ sind zwar gewiß alle, auch die „Umkehrenden“. Es sind also diejenigen gemeint, welche in der Auflehnung verharren (zu פשע s. 1 2, zu חטא s. 1 4). Das Verharren in der Sünde kommt durch die Verwendung der Intensivform חַטָּאִים (gegenüber חֹטֵא in 1 4) zum Ausdruck (s. Ges-K § 84be). Wieder besteht die Sünde darin, daß Jahwe verlassen wird (zu עזב s. 1 4, zu נשבר 8 15 14 29 und 28 13, כלה in 29 20 31 3 32 10).

Der Abschnitt 21–26 (und nicht anders der Zusatz 27f.) stellt eine Aus- Ziel
einandersetzung mit der Ziontradition dar, d.h. mit einer der Erwählungstraditionen Israels (s. dazu ERohland, Die Bedeutung der Erwählungstraditionen Israels für die Eschatologie der alttestamentlichen

Propheten: Diss. theol. Heidelberg o.J. (1956) 114ff.). Jesaja weiß weder von der Erwählung des Volkes beim Auszug noch von der Erwählung der Väter. Er ist offensichtlich weitgehend von den Voraussetzungen der jerusalemischen Theologie her zu verstehen, wie sie für uns vor allem in den Zionsliedern greifbar ist. Unter den Vorstellungen, die mit der Gottesstadt Jerusalem verknüpft sind, greift er entschlossen die der Gerechtigkeit heraus und interpretiert in das mit ihr verknüpfte Motiv der Festigkeit den Gedanken der Treue hinein. Kein Zweifel, daß er damit vom Wesen des altisraelitisch-amphiktyonischen Gottesglaubens her das jerusalemische Gedankengut modifiziert. Der Adon von Jerusalem ist Jahwe Zebaoth, der Starke Jakobs. Noch wesentlicher aber ist das andere: Jesaja weiß nichts von einer unbedingten bzw. mythisch fundierten Erwählung und darum nichts von einer durch den Ritus zu gewährleistenden Gesichertheit Jerusalems, sondern nur um eine Erwählung, die zur Treue der Erwählten in Korrelation steht. Die electio hat die reprobatio als Alternative neben sich. Muß nun nicht angesichts der Treulosigkeit Jerusalems die Erwählung aufgehoben werden? Hat das Gericht das letzte Wort? Das ist angesichts der Treue Gottes kein denkbarer Schluß. Die Zionsgemeinde der Gegenwart ist wohl dem Gericht verfallen, aber ein Rest wird hindurchgerettet („kehrt um“, wie in 27 richtig interpretiert wird) und wird Führer erhalten, denen die Wahrung des Rechts höchstes Anliegen ist. Der Heilige Israels setzt sich durch in der Aufrichtung seiner Gerechtigkeit.

VERDERBLICHER KULT

(I 29–31)

29 Wahrlich, ‘ihr’[a] werdet ‘euch’ schämen ob der Bäume[b], Text
nach denen euer Verlangen steht,
und erröten vor Schmach ob der Gärten,
die ihr euch erwählt.
30 Ja, wie eine Terebinthe werdet ihr sein,
deren Laub[a] welkt,
und wie ein Garten, welcher
kein Wasser hat[b].
31 Da wird der Starke[a] zum Werg,
und was er geschaffen[b], zum Funken,
und brennen werden beide zumal,
und keiner ist da, der löscht.

29a Die 3. Person in יבשו ist neben der zweiten in 29bf. unmöglich. 𝔊 und I 29
𝔖 lesen durchgehend die 3. Person, die aber von 28 her eingedrungen sein dürfte. Es ist mit einigen MSS und 𝔗 in תבשו zu ändern. – b Statt אילים liest V^Qa אלים (s. auch Jes 57 5). Ist das nur eine graphische Variante oder als Plural von אל „Gott“ gemeint? 𝔊: ἐπὶ τοῖς εἰδώλοις, was doch wohl mit PWernberg-Møller (Studies in the Defective Spellings in the Isaiah-Scroll of St. Mark’s Monastery: JSSt 3, 1958, 244–264, s. 254) אילים voraussetzt, während HMOrlinsky (The Textual Criticism of the Old Testament: Festschr. WFAlbright, 1961, 122) εἴδωλον als Übersetzung von אילה = Terebinthe = Idol betrachtet. Nach KBL ist אילים Plural eines (nicht zu belegenden) Singulars אַיִל, „großer, starker Baum“ und ist dem Sinn nach identisch mit אלה (Wurzel אול, „vorn sein, stark sein“). Die Schreibung in 𝔐 ist demnach richtig. Ob אֵל „Gott“ mit diesem איל wurzelverwandt ist, ist umstritten (zur Diskussion s. WFAlbright, VTSuppl 4, 1957, 255: אֵלָה bedeutet eigentlich „Göttin“ bzw. Elat; FZimmermann, ’El and Adonai: VT 12, 1962,
190–195: אל ist von אלל abzuleiten, אלה = „a tree god“). – 30a Viele MSS bieten 30
עליה, was bei einer Wurzel tertiae infirmae auch im Singular möglich und wohl die ursprüngliche Lesart ist, vgl. Beer-Meyer I § 53. – b V^Qa hat umgestellt: אין מים, was als Erleichterung zu beurteilen ist. Zur Wortfolge in 𝔐
vgl. Ges-K § 152 o. – 31a Statt החסן hat V^Qa החסנכם, 𝔊 ἡ ἰσχὺς αὐτῶν und 𝔙 31
fortitudo vestra. Gegenüber 𝔐 sind das alles ebenfalls Erleichterungen. – b V^Qa: פעלכם. 𝔊 liest auch hier die 3. Person αἱ ἐργασίαι αὐτῶν, 𝔙 opus vestrum. Es besteht kein Grund, 𝔐 zu ändern, auch die Vokalisation braucht nicht in פֹּעֲלוֹ emendiert zu werden, vgl. Joüon, Gr § 96 Aj.

Die vorliegenden drei Verse stellen eine Gerichtsankündigung Form
dar. Sie beginnen mit כִּי „denn“, scheinen also mit den vorhergehenden Versen verknüpft zu sein, und manche Ausleger wollen darum die Verse mit 27f. als Einheit zusammennehmen. Aber 29 setzt thematisch völlig neu ein. Daher kann כי redaktionelle Klammer sein. Oft ist allerdings ver-

mutet worden, daß ihm ursprünglich ein der Gerichtsankündigung entsprechendes Scheltwort voranging. Dies anzunehmen liegt darum nahe, weil das Wort aus sich selbst schwer durchsichtig ist und einen fragmentarischen Eindruck macht. Der Redaktor aber, der die Stücke zusammenfügte, wollte die Verse 29ff. als Erklärung und weitere Ausführung von 28 verstanden wissen.

Metrum: 29 und 30a: drei Doppelzweier; als ein solcher wird auch 30b zu lesen sein. 31 schließt das Stück mit zwei Fünfern wirkungsvoll ab.

Ort

Marti, der 29–31 mit 27f. als Einheit zusammennimmt, meint Unechtheit annehmen zu müssen, weil Jesaja sonst nie von אילים und גנות als kultischen Objekten spreche, hingegen „Terebinthen" und „Gärten" für die abtrünnigen Juden, gegen die in den letzten Kapiteln des Jesajabuches gesprochen werde, besondere Lieblingsstätten gewesen seien (57 5 65 3 66 17). Aber heilige Bäume und Gärten gab es in Palästina schon immer, wie es solche, nur schwach vom Islam umgedeutet, heute noch gibt. Mehr Gewicht mag Martis zweites Argument haben, daß בחר in der Verwendung für die Hingabe an heidnische Kulte bei Jesaja selbst nicht vorkomme, wohl aber wiederum im dritten Teil des Jesajabuches (65 12 66 3f.), während das Verb in 7 15f. wohl vorliegt, aber in anderer Bedeutung. Das kann Zufall sein, s. unten zu בחר. Aber eine gewisse Unsicherheit bleibt bestehen, die durch das gefühlsmäßige Urteil von Procksch: „Das Bruchstück trägt seine Echtheit an der Stirn" nicht behoben ist. Wir meinen aber doch, daß Martis Gründe gegen die Echtheit nicht wirklich durchschlagend sind.

Wann hat Jesaja dieses Wort gesprochen, und wer sind die angesprochenen „ihr"? Man hat oft an die Bewohner des Nordreiches vor 722 gedacht. Das ist in der Tat möglich, s. die Polemik gegen den Naturkult bei Hosea (4 13, wo nebeneinander der אַלּוֹן und die אלה genannt werden). Sicherheit darüber läßt sich aber nicht gewinnen, da auch im Südreich solche Kulte toleriert wurden, wie die Maßnahmen, die Josia bei der Kultreform zu ergreifen hatte, belegen. Da die anderen Stücke, in denen Jesaja von Götzendienst und Zauber spricht, 2 6.8 8 19(?), aus Jesajas Frühzeit herzuleiten sind, mag das auch für das vorliegende Bruchstück zutreffen.

Wort

Bevor in die Einzelexegese eingetreten werden kann, muß Klarheit über das Gesamtverständnis gewonnen sein. Fohrer (Kommentar z.St.) hat neuerdings die Meinung vertreten, die in 29 verwendeten Verben (בחר und חמד) ließen auf Machenschaften schließen, wie sie 5 8 und Mi 2 2 anprangern; חמד umfasse nicht nur das begehrliche Wollen, sondern auch das Tun, das zum Besitz des Begehrten führe. Somit handle es sich um eine Anklage gegen wirtschaftlich Starke, die Baumhaine und Gärten in ihren Besitz zu bringen versuchten. חמד kann tatsächlich die von

Fohrer postulierte Bedeutung haben (s. JHerrmann, Das zehnte Gebot: Festschr. ESellin, 1927, 69–82), aber notwendig ist diese von Herrmann für den Dekalog herausgearbeitete Spezialbedeutung an unserer Stelle nicht. Vor allem aber sichert die Verwendung von בחר in 65 12 und 66 3f. den kultischen Sinn dieses Wortes, d.h., es ist an Kulte unter „grünen Bäumen" in „heiligen Hainen" zu denken. Damit ist auch die Deutung von Hertzberg, es handle sich bei den „Gärten" und „Bäumen" um Kulturschöpfungen, auf die der Mensch seinen Stolz und sein Vertrauen setze, abzulehnen. Zwar wendet sich Jesaja gegen die Hybris, in welcher sich der Mensch mit seinen Leistungen zu sichern sucht, anstatt sich in Vertrauen Gott auszuliefern. Aber dagegen, daß der Mensch Bäume pflanzt und Gärten anlegt, hat er gewiß nichts einzuwenden gehabt.

אילים bedeutet große Bäume, Eichen oder Terebinthen (über Eichen 1 29
im heutigen Palästina s. Dalman, AuS I 1, 65ff. und Abb. 3–9). Das Wort ist wohl mit KBL von einer Wurzel איל II „vorn sein, stark sein" abzuleiten (s. oben zum Text). Aber für den Israeliten hatte der Gleichklang von אֵלָה „Göttin" mit אֵלָה bzw. אַיִל „Baum" gewiß seine Bedeutung. אילים sind also „Gottesbäume", die an heiligen Plätzen stehen bzw. einem Platz (אילים und אילת sind auch nomina loci) Heiligkeit verleihen. Unter diesen Bäumen, die in ihrer starken Vitalität als Symbol, ja als Sitz der Lebenskraft galten, pflegte man die sinnlichen Fruchtbarkeitsriten zu vollziehen (Jes 57 5, s. auch Hos 4 13 Jer 2 20. 23–27 3 6). Die heiligen Bäume stehen auf einem Feldstück, das von der profanen Umgebung durch einen Hag (was גַּנָּה eigentlich heißt) abgegrenzt ist. Nach 65 3 wird in solchen Gärten geopfert. Man weiht und reinigt sich für sie, d.h. zur Teilnahme an den dort stattfindenden Kulten (66 17). Das Verb חמד meint hier „für begehrenswert ansehen, als wertvoll erachten" (vgl. Gn 2 9 3 6 und Ps 68 17, wo חמד so verwendet ist wie sonst בחר). Damit ist das Verführerische des heidnischen Kultes zum Ausdruck gebracht. בחר kann, wie es einerseits terminus technicus für die Erwählung durch Gott ist, auch ein solcher für die Hinwendung des Menschen zu einer Gottheit oder zu einem bestimmten Kult sein (Jos 24 15 Jes 65 12 und 66 3f., vgl. auch Ri 10 14 Ps 119 30. 173 Prv 1 29).

Von der Beteiligung an solchen Kultbräuchen erwartet man Sicherung und Erhöhung des Lebens, und zwar zunächst einfach durch Mehrung der Fruchtbarkeit. Nach Jesaja aber wird man an ihnen „zuschanden". Der Prophet nimmt damit einen Sprachgebrauch auf, der in den Kultliedern des Psalters häufig ist, wo man bittet: „Auf dich traue ich, laß mich nicht zuschanden werden" (25 2, s. auch 20 22 6 69 7) oder wo man der Zuversicht Ausdruck gibt, daß man nicht zuschanden werde, weil man auf Jahwe harre (25 3, vgl. 31 18 u.a.), oder auch bittet, daß die Feinde zuschanden werden möchten (6 11 u.ö.). Man wird zuschanden, wenn man sich in seinem Vertrauen bitter getäuscht sieht. Jesaja verwendet das Verbum sonst, wo er vor dem Vertrauen auf die Hilfe fremder Mächte warnt (20 5 30 5). Aber schon Hosea spricht vom Zuschandenwerden Israels in seiner Hingabe an fremde Kulte (4 19, vgl. 10 6, wo wohl ויבוש ישראל מֵעֲצָבוֹ „und Israel wird zuschanden an seinem ‘Götzenbild’“ zu lesen ist, vgl. auch 13 15). Das Wort umfaßt nicht nur den objektiven Tatbestand des Scheiterns von Erwartungen, die man in sich trug, sondern zugleich den subjektiven der Schande und Schmach; man muß sich schämen, steht vor den Augen der Welt in Schimpf und Schande da und wird also auch für Hohn und Spott, worauf der alte Israelit so empfindlich ist, nicht zu sorgen haben.

1 30 In 30f. veranschaulicht das der Prophet zunächst durch zwei Bilder, die auf 29 zurückgreifen. „Das Schicksal dieser selbstgeschaffenen Kultbäume mit ihrem Kultplatz (גנה) wird zum Urbild des Schicksals der Götzendiener“ (Procksch). Die Eiche ist Sinnbild der Stärke (das einzige Mal, wo im Alten Testament חסן noch vorkommt, Am 2 9, wird es im Vergleich der Amoriter mit אלונים (= אילם) verwendet). Aber statt Lebenskräfte zu gewinnen, müssen die Kultteilnehmer erfahren, daß sie einer Eiche gleichen, die ihr Laub verliert. Dabei ist nicht an Bäume zu denken, die im Ablauf der Jahreszeiten ihre Blätter abwerfen (die palästinische Eiche, quercus aegilops oder ilex [vgl. Dalman, AuS I 1, 66, ferner Ps 1 3] ist immergrün, die Terebinthe allerdings verliert ihr Laub), sondern daran, daß „der Garten“ zur Zeit der Dürre völlig austrocknet (Ps 52 10 90 5ff. 92 13f. Jes 40 6 u.s.w.). So welkt Israel dahin, wenn es „die Quelle des Lebens“ (Ps 36 10) verläßt (vgl. Jer 2 13 Jes 8 6).

31 Von Kraft erfüllt, wie eine Eiche, kommen sich die Teilnehmer am Naturdienst Kanaans vor – und werden, wo Bewährung not täte, zu „Werg“ (נערת von נער „abschütteln“; der „Flachsabgang“, der beim Schwingen und Hecheln abgeschüttelt wird, ist eine aus kurzen und dünnen Fasern bestehende Masse, die nicht zur Herstellung fester Gewebe taugt, aber leicht entzündlich ist und darum zum Entfachen von Feuer verwendet wird). Sein „Werk“ aber wird zum zündenden Funken. Wenn der Text richtig überliefert und wirklich 31 von Haus aus Fortsetzung von 30 ist, was beides nicht als völlig gesichert gelten kann, muß unter פעלו doch wohl das Treiben in den Gärten unter den heiligen Bäumen verstanden werden. Dann haben wir ein gut verständliches, ausgezeichnetes Bild. Der sich stark Wähnende muß seine Morschheit entdecken; während er sich vom Kult unter den Bäumen Sicherheit und Hilfe verspricht, wird ihm sein Götzendienst zum Funken, der ihn im Nu auflodern läßt und mitsamt seinem Tun vernichtet. ואין מכבה ist eine geläufige Formel (Am 5 6 Jer 4 4 21 12), wobei die beiden Jeremiastellen zeigen, daß diese verwendet wird, wo das Wirken des göttlichen Zorns beschrieben werden soll.

Der vorliegende Abschnitt ist die einzige Stelle, wo Jesaja den „Baum- Ziel
kult“ Kanaans angreift. Aber das Thema „Götzendienst“ kennt der Prophet auch sonst, er steht damit im Strom der prophetischen Bewegung, der die Alleingeltung Jahwes ein so hohes Anliegen ist. Dabei handelt es sich keineswegs bloß um den fanatischen Kampf eines Jahweanhängers gegen andere Formen religiösen Lebens, sondern um die Entlarvung des illusionären Charakters des fremden Kults, der formell durchaus Jahwe gegolten haben wird. Der Mensch sucht Garantien für Bestand und Überhöhung seines Daseins und richtet sich damit zugrunde. Jahwe braucht gar nicht in einem besonderen Akt des Gerichtes einzugreifen, sondern muß nur das götzendienerische Volk seinem eigenem „Werk“ anheimgeben. Darum ist es nicht einmal notwendig, wie zu erwarten wäre, vom verzehrenden Feuer des Zornes Jahwes zu sprechen. Der Abfall vom Leben spendenden Gott richtet sich selbst.

Unter den sechs ursprünglichen Einheiten, aus denen, abgesehen von 1 1–31
der Überschrift in 1 1, das erste Kapitel des Jesajabuches zusammengesetzt ist, ist nur die zweite mit hinlänglicher Sicherheit zu datieren; es ist eines der letzten uns erhaltenen Worte Jesajas, das er bald nach 701 gesprochen haben muß. Die andern Abschnitte scheinen eher aus der Frühzeit Jesajas zu stammen. Der Zusammenstellung der einzelnen Stücke liegt also zweifellos kein chronologisches Prinzip zugrunde. Die vorliegende Anordnung ist aber auch nicht Ergebnis zufälligen Zusammentreffens. Die vier ersten Stücke sind durch Stichwörter untereinander verknüpft. Thematisch ist ein gewisser Zusammenhang unverkennbar. 2–3 konstatieren den Abfall, 4–9 sprechen vom Gericht, das um des Abfalls willen über Jerusalem gekommen ist, und von Jahwes Gnade, die sich bei aller Schwere der Heimsuchung darin zeigt, daß die Stadt nicht völlig untergegangen ist. Ist damit schon implicite die Mahnung zur Umkehr ausgesprochen, so liegt diese im folgenden Abschnitt explicite vor, wobei einleitend klargestellt wird, daß Steigerung der Kultfrömmigkeit die Hinwendung zu Jahwe als dem Gott der Gerechtigkeit auf keinen Fall ersetzen kann. 18–20 schließlich konfrontieren das Gottesvolk mit der Entscheidung zwischen Leben und Tod. Diese vier Stücke stehen somit untereinander in der Kohärenz eines gedanklichen Fortschrittes. Mit 19f. ist offensichtlich ein volltönender Abschluß erreicht. Aber die vier Einheiten gehören auch darin eng zusammen, daß sie Aktualisierungen einzelner Elemente der Bundestradition darstellen. Schon Rignell sah sich zur Feststellung gedrängt, daß zwischen der Botschaft von Jes 1 und derjenigen des Deuteronomiums eine auffallende Ähnlichkeit bestehe (a.a.O. 157), wobei er vor allem auf Dt 28 und 32 verweist. Die Komposition setzt Leser voraus, die mit der Bundestradition vertraut sind. Für sie war die innere Zusammengehörigkeit der ein-

zelnen Abschnitte ohne weiteres klar. 19f. üben eine ähnliche Funktion aus wie die Segensverheißungen und Fluchandrohungen, welche die alttestamentlichen Gesetzeskorpora beschließen. Die ganze Komposition erscheint als ein großer *rīb*, eine Gerichtsverhandlung Jahwes mit seinem Bundespartner, und ist darum durchaus sinnvoll in 2 mit dem Aufruf der Zeugen eingeleitet. Man möchte geradezu vermuten, daß es sich um eine bewußte Auswahl jesajanischer Worte zum Gebrauch beim Bundesfest handelt, zumal sonst im Jesajabuch die Bundestradition nicht über einen größeren Abschnitt hin in dieser Durchsichtigkeit und Intensität präsent ist (vgl. auch Marshall a.a.O.). Die beiden letzten Abschnitte des Kapitels stehen zu den vorhergehenden nurmehr in einem loseren Zusammenhang, was auch der andere traditionsgeschichtliche Hintergrund von 21–26 zeigt. Mit dem Zusatz der Verse 27f. ist die Alternative von 19f. aufgenommen, und thematisch wiederholt der Abschnitt ein Stück weit 17. Die Verse 29ff. schließlich scheinen 28 illustrieren zu wollen.

Geht die Sammlung auf Jesaja selbst zurück? Es läßt sich durchaus denken, daß zum mindesten der Abschnitt 2–20 von ihm selbst im Zusammenhang mit der schriftlichen Fixierung von 4–9 im Sinn eines letzten Appells an die schwergeprüfte Stadt zusammengestellt worden ist, ähnlich wie Jeremia im vierten Jahr Jojakims die Worte, die früher an ihn ergangen waren, aufgeschrieben hat (36 2). Die beiden letzten Abschnitte könnten Zufügungen zu dieser ursprünglichen Komposition aus der Hand eines Schülers sein, der 27f. und vielleicht auch die Überschrift von 1 1 schrieb. Aber zur Gewißheit erheben lassen sich solche Vermutungen nicht.

DIE VÖLKERWALLFAHRT ZUM ZION
(2 1–5)

Literatur

WStaerk, Der Gebrauch der Wendung באחרית הימים im at. Kanon: ZAW 11 (1891) 247–253. – ABertholet, Die Stellung der Israeliten und der Juden zu den Fremden (1896). – JJeremias, Der Gottesberg (1919). – WEichrodt, Die Hoffnung des ewigen Friedens im alten Israel: BFTh 25/3 (1920) 36–38.69–74. – KBudde, Verfasser und Stelle von Mi. 4 1–4 (Jes 2 2–4): ZDMG 81 (1927) 152–158. – FJames, Is there Pacifisme in the Old Testament?: AThR 11 (1928/29) 224–232. – TJMeek, Some Emendations in the Old Testament: JBL 48 (1929) 162–168. – WCannon, The disarmament passage in Isaiah II and Micah IV: Theology 24 (1930) 2–8. – ACausse, Le mythe de la nouvelle Jérusalem: RHPhR 18 (1938) 377–414. – GvRad, Die Stadt auf dem Berge: EvTh 8 (1948/49) 439–447 = GesStud 214–224. – HGroß, Die Idee des ewigen und allgemeinen Weltfriedens im Alten Orient und im Alten Testament: TThS 7 (1956). – ERohland, Die Bedeutung der Erwählungstraditionen Israels für die Eschatologie der alttestamentlichen Propheten: Diss. theol. Heidelberg o.J. (1956). – HWildberger, Die Völkerwallfahrt zum Zion. Jes II 1–5: VT 7 (1957) 62–81. – Ders., Jesaja 2 2–5, in GEichholz, Herr, tue meine Lippen auf, V (²1961) 97–105. – JJStamm, Der Weltfriede im Alten Testament, in JJStamm/HBietenhard, Der Weltfriede im Lichte der Bibel (1959) 7–63. – GWBuchanan, Eschatology and the „End of Days": JNESt 20 (1961) 188–193. – ASKapelrud, Eschatology in the Book of Micah: VT 11 (1961) 392–405. – WMüller, Die Heilige Stadt. Roma quadrata, himmlisches Jerusalem und die Mythe vom Weltnabel (1961). – HJunker, Sancta Civitas, Jerusalem Nova. Eine formkritische und überlieferungsgeschichtliche Studie zu Is 2: TThS 15 (1962) 17–33. – ThCVriezen, Jahwe en zijn stad (1962). – JSchreiner, Sion-Jerusalem, Jahwes Königssitz. Theologie der Heiligen Stadt im Alten Testament (1963). – ECannawurf, The Authenticity of Micah IV 1–4: VT 13 (1963) 26–33. – PRAckroyd, A Note on Isaiah 2, 1: ZAW 75 (1963) 320f. – HKosmala, At the End of the Days: Ann. Sw. Th. Inst. 2 (1963) 27–37.

Text

1 Das Wort, das Jesaja, der Sohn des Amoz, über Juda und Jerusalem geschaut hat:
2 Es wird geschehen [a] in der Folge der Tage:
Da wird fest gegründet [b] sein
der Berg des Hauses Jahwes [c]
auf dem höchsten Gipfel der Berge
und erhaben sein über alle Hügel.
Da werden zu ihm [d] [alle] [e] Völker strömen,
3 und viele Nationen werden hinziehen
und sprechen [a]:
„Auf! laßt uns hinaufsteigen zum Jahweberg [b],
zum [c] Haus des Gottes Jakobs!
daß er uns belehre [d] über seine Wege
und wir wandeln in seinen Pfaden!"

Denn von Zion geht Weisung aus
und das Wort Jahwes von Jerusalem.
4Und er wird Recht sprechen zwischen den Völkern[a]
und sich als Mittler einsetzen für viele Nationen[ab].
Dann werden sie ihre Schwerter[c] zu Pflugscharen schmieden
und ihre Spieße zu Winzermessern.
Nie mehr wird Volk gegen Volk das Schwert erheben,
noch werden sie ferner das Kriegshandwerk lernen[d].

****

5Haus Jakobs, auf! laßt uns wandeln in Jahwes Licht!

2 2 **2**a Zur introduktorischen Formel והיה vgl. Joüon, Gr § 119c. – b נכון muß
𝔖 vor בראשׁ gelesen haben, so auch Mi 4 1. 𝔊 übersetzt ἐμφανές, gewiß zu
Unrecht. Der Vorschlag von Meek (a.a.O. 162f.), יִהְיֶה in יֵחָזֶה „shall be seen"
zu ändern, ist abzulehnen. – c בית fehlt in 𝔊, dafür liest sie nach τὸ ὄρος τοῦ
κυρίου (= הר יהוה): καὶ ὁ οἶκος τοῦ θεοῦ. Das ist (gegen Eichrodt) eine sekundäre Erweiterung, denn zunächst ist nur von der Höhe des Berges die Rede.
Wo von der Gründung bzw. Neugründung des Tempels gesprochen wird,
wird das Verbum יסד, nicht כון verwendet (s. 1 Kö 5 31 Jes 28 16 44 28 u.a.),
und nur vom Berg Jahwes ist es sinnvoll zu sagen, daß er alle Hügel überrage. –
d אליו ist gegenüber עליו in Mi 4 1 festzuhalten, noch weniger kann das ara-
maisierende עלוהי von V^{Qa} ursprünglich sein. – e Statt כל־הגוים bietet Mi 4 1
עמים, liest dann aber in 2 גוים statt עמים in Jes 2 3a, כל ist spätere Erweiterung
(s.u.), die umgekehrte Reihenfolge von גוים und עמים findet sich auch in Mi 4 3
3 (gegenüber Jes 2 4). – **3**a ואמרו ist metrisch überschüssig, aber unentbehrlich; es
steht, wie vielleicht auch das folgende לכו, außerhalb des Versmaßes, darf aber
nicht gestrichen werden. – b אל־הר־יהוה fehlt in V^{Qa} (Haplographie). – c Statt
4 אל lesen viele MSS und die Versionen ואל. – d Für ירנו liest Mi 4 2 יורנו. – **4**a Anstelle von הגוים (der Artikel dürfte sekundär sein) bietet Mi 4 3 עמים רבים, für das
folgende לעמים רבים aber לגוים עצמים, s. dazu oben zu 2e. – b Am Schluß der
Zeile fügt der Michatext noch hinzu: עד־רחוק, was 𝔖 auch für die jesajanische
Fassung voraussetzt. Es ist eine Glosse, die das Versmaß sprengt. – c Statt
חרבותם liest Mi 4 3 חרבתיהם. – d Für ילמדו bietet Mi 4 3 das archaisierende
ילמדון, für יִשָּׂא den Plur. יִשְׂאוּ.

Form Jes 2 2–4 hat eine Parallele in Mi 4 1–3. Eine Entsprechung zu Jes 2 1 fehlt; das Wort ist also nicht expressis verbis für Micha in Anspruch genommen. Statt Jes 2 5 bietet Mi 4 4 einen völlig anderen Schluß: „Ein jeder wird unter seinem Weinstock sitzen und unter seinem Feigenbaum, ohne daß jemand aufschreckt; denn der Mund Jahwes der Heere hat es gesprochen." Der Grundbestand des Wortes aber, Jes 2 2–4, ist faktisch mit Mi 4 1–3 identisch.

Die Verschiedenheiten, die oben im textkritischen Teil registriert wurden, sind so geringfügig, daß es ausgeschlossen ist, die Duplizität der Überlieferung damit zu erklären, daß zwei Verfasser völlig von sich aus oder auch auf Grund eines vorgegebenen Vorstellungskreises zu so ähnlichen Formulierungen gekommen seien. Es muß direkte Abhängigkeit vorliegen, wie diese auch zu erklären sei. Man hat immer wieder betont, daß der Text in Mi 4 besser erhalten sei (so z.B. Naegelsbach und neuerdings wieder Kaiser: der Michatext mache „einen rhythmisch geschlosseneren und sachlich abgerundeteren Eindruck"). Das ist ein subjektives Urteil und kann jedenfalls nicht als Argument für die michanische Herkunft des Stückes verwendet werden. Zweifellos gibt weder der Jesajatext noch derjenige im Michabuch die genaue Gestalt der ursprünglichen Weissagung wieder. Die Varianten der beiden Textformen zusammen mit dem verschiedenen Schluß sind ein instruktives Beispiel dafür, daß der Urtext im Prozeß der Überlieferung kleineren und größeren Veränderungen unterworfen war und die textkritische Arbeit sich nicht das Ziel setzen kann, den „Urtext" wiederherzustellen (s. dazu AJepsen, Von den Aufgaben der alttestamentlichen Textkritik: VTSuppl 9, 1963, 332–341).

Vers 1 gehört nicht zum Grundbestand des Wortes. Er entspricht der Überschrift über eine Sammlung von Prophetenworten (s. oben zu 1 1), kann also nicht nur Einleitung zum folgenden Abschnitt sein. Neuerdings hat allerdings Ackroyd (a.a.O.) die These aufgestellt, die Kap. 2 – 3 dürften nicht von Kap. 1 getrennt werden, da sie inhaltlich sehr eng mit Kap. 1 verbunden seien; 2 1 sei gar nicht wirklich ein „Titel", sondern stamme von einem Redaktor, dem das Problem der doppelten Überlieferung von Jes 2 2-4 bewußt gewesen sei und der darum mit der Hinzufügung von 1 seiner Überzeugung von der genuin jesajanischen Herkunft des Abschnittes habe Ausdruck geben wollen. Aber zweifellos hätte dieser „Literarkritiker" seine Meinung deutlicher kundgetan und hätte kaum Jesaja nochmals mit seinem Vaternamen vorgestellt. Die inhaltlichen Beziehungen zu Kap. 1 beweisen nichts, da das Thema „Zion" bei Jesaja immer wieder anklingt.

Aber auch der Abschluß, der dem Wort in Jes 2 5 und in Mi 4 4 gegeben worden ist, kann nicht ursprünglich sein. Jes 2 5 fällt eindeutig aus der Thematik des übrigen Abschnittes „Wallfahrt der Völker nach dem Zion" heraus und ist als applicatio an Israel zu verstehen, deren Zufügung sich vielleicht aus der gottesdienstlichen Verwendung des Abschnittes erklärt. Mi 4 4a erinnert an 1 Kö 5 4b. 5: „Und er (Salomo) hatte Frieden auf allen Seiten ringsum, so daß Juda und Israel sicher wohnten, ein jeder unter seinem Weinstock und unter seinem Feigenbaum, von Dan bis Beerseba". Danach scheint „das ungestörte Sitzen unter seinem Weinstock und Feigenbaum" zum Wortfeld um das Königtum gehört zu haben (vgl. auch Sach 3 10 und 2 Kö 18 31 = Jes 36 16). Jedenfalls ist auch mit diesem Schlußsatz der Gedankenkreis des vorangehenden Hauptstückes gesprengt. Der Zusatz prägt das Wort über den Völkerfrieden in eine Verheißung friedlichen Lebens für den einzelnen Israeliten um; man braucht die Fremden, die nach Jerusalem kommen, nicht mehr zu fürchten, sie tragen nicht mehr Schrecken verbreitenden Krieg ins Land.

– Die abschließende Formel in Mi 4 4b findet sich sonst nur noch im Jesajabuch (1 20 40 5 58 14). Es ist möglich, daß sie der ursprüngliche Abschluß des Wortes war, in Jes 2 aber weggefallen ist, als man mit dem neuen Schlußsatz einen bruchlosen Übergang zu 2 6 gewinnen wollte.

Die eigentliche und ursprüngliche Einleitung zu 2 2–4 steht zu Beginn von 2 selbst: והיה באחרית הימים. Wie anderwärts (Gn 49 1 Nu 24 14 Dt 4 30 31 29 Jer 23 20 30 24 48 47 49 39 Ez 38 16 Hos 3 5) ist mit באחרית הימים eine Zukunftsweissagung eingeführt, hier eindeutig ein Verheißungswort.

Metrum: Die einleitende Formel והיה באחרית הימים steht noch außerhalb des Metrums. Auf sie folgen in 2aβ zwei Doppelzweier, 2b bildet nach der vorgeschlagenen Streichung und der Ausklammerung von ואמרו mit dem Beginn von 3 einen Doppeldreier. Es folgt ein Siebener (oder, falls לכו außerhalb des Versmaßes steht, ein Doppeldreier), ein Doppeldreier (bei Doppelbetonung von מדרכיו und בארחתיו) und schließlich ein Doppelvierer (מירושלם doppelbetont), in 4 zwei weitere Doppeldreier und abschließend ein Doppelvierer. Das Gedicht ist also metrisch kunstvoll aufgebaut; es beginnt mit knappen Vierern, die in Spannung vorwärts blicken lassen, beschreibt mit Sechsern das Strömen der Völker nach dem Gottesberg, um mit der Feststellung, daß auf dem Zion göttliche Weisung zu finden ist, in einem Achter einen ersten Höhepunkt zu erreichen. Weitere Sechser beschreiben Jahwes schiedsrichterliches Walten, das ermöglicht, daß die Waffen in friedliche Werkzeuge umgewandelt werden, und der Achter der Schlußzeile bringt das kräftige Finale: Krieg wird nicht mehr sein.

Ort

Angesichts der doppelten Überlieferung, aber auch im Blick auf den Inhalt, fand über die Herkunft von Jes 2 2–4 eine heftige Diskussion statt, die noch nicht zum Abschluß gekommen ist.

Bis zur Mitte des 18. Jahrhunderts blieb die traditionelle Ansicht unerschüttert, daß die Stelle sowohl bei Jesaja wie bei Micha authentisch sei. Dann verbreitete sich zunächst die Auffassung, die Weissagung stamme von Jesaja und sei von Micha aus dessen Buch entlehnt (z.B. Beckhaus und Umbreit). In der nächsten Phase der kritischen Prophetenforschung sah man die Lösung mit Vorliebe darin, daß der Abschnitt aus dem Werk eines Dritten stamme, aus dem sowohl Jesaja als auch Micha geschöpft hätten, wobei Hitzig und Ewald glaubten annehmen zu dürfen, daß dieser Dritte Joel sei (noch Budde a.a.O. hat die These verfochten, daß der Abschnitt seinen ursprünglichen Ort hinter Jl 4 21 gehabt habe; in Wirklichkeit erklärt sich der scheinbare Zusammenhang zwischen Jes 2 und Jl 4 daraus, daß da wie dort Elemente der Ziontradition der prophetischen Verkündigung dienstbar gemacht worden sind). Mit Vehemenz hat sich Naegelsbach (Komm. z. St.) dafür eingesetzt, daß das Wort dem Moraschtiten angehöre; der Text im Jesajabuch sei ein freies, aus dem Gedächtnis geschöpftes Zitat. Im Michabuch sei der Abschnitt durch die vorhergehenden Verse motiviert und bilde mit 4 5ff. ein abgerundetes Ganzes, und schließlich trage „der Sprachcharakter in mehrfacher Hinsicht michanisches Gepräge". Aber das erste Argument schlägt nicht durch, weil aus dem Zustand eines Textes keine Rückschlüsse auf die Echtheit gezogen werden können, das dritte fällt schon darum dahin, weil Naegelsbach nicht zwischen echten und unechten Teilen des Michabuches scheidet (abgesehen davon, daß in Wirklichkeit der Sprachcharakter von Jes 2 2ff. keineswegs unjesajanisch ist, s. dazu Wildberger a.a.O. 72–76). Zwischen Mi 3 12 und 4 1ff. besteht wohl ein Zusammenhang, aber doch nur in der Form eines unüberbrückbaren Gegensatzes; nach Mi 3 12 ist eine Heilsweissagung wie 4 1ff. undenkbar. Der Moraschtite ist gegen Jerusalem überaus kritisch eingestellt (s. AAlt, Micha 2 1-5 ΓΗΣ ΑΝΑΔΑΣΜΟΣ in Juda: Festschr. SMowinckel, 1955, 13–23 = KlSchr III, 1959, 373–381). Man kann sich schwer vorstellen, daß die Zeitgenossen Jeremias, die sich des Unheilswortes von Mi 3 12 sehr wohl erinnerten, dieses an sich so bedeutungsvolle Verheißungswort von Mi 4 1ff. als michanisch gekannt haben. Selbst wenn Mi 4 1ff. keine Parallele im Jesajabuch hätte, müßte man die Möglichkeit, das Wort von Micha herzuleiten, verneinen. – Die These, es handle sich um den Ausspruch eines Propheten, der vor Jesaja und Micha wirkte, wird heute nur noch selten vertreten (doch s. Kapelrud a.a.O. 395, der das Wort für ein altes kultisches Orakel des Herbst- und Neujahrsfestes hält, ähnlich JJGray, VT 11, 1961, 15) und sollte auch angesichts des Bildes, das sich die Wissenschaft heute vom Gang der Religionsgeschichte Israels erarbeitet hat, nicht wieder zur Diskussion gestellt werden. So muß die Entscheidung zwischen der Jesajanität des Stückes und der von BStade erstmals begründeten Herleitung von einem nachexilischen Anonymus (s. ZAW 1, 1881, 165–167 und 4, 1884, 292) fallen. Stade hat manche Nachfolger gefunden, unter denen sich Delitzsch und vor allem Marti die Mühe eingehender Begründung gegeben haben, und neuerdings haben sich wieder Kaiser und Fohrer für nachexilische Herkunft ausgesprochen. Cannawurf (a.a.O.) hat gegenüber neueren Bemühungen, die jesajanische Verfasserschaft glaubhaft zu machen, die alten Gründe, die dagegen zu sprechen scheinen, einmal mehr zusammengestellt: Die eschatologische Einleitung und der unbegrenzte Universalismus setze den universellen Glauben Deuterojesajas voraus; תורה (3), dem bedenkenlos der Sinn, den das Wort in den Psalmen 2, 19B und 119 hat, unterschoben wird, sei ein Begriff der nachexilischen Zeit; in den älteren Prophetenbüchern seien Tröstungs- und Heilsweissagungen nach EAuerbach (s. VTSuppl 1, 1953, 8) Eigentum der „großen Überarbeitung"; die Parallele „Jerusalem-Zion" sei ebenso typisch für die nachexilische Zeit, da die zentrale Stellung des Zion erst das Resultat der josianischen Reform sei; die Vorstellung von der physischen Erhebung des Götterberges entstamme dem Paradiesesmythus, wie auch das „Strömen" (נהר 2) an den Paradiesesstrom erinnere; Wallfahrten nach Jerusalem seien erst in der nachexilischen Zeit von Bedeutung, da Jerusalem vorher noch nicht das einzige Zentrum des Jahwekultes gewesen sei. Ob man diese Gründe für durchschlagend hält, hängt einerseits von der Einzelexegese, andererseits von der Konzeption vom Ablauf der israelitischen Geistesgeschichte ab, welcher sich der Exeget verpflichtet weiß. Es besteht jedenfalls kein Grund, אחרית הימים im Sinn von 𝔊 als eschatologisch-apokalyptischen Terminus, der erst in der nachexilischen Zeit denkbar wäre, zu verstehen (vgl. dazu Kapelrud a.a.O. 395), und תורה mit Cannawurf nach den erwähnten späten Psalmstellen zu interpretieren ist ein Mißgriff (s. dazu unten). Im übrigen ist es unbestreitbar, daß die Stelle die alte kultische Tradition vom Gottesberg Zion neu interpretiert (s. dazu vRad a.a.O. und Wildberger a.a.O., aber auch Kaiser z.St.). Daß diese Tradition vorexilischen Ursprungs ist, wenn auch einzelne Zionspsalmen des Psalters erst nachexilisch sein mögen, ist heute unbestritten, wie es andererseits keine Frage mehr sein kann, daß Jesaja die Ziontradition kennt und weitgehend von ihr her zu verstehen ist (Rohland a.a.O. 119ff. und vRad,

TheolAT II, 166ff.). Die hohe Bedeutung des Zion für Israels Glauben ist nicht eine Auswirkung, sondern bereits eine Voraussetzung der Kultreform Josias (gegen Fohrer z.St.). Von den Einwänden, die gegen die Herleitung des Verheißungswortes von Jesaja erhoben werden, bleiben, soviel ich sehe, nur noch zwei: einmal, daß in diesem Abschnitt das Völkerkampfmotiv anders als in den nachweislich echten Partien des Jesajabuches verwendet sei (Kaiser z.St.), dann der hier vertretene Universalismus, der von Deuterojesaja abhängig sein soll. Aber es handelt sich nicht um eine andere Verwendung des Motivs vom Völkerkampf, sondern um die Rezeption eines andern Motivs aus der Welt der Ziontradition, nämlich desjenigen der Völkerwallfahrt. Die Zionspsalmen reden ausdrücklich von der Bedeutung des Gottesberges für die Verehrung Jahwes durch die Völkerwelt: „Ja, das grimmige 'Edom' soll dich preisen, die übrigen 'Völker dir Feste feiern'. Tut Gelübde und erfüllt sie Jahwe '...', all seine Nachbarn sollen 'dem Furchtbaren' Gaben bringen" (Ps 76 11f. emend. Text, s. auch Ps 48 3. 11). Mit Recht hat Junker (a.a.O. 28) auf die Bitte von 1 Kö 8 41–43 hingewiesen, daß Jahwe vom Tempel aus „auch die Gebete des Fremdlings (נכרי), der aus fernem Lande kommt", erhören möge, „damit alle Völker der Erde deinen Namen erkennen und dich ebenso fürchten wie dein Volk Israel". Gewiß gehört das „Weihgebet Salomos" einer späteren Zeit an, aber ebenso gewiß ist, daß es dem Inhalt nach „aus der Tempeltradition gewachsen" ist. Auch der zweite Einwand schlägt nicht durch. Verzichtet man darauf, die vorliegende Stelle von Deuterojesaja her zu interpretieren, ist der Universalismus, der hier vertreten wird, dem ersten Jesaja durchaus zuzutrauen.

Es lassen sich also keine Gründe namhaft machen, die entscheidend gegen die jesajanische Herkunft sprechen, und wenn nicht alles trügt, gehört Jes 2 2–4 dem Jerusalemer Propheten an, der weiß, daß „Jahwe ein Feuer in Zion und einen Ofen in Jerusalem hat" (31 9, s. dazu Bertholet a.a.O., bes. 99f., Causse, vRad, Stamm, Junker je a.a.O., ferner die Kommentare von Duhm, Procksch, Hertzberg, Eichrodt u.a.).

Junker vermutet, daß der geschichtliche Ort des Jesajawortes die Reform des Hiskia als der gegebene Anlaß für die Erneuerung und Bestätigung einer alten, aus Salomos Tagen stammenden Tempelverheißung durch Jesaja gewesen sei (a.a.O. 29). Abgesehen davon, daß diese Reform historisch schwer faßbar ist, gibt der vorliegende Text in keiner Weise Anlaß, ihn in Beziehung zu einem solchen kultgeschichtlichen Ereignis zu sehen. Aus der Frühzeit Jesajas, aus der 2 6ff. herzuleiten sein wird, dürfte 2 2ff. kaum stammen, sondern eher die reife Frucht einer langjährigen Wirksamkeit sein. „Vielleicht war es sein Schwanengesang" (Duhm z.St. und ders., Israels Propheten, 1916, 190). – Da der Abschnitt Elemente der Ziontradition aufnimmt, mag das Wort in Jerusalem bei Anlaß eines Festes, an dem die Bedeutung von Tempel und Zion zur Sprache kam, verkündet worden sein. Duhm (z. St.) hat die Meinung geäußert, Jesaja habe es mit 11 1–8 32 1–5 und 32 15–20 zusammen „nicht für das große Publikum, sondern für die Jünger und Gläubigen, nicht als beauftragter Prophet, sondern als prophetischer

Ein neues, wichtiges Handbuch für das Bibelstudium

DENIS BALY

GEOGRAPHISCHES HANDBUCH ZUR BIBEL

Aus dem Englischen übersetzt von Rudolf Borchert. 1965. Ca. 160 Seiten, mit 41 z.T. mehrfarbigen Karten und Diagrammen, Ln. 18,-DM

Aus dem Inhalt: Das Land der Bibel (Das Nordland – Das Südland – Weizen und Gerste, Öl und Wein – Könige ziehen ins Feld – Israel unter den Völkern – Die Welt ist ihm nachgelaufen) – Die Kartographie der Bibel (Physikalische Karte Palästinas – Klimatische Typen der Levante – Das Land der Patriarchen – Josua und Richter – Korn, Wein und Öl – Das Modell der Reiche – Die assyrische Bedrohung – Der nördliche Kriegsschauplatz – Der südliche Kriegsschauplatz – Galiläa in den Evangelien) – Verzeichnis aller Ortsnamen der Bibel – Register.

Professor D. Karl Elliger schreibt in seinem Vorwort:

Ein vielzitiertes Wort nennt das Heilige Land das fünfte Evangelium. Daran ist so viel richtig, daß eine gediegene Kenntnis des Landes dem Verständnis des in der Bibel Berichteten auf mannigfache Weise zugute kommt.

Was bisher fehlt, ist ein Buch, das das *Ganze* der Landschaft bzw. Landschaften unter den wichtigsten Gesichtspunkten der physikalischen Geographie bis hin zur Geologie und Klimatologie übersichtlich und einprägsam darstellt und es leicht faßlich zu den verschiedenen Perioden und Aspekten (wirtschaftlich, militärisch usw.) der biblischen Geschichte in Beziehung setzt.

In dieser Richtung ist Professor Denis Baly vom Kenyon-College Gambier (Ohio) mit seinem „Geographischen Handbuch zur Bibel" ein beachtlicher Wurf gelungen. Zu verdanken ist das dem glücklichen Umstand, daß er nicht nur als Theologe den biblischen Stoff mit all seinen Problemen beherrscht, sondern daß er zugleich ausgebildeter geographischer Fachmann ist, der 15 Jahre hindurch sein Fach an der berühmten St. George's School in Jerusalem vertrat und während dieser Zeit Palästina und die benachbarten biblischen Länder auf ausgedehnten Reisen gründlich erforschte.

Man muß der Arbeit recht viele Leser wünschen und durchaus nicht nur biblisch-geographisch interessierte Laien, sondern gerade auch Theologen. Keiner von ihnen wird das Buch ohne reichen Gewinn aus der Hand legen.

NEUKIRCHENER VERLAG DES ERZIEHUNGSVEREINS

BIBLISCHER KOMMENTAR

ALTES TESTAMENT

HANS WILDBERGER

JESAJA

X 2

NEUKIRCHENER VERLAG
DES ERZIEHUNGSVEREINS·GMBH·NEUKIRCHEN-VLUYN

BIBLISCHER KOMMENTAR
ALTES TESTAMENT

IN VERBINDUNG MIT

ROBERT BACH, KARL ELLIGER, KURT GALLING,
GILLIS GERLEMAN, SIEGFRIED HERRMANN, FRIEDRICH HORST†,
ALEXANDER REINARD HULST, KLAUS KOCH,
HANS-JOACHIM KRAUS, ERNST KUTSCH, AARRE LAUHA,
OTTO PLÖGER, ROLF RENDTORFF, RUDOLF SMEND,
THEODORUS CHRISTIAAN VRIEZEN, CLAUS WESTERMANN,
HANS WILDBERGER UND WALTHER ZIMMERLI

HERAUSGEGEBEN VON

MARTIN NOTH UND HANS WALTER WOLFF

Bisher abgeschlossene Bände:
XIV/1: H. W. Wolff, Dodekapropheton 1 (Hosea)
2., verbesserte und ergänzte Auflage 1965
XV: H.-J. Kraus, Psalmen
3., unveränderte Auflage 1966
XVIII: G. Gerleman, Ruth/Hoheslied
1965
XX: H.-J. Kraus, Klagelieder (Threni)
2., erweiterte Auflage 1960

Lieferungen zu den Bänden:
I: C. Westermann, Genesis (1)
IX: M. Noth, Könige (1 + 2)
XIII: W. Zimmerli, Ezechiel (1–12)
XIV: H. W. Wolff, Dodekapropheton (5 = Joel)
XVI: F. Horst†, Hiob (1–4)
(wird fortgeführt von E. Kutsch)

NEUKIRCHENER VERLAG DES ERZIEHUNGSVEREINS GMBH
NEUKIRCHEN – VLUYN

Dichter verfaßt". Möglich, daß es tatsächlich ein Vermächtnis an einen Kreis Vertrauter gewesen ist. Aber eine Dichtung ohne den strengen Anspruch der Offenbarung, wie ihn כי פי יהוה צבאות דבר in Mi 4 4 formuliert, ist es sicher nicht.

Im Gegensatz zu 1 1 ist der Inhalt der mit 2 1 beginnenden Sammlung Wort 2 1
nicht als „Gesicht", sondern als „Wort" charakterisiert, aber als Wort, das der Prophet „geschaut" hat. Eigenartig ist der absolute Gebrauch von דָּבָר. Doch auch Jesaja kann gelegentlich kurzerhand vom „Wort" sprechen, wo wir „Wort Jahwes" erwarten würden (9 7). Es ist dann aber ein bestimmtes Wort gemeint, zu bestimmter Stunde auf Israel „gefallen", während hier unter dem „Wort" die eine zeitlos gültige, undifferenzierte Botschaft des Propheten verstanden ist.

Die Formel ist ein Beweis dafür, daß das jetzige Buch Jesaja aus Teilsammlungen, die einst selbständig umliefen, zusammengesetzt ist.

Wie weit die mit 2 1 eingeleitete Sammlung jesajanischer Worte reicht, ist nicht mit Sicherheit auszumachen. Das Verheißungswort von 4 2-6 kann ihren Abschluß gebildet haben; es ist aber möglich, daß sie in Kap. 5 und nach dem Einschub von 6 1–9 6, der wieder eine Teilsammlung für sich darzustellen scheint, in 9 7ff. ihre Fortsetzung besaß. Sicher ist nur, daß mit Kap. 13 eine neue Teilsammlung beginnt.

Das Verständnis der Einleitungsformel והיה באחרית הימים scheint 2a
durch die Wiedergabe in 𝔊: ὅτι ἔσται ἐν ταῖς ἐσχάταις ἡμέραις (in 𝔗 gar ויהי בסוף יומיא, ähnlich 𝔖 und 𝔙) festgelegt zu sein. Von den Versionen ist der Ausdruck tatsächlich als „eschatologischer Terminus" (KBL) verstanden worden.

WStaerk hat der Formel באחרית הימים eine besondere Untersuchung gewidmet und ist zu dem Schluß gekommen, daß sie „in der vorexilischen Literatur mit Sicherheit nicht ein einziges Mal zu belegen" sei und erst bei Ezechiel im Sinn von „Anbruch des messianischen Reiches" in Erscheinung trete (a.a.O. 251f.). Aber sie findet sich schon in der Einleitung zum Jakobsegen (Gn 49 1, s. auch Nu 24 14), und mit Recht hat bereits Gunkel in seinem Genesiskommentar zu 49 1 gegen die Auffassung von Staerk scharf Stellung bezogen. In Hos 3 5 mag באחרית הימים nachexilisch sein (s. HWWolff, Hosea: BK XIV/1 z.St.), ebenso sind Jer 30 24 48 47 49 39 einem nachexilischen Bearbeiter des Jeremiabuches zuzuschreiben. Hingegen besteht kein Anlaß, die Echtheit von Jer 23 20 zu bezweifeln (s. Rudolph, Komm., gegen Volz, Komm.). Die Formel ist also bereits vorexilisch, hat sich aber bis zu Dan 2 28 und 10 14, wo sie eindeutig Terminus der Apokalyptik ist, in ihrer Bedeutung zweifellos gewandelt. Schon ESchrader (KAT[2] 153) hat auf *ina aḫrât ūmī* o.ä. „für die zukünftigen Tage" als akkad. Parallele aufmerksam gemacht. An den obengenannten vorexilischen Stellen besteht kein Grund, die hebräische Formel grundsätzlich anders zu verstehen, d.h. ihr eine apokalyptische Bedeutung zu geben. Auch die Septuaginta verwendet zur Übersetzung keineswegs immer eine Form von ἔσχατος (vgl. GWBuchanan a.a.O. und HKosmala a.a.O.).

Wenn auch die apokalyptische Deutung von באחרית הימים für unsere Stelle abzulehnen ist, meint der Ausdruck hier doch mehr als nur gerade eine unqualifizierte Zukunft. Er entspricht אחרי־כן in 1 26, das בראשנה und בתחלה gegenübersteht (vgl. auch 8 23 und 30 8), d.h., es ist eine durch Gottes Eingreifen in die Geschichte veränderte Zukunft, die kommende Zeit des Heils, anvisiert. Sofern man dieses Eingreifen Jahwes in die Geschichte als „eschatologisch" bezeichnet und damit klar von „apokalyptisch" unterscheidet, kann man sagen, daß mit באחרית הימים eine eschatologische Weissagung eingeleitet sei. Die Verheißung selbst durchschreitet weitgehend das Wortfeld der Ziontradition.

„Der Berg des Hauses Jahwes" ist natürlich der Zion, auf dem der Tempel steht. In den Zionsliedern bekennt die Jerusalemer Tempelgemeinde, daß der Stadt Jahwes ewiger Bestand verliehen sei (יכוננה Ps 48 9, vgl. 87 5) und daß des Zion Gründung (יסודה) auf heiligen Bergen liege (Ps 87 1). Da die Gottesstadt so wohlgegründet ist, wankt sie nicht (Ps 46 6, vgl. 24 2 93 1 96 10 1 Ch 16 30).

Von der überragenden Höhe des Tempelberges wird allerdings im Alten Testament wenig gesprochen (s. jedoch Ps 48 3 78 69, vgl. auch Ez 40 2), was ja auch nicht anders zu erwarten ist, da der Zion nicht einmal die Höhe der umliegenden Hügel erreicht. Aber der Tempelberg wird im Alten Orient mit dem Götterberg zusammengesehen. Die Zikkurat des Marduktempels zu Babel heißt Etemenanki, „Fundament Himmels und der Erde" (s. dazu GEWright, Biblische Archäologie, 1958 141–143). In Gudeas Tempelbauhymne ist zu lesen: „Das hohe Haus umarmt den Himmel ... Das Haus ließ man wie ein Gebirge wachsen, wie eine Wolke bis ins Innere des Himmels schweben" (nach AFalkenstein/WvSoden, Sumerische und akkadische Hymnen und Gebete, 1953, 158, s. auch 134f. 137. 159–162. 178–182). So gehört auch das Motiv der überragenden Höhe des Tempelberges zweifellos genauso zur Ziontradition wie dasjenige von seiner Lage hoch im Norden (Ps 48 3, vgl. Jes 14 13f. Ez 40 2 Sach 14 10 und s. dazu HJKraus, Psalmen: BK XV/1, Exkurs zu Ps 46). Das Haus der Gottheit muß so groß bzw. auf einem so hohen Berg gelegen sein, weil es der Ort ist, da die irdische Welt sich mit der himmlischen berührt. Daß wir im Alten Testament nicht mehr von dieser Anschauung erfahren, hängt mit der allgemeinen Zurückhaltung Israels gegenüber den Mythologumena seiner Umwelt zusammen (doch s. Gn 28 17). Ihre nächste Parallele hat diese Vorsicht darin, daß sich Israel auch gegenüber der altorientalischen „Königsideologie" sehr spröde verhalten hat. Aber wie in den anderen Fällen (s. z.B. unten zu 9 1ff.) hat sich Jesaja auch hier zum Ausdruck seiner Zukunftserwartung mythologischer Vorstellungen bedient, dabei aber die überlieferten Elemente eschatologisiert. Das berechtigt uns noch nicht, von Apokalyptik zu sprechen, sondern wie in den altorientalischen Parallelen soll durch die mythische Redeweise die hervorragende Bedeutung des Heiligtums ins rechte Licht gestellt werden. Es ist eine alte Streitfrage, ob die Erhebung des Tempelberges „physisch" oder „geistig" zu verstehen sei. Während etwa von Orelli (Komm. z.St.) vermittelnd meint: „Physisches und Geistiges schaut die Prophetie ineinander; alles Äußere ist hier geistig bedeutsam, und alles Geistige prägt sich auch äußerlich aus", meinen andere, daß hier von einer wunderbaren Verwandlung der Natur gesprochen werde. Für Jesaja spielt aber die äußere Höhe gewiß keine Rolle. Kerygmatisch handelt es sich für ihn allein um die überragende Bedeutung des Zionheiligtums als Offenbarungsort Jahwes für die Völkerwelt.

Zum weithin sichtbaren, weil die ganze Welt überragenden Gottes- 22b. 3
berg strömen Völker und viele Nationen. Die textkritische Erkenntnis, daß von Haus aus nicht von allen Völkern die Rede war – wahrscheinlich nicht einmal von den Völkern gesprochen wurde –, ist beachtenswert. Daß es alle Völker sein werden, ist späteres, theologisch bedingtes Ausziehen der Linie, auf der Jesaja steht. Schon Gudea sagt allerdings vom Haus Ningirsus: „Um seinen Namen scharen sich von den Grenzen des Himmels her alle Fremdländer, Magam (und) Melucha kommen dahin von ihrem fernen Land herauf" (Falkenstein/vSoden a.a.O. 147, s. auch 152). Jesaja selbst spricht jedoch nur von עמים רבים. Wie sehr er die mythischen Elemente der Gottesbergtradition uminterpretiert hat (ganz im Gegensatz zur nachexilischen Zeit, in welcher geradezu von einer „Remythisierung" gesprochen werden kann), kommt darin zum Ausdruck, daß er vom „Strömen" der Völker nach dem Zion spricht: Das Verbum נהר I findet sich, abgesehen von Mi 4 1, nur noch in Jer 51 44. Vermutlich hat es Jesaja darum gewählt, weil ihm und seinen Zuhörern die Vorstellung vom „Strom (נָהָר), dessen Arme die Gottesstadt erfreuen, die heiligste der Wohnungen des Höchsten" (Ps 46 5, vgl. auch Ps 65 10 Jes 33 21), präsent war. Im Hintergrund steht letztlich auch hier die Vorstellung vom Götterberg und Sitz des höchsten Gottes (vgl. Gn 2 10–14, andererseits die ähnliche Vorstellung in eschatologischer Sicht in Ez 47 Jl 4 18 Sach 14 8, s. dazu HJKraus, Psalmen: BK XV/1, 343). Das Bild veranschaulicht die große Anziehungskraft, die der Zion als Jahwes Sitz gewonnen hat. Die Parallelität von גוי und עם ist gut jesajanisch, vgl. Jes 1 4 10 6 18 2 und (im Plural) 30 28 (an den unechten Stellen 11 10 18 7, wo übrigens auch vom Kommen der Völker zum Zion die Rede ist, findet sich die umgekehrte Reihenfolge). Die Völker selbst ermuntern sich gegenseitig, zum „Jahweberg" bzw. zum „Haus des Gottes Jakobs" hinaufzuziehen. עלה ist terminus technicus für die Wallfahrt zum Heiligtum, vgl. den Wallfahrtspsalm 122 (4) u.ö. Man ruft sich vor einer Pilgerfahrt in freudiger Erwartung zu: בֵּית יהוה נֵלֵךְ (1, s. dazu Kraus a.a.O. z.St.). Pilger pflegen das Heiligtum aber nicht nur zu besuchen, um dort der Gottheit Gaben darzubringen (Jes 18 7 60 11 Hag 2 7f. Ps 96 8) oder

ein Gelübde zu erfüllen (Ps 76 12 und noch Apg 21 23.26), Feste zu feiern (Ps 76 11 emend. Text) oder einfach Jahwe dort zu preisen (Ps 96 7f. 122 4), sondern auch, um „Gott zu befragen" (1 S 9 9) oder um sich einen autoritativen Rechtsentscheid geben zu lassen. Das lassen die „Gebete des Angeklagten" mit ihrer Forderung „Schaffe mir Recht" (Ps 7 9 u.ä. öfters) erschließen; Dt 17 8ff. und 1 Kö 8 31f. setzen dasselbe voraus (s. dazu HSchmidt, Das Gebet der Angeklagten im Alten Testament: ZAWBeih 49, 1928). Im Heiligtum von Lagasch steht der „Thron der Schicksalentscheidung" (Falkenstein/vSoden a.a.O. 170, vgl. dazu Ps 122 5). Gudeas Tempel, der „Hochsitz des Heiligen Weges", wird „Ort der Gerichtsentscheidung" genannt (ebenda 160). Es ist anzunehmen, daß in Israel rechtliche Differenzen zwischen den Stämmen am amphiktyonischen Heiligtum ausgetragen wurden. 2 S 20 18f. („Man frage doch in Abel und in Dan, ob nicht mehr gilt, was die Getreuen Israels verordnet haben", emend. Text nach BHK³) beweist, daß auch an sonstigen israelitischen Heiligtümern politische Streitfragen erledigt wurden (s. dazu Bertholet a.a.O. bes. S. 92). Aber auch die Erwartung, daß Völker und Nationen beim Gott Jakobs ein Orakel einholen bzw. sich eine Thora geben lassen werden, knüpft ohne Zweifel an reales Brauchtum der Antike an. Die Römer sollen sich ihr Zwölftafelgesetz in Delphi haben bestätigen lassen (Duhm z.St.), und Herodot weiß, daß sich die Eleer beim Pharao Psammetich Rat über die unparteiische Einrichtung der olympischen Wettkämpfe erbaten (II 160) und Krösus sich von der Pythia Orakel geben ließ (I 53–55). In Delphi scheint sogar der Versuch gemacht worden zu sein, ein internationales Kriegsrecht zu schaffen (Aischines, fals. leg. 115), und es war für die dortige Priesterschaft bezeichnend, „daß sie sich bemüht hat, Kriege zwischen den Verehrern des Gottes, die sie nicht unterbinden konnte, wenigstens zu humanisieren" (Pauly-W 35, 1939, 843). Schließlich hat Jesaja selbst fremden Völkern, d.h. ihren Gesandten, die in Jerusalem erschienen waren, Weisung gegeben: den Philistern 14 28ff., Kusch 18 1ff. und (wenn echt) Ägypten 19 1ff.. Jeremia wurde nach 1 5 geradezu zum „Propheten für die Völker" bestimmt. Was Jesaja ankündet, fällt also nicht aus dem Rahmen des zu seiner Zeit Denkbaren hinaus. Man hat die vorliegende Stelle immer wieder dahin gedeutet, daß in ihr die Bekehrung der Völker zum Jahweglauben angekündet werde (davon sprechen der späte Psalm 102 [16 und 23] und Sach 14 16). Nach Kaiser (z.St.) machen sich die Völker unter dem Eindruck „der gewaltigen Erschütterung und Neugestaltung der Erde" (aber davon spricht 2 2ff nicht) zum Zion auf, da sie wissen, „daß sie nur dort Anleitung für ein Leben finden können, mit dem sie vor dem Gericht Gottes bestehen". Damit ist mehr aus dem Text herausgelesen, als er wirklich aussagt. Es geht den Völkern nicht um eine generelle Anleitung zu einem Gott wohlgefälligen Leben, sondern um die

Beilegung konkreter Konflikte, die das autoritative Urteil eines weithin berühmten Heiligtums erfordert. תורה meint bei Jesaja nicht „Gottesrecht", sondern „Weisung" im Sinn von Dt 17 11, wo das Wort parallel zu משפט „Urteilsspruch" verwendet wird (zu תורה bei Jesaja vgl. o.S. 35 zu 1 10). An der vorliegenden Stelle beweist die zweite Vershälfte mit der Entsprechung דבר־יהוה die Richtigkeit dieser Deutung. Die eben zitierte Stelle im Deuteronomium zeigt, daß auch das Verbum הורה im Sinn von Rechtsbelehrung zu verstehen ist und nicht allgemeine religiöse Unterweisung meint. Die Bemerkung Martis (z.St.): „Als 'Lehrer' ist Gott erst gefaßt worden, als es 'Schriftgelehrte' gab", trifft also daneben. Auch ארח und דרך dürfen nicht nach späten Stellen wie Prv 2 8 oder Ps 1 6 als „die von Gott gewollte Lebensweise" (Marti) verstanden werden, erst recht nicht im Sinn von ὁδός an einzelnen Stellen der Apg (19 9 u.ö., vgl. auch 2 Pt 2 2) oder gar des nachneutestamentlichen Schrifttums (ApokPetr 22, s. ThW V, 97ff.). Die דרך ist vielmehr z.B. der „Weg", den Jahwe im „Heilsorakel" dem schuldlos Angeklagten oder sonstwie Bedrängten eröffnet (Ps 25 8.12 27 11 32 8 86 11 u.ö., anders, d.h. dem späteren Verständnis von תורה entsprechend, Ps 1 6 119 33 vgl. 102). Ebenso sind die דרכים und ארחות, welche die Völker gehen möchten, diejenigen Pfade, die Jahwe ihnen je und dann in seinem Orakelwort weist. Wie anderwärts sind hier Zion und Jerusalem synonym verwendet (im ersten Teil des Jesajabuches s. noch 4 3.4 10 12.32 24 23 31 4f.9 37 22.32).

Jahwe, der Gott, zu dem man sich auf dem Tempelberg wendet, wird „der Gott Jakobs" genannt. Nicht als (רב) מלך, wie in Ps 48 3 und 95 3 der Herr der Gottesstadt genannt wird und wie Jesaja selbst Jahwe im Tempel geschaut hat, nicht als (El) Eljon, wie Jerusalems Gott von alters her heißt (Gn 14 18-22 Ps 46 5 78 17.35.36 u.ö.), wird der Herr des Zion hier bezeichnet. Das sind Epitheta kanaanäischen Ursprungs, die in diesem Zusammenhang mißverständlich sein könnten. Die Völker streben nicht einfach Jerusalem zu, weil dort eine berühmte, seit Urzeiten geheiligte Kultstätte liegt, sondern weil sie die Begegnung mit dem Gott suchen, der seine Herrlichkeit in Israel kundgetan hat. In analoger Weise bekennt der altisraelitische Tempelbesucher nicht, wie zu erwarten wäre, daß der Gottesberg, sondern daß Jahwe, der Gott Jakobs, seine „Zuflucht" ist (Ps 46 1.8.12). Ps 48 2 sagt, wenn es auch unbeholfen klingt: „Groß ist Jahwe und hoch zu rühmen in der Stadt unseres Gottes", und nicht, wie moderne Textkritiker „verbessernd" vorschlagen: „Groß und hoch zu rühmen ist unseres Gottes Stadt." Jesaja verwendet den Namen „Gott Jakobs" sonst nicht, aber angesichts dessen, daß er vom „Starken Israels" und vom „Heiligen Israels" spricht (s. zu 1 24), ist die Verwendung von אלהי יעקב kein Argument gegen die jesajanische Verfasserschaft, zumal das eher seltene Epitheton Jahwes, abgesehen von Ex 3f., sich ausschließlich in alttestamentlichen Schichten findet, welche die Jerusalemer

Theologie darbieten (2 S 23 1 Ps 20 2 46 8.12 75 10 76 7 81 2.5 84 9 94 7, wozu der emendierte Text von Ps 24 6 kommt). Es ist allerdings erstaunlich, daß dieser Name gerade in Jerusalem eine Heimat gefunden hat. Das mag daraus zu erklären sein, daß man dort betonen wollte, die ehemalige Jebusiterstadt sei legitimes Heiligtum der Jahwegemeinde, treue Hüterin des alten amphiktyonischen Erbgutes.

2 4a Worin die Weisung, welche die Völker bei Jahwe suchen, besteht, sagt 4a: שפט בין zeigt, daß schiedsrichterliche Entscheidungen gemeint sind. Wie hier stehen שפט und הוכיח auch in 11 3.4 in Parallele, und da הוכיח ל dort nur heißen kann „zurechtweisen zugunsten von", bedeutet es, im Unterschied zu Prv 9 8 15 12 19 25, gewiß auch an unserer Stelle dasselbe und nicht „jemandem Weisung geben" (Zürcher Bibel) o.ä. Daß Jahwe auch unter den Völkern in diesem Sinn als מוֹכִיחַ waltet (s. dazu o.S. 51f. zu 1 18 und VMaag, Text, Wortschatz und Begriffswelt des Buches Amos, 1951, 152f.), entspricht ganz dem, was Israel von seinem Gott bekennt und in Jesajas Gottesvorstellung von besonderer Leuchtkraft ist. Es ist kein Widerspruch, daß an der genannten Stelle von Kap. 11 das entscheidende Walten des Sprosses aus Isais Wurzelstock mit denselben Begriffen umschrieben wird wie hier dasjenige des Gottes vom Zion selbst. Der davidische König repräsentiert in seinem Volk den göttlichen König Jahwe. Aber es ist zu beachten, daß die Funktion zwar dieselbe ist, nicht aber der Herrschaftsbereich; Reich Gottes und Reich der Davididen decken sich nach Jesaja auch in der Heilszukunft nicht, obwohl alttestamentliche Königspsalmen in kühnem Überspringen der politischen Realitäten dem König auf dem Zion sogar die „Enden der Erde" zum Eigentum zusprechen (Ps 2 8 72 8, s. auch Sach 9 10, wo ausdrücklich gesagt wird, daß er den Völkern durch seinen Spruch Frieden schaffen werde).

4b Die Unterwerfung unter Jahwes Schiedsspruch hat zur Folge, daß der Krieg aufhört und die materielle Kriegsrüstung, ja sogar das Erlernen des Kriegshandwerks, dahinfallen kann. – Das pi. von כתת wird üblicherweise mit „umschmieden" übersetzt, es heißt nach 2 Kö 18 4 Sach 11 6 2 Ch 34 7 „in Stücke zerschlagen". Vom Zerbrechen der Waffen wird wieder in der Welt der Zionslieder gesprochen, vgl. Ps 46 10: „der den Kriegen steuert bis ans Ende der Welt, der den Bogen zerbricht, den Speer zerschlägt und die Schilde im Feuer verbrennt" (emend. Text, s. BHK[3], vgl. auch Ps 76 4 und Sach 9 10). Aber die Vorstellung ist entscheidend uminterpretiert; nicht Jahwe zerbricht die Waffen der gegen die Gottesstadt anstürmenden Feinde, sondern die Völker tun es selbst, nachdem sie dem Gott auf dem Zion begegnet sind. Das seltene את ist der Bedeutung nach nicht ganz gesichert. Es kann statt Pflugschar auch Karst bedeuten (so KBL). Aber das verwandte akkad. *ittû* meint den Pflugbaum, 𝔊 übersetzt את mit ἄροτρον = „Pflug", 'A mit εχεγλη = „Pflugsterz", 𝔗 mit סיכין = „Spaten", 𝔖 mit *sekkaj paddānâ* und 𝔙 mit vomer, so daß wenigstens für unsere Stelle doch wohl die übliche Übersetzung „Pflugschar" gerechtfertigt ist. Das Winzermesser dient nicht etwa zum Abschneiden von Trauben, sondern zum Schneiteln, d.h. zum Entfernen der überflüssigen Blätter und Triebe (s. Dalman, AuS III, 23f. und IV, 312. Abbildungen von Schwertern s. BRL 473f., von Pflügen ebenda 428 und Dalman, AuS II, Abb. 18–38, von Speeren BRL 354, von Winzermessern ebenda 476 und Dalman, AuS II, Abb. 44 und III, Abb. 16). An die Stelle der Waffen treten die Geräte friedlichen Ackerbaus, statt Kriegsangst erfüllt die Völker ein Gefühl der Sicherheit, bei dem der kriegerische Geist keinen Raum mehr findet. Völlig im Gegensatz dazu fordert Jl 4 10 in Erwartung des nahen Endgerichtes die Völker auf: „Schmiedet eure Pflugscharen zu Schwertern und eure Rebmesser zu Spießen." Man könnte an ein Sprichwort denken (s. RBach, Die Aufforderung zum Kampf und zur Flucht im alttestamentlichen Prophetenspruch: WMANT 9, 1962, 72 Anm. 1), das in Zeiten der Bedrängnis im gar nicht kriegerischen Bauernvolk Israel entstanden wäre. Es verfügte ja über kein Arsenal von Kriegsmaterial, sondern mußte bei einer Volkserhebung zu behelfsmäßigen Waffen greifen. Jesaja hätte dann das geflügelte Wort ins Gegenteil gewendet, Joel aber seine ursprüngliche Gestalt bewahrt. Aber wir haben festgestellt, daß Jesaja auch bei diesem Motiv von den Zionsliedern abhängig ist. Andererseits übernimmt Joel in weitem Ausmaß einzelne Sätze oder Wortgruppen von seinen Vorgängern und deutet das Traditionsgut gelegentlich bis zur Verkehrung des ursprünglichen Sinns um. So wird die Joelstelle eine bewußte Antithese zur jesajanischen Zukunftsvision sein (s. HWWolff, Joel: BK XIV/2, 10).

5 fordert die israelitische Kultgemeinde auf, angesichts dessen, daß 25
die Völker Jahwe „suchen" werden, sich des Heils, das ihr als Volk Gottes verheißen ist, voll bewußt zu werden. Wenn diese hier „Haus Jakobs" genannt wird, so ist sie schon damit in die Korrelation zum „Gott Jakobs" gerückt. Sie wird daran erinnert, was Israel als dem von Jahwe erwählten Volk zugesagt ist. Die nicht häufige Bezeichnung wird in den verschiedenen Partien des Jesajabuches auffallend oft verwendet (2 6 8 17 10 20 14 1 29 22 46 3 48 1 58 1, d.h. 9 von 21 Vorkommen im Alten Testament). Auch Jesajas Zeitgenossen Amos und Micha kennen sie. Es wird kein Zufall sein, daß sie im ganzen Pentateuch neben Gn 46 27 nur gerade in der Sinaiperikope, Ex 19 3, vorkommt. Israel hat als „Haus Jakobs" beim Auszug aus Ägypten Jahwes wunderbare Hilfe erfahren. – Der Ausdruck אור יהוה ist an unserer Stelle singulär. Im Kult zu Jerusalem hat aber „Licht" als Symbol der heilvollen, gnadenreichen Gegenwart Jahwes eine wichtige Rolle gespielt. Von Jahwe her „erstrahlt (lies זרח) dem Gerechten ein Licht" (Ps 97 11), „er läßt Gerech-

tigkeit (צדקה) aufgehen wie das Licht“ (Ps 37 6, vgl. Ps 112 4), der dankbare Beter bekennt: „Jahwe ist mein Licht und mein Heil“ (יֵשַׁע Ps 27 1, vgl. Mi 7 8). Nach Jes 10 17 60 1 wurde in Jerusalem אור ישראל geradezu als Gottesbezeichnung verwendet. – Das von Jahwe ausgehende, im Kult immer neu erlebte „Licht“ erfordert nun aber auch die entsprechende Antwort, nämlich den „Wandel im Licht“ (s. Ps 56 14). Das Geschenk der Gnade involviert den Imperativ, nun auch in ihr zu leben. In späterer Zeit ist das von Jahwe ausgehende Licht faktisch identisch mit der תּוֹרָה (vgl. Prv 6 23 und JHempel, Die Lichtsymbolik im Alten Testament, Stud Gen 13, 1960, 352–368, s.366).

Ziel Über die hohe Bedeutung dieses Abschnittes sind sich die Ausleger glücklicherweise einig. Worte wie Jes 2 2–4 „tragen ihren Wert in sich selbst, ganz unabhängig davon, von wem und aus welcher Zeit sie stammen“ (OEißfeldt, Einleitung in das Alte Testament, [3]1964, 428). Diese Feststellung ändert aber nichts daran, daß das Verständnis gerade der wichtigsten Vorstellungen vom Vorentscheid über Echtheit oder Unechtheit entscheidend betroffen wird. Andererseits wird das Bild des Propheten und seiner Botschaft an wichtigen Punkten tangiert, wenn man glaubt, einen solch wesentlichen Abschnitt aus dem Rahmen seiner Botschaft ausbrechen zu müssen. Daß sich das Verheißungswort an die Völker durchaus in das Gesamtbild dessen, was Jesaja sonst vertritt, einfügt, ist bei sachgemäßer Exegese, welche die Begriffe nicht konsequent im Licht der nachexilischen Theologie interpretiert, nicht zu bestreiten. Da für Jesaja Jahwe Herr der Geschichte ist (s. dazu HWildberger, Jesajas Verständnis der Geschichte: VTSuppl 9, 1963, 83–117), stehen für ihn die Völker von vornherein im Blickfeld seiner Verkündigung. Den Plänen der verbündeten Könige von Aram und Israel setzt Jahwe seinen eigenen Ratschluß entgegen (7 7, vgl. 7 24), und daran ist nicht zu zweifeln, daß keiner den „Ratschluß, beschlossen über die ganze Erde“, zunichte machen, seine „Hand, ausgereckt über alle Völker“, zurückbiegen kann (14 26f.). Assur ist der „Stecken“ des Zorns Jahwes, die „Rute“ seines Grimms (10 5), d.h., die Großmacht ist Werkzeug des Handelns Jahwes im Bereich der Geschichte. Sie verfügt über keine andere Gewalt denn die, welche ihr von Jahwe gegeben worden ist (10 15); und sie muß es sich darum gefallen lassen, von diesem Herrn der Völker zur Rechenschaft gezogen zu werden, sobald sie die ihr eingeräumten Befugnisse überschreitet. Weil aber diese Grenzüberschreitung immer wieder vollzogen wird (vgl. 10 13ff.), muß Jesaja auch den Völkern – und unter ihnen gerade Assur, das doch Vollstreckerin der Gerichte Jahwes ist – Unheil ansagen. Sind Gerichtsandrohungen aber das Letzte, was Jesaja über die Völker zu sagen hat? Bei der Ambivalenz von Gericht und Heil in seiner Verkündigung und bei seinem eminenten Interesse an den Völkern ist ein positives Wort über deren Zukunft geradezu zu erwarten. Als Jahwes Bote kann der

Prophet das, was „in der Folge der Tage“ mit den Völkern geschieht, natürlich nur in Relation zu Israel, Jahwes Eigentumsvolk, sehen, und da auch in Zukunft die Erwählung des Zion in Kraft stehen, ja sogar in ihrer Auswirkung erst recht in Erscheinung treten wird, muß die Beziehung der Völker zu Jahwe konkret in ihrer Beziehung zum Zion zur Sprache kommen. Das ist aber nur das äußere Gewand; die Exegese hat gezeigt, wie Jesaja darauf drängt, daß die Bindung an Jerusalem und sein Heiligtum als Bindung an den Gott Israels verstanden wird. Alle Weltherrschaftsträume Israels, zu denen das durch die Tradition gegebene Motiv der Erhebung des Zion über alle Berge oder der Gedanke, daß die Heilige Stadt „Nabel der Erde“, d.h. Zentrum der Welt, ist (Ez 38 12, vgl. Ri 9 37 Jub 8 19 und s. Müller a.a.O. 179f., Jeremias a.a.O. 40. 92f.), durchaus Anlaß geben könnte, bleiben beiseite. Ebensowenig kommt die Königsideologie, die den Davididen als Weltbeherrscher sieht, zum Zug. Die Völker unterwerfen sich bei ihrer Wallfahrt nach Jerusalem nur gerade dem Urteilsspruch des Gottes Jakobs. Aus der Fülle der im Zusammenhang mit einer solchen Völkerwallfahrt nach der Gottesstadt sich anbietenden Vorstellungen wird bezeichnenderweise nur diejenige einer schiedsrichterlichen Funktion Jahwes zugunsten bedrängter Völker herausgegriffen (s. dazu Stamm a.a.O. 46f.). Die Eigenart dieser Stelle gegenüber ähnlichen Abschnitten des Alten Testamentes, in denen die Ziontradition, ins Eschatologische gewendet, aufgegriffen wird (vor allem in Jes 60 und Hag 2 6-9, ferner Sach 14 Jes 25 6ff. Tob 13 9ff. 14 5-7), besteht also darin, daß hier der weitschichtige Stoff energisch auf das zusammengestrichen ist, was sich auch sonst als zentrales Anliegen Jesajas zeigt, nämlich die Durchsetzung des Gottesrechts in der Völkerwelt (s. dazu Fey a.a.O. 77). Diese Beschränkung steht im Zusammenhang damit, daß für Jesaja Jerusalem eine Burg des Rechts ist (s. oben zu 1 21-28). Das Höchste, das er für seine Stadt erwartet, besteht darin, daß in ihr Richter und Räte wie vor alters ihres Amtes walten. So realistisch, wie der Prophet von der zukünftigen Rolle Jerusalems für Israel spricht, so nüchtern sieht er hier die Bedeutung des Zion für die Zukunft der Völker. Er setzt voraus, daß es auch in der kommenden Heilszeit noch Konflikte unter den Völkern geben wird, nur daß sie nicht mehr mit Waffengewalt ausgetragen werden. Man ist fast versucht, von einer Rationalisierung des vorgegebenen Motivs vom Zerschmettern der Kriegsinstrumente durch Jahwe zu sprechen (Ps 46 10). „Die Schau bleibt ganz geschichtsimmanent und entbehrt völlig des mythologischen Beiwerks“ (vRad a.a.O. 440 bzw. 216). Aber Voraussetzung für das „Umschmieden“ der Waffen ist die Beugung unter die Autorität des göttlichen דבר, den man sich durch einen Priester oder Propheten vorgetragen denken muß. „Ihre Verwirklichung (scil. der neuen Ordnung unter den Völkern) ist nicht mehr von irdisch-menschlichen Zufälligkeiten abhängig, sondern das Gotteswort wirkt schöpferisch den Gehorsam. Der Empfang dieser Lehre bedeutet neues Leben" (a.a.O.). So nüchtern die Erwartung Jesajas ist, so kühn ist sie doch: Es wird Friede sein. „Friede" gehört neben „Gerechtigkeit" zum Symbolgehalt, der jedem vor Augen tritt, der von Jerusalem hört (s. etwa Ps 122 7ff. und vgl. NWPorteous, Jerusalem-Zion: The Growth of a Symbol; Festschr. für WRudolph, 1961, 235–252). Schon durch den Namen der Gottesstadt wird jeder an das Wort שלום „Friede" erinnert. Friede ohne Ende, gestützt durch Recht und Gerechtigkeit, ist auch das höchste Gut, das Israel unter dem Davididen der Endzeit zufällt (9 6). – Wie tief die Sehnsucht nach Frieden war, belegt der Zusatz im Michabuch: „Sie werden ein jeder unter seinem Weinstock und Feigenbaum sitzen, ohne daß einer sie aufschreckt" (4 4). Auch das ist wahrlich eine nüchterne Folgerung, die der Ergänzer aus der überlieferten Verheißung an die Völker gezogen hat. Der Satz ist aber ein bewerkenswertes Zeugnis des alttestamentlichen Realismus; das angekündigte Heil wird verwirklicht werden bis in den kleinen Alltag des israelitischen Bauern hinein, dessen Herz sehnsüchtig danach verlangt, einmal ohne Angst und Schrecken sich dessen freuen zu können, was ihm sein Boden an Ertrag abwirft.

Über alle Änderungen der weltpolitischen Situation seit den Tagen Jesajas hinweg ist die hier ausgesprochene Verheißung noch immer in Kraft. Das Wort vom „Frieden unter den Völkern" kann nicht mehr verstummen. Jesajas Verheißung erinnert aber daran, daß der Völkerfriede nur als „Frucht der Gerechtigkeit" (32 17) dauernde Realität werden kann, wobei unter „Gerechtigkeit" auch hier nur eine Ordnung gemeint sein kann, in welcher der Rechtsanspruch des Schwachen anerkannt wird. Wo dies als Folge der Wallfahrt der Völker nach dem Zion Wirklichkeit wird, hat man sich dem Willen des Gottes Jakobs unterworfen. Da ist der Weg angetreten, auf dem noch viel deutlicher von der Teilhabe der Völker am Heil gesprochen werden wird (Jes 45 22–25 Phil 2 10ff.). Da ist die βασιλεία τοῦ θεοῦ nahe herbeigerückt.

EIN JAHWETAG

(2 6–22)

Literatur

HJunker, s.o. Lit. zu 2 1ff. – GBertram, „Hochmut“ und verwandte Begriffe im griechischen und hebräischen Alten Testament: WO 3 (1964) 32–43. – GPettinato, Is. 2, 7 e il culto del sole in Giuda nel sec. VIII av. Cr.: OrAnt 4 (1965) 1–30. – RDavidson, The Interpretation of Isaiah II 6ff.: VT 16 (1966) 1–7.

Zum „Tag Jahwes“: LČerný, The Day of Yahweh and some Relevant Problems (1948). – AGelin, Jours de Yahvé et jour de Yahvé: Lumière et Vie 11 (1953) 39–52. – SMowinckel, Jahves Dag: NTT 59 (1958) 1–56. 209–229. – GvRad, The Origin of the Concept of the Day of Yahweh: JSSt 4 (1959) 97–108. – Ders., TheolAT II ([4]1965) 129–133. – JBourke, Le jour de Yahvé dans Joël: RB 66 (1959) 5–31. 191–212. – EKutsch, Heuschreckenplage und Tag Jahwes in Joel 1 und 2: ThZ 18 (1962) 81–94. – KDSchunck, Strukturlinien in der Entwicklung der Vorstellung vom „Tag Jahwes“: VT 14 (1964) 319–330.

Zum Ausdruck ביום ההוא: PAMunch, The Expression bajjôm hāhū', is it an Eschatological terminus technicus?: ANVA 1936, 2 (1936). – ALefèvre, L'expression „En ce jour-là“ dans le livre d'Isaïe: Festschr. ARobert (1957) 174–179.

Text

6 Fürwahr, du hast dein Volk[a] preisgegeben,
Jakobs Haus.
Denn sie sind voll von 'Wahrsagern'[b] aus dem Osten
und von Zauberern wie bei den Philistern,
[c]und mit fremdem Gesindel klatschen sie in die Hände[c].

* * * *

7 Sein Land ward voll von Silber und Gold,
und es nimmt kein Ende mit seinen Schätzen.
Und sein Land ward voll von Pferden,
und es nimmt kein Ende mit seinen Kriegswagen.
8 Und sein Land ward voll von Götzen
. . . .[a]
Vor dem Werk seiner Hände fällt man nieder[b],
vor dem, was seine eigenen Finger gemacht.
9 Da wurde der Mensch gebeugt und der Mann[a] erniedrigt...
[b][und vergib ihnen nicht][b].

* * * *

[10a Geh in den Felsen
und verbirg dich im Staub
vor dem Schrecken Jahwes
und dem Glanz seiner Erhabenheit[abc].
11 Der hochmütige Blick des Menschen 'muß sich senken'[a],
und der Männerstolz wird gedämpft,

und erhaben wird allein Jahwe sein
an jenem Tag.]

* * * *

12Fürwahr, ein Tag kommt für Jahwe der Heere,
über alles Stolze und Ragende
[a]und über alles Erhabene und 'Hohe'[a].
13Und über alle Zedern des Libanon[a] [die erhabenen und hochragenden][a]
und über alle Eichen von Basan.
14Und über alle hohen Berge
und über alle ragenden Hügel.
15Und über jeden hohen Turm
und über jede steile Mauer.
16Und über alle Tharsisfahrer[a]
und alle Luxusschiffe[b].
17Und gebeugt wird[a] der Hochmut des Menschen
und erniedrigt der Männerstolz,
und erhaben wird allein Jahwe sein
an jenem Tag.

* * * *

8Und die Götzen 'schwinden'[a] samt und sonders dahin.

* * * *

19'Geht hinein'[a] in die Felsspalten
und in die Erdlöcher
vor dem Schrecken Jahwes
und dem Glanz seiner Erhabenheit,
wenn er sich erhebt, daß die Erde erschrickt.
[20An jenem Tag wird der Mensch seine silbernen Götzen[a] wegwerfen und seine
goldenen Götzen, die 'er sich gemacht hat'[b], um vor ihnen niederzufallen, 'den
Spitzmäusen'[c] und Fledermäusen, 21um zu entkommen in die Felshöhlen und
Steinklüfte
vor dem Schrecken Jahwes
und dem Glanz seiner Erhabenheit,
wenn er sich erhebt, daß die Erde erschrickt.]
22a[Laßt doch ab vom Menschen, in dessen Nase nur Hauch ist, denn 'wofür'[b] ist er
zu halten?][a]

26 **6a** Nimmt man an, daß ein ursprünglicher Zusammenhang zwischen 6 und 7ff. besteht, befriedigt die Form von 6 in 𝔐 nicht. In 6 ist Jahwe angesprochen, während 7f. die in den Augen des Propheten gefährliche wirtschaftliche, militärische und kultische Hypertrophie im Lande beschreibt. Die Textüberlieferung ist allerdings nicht einheitlich. 𝔊 liest in 6a statt der 2. die 3. Person: ἀνῆκε γὰρ τὸν λαὸν αὐτοῦ τὸν οἶκον τοῦ Ισραηλ, 𝔗 (ארי שבקתון דחלת תקיפא דהוה פריק לכון דבית יעקב) verwendet die 2. Person plur. und läßt das Volk angeredet sein. 𝔖 und 𝔙 folgen 𝔐. Die abweichenden Lesarten von 𝔊 und 𝔗 vermögen nicht zu überzeugen, 𝔊 darum nicht, weil bei der 3. Person doch das Subjekt, d.h. Jahwe, genannt sein müßte, 𝔗 aber übersetzt zu frei, als daß auf seinen Text Verlaß wäre. Duhm, dem Procksch und Eichrodt folgen, schlägt vor: נטש יהוה עמו. Gray stellt 19 vor 6, wobei er die Duhmsche Lesart übernimmt, was aber willkürlich ist. Bleibt man bei der 2. Person sing., liegt es nahe, בית יעקב als Vokativ zu verstehen. Aber der Gedanke,

daß das Haus Jakobs „sein Volk“ verworfen habe, etwa in dem Sinn, daß es in
seiner Mitte fremdem Wesen Einlaß gewährte, macht Mühe. Man hat darum
אלהיך statt עמך lesen wollen oder vorgeschlagen, עמך durch עזך zu ersetzen,
wozu 𝔗 als Beleg dienen soll. Bei der Fragwürdigkeit dieser Emendationsvorschläge wird man gut daran tun, bei 𝔐 zu bleiben. 6a könnte ein versprengtes Fragment sein, woraus sich seine vom Folgenden abweichende Stil-
form erklärte. – b כי מלאו מקדם ergibt keinen akzeptablen Sinn. GBGray (ZAW
31, 1911, 111–117) glaubte als ursprüngliche Gestalt von 6b, z.T. auf Grund
von 𝔊, herausstellen zu können: כי־מלאה ארצו ענִנים ובילדי נכרים ישׂפיק. Aber
das ist eine Angleichung an 7, die nicht erklärt, wie der jetzige Wortlaut von 6b
zustande gekommen ist. Statt מקדם will DWThomas (JThSt 13, 1962, 323f.)
מְעַקְּדִים lesen, das nach dem Arabischen „Zauberer“ bedeuten soll. Da
aber diese Bedeutung im Arabischen nur sekundär ist, ist es zu kühn, sie für
das Hebräische zu postulieren. Die Änderung von מקדם in das Abstraktum
מִקְסָם, die neuerdings wieder Kaiser vertreten hat, ist neben ענִנים nicht wahrscheinlich. Aber die Vermutung, daß hinter מקדם eine Form der Wurzel קסם steht,
ist zweifellos richtig. Es dürfte קֹסְמִים „Wahrsager“ oder, noch besser, קסמים מקדם
zu lesen sein (Koppe), vgl. auch 𝔗: אתמליאת ארעכון טעון כיד מלקדמין „euer
Land ist voll von Götzenbildern wie von Osten her“. Wir haben damit ein vor-
treffliches Pendant zum folgenden Versteil וענִנים כפלשׁתים. – c–c Dem Schluß
des Verses scheint kaum ein befriedigender Sinn abgewonnen werden zu können, was aber möglicherweise nicht durch eine Korruption des Textes bedingt
ist, sondern daher kommt, daß wir die Bedeutung von שׂפק und den Ritus, auf
den angespielt wird, nicht sicher kennen. Die alten Versionen sehen, von 𝔗
abgesehen, an unserer Stelle einen Tadel geschlechtlicher Verirrungen (s. Hos
5 7 𝔊 und vgl. dazu Naegelsbach). Seit Hitzig wird בילדי gern in בידי geändert
und dann für 6b der Sinn postuliert: „und mit Fremden tauschen sie Hand-
schlag“, was zur Bekräftigung von Geschäftsabschlüssen üblich gewesen sein
soll. Aber darüber wissen wir wenig (Prv 6 1 kennt wohl den Brauch, verwendet
aber eine andere Phraseologie), vor allem aber läßt sich die hier postulierte
Bedeutung von שׂפק nicht belegen. JABewer (JBL 27, 1908, 163f.) ändert in
וּכְיַלְדֵי נָכְרִים יְכַשְּׁפוּ, was ebenfalls ganz unsicher bleibt. DWThomas (ZAW 75,
1963, 88–90) will ובילדי נכרים streichen, liest וענִנים ישׂפיקו und übersetzt „and
soothsayers abound“. Wir haben aber kaum das Recht, das schwierige
ובילדי נכרים zu tilgen. KBL will שׂפק an der vorliegenden Stelle eher nach
1 Kö 20 10 verstehen (vgl. auch mittelhebr. ספק „genügen“) und schreibt dem
hi. die Bedeutung „Überfluß haben“ zu, so daß eine Parallele zu מלא vorläge
(danach Kaiser: „und haben Überfluß an Fremdgeborenen“). Ähnlich hat 𝔊
das Verbum verstanden: τέκνα πολλὰ ἀλλόφυλα ἐγενήθη αὐτοῖς. Aber damit
fiele der Vorwurf von 6b doch gegenüber den vorher erhobenen Klagen ab, so
daß es sich auch hier empfiehlt, bei 𝔐 zu bleiben und שׂפק (= ספק, s. Hi 27 23)
als „in die Hände klatschen“ zu verstehen. Die auffallende st.cstr.-Verbindung
ילדי נכרים dürfte nach BrSynt § 76a, vgl. auch § 70d, zu erklären sein. ילד ist
wie etwa in 1 Kö 12 8 in verächtlichem Sinn gemeint: unvertraute Leute, mit
denen man nichts zu tun haben sollte. – 8a Der zweite Hemistich ist ausgefallen 2 8
und mag etwa gelautet haben: „und es ist kein Ende mit seinen Bildern“. –
b Der Plural ישתחוו fällt auf; die Ausleger sind geneigt, mit oder ohne Änderung
des Konsonantenbestandes, den Singular zu lesen. Aber der Plural kann im
Sinn des unbestimmten „man“ gemeint sein. – 9a Zum koll. Gebrauch von 9
אישׁ vgl. Joüon, Gr § 135c. – b–b 9b kann kaum anders als so übersetzt werden,
was aber weder formal noch inhaltlich in den Zusammenhang hineinpaßt. Mit

Verweis auf Gn 4 7 Hi 13 11 31 23 hat Duhm וְאֵין שְׂאֵת לָהֶם vorgeschlagen, was
bedeuten soll: „und keine Erhebung für sie", eine Konjektur, die kaum überzeugen kann. Das Sätzchen fehlt in VQa (wie auch 10), während 𝔊 es schon
kennt, aber die 1. Person voraussetzt: καὶ οὐ μὴ ἀνήσω αὐτούς. Es dürfte sich
2 10 um eine Randglosse handeln, die in den Text eingefügt wurde. – **10**a–a Der
ganze Vers fehlt in VQa. Das kann Hinweis darauf sein, daß er als Dublette
von 19 irrtümlicherweise an diese Stelle geraten ist. – b Zu הדר גאנו vgl.
Joüon, Gr § 141m: Zwei im Genetivverhältnis stehende synonyme Nomina
haben manchmal „une nuance superlative". HJKraus übersetzt in Ps 29 2
בהדרת־קדשו (emend.) nach dem Ugaritischen (I K 155) mit „bei seiner heiligen Erscheinung" (Psalmen: BK XV/1). Man kann sich fragen, ob an unserer
Stelle nicht auch für das mask. הדר die Bedeutung „Offenbarung, Erscheinung"
anzunehmen ist. Doch meint das ugar. *hdrt* „Vision, Traum" (vgl. Aistleitner,
Wört.[2] Nr. 817). – c 𝔊 fügt hinzu: ὅταν ἀναστῇ θραῦσαι τὴν γῆν = בקומו לערץ הארץ
11 wie in 19, woher die Ergänzung in den Text gekommen sein wird. – **11**a שפל
steht nicht in Kongruenz zu seinem Subjekt עיני גבהות. Es scheint sich um eine
irrtümliche Angleichung an das שפל in 12 oder 17 zu handeln. Man hat שָׁפֵלוּ
vorgeschlagen, besser wird mit VQa תשפלנה zu lesen sein (vgl. 𝔊: ὑψηλοί,
𝔗: ימאכון, 𝔙: humiliati sunt). Beachtenswert ist allerdings auch der Vorschlag von JHuesman (Bibl 37, 1956, 287), für שָׁפֵל den inf. abs. שָׁפֹל („shall be
12 brought low") zu lesen. – **12**a–a Für ועל כל־נשא ושפל bietet 𝔊 καὶ ἐπὶ πάντα
ὑψηλὸν καὶ μετέωρον, καὶ ταπεινωθήσονται. Man erwartet tatsächlich nach
נשא noch einen Parallelbegriff. 𝔊 dürfte וְגָבֹהַּ gelesen haben, das anstelle von
שפל (nicht *neben* ihm wie in 𝔊) zu lesen ist. Der Vorschlag von Tur-Sinai (a.a.O.
159), das 𝔐 näher stehende וְשָׁקוּף „looking down from above" zu lesen, emp-
13 fiehlt sich nicht, da dafür kein Beleg zu erbringen ist. – **13**a–a הרמים והנשאים
begegnen in ähnlicher Form wieder in 14. Da 13 metrisch überfüllt ist, müssen
16 die beiden Wörter sekundär aus 14 eingedrungen sein. – **16**a 𝔊 gibt 16a wieder
mit καὶ ἐπὶ πᾶν πλοῖον θαλάσσης, was kaum mehr besagt, als daß der Übersetzer תרשיש nicht mehr verstanden hat. – b שכיות hat man früher von שכה hergeleitet und als „Gegenstand des Schauens, Schaustück" verstanden (s. Ges-
Buhl). Da das als Pendant zu אניות תרשיש nicht passen wollte, wurde dafür
שְׂפִינוֹת = סְפִינוֹת „Schiffe" konjiziert. Es scheint aber, daß hinter שכיות ägypt.
śk.tj „Schiff" steht, so daß sich eine Textkorrektur erübrigt bzw. nur die
Vokalisation in Frage zu stellen ist (vgl. KBudde, ZAW 49, 1931, 198; GRDriver, Festschr. ThHRobinson, 1950, 52). Das ist um so wahrscheinlicher, als das
ägypt. Wort auch hinter dem ugar. *ṯkt* stehen dürfte (s. WFAlbright, Festschr.
ABertholet, 1950, 4f. Anm. 3 und Aistleitner, Wört.[2] Nr. 2862). Driver (a.a.O.)
will übrigens החמדה als הַחֲמָדָה vokalisieren und dieses als (Arabia) Felix verstehen, was gewiß eine gute Parallele zu תרשיש darstellen würde, aber doch
17 eine höchst unsichere Konjektur ist. – **17**a Zur Inkongruenz zwischen Prädikat
18 und Subjekt bei voraufgehendem Prädikat s. Joüon, Gr § 150j. – **18**a Statt יחלף
liest VQa יחלופו, was auch die Versionen bezeugen und ursprünglich sein wird
(Haplogr. des ו vor ובאו zu Beginn von 19). NJTromp (VD 41, 1963, 301f.)
glaubt, daß zwischen חלף I (succedere) und חלף II (esse acutum, succidere)
zu unterscheiden sei. Jes 2 18 liege חלף II vor und 𝔙 (conterentur) habe den
Sinn richtig getroffen. Er will יחלף als pass. ḳal (oder als ni.) vokalisieren und mit
„abscindi" übersetzen. Bei der Unsicherheit dieser Deutung wird man indes
19 besser bei der traditionellen Übersetzung bleiben. – **19**a In Anlehnung an 10
20 (vgl. die vorangehende Anm.) dürfte בֹּאוּ zu lesen sein. – **20**a In Gen.-Verbin-
dungen wie אלילי כספו bezieht sich das Suffix auf die ganze Konstruktion,

nicht nur auf das zweite Wort, dem es beigefügt ist, vgl. Joüon, Gr § 140b und
JWeingreen, The Construct-Genetive Relation in Hebrew Syntax: VT 4
(1954) 50–59. – b Statt עשׂו dürfte mit $\mathfrak{G}^{A}$ u.a. עשׂה zu lesen sein. Die Änderung
wäre allerdings überflüssig, wenn mit V^{Qa} (hinter לו oder עשׂו? – der Text
weist eine Lücke auf) [אצב]עותיו zu ergänzen wäre. – c לחפר פרות gibt keinen Sinn. Θ liest φαρφαρωϑ, wonach der Text in לחפרפרות emendiert wird,
während V^{Qa} לחפרפרים liest. – 22a–a fehlt in 𝔊 (abgesehen von $\mathfrak{G}^{h}$ 'ΑΣΘ, 2 22
s. Ziegler). Zweifellos handelt es sich um einen späten Zusatz. – b MDahood
(Bibl 44, 1963, 302) will בָּמָה vokalisieren und mit „Tier“ übersetzen: „Turn
away from man in whose nostrils is divine breath, but who must be considered a
beast“, aber ugar. *bmt*, auf das sich Dahood bezieht, heißt wohl „Rücken“,
aber nicht „Tier“. Ebensowenig dürfte STalmon (Textus 4, 1964, 127) mit
seiner Vermutung im Recht sein, daß במה aus רמה verlesen worden ist (trotz
der Übersetzung in 𝔙 mit excelsus reputatus est ipse). 𝔖 (*'ajk*, s. auch 𝔗:
וכלמא חשיב הוא) scheint כמה gelesen zu haben, was nach Jes 5 28 29 16 u.ö.
richtig sein dürfte.

Analyse: 6a, zu dem doch wohl 6b als Begründung gehört, fällt, Form
wie oben (s. Textanm. 6^{a}) bereits festgestellt wurde, stilistisch aus dem Rahmen des Folgenden, sofern man sich nicht zu fragwürdigen Eingriffen in den Text entschließt. Auch inhaltlich steht das Thema „Wahrsagerei“ für sich. Durch כי zu Beginn von 6 ist der Vers mit dem vorangehenden Heilswort, mit dem es inhaltlich nichts zu tun hat, verknüpft. Das ותמלא in den Versen 7 und 8 scheint allerdings das מלאו von 6a aufzunehmen, aber 7a, 7b und 8b sind völlig anders aufgebaut als 6aβb. Wenn מלא in 7 und 8 ebenfalls vorkommt, beweist das einmal mehr, daß die einzelnen Stücke durch Stichwortverbindung zusammengestellt wurden. 6 dürfte also vom Folgenden zu trennen sein, der Vers ist ein aus einem größeren Zusammenhang herausgerissenes, dem Folgenden als eindrucksvolle Einleitung vorangesetztes Fragment.

Die Verse 7–21 scheinen einerseits durch die kehrreimartigen Sätze 9a, 11 und 17, andererseits durch die Ähnlichkeit von 11 mit 19 und 21 sowie durch die Wiederaufnahme von כסף, זהב und ישתחוו in 7f. durch כספו, זהבו und להשתחות in 20 eng miteinander verschlungen zu sein. Der „Kehrreim“ findet sich übrigens auch in 5 15f., und manche Ausleger wie Procksch und neuerdings wieder Kaiser und Eichrodt möchten die beiden Verse in unseren Abschnitt hineinstellen (Kaiser nach 21, Eichrodt nach 9). In Wirklichkeit handelt es sich um ein geflügeltes Wort (s.u.S. 104), das Jesaja, je nach dem Zusammenhang modifiziert, in seine prophetischen Reden aufgenommen hat. Daß es sich nicht um Kehrreime eines ursprünglich einheitlichen Gedichtes handelt, zeigt sich schon daran, daß in 9 impf. cons., in 11 und 17 aber perf. cons. steht und in 11b und 17b zudem die Erniedrigung des Menschen mit der Manifestation der „Höhe“ Jahwes konfrontiert wird. Wir kommen also auch hier zum Schluß: Der Zusammenhang ist nicht ursprünglich. Wie die Verse 7–9a durch das Stichwort מלא mit dem Vorhergehenden verbunden sind, so sind sie um der abschließenden Zeile willen dem Folgenden vorangestellt. Auch sie waren eine (nur noch fragmentarisch erhaltene) Einheit für sich. Wie stark im vorliegenden Abschnitt spätere Hände eingegriffen haben, zeigt die Aufforderung in 9b, die den ursprünglichen Abschluß des Textes verdrängt haben dürfte (s.o. Textanm. 9^{b-b} und unten S. 104 zu 18).

Vers 10, der wie 9b in V^{Qa} fehlt, stellt eine Variante zu 19 dar, die hier an falscher Stelle in den Text eingeschoben wurde, und ebenso ist 11 eine Variante zu 17, die absichtlich oder unabsichtlich hier in den Text geriet. 12–17 bilden einen in sich geschlossenen Abschnitt, der sich klar von seiner Umgebung abgrenzen läßt. 18 hingegen kann weder von der Form noch vom Inhalt her den Abschluß von 12–17 bilden, und wenn auch das Stichwort אלילים den Vers mit 20 verbindet, so kann er doch von Haus aus auch nicht mit 19ff. zusammengehört haben. Denn wenn die Götzen insgesamt dahingeschwunden sind, braucht man sie nicht mehr den Spitzmäusen und Fledermäusen hinzuwerfen. Der Vers mag einmal den Abschluß von 7–9a gebildet haben.

In 19 haben wir es nochmals mit einem Fragment zu tun. An dieses wurde, eingeleitet durch die beliebte Formel ביום ההוא, eine Reflexion angehängt, die in 21b auf 19b zurückgreift, sich aber schon durch ihre prosaische Form als Nachinterpretation erweist. Und schließlich ist auch 22 ein Zusatz von späterer Hand.

Der Abschnitt 6–22 stellt also eine sehr komplexe Größe dar. In ihm sind 4 ursprüngliche Einheiten miteinander verwoben: 6. 7–9a (18). 12–17 und 19. Die Verse 10. 11 sind Varianten anderer Stellen des Textes und 20f. bieten eine Nachinterpretation zu 19. 9b und 22 sind Zusätze, welche den Empfindungen von Lesern Ausdruck geben. Das Ganze ist aber im gegenwärtigen Kontext als Einheit verstanden. Die einzelnen Elemente sind auf mannigfache Weise stichwortartig miteinander verknüpft. Das Konglomerat stellt eine predigtähnliche Drohrede dar, deren Schwerpunkt für den Verfasser in der Polemik gegen Wahrsagerei und Götzendienst lag, also der Gedankenwelt des Deuteronomiums entspricht.

Das Metrum kann bei einem so komplexen Abschnitt nicht einheitlich sein. 1) 6aα: 2 + 2, 6aβb (unter Berücksichtigung der oben erwähnten Emendation): 3 + 3 + 3. 2) 7 und 8 sind, abgesehen von der verstümmelten ersten Zeile von 8, Doppeldreier. Die Reihe klingt wirkungsvoll mit einem Vierer (9a) und einem Dreier (18) aus. 3) Der Abschnitt 12–17 besteht, abgesehen von der einleitenden Zeile 12aα und dem Abschluß 17b (3 + 2), aus 6 Doppeldreiern. 4) 19 schließlich ist aufgebaut aus 2 Fünfern und einem abschließenden Dreier. Die oben gewonnene Analyse wird durch das Versmaß offensichtlich bestätigt.

Ort Nach HJunker gehören 2–4 und 6–21 bei aller Verschiedenheit der literarischen Art doch thematisch zusammen und sind „aus der bei Isajas so lebendigen Vorstellung von der Erhabenheit und der unverletzbaren

Heiligkeit des Sion als des Thronsitzes Jahwes" geformt (a.a.O. 33). Die kultische Reform des Hiskia habe beide Teile des Kapitels veranlaßt. Hintergrund von 6–21 wäre die in das „Haus Jakobs" eingedrungene Entartung, die im Bau eines assyrischen Altars durch Ahas (2 Kö 16 10–20) ihren Kulminationspunkt erreichte. Aber die Vorgeschichte von Kap. 2 ist zweifellos viel komplizierter, als Junker sich das denkt. Dasselbe ist gegen Davidson (a.a.O.) einzuwenden, der „Haus Jakobs" auf das Nordreich beziehen will und daraus folgert, daß der ganze Abschnitt 6–22 aus der Zeit des syrisch-ephraimitischen Krieges herzuleiten sei. Weil in 6a und 9b Gott, in 10 aber das Volk angesprochen ist, vermutet Kaiser, daß der Prophet diese Rede bei einer Festversammlung im Jerusalemer Tempel vorgetragen habe, „wo er zugleich vor Gott und der Festgemeinde sprechen konnte". Es ist indessen klar zu scheiden zwischen dem „Ort" des jetzigen Konglomerates, das die deuteronomische Predigt gegen Wahrsager und Götzen widerspiegelt und zeigt, wie die jesajanischen Worte umgestaltet und ihrem Anliegen dienstbar gemacht wurden, und den oben herausgestellten ursprünglichen Einheiten bzw. Fragmenten.

Die Ermittlung der einzelnen Elemente, aus denen 2 6–22 zusammengesetzt ist, hängt natürlich mit der Frage nach der Echtheit der einzelnen Elemente der Komposition zusammen; beide Probleme können erst im Zusammenhang der Einzelexegese gelöst werden (zur Analyse s. auch RBYScott, Festschr. ThHRobinson, 1950, 184).

Da Vers 6 Gott anredet, muß er Bruchstück eines Gebetes 6 Form
sein. Im Klagelied wird Jahwe daraufhin angesprochen, daß er sein Volk verlassen, sogar preisgegeben habe, vgl. etwa Ps 27 9 (Klagelied des Einzelnen): אל־תטשני ואל־תעזבני אלהי ישעי, ferner 1 Kö 8 57 Ps 60 3. 5. 12 74 1 Thr 2 7 u.ö. Diese Feststellung wird dort im Ton der Herausforderung, ja der Anklage gegen Gott gemacht, das zeigt das „warum", das ihr häufig vorangestellt wird. Hier aber wird die Verwerfung des Hauses Jakob, wie es prophetischem Denken entspricht, als durchaus berechtigt angesehen, weil sie in Israels Verhalten begründet ist. Damit wird die Klage gegenüber Gott zur Anklage gegen das Volk. Wie oft ist auch hier eine an sich kultische Redeform vom Prophetismus in Anspruch genommen und entscheidend umgebogen worden.

Bei der Kürze des Wortes ist es kaum möglich, sicher zu entscheiden, 6 Ort
ob es jesajanisch ist oder aus der Feder eines Kommentators, der damit 7ff. einleiten und ins rechte Licht setzen wollte, stammt. נטש kommt bei Jesaja sonst nicht mehr vor, wohl aber im Jeremia- und Ezechielbuch (Jer 7 29 12 7 15 6 23 33. 39 Ez 29 5 31 12 32 4). Warum sollte aber nicht auch Jesaja das Verb aus der ihm vertrauten Welt der Kultlieder gekannt haben? Die Polemik gegen Wahrsagerei ist zwar bei ihm kein zentrales Thema. Aber von Wahrsagern spricht er auch in 3 2, und auch sein Zeit-

genosse Micha grenzt sich gegen die קסמים ab (3 7) und droht den מעוננים den Untergang an (5 11). Die Bezeichnung בית יעקב für Israel hat allerdings der Ergänzer eben in 2 5 verwendet. Aber auch Jesaja selbst kennt sie, wenn sie auch besonders oft in sekundären Stücken des Jesajabuches vorkommt (s.o.S. 87 zu 2 5). Es besteht also keine zwingende Notwendigkeit, den Vers Jesaja nicht zu belassen, wenn auch die Möglichkeit nicht auszuschließen ist, daß 6 der Neuinterpretation der folgenden Verse dienen soll, durch welche Jesaja in den Dienst deuteronomistischer Tendenzen gestellt wird.

6 Wort נטש hat, wie die oben erwähnten Parallelen aus der Kultsprache zeigen, nicht das Schwergewicht des theologischen Terminus „verwerfen", mit welchem es gewöhnlich übersetzt wird. Das Verb heißt „sich selber überlassen, aufgeben, sich nicht mehr um etwas kümmern", s. KBL. Gibt Jahwe sein Volk auf, so ist es ohnmächtig seinen Feinden preisgegeben. Daß damit die Erwählung aufgehoben sei, wird nicht gesagt. Israel bleibt Jahwes Volk, auch wenn dieser es sich selbst, und das heißt: den Folgen seiner Treulosigkeit überläßt. Das „Gericht" braucht nicht in einem strafenden Eingreifen Jahwes zu bestehen, es genügt, daß Jahwe seinem Volk Führung und Schutz entzieht. – Zur Bezeichnung Israels als „Haus Jakobs" ist das oben S. 87 zu 2 5 Ausgeführte zu vergleichen. Israel ist mit ihr in die Perspektive der Heilsgeschichte gestellt und damit an seine Verpflichtung zur Treue seinem Gott gegenüber erinnert. Aber es hat sich davon eigenmächtig losgesagt, indem es in seiner Mitte קסמים und עננים Heimatrecht gab.

Die arab. Entsprechung zu קסם, *qasama*, bedeutet „teilen, abteilen, Anteil geben", aber auch: „bestimmen" (von Gott oder vom Schicksal gesagt), in der X. Stammform: „bei der Gottheit ein Orakel suchen, losen", speziell vom Pfeilorakel verwendet (s. JWellhausen, Reste arabischen Heidentums, ²1897, 132f.). Nach KBL soll darum קסם, wie auch die Entsprechungen im Äthiopischen und Palmyrenischen, „das Losorakel befragen" heißen, das Subst. קֶסֶם „Losorakel" und das verwandte מִקְסָם „Befragung des Losorakels". Damit ist aber die Bedeutung zu stark auf einen Spezialfall der Mantik eingeengt, s. dazu ARJohnson, The Cultic Prophet in Ancient Israel (²1962) 31ff., der neben dem Pfeilorakel an die Befragung der Teraphim und an Leberschau denkt, vgl. Ez 21 26 und das in Hazor gefundene Modell einer Leber (BLandsberger/HTadmor, IEJ 14, 1964, 201–218). Jos 13 22 wird Bileam הקוסם genannt, und 1 S 6 2 erwähnt neben den Priestern auch קסמים der Philister. Nach 1 S 28 8 kann diese Tätigkeit durch den Totengeist (אוב) ausgeübt werden. In Jes 44 25 wird von babylonischen קסמים gesprochen, ohne daß ihre Funktion des Genaueren zu fassen wäre. Mi 3 7 nennt sie neben den חזים, und in 3 11 schreibt der Prophet den נביאים die Tätigkeit des קסם zu. In Jer 27 9 schließlich werden die קסמים mit den נביאים, den חלמים (emend. Text), den כשפים und, wie in Jes 2 6, mit den עננים zusammengestellt, s. auch Jer 29 8.

Es dürfte kaum möglich sein, diese Kategorien divinatorischer Mantik sauber voneinander zu trennen. Die angeführten Stellen zeigen aber, daß in Israel der קֹסֵם nicht immer negativ bewertet wurde. Er kann zusammen mit dem נביא, aber auch mit dem Ältesten, dem Richter und andern Würdenträgern des öffentlichen Lebens genannt werden (Jes 3 2). Aber andererseits steht Israel der Mantik skeptisch, ja strikte ablehnend gegenüber, vgl. schon Nu 23 33 1 S 28 3 und dann vor allem Dt 18 10f., wo die verschiedenen Arten divinatorischer Mantik zusammen mit dem Brauch, „seinen Sohn oder seine Tochter durchs Feuer gehen zu lassen", als heidnischer Unfug und „Greuel für Jahwe" gebrandmarkt werden. Diese Beurteilung teilt auch die vorliegende Stelle, wie das כפלשתים im zweiten und erst recht das נכרים im dritten Versteil zeigen. Wenn מקדם neben קסמים ursprünglich ist, ist auch der קֹסֵם expressis verbis als fremdländischer Brauch gekennzeichnet. קֹסֵם steht oft mit עֹנֵן (Dt 18 10. 14 מְעוֹנֵן) in Parallele. Das arab. *'anna* heißt „aufstehen, erscheinen", das hebr. pi. עִנֵּן „in Erscheinung treten lassen", so daß für das po. die Grundbedeutung „zaubern" anzunehmen ist. Gelegentlich scheint es zwar geradezu ein Synonym von קסם zu sein. Doch steht es im Alten Testament zum vornherein unter einem negativen Vorzeichen. Die häufige Parallelisierung mit Ableitungen der Wurzel נחש „Zeichendeuterei" zeigt aber andererseits, daß zwischen Zauberei und Wahrsagertum keine scharfe Grenze zu ziehen ist.

Man hat den Vergleich „wie bei den Philistern" mit dem Argument beanstandet, es sei nichts davon bekannt, daß gerade im Philisterland solche Praktiken besonders beliebt waren. Wir wissen aber über das religiöse Brauchtum der Philister faktisch überhaupt nichts, und es ist immerhin zu beachten, daß in 1 S 6 2 wenn nicht von den ענים der Philister, so doch von ihren קסמים gesprochen wird.

Die oben vertretene Auffassung und Übersetzung von 6b hat nicht nur den Vorzug, daß an 𝔐 nichts geändert werden muß, sondern läßt auch eine Deutung zu, die nicht aus der Thematik des übrigen Verses herausfällt. Es muß von Teilnahme an einer ausländischen Kultsitte die Rede sein. Das einzige Mal, wo im Alten Testament שׂפק I noch vorkommt, Hi 27 23, ist der ursprüngliche Sinn allerdings verblaßt, und „in die Hände klatschen" scheint dort nur noch Ausdruck von Schadenfreude und Hohn zu sein. Aber שׂפק I ist identisch mit ספק (s. dazu GFohrer, Das Buch Hiob: KAT XVI, 1963, z.St.). Man klatscht in die Hände, wenn man Unangenehmes abwehren will (Nu 24 10) oder wenn man an verödeten Stätten vorübergeht (Thr 2 15), offensichtlich um Unholde und Dämonen, die dort hausen, wegzuscheuchen. Danach ist an der vorliegenden Stelle ein Ritus zur Abwehr dämonischer Mächte gemeint.

Mit der Ablehnung mantischer Technik und der Beschwörung zieht Israel eine scharfe Grenzlinie gegen Kanaan und seine Umwelt. Wie bei vielen anderen Elementen paganistischer Religiosität hätte 6 Ziel es zwar versuchen können, diese Praktiken seinem Jahweglauben zu integrieren. Daß sie ihm nicht fremd waren, beweist das Orakel der Urim und Tummim. Aber letztlich ist Israel doch zu einem entschiedenen Nein gegen sie gekommen, weil sie im Widerspruch zu seinem Verständnis Jahwes standen. Wahrsagerei und Zauberei respektieren nicht die durch Jahwes Freiheit und Überlegenheit dem Menschen gesetzten Grenzen. Im ganzen Alten Orient war es selbstverständlich, daß man sich durch Zauber gegen böse Mächte abzuschirmen und durch Wahrsagekunst die günstigsten Bedingungen seines Handelns zu ergründen trachtete. Das Nein Israels gegen diese sonst so selbstverständlichen Versuche, die Zukunft zu manipulieren, zeugt von der vitalen Kraft seines Glaubens an den Gott, den es als den Heiligen erfahren hat.

7–9 Form In 9, am Ende des Abschnittes, wird festgestellt, daß „der Mensch" erniedrigt wurde, in 7f. wird erklärt, warum das geschehen mußte. Das Wort sieht also auf eine für uns historisch nicht verifizierbare Demütigung, die Israel/Juda erlebt haben muß, zurück und begründet sie. Es hat in etwa eine Parallele in den Abschnitten von 9 7ff., die mit dem Kehrvers schließen: „Bei alledem hat sich sein Zorn nicht gewandt, und noch ist seine Hand ausgereckt". Der Abschnitt gleicht einem prophetischen Schelt- und Gerichtswort, das aber in die Vergangenheit transponiert worden ist. Man wird ihn als prophetische Geschichtsdeutung bezeichnen dürfen.

7–9 Ort Die Authentizität wird kaum angezweifelt. Jesaja steht wie kein anderer Prophet dem Vertrauen, das man in die Kriegsrüstungen setzt, mit schroffer Ablehnung gegenüber (31 1ff.). Ebenso liegt auf der Hand, daß er auch das Anhäufen von Schätzen im Blick auf künftige kriegerische Unternehmungen verurteilen mußte. Daß Jesaja in diesem Zusammenhang auch von den Götzen spricht, überrascht. Götzendienst ist kein Hauptthema seiner Verkündigung. „Niederfallen vor dem Werk seiner Hände, vor dem, was seine Finger gemacht", klingt zudem formelhaft, vgl. etwa 17 8 (nicht jesajanisch), Mi 5 12 und Jer 1 16. Man kann sich fragen, ob hier nicht ein Bearbeiter am Werk ist. Aber gerade Jesaja redet auch sonst von Götzen als von אלילים, s.u.S. 102. Die Echtheit von 8b bleibt aber zweifelhaft.

Kriegsrüstungen hat man in manchen Jahren während der Wirksamkeit Jesajas vorangetrieben, und Götzendienst ist ein dauerndes Thema prophetischer Kritik. Aber am ehesten wird das Jesajawort doch die Situation im Auge haben, wie sie sich in Israel unter Jerobeam II. und in Juda unter Ussia herausgebildet hatte (vgl. 2 Kö 14 25 2 Ch 26 7ff. 27 3ff.), so daß das Wort in der Zeit Jothams entstanden sein dürfte. (Das Bild der ökonomischen Situation im 8. Jahrhundert, das Pettinato entwirft [a.a.O.], ist zweifellos zu pessimistisch.) Beide Staaten erlebten damals eine letzte Blütezeit, die als ein Abglanz der salomonischen Aera erscheinen mußte und in welcher man wohl auch bewußt an die Wirtschaftspolitik und die militärischen Maßnahmen Salomos anknüpfte.

Wort 7

Silber und Gold wird sich im Lande wohl vor allem durch Tributleistungen unterworfener Völker und durch Handelsunternehmungen angesammelt haben. Wird von Ussia berichtet, wie er ein Heer aufbaute und es „mit Schilden, Speeren, Helmen, Panzern, Bogen und Schleudersteinen“ ausrüstete, dazu Schleudermaschinen aufstellen ließ (2 Ch 26 14f.), so von Hiskia, daß er den Gesandten Merodach-Baladans, denen gewiß daran lag, den Stand der Kriegsbereitschaft Judas zu erfahren, sein Schatzhaus öffnete, um ihnen das Silber und Gold samt den übrigen Kostbarkeiten, die er angehäuft hatte, zu zeigen (2 Kö 20 12f.). Pferde wurden im Alten Orient nur für den Kriegsgebrauch gehalten, und zwar bis in die spätassyrische Zeit nicht zur Ausrüstung einer Reitertruppe, sondern als Zugtiere für die Kriegswagen – Reiter verwandte man nur zur Nachrichtenübermittlung (s. 2 Kö 9 18 u.ö. und vgl. Art. Pferd: BRL 419ff., JWiesner, Fahren und Reiten in Alteuropa und im Alten Orient: AO 38/2–4, 1939 und SMowinckel, Drive and/or Ride in(!) O.T.: VT 12, 1962, 278–299). Darum wird oft mit den Pferden zusammen das Kriegswagenkorps erwähnt (Ex 15 19 Dt 20 1 Jos 11 4 1 Kö 20 1 Ps 20 8 u.ö., gewöhnlich רֶכֶב genannt, während an unserer Stelle wie in Ex 14 25 2 S 15 1 Mi 5 9 u.ö. das nomen unitatis מרכבה verwandte ist). Die Kriegswagen waren mit zwei Pferden bespannt und mit drei Mann (Wagenlenker, Schildhalter und Schütze) besetzt. Abb.: AOB² Nr. 106, 118f. und 137, ANEP Nr. 165f., 172, 327f. u.a. Man kennt in Vorderasien Kriegswagen seit der Hyksoszeit; sie setzen soziologisch eine Militäraristokratie voraus, denn Pferde und Kriegswagen sind eine kostspielige Angelegenheit. In Altisrael hat das Kriegswagenkorps keine große Rolle gespielt; das bergige Gelände Palästinas ist für seinen Einsatz im Kriegsfall nicht günstig. Salomo hat sich den Aufbau dieser Truppe leisten können und für sie die bekannten Wagenstädte ausgebaut (1 Kö 9 19ff. 10 26). Nach 1 Kö 10 29 kam ein Kriegswagen auf 600 Sekel, ein Pferd auf 150 Sekel Silber zu stehen, ein exorbitanter Preis, wenn man bedenkt, daß man zuzeiten für 2 Sekel Silber bereits einen Widder oder 36 l Weizen kaufen konnte (s. BRL 177f.). Das Kriegswagenkorps war offensichtlich mehr eine Prestigeangelegenheit als eine wirksame, den Verhältnissen angemessene Waffe, s. 2 S 15 1 (Absalom) und 1 Kö 1 5 (Adonja). Rosse und Wagen sind Zeichen herrschaftlicher Würde. Assurbanipal rühmt sich auf dem Rassamzylinder: „Wagen, Pferde, Maultiere schenkte ich ihm zum herrschaftlichen Fahren“ (*ana rukub bēlūtīšu*, Rm II, 14, zitiert nach MStreck, Assurbanipal: VAB VII, Bd. 2, 1916, 15; s. auch Rm III, 73f.). Kriegswagen und Rosse werden auch häufig in Beutelisten genannt. Bezeichnenderweise bestimmt das deuteronomische Königsgesetz, daß sich der König nicht viele Rosse halte (Dt 17 16). Im nordsyrischen Sam'al kennt man einen Gott *rkb-'l*, von dem die regierende Dynastie die entscheidende Hilfe im Kampf erwartete, s. Donner-Röllig, KAI Nr. 24,16; 25,4.5f.; 214,2.3.11.18 u.ö. In Israel weiß die glaubende Gemeinde, wenn der König sich einem Feinde stellen muß: „Durch Wagen sind jene, durch Rosse stark, wir durch den Namen Jahwes, unseres Gottes" (Ps 20 8, vgl. auch Ps 33 17 76 7 147 10). „Streitwagenkorps Israels und seine Gespanne" ist Ehrenname Elisas, der sekundär auch auf Elia übertragen worden ist, 2 Kö 13 14 (Elisa), 2 12 (Elia). Der Visionär von 2 Kö 6 sieht feurige Rosse rings um Elisa. Dem auf seine Kriegswagen bzw. auf seinen Kriegswagengott vertrauenden Feind steht der Israelit im Vertrauen auf Jahwe bzw. auf den Propheten, der Jahwes Wort verwaltet, gegenüber (s. dazu KGalling, Der Ehrenname Elisas und die Entrückung Elias: ZThK 53, 1956, 129–148). Es ist also in Israel geradezu ein Glaubenssatz, daß man sich nicht auf Kriegswagen verlassen soll. Für die Heilszeit kündet Jahwe an: „Da vertilge ich die Rosse aus deiner Mitte und rotte aus deine Streitwagen..." (Mi 5 9). Es ist nicht der Luxus an sich, den Jesaja bekämpft; er sieht in den Rüstungsausgaben nicht primär ein soziales Problem – obwohl diese gewiß oft genug auf den Rücken der kleinen Leute abgewälzt wurden –, sondern ihn beunruhigt die Frage, ob Israel bereit ist, auf seiner Glaubenslinie zu bleiben – dieselbe Frage, die in Kap. 7 an Ahas gerichtet wird.

28 Aus diesem Grund ist der Übergang zum neuen Thema „Götzendienst" keine μετάβασις εἰς ἄλλο γένος; Kriegswagen und andere Götter stehen auf derselben Ebene. Die seltene Bezeichnung für diese, אלילים, kommt im Jesajabuch gleich 10mal vor, neben nur 6 weiteren Vorkommen im Alten Testament. Als Adjektiv bedeutet das Wort „nichts, nichtig", s. Hi 13 4 Sir 11 3. Damit sind also die Götter der andern Völker als „Nichtse" bezeichnet.

Die Etymologie des Wortes ist allerdings strittig. Vom Adjektiv her denken manche an eine Ableitung von אַל, akkad. *ul(a)*, so KBL Suppl., andere verweisen auf akkad. *ulālu* „schwach" und syr. *'alîl* „elend, schwach, leicht". Wieder andere verweisen (so auch KBL) mit ThNöldeke, Elohim, El: SAB 54 (1882) 1191, auf altsüdarab. אלאלת „Götter". Die Ableitung von אַל ist unwahrscheinlich, die Zusammenstellung mit dem altsüdarab. Wort für Götter leuchtet kaum mehr ein als die Herleitung vom Namen des babylonischen Hauptgottes Ellil, die ATClay (AJSL 23, 1906/07, 277) vertreten hat, wenn auch die Spezialbedeutung „Götzen" sich darum leicht herausgebildet haben mag, weil אלילים an אלהים erinnert. So bleibt die Bedeutung „schwach" am wahrscheinlichsten. Wie das Wort die Bedeutung „Götzen" annehmen konnte, zeigen Ps 96 5 = 1 Ch 16 26 (כל־אלהי העמים אלילים) und Ps 97 7.

Inhaltlich steht Jesajas Bezeichnung für die Götzen also der jeremianischen als הבל nahe. Nicht die Nichtexistenz, aber die Schwachheit, Ohnmacht der Götter kündet der Prophet. Das Vorkommen der Bezeichnung in den beiden genannten Gott-König-Psalmen zeigt, daß sie in der Jerusalemer Kulttradition zu Hause war, von woher ihre Kenntnis Jesaja zugekommen sein wird. Es kann kein Zufall sein, daß sonst nur noch das Heiligkeitsgesetz (Lv 19 4 26 1) und Habakuk (2 18) diese Bezeichnung aufgegriffen haben. – Daß die Götzen nur „Machwerk“ der eigenen Hände sind, ist eine im AltenTestament weitverbreitete Vorstellung, die vor allem im deuteronomischen Schrifttum zu Hause ist (Dt 4 28 27 15 31 29 1 Kö 16 7 2 Kö 19 18 = Jes 37 19 2 Kö 22 17), sich aber auch bei Hosea (14 2, vgl. auch 13 2) und Jeremia (1 16) findet (vgl. auch Jes 17 8 Mi 5 12 Jer 25 6f. 32 30 44 8). In Israels Umwelt weiß man sehr wohl zwischen einem Gott und seinem Bild zu unterscheiden (vgl. HWildberger, ThZ 21, 1965, 494f.). Es scheint also eine billige Polemik zu sein, Götter kurzerhand als Gebilde von Menschenhand hinzustellen. Sie ist aber insofern nicht unangebracht, als es die Gefahr aller Religiosität ist, vor dem Machwerk ihrer eigenen Hände, den Idealen des eigenen Geistes, den Idolen der eigenen Macht niederzufallen. – Die Frage, ob השתחוה von der Wurzel שחה abzuleiten ist und somit eine Nebenform von שוח und שחח darstellt (KBL) oder als eine Št-Form einer Wurzel חוה aufgefaßt werden muß (KBL Suppl.), ist durch das Ugaritische zugunsten der zweiten Möglichkeit entschieden (s. WFAlbright, The Old Testament and Modern Study, ed. HHRowley, 1951, 33; Aistleitner, Wört.[2] Nr. 912; SMoscati, An Introduction to the Comparative Grammar of the Semitic Languages, 1964, 128). Das ändert nichts daran, daß man zwischen השתחוה in 8b und שחה in 9 zweifellos ein Wortspiel heraushörte. An sich meint das Verb den „Gestus der ehrfurchtsvollen huldigenden Begrüßung, die man auch Menschen erweist, die man als Herren zu ehren hat“ (JHerrmann, ThW II, 785), es eignet sich also ausgezeichnet zur Beschreibung der ehrfurchtsvollen Proskynese an heiliger Stätte. In den aramäischen Teilen des Danielbuches wird dafür das gleichbedeutende סגד verwendet, das übrigens schon bei Deuterojesaja neben השתחוה erscheint (Dan 2 46 3 passim, Jes 44 15. 17. 19 46 6). Der Gestus entspricht dem *suğûd* im Islam, den EWLane mit den Worten beschreibt: „Er (scil. der Muslim) läßt sich zunächst sanft auf seine Kniee nieder,... setzt seine Hände auf die Erde, ein bißchen vor seine Kniee, und legt seine Nase und seine Stirn ebenfalls auf die Erde (jene zuerst) zwischen seine beiden Hände“ (zitiert nach DRAp-Thomas, VT 6, 1956, 229); s. auch o.S. 46 zu 1 15.

Man hat sich vor den Götzen gebeugt und mußte sich dann als Folge 2 9a
davon selbst in ganz anderem Sinn beugen. 9a ist in mehr als einer Hinsicht auffallend: Es wird nicht vom Volk, sondern vom אדם und איש gesprochen, zur Beschreibung der Demütigung werden die beiden im prophetischen Schrifttum nicht geläufigen Verben שחח und שפל verwendet, und der göttliche Gerichtsherr wird nicht genannt, obwohl offensicht-

lich vom Gericht Jahwes gesprochen wird. Das muß aus der überlieferungsgeschichtlichen Herkunft zu erklären sein. Daß nicht von Israel, sondern vom Menschen schlechthin (אדם und איש in Parallele) die Rede ist, weist auf die Weisheit zurück, vgl. Prv 12 14 19 22 24 30 30 2, ferner den Weisheitspsalm 49 (3). Vom Gebeugtwerden spricht andererseits der Beter im individuellen Klagelied (Ps 35 14 38 7, vgl. auch 107 39 Thr 3 20), und im Danklied bekennt man, daß Jahwe die Stolzen erniedrigt (השפיל s. Ps 18 28 75 8 147 6, aber auch 1 S 2 7). Aber im Klagelied wird das Gebeugtsein als unverdientes Los empfunden, und im Danklied wird die Erniedrigung der stolzen Feinde als Jahwes helfende Tat gepriesen. Der jesajanischen Diktion steht der Gebrauch der Verben in der Weisheit näher, Prv 14 19: „Die Bösen müssen sich vor den Guten beugen" (שחח ḳal) und 29 23: „Hochmut erniedrigt den Menschen" (שפל hi.), s. auch 25 7. Zweifellos zitiert also Jesaja ein weisheitliches Wort, das er in 9 in das impf. cons. gesetzt, aber in noch ursprünglicherer Form auch in 2 17 und 5 15 verwendet hat. In solchen Sprüchen ist Beugung und Erniedrigung als Folge stolzer Überheblichkeit gesehen; es ist der Weisheit ein wichtiges Anliegen, herauszustellen, daß nach der Weltordnung der Hochmütige fällt, der Demütige aber zu Ehren kommt. Natürlich ist nach Jesaja der Ablauf der Geschichte keine automatische Selbstregelung einer nun einmal gesetzten Ordnung, das eigentliche Subjekt des Geschehens ist für ihn Jahwe. Aber wenn er sich hier weisheitlicher Formulierungen bedient, ohne sie äußerlich stark zu modifizieren, dann doch darum, weil sich in seinen Augen bestätigt hat, was die Weisheit lehrt.

2 9b Der Verfasser des Zusatzes 9b weiß, daß Jahwe die Macht hat, in diesen geschichtsimmanenten Ablauf des Verhalten-Schicksal-Zusammenhanges einzugreifen. Aber er bittet Gott, das nicht zu tun. Es gibt Stunden, in welchen die dem Geschichtsablauf innewohnende Gerechtigkeit Gottes an den Tag kommen muß.

18 Wie oben S. 96 ausgeführt, mag Vers 18 der ursprüngliche Schluß von 7–9a gewesen sein. Daß sein Verb im impf. steht, spricht nicht dagegen: Bei der Demütigung, die über den Menschen kam, haben sich die Götzen als das erwiesen, was ihr Name besagt: als nichtige Wesen ohne Bestand. Man kann sagen: die Zeit fährt dahin (Sir 11 19), der Wind (Hab 1 11 Hi 4 15) und so auch das Gras (Ps 90 5f.), ein Sinnbild irdischer Hinfälligkeit, die auch Schicksal der Götzen ist.

7–9.18 Ziel Jesaja hat von der Weisheit gelernt, daß der Hochmut des Menschen an der harten Wirklichkeit zerschellt, und hat im Schicksal Israels diese Erkenntnis bestätigt gesehen. Er hat aber die weisheitliche Lehre theologisch interpretiert, indem für ihn die Überheblichkeit des Menschen im Vertrauen auf Macht und Geld und in der Reverenz vor nichtigen Göttern besteht, wo es gälte, Vertrauen in Jahwe zu setzen. Dabei geht es dem Propheten gewiß nicht einfach um die Glossierung vergangener Ereignisse, auch nicht nur darum, das Volk zur Einsicht zu führen, daß es die Schuld an seiner Demütigung selbst trägt, sondern unausgesprochen um die Mahnung, in Zukunft zu meiden, was sich in der Vergangenheit als Verhängnis erwiesen hat.

Zu 10. 11 s.o.S. 96. 10 ist eine Variante zu 19 und 11 eine Ausweitung 12–17 Form
von 9, die sich zugleich an 17 anlehnt und mit den Vokabeln גבהות, שפל und רום zu 12ff. überleitet. Mit 12 beginnt, wie öfters sekundär durch כי mit dem Vorhergehenden verbunden, ein neuer Abschnitt, der den Jahwetag schildert. Inhaltlich schließt er nicht ungeschickt an das vorangehende Stück an, indem hier wie dort des Menschen Hochmut in seiner Hinfälligkeit zur Sprache kommt. Dort blickt der Prophet in die Vergangenheit, hier in die Zukunft. Es handelt sich um ein Drohwort, wenn es auch nicht im Stil einer Jahwerede formuliert ist, sondern sachlich beschreibt, was kommen wird.

Die Herkunft von Jesaja ist unbestritten. Die Thematik, die 12–17 Ort
Verwerflichkeit des Hochmutes, ist für ihn bezeichnend, Begriffe wie גאה, רם, נשׂא sind es nicht weniger. Zu איש und אדם vgl. neben 9 auch 5 15 und 31 8. Wegen der Gemeinsamkeit in der Thematik mit 7–9 mag auch dieses Stück an den Anfang der Wirksamkeit Jesajas gehören.

Jesaja spricht nicht vom „Jahwetag", sondern von einem Tag für Wort 2 12aα
Jahwe (so auch Ez 30 3). Er will damit sofort Klarheit darüber schaffen, daß er seine eigene Vorstellung von dem, was der Jahwetag bedeutet, besitzt. Seine Formulierung ist aber nur möglich, weil zu seiner Zeit der Jahwetag noch nicht das war, was die ἡμέρα θεοῦ bzw. κυρίου in neutestamentlicher Zeit bedeutete: der eine eschatologische Gerichtstag, der zugleich Tag der Erscheinung des Christus in Herrlichkeit ist (s. dazu ThW II, 954f.).

Es gibt verschiedene „Tage", an denen Jahwe in außerordentlicher Weise in das Rad der Geschichte eingreift, und sie tragen nicht alle denselben Charakter. *Das Handeln Gottes am Jahwetag* kann sich gegen Israel richten (Am 5 18), gegen die Völker (z.B. Ez 30 3ff. Jes 13 6ff.) oder einfach gegen die anmaßenden Frevler auf Erden, Israel an der Spitze (z.B. Zeph 1 14ff., vgl. Bourke a.a.O. 16, HWWolff, Joel: BK XIV/2, 39). Noch Joel unterscheidet klar den Tag für Juda und den Tag für die Heiden: der erste ist innergeschichtlich, der zweite eschatologisch (Bourke a.a.O. 16. 22, vgl. auch vRad, TheolAT II[4], 129–133). Schon Amos hat vom Tag Jahwes (יום יהוה) gesprochen (über das Vorkommen von יום יהוה und verwandter Begriffe s. Wolff a.a.O. 38f., Bourke a.a.O. 18 Anm. 1, vRad a.a.O. [Origin] 97 Anm. 2). Das heißt aber nicht, daß Jesaja von Amos abhängig wäre. Auch dieser Prophet setzt die Vorstellung bereits voraus, indem er der volkstümlichen Anschauung seine eigene Konzeption entgegenstellt. Bei Jesaja selbst stoßen wir, von sekundären Stücken abgesehen, in 22 5 noch einmal auf den Vorstellungskreis. Die Bezeichnung יום יהוה fehlt zwar an jener Stelle, aber das in Erscheinung tretende Wortfeld schließt jeden Zweifel aus, daß auch dort ein Jahwetag angekündet wird:

יום מהומה ומבוסה לאדני יהוה צבאות. Darauf folgen dann die Konkretionen im Blick auf die geschichtliche Stunde, bei der alle geläufigen Begriffe verschwinden. Darin zeigt sich die Souveränität, mit welcher Jesaja mit der Überlieferung, an die er anknüpft, umgehen kann. Im vorliegenden Abschnitt 2 12-17 spricht er viel allgemeiner – eine bestimmte historische Stunde, in welche das Wort hineingesprochen wäre, ist nicht zu erkennen – und trotzdem in völlig eigener Diktion. Welches also die geläufigen, sozusagen orthodoxen Vorstellungen vom Jahwetag waren, ist bei Jesaja selbst gerade nicht zu lernen. Sie sind viel eher zu erschließen aus sekundären Partien des Jesajabuches, die der Heilsprophetie zuzurechnen sind und die, obwohl sie jünger als Jesaja sind, überlieferungsgeschichtlich eine ältere Stufe in der Geschichte der Erwartung repräsentieren. So ist das Orakel über Babels Untergang in Kap. 13 deutlich unter reicher Verwendung des Vorstellungskreises um den Jahwetag ausgebaut: Jahwe hat seine Geweihten entboten, seine Recken gerufen zum Tag des Zorns. Er mustert ein Heer für den Krieg. Denn: „Siehe, Jahwes Tag kommt, der grausame, mit schäumender Wut und Zornesglut" (9). Er will dem Hochmut der Stolzen (גאון זדים) ein Ende machen und den Übermut der Tyrannen (גאות עריצים) erniedrigen (11). Nachher folgt auch dort die Konkretion: Der Sturz Babylons durch das Eingreifen der Meder, der Rückkehr und Wiederherstellung Israels ermöglichen wird. Der Jahwetag führt zwar ein schreckliches Gericht über die in Babel konzentrierte Bosheit der Welt herauf, für Israel ist er aber der Tag, da für den Durchbruch des Heils die entscheidende Bresche geschlagen wird. – In ähnlicher Weise ist vom Jahwetag in Kap. 34 die Rede, diesmal יום נקם ליהוה (8) genannt. Der Abschnitt beginnt mit der Ankündigung des großen Zornes über Edom, um dann die Vernichtung dieses Volkes durch das Schwert Jahwes, das vom Blut trieft, und die totale Verödung seines Landes zu beschreiben. – Von einem Tag der Rache, יום נקמה לאדני יהוה צבאות, spricht auch Jer 46 10 im bekannten, wohl echten Wort des Propheten wider Ägypten anläßlich der Schlacht bei Karkemisch. Ebenfalls wider Ägypten ist das ezechielische Wort 30 1-19 gerichtet: „Nahe ist ein Tag für Jahwe. Ein Tag finsteren Gewölkes, eine Stunde für die Völker wird er sein" (3). In der Gerichtsdrohung von Ez 7 hingegen ist der Jahwetag ein Gerichtstag für Israel. Bei Zephanja trifft der Jahwetag beide, Israel und die Völker, zugleich. Im weiteren vgl. Jl 1 15 2 1. 11 3 4 4 14 Ob 15 Sach 14 1.

Äußerungen über den oder einen יום יהוה lassen sich also von einer Zeit an, die noch vor Amos liegt, bis in die jüngsten Teile des Alten Testamentes hinein verfolgen. Innerhalb dieser Zeitspanne läßt sich deutlich eine Geschichte der Vorstellung erkennen, während welcher der Jahwetag aus einem innergeschichtlichen Gerichtstag über konkrete Feinde Israels ein endgeschichtlicher Tag des Gerichtes über alle Völker wird. Sie näher nachzuzeichnen ist hier nicht der Ort, s. dazu vor allem Černý, Bourke und Schunck a.a.O. Es kann kein Zweifel darüber bestehen, daß sich die Vorstellung im Traditionsbereich des heiligen Krieges herausgebildet hat (gegen Mowinckel a.a.O. mit vRad a.a.O.) und implizit auch vorhanden sein kann, wo der Terminus יום יהוה fehlt.

Jes 2 12-17 nimmt in der Geschichte des Vorstellungskomplexes in mehr als einer Hinsicht eine eigenartige Stellung ein. Einmal: Es ist klar, daß der Tag für Jahwe der Heerscharen hier ein Gerichtstag über Israel/Juda ist. Der Gottessturm – die meisten Ausleger denken zugleich an ein Erdbeben, s. dazu JMilgrom, VT 14 (1964) 178ff. – beginnt am Libanon und rast dahin bis zum Golf von Akaba. Die Berge und Hügel, Türme und Mauern, über die er einherfährt, sind diejenigen Palästinas. Aber innerhalb der Gerichtsdrohung spricht Jesaja wie in 9 auch in 17 vom אדם und vom איש. Dafür gibt es keine Parallele in den oben genannten Stücken zum Jahwetag. Der Hochmut des Menschen schlechthin ist anvisiert. Nach 10 12ff. wird sich der Gottessturm wie hier über den Hochmut Israels genauso über den Assurs niederstürzen. – Dann: Nicht das Gericht über Israel ist das eigentliche Ziel des Handelns Jahwes, sondern der Erweis der Hoheit Gottes: „und erhaben wird allein Jahwe sein an jenem Tag". Schließlich: Die Vorstellung von einer Theophanie Jahwes ist umgebogen in die Ankündigung des Tages selbst, das mythologische Bildmaterial ist vermieden bzw. auf die Schilderung eines gewaltigen Sturmes zusammengeschrumpft. Mit sicherer Hand hat aber Jesaja ein Motiv aus dem Traditionsgut herausgegriffen: daß Jahwe an seinem Tag die Überheblichkeit der Stolzen zerbricht (vgl. גָּאוֹן und גַּאֲוָה 13 11), wenn nicht er selbst es war, der zum ersten Mal den Tag Jahwes in seinem Kern als Gericht über den Hochmut gedeutet hat. – Es fällt auf, daß sich Motive von 12–17 mit solchen aus Ps 29 berühren. Auch dieser schildert die Manifestation der überlegenen, herrlichen Macht Jahwes, seiner הדרת־קדש (2). Dabei erscheint Jahwe allerdings nicht, wie es dem Jahwetag entspräche, in Krieg und Gericht, sondern als Herr der Kosmosgewalten im Gewitter. Sein Kommen verbreitet zwar auch Schrecken, aber man erwartet doch von ihm Kraft, Segen und Heil (11). Wenn im Psalm also auch eine Theophanie ganz anderer Art als die des Geschichtsgottes am Tag des Zorns geschildert wird, so ist doch die Berührung in gewissen Details eklatant: Man vergleiche 5: „Die Stimme Jahwes zerbricht Zedern, Jahwe zerschmettert die Zedern des Libanon" mit Jes 2 13aα, oder 9a: „Die Stimme des Herrn macht Eichen wirbeln" mit Jes 2 13b. Auch nach dem Psalm fährt der Gewittersturm von Norden nach Süden, bis in die Wüste von Kades (8). Einzelne Motive des Psalms klingen auch sonst bei Jesaja an, vgl. 9b: „In seinem Palast ruft alles: Herrlichkeit!" mit Jes 6 3. Ps 29 lehnt sich an ein kanaanäisches Vorbild, vermutlich einen Baalhymnus, an, worauf zuerst HLGinsberg, A Phoenician Hymn in the Psalter: Atti del XIX Congr. Int. d. Oriental. (1935) 472–476 aufmerksam gemacht hat. Schon eine Parallele aus Ugarit (II AB VII 27a–41) weiß davon, wie die Zedern vor der Rechten Baals ohnmächtig dahinsinken (*tġd . 'arz . bymnh*, Zeile 41), vgl. ThHGaster, Psalm 29: JQR 37 (1946/47) 55–65, FMCross, Notes on a Canaanite Psalm in the Old Testament: BASOR 117 (1950) 19–21. Jesaja hat also Elemente der jerusalemischen Kultpoesie, die bis in die vorisraelitische Geschichte der Stadt zurückgeht, mit der Überlieferung vom Jahwetag verbunden. Die Transformation ist allerdings tiefgreifend: Die alten Motive der Theophanie des Fruchtbarkeit heraufführenden Gewittergottes sind der Verkündigung vom Geschichtswalten des Heiligen Israels dienstbar gemacht. Da der Vorstellungskreis vom Tag Jahwes aus dem des heiligen Krieges herausgewachsen ist, überrascht es nicht, daß auch hier wie sonst, wo vom Tag Jahwes gesprochen wird (13 4. 13 Jer 46 10), dem Gottesnamen das Epitheton Zebaoth beigefügt wird, s. dazu oben S. 27ff.

2 12aβb In 12aβb stehen in Parallele die Adjektive גאה, רם, נשׂא und גבה (s. Textanm. 12[a–a]), die in 13ff. etwas variiert wieder aufgenommen werden. Gemeint ist durchgehend, wie nachher mit den Bildern von den Libanonzedern, Basanseichen, den hohen Bergen und den ragenden Hügeln, den Türmen und Mauern, Tharsisfahrern und Luxusschiffen, die Hybris des Menschen, der sich des Vertrauens auf Gott entschlägt, ja sich selbst an Gottes Stelle setzt. Das *eritis sicut deus* von Gn 3 5 ist präsent, ohne daß ein traditionsgeschichtlicher Zusammenhang mit der Sündenfallerzählung greifbar wäre. Die entsprechenden Substantive גָּאוֹן (Ex 15 7 Jes 2 10. 19. 21 24 14 Mi 5 3 Hi 40 10, vgl. Jes 14 11), גֵּאוּת (Jes 26 10 Ps 93 1), שְׂאֵת (Hi 31 23), גֹּבַהּ (Hi 40 10) u.ä. beschreiben göttliche Eigenschaften, die der Mensch nur in frevelhaftem Übermut für sich beanspruchen kann. Jahwe selbst sitzt auf einem hohen und erhabenen Thron (Jes 6 2). Aus dem Wettersturm gibt er Hiob zu bedenken: „Hast du einen Arm gleich dem eines Gottes, oder kannst du donnern mit einer Stimme wie er, so schmücke dich mit גאון und גבה, kleide dich mit Herrlichkeit und Pracht! Laß sich ergießen die Fluten deines Zorns und erniedrige jeden Stolzen mit deinem Blick!" (Hi 40 9–11). „Hiob wird demnach aufgefordert: Lege Gottes Königsornat an!" (GFohrer, Das Buch Hiob: KAT XVI, 1963, z.St.). Es liegt der Weisheit daran, dem Menschen seine Schranken bewußt zu machen, ihn zum Maßhalten, zur Selbstbescheidung aufzufordern. Das μηδὲν ἄγαν gehört zu den ständigen Admonitiven auch der israelitischen Weisheit (vgl. OPlöger, Wahre die richtige Mitte; solch Maß ist in allem das Beste!: Festschr. HWHertzberg, 1965, 159–173). Darum kündet sie: „Jahwe reißt weg das Haus der Stolzen" (גֵּאִים, Prv 15 25) und „Hochmut (גאון) kommt vor dem Verderben und hoffärtiger Sinn (גֹּבַהּ רוּחַ) vor dem Fall. Besser demütig sein (שְׁפַל־רוּחַ) mit Gebeugten als Beute teilen mit Stolzen" (גאים, Prv 16 18f.). עֵינַיִם רָמוֹת gehören zu den sechs Dingen, die Jahwe haßt (Prv 6 17, vgl. ferner 21 4 30 13). „Jeder Hochmütige ist Jahwe ein Greuel" (16 5, s. ferner Qoh 5 7 7 8). Im Regentenspiegel Ps 101 sagt der König, den גְּבַהּ־עֵינַיִם und den רְחַב לֵבָב könne er nicht ausstehen (5), vgl. auch Ps 18 28 131 1 u.ö. Jesaja knüpft also auch hier an ein zentrales Ideal der Weisheit an, das aber doch zugleich völlig verändert wird durch seine Transplantation in den Vorstellungsbereich des Jahwetages. Jesaja redet nicht wie die Weisheit von dem, was gut oder besser ist, sondern von dem, wogegen Jahwe Zebaoth sich mit Leidenschaft wendet in seinem Anspruch, allein „hoch", allein Herr und König zu sein.

Die Zedern des Libanon sind in der Kultlyrik des Alten Testaments 13
zunächst Bild für vitale Kraft (Ps 29 5 92 13, vgl. auch 104 16 148 9 Ez 17 23 31 3 u.ö.). Sie werden daher in Ps 80 11 geradezu als ארזי־אל, „Gotteszedern" = gewaltige Zedern bezeichnet (zu diesem „Superlativ" vgl. DWThomas, A Consideration of Some Unusual Ways of Expressing the Superlative in Hebrew: VT 3, 1953, 209–224). Ob mit ארז wirklich die bekannte Libanonzeder (Cedrus Libani Barell) gemeint ist, wird mit gewichtigen Gründen bezweifelt (s. LKöhler, ZAW 55, 1937, 163–165 und WHelck, Die Beziehungen Ägyptens zu Vorderasien im 3. und 2. Jahrtausend v.Chr.: ÄgAbh 5, 1962, 29f.). Da aber ארז kaum botanisch genau zu bestimmen sein dürfte, sondern wohl allgemein mächtige Bäume, wie sie im Libanon wachsen, meint, bleiben wir bei der üblichen Übersetzung, s. dazu MNoth, Könige: BK IX, 90f. In Ps 37 35 sind die Libanonzedern Sinnbild menschlichen Hochmutes: „Ich sah einen Gottlosen trotzig hoch sich reckend wie die Zeder des Libanon" (emend. nach 𝔊, s. BHK[3]). Da Ps 37 relativ jung ist (vgl. HJKraus, Psalmen: BK XV/1), wird man schließen dürfen, daß Jesaja selbst das alte Bild der stolzen Kraft im Sinn des Hochmuts neu gedeutet hat. Der Libanon als Lieferant des begehrten Zedernholzes wird schon in den Texten von Ras Schamra im Zusammenhang mit dem Palastbau für Baal erwähnt (II AB VI 18–21). Da man auch in Jerusalem Zedernholz verwendete (1 Kö 5 20ff.), besaß dort jedermann eine eigene Anschauung von der Pracht dieser Bäume. Zum Libanon s. BHHW II, 1080f. mit der dort angegebenen Lit. Basan, „der ebene Boden", heißt in der Regel „die fruchtbare, 500–600 m hoch gelegene, Ebene beiderseits des mittleren und oberen Jarmuk" (BHHW I, 203, s. dort auch Lit.). In Jes 2 13 liegt aber offensichtlich eine umfassendere Verwendung des Namens vor, indem hier wie in Ps 68 16 (Gebirge Basan), Ez 27 6 (ebenfalls Eichen Basans) u.ö. das sich westlich an die Hochebene anschließende Wald- und Weidegebiet gemeint sein muß, das heute *dschōlān* genannt wird. Neben den Libanonzedern sind die Basaneichen auch Sach 11 2 genannt, erfreuten sich also ähnlich sprichwörtlicher Berühmtheit (s. Am 2 9 und vgl. Ps 29 9 und „Kühe Basans" Am 4 1). Zu den Eichenarten im heutigen Palästina s.o.S. 72 und Noth, WAT[4] 31, BHHW I, 374.

In 14f. erscheinen weitere Bilder, die geeignet sind, das Einherfahren 14–16
Jahwes über den Stolz der Menschen zu versinnbildlichen: Zunächst die Berge und Hügel. In Dt 12 2 u.ö. sind sie als Stätten baalischen Kultes genannt, doch wird Jesaja kaum unter diesem Aspekt von ihnen sprechen. Eher mag man daran denken, daß palästinensische Städte sich auf Hügeln, event. auf Bergen erheben und eine Reihe von Örtlichkeiten גבעה o.ä. heißen (vgl. „Stadt auf dem Berge" Mt 5 14). – In 15 wird denn auch von hohen Türmen und steilen Mauern gesprochen. Ein מגדל kann ein Wachtturm auf freiem Feld sein (Jes 5 2), aber in der Regel

ist er ein Befestigungsturm, sei es als Einzelturm in der Landschaft (z.B. 2 Ch 26 10) oder als Bestandteil des Mauerringes einer Stadt (z.B. 2 Ch 26 15), zumal zur Sicherung der Tore und Mauerabbiegungen (2 Ch 26 9). Ein מגדל kann aber auch als Burg mitten in der Stadt stehen (Ri 9 46ff., s. EFCampbell/JFRoss, BiblArch 26, 1963, 16, ferner GEWright, Shechem, 1964, 94f. 124f.). In Ri 9 ist damit ein Festungstempel gemeint, wie es einen solchen auch in Thebez gab (51). – Das Part. pass. בָּצוּר heißt „fest" im Sinn von „unzugänglich", es wird darum zur Kennzeichnung stark befestigter Städte verwendet, z.B. עיר בצורה (27 10) oder קריה בצורה (25 2, vgl. 36 1 37 26, aber auch ערים בצרות חומה גבהה Dt 3 5), ja, die Städte können „himmelhoch befestigt" sein (Dt 9 1 u.ö.). Solche Städte oder Türme werden als Werke menschlicher Hybris empfunden (Gn 11 1ff.). – Das gilt aber auch von den stolzen Schiffen, die das Meer befahren. Israel war kein Seefahrervolk, und wenn es sich in günstigen Stunden seiner Geschichte dem Seehandel zuwandte, war es auf phönizische Hilfe angewiesen. Der fremdländische Name שׂכיות (s.o. Textanm. 16[b]) erklärt sich darum leicht. Die Vokalisation des Wortes läßt aber vermuten, daß der Hebräer die früher vertretene Bedeutung „Schaustück" herausgehört hat. Was für eine Art von Schiffen gemeint ist, ist des Näheren noch nicht zu bestimmen. Sie werden durch ihren Prunk aufgefallen sein, die Tharsisfahrer aber durch ihre Größe, denn sie sollen das weite Meer bis nach Tharsis durchqueren können. אניות תרשׁישׁ ist ein fester Begriff, wie seine Verwendung in Texten verschiedener Art zeigt (1 Kö 22 49 Jes 23 1. 14 60 9 Ez 27 25 Ps 48 8). Tharsis war eine Handelsstadt (Ez 38 13 Jer 10 9), die mit Phönizien in enger Beziehung stand, d.h. gewiß eine phönizische Gründung gewesen ist (23 1. 6. 10 Ez 27 12). In Gn 10 4 wird die Stadt neben Elisa (= Zypern) und Jawan genannt. In Ez 27 12 gibt es 𝔊 mit Καρχηδόνιοι, 𝔙 mit Carthaginenses wieder. Das Alte Testament verbindet mit dieser Stadt die Vorstellung denkbar großer Entfernung (66 19 Jon 1 3 Ps 72 10). Gegenüber neueren Versuchen der Lokalisierung in Tunesien (so AHerrmann, Die Tartessosfrage und Weißafrika: Petermanns Geogr. Mitt. 88, 1942, 353–366) oder auf Sardinien (WFAlbright, BASOR 83, 1941, 21f.) liegt es doch, vor allem vom sprachlichen Gesichtspunkt aus, am nächsten, sie mit Tartessos an der Mündung des Baetis, heute Guadalquivir, in Südwestspanien zu identifizieren (jetzt Mesa de Asta, nördl. von Jérez de la Frontera und Cadiz, s. WAuer, Das biblische Tharschisch: BiKi 14, 1959, 112–114; vgl. WZimmerli, Ezechiel: BK XIII, 652). Unter dem Namen Ταρτησσός ist die Stadt den Griechen seit dem 7. Jh. bekannt. Sie wird auch in einer Inschrift Asarhaddons erwähnt: „Alle Könige, die mitten im Meere wohnen, von Kypros und Jawan bis nach Tarsis (*Tar-si-si*), unterwarfen sich meinen Füßen" (s. RBorger, Die Inschriften Asarhaddons: AfOBeih 9, 1956, 86). Da תרשׁישׁ „Metallgießerei (refinery)" zu bedeuten scheint (nach Albright a.a.O., der das Wort als akkad. Lehngut, abgeleitet von *rašāšu* „schmelzen“, auffaßt), ist es aber nicht ausgeschlossen, daß es verschiedene Häfen dieses Namens gegeben hat. Wie unser „Indienfahrer“ ist „Tharsisschiff“ zur Bezeichnung für ein den Stürmen des Meeres trotzendes Handelsschiff geworden. In ähnlicher Weise hießen die ägyptischen, nach Kreta fahrenden Fahrzeuge „Keftischiffe“ (HThBossert, Altkreta, ^{3}1937, 55 Anm. 2). Diese Auffassung verdient der von Albright vertretenen gegenüber den Vorzug, der אני תרשיש auf Grund seiner Deutung von תרשיש als „refinery fleet“ verstehen möchte: Gemeint sei eine Flotte, welche das geschmolzene Metall aus den Kolonien heimbrachte. Josaphat hat solche Schiffe im Hafen von Elath bauen lassen (1 Kö 22 49). Ussia, von dem berichtet wird, er habe Elath wieder gewonnen und befestigt (2 Kö 14 22 2 Ch 26 2), hat wohl dasselbe getan. Dabei mögen über die Handelsschiffe des seeunerfahrenen Juda mehr als einmal Katastrophen wie die in 1 Kö 22 49 erwähnte gekommen sein. – Nach der Vorstellung des vorliegenden Textes braust der Gottessturm von Norden (Libanon) her über das Land bis in den tiefsten Süden hinunter. Nur dort, am Golf von Akaba, kann Juda solche Schiffe besessen haben. Ob die Richtung des Sturmes damit zusammenhängt, daß der Gottesberg im Norden liegt, wie Fohrer und Kaiser annehmen, ist zweifelhaft. Wenn Jahwe in einer Theophanie einherfährt, geschieht es aber vom Sinai bzw. dem Land Seir her (Dt 32 2 Ri 5 4 Ps 68 9. 18). Jesaja formuliert frei, in eigener Vision des Kommenden: Das Unheil bedroht Juda vom Norden her.

17a greift auf die Aussagen von 12b zurück und bringt die e n t s c h e i- 2 17
d e n d e D r o h u n g. Zur Herkunft des Vokabulars ist das oben S. 103f. zu 9a Ausgeführte zu vergleichen. Der wesentliche Unterschied zu jenem Vers besteht nicht in der Zufügung von גבהות und רום, sondern darin, daß der Satz statt präterital futurisch zu verstehen ist. Völlig neu ist der wirkungsvolle Abschluß: ונשגב יהוה לבדו ביום ההוא. Man pflegt נשגב mit „erhaben“ zu übersetzen. Die Grundbedeutung der Wurzel שׂגב ist aber „stark, unzugänglich sein“ und wird mit Vorliebe von Mauern ausgesagt (z.B. 30 13, aber auch 25 12). Ein משגב ist eine Anhöhe, die Z u f l u c h t bietet. Im Alten Testament wird dieses Wort in der Sprache der Psalmen überwiegend metaphorisch von Gott verwendet: 2 S 22 3 (= Ps 18 3, parallel zu מנוס) Ps 9 10 46 8. 12 48 4 94 22 u.ö. Dieses in der Ziontheologie beheimatete Bild, das von der Vorstellung des Gottesberges her zu verstehen ist, liegt gewiß auch der jesajanischen Formulierung an unserer Stelle zugrunde: Im Sturm des Jahwetages wird bei Gott allein Zuflucht zu finden sein. Derselbe Sinn liegt in der nachjesajanischen Stelle 33 5 vor, vgl. auch 12 4 und Ps 148 13. – Mit der Formel ביום ההוא wird das יום ליהוה von 12 noch einmal aufgenommen. Nach Munch (a.a.O.) ist sie als Zeitadverb zu verstehen, das entweder die Gleichzeitigkeit zweier Ereignisse betonen oder den Tag, an dem die betreffende Begebenheit

geschieht, als wichtig herausheben will. Oft aber ist sie nur noch abgeblaßte Formel, die zwei Abschnitte ganz äußerlich verknüpft. In diesem Sinn wird sie gerade auch im Jesajabuch bei der Anfügung von Zusätzen verwendet, 2 20 3 18 4 2 11 10. 11 12 1. 4 17 7 19 16 23 15 28 5 29 18 31 7 u.ö. Da auch der hier beschriebene יום ליהוה nicht als Tag des Endgerichts über die ganze Welt gedeutet werden darf (s.o.S. 105f.), läßt sich aus dieser abschließenden Formel kein Beweis für den eschatologischen Charakter des vorangehenden Abschnittes ableiten, vgl. zum Problem Munch und Lefèvre a.a.O., ferner HWildberger, VTSuppl 9 (1963) 113.

12–17 Ziel Der letztlich der Weisheit entstammende Gedanke, daß aller menschliche Stolz erniedrigt werden wird, ist auch hier von Jesaja in einen neuen Horizont gestellt, indem er die weisheitlichen Aussagen in die Beschreibung der Theophanie am Jahwetag hineingenommen hat. Erinnerungen an den über das Land dahinbrausenden Gewittergott haben dem Gemälde vermehrtes Relief gegeben, und die Aufnahme des Motives der Zuflucht bei Jahwe auf dem Gottesberg rundet das Drohwort ab. Überlieferungsgeschichtlich ist der Abschnitt also ein sehr komplexes Gebilde, ein Beispiel für den Reichtum und die Mannigfaltigkeit der in Jerusalem gepflegten Traditionen, aber auch ein Beleg für die souveräne Freiheit, in der Jesaja aus gegebenem Stoff eine geschlossene Komposition neuer Art geschaffen hat. Das Gedicht ist gleich groß als Kunstwerk wie als prophetische Botschaft. Schonungslos geht der Prophet mit allem Hochmut ins Gericht. Letztlich aber stellt er den Menschen vor die Größe Jahwes, der eine feste Burg ist in Zeiten, da sonst alle Mauern brechen und Türme fallen. Das „Glaubt ihr nicht, so bleibt ihr nicht“ ist auch hier präsent. Zu 18 s.o.S. 104.

19 Form und Ort Der fragmentarische Vers 19 (vgl. die Varianten in 10 und 21b) ist auch bei der vorgeschlagenen Änderung von וּבָאוּ in den Imperativ dem Sinn nach ein Drohwort. Nach Ausweis des Vokabulars dürfte es jesajanisch sein. Es schließt nicht unpassend an 12–17 an, weil auch es von einer Theophanie Jahwes spricht.

Wort 2 19 Jahwe erscheint in königlicher Majestät im הדר גאונו. Ähnlich wie כבוד dient הדר zur Beschreibung der Herrlichkeit des irdischen oder himmlischen Königs, vgl. u.a. Ps 21 6 29 2. 4 45 4 104 1 145 5. 12 Hi 40 10 (s. dazu HWildberger, ThZ 21, 1965, 482, zu גאון als Attribut des Königs s.o.S. 108 zu 12). Wenn aber Jahwe in seiner Herrlichkeit erscheint, ergreift Schrecken die Bewohner der Erde, ihre Grundfesten erbeben, ja sie zerbirst (Jes 24 14. 17–20). Im Hintergrund steht die Ideologie des heiligen Krieges, zu der es gehört, daß Jahwe Schrecken und Furcht auf die Völker legt (Dt 2 25 11 25 u.ö., vgl. dazu GvRad, Der Heilige Krieg im alten Israel, [4]1965, 10f.). – Man bittet: „Stehe auf (קומה), Jahwe, daß deine Feinde zerstieben“ (Nu 10 35, vgl. Ps 132 8) oder:

„Stehe auf, o Gott, führe deinen Streit" (Ps 74 22) oder gar: „Stehe auf, o Gott, richte die Erde" (82 8). Die Bitte an Jahwe, sich zu erheben, ist auch in das Klagelied des Einzelnen gedrungen (Ps 3 8 7 7 9 20 u.ö.). Aber immer ist die Bitte von der Erwartung begleitet, daß Jahwe, wenn er sich erhebt, als Richter das Recht herstellt. Die Erde hat also Grund zu erschrecken, wenn Jahwe aufsteht, und die Menschen haben allen Anlaß, sich in Höhlen zu verkriechen, vgl. Apk 6 15. Wer angeredet wird, wissen wir leider nicht.

Die Verse 20f. bieten eine Nachinterpretation, die an 8 anknüpft. 2 20.21
Nach 18, wo bereits festgestellt wurde, daß die Götter dahinschwinden, hat sie im jetzigen Zusammenhang eigentlich keinen Platz mehr, sie ist also ein Beweis für die Uneinheitlichkeit des ganzen Komplexes. Zur Einleitung ביום ההוא s.o.S. 111f. zu 17. Der Glossator redet von אלילי כספו und אלילי זהבו. Er verwendet also für „Götzen" den jesajanischen Ausdruck. Von Silber und Gold spricht er, weil Jesaja in 7, wenn auch in einem andern Zusammenhang, Silber und Gold erwähnt hatte. Natürlich kann er es sich nicht entgehen lassen, zu wiederholen, daß das Götzen sind, die der Mensch sich selbst gemacht hat (s. 8b). – In 21 schließlich wandelt er auf seine Weise 19 ab. – Weil Jesaja vom אדם gesprochen hatte, ist es nun auch bei ihm der אדם schlechthin, der die Götzen wegwirft. Die Vorstellung scheint die zu sein, daß man unter dem Schrecken der Jahweerscheinung flieht und dabei die geliebten Götzen zunächst mitschleppt, sie dann aber wegwirft, um fortan nicht mehr von ihnen belastet zu sein, aber auch in der Enttäuschung darüber, daß sie keinen Schutz zu bieten vermögen. Das ist nicht verwunderlich, meint der Glossator spottend, hat man sie doch selbst fabriziert. Voll Hohn fügt er hinzu: „für die Spitzmäuse und Fledermäuse". חפרפרה ist nach IAharoni (Osiris 5, 1938, 463f.) *crocidura religiosa*, ein Insektenfresser, der in Ägypten als heilig gilt und oft mumifiziert wird. עטלף wird gewöhnlich mit „Fledermaus" übersetzt. Nach NHTur-Sinai ist es *roussettus aegyptiacus*, eine Flughundart (Leshonenu 26, 1961/62, 77–92, zitiert nach IZBG 10, 1963/64, Nr. 363). „Der Bankerott des Götzendienstes zeigt sich in der grenzenlosen Verachtung, mit der der betrogene Mensch die ihm bisher so kostbaren Heiligtümer von sich schleudert, wenn er dem Gericht des wahren Weltherrn entfliehen will" (Eichrodt z.St.).

Der ganze Abschnitt 6–21 ist jetzt durch den rätselhaften, kaum sicher 22
deutbaren V. 22 abgeschlossen. Dillmann und neustens wieder ABruno, Jesaja (1953) 60.247 ziehen den Vers zu 3 1ff., was nicht unmöglich ist, da 22 an das Wort von der Beseitigung der Götzen schlecht anschließt; er dürfte aber doch als Glosse zu 6–21 gedacht sein. Marti meint, der Satz wolle die Schlußfolgerung aus der vorangegangenen Schilderung des Gerichtes ziehen und sagen: „Höret doch auf, auf Menschen zu vertrauen, die so vergänglich sind!" (ähnlich wieder Kaiser und Eichrodt).

Nach JFichtner (ThLZ 74, 1949, 78) gehört der Vers zu den von Jesaja geprägten „Sprüchen“, die den chokmatischen Proverbien nahestehen, während Steinmann 369 den Vers einem Glossator aus dem Kreis der Weisen zuschreibt. Für den Zusammenhang mit der Weisheit scheint Hi 7 16b. 17 zu sprechen. Dort fordert Hiob Gott auf: חֲדַל מִמֶּנִּי כִּי־הֶבֶל יָמָי מָה־אֱנוֹשׁ כִּי תְגַדְּלֶנּוּ וְכִי־תָשִׁית אֵלָיו לִבֶּךָ (ähnlich 10 20 14 6). Daß der Mensch für nichts zu achten sei, hat an dieser Stelle zwar keine wörtliche, aber doch eine inhaltliche Entsprechung. Die in 22 vorliegende Verwendung von חדל, „in Ruhe lassen, sich nicht kümmern um“ mit der Tendenz zur Bedeutung „vergessen“ (vgl. Ex 14 12) dürfte letzlich aus der Gebetssprache, des Genaueren aus dem Klagelied stammen, in dem man die Bitte um Schonung mit der Bedeutungslosigkeit dessen, für den man bittet, begründen kann. So sagt Amos „חדל־נא, wie kann Jakob bestehen, er ist ja nur klein!“ (7 5), s. ferner Ps 79 8 89 48f. Gebet Asarja 14 (Dan 3 37 𝔊). Zu den „Beweggründen des göttlichen Einschreitens“ im Klagelied des Einzelnen gehört neben der Kürze des menschlichen Lebens (Ps 39 5–7 89 48 102 12 109 23 144 3f., vgl. Sir 18 8ff.) eben diese Hinfälligkeit des Menschen (Ps 103 14–16, vgl. HGunkel/JBegrich, Einleitung in die Psalmen, 1933, 130.231f.). Entgegen der oben erwähnten Deutung ist der Vers also, wie Duhm es formuliert hat, „ein Stoßseufzer, den ein Leser an den Rand schrieb“: Laßt doch diesen hinfälligen Menschen, der so viel Schweres über sich ergehen lassen muß, endlich in Ruhe! Aus dieser Auffassung ergibt sich allerdings eine Schwierigkeit: Die Deutung des Plurals von חדלו; nach den genannten Parallelen müßte man erwarten, daß Jahwe angesprochen werde. Mit Recht bemerkt Procksch: „Man weiß nicht, welche Mächte mit חדלו לכם angeredet sind“. Es ist möglich, daß der Singular gelesen werden muß. Da der Satz in 𝔊 fehlt, also spät sein wird, kann aber auch an dämonische Mächte gedacht sein. – Auffallend ist die Verwendung von נשמה in diesem Zusammenhang. Nach Gn 2 7 hat Jahwe dem Menschen נשמת חיים in die Nase gehaucht, was dort als Begabung mit göttlichem Lebenshauch gedacht ist, vgl. Hi 32 8 33 4 Jes 42 5 u.ö. TCMitchell, The Old Testament Usage of *n^e šāmâ*: VT 11 (1961) 177–187, kommt zum Ergebnis, daß נשמה faktisch wohl immer gebraucht werde, um den Odem Gottes zu beschreiben, welcher, insofern dem Menschen an ihm Anteil gegeben ist, diesen vom Tier unterscheidet (186). An der vorliegenden Stelle aber ist נשמה im Sinne von הבל an der oben zitierten Hiobstelle (7 16b) oder von עפר in Ps 103 14 u.ö. verwendet. – Zu 22b vgl. Hi 18 3, aber auch Sir 18 8.

6–22 Ziel Duhm hat über 2 6–22 das Urteil gefällt: „Dies Stück ist das schlechtest erhaltene des ganzen Buches. Der Anfang fehlt, gegen Ende haben wir nur dürftige Reste des ursprünglichen Wortlauts, daneben prosaischen Ersatz dafür, Lücken und Zusätze sind häufig.“ Diese Beurteilung hat sich gegenüber neueren Versuchen, den Abschnitt doch als integre Einheit zu verstehen (z.B. Junker und Davidson a.a.O.), durch unsere Analyse bestätigt. Die Verteidiger dieser Auffassung des Abschnittes haben aber darin recht, daß er jetzt tatsächlich von 6–21 (22 ist eine Glosse eigener Art) als Einheit aufgefaßt sein möchte. Sein zentrales Thema ist der Jahwetag, und dieser wird vom Kompilator zweifellos als Tag des eschatologischen Gerichts aufgefaßt. In diesem Sinn ist in Apk 6 15 9 20 und in 2 Th 1 9f. auf einzelne Vorstellungen des Komplexes Bezug genommen. Wie יום ליהוה ist vom Bearbeiter auch sein Lieblingsausdruck ביום ההוא als eschatologischer Terminus verstanden worden. Da Jesaja selbst vom Gericht über den Menschen redet, lag die Ausdeutung auf das eschatologische Weltgericht nahe. Vom Bearbeiter aus gesehen, hat Fohrer recht, wenn er sagt: „Deutlich ist ferner, daß das harte Nein zu Israels Erwählungsanspruch und Größe nicht einem isoliert lebenden 'Gottesvolk', sondern den 'Menschen' überhaupt gilt. Israel ist lediglich das konkrete Beispiel dessen, was grundsätzlich für alle Welt zutrifft."

Das eigentliche Anliegen des Redaktors ist die Entlarvung und der endgültige Sturz der Götter, beides faktisch identisch mit der Beseitigung der Götterbilder. „Mit der letzten Theophanie Jahwes wird das Ende der Götter besiegelt sein" (vRad, TheolAT I[4], 226). Der Hochmut des Menschen, dessen Zerbrechen Jesaja so machtvoll ankündigt, konzentriert sich dem Kompilator darin, daß der Mensch die Götter, die nichts denn sein eigenes Machwerk sind, anbetet. Als positives Gegenstück zur Abolition der Götter steht aber dank der Aufnahme der jesajanischen Stücke daneben die Anerkennung der alleinigen Erhabenheit Jahwes. Bei ihm ist für den Menschen in allen Stürmen und Beben der Zeit – im Sinn des Bearbeiters ist es die Endzeit – die einzig bergende Zuflucht zu finden.

ANDROHUNG DER ANARCHIE

(3 1–11)

Literatur HMWeil, Exégèse d'Isaïe III, 1–15: RB 49 (1940) 76–85. – RdeVaux, Les institutions de l'Ancien Testament, I (1958), II (1960). – JLMcKenzie, The Elders in the Old Testament: Bibl 40 (1959) 522–540. – JvanderPloeg, Les anciens dans l'Ancien Testament: Festschr. HJunker (1961) 175–191. – SBahbout, Sull' interpretazione dei vv. 10–11 del cap. III di Isaia: AnnStEbr 1 (1963/64) 23–26.

Text 1 [Denn] siehe, der Herr, Jahwe der Heere,
entfernt aus Jerusalem und Juda
Stütze und Stab: [a][jede Stütze an Brot und jeden Stab an Wasser][a],
2 den Helden und Kriegsmann,
Richter und Propheten,
Wahrsager und Ältesten,
3 Hauptmann[a]
und Würdenträger,
Ratgeber, Zauberkünstler[b]
und den der Beschwörung Kundigen.
4 Dann mache ich Knaben zu ihren Fürsten[a],
und Mutwille soll über sie herrschen.
5 Und das Volk wird sein eigener Zwingherr sein, Mann gegen Mann
und ein jeder gegen den andern.
[a]Losfahren wird der Junge gegen den Alten
und der Lump gegen den Ehrenmann.[a]
6 Da wird einer seinen Bruder packen
in seines Vaters Haus[a]:
„Du hast einen Mantel,
werde du unser Führer,
und dieser Trümmerhaufe[b] da
sei unter deiner Hand[c]."
7 Doch der wird an jenem Tage schreien:
„Ich will nicht Wundarzt sein,
und in meinem Haus gibt's kein Brot [a][und keinen Mantel][a].
Macht mich nicht
zum Führer des Volks."

* * * *

8 Ja, Jerusalem ist ein Trümmerhaufe,
und Juda ist gefallen[a],
denn ihre Zunge und ihre Taten sind 'gegen'[b] Jahwe,
zu trotzen[c] [den Augen][d] seiner Herrlichkeit.
9 [a]Ihr Ansehen der Person[a] zeugt wider sie,
ihre eigene Sünde[b] tun sie [wie Sodom][c] offen kund,
sie verhehlen sie nicht.

* * * *

[Weh ihnen[d], sie bereiten sich das Verderben selbst[e].]

* * * *

[[10]'Heil'[a] dem Gerechten, denn es geht ihm gut[b],
fürwahr, die Frucht[c] seiner Taten wird er genießen.
[11]Weh dem Frevler, 'denn'[a] es geht ihm schlecht,
[b]fürwahr, das Werk seiner Hände wird ihm 'vergolten'[b].]

1a–a כל משען־לחם וכל משען־מים ist Zusatz, wie allgemein zugestanden ist 31
(s. BStade, ZAW 26, 1906, 129f.). – **3a** Es ist vorgeschlagen worden (s. ThLZ 3
19, 1894, 68), statt חֲמִשִּׁים „fünfzig" חֲמֻשִׁים „Gewappnete" zu lesen (s. Ex
13 18 Jos 1 14 4 12 Ri 7 11). Aber in Wirklichkeit heißt חֲמֻשִׁים „in Kampf-
gruppen geordnet" (eigentlich: „in fünf Heeresgruppen aufgeteilt"); von
einem שַׂר־חֲמֻשִׁים ist nie die Rede, wohl aber von einem שַׂר־חֲמִשִּׁים (2 Kö 1 9,
vgl. den neuassyrischen Offizierstitel *rab-ḫanšā*), so daß die masoretische Punktation zu halten ist. – b חֲכַם חֲרָשִׁים wird als „kunstgeübt, klug im Handwerk"
o.ä. verstanden, so schon von 𝔊: σοφὸν ἀρχιτέκτονα und 𝔙: sapientem de
architectis (dabei wird חרשים von חרש I „eingraben, verarbeiten" abgeleitet,
davon auch חָרָשׁ „Handwerker"). Das paßt schlecht in den Zusammenhang,
in welchem vom Verfall der Autorität gesprochen wird. חרשים ist vielmehr mit
aram. חֲרָשָׁא (syr. *ḥeršê*) „Zauberkunst", vgl. auch äth. *ḥaras* „Magie", zusammenzustellen. Es ist allerdings nicht ausgeschlossen, daß Jesaja neben dem
יועץ einfach den חכם genannt hat (vgl. das Metrum), d.h., daß חרשים gestrichen werden muß. – **4a** Zum doppelten Akk. bei נתן vgl Joüon, Gr 4
§ 125w. – **5a–a** Übersetzung mit Fohrer. – **6a** Zum lokalen Akk., häufig bei 5.6
בית, wenn es von einem Gen. gefolgt ist, vgl. Joüon, Gr § 126h. – b Für
והמכשלה הזאת liest 𝔊 καὶ τὸ βρῶμα τὸ ἐμόν (= ומאכלתי), was aber nur Ver-
lesung sein kann, vielleicht unter dem Einfluß von 3 7 und 4 1 (JZiegler, Untersuchungen zur Septuaginta des Buches Isaias: AA XII/3, 1934, 136). –
c Manche MSS und VQa lesen ידיך, kaum mit Recht. – **7a–a** Daß der Mann 7
einen Mantel besitzt, ist nach 6 bekannt, aber er redet sich damit heraus, daß
in seinem Haus kein Brot mehr da sei. ואין שמלה ist also ein törichter Zusatz,
der schon durch das Versmaß als solcher kenntlich ist. – **8a** Statt נפל bietet 8
VQa das fem. נפלה. Indessen ist יהודה als Volk mask. (s. z.B. Hos 5 13 8 14),
während es als Land fem. ist (Jer 13 19 14 2 Thr 1 3). – b VQa liest על statt אל,
was ursprünglich sein wird. – c לַמְרוֹת ist inf. hi. mit לְ für להמרות, vgl. Ps
78 17 und בְּהַמְרוֹתָם Hi 17 2. – d Für die auffallende Defektivschreibung עֲנֵי
bieten viele MSS und VQa das zu erwartende עיני. Aber die Schreibweise
עני, die gewiß ursprünglicher als עיני ist, läßt auf einen Textfehler schließen.
Das Wort zu streichen, wie gelegentlich vorgeschlagen wird, ist eine zu einfache Lösung. Zu erwägen ist eine Änderung in פְּנֵי, wobei die Formel
הַמְרָה אֶת־פִּי „sich gegen den Befehl widerspenstig zeigen" (z.B. Dt 1 26.43)
zu vergleichen ist. 𝔊 (διότι νῦν ἐταπεινώθη ἡ δόξα αὐτῶν) hat wohl an das Verbum ענה gedacht (Dillmann, Ziegler a.a.O. 137). Möglicherweise ist aber עני
aus עם verderbt und המרה עם gleich wie המרה ב zu verstehen. – **9a–a** Zu 9
הכרה: ה als Präformativ ist selten, aber nicht unmöglich, s. Joüon, Gr § 88Lb.
Die Form ist vom hi. abgeleitet. Etymologie und Bedeutung des Wortes sind umstritten: 𝔊 umschreibt es mit καὶ ἡ αἰσχύνη τοῦ προσώπου αὐτῶν. 𝔖𝔙(agnitio)
scheinen das Wort von הכיר „untersuchen, anerkennen, kennen" abzuleiten.
FZimmermann (JBL 55, 1936, 307f.) postuliert auf Grund des Arabischen die
Bedeutung „List, Tücke" (deceit). Das ist wie bei so vielen anderen Deutun-

gen alttestamentlicher Vokabeln nach dem Arabischen zu unsicher. הכיר פנים heißt „die Person ansehen = parteiisch sein“, Dt 1 17 16 19 Prv 24 23 28 21, so daß הכרת פנים als „Parteilichkeit“ und nicht, wie gewöhnlich übersetzt wird, „Aussehen des Gesichtes“ o.ä. zu verstehen ist. So hat schon 𝔗 den Text verstanden: אשתמודעות אפיהון „their respecting of persons“ (Stenning). Das Suffix am Gen. gehört logisch nicht zu diesem, sondern zur ganzen st.cstr.-Verbindung, vgl. Joüon, Gr § 140b, ferner JWeingreen, The Construct-Genetive Relation in Hebrew Syntax: VT 4 (1954) 50–59. – b 𝔖𝔗 lesen für חַטָּאתָם den Plural. Doch verwendet Jesaja immer den Singular (6 7 27 9 30 1 [bis]). Der Plural wäre allerdings nötig, wollte man mit HLGinsberg (JBL 69, 1950, 52) in חטאותם das Subjekt des Satzes sehen: „And their sins have told everything“. – c V[Qa]: כסודם, vgl. o.S. 19f. zu 1 9. 10. Das Wort wird eine Glosse sein (vgl. 1 7). – d Zu לנפשם vgl. BrSynt § 11c. – e להם ist reflexiv, vgl. Joüon, Gr § 146k. GRDriver (Textus 1, 1960, 120) will allerdings für להם wie in 1 S 3 13 (𝔊) לאלהים lesen (Tiq. soph.), was nicht gerade wahrscheinlich ist. –
3 10 **10**a אמרו ist unmöglich und stellt kein Pendant von אוי zu Beginn des mit 10
zusammengehörigen V. 11 dar. Schon Roorda (s. Dillmann z.St) hat darum die
allgemein akzeptierte Lesung אַשְׁרֵי postuliert. Diese Emendation wird gestützt
durch die Lesart von 𝔊 δήσωμεν (τὸν δίκαιον), die das Verb אסר = אשׁר voraussetzt, das seinerseits Mißverständnis von אַשְׁרֵי ist (εἰπόντες, das δήσωμεν in 𝔊
vorangeht, dürfte Wahllesart sein, vgl. Ziegler a.a.O. 61). – b Nach טוב will man
לוֹ einschieben, um dann zu übersetzen: „denn es geht ihm gut“, aber טוב לו
heißt nicht: „es geht ihm gut“, sondern: „es ist gut für ihn, es ist für ihn ein
Gewinn“ (Ex 14 12 Nu 14 3 Ps 119 71). Hingegen kann טוב allein „glücklich“
bedeuten (Jer 44 17 Thr 3 26 Ps 112 5), so daß der Text nicht zu ändern ist,
aber trotzdem übersetzt werden kann: „denn es geht ihm gut“. – c Es wird
vorgeschlagen, z.B. von Procksch, statt כי־פרי in einem Wort כִּפְרִי zu lesen und
dann 10 zu übersetzen: „Heil dem Gerechten! Denn Gutes nach der Frucht
seiner Werke wird er genießen“ (so wieder Eichrodt). Das ist ausgeschlossen:
Man kann Gutes gemäß seinen Werken oder auch die Frucht seiner Werke
genießen, aber nicht Gutes gemäß der Frucht seiner Werke. Der Text ist un-
verändert stehenzulassen, was sich auch vom parallelen V. 11 her empfiehlt.
11 – **11**a Vor רע ist, wie der parallele V. 10 zeigt, כִּי zu ergänzen. – b–b Statt יעשׂה
liest V[Qa] ישוב. Das leuchtet ein, weil עשׂה sonst nirgends die hier notwendige
Bedeutung „etwas vergelten“ hat, vor allem aber, weil im Alten Testament
גמול auffallend häufig mit der Verbalwurzel שׁוב zusammen erscheint (Jl
4 4. 7 Ob 15 Ps 28 4 94 2 Thr 3 64). Sehr nahe steht unserem Vers Prv 12 14b:
וּגְמוּל יְדֵי־אָדָם יָשׁוּב לוֹ (wobei mit dem Ketib יָשׁוּב zu lesen ist; 14a vgl. mit
Jes 3 10b). Damit erweist sich auch die auf Grund von 𝔊 (κατὰ τὰ ἔργα) vorgeschlagene Emendation von כי־גמול zu כגמול (Procksch, Eichrodt), wie auch
die von כי־פרי zu כפרי in 10a (s.o. Textanm. 10c), als falsch.

Form Die Analyse von 3 1–15 läßt sich nicht mit der wünschenswerten Sicherheit durchführen. Daß 1 formal und thematisch neu einsetzt, ist allerdings klar, ebenso, daß mit 16 ein neuer Abschnitt beginnt. Aber es ist unwahrscheinlich, daß 1–15 eine ursprüngliche Einheit darstellt. Kaiser teilt ab: 1–9a (9b–11 Zusatz) und 12–15, ähnlich Fohrer. Eichrodt glaubt in 1–15 drei ursprüngliche Einheiten erkennen zu können: 1–9 (10f. unecht), 12 und 13–15. Duhm hingegen betrachtet 1–12 (wieder unter Ausscheidung von 10f.) als ein Ganzes, während Marti 13–15 dazunimmt, aber auch noch 9b und 15b ausscheidet. Gray teilt ab: 1-12 (2f. unecht) und 13-15; Mauchline nimmt gar vier Abschnitte an: 1-5, 6-8, 9-12 und 13-15, andere noch anders. Der Grund dieser Unsicherheit ist der, daß in Kap. 3 wiederum Abschnitte zusammengestellt sind, die thematisch leidlich zusammengehören und darum nicht leicht zu trennen sind. Ähnlich wie in Kap. 2 ist auch hier mit Kommentierungen zu rechnen, aber auch mit Verlusten am ursprünglichen Bestand. 1-9a scheint ein einheitliches Drohwort zu sein: 1-5 enthalten die allgemeine Drohung, 6-7 eine Einzelszene zur Veranschaulichung der angedrohten Auflösung jeder Autorität. Mit 8 wechselt das Tempus: den futurischen Imperfekta folgen hier Perfekta, die beschreiben, was geschehen ist und immer wieder geschieht bzw. was als Resultat der Handlungen in der Vergangenheit die Gegenwart kennzeichnet. Man kann die Verse als selbständige Schilderung des Verfalls auffassen, wahrscheinlich aber sind sie doch schon von Haus aus als Begründung der vorangehenden Drohungen gemeint. Wir fassen im Folgenden 1-9a als eine Einheit auf. Die Unheilsweissagung ist im Ganzen nicht als Jahwerede stilisiert, der Prophet spricht in eigener Verantwortung, wie wir das auch in Kap. 2 beobachtet haben. Nur gerade in 4 tritt überraschend das göttliche Ich in Sicht, der Prophet weiß sich also auch hier durchaus als Sprecher Jahwes.

9b und 10f. dürften Zusätze sein. Dem Inhalt nach stehen sie Jesaja nicht fern. Da Jesaja besonders häufig die Form der Weherufe verwendet, mag 9b wie 10f. sehr wohl aus dem engeren Schülerkreis Jesajas stammen.

12 könnte über 9b-11 hinweg Fortsetzung von 9a sein, wie Marti u.a. den Vers verstanden haben. Aber das Suffix von עַמִּי spricht dagegen. Es ist nicht ausgeschlossen, daß die beiden Zeilen die Einleitung zur Gerichtsrede von 13-15 darstellen. Doch sind sie wahrscheinlich ein gegenüber dem Kontext selbständiges Fragment aus einem größeren Zusammenhang.

Zum Metrum: Wenn 3 1b (כל משען־לחם וכל משען־מים) ausgeschieden wird (s.o. Textanm. 1[a-a]), ist zunächst im gewichtigen einleitenden Satz 1aα ein Siebener zu lesen, dann folgen in 1aβ und 2a, in 2b, in 3a und in 3b vier Doppelzweier. Die Aufzählung der Würdenträger ist also durch das Versmaß als Einheit für sich gekennzeichnet. In 4, 5a, 5b und 6aα schließen sich Fünfer an, sofern man 6aα nicht einfach als Prosa verstehen will. Die erregte, hastige Rede in 6aβb ist in zwei Vierern gefaßt. Die Antwort nach der einleitenden Formel in 7 wird unter der Annahme, daß ואין שׂמלה auszuscheiden ist, als Fünfer und als Vierer zu lesen sein mit einer Synkope am Schluß, die das Ende des Teilabschnittes markiert. In 8 und 9aα liegen wieder (bei Streichung von כסדם in 9) drei Fünfer vor, worauf das Stück in 9aβ mit einem Zweier zu seinem Ende kommt, wobei allerdings der ursprüngliche Schluß verlorengegangen sein mag. Das Versmaß entspricht wieder sinnvoll der inhaltlichen Gliederung des Abschnittes. – 9b: umgekehrter Fünfer? – 10f. bestehen, wie in Weisheitssprüchen üblich, aus Doppeldreiern.

Ort Die Vermutung Kaisers, daß Jesaja dieses Wort in einer Versammlung der Oberschicht im Königspalast oder bei einer gottesdienstlichen Gelegenheit vorgetragen habe, hängt in der Luft. Nicht einmal das läßt sich sagen, daß das Wort speziell an die Oberschicht gerichtet ist. Nach 5 tragen vielmehr alle Schichten des Volkes Schuld, und gerade denen, welche in der Revolution das Heil sehen, wird zu bedenken gegeben, daß der Sturz der bisherigen Autoritäten nicht zu einer besseren Ordnung, sondern zu nationalem Chaos führt. – Auch eine bestimmte historische Situation ist nicht greifbar. Auf welche Weise Jahwe „Stütze und Stab“ aus Juda und Jerusalem entfernen wird, erfahren wir nicht. Daß Jesaja an einen äußeren Feind denkt (so Fohrer u.a.), ist nicht wahrscheinlich, denn wo die Assyrer durchgegriffen haben – sie allein könnten ja gemeint sein –, trat kein Chaos ein, sondern wurde mit eiserner Hand die pax assyria aufgerichtet, gegen die es keine Möglichkeit der Rebellion mehr gab. So wird Jesaja hier einen Umsturz im Innern ankünden. Das dürfte in einer Zeit geschehen sein, da die assyrische Gefahr noch nicht akut war, wohl am ehesten während der Regierung des schwächlichen Ahas. – Von den erwähnten Zusätzen und Glossen abgesehen, ist das Wort jesajanisch. Das gilt wohl auch von der Aufzählung der verschiedenen Würdenträger in 2f. (gegen Gray), vgl. etwa die ähnlichen Reihen 2 7.8a oder 3 13–16. – Jesaja liebt es, wie das in 6f. geschieht, kleine Szenen, die das Gemeinte illustrieren, auszumalen, vgl. etwa 4 1. „Mit diesem Bilde voll packender Kraft, in kurzen Strichen gezeichnet, steht wieder ein Frühwerk des jungen Propheten vor uns, das den Meister ahnen läßt“ (Procksch z.St.).

Wort 3 1 כִּי verbindet redaktionell den neuen Abschnitt mit Kap. 2, wohl speziell mit 22aβb, wo von der Ohnmacht der Menschen gesprochen wird. Mit dem Präsentativ הנה werden oft Drohworte eingeleitet (s. JBlau, VT 9, 1959, 130–137); man hat die Bezeichnung „Ankündigung mit Präsentativ“ vorgeschlagen (KKoch, Was ist Formgeschichte?, 1964, 236f.). In der Regel verwendet man dabei die 1. Person: הנני, Jesaja aber liebt die 3., vgl. 8 7 הנה אדני, 10 33 wie in 3 1 הנה האדון יהוה צבאות, 28 2 הנה חזק ואמץ לאדני (oder nach andern MSS ליהוה). Die Verwendung des Präsentativs ist wirkungsvoll: Der Hörer soll das Kommende vor Augen haben, als wäre es geschehende Gegenwart. Zu האדון יהוה צבאות s.o.S. 62ff., zur Reihenfolge „Jerusalem und Juda“ s.o.S. 3. Das farblose מסיר gestattet keine Deutung dessen, wie es zum Sturz der „Stützen“ kommen werde. Aber das ist unwesentlich: Wer auch in Aktion tritt, eigentliches Subjekt der Geschichte ist Jahwe. An irgendwelches wunderhafte Eingreifen Gottes ist dabei nicht zu denken, nach jesajanischem Geschichtsverständnis macht sich Jahwe irdische Mächte dienstbar, um seine Absichten zu erreichen. מַשְׁעֵן findet sich im Alten Testament nur hier, daneben zweimal מִשְׁעָן im übertragenen Sinn (von Jahwe). Die fem. Form מַשְׁעֵנָה existiert nur in der vorliegenden Verbindung; sie ist wohl für dieses Wortpaar geschaffen worden (PSaydon, Bibl 36, 1955, 38f.). Sonst wird nur das fem. מִשְׁעֶנֶת verwendet, das konkret den Stab meint, auf den man sich stützt (Ex 21 19 2 Kö 18 21 = Jes 36 6 Ez 29 6). Er kann Emblem fürstlicher Würde sein (Nu 21 18), dient dem Hirten, der sich auf ihn lehnend die Herde überschaut (Ps 23 4), dem Invaliden und dem Greis, der sich beim beschwerlichen Gehen seiner bedient (Sach 8 4). Des Königs Adjutant heißt geradezu „der Offizier, auf dessen Hand sich der Herrscher stützt“ (2 Kö 7 2. 17, vgl. 5 18). Man glaubt in Israel, sich auf politische Machthaber (Jes 10 20) oder auf militärische Hilfe (31 1 u.ö.) stützen zu können, während man sich auf Gott allein stützen sollte (Mi 3 11 Jes 50 10 u.ö.). נשען על יהוה ist geradezu ein Parallelbegriff zu האמין (Jes 10 20). Dieser Wortgebrauch ist im Auge zu behalten, wenn man die Formulierung Jesajas voll auschöpfen will: Statt Jahwe „Stütze“ sein zu lassen, sucht man Sicherheit im Schutz menschlicher Autoritäten.

Bei der Aufzählung dieser „Stützen“ fällt auf, daß der König und die 3 2.3
Priester nicht genannt werden, was bei der Ausführlichkeit der Liste, die offensichtlich nicht nur Beispiele geben will, sondern Vollständigkeit anstrebt, nicht Zufall sein kann. Die göttliche Legitimation des Königs steht für Jesaja fest, und das Königtum hat seinen bestimmten Platz in Jahwes Geschichtsplan, auch wenn einzelne seiner Vertreter versagen. Auch Micha (s. 3 9ff.) und Zephanja (s. 1 4ff. 3 1ff.) greifen den König von Jerusalem nicht ausdrücklich an. Mit den Propheten zusammen hat Jesaja allerdings in späterer Zeit auch die Priester scharf verurteilen können (28 7). – Man kann sich fragen, ob die aufgezählten Würdenträger Inhaber klar umschriebener Ämter bzw. Funktionäre in bestimmten Positionen sind oder Männer, die kraft eines nur ihnen persönlich geltenden Ansehens oder Charismas einen gewissen Einfluß ausüben können. Offensichtlich sind aber in der Liste beide Kategorien vertreten.

Zum Parallelismus von גבור und איש מלחמה vgl. Ez 39 20 Jl 2 7 4 9. Sind beide Begriffe völlig synonym? גבור ist hier gewiß term. techn. für die Söldnertruppe, deren Kern die königliche Leibwache war, s. 2 S 23 8f. und dazu deVaux a.a.O. II, 19. איש מלחמה scheint an manchen Stellen Angehörige des Heerbanns zu bezeichnen (Ri 20 17, vgl. ferner Nu 31 28. 49 Dt 2 14–16 u.ö.), meint aber doch in andern Fällen Männer, die im Kriegshandwerk wohl ausgebildet sind (1 S 16 18 17 33 2 S 8 10 17 8). Zu שופט ist das oben S. 66 zu 1 26 Gesagte zu vergleichen (s. auch deVaux a.a.O. I, 235ff.), zu נביא s.o.S. 5. Da der שופט ein Beamter war, ist die umstrittene Frage nicht zu umgehen, ob auch der נביא als Träger eines Amtes genannt wird. Mit vielen andern bejaht sie Fohrer (z.St.) mit Verweis auf 1 Kö 22. Man wird das in der Tat ernsthaft erwägen müssen, s. dazu ARJohnson, The Cultic Prophet in Ancient Israel ([2]1962), anders deVaux a.a.O. II, 249ff., vgl. ferner die vorsichtig abwägenden Ausführungen von OPlöger, Priester und Prophet: ZAW 63 (1951) 157–192.

Das bedeutet aber nicht, schließt vielmehr gerade aus, daß Jesaja selbst auch Kultbeamter gewesen ist. Für die Funktion des נביא ist zu beachten, daß nach ihm gleich der קסם genannt wird: s.o.S. 98f. zu 2 6 und vgl. ferner Mi 3 6f. und vor allem 3 11, wo dem נביא geradezu die Tätigkeit des קסם zugeschrieben wird (s. auch Dt 18 14f. Ez 13 9.23 21 26.28.34 22 28). Man kann die Dienste eines קסם gegen Entgelt in Anspruch nehmen, was z.B. von Bileam erzählt wird, der nach Jos 13 22 als קוֹסֵם galt. Dasselbe wird bekantlich auch Propheten vorgeworfen (Mi 3 11 Am 7 12). War der נביא von Haus aus Ekstatiker, der קסם aber Techniker des Orakels, so haben sich doch beider Funktionen miteinander vermischt, sich wohl auch gegenseitig ersetzen können. – Es folgt der Sippenälteste, der זקן, s. dazu deVaux a.a.O. I, 108, McKenzie und vanderPloeg je a.a.O. Die Reihenfolge fällt auf: vanderPloeg (a.a.O. 181) vermutet, daß sie durch einen Chiasmus bedingt sei, in dem Sinn, daß Richter und Ältester, Prophet und Wahrsager einander entsprächen. Es kann kein Zweifel darüber bestehen, daß sich die Bedeutung des Ältesten, der von Haus aus Führer der Sippe ist, in der Königszeit, als Israel zu einem guten Teil in Städten wohnte, geändert hat, was gewiß in besonderem Maß für die Kapitale Jerusalem zutrifft. Die Sippenordnung zerfällt, „les anciens deviennent les hommes importants", man begehrt ihren Rat, sie verfügen kraft ihrer Leistungen und ihres Einflusses über eine respektable moralische Autorität (vanderPloeg a.a.O. 185.190f.). Andererseits zeigen schon die häufigen Klagen über das Gerichtswesen, daß die Ältesten ihrer Verantwortung nicht gewachsen waren. Sie sind die reichen Landbesitzer und als solche selbst Partei bei Klagen über die Vergewaltigung des kleinen Mannes, sie sind nicht mehr Repräsentanten des Volkes, sondern Vertreter ihrer privaten Interessen (vgl. McKenzie a.a.O. 538f.).

שׂר־חמשׁים war auch im Nordreich ein militärischer Grad, wie 2 Kö 1 9 bezeugt. Der „Hauptmann über Fünfzig" steht stellvertretend für das Offizierskorps überhaupt (vgl. 1 S 8 12, שׂר הצבא 1 S 17 55, שׂר־האלף 1 S 17 18, שׂרי אלפים bzw. מאות, חמשׁים und עשׂרת in Ex 18 21), das naturgemäß besonders eng mit dem Hof verbunden war. Kaiser hält es für möglich, daß dem שׂר חמשׁים auch richterliche Funktionen oblagen, was seine Einordnung unter die zivilen Würdenträger verständlich machte. Ebenso eng wie der Offizier war der נשׂוא פנים, der „Begünstigte", an den König gebunden. Fohrer übersetzt geradezu mit „Hofbeamter" (vgl. 2 Kö 5 1, wo der שׂר־צבא Naeman als נשׂא פנים bezeichnet wird. In Jes 9 14 wird er neben dem Ältesten genannt, in Hi 22 8 steht er parallel zu איש זרוע). – Zu יועץ vgl. oben S. 66 zu 1 26. Neben diesen Würdenträgern wäre חכם, ohne Zusatz, sehr wohl am Platz. Ratgeber suchte man sich gewiß im Kreis der Weisen, vgl. Jes 19 1: חכמי יעצי פרעה. Indessen paßt „Zauberkünstler" (s.o. Textanm. 3[b]) ausgezeichnet als Parallele zu נבון לחשׁ „Beschwörungskundiger". Faktisch sind beide Begriffe Synonyme. Um

Amtspersonen handelt es sich hier natürlich nicht, aber es sind Männer, die sich wie die „Wahrsager" und „Zauberer" von 2 6 eines nicht geringen Einflusses erfreuen, auch wenn sie den Vertretern der offiziellen Religion suspekt waren und sie ihre Tätigkeit nicht allzusehr im Licht der Öffentlichkeit ausgeübt haben werden. Wie das hebr. לחשׁ bedeutet das akkad. *luḫḫušu* an sich „flüstern", hat sich aber zur Bedeutung „beschwören" entwickelt, s. AvandenBranden, La tavoletta magica di Arslan Tash: Bibbia e Oriente 3 (1961) 41–47, und BMeißner, Babylonien und Assyrien, II (1925) 208, ferner z.B. großer Schamasch-Hymnus, Zeile 131 (Falkenstein-vSoden a.a.O. 245), HZimmern, Akkadische Fremdwörter, (^{2}1917) 67. Jer 8 17 Ps 58 6 Qoh 10 11 und Sir 12 13 zeigen, daß es Schlangenbeschwörung gab, wobei an der Psalmstelle die מלחשׁים in Parallele gesetzt sind mit dem חובר חברים מחכם, d.h. dem, der darüber unterrichtet ist, wie Bannsprüche zu sprechen sind. Schlangenbeschwörung gab es überall in Israels Umwelt. Ps 58 5 läßt erkennen, daß man Feinden mit wirksamen Beschwörungsformeln bzw. Fluchworten entgegentrat (s. HJKraus, Psalmen: BK XV/1 z.St.), und die „Feinde" in den Psalmen scheinen gelegentlich solche „Zauberer" gewesen zu sein (Ps 10 7ff. 41 8 59 13).

Es ist eine ziemlich bunte Liste von „Stützen", die Jesaja vorführt: Beamte und „Charismatiker", staatliche und religiöse Funktionäre, Träger notwendiger und anerkannter Aufgaben in Staat und Gesellschaft wie solche verfemter Praktiken. Auch die an sich legitime Funktion kann mißbraucht werden, und ihre Inhaber untergraben dann ihre Stellung selbst.

Die Strafe, die Jahwe über das Volk verhängt, besteht – bezeichnend 3 4
für Jesajas Auffassung des geschichtsimmanenten Gerichts – darin, daß er Jerusalem/Juda einem politischen und sozialen Chaos preisgibt. Wo Autorität des Amtes oder des Charismas nicht in Verantwortung wahrgenommen wird oder wo man Autorität beansprucht, ohne dazu legitimiert zu sein, ist die unvermeidliche Folge destruktive Anarchie. Knaben (נערים) werden Fürsten sein (zu שׂרים s.o.S. 61 zu 1 23). נער ist ein umfassendes und darum vieldeutiges Wort. HMWeil (a.a.O. 78) will es unter Verweis auf Gn 14 24 18 7 37 2 Ex 33 11 u.ö. als „serfs, gens" verstehen, da erst so ein wirklicher Gegensatz zu שׂרים erreicht werde. In 5b steht es aber im Gegenüber zu זקן, und zweifellos ist es in 4 im selben Sinn zu verstehen: dem נער eignet noch nicht die Tatkraft und Erfahrung des gereiften Mannes (s. Ri 8 20 1 S 17 33 1 Kö 3 7 Jer 1 6f.). Das parallele תעלולים bedeutet in Jes 66 4 „Mißhandlung", doch trifft dieser Sinn hier nicht zu. Nach dem hitp. von עלל I, das „seinen Mutwillen an jem. treiben, jem. übel mitspielen" bedeutet, wird das Wort etwa mit „Mutwille" zu übersetzen sein. Möglicherweise steht es im accus. adverb., um des Parallelismus willen ist es aber eher als Subjekt und in diesem Fall als abstractum pro concreto aufzufassen (Ges-K § 83c): mutwillige, uner-

fahrene Leute, die ihren Mitbürgern übel mitspielen. – Die „Buben" sind aber nur die Exponenten einer Grundhaltung, die das ganze Volk erfaßt
3 5 hat: jeder will den andern beherrschen. – Der נֹגֵשׂ ist der Tyrann und der Fronvogt (Jes 14 2. 4 Ex 3 7 5 6 u.ö.), aber נגשׂ heißt auch „Abgaben eintreiben" (2 Kö 23 35 u.ö.), „den Schuldner drängen". Auch hier ist die ganze Variationsbreite des Wortes im Auge zu behalten: Willkürherrschaft nimmt viele Formen an (anders Weil a.a.O. 79, der übersetzt: „la nation sera corvéable"). – Bei Kriegsschilderungen kann berichtet werden, daß sich die Feinde in der Verwirrung eines Überraschungsangriffes selbst gegenseitig niedermachten (Ri 7 22 1 S 14 20). Ähnlich bedrängen sich die Angehörigen Israels in diesem Gottesgericht selbst. Die Spannung zwischen den Generationen steigert sich beim Zusammenbruch jeglicher Autorität zur Rebellion der Jungen (5bα), diejenigen zwischen den Ständen zur Revolution der Habenichtse (5bβ). קלה im ni. wird wohl in der Regel mit „verächtlich sein" übersetzt. Doch steht 1 S 18 23 נקלה neben רשׁ „arm" (vgl. auch Prv 12 9). Ebenso ist bei נכבד zu bedenken, daß כָּבוֹד u.a. auch „Besitz" und „Vermögen" bedeutet, und bei ירהבו, daß das Chaosungeheuer im Alten Testament mit Vorliebe רהב genannt wird (vgl. 30 7 u.ö.): Wenn die „Stützen" der Ordnung fallen, gewinnen chaotische Mächte Raum.

6 In 6 folgt ein Einzelbild zur Beleuchtung der verzweifelten Situation: Die Plebs, erschrocken ob des Zusammenbruchs, sucht jemanden, der imstande wäre, die zerstörte Ordnung wiederherzustellen. In ihrer Verlegenheit drängt sie einen, der wenigstens noch einen Überwurf besitzt, die Aufgabe zu übernehmen. Man faßt den Auserkorenen im Haus seines Vaters; das wird andeuten, daß die Ordnung in seinem Familienverband noch intakt ist, er sich also wenigstens auf eine „Hausmacht" stützen könnte. Ohne Rückhalt in der eigenen Sippe ist es heute noch im Orient aussichtslos, politische Geschäfte betreiben zu wollen. Unter der שׂמלה will Marti hier einen „Amtsmantel" als Erbstück der betreffenden Familie verstehen. Aber שׂמלה hat im Alten Testament nie diesen Spezialsinn, es bedeutet (wie שׂלמה) einfach „Oberkleid, Hülle". Man hat im Wirrwar des Umsturzes alles verloren und betrachtet es schon als einen Vorzug, wenn einer wenigstens noch ein Oberkleid besitzt. Zur Investitur mit einem Amt gehört nun einmal ein entsprechendes Kleid, der Überwurf muß also den Herrschermantel symbolisieren. Er mag mit Borten und Fransen verziert zu denken sein (vgl. HWHönig, Die Bekleidung des Hebräers: Diss. Zürich, 1957, passim, ferner AOB[2] Abb. Nr. 125, BRL 335, GEWright, Biblische Archäologie, 1958, 186ff.). Der Indikativ קצין תהיה־לנו ist stärker als ein Imperativ oder Jussiv: ein kategorischer Befehl, Zeichen dafür, wie überaus prekär die Lage geworden ist. Zu קצין vgl. oben S. 37. Die Ironie, die im Angebot: „Dieser Trümmerhaufe da sei unter deiner Hand" liegt, ist ein Stilmittel, das von Jesaja gerne verwendet wird (vgl. HW

Wolff, Das Zitat im Prophetenspruch, 1937, 60ff. = GesStud 83ff.).
מכשלה ist hier Metapher: „über dieses politische Debakel inmitten der
allgemeinen Konfusion“.

Die Antwort lautet ebenso kategorisch: „Ich werde nicht Wundarzt 37
sein.“ נשא steht prägnant für נשא קול, so auch 42 2 Nu 14 1 (dort neben
נתן קול). Das Verbum spiegelt die Erregtheit der Situation wider: man
schreit sich an, der Auserkorene setzt sich leidenschaftlich zur Wehr. –
חבש kann „verbinden“ heißen, vgl. 1 6 30 26 (חבש את־שבר עמו par. zu
רפא מחץ מכתו) 61 1 Hos 6 1 Hi 5 18 Ez 30 21 34 4. 16, welch letztere Stelle
zeigt, daß „verbinden“ zu den Tätigkeiten des Hirten und damit des
durch den Hirten symbolisierten Herrschers gehört. Daß es nach Ex 29 9
hier heißen könnte „einen Turban umbinden“ (so Kaiser nach 𝔊:
חֹבֵשׁ = ἀρχηγός, s. zu diesem Ziegler a.a.O. 137), ist ausgeschlossen, das
Objekt könnte in diesem Fall nicht fehlen. Zu den Aufgaben des Arztes
s.o.S. 26 zu 1 6. Daß der Kandidat wider Willen hinzufügt: „in meinem
Haus gibt es kein Brot“, könnte befremden, ist aber von der Situation her
durchaus verständlich: Von dem, der in einer solchen Lage einen Füh-
rungsanspruch erhebt, erwartet die Masse vor allem, daß er ihr den Le-
bensunterhalt sichert. Zu ביום ההוא s.o.S. 111f. zu 2 17.

In der Begründung des Drohwortes knüpft Jesaja mit כשל an מכשלה an, 8.9a
daher unsere etwas freie Übersetzung. Jerusalem/Juda gleicht in der Tat
einem Trümmerhaufen, wenn auch in noch ganz anderem Sinn, als der
in Schwierigkeiten geratene Pöbel der Straße ahnt, nämlich dadurch, daß
man im Aufruhr gegen Jahwe steht. Nicht nur das Tun des Volkes (zu
מעלל s.o.S. 46f.), auch und zuerst seine Zunge ist gegen Jahwe gerichtet,
vgl. Jer 9 7 Mi 6 12 Zeph 3 13 Jes 59 3 u.ö., Stellen, die alle die Lüge verurteilen, während beim vorliegenden Vers an Redensarten zu denken
ist, die das Vertrauen auf Jahwe untergraben. 8bβ drückt das negativ aus:
„Sie trotzen [den Augen] seiner Herrlichkeit.“ Zu מרה s.o.S. 53f. (das hi.
hat dieselbe Bedeutung). In der deuteronomischen Sprache ist המרה geradezu term. techn. für die Widerspenstigkeit Israels angesichts der göttlichen Heilstaten (vgl. auch Ps 78 17. 40. 56 u.ö.). Jesaja verwendet aber
nicht die dort häufige Formel המרה את־פי יהוה (Dt 1 26. 43 u.ö.), es handelt sich – wenn die Textkorrektur richtig ist – nicht um die Absage
gegenüber einem Befehl oder den Geboten (משפטים Ez 5 6), sondern um
Aufkündung des Vertrauens zu Gott (המרה ב direkt auf Jahwe bezogen Ez
20 8. 13. 21, vgl. auch das bei Ezechiel häufige בית מרי). Zum Gottesnamen
in 8bα steht in 8bβ כבודו in Parallele. Natürlich handelt es sich nur um
Variation im Ausdruck: Trotz gegen Jahwes כבוד ist Trotz gegen Jahwe
selbst. Aber die Verwendung des Begriffes im vorliegenden Zusammenhang ist nicht zufällig: „כָּבוֹד ist weithin jenes Aktivum, das Völker oder
Menschen, ja sogar Gegenstände imponierend macht und zwar meist als
etwas sinnenfällig Erfahrbares“ (vRad, TheolAT I[4], 252). Das Wort ist

geradezu term. techn. bei Theophanieschilderungen, vgl. schon Ps 29 9 97 1ff. Bleibt auch Jahwe selbst in der Verborgenheit, so ist doch sein כבוד zu erkennen, ja die ganze Erde ist seiner „Herrlichkeit" voll (s. 6 3). Der Trotz gegen Jahwe wirkt sich aber sofort im Verhalten gegen den Volksgenossen aus. Als konkretes Beispiel nennt Jesaja הכרת פניהם, ihr „Ansehen der Person", d.h. ihre Parteilichkeit, die neutestamentliche προσωποληµψία, s.o. Textanm. 9[a–a]. Was mit הכיר פנים (wie auch mit נשׂא פ״) verurteilt wird, ist aus Dt 1 17 klar zu ersehen: „den Kleinen sollt ihr (im Gericht) hören wie den Großen und euch vor niemand scheuen, denn das Gericht ist Gottes", vgl. auch 16 18ff. Die Mahnung zur Unparteilichkeit gehört von Haus aus in den Bereich der weisheitlichen Paränese (vgl. Prv 24 23ff. 28 21, aber auch 18 5 17 15 sowie Jes 5 23 u.ö.). Für die außerisraelitische Weisheit vgl. FWvBissing, Altägyptische Lebensweisheit (1955) 54f. 87. – Der zweite konkrete Vorwurf besteht darin, daß sie ihre Sünde (sing.!, s.Textanm. 9[b] und o. S. 21) schamlos vor den Augen der Öffentlichkeit auskünden, ein im Alten Testament durchaus singulärer Gedanke, der zeigt, was für ein nachdenklicher Beobachter Jesaja ist. Durch לא כחד wird die Hemmungslosigkeit beim Ausbreiten der eigenen schmutzigen Wäsche hervorgehoben. כסדם ist Randbemerkung eines Lesers, der durch den jesajanischen Satz „an die schamlose Art erinnert wurde, wie die Sodomiter ihr Vorhaben, die Fremden zu vergewaltigen, heraussagen" (Duhm).

3 9b Der Weheruf von 9b paßt nicht schlecht als Schlußbemerkung zum vorher Ausgeführten. Das Böse fällt auf den Täter selbst zurück. Wie Weherufe letztlich ihren Sitz im Leben im weisheitlichen Sippenethos haben (s. EGerstenberger, The Woe-Oracles of the Prophets: JBL 81, 1962, 249–263), so gehört speziell der Gedanke, daß das Böse auf den Täter selbst zurückfällt, der Weisheit an: „Gutes tut sich selbst an ein gütiger Mann (גמל נפשו איש חסד), aber sein eigen Fleisch quält der Grausame" (Prv 11 17).

10.11 Ebenso eindeutig entstammen die Verse 10f. der Welt der Weisheit. Dem Weheruf steht der durch אשרי eingeleitete Heilsruf gegenüber, welchen die Sippenpädagogik neben den הוי- oder אוי-Worten gebildet hat (HWWolff, Amos' geistige Heimat: WMANT 18, 1964, 18ff.). Erst recht weist der Inhalt der Sprüche – daß es dem Gerechten gut, dem Frevler übel geht – auf die Weisheit zurück. Jeder erntet, was er gesät hat, zwischen Tun und Schicksal besteht ein enger Zusammenhang (vgl. USkladny: Die ältesten Spruchsammlungen in Israel, 1962, 41: „Tat-Folge-Zusammenhang"). So entspricht es der gottgesetzten Weltordnung. Es ist aber bezeichnend, daß die Sprüche nicht von der durch Jahwe in Gang zu setzenden Vergeltung reden, dazu kommt es vielmehr kraft der die Welt bestimmenden sittlichen Grundstruktur. Dem Inhalt nach steht 10 Ps 128 2 nahe, wo zwar nicht zum Gerechten, aber zum

Jahwefürchtigen gesagt wird: יְגִיעַ כַּפֶּיךָ כִּי תֹאכֵל אַשְׁרֶיךָ וְטוֹב לָךְ vgl. ferner Prv 16 20 28 14. Zu 11 aber ist Prv 12 14 eine ebenso nahe Parallele: מִפְּרִי פִי־אִישׁ יִשְׂבַּע וּגְמוּל יְדֵי־אָדָם יָשׁוּב לוֹ (emend. Text, s. BHK[3]). Die Gegenüberstellung von צדיק und רשע hängt damit zusammen, daß die Pädagogik der Weisheitslehrer typische Bilder menschlicher Lebenshaltung zeichnet, ohne auf die Differenziertheit der Wirklichkeit einzugehen (s. dazu ebenfalls Skladny a.a.O. 7ff.). Inhaltlich schließen sich 10f. gut an 9b an, und die Stichwortanknüpfung (גמול-גמלו) stellt die Verbindung auch äußerlich her.

3 1–7 kündet den Sturz jeglicher Autorität in Jerusalem an. Aufs ein- Ziel
drücklichste schildert der Abschnitt die chaotische Unordnung rechtloser Pöbelherrschaft. Daraus darf nicht der Schluß gezogen werden, daß Jesaja aus einer angeblich konservativen Grundhaltung heraus zu bedenken geben will, daß die Revolution sich letztlich auch gegen diejenigen wendet, die sie vom Zaun gerissen haben. Er ist weder Konservativer noch Revolutionär, sondern kündet göttliches Gericht. Die kerygmatische Mitte des Abschnittes liegt schon in 1: Jahwe entfernt Stütze und Stab. Nicht Umstürzler sind am Werk, welche eine legitime Ordnung zerschlagen wollen, sondern Jahwe ist daran, die Machthaber zu Fall zu bringen, welche sich an seiner Statt zu „Göttern" aufgeschwungen haben oder vom Volk zu seinen „Götzen" erhoben worden sind. Das Verhängnis besteht darin, daß man sich durch ein menschliches System von Ämtern und Autoritäten sichern will, während man sich allein auf Gott stützen müßte. So muß denn Jahwe all diese vermeintlichen „Stützen der Gesellschaft" beseitigen, damit das Volk allein auf ihn zurückgeworfen wird. Es erstaunt nicht, daß an erster Stelle Held und Kriegsmann genannt werden, denn Sicherheit verspricht man sich vor allem andern von militärischem Potential. Und es ist nicht Zufall, daß am Schluß der Liste der Autoritäten Zauberkünstler und Beschwörungskundige folgen. Wo die offiziellen Vertreter der Ordnung versagen, bekommen Praktiken Oberwasser, die sonst das helle Tageslicht scheuen. Aber es werden auch die Richter, die Propheten und die Würdenträger genannt, führende Persönlichkeiten also, deren Wirksamkeit durchaus dem Wohl des Volkes dienen könnte, wenn sie ihres Amtes in der Ausrichtung auf den Willen Jahwes walteten. Wo Jahwes Herrschaft nicht anerkannt wird, wo man seiner Herrlichkeit trotzt (8), werden auch diejenigen Ämter der Polis, die in der Wahrung des Rechtes und der Sorge um den Frieden (in der umfassenden Bedeutung des hebr. שָׁלוֹם) ihre segensreiche Funktion haben könnten, von innen her zerstört und zerfallen in der Folge auch äußerlich. Der chaotische Zerfall ist dann das Gottesgericht, dem nicht durch Versuche in letzter Stunde, eine Notordnung zu errichten, gewehrt werden kann, sondern das zu einer grundsätzlichen Neuorientierung auf Jahwe hin ruft.

Die Zusätze wollen die Drohungen des Propheten durch den Hinweis auf weisheitliche Grunderkenntnisse untermauern. Sie zeigen, daß man die prophetischen Worte als Konkretionen weisheitlicher Einsichten verstanden und als solche zur Belehrung weitergegeben hat. Damit wurden allerdings die das Leben in seiner ganzen Differenziertheit beobachtenden Ausführungen Jesajas in das Prokrustesbett einer dogmatischen Theorie hineingespannt. Der Prophet selbst will nicht allgemeine Erfahrungen aussprechen, sondern er redet von dem, was auf Grund seiner Beurteilung des Versagens der gegenwärtigen Machthaber geschehen muß. Hier ist also nicht – wie es bei Jesaja durchaus möglich ist – weisheitliche Erkenntnis der prophetischen Verkündigung dienstbar gemacht, sondern hier wird die prophetische Verkündigung von der Weisheit mit Beschlag belegt. Andererseits ist der „Gerechte" der Weisheit durch den Zusammenhang nun definiert als der, welcher sich auf Jahwe stützt, wie der „Frevler" als einer, dessen Zunge und Taten gegen Jahwe sind (8). D.h., an die Stelle des Ordnungsdenkens der Weisheit tritt die lebendige Beziehung zu dem, welcher der souveräne Herr jeder Ordnung ist.

KLAGE UM DAS GOTTESVOLK
(3 12)

[12]**Ach mein Volk! [a]seine Zwingherren sind 'Leuteschinder',** Text
und 'Erpresser'[a] herrschen über es.
Ach mein Volk! deine Führer sind Verführer,
und den Weg, den du wandeln solltest, verwirren sie.

12a–a Die eigentliche Quelle der Unsicherheit im Verständnis des Verses 312
ist מעולל. Manche leiten das Wort von עול II ab und sehen es der Bedeutung nach mit עוֹלֵל „Kind" zusammen. Andere denken an עלל I, dem sie die Bedeutung „spielen" unterlegen, was ebenfalls zur Übersetzung „Kind, Bube" führen könnte. Näher liegt jedoch die Deutung des pt.po. dieser Wurzel im Sinn von „Böses antun" o.ä. Im Blick auf תעלולים in 4 dürfte diese Auffassung das Richtige treffen. GRDriver (JThSt 38, 1937, 38) zieht zur Deutung zudem arab. *'âla* „inclined to one side, deviated from justice" (vgl. עול I im pi. „unrecht handeln") bei. Das singularische מעולל steht aber so oder so nicht in Kongruenz mit נגשיו, es wird der Plural zu lesen sein. Hingegen dürfte man נגשיו kaum in נגשיך ändern, um Übereinstimmung mit den Suffixen von 12b zu erreichen, da die 3. Pers. durch בו am Schluß der Zeile gesichert ist. נָשִׁים „Frauen, Weiber" böte kein Problem, wenn man מעולל mit „Kind, Bube" o.ä. wiedergeben dürfte. Übersetzt man dieses Wort aber mit „Bedrücker" o.ä., ist zu erwägen, ob man nicht נֹשִׁים „Gläubiger, Wucherer" zu punktieren hat. Diese Emendation kann sich auf 𝔊 berufen: καὶ οἱ ἀπαιτοῦντες κυριεύουσιν ὑμῶν: „und die Gläubiger herrschen über euch" (auch 'A liest απαιτουντες, Θ das ungefähr synonyme δανεισται). Eine gesicherte Lösung ist unmöglich. Wägt man alle Vorschläge gegeneinander ab, empfiehlt es sich aber zu lesen: נֹגְשָׂיו מְעוֹלְלִים (oder עוללו) וְנֹשִׁים מָשְׁלוּ בוֹ, eine Auffassung, die immerhin 𝔊 und 𝔗 (מרי חובא) hinter sich hat.

12 ist ein Fragment; wie der Unterschied der Suffixe in 12a und 12b nahelegt, besteht es sogar aus zwei ursprünglich selbständigen Sätzen. Die Verbindung nach vorn oder hinten scheitert daran, daß hier Jahwe selbst spricht und auch nicht wie in 14bf. Anklage erhebt, sondern das Volk beklagt. Thematisch paßt das Wort aber durchaus in den Zusammenhang von Kap. 3, und auch die Stichwortverbindung ist wieder da (נגשיו in 12a und ונגש in 5; מעולל und משלו in 12a und תעלולים bzw. משל in 4b; עמי in 12a.b und 15). Das zeigt, wie der Redaktor gearbeitet hat, darf aber nicht dazu verleiten, 1–15 als Einheit zu betrachten. Im jetzigen Zusammenhang will das Wort jedoch zweifellos das folgende Gerichtsverfahren (13–15) begründen. – Metrum: 2 Doppeldreier. Form

Die jesajanische Herkunft des Verses ist im allgemeinen unbestritten. Ort
Seine Thematik ist die der Frühzeit des Propheten. Mit dieser zeitlichen

Einordnung kämen wir in Schwierigkeiten, wenn wir מעולל mit „Kind" übersetzten und darunter den König verstehen wollten. Weder Jotham noch Ahas waren Kinder, als sie den Thron bestiegen, man müßte dann schon an Hiskia denken. Dazu kommt, daß נגש nie von den Königen Judas oder Israels verwendet wird, ein Grund mehr, beim oben vertretenen Verständnis des Textes zu bleiben (gegen Fohrer).

Wort 3 12a Daß Jahwe das Volk beklagt, zeigt, daß er sich ihm trotz allem verbunden weiß. Während Jesaja anderwärts von Israel gerne als von „diesem Volk da" spricht, nennt er es in der vorliegenden Klage, wie in 15 in der Anklage, die er gegen dessen Unterdrücker erhebt, „mein Volk" (vgl. auch „sein Volk" in 13f.). Bei aller Treulosigkeit Israels ist das Band, das Jahwe mit ihm verbindet, nicht zerschnitten. נגש, das verschiedene Aspekte eines gewalttätigen Machthabers oder Beauftragten umschließen kann, ist im parallelen Hemistich mit נשים aufgenommen. Der Gläubiger wird im Alten Testament durchweg negativ, d.h. als Wucherer beurteilt (s. Ex 22 24 Ps 109 11), insofern er vom Schuldner, gegen israelitisches Recht, Zins verlangt, wobei der kleine Mann immer mehr in Abhängigkeit von mächtigen Geldgebern kommt.

12b Zu אשר vgl. o.S. 34 zu 1 17. Der Spruch ist hier angeführt, weil auch er vom Versagen der Führer spricht. Ein מאשר ist allerdings Führer in einem andern Sinn als ein politischer Machthaber oder ein Wirtschaftsmagnat. Er weiß den Weg (vgl. ארח bzw. דרך neben אשר, s. auch Prv 4 14 23 19 und vgl. Sir 4 18); d.h., מאשרים sind Weise, Lehrer und Ratgeber, auf die man normalerweise gewiß hören soll. Sie sind aber Verführer geworden. Man führt irre (התעה), wenn man Zucht preisgibt (Prv 10 17, vgl. 12 26) oder einem das „Herz" wegnimmt (Hi 12 24f.). Auch Propheten können das Volk irreführen (Mi 3 5 Jer 23 13.32, vgl. Hos 4 12 u.ö.). – Das seltene בלע III wird von Jesaja gleich 4mal verwendet (s. noch 9 15 19 3 28 7). Man kann den Rat (19 3), die Zungen (Ps 55 10), die Weisheit (Ps 107 27) verwirren. Nach Jes 28 7 lassen sich Priester und Propheten durch Wein und Rauschtrank verwirren (parallel auch dort תעה). Es werden wohl also auch hier geistliche Führer angeklagt, ihrer Pflicht nicht zu genügen; ein Grund, 12b Jesaja abzusprechen, ist das nicht (gegen Marti). Doch zeigt auch der Inhalt von 12b, daß der Halbvers erst nachträglich mit 12a zusammengestellt wurde. Daß man mit solchen sekundären Kombinationen rechnen muß, zeigt sich schon darin, daß der Vers fast wörtlich noch einmal in 9 15 erscheint. Zu דרך und ארח s.o.S. 85 zu 2 3.

Ziel Die beiden Zeilen zeigen Jesaja erneut als scharfen Kritiker der führenden Schichten sowohl im wirtschaftlichen wie im geistig-religiösen Bereich. Neu gegenüber dem vorhergehenden Abschnitt ist, daß hier das Mitleid Jahwes mit dem gequälten und verführten Volk durchbricht, das die Gewissenlosigkeit seiner Führer büßen muß.

JAHWES ANKLAGE

(3 13–15)

Lit. zum Rîb-pattern s.o.S. 8.10. Literatur

13 Zum Prozeß stellt sich Jahwe hin, Text
steht da, über 'sein Volk'[a] Recht zu sprechen.
14 Jahwe kommt zur Gerichtsverhandlung
mit den Ältesten und Fürsten seines Volkes:
Wahrlich, ihr habt den Weinberg abgeweidet,
eure Häuser füllt, was ihr den Armen geraubt!
15 Was kommt euch an[a]! Ihr zerschlagt mein Volk,
und das Gesicht der Armen zermalmt ihr!
[b]ist [des Herrn,] Jahwes der Heere, Spruch.[b]

13a Für עמים liest 𝔊 τὸν λαὸν αὐτοῦ, 𝔖 *le'ammeh.* HDHummel (JBL 76, 3 13
1957, 100) schlägt vor, עמו־ם zu lesen (Mem encliticum, s.o.S. 19 zu 1 6);
das ist möglich, aber schwer zu beweisen. Wollte man 𝔐 belassen, müßte
man mit „Stämme" übersetzen, doch läßt sich diese Bedeutung von עם kaum
belegen; die textlich unsichere Stelle Dt 33 3 bietet dafür keine tragfähige
Basis. עמים kann wohl „Stammesgenossen" heißen, aber nicht „Stämme"
(gegen Gesenius, Ewald, Duhm u.a., s. auch Eichrodt). Dazu kommt, daß 14
den Singular von עם verwendet. Der Vorschlag von Tur-Sinai (a.a.O. 162),
עַמָּם zu punktieren, ist wenig plausibel, da dann das Suffix beziehungslos in der
Luft schwebt. FHesse (ZAW 65, 1953, 48) glaubt, daß hier Jesaja wie ein
Kultprophet rede, zu dessen Obliegenheiten es gehört, gegen die Völker im
Namen Jahwes Anklage zu erheben. Man erwarte also einen Spruch Jesajas
gegen Israels Feinde und müsse zu seiner Überraschung sehen, daß Jesaja die
übliche Bahn verlasse. Aber Jesaja verwendet auch sonst die Form einer Gerichtsrede Jahwes zur Anklage gegen Israel, s.o.S. 9ff., so daß die einfachste
Lösung darin besteht, mit 𝔊 und 𝔖 עַמּוֹ zu lesen. – **15a** Zur asyndetischen 15
Verknüpfung von מלכם (Qere: מה־לכם) mit dem folgenden Satz vgl. BrSynt
§ 133d. – b–b fehlt in 𝔊. Da Jesaja נאם יהוה als Schlußformel kennt (17 3. 6 31 9,
s. auch 30 1), besteht kein Grund, sie hier zu streichen. Hingegen wird אדני,
das in V^Qa erst sekundär über יהוה nachgetragen wurde, zu tilgen sein.

14b und 15 sind ein Jahwewort, das als Anklagerede vor Gericht formuliert ist. Daß Jahwe Gericht halten will, wird in 13 und 14a ausdrücklich gesagt. ריב, gewöhnlich mit „Rechtsstreit" übersetzt, ist die Prozeßverhandlung, דין heißt hier „Gericht halten, zur Verantwortung ziehen", nicht wie in 1 17 „zum Recht verhelfen", was die Parallele in Ps 50 4 erweist. משפט ist die Gerichtsverhandlung, der „Rechtshandel" (in 2 S 15 4 mit ריב gleichgesetzt, s. HWHertzberg, ZAW 40, 1922, 269). Form

Metrum: 4 Doppeldreier, abgeschlossen durch die Schlußformel (Dreier).

Ort Die Herkunft von Jesaja ist unbestritten. Zur Frage der Verwurzelung der Gerichtsrede im Kult s.o.S. 10f. 51. Kaiser (z.St.) nimmt an, daß Jesaja auch dieses Wort beim Bundesfest gesprochen hat. Aber wir wissen zuwenig, um darüber Sicheres sagen zu können.

Wort 3 13 Jahwe hat sich hingestellt, um Gericht zu halten. Die Rechtssassen setzen sich (s. LKöhler, Die hebräische Rechtsgemeinde: Rektoratsrede Zürich, 1931 = Der hebräische Mensch, 1953, 149), wer aber das Wort ergreift, steht auf. Vgl. die ähnliche Einleitung von Ps 82 1: אֱלֹהִים נִצָּב בַּעֲדַת־אֵל בְּקֶרֶב אֱלֹהִים יִשְׁפֹּט, dazu die häufige Aufforderung an Gott, aufzustehen und zu richten (Ps 74 22 82 8 u.ö.).

14a Zu עמו vgl. עמי in 12. – Schon לדין עמו hat eine Parallele im „Bundesfestpsalm“ 50. Vor allem spricht Ps 50 auch vom Kommen Jahwes (3), vgl. auch Hi 9 32 Ps 143 2, wobei dort das „Kommen“ (בוא) näher umschrieben wird durch „aufstrahlen“ (הופיע), dem term. techn. für die Theophanie Jahwes (s. Dt 33 2 und vgl. Ps 80 2 94 1, hier von Jahwes Kommen zum Gericht über die Völker, vgl. auch Ps 96 13 98 9). Als traditionsgeschichtlicher Hintergrund von 13. 14a ist also deutlich eine kultische Tradition erkennbar, die vom Erscheinen Jahwes zum Gericht zu reden wußte. Inwiefern diese Tradition selbst Niederschlag lebendigen kultischen Geschehens war, kann hier dahingestellt bleiben. Es genügt zu sehen, daß Jesaja an einen Vorstellungskomplex anknüpft, der dem Volk vertraut gewesen ist. Nicht nur der Gedanke eines Gerichtsaktes Jahwes über die Völker, sondern auch eines solchen über Israel war seinen Hörern durchaus geläufig. Das durch die Tradition gegebene עמו in 13 wird in 14 genauer umschrieben durch זקני עמו ושׂריו: Jahwe geht mit denen ins Gericht, denen die Sorge um den Bestand des Volkes in besonderer Weise anvertraut war. Zu זקן s.o.S. 122 zu 3 2. Mit den זקנים sind gewiß die שׂרים weitgehend identisch. Den Ältesten und den Fürsten war mit der Führung des Volkes zugleich die Betreuung des Rechtswesens auferlegt, s.o.S. 61 zu 1 23; gerade unter diesem Gesichtspunkt sind sie unter Anklage gestellt.

14b. 15 Mit 14b beginnt ohne jede Überleitung Jahwes Anklagerede. Die אתם, die angesprochen werden, sind die genannten für die Rechtsprechung verantwortlichen Kreise. Das ו vor אתם kommt damit zur Bedeutung: „wahrlich, (ihr) ...“ Die Formulierung setzt voraus, daß man die Ursache der mißlichen Zustände anderswo suchte: bei der wirtschaftlichen Lage, bei Naturkatastrophen oder Störungen durch Kriege o.ä., wenn nicht bei Gott selbst. D.h., Jesaja gibt der Anklagerede Jahwes die Form der Gegenklage. – Mit dem „Weinberg“ kann nur Israel als das Volk Jahwes gemeint sein. Das wird im „Weinberglied“ Jesajas ausdrücklich gesagt: „Der Weinberg Jahwes der Heere ist das Haus Israel, und die Männer Judas sind seine Lieblingspflanzung“ (5 7). Wenn das Bild auch bei Jesaja singulär ist, so muß es doch seinen Zeitgenossen bekannt gewesen sein, wenn es hier ohne jede Erklärung verwendet werden kann. Wie sehr ein Weinberg auch in Palästina sorgsamer Pflege bedarf, illustriert 5 1ff. Statt daß die Leiter des Volkes den Weinberg Israel sorgsam bebauten, haben sie ihn „abgeweidet", womit sie als schlechte Hirten qualifiziert sind (s. Jer 12 10).

Die Bedeutung des pi. בער, das auch in 5 5 verwendet wird (vgl. auch 4 4 und 6 13), ist allerdings umstritten. KBL schlägt für alle 4 Stellen „niederbrennen" vor, während Ges-Buhl die Bedeutung „verwüsten (abweiden?)" angibt. Auch die griechischen Übersetzer sind in sich gespalten: 𝔊: ἐνεπυρίσατε (in 5 5 aber לבער = εἰς διαρπαγήν), 'A: κατενεμήσασθε, Σ: κατεβοσκήσατε, vgl. 𝔖: *'awqedtûn*, 𝔗: אנסתון ית עמי, 𝔙: depasti estis. Kein Wunder, daß auch die neuesten Kommentare auseinandergehen. Procksch meint, בער bezeichne „das Abpflücken des Weinbergs bis zur letzten Traube, so daß er völlig ausgeraubt ist". Hertzberg, Herntrich, Kaiser, Eichrodt: „abweiden"; Fohrer: „niederbrennen"; Leslie: „devour"; Steinmann: „dévaster"! Das ähnlich verwendete Bild in Jer 12 10 (רעים רבים שחתו כרמי), aber auch Ex 22 4 fordern eindeutig die Bedeutung „abweiden".

Die schlechten „Hirten" rauben die Armen aus. Was damit konkret zu verstehen ist, zeigen etwa die Invektiven des zeitgenössischen Micha (z.B. 2 1ff., vgl. auch Jes 5 8, der Vorwurf des Raubes erscheint auch in Mi 3 2, vgl. Jes 10 2). Im Verlauf der Königszeit hat in der Hauptstadt eine aus Beamten zusammengesetzte Oberschicht immer größere wirtschaftliche Macht zusammenzuballen vermocht, während die Zahl der freien und unabhängigen Bauern immer mehr einschrumpfte, so daß eine grundbesitzlose oder doch verschuldete und darum von den „Herren" abhängige Unterschicht entstand (vgl. dazu AAlt, Der Anteil des Königtums an der sozialen Entwicklung in den Reichen Israel und Juda: KlSchr III, 1959, 348–372; HDonner, Die soziale Botschaft der Propheten im Lichte der Gesellschaftsordnung in Israel: OrAnt 2, 1963, 229–245). Den Volksgenossen zu berauben ist im Gesetz ausdrücklich untersagt (Lv 19 13; vgl. Lv 5 23, aber auch Ez 18 7ff.). Noch näher steht allerdings der jesajanischen Formulierung die Mahnung von Prv 22 22f.: אַל־תִּגְזָל־דָּל כִּי דַל־הוּא וְאַל־תְּדַכֵּא עָנִי בַשָּׁעַר׃ כִּי־יְהוָה יָרִיב רִיבָם, wobei gerade an diesem Punkte Amenemope aufgenommen ist (IV 4f. 18f.). Die Ähnlichkeit in der Formulierung läßt keinen Zweifel darüber bestehen, daß die Übereinstimmung nicht zufällig ist: Jesaja schließt sich in seiner Diktion eng an Belehrungen an, wie sie die Weisheit Beamten mitgegeben hat. Die Stelle bestätigt übrigens, daß die Ältesten und Fürsten hier in ihrer Funktion als Hüter des Rechts apostrophiert sind. Aber die weisheitliche Lehre ist in die Form einer forensischen Anklage umgegossen. Für eine solche ist die mit מלכם bzw. מה־לכם eingeleitete Frage typisch, vgl. Ps 50 16. – טחן „mahlen" kommt im übertragenen Sinn sonst nicht mehr vor, ist aber für den kraftvollen und anschaulichen Stil Jesajas bezeichnend (s. dazu AScheiber, VT 11, 1961, 455). Es hat denselben

Sinn wie דכא „zerschlagen". Duhm (z.St.) umschreibt: „Ihr zermahlt, wie zwischen zwei Mühlsteinen, mit euren Machtmitteln und Rechtskniffen die Niedrigen". Es ist Aufgabe des Königs – und wäre natürlich auch diejenige der Ältesten und Fürsten –, „den Armen zu helfen und den Bedrücker zu zermalmen" (Ps 72 4), während das Klagelied Jahwe, dem Richter der Welt, dessen „Aufstrahlen" zum Gericht erbeten wird (s.o.), vorhält: „Sie (die Gottlosen) zermalmen dein Volk" (Ps 94 5). – Zur abschließenden Formel נאם־אדני יהוה צבאות s.o.S. 62f.

Der Abschnitt schließt wie die Gerichtsrede in 1 2f. mit der Anklage. Es ist aber mit Recht darauf hingewiesen worden, daß das Schema der Anklagerede hier wie in ähnlichen Fällen voraussetzt, daß der Ankläger zugleich der Richter ist. Das ist im alten Israel auch im profanen Bereich nicht unmöglich, nämlich wo der König als Ankläger zugleich das letzte Wort zur prozessualen Causa zu sagen hat (1 S 22 6–19, s. dazu Boecker a.a.O. 87ff.). Darüber, wie das Urteil Jahwes lauten muß, kann kein Zweifel sein, die geraubten Güter in den Häusern der Schuldigen geben keinen Weg zu Ausflüchten mehr frei.

Ziel Rechtsklagen sind zu erheben auf Grund feststehender, anerkannter Normen. Als solche haben wir nicht so sehr das „Gesetz" als vielmehr Admonitive der Weisheit erkannt. Es ist beachtenswert, daß gerade in unserem Fall der Beweis geführt werden kann, daß Israel Kenntnis von Weisheitslehren der Völker seiner Umwelt besaß und ihre Einsichten übernommen hat. Jesaja hat diese Weisheit als Norm des Handelns Israels bejaht, aber er ist nicht ein Weisheitslehrer. Die Admonitive der Weisheit sind bei ihm unter streng theologischen Aspekt gestellt. Der Arme, für den er sich wehrt, ist Glied des Gottesvolkes. „Nicht der Rechtsbruch als solcher, sondern die Verletzung des Anspruchs Gottes ist das eigentliche Vergehen der oberen Schichten des Volkes" (Fey a.a.O. 63). Dabei ist wohl zu beachten, daß es beinahe zu einer Identifizierung des Gottesvolkes mit den דלים kommt.

WIDER DEN STOLZ DER ZIONSTÖCHTER

(3 16–24)

Zur Liste der Schmuck- und Toilettengegenstände: SDaiches, Der Schmuck der Töchter Zions und die Tracht Ištars: OLZ 14 (1911) 390–391. – JPPeters, A Hebrew Folksong: JBL 33 (1914) 158–159. – HFBCompston, Ladies' Finery in Isaiah III 18–23: ChQR 103 (1926/27) 316–330. – JZiegler, Untersuchungen zur Septuaginta des Buches Isaias: AA XII/3 (1934) 203–212. – HWHönig, Die Bekleidung des Hebräers: Diss. Zürich (1957). – AvandenBranden, I gioielli delle donne di Gerusalemme secondo Isaia 3, 18–21: Bibbia e Oriente 5 (1963) 87–94. Literatur

16[Und Jahwe sprach:] Text
Weil die Töchter Zions
so hoffärtig sind
und daherkommen[a] mit gerecktem[b] Hals
und mit ihren Augen verführerische Blicke werfen[c],
trippelnd einherspazieren[d]
und mit ihren[e] Fußspangen klirren,
17so wird 'Jahwe'[a] den Scheitel der Töchter Zions entblößen,
und ihre Stirn[b] wird Jahwe aufdecken.

[18An jenem Tag wird 'Jahwe'[a] den Schmuck wegnehmen: die Fußspangen, die Sönnchen[b] und die Möndchen, 19die Anhänger und die Armbänder und die Schleier, 20die Kopfbunde[a] und die Schrittkettchen[b] und die Brustbinden[c] und die Seelengehäuse und die Beschwörungsamulette, 21die Fingerringe und die Nasenringe, 22die Festkleider und die Mäntel und die Überwürfe und die Täschchen 23und die Obergewänder[a] und die Hemden und die Turbane und die Umschlagetücher.

24Und so wird es sein:]
Statt des Balsams wird Moder sein
und statt des Gürtels ein Strick
und statt kunstvoll geflochtener Haare[a] eine Glatze
und statt des Prunkgewandes[b] ein umgürteter Sack[c].
[d]Fürwahr, statt Schönheit 'Schmach'.[d]

16a Zum impf. cons. vgl. Joüon, Gr § 118p. – b נטוות: Das Qere נטויות 3 16
dürfte sekundäre Normalisierung der urtümlicheren Form sein. – c Einige
MSS und 𝔅 lesen fälschlich ומשקרות. – d Zur Konstruktion mit den beiden inf.
abs. s. Ges-K § 113s und u.; Sinn: „sie gehen unablässig trippelnd einher". – e Zum mask. Suffix in fem. Bedeutung vgl. BrSynt § 124b, Ges-K
§ 135o. – **17**a Für אדני lesen viele MSS das ursprüngliche יהוה, in V[Qa] ist יהוה 17
als Korrektur über אדני gesetzt. – b Zum Suffix von פתהן s. Beer-Meyer § 46,
2c. – **18**a Statt אדני ist mit vielen MSS יהוה zu lesen. In V[Qa] ist über das gewiß 18
richtige יהוה sekundär אדוני geschrieben worden. – b V[Qa]: והשבישים, was nur
graphische Variante ist, vgl. ugar. *špš* „Sonne". – **20**abc Die Vokabeln folgen 20
der Ordnung des Alphabets (Tur-Sinai a.a.O. 163), eine sachlich sinnvolle
Reihenfolge der Schmuckgegenstände ist nicht festzustellen. – **23**a Lies גְּלִמִים, 23

3 24 zur Begründung s.u.S. 144 – **24**a מַעֲשֶׂה ist in 𝔊 nicht berücksichtigt, was kein Grund ist, es zu streichen. – b פְּתִיגִיל ist wohl ein Lehnwort unbekannter Herkunft, man pflegt es nach den alten Übersetzungen mit „Prunkgewand" o.ä. zu übersetzen. Die von Tur-Sinai (a.a.O. 163, s. auch VT 1, 1951, 307) vorgeschlagene Emendation תֻּפֵּי גִיל „Freudentrommeln" fügt sich schlecht in den Zusammenhang. – c Wörtlich „Umgürtung mit dem Sack". – d–d כי־תחת יפי fehlt in 𝔊. Will man den Text festhalten, muß כי als Substantiv verstanden und dem Sinn nach mit כְּוִיָּה „Brandmal" (Ex 21 25) gleichgesetzt werden, also „Brandmal statt Schönheit". Diese Deutung von כי ist aber unsicher, und die Reihenfolge im Schlußsatz weicht von den vorhergehenden Parallelen ab. VQa bietet mit ihrer Lesart die Lösung: כי תחת יפי בשת. כי bleibt Partikel (s. JTMilik, Bibl 31, 1950, 216; FNötscher, VT 1, 1951, 300; vgl. dagegen GRDriver, JThSt 2, 1951, 25).

Form Der Abschnitt ist ein Drohwort. Die Einleitung in 16 ויאמר יהוה ist nicht sachgemäß, weil nachher von Jahwe in der 3. Person gesprochen wird (eine andere Situation als in 29 13 oder bei יאמר יהוה in 1 11. 18). Nirgends sonst im Jesajabuch wird die Formel in dieser Weise verwendet; sie ist redaktionell, wie schon Cheyne gesehen hat. – Sonst wird ein Drohwort oft durch ein vorangehendes oder auch nachfolgendes Scheltwort begründet, hier aber durch den mit יען כי eingeleiteten Kausalsatz (ebenso in 29 13, wo in 14 das Drohwort mit לכן eingeführt ist, das in unserem Abschnitt zu Beginn von 17 zu erwarten wäre, aber fehlt). Vgl. CWestermann, Grundformen prophetischer Rede (^{2}1964) 106, Tabelle S. 124f.; KKoch, Was ist Formgeschichte? (1964) 236.

Die Gerichtsankündigung, die in den Versen 17 und 24 folgt, ist in 18–23 durch eine Aufzählung von Schmuck- und Kleidungsstücken unterbrochen. Wie oft bei solchen redaktionellen Stücken (s.o.S. 111f. zu 2 17) ist der *Einschub* durch ביום ההוא eingeleitet, während והיה zu Beginn von 24 wieder zur Fortsetzung des Gerichtswortes überleitet. Zur Abtrennung von 25ff. s.u.S. 146.

Metrum: Streicht man die Einleitung in 16, bleiben für den Begründungssatz noch 3 Fünfer. Die Drohung in 17 dürfte als Siebener zu lesen sein, in 24 sind es zwei Siebener, und als Abschluß steht ein Dreier (falls das Ende nicht verstümmelt ist). Beim Einschub erübrigt es sich, ein Metrum entdecken zu wollen, trotz des Einspruches von Budde (ZAW 50, 1932, 39) und Peters (a.a.O.), der meint, daß die Verse ursprünglich ein Volkslied gewesen seien, das über die Frauenkleidung spottete.

Ort Abgesehen vom Einschub 18–23, ist die *Echtheit* unbestritten (höchstens 24b könnte Zusatz sein).

Die Einsicht, daß *18–23 nicht von Jesaja* stammen, hat seit Duhm im steigendem Maß Zustimmung gefunden. Für die Echtheit hat sich allerdings noch Budde mit Vehemenz eingesetzt. Der Abschnitt biete ein Beispiel für Jesajas Vorliebe für das rhetorische Mittel der Kumulation. „Welcher Interpolator sollte es gewagt haben, dem Propheten ein solches Stück unterzuschieben, wo doch alle Interpolationen auf Vergeistigung aus sind! Es muß dabei bleiben, daß der Abschnitt so echt wie möglich ist... Sittliche Entrüstung Jesaja gegenüber ist angesichts der Liste durchaus nicht am Platze, ... weil man dann vorauszusetzen hätte, daß Jesaja alles dies bei seiner Gattin müßte vorgefunden haben" (a.a.O. 38f., ähnlich Feldmann, Fischer, Herntrich, Ziegler z.St.). Gewiß verwendet Jesaja die Kumulation als rhetorisches Mittel (s. 1 10ff. und 3 2ff.), aber eine Häufung, wie sie hier vorliegt, ist kein rhetorisches Stilmittel mehr. Über Jesaja sich zu entrüsten, läge bei Annahme der Echtheit gewiß kein Grund vor – er distanziert sich ja scharf genug von den jerusalemischen Modedamen –, aber es ist doch auch nicht wahrscheinlich, daß er sich Mühe und Zeit genommen hätte, eine solche Liste zusammenzustellen. Wenn Budde meint, das Register lasse rhythmisch nicht das geringste zu wünschen übrig, beweist das höchstens, daß man jede Liste als hebr. Poesie ansprechen kann, falls an sie nicht noch andere Maßstäbe als der Wechsel betonter und unbetonter Silben angelegt werden. Keineswegs alle Einschübe zeugen von Vergeistigung. Entscheidend aber sind die Verbindungsformeln zu Beginn von 18 und 24. SDaiches (a.a.O.) glaubt feststellen zu können, daß die Schmuck- und Kleidungsstücke Ischtars, wie sie in „Ischtars Höllenfahrt" (AOT² 206ff., ANET² 106ff.) genannt sind, mit denen der Töchter Zions an der vorliegenden Stelle beinahe identisch sind. Daß Schmuckstücke von Göttinnen und von vornehmen Frauen einander ähnlich sind, ist durchaus plausibel, wenn auch der Vergleich im einzelnen dadurch erschwert ist, daß nicht nur einzelne hebr. Vokabeln, sondern auch solche im assyr. „Gegenstück" nicht sicher zu deuten sind. Zur Frage der Echtheit trägt aber dieser Gesichtspunkt entgegen der Meinung Daiches nichts bei.

Über die Zeit, da Jesaja das Wort über die stolzen Zionstöchter gesprochen hat, läßt sich nichts ausmachen. Immerhin dürften ihn in Zeiten hoher politischer Spannungen andere Anliegen in Atem gehalten haben. Da das eigentliche Thema auch hier der menschliche Stolz ist, wird auch dieses Stück der Frühzeit des Propheten zuzuschreiben sein.

Der das Gerichtswort begründende Kausalsatz ist mit יען כי Wort 3 16
eingeleitet. KBL stellt, wie schon Ges-Buhl, das Substantiv יען zu ענה III „sich plagen" o.ä.; es bedeutet „Anlaß" und gibt also, zur Konjunktion geworden (häufig durch אשר, seltener durch כי ergänzt), den Grund an. Es ist stärker und eindeutiger als bloßes כי oder אשר (s. Joüon, Gr § 170f.). Indem hier Schelt- und Drohwort als Neben- und Hauptsatz zu einem Satzgefüge verbunden sind, ist die strenge gegenseitige Bezogenheit der beiden Teile des Gerichtswortes auch formal klar ersichtlich. Die Propheten reden grundsätzlich nicht von einem kommenden Eingreifen Gottes, ohne es zu begründen. Jahwe ist ein Gott, dessen Handeln nicht

willkürlich, sondern von den Grundlagen des Jahweglaubens her zu verstehen ist. Gerade bei Jesaja, der die Gerichtsankündigung gar nicht immer als Jahwewort stilisiert, ist doch wohl anzunehmen, daß der Prophet nicht von der ihm zugekommenen Gewißheit einer zukünftigen Gerichtskatastrophe her nach deren Ursachen zurückgefragt hat, sondern umgekehrt von seiner Beurteilung der inneren Verfassung des Gottesvolkes aus zur Gewißheit der Unabwendbarkeit des kommenden Gerichtes geführt wurde. Damit stimmt unsere oben gemachte Feststellung überein, daß Einleitungsformeln, die Abschnitte wie den vorliegenden als Jahwewort deklarieren, erst sekundär eingefügt wurden. Das heißt nicht, daß sich Jesaja nicht auch beim Sprechen solcher Worte als Beauftragter Jahwes gewußt hätte. Aber er verkündet dabei seine Botschaft nicht auf Grund einer speziellen Eingebung für den konkreten Fall, sondern in Vollstreckung des allgemeinen Auftrages, Gesandter Jahwes zu sein.

Die Jerusalemerinnen werden als בנות ציון angesprochen (so, abgesehen von 17, nur noch in 4 4 und Cant 3 11), womit gewiß nicht junge Mädchen, sondern die Damen der Gesellschaft gemeint sind. Wenn Jesaja hier nicht von „Jerusalem", sondern vom „Zion" spricht, so erinnert er damit an die Bezeichnung בת ציון für Jerusalem (vgl. o.S. 29 zu 1 8) mit ihrem ganzen theologischen Gewicht. Eine „Tochter Zions" zu sein schließt die Beugung unter den dort offenbaren Gott in sich. Statt dessen sind die Jerusalemerinnen stolz (zu גבה vgl. o.S. 108 zu 2 12). Das zeigt sich in ihrem Auftreten: Sie spazieren נטוות גרון einher (גרון heißt eigentlich „Kehle", dort liegt ihr Schmuck an, vgl. Ez 16 11). Die übliche Übersetzung „mit gerecktem Hals" (𝔊: ὑψηλῷ τραχήλῳ) ist mehr ein Notbehelf als präzise Wiedergabe: נטה heißt nicht „aufwärts", sondern „zur Seite wenden, seitwärts strecken", d.h., die Frauen schauen kokett auf die Seite, ob die ihnen Begegnenden ihre Eleganz bemerken und bewundern. So verstanden, ist der erste Hemistich eine enge Parallele zum zweiten. Für das hapaxleg. שׂקר pi. gibt KBL die Bedeutung „verführerische Blicke werfen", JHempel, Hebräisches Wörterbuch zu Jesaja ([3]1965) „blinzeln" an, es ist aber möglich, daß es nach dem syr. *s^e qar* und späthebr. סקר „rot färben", pi. „schminken" verstanden werden muß (vgl. auch arab. *šaqira* und *šaqura* „von heller Gesichtsfarbe, blond sein"). Auch טפף, ein weiteres hapaxleg., ist unsicher. Man betrachtet es als Denominativ von טף und übersetzt es mit „trippeln", während 𝔊 σύρουσαι τοὺς χιτῶνας „die Röcke schleifend" liest, was wohl mehr der Phantasie als wirklichem Wissen des Übersetzers zuzuschreiben ist. Bei ihrem Trippeln klirren die Damen mit ihren Fußspangen (עכסים s.u. zu 18), die sie um die Knöchel tragen. So lautet wenigstens die übliche Erklärung. Nach der Parallele טפף würde man allerdings eher auch hier eine Beschreibung des Ganges erwarten. Möglicherweise ist GRDriver im Recht, wenn er nach den alten Versionen und dem arab. *ta'akkasa fī mišyatihi* = „beim Gehen sprunghafte Bewegungen machen" für die Bedeutung „hüpfen, springen" plädiert (VT 1, 1951, 241).

Schwierigkeiten bereitet auch das exakte Verständnis der Drohung 3 17
in 17. Ges-Buhl, Hempel und KBL geben für שׂפח pi. nach der jüdischen Tradition die Bedeutung „grindig machen" an, indem sie das Wort mit סַפַּחַת „Krätze" (KBL „Schuppen") zusammenstellen. Dagegen verweist Driver (a.a.O. 241f.) auf akkad. *suppuḫu/šuppuḫu* „aufmachen, lockern" (s. arab. *'asfaḥu* „kahl am Vorderkopf"). Er dürfte damit recht haben, zumal 𝔙 decalvabit liest, so daß etwa mit „bloßlegen" zu übersetzen ist. פת in 17b bedeutet nicht, wie früher angenommen wurde, „weibliche Scham", das Wort ist auch nicht nach Origenes von פאה abzuleiten (s. dazu BStade, ZAW 26, 1906, 130–133), sondern nach akkad. *pūtu* „Stirn" zu verstehen (s. GRDriver, JThSt 38, 1937, 38, der auf die akkad. Wendung *muttutam gullubu* „das Stirnhaar abrasieren", eine demütigende Strafe bei den Babyloniern, hinweist, vgl. auch 𝔙: dominus crinem earum nudabit). Damit ist in 17b ein ausgezeichnetes Pendant zu 17a gewonnen. Es wird konkret nicht an eine Krankheit – das ist durch 24 ausgeschlossen –, sondern an entehrende Zurschaustellung der Frauen Jerusalems durch den sieghaften Feind zu denken sein.

Die Fortsetzung des Drohwortes in 24 ist ebenfalls nicht in allen Tei- 24a
len mit Sicherheit zu verstehen. בשׂם (griech. βάλσαμον) ist das Öl des Balsamstrauches; es ist kostbar, wird aus Saba und Ragma eingeführt (Ez 27 22 2 Ch 9 1) und darum im königlichen Schatzhaus aufbewahrt (Jes 39 2). Es spielt eine Rolle im Kult (Ex 25 6 u.ö.), dient aber auch als Kosmetikum (Est 2 12 Cant 4 10. 14 u.ö.). Damit wird es ein Ende haben, und statt des Wohlgeruchs wird von den „Zionstöchtern" מק „Moderduft" (s. 5 24) ausgehen. Nach Ps 38 6 (מקק) kann מק der Geruch sein, den eiternde Wunden um sich verbreiten. Zu den Schmuckstücken gehört auch der Gürtel (חגורה). Ein solcher ist allerdings im Alten Testament höchstens noch in Prv 31 24 Gn 3 7 (vgl. auch Prv 31 17) als Bestandteil weiblichen Schmuckes genannt, in der Regel gilt er als Zeichen des wehrfähigen Mannes (1 S 18 4 u.ö., vgl. aber קשׁרים in Jer 2 32). An seine Stelle tritt der Strick, „das primitivste Mittel, ein Gewand zusammenzuhalten" (Kaiser). Auf die Pflege der Haarfrisur legte man im Alten Orient nicht wenig Gewicht. Kämme aus Holz oder Elfenbein sind archäologisch nachgewiesen, und Metallspiegel werden auch im Alten Testament erwähnt (Ex 38 8 Hi 37 18 Sir 12 11; vgl. BRL 255). „Lockenwickler und Haarhalter bzw. -nadeln aus Metall nach ägyptischem Vorbild waren nicht unbekannt" (FNötscher, Biblische Altertumskunde, 1940, 64). Da מִקְשָׁה „gedrehte, getriebne Arbeit" heißt, wird das hapaxleg. מִקְשֶׁה kaum „Haargekräusel", wie KBL übersetzt, meinen, sondern „kunstvoll geflochtenes Haar" (vgl. ἐμπλοκή 1 Pt 3 3 und πλέγματα 1 Tm

2 9), s. IBenzinger, Hebräische Archäologie ([3]1927) Abb. Nr. 78, AJirku, Die Welt der Bibel (1957) Tafel 61 (Elfenbeinschnitzerei aus Megiddo). Statt dessen werden die Zionstöchter eine Glatze tragen müssen. Diese gehört mit Weinen, Klagen und Sackumgürten zu den Trauerbräuchen (z.B. in bedrängter politischer Lage 22 12 15 2 Mi 1 16 Am 8 10 u.ö.). Vom Umgürten des Trauergewandes, שַׂק, spricht gleich der folgende Hemistich. Darunter muß ein um die Lenden getragener Schurz verstanden werden. Man trägt ihn auf dem bloßen Leib (Hi 16 15 u.ö.) und legt ihn auch des Nachts nicht ab (1 Kö 21 27 u.ö.). Verfertigt ist er aus schwarzem Ziegenhaarstoff. Er kann als einziges Kleidungsstück, aber auch unter einem Obergewand getragen werden (s. Dalman, AuS V, 202f., Benzinger a.a.O. 72ff., Nötscher a.a.O. 60, Hönig a.a.O. 102ff., HWWolff, Joel: BK XIV/2, 34). Ein solcher שַׂק tritt anstelle des פְּתִיגִיל. Aus dem Zusammenhang ist zu erschließen, daß dieser ein luxuriöses Prachtgewand war. Wir wissen aber nicht, wie er ausgesehen und worin er sich von ähnlichen Festkleidern unterschieden hat.

3 24b 24b faßt zusammen: „Statt Schönheit ‘Schande’“. Die Erzählung von Isebel (2 Kö 9 30) berichtet, wie Frauen in Kriegszeiten dem Feind in verführerischer Aufmachung entgegentraten, aber sie zeigt auch, daß diese verzweifelten Versuche, sich zu retten, sehr wohl fehlschlagen konnten. Der Hebräer kann sagen, daß man sich in Schande und Schmach kleiden müßte (Ps 35 26 132 18 Hi 8 22), und wünscht vor allem, daß sich die Feinde in Schande hüllen müssen wie in einen Mantel (Ps 109 29). 24b fällt also keineswegs aus dem Rahmen des Vorhergehenden, setzt vielmehr den abschließenden Akzent.

18–23 Der Einschub 18–23 redet von der Beseitigung der תפארת, auf die man in Jerusalem so stolz ist. In der folgenden Aufzählung wird zuerst vom Schmuck im engern Sinn, dann von luxuriösen Kleidungsstücken gesprochen. תפארת ist allerdings noch umfassender und umgreift alles, woran der Mensch sich freut und was ihm zugleich Grund zu Stolz ist (vgl. Jes 10 12, aber auch 28 1.4.5). Der Ergänzer hat sich aber alle Mühe gegeben, eine vollständige Liste von Modeartikeln, in denen sich der Stolz der Frauen kundtut, zu bieten, wobei gewiß nicht gemeint ist, daß jede Frau all diesen Tand besaß. Der Katalog zeigt neben den Ausführungen Jesajas selbst (vgl. auch Ez 16 10–13.17.39 23 26.42), daß Altisrael Luxus und Tand sehr wohl kannte und vornehme Kreise vom Ehrgeiz erfüllt waren, hinter der Eleganz auswärtiger Königs- und Fürstenhöfe nicht zurückzubleiben. Die in 18–23 verwendeten Begriffe sind zum großen Teil nicht sicher bestimmbar, und ihre genaue archäologische Identifizierung ist unmöglich, so gewiß die Archäologie ein reiches Bild der Schmuckstücke und Toilettengegenstände der Frau im Alten Orient zu bieten vermag. Bereits 1745 erschien NWSchroeders „Commentarius philologo-criticus de vestitu mulierum Hebraearum ad Jesai. III.

vs 16–24“ und 1809/10 sogar ein dreibändiges Werk von AThHartmann „Die Hebräerin am Putztisch und als Braut. Vorbereitet durch eine Übersicht der wichtigsten Erfindungen in dem Reiche der Moden bei den Hebräerinnen von den rohesten Anfängen bis zur üppigsten Pracht“. Eine wirkliche Klärung aller einzelnen Begriffe ist aber weder diesen noch den modernen Gelehrten, die sich an einer genauen Identifizierung versucht haben, gelungen. – Leider hilft dabei auch 𝔊 nicht wirklich. Ziegler (a.a.O. 203f.) hat gezeigt, daß der Übersetzer zur Wiedergabe der auch für ihn schwierigen und oft unverständlichen Vokabeln Fachausdrücke seiner Zeit wählte, „ohne sich sonderlich Mühe zu geben, die richtigen Äquivalente zu suchen“. Es ist darum z.T. sogar unklar, welche Begriffe zusammengehören, so daß von einer wirklichen Übersetzung gar nicht gesprochen werden kann. Dafür kann 3 18–23 in seiner griechischen Gestalt geradezu als ein „Stück der alexandrinisch-ägyptischen Kulturgeschichte“ (a.a.O. 211) gedeutet werden.

Mit der Verwendung von סור hi. hat der Ergänzer jesajanische Dik- 3 18a
tion aufgenommen (1 16.25 3 1 5 5). Das Verb wird gerne verwendet für die Beseitigung der Götzen (Gn 35 2 Jos 24 14.23 Ri 10 16 1 S 7 3.4 u.ö.). Luxus in Schmuck und Toilette steht dem Verfasser auf einer Linie mit dem Götzendienst – religionsgeschichtlich gesehen, haben ja auch einzelne der aufgezählten Schmuckstücke ihren Ursprung im Kult oder in der Magie.

עכסים, mit denen die Aufzählung beginnt, sind Fußspangen oder 18b
Knöchelringe aus Bronze, die von Männern und Frauen getragen werden (s. Dalman a.a.O. 350, BRL 168; vgl. arab. *ʿakasa* „pedem collumque cameli fune colligavit“). Nach Compston (a.a.O. 321) sollen sie, um die Aufmerksamkeit auf ihre Trägerinnen zu lenken, oft mit Glöckchen versehen gewesen sein; Abb. bei Benzinger a.a.O. Nr. 104.106. – שביסים wird traditionell mit „Stirnbänder“ übersetzt (so noch Hempel, Wört., KBL, Fohrer, Kaiser). Nachdem das Ugaritische die Existenz des Wortes *špš* = hebr. שֶׁמֶשׁ erwiesen hat (Aistleitner, Wört.[2] Nr. 2667, vgl. auch die akkad. Personennamen *Šapši* und *Šapša*), kann kein Zweifel mehr bestehen, daß die schon von Schroeder (a.a.O. 23ff. mit Verweis auf arab. *šabîsa* und die bei Plinius, Nat. Hist. XII, 14 § 63 erwähnte arab. Gottheit *Sabis*) vertretene Bedeutung „Sönnchen“ vorzuziehen ist, zumal gleich nachher von „Möndchen“ gesprochen wird. Möglicherweise hat vandenBranden recht, wenn er שביס als arab. Lehnwort betrachtet (Sonne heißt westsem. *šmš* bzw. *špš*, aber südsem. *šms* bzw. dialektisch *šbs*, a.a.O. 88f.; s. ferner JWJack, ExpT 45, 1933/34, 501 und JGray, The Legacy of Canaan: VTSuppl 5, 1957, 191); Abb. bei Jirku a.a.O. Tafel 57, Nötscher a.a.O. Nr. 68a, AOB[2] Nr. 218, 21 und 224. – Daß שהרונים „Möndchen“ heißt, ist unbestritten, vgl. שהר als Name des Mondgottes auf der *zkr*-Stele von *Āfis* (Donner-Röllig, KAI Nr. 202 B 24) u.ö. in

aram. Inschriften mit Kognaten in andern semitischen Sprachen; Abb.
bei Benzinger Nr. 101, Nötscher Nr. 68a, BRL 27 Nr. 15. Möndchen sind
auch Ri 8 21.26 erwähnt als Kriegsbeute, die Gideon den Midianitern
abgenommen hat; nach der ersten Stelle wurden sie auch Kamelen um
den Hals gehängt. Den Trägerinnen wird es nicht mehr bewußt gewesen
sein, daß es sich bei diesen Schmuckstücken um Symbole der Sonnen- und
Mondgottheit handelte und sie als solche religiöse Bedeutung hatten (als
3 19 Amulette oder als Garanten der Fruchtbarkeit). – Die נטיפות haben
ihren diesmal gut hebr. Namen von ihrer Form: נטף „tropfen", נֶטֶף
„Tropfen". Man pflegt „Ohrgehänge" o.ä. zu übersetzen. Nach Dalman (a.a.O. 350) befestigte man die נטיפות aber nicht nur an Ohrringen,
sondern wie die Möndchen (man müßte beifügen: und Sönnchen) auch
an der Halskette. Ihre Form legt nahe, daß sie hauptsächlich aus Perlen
bestanden (Ges-Buhl); Abb.: BRL 27 Nr. 17 und 399 Nr. 11–14, vielleicht auch 7–9, vgl. ferner Benzinger Nr. 101.– Die שירות sind Armbänder oder Armspangen (s. BRL 30ff.). Das Wort geht auf akkad.
sewiru zurück (HZimmern, Akkadische Fremdwörter, ^{2}1917, 38, vgl. auch
arab. *siwar*, plur. *'asāwir*; syr. *ši'râ*, aram. שֵׁירָא), was wieder den fremd-
ländischen Kultureinfluß beweist. Abb.: BRL 31 Nr. 1–9, Nötscher Nr.
68b, AOB^{2} Nr. 636, 3. – Nach den Schmuckstücken aus Metall folgen die
Kleidungsstücke. Zunächst die רעלות, für welche die Übersetzung
„Schleier" üblich ist. CRabin (The Zadokite Documents, 1954, 51)
macht aber darauf aufmerksam, daß diese Bedeutung erst im späteren Mittelalter aufgekommen ist und daß vorher das Wort als „Klin-
gel, Schelle" verstanden wurde (s. auch Saadja: *ǧalāǧil* „Klingeln", nach
Dalman a.a.O. 331), wofür man רעל, das im ho. wohl „geschüttelt werden" bedeutet, als Hinweis beiziehen kann. vandenBranden (a.a.O. 90)
schlägt die Übersetzung „Halsband" vor, weil in der Liste immer noch
von Schmuck- und nicht von Kleidungsstücken die Rede sei. Aber arab.
ra'l „ist ein zweiteiliges Kopftuch, dessen einer Teil oberhalb der Augen
über den Kopf geworfen wird, während der andere unterhalb der Augen
bis auf die Brust herabhängt" (Dalman a.a.O. 331). So wird man gut
tun, doch bei der überlieferten Wiedergabe mit „Schleier" zu bleiben.
Zu den verschiedenen Arten von Schleiern s. Benzinger 84f. und die
20 dort angegebenen Darstellungen. – פאר scheint ein ägypt. Fremdwort
(*pjr*) zu sein und „Kopfbund, Turban" zu bedeuten. Obwohl vandenBranden (a.a.O. 90) für die Übersetzung „Diadem" oder „Krone"
plädiert, empfiehlt sich auch hier, bei der üblichen Wiedergabe zu
bleiben. Der Priester trägt den פאר (Ex 39 28), der Bräutigam setzt ihn auf
(Jes 61 10); ist man in Trauer, legt man ihn beiseite (Ez 24 17.23 Jes 61 3);
Abb. bei Benzinger Nr. 84–87, Jirku Tafel 61 und 63 oben. – צעדה heißt
„Schreiten", der Plural צעדות wird meist als „Schrittkettchen" verstanden; KBL denkt an „klirrende Reifen an den Knöcheln". Nach

Dalman aber (a.a.O. 350f.) sollen die Kettchen an den Füßen lange
Schritte verhindern, sie „halfen den Damen zu einem koketten Trippeln“
(Kaiser, vgl. Nötscher 67f.). – Bei קִשֻּׁרִים gehen die Meinungen wieder
stark auseinander. Traditionell übersetzt man mit „Gürtel“ (so noch
Hempel, Wört.). Aber קשר bedeutet kaum „gürten“, sondern „anbin-
den“. Nach Jer 2 32 trägt die Braut קִשֻּׁרִים. Saadja denkt an „Halsketten“
(Dalman a.a.O. 350), aber 𝔊 übersetzt in Jer 2 32 mit στηθοδεσμίς, so daß
KBL die Übersetzung „Brustbinden“ (Fohrer: „Brustbänder“) bietet. –
Sehr umstritten ist auch בית הנפש. 𝔊 läßt das Wort aus, Σ übersetzt mit
τα σκευα της εμπνοιας, 𝔅 mit olfactoriola, und danach denken die meisten
neueren Übersetzer an „Riechfläschchen, Parfümfläschchen“. Aber נפש
heißt im Alten Testament nie Parfüm, und von den Parfümfläschchen,
die archäologisch nachgewiesen sind, läßt sich kaum vorstellen, daß sie
als Schmuck getragen worden sind (s. das elfenbeinerne Parfümfläschchen vom *tell ed-duwēr* bei Jirku Tafel 65). Daß akkad. *nipšu* „Parfüm“
bedeutet, ist unsicher, und für ugar. *npš* läßt sich (gegen Gray a.a.O. 191)
die Übersetzung „Parfüm“ nicht erhärten. Schon JGFrazer (Folk-Lore
in the Old Testament, II, 1919, 514) dachte an Amulette wie neuestens
auch DLys (Nèphèsh: EHPhR 50, 1959, 147). vandenBranden (a.a.O.
91ff.) möchte בתי הנפש vom צרור החיים (1 S 25 29) her verstehen, den er als
einen Behälter deutet, der die „Seele“ dessen, der ihn trug, schützen
sollte. – לחש heißt sonst „Beschwörung“, s.o.S. 123 zu 3 3. Hier und vielleicht auch in 26 16 ist damit ein Mittel zur Beschwörung gemeint,
d.h. doch wohl ein Amulett. vandenBranden denkt an Täfelchen, auf
die eine magische Formel geschrieben wurde und die man als Anhänger
um den Hals trug. KBL schlägt allerdings „summende Muscheln“ vor
(so schon SFraenkel, Die aramäischen Fremdwörter im Arabischen, 1886,
59). לחש heißt zwar zunächst „flüstern“, aber damit allein ist diese Deutung kaum zu rechtfertigen. Mag sein, daß solche Amulette auch an
Armbändern und Halsketten befestigt wurden; Abb.: AOB^2 Nr. 555ff.,
BRL 25ff., BHHW 90. – טבעות gehört zusammen mit akkad. *ṭimbu'u* oder 3 21
ṭimbūtu und arab. *ṭâbi'*, vgl. ägypt. *ḏb'.t*, „Siegel“, ist im Hebräischen also
wieder ein Fremdwort. Der Siegelring gehört zur Ausrüstung einer Amts-
person (Gn 41 42 Est 3 10 u.ö.). Eine טבעת kann aber auch wie δακτύλιος in
Jdt 10 4 ein gewöhnlicher Fingerring sein; Abb.: Benzinger Nr. 98, Nötscher Nr. 80, AOB^2 Nr. 574. 613, 27. Man trägt auch Ringe an der Nase:
נזמי האף. נֶזֶם für sich ist ein allgemeines Wort für Ring, wie Ri 8 24–26
zeigt, und kann speziell für Ohrringe verwendet werden (Gn 35 4).
Es bedeutet aber auch für sich allein schon „Nasenring“ (Gn 24 22 u.ö.);
Abb.: Benzinger Nr. 103, s. auch AOB^2 Nr. 144. Bei archäologischen Fun-
den sind Nasen- und Ohrringe kaum zu unterscheiden, s. BRL 399f. – Das 22
Wort מחלצות wird mit akkad. *ḫalṣu* „rein“ und arab. *ḫalaṣa* „rein, weiß
sein“ zusammenhängen (gegen Dalman a.a.O. 209, der das Wort von

חלץ hi. „ausrüsten" ableiten will). Daß reine, weiße Kleider gemeint sind, zeigt der Gegensatz „schmutzige Kleider" in Sach 3 4 (s. Hönig a.a.O. 115). Der Übergang zu „Festkleider" ist leicht denkbar. – Ebenso kann bei מעטפות die Ableitung von עטף „sich einhüllen, sich umhüllen" nicht zweifelhaft sein; das Wort muß also „Hüllen" bedeuten, d.h. etwa „Überkleider" (Ges-Buhl, KBL), „Obergewänder" (Hönig a.a.O. 118), „Kleider mit langen Ärmeln" (Compston a.a.O. 326, vgl. arab. *'iṭāf* und *mi'ṭaf* „Mantel"). Ob man an ein Gewandstück ähnlich dem eines Mädchens auf einer Elfenbeinplakette aus Megiddo (s. Wright a.a.O. Abb. Nr. 136 und Jirku Tafel 60, s. auch Benzinger Abb. Nr. 79) denken darf? – Ähnlich mögen die מטפחות ausgesehen haben. Von טפח I „ausbreiten" abzuleiten, muß das Wort „Umschlagtuch, Überwurf" heißen; das Kleidungsstück wird einfach aus einem großen Tuch bestanden haben (vgl. Rt 3 15). – Auch für חריט gibt Hempel, Wört., die Bedeutung „Umschlagetuch" an, während es in der Regel als „Geldbeutel, Tasche" o.ä. gedeutet wird, was jedenfalls von 2 Kö 5 23 her (𝔊: θύλακος „Sack") naheliegt (vgl. arab. *ḫariṭa* „lederner Beutel"), wobei möglicherweise eine sol-
3 23 che „Börse" einfach aus einem Tuch bestand. – Bei גלינים gehen die Auffassungen wieder weit auseinander. Für 8 1 wird die Bedeutung „Papyrusblatt" (KGalling, ZDPV 56, 1933, 211ff.), „Plakat" (placard) (GR Driver, Semitic Writing, ²1954, 80.229) oder „Schreibtafel" (KBL) vorgeschlagen. An unserer Stelle pflegt man nach 𝔗 und 𝔙 mit „Spiegel" zu übersetzen. Da aber vor- und nachher von Kleidungsstücken die Rede ist, begegnet diese Auffassung berechtigten Bedenken. 𝔊 übersetzt mit διαφανῆ Λακωνικά, was „durchsichtige Gewänder" bedeutet. FEPeiser (ZAW 17, 1897, 348) hat das arab. *galwa* „feines, seidenes Gewand" zur Erklärung herangezogen und auf akkad. *gulīnu* „Obergewand" verwiesen; akkad. *gulīnu* ist andererseits wohl mit hebr. גְּלוֹם „Mantel, Überwurf" gleichzusetzen (s. AHw 296f.). Möglicherweise ist גלמים in גלינים verlesen und dann nach גִּלָּיוֹן „Spiegel" vokalisiert worden. – Akkad. Herkunft ist סדינים = *saddinu* o.ä. (Zimmern a.a.O. 36f.). Dessen genaue Deutung steht wieder nicht fest, zumal es nicht sicher ist, daß das Wort mit griech. σινδών „feine indische Leinwand" zusammengehört. Man pflegt mit „Unterkleid, Hemd" o.ä. zu übersetzen. Daß סדין nicht nur einen Stoff meint, sondern das Werk fleißiger Hausfrauenarbeit bezeichnet, zeigt Prv 31 24, und die Kostbarkeit des Kleidungsstückes ergibt sich aus Ri 14 12; Abb. bei Benzinger Nr. 58ff. – Ein צניף ist ein Kopfbund oder Turban, und da das Wort zu צנף „umwickeln, umbinden" gehört, muß es sich um eine Kopfbedeckung handeln, „bei welcher das Tuch mehrfach umgeschlungen wird" (Dalman a.a.O. 258). Er wird von Königen getragen (Jes 62 3 Sir 11 5 47 6), ist aber neben dem verwandten מצנפת auch Kopfbedeckung des Hohenpriesters (Sach 3 5 Sir 40 4). Vom פאר (s.o.S. 142 zu 20) wird er sich kaum stark unterscheiden, zumal auch jener Kopfbedeckung des

Priesters ist. – Als letztes dieser Bekleidungsstücke wird der רדיד genannt; auch das ist wohl eine Art Überwurf (𝔊: θέριστρον κατάκλι(σ)τον „leichtes, wallendes Sommerkleid"), wie Cant 5 7 deutlich erkennen läßt, vielleicht ein Tuch, das man über den Kopf hängte.

Die auffallend vielen Bezeichnungen, die letztlich ausländischer Herkunft sind, erinnern an die Klage Zephanjas über „die Fürsten, die Königssöhne und alle, die sich kleiden in fremdländische Kleider" (1 8). Die vorliegende Liste verrät jedenfalls deutlich den Einfluß des Hofes auf die Lebensführung der höhergestellten Bewohner der Hauptstadt. Ungewollt ist sie Zeugnis dafür, wie stark sich Israel von ausländischer Sitte bestimmen ließ. Es ist aber unmöglich festzustellen, wie groß der Kreis derer war, die sich solchen Luxus leisten konnten. Man hat den Eindruck, daß der Ergänzer die Worte Jesajas unterstreichen wollte, dabei aber die wirkliche Situation verzeichnete. Es wird hier jedoch etwas vom Horizont sichtbar, in dem die Klagen der Propheten über die Ausbeutung der Bevölkerung durch die Herrenschicht ertönten. Aus welcher Zeit die Aufzählung stammt, ist nicht zu bestimmen, es ist aber deutlich, daß der fremdländische Einfluß vorwiegend aus dem babylonischen Kulturkreis kommt. Man wird also vielleicht an die spätere Königszeit denken dürfen.

Ziel

Gerade ein Vergleich mit dem Einschub 18–23 zeigt die Eigenart der Polemik Jesajas. Der Prophet wendet sich nicht gegen den Luxus an sich. Sein Thema ist auch nicht das asoziale Verhalten der Frauen (anders als in Am 4 1–3), sondern der Hochmut der Jerusalemerinnen. An sich könnten schöne Kleider mit entsprechenden Zutaten Ausdruck der naiven, natürlichen Freude der orientalischen Frau, sich zu schmücken, sein. Aber das Verhalten der „Töchter Zions" ist Symptom eines Geltungsdranges, der den Mitmenschen nicht achten, und einer Hochfahrenheit, in der gefangen sich der Mensch vor Gott nicht beugen kann. Über eine solche Geisteshaltung muß jener Gottessturm einherfahren, der alles Hochragende niederschmettern wird.

FRAUENNOT IN DER KRIEGSVERHEERTEN STADT

(3 25–4 1)

Literatur K Galling, Die Ausrufung des Namens als Rechtsakt in Israel: ThLZ 81 (1956) 65–70.

Text **25 Deine Männer fallen durchs Schwert**
und deine Helden in der Schlacht.
26 Da werden ihre Tore[a] klagen und trauern,
und vereinsamt sitzt sie am Boden.
4 1 Und sieben Frauen ergreifen dann
einen Mann [a][an jenem Tage][a]
und sagen: Wir essen unser (eigenes) Brot
und kleiden uns in unser (eigenes) Gewand[b],
wenn nur dein Name genannt wird über uns;
nimm hinweg unsere Schmach!

3 26 **26a** 𝔊 liest für פְּתָחֶיהָ θῆκαι. Das ist aber innergriechischer Fehler für θύραι
4 1 (so Σ). – **4 1a–a** ביום ההוא fehlt in 𝔊 und wird sekundärer Zusatz sein, wie das bei dieser Formel oft der Fall ist. – b Der Plural שִׂמְלֹתֵינוּ, den manche MSS und die Versionen lesen, dürfte kaum ursprünglich sein.

Form Die Abgrenzung des Abschnittes ist umstritten und mit der Echtheitsfrage verknüpft. Da auch hier Gericht über Frauen angekündet wird, faßt man die Verse vielfach als Fortsetzung der vorhergehenden auf. Aber die Suffixe stehen in 25 in der 2. Pers. sing. fem. Es muß eine Stadt, und zwar höchst wahrscheinlich Jerusalem, angeredet sein. Vermutlich ist der Anfang des Wortes bei der Kombination mit dem vorhergehenden Abschnitt weggefallen. In 26 wechselt allerdings die Person zur 3. sing. fem. Möglicherweise ist das Suffix von פתחיה an diejenigen von 25 anzugleichen, eher wird man aber anzunehmen haben, daß traditionsgegebenes Gut nicht völlig ausgeglichen wurde. Man hat allerdings auch andere Lösungen vorgeschlagen. So stellt Duhm, dem Marti folgt, 4 1 noch zu 16f. 24 und erklärt 25f. als unecht. Aber 4 1 schließt doch nicht ohne harten Bruch an 24 an, und mit der Halbzeile in 24b ist auch äußerlich das Ende des Abschnittes markiert. Duhm meint allerdings, in 26 sei das Schicksal der unbekannten Stadt zu elegisch ausgemalt, als daß die Verse von Jesaja stammen könnten. Damit traut er aber seinem subjektiven Empfinden zuviel Urteilskraft zu. – Die Begründung der Unheilsankündigung fehlt. Vielleicht ist sie vom Kompilator, der offensichtlich die Absicht hatte, in 3 16–4 1 Worte über die Frauen Jerusalems zusammenzustellen, ausgeschaltet worden. Typisch für Jesajas Stil ist, daß die Situation zuerst in allgemeinen, mehr oder weniger traditionellen Wendungen dargestellt (25f.), dann durch einen lebendigen, höchst wirklichkeitsnah gesehenen kleinen Ausschnitt grell illustriert wird (4 1).

Metrum: In 25 haben wir einen Fünfer, in 41 drei Fünfer, in 26 einen Sechser.

Nach dem oben Ausgeführten bleiben keine durchschlagenden Grün- Ort
de gegen die jesajanische Herkunft. Der Abschnitt ist wohl, auch vom chronologischen Gesichtspunkt aus gesehen, mit Recht an die übrigen Teile des Kapitels angeschlossen.

In der Tradition des heiligen Krieges spricht man davon, daß die Wort 3 25
Feinde „durch das Schwert fallen" werden (gewöhnlich לפי־חרב) oder daß Israel seine Feinde „durch die Schärfe des Schwertes schlagen" werde (Jos 8 24 u.ö.). Das Motiv ist aber auch unter die Segensverheißungen der Bundestradition aufgenommen worden (Lv 26 6ff.). Andererseits konnte man umgekehrt bei den Unheilsandrohungen dieser Tradition wohl schon früh davon sprechen, daß der Feind bzw. Jahwe Israel durch das Schwert schlagen werde (Dt 28 22, s. auch Lv 26 25. 33. 36f.). Die Propheten haben das Motiv in seiner negativen Verwendung aufgegriffen (2 Kö 8 12 Am 4 10 7 9. 11. 17 9 1. 10 Hos 7 16 11 6 14 1 Mi 6 14, s. auch Jes 1 20). Es wird kein Zufall sein, daß Jesaja in diesem Zusammenhang von מתים spricht (s. auch 5 13). Das ziemlich seltene Wort wird gern verwendet, wo von der Vollstreckung des Bannes gehandelt (Dt 2 34 3 6) oder wo in der Bundestradition angekündigt wird, daß in der Gerichtskatastrophe nur wenige übrigbleiben werden (Dt 4 27 28 62). Diesen מתים stellt Jesaja im 2. Hemistich die גבורה zur Seite. Das in dieser Verwendung singuläre Wort steht für das konkrete גִּבּוֹרִים, hier gewiß nicht im engern Sinn von „Leibwache" (s.o.S. 121 zu 3 2), sondern in der allgemeinen Bedeutung „Soldat", vgl. die häufige Verbindung גבורי החיל (Jos 1 14 6 2 u.ö.). Die Übersetzung mit „Jungmannschaft" und dementsprechend die Deutung als „unverheiratete junge Männer" – im Gegensatz zu den verheirateten מתים – ist nicht gerechtfertigt (gegen Fohrer). Beide Begriffe sind hier faktisch synonym.

Die überlieferungsgeschichtlichen Zusammenhänge, aus denen 25 26
herkommt, machen es dem Hörer sofort klar, in welch umfassendem Sinn Jesaja vom Jahwegericht sprechen will. Er wendet sich allerdings nicht an Israel, sondern an Jerusalem und unterstreicht die Bedeutungsschwere des kommenden Unheils durch V. 26, der von der Trauer der Stadt bzw. ihrer „Tore" spricht. Statt des gewöhnlichen שערים ist von פתחים „Eingängen" die Rede, wie Jos 8 29 1 Kö 17 10. Häufiger spricht man von פתח השער u.ä., z.B. Ri 9 35 (zu den פתחים vgl. noch Ps 24 7. 9). – Das seltene אנה I (nur noch 19 8) ist eines der Verben für die Trauer um einen Toten, was die Verwendung der Substantive אֳנִים „Trauerzeit" und אֲנִיָּה „Klage" (immer zusammen mit תַּאֲנִיָּה Jes 29 2 und Thr 2 5) zeigt. Wie an

der vorliegenden Stelle steht auch in 19 8 das geläufige Synonym אבל I dazu in Parallele. Der Israelit spricht von der Trauer der Erde bzw. des Landes (Hos 4 3 Jes 24 4 33 9 Jl 1 10) oder etwa von derjenigen der Auen der Hirten (Am 1 2). Jahwe kann aber auch Bollwerke und Mauern einer Stadt in Trauer versetzen (Thr 2 8). Oder wie die Wege zum Zion trauern können (Thr 1 4), so hier die „Eingänge" in die Stadt. Schwieriger ist der zweite Hemistich zu verstehen, und zwar weil die genaue Deutung von נקה unsicher ist. 𝔊 liest καὶ καταλειφθήσῃ μόνη; KBL gibt, aber nur für unsere Stelle, die Bedeutung „(der Männer) beraubt sein" an. Hempel, Wört., will den Text ändern in נֶחָתָּה, und Ges-Buhl schlägt die Übersetzung „ausgeräumt, verheert sein" vor, was offensichtlich auch nur gerade für die vorliegende Stelle erschlossen ist. Da die Grundbedeutung des Verbums „blank, rein, bloß sein" ist, dürfte eher gemeint sein, daß die als trauerndes Weib vorgestellte Stadt einsam als kinderlose Witwe am Boden sitzt, vgl. Thr 1 1: יָשְׁבָה בָדָד הָעִיר רַבָּתִי עָם הָיְתָה כְּאַלְמָנָה רַבָּתִי בַגּוֹיִם. Vgl. auch 2 10 und Jes 27 10. נקתה muß also etwa die Bedeutung von בָּדָד oder auch von שַׁכּוּל „der Kinder beraubt" (2 S 17 8 = Hos 13 8 = Prv 17 12 Jer 18 21, vgl. Jes 49 21) haben. KBL hat demnach grundsätzlich das Richtige getroffen, aber es ist keineswegs nur an Trauer um den Mann, sondern ebensosehr um die Söhne und die weiteren Sippenangehörigen zu denken. Das Sitzen auf dem Boden gehört zum Trauerritus (vgl. Gn 23 2f. 2 S 12 17 13 31 Ez 26 16 Thr 2 10 Est 4 3). Auch bei den alten Ägyptern und Babyloniern ist der Brauch bezeugt (s. dazu HJahnow, Das hebräische Leichenlied: ZAWBeih 36, 1923, 7).

4 1 Die Trauer entspringt nicht so sehr der Anhänglichkeit an die Toten, als der eigenen verzweifelt gewordenen Situation. Keinen Mann und keine Söhne mehr haben heißt schutzlos sein, was gerade in Kriegszeiten für die Frau höchst prekär ist. So stürzen sich „sieben Frauen" auf einen Mann, um ihn zu bewegen, sie als Gattinnen anzunehmen. Die Siebenzahl ist nicht wörtlich zu nehmen, die Absicht Jesajas, die Situation recht drastisch auszuziehen, ist in Rechnung zu stellen. Natürlich setzt der Satz die Vielehe voraus: Auch ein verheirateter Mann kann zu seiner Frau noch Nebenfrauen hinzunehmen. Polygamie war im alten Israel allerdings nicht die Regel (vgl. deVaux a.a.O. I, 46 und WPlautz, Monogamie und Polygynie im Alten Testament: ZAW 75, 1963, 3–27). Nach der Dezimierung der männlichen Bevölkerung in Kriegszeiten war sie als natürliches Ventil für den Frauenüberschuß wirksam, in normalen Zeiten hingegen bedeutete der Besitz mehrerer Frauen eine nicht zu unterschätzende finanzielle Belastung: Der מֹהַר ist zu bezahlen, der nach Dt 22 29 50 Sekel Silber beträgt. Der Mann ist verpflichtet, für Nahrung (שְׁאֵר) und Kleidung (כְּסוּת) seiner Frauen zu sorgen und ihnen den ehelichen Umgang (עֹנָה) nicht zu entziehen (Ex 21 10). Aber die regulären Ordnungen gelten in Kriegszeiten nicht mehr.

Vom מֹהַר kann schon gar nicht die Rede sein. Doch auch für Nahrung und Bekleidung, hier mit לחם und שׂמלה umschrieben, wollen die Frauen selbst sorgen; sie können es auch, da sie unter Umständen die einzigen Überlebenden ihrer Familie sind. Sie haben nur ein Anliegen: daß der Name des Mannes über ihnen „ausgerufen" werde. Das heißt nicht: „wenn wir nur deinen Namen führen dürfen" o.ä., wie oft übersetzt wird; die Frau trägt auch in der Ehe nach wie vor ihren eigenen Namen. קרא שם פ״ על פ״ „den Namen jemandes über einen oder etwas ausrufen" bezeichnet einen präzisen Rechtsakt, der Satz ist juristische Formel beim Eigentumswechsel (Galling a.a.O. 67, s. auch Köhler, TheolAT^4 15). Er weist zurück auf den altertümlichen Brauch, der auch bei einer Eheschließung, die formal wie ein Kauf vor sich ging, geübt wurde: der Namensausruf war abschließende Bestätigung des Ehehandels (HJ Boecker, Redeformen des Rechtslebens im Alten Testament: WMANT 14, 1964, 167f.). Man darf aus der Verwendung der alten Formel keine Schlüsse über das Verständnis der Ehe zur Zeit Jesajas ziehen. Gerade die vorliegende Stelle zeigt, daß die rechtliche Seite der Eheschließung in ihrem Wesen nicht mehr der Kauf, sondern die Unterstellung der Frau unter den Schutz und die Verantwortung des Mannes war (s. dazu WPlautz, Die Form der Eheschließung im Alten Testament: ZAW 76, 1964, 298–318). Es liegt den Frauen daran, daß ihre „Schmach" von ihnen genommen werde. Duhm meint, daß der Anfang von 4 1 in Sach 8 23 „seltsam genug nachgeahmt" sei (ähnlich Marti u.a.). Das wird man bezweifeln müssen; jener Vers zeigt aber, wie Hilfesuchende sich durch den Anschluß an Männer von Ansehen und Macht zu sichern suchten. – Zu den Dingen, die der israelitische Mensch als Schmach empfindet, gehören Schändung (2 S 13 13) und Kinderlosigkeit. Als Rahel nach langem Warten einem Sohn das Leben schenkt, spricht sie: „Gott hat meine Schmach von mir genommen" (אסף אלהים את־חרפתי Gn 30 23). Dem als vereinsamte Frau dargestellten Zion wird in Jes 54 4 verheißen: בֹּשֶׁת עֲלוּמַיִךְ תִּשְׁכָּחִי וְחֶרְפַּת אַלְמְנוּתַיִךְ לֹא תִזְכְּרִי־עוֹד. Auch Witwenschaft wird also als Schmach empfunden. Leider ist das genaue Verständnis des damit parallelen בשת עלומיך nicht gesichert. עלומים für sich heißt sonst etwa „Jugendkraft", der Ausdruck dürfte aber die Schande meinen, in der sich eine Frau glaubt, die keinen Mann gefunden hat (vgl. Jer 31 19). Die חרפה, von der die Frauen Jerusalems nach Jes 4 1 unter allen Umständen befreit sein möchten, besteht demnach in Witwenschaft und Ledigsein, vielleicht auch in Kinderlosigkeit und Vergewaltigung (vgl. dazu die erste Inschrift von *sefīre*, Donner–Röllig, KAI Nr. 222 A, 40–43).

Stellt man 4 1 für sich oder sieht man den Vers als Abschluß von Ziel
3 16f. 24, so kann man ihn nur dahin deuten, daß in ihm der Hochmut der jerusalemischen Frauen in seiner inneren Erbärmlichkeit demaskiert wird. „Jetzt stolz auf ihre hohe und sichere Stellung werden sie dann von

der Verzweiflung dazu gebracht, sich mit Beiseitesetzung des Schamgefühls dem ersten besten Mann an den Hals zu werfen..., um nur als Ehefrauen oder Nebenweiber einige Sicherungen vor den gemeinsten Insultierungen zu gewinnen“ (Duhm). Sieht man aber, wie wir es als richtig erachten, den Vers im Zusammenhang mit 3 25f., wird auch in 4 1 nicht gegen die Frauen polemisiert, sondern der Vers dient zur Veranschaulichung des furchtbaren Zusammenbruchs aller Ordnungen: Nachdem die Männer im Kampf gefallen sind, sehen sich die Frauen tiefster Erniedrigung ausgesetzt, so daß sie zu verzweifelten Mitteln greifen, um sich eine Existenz zu sichern, in der ihre frauliche Würde einigermaßen geschützt ist. Das Wort bleibt auch so eine Gerichtsankündigung. Aber aus ihr spricht die Erschütterung des Propheten und seines Gottes mit, daß es so weit kommen muß, und leise klingt das Erbarmen mit dem unglücklichen Weib Jerusalem an, welches beim zweiten Jesaja (54 1ff.) so stark zum Durchbruch kommt. Es ist bemerkenswert, daß Jesaja, der so scharf den Hochmut der Zionstöchter gegeißelt hat, hier zugleich die Notlage der Frau mit einem knappen Bild so tief auszuleuchten vermag.

DER HEILIGE REST AUF DEM VERHERRLICHTEN ZION

(4 2–6)

JBúda, *Ṣemaḥ Jahweh*: Bibl 20 (1939) 10–26. – GFohrer, Art. Σιών: ThW VII, 291–318. – JGBaldwin, *Ṣemaḥ* as a Technical Term in the Prophets: VT 14 (1964) 93–97. Literatur

2An jenem Tag wird, Text
was Jahwe sprossen läßt,
zur Zierde und Ehre
und die Frucht des Landes
zum Stolz und zum Schmuck
für die Entronnenen Israels[a].

* * * *

3Und was übrigbleibt in Zion und noch da ist in Jerusalem, soll heilig heißen; alles, was in Jerusalem zum Leben aufgeschrieben ist. 4Wenn der Herr[a] den Kot der Töchter[b] Zions abgewaschen hat und die Blutschuld Jerusalems aus seiner Mitte weggespült durch den Geist des Gerichts und den Geist der Säuberung[c], 5schafft[a] Jahwe über jeder Stelle des Berges Zion und über seinen Versammlungsplätzen am Tag eine Wolke und des Nachts Rauch und Glanz lodernden Feuers.

* * * *

[b]Denn über aller Herrlichkeit wird ein Schutzdach sein, 6und ein Laubdach wird dienen zum Schatten [am Tag] vor der Hitze[a] und zu Zuflucht und Obdach vor Wetterguß und Regenflut.

2a V[Qa] fügt hinzu ויהודה, was überflüssig ist, da in Israel Juda natürlich 4 2
eingeschlossen ist. – **4a** 𝔗 liest für אדני: יהוה. – b 𝔊: τῶν υἱῶν καὶ τῶν θυγατέρων, 4
eine durchaus verständliche Erweiterung: Warum sollte nur der Schmutz der Töchter und nicht auch der der Söhne Zions weggewaschen werden müssen? Aber der Ausdruck בנות ציון ist singulär, er findet sich außer in 3 16f., wo er seinen guten Sinn hat, nur noch in Cant 3 11 (vgl. auch בנות ירושלם in 1 5 u.ö.). בנות könnte im Blick auf die Töchter Zions von 3 16f. anstelle eines ursprünglichen בת getreten sein (so Procksch und neuerdings wieder Fohrer). Es ist aber wahrscheinlicher, daß 4 2ff. von Anfang an als Ergänzung zu 3 16ff. gedacht war, wobei bewußt בנות ציון aus 3 16 aufgenommen wurde. – c 𝔊 übersetzt ברוח בער mit πνεύματι καύσεως, danach Fohrer u.a. mit „Geist des Niederbrennens" o.ä. Im Zusammenhang liegt es aber näher, an die andere Bedeutung von בער pi. zu denken: „wegschaffen, säubern, läutern" (s.o.S. 133 zu 3 4). V[Qa] liest allerdings statt בער: סער „Sturmwind". Das ist kaum dem Einfluß von 2 12ff. zuzuschreiben (so Kaiser), da dort der Begriff סער gar nicht verwendet wird. רוח סערה ist ein fest geprägter Begriff (Ez 1 4 13 11. 13 Ps 107 25 148 8). Darum dürfte סער einem Abschreiber anstelle des schwierigen בער in die Feder geflossen sein. Wenig wahrscheinlich ist der Vorschlag von

Tur-Sinai (a.a.O. 164), die beiden רוח durch דּוּחַ „to purge“ und מִשְׁפָּט
4 5 durch מִשְׁטָף „ablution“ zu ersetzen. – **5a** Daß Jahwe eine Wolke und Rauch
„schafft“, ist eine singuläre Aussage, gewöhnlich lautet die Ankündigung,
daß er in Wolke und Rauch „kommt“ oder „herabfährt“, „erscheint“, „sich
zeigt“ u.ä., s. FSchnutenhaus, Das Kommen und Erscheinen Gottes im Alten
Testament: ZAW 76 (1964) 1–22. Es ist darum verführerisch, 𝔊 zu folgen, die
statt וברא wohl ובא (καὶ ἥξει) gelesen hat. Aber dann wäre vor ענן, עשן und
נגה ein ב zu erwarten. Dazu kommt, daß der vorliegende Abschnitt offensichtlich nicht von einer Jahweerscheinung sprechen will, sondern vom Schutz, den
Jahwe dem Zion nach dem Gericht angedeihen lassen will. Tatsächlich weiß
das Alte Testament auch sonst davon zu sprechen, daß Jahwe zum Schutz für
Israel Wolke und Feuer ausbreitete: פרשׂ ענן למסך ואשׁ להאיר לילה (Ps 105 39,
מסך von derselben Wurzel wie סכה in 6). Man wird also gut daran tun, auch
5.6 hier bei 𝔐 zu bleiben. – **5b–6a** 5b und 6a bieten dem Verständnis unüberwindliche Schwierigkeiten, die gewiß mit schwerer Korruption des Textes zusammenhängen. Es ist möglich, daß כבוד יהוה statt bloßem כבוד gelesen werden
muß, daß das vorhergehende כל nicht als st.cstr., sondern als selbständiges
Substantiv zu verstehen ist, daß der Vers 5 erst nach סכה zu Beginn von 6 zu
seinem Ende kommt oder dieses Wort mit 𝔊 zu streichen ist, wobei dann 6 mit
והיה zu beginnen hätte. Keiner dieser Emendationsversuche schlägt jedoch
durch, so daß es vorsichtiger ist, beim gegebenen Text zu bleiben – allerdings
im Bewußtsein, daß er kaum ursprünglich ist. יומם nach לצל, das in 𝔊 keine
Entsprechung hat, wird allerdings zu streichen sein; das Wort stammt aus 5.

Form

Die Abgrenzung von 42–6 ist klar. Der Abschnitt will zwar ohne Zweifel an die Gerichtsankündigungen von Kap. 3 anknüpfen und setzt ihnen bewußt ein Verheißungswort entgegen. Auch dieses handelt vom Geschick des Zion und dessen Töchter. Den vorher geschilderten unheiligen Vorgängen in der Gottesstadt stellt es die Aussicht gegenüber, daß einst alles, was dort noch übrig ist, heilig sein werde, der Bedrohtheit der Bewohner der Gottesstadt die Ankündigung von Schutz und Schirm. Aber wenn auch die Verse Kenntnis der vorangehenden Verkündigung Jesajas verraten, so ruft doch das vorher Dargelegte keineswegs nach dieser Fortsetzung. Sogar wenn man an der Jesajanität der Verse festhalten wollte (siehe dazu unten), müßte man zugestehen, daß es sich um einen selbständigen Zusatz handelt, der von Jesaja in ziemlicher zeitlicher Distanz, aus einer andern Situation heraus und unter ganz andern geistigen Voraussetzungen gesprochen sein müßte. „Der Stil ist so schleppend, weitschweifig und ungeschickt wie in keinem vorexilischen Prophetenbuch“ (Duhm).

Nicht einfach zu lösen ist die Frage der Einheitlichkeit des Abschnittes. Daß dieser eine kerygmatische Ganzheit darstellt, ist zwar nicht zu bezweifeln. Das schließt aber nicht aus, daß auch dieses kurze Stück seine Geschichte hat. Rein formal fällt auf, daß 2 ein Metrum (zwei Zeilen mit je 3 Zweiern) aufweist. Erst recht zeigen die Parallelismen, die in 2a und 2b einander entsprechen, daß man den Vers nicht als Prosa lesen darf. Das übrige ist aber eindeutig prosaisch (gegen Procksch, der glaubt, wenigstens in 3 ebenfalls ein Versmaß feststellen zu können). Dazu kommt, daß 2 von der gottgeschenkten Fruchtbarkeit des Landes spricht, 3f. aber von der Reinheit und Heiligkeit des auf dem Zion übriggebliebenen Restes. והיה zu Beginn von 3 setzt auch formal neu ein. In 5b und 6 wird ein noch späterer Glossator am Werke sein. Es scheint diesem Ergänzer wichtig gewesen zu sein, daß man im Jerusalem der Heilszukunft auch vor jeder Unbill der Witterung geschützt sein wird. Bei der Fragwürdigkeit des überlieferten Textes ist hier allerdings eine sichere Entscheidung über die Komposition des Abschnittes kaum möglich. Das Wahrscheinlichste bleibt, daß das ursprüngliche, in zwei Sechsern abgefaßte Verheißungswort von 2 zunächst durch 3-5a und später noch einmal durch 5b. 6 erweitert worden ist.

Die Frage der Echtheit, die auch hier wieder mit derjenigen Ort
der Einheitlichkeit des Stückes zusammenhängt, ist umstritten. Rein formal spricht dagegen: Die Einleitung ביום ההוא (s.o.S. 111 zu 2 17), von 3 ab die prosaische Form und schließlich die Beobachtung, daß die drei Kapitel 2–4 eine Teilsammlung von Jesajaworten darstellen, solche Sammlungen aber gerne mit sekundären Heilsworten abschließen. Beim komplexen Charakter des Stückes könnte es allerdings sein, daß wenigstens ein Grundbestand auf Jesaja zurückginge. So nimmt Mauchline an, daß die Verse 5f. aus einer andern Situation stammen als 2–4 und daß es im Unterschied zu diesen zweifelhaft ist, ob sie auf Jesaja zurückgehen. Ähnlich haben schon BStade (ZAW 4, 1884, 149–151) und KBudde (ZAW 50, 1932, 44ff.) an der Authentizität von 2-4 ausdrücklich festgehalten, wenn sie auch als ursprüngliche Reihenfolge, an 1 anschließend, 4. 3. 2 angenommen haben, während sie 5f. Jesaja absprachen. Dillmann plädierte für die Echtheit von 2-5a, und Procksch hat wenigstens 2f. für jesajanisch betrachtet. Schließlich könnte man durchaus den Versuch unternehmen, wenigstens noch den poetischen Vers 2 für Jesaja zu retten (s. OEißfeldt, Einleitung in das Alte Testament, [3]1964, 426). Aber es hat sich doch, vor allem seit Duhm, ein weitgehender Konsensus darüber ergeben, daß der ganze Abschnitt als sekundär zu betrachten ist (Marti, Kaiser, Fohrer, Eichrodt, Leslie 203f., AWeiser, Einleitung in das Alte Testament, [6]1966, 171f., RHPfeiffer, Introduction to the Old Testament, 1953, 439, CKuhl, Die Entstehung des Alten Testamentes, 1953, 183). „Ch. 4 is mosaic of *clichées* from different sources, bearing the mark of epigonism" (ABentzen, Introduction to the Old Testament, II, [2]1952, 108). Dieses Urteil hängt natürlich von der Exegese ab, die das summarische Urteil Duhms zu überprüfen hat, daß „die Vorstellungen von der 'Heiligkeit' der 'Entronnenen Israels', vom Geist des Gerichts und der 'Abspülung' der Unreinheit durch Jahwe, von der sinnlich wahrnehmbaren Gegenwart Gottes über der Festversammlung und die Anspielung auf seine analoge, vorbildliche Gegenwart über der mosaischen Stiftshütte

sämtlich nachexilisch“ sind. Kaisers Meinung, daß „selbst eine Entstehungszeit im dritten oder frühen zweiten vorchristlichen Jahrhundert nicht ausgeschlossen“ sei, hängt andererseits mit einer Gesamtkonzeption der Entstehungsgeschichte des Jesajabuches zusammen, die kaum zu halten sein wird. Wir müssen es beim allgemeinen Urteil „nachexilisch“ bewenden lassen.

Die Ausgestaltung des Jesajabuches mit solchen Zusätzen, die Heil ankünden und damit bei aller Härte der vorangegangenen Gerichtsworte das Ziel der Geschichte Jahwes mit seinem Volk fixieren, ist offensichtlich nicht gelehrte Schreibtischarbeit, sondern herausgewachsen aus dem liturgischen Gebrauch der prophetischen Schriften in den Versammlungen der Gemeinde zur Zeit des zweiten Tempels (vgl. Kap. 12). Solche Abschnitte sind damit Zeugen der Auseinandersetzung der Judenschaft der nachexilischen Zeit mit dem bereits zur Offenbarungsquelle kanonischen Charakters werdenden Prophetenwort.

Wort 4 2 Von grundlegender Bedeutung für das Verständnis der Stelle ist die richtige Erfassung von צמח יהוה. 𝔊 bietet ἐπιλάμψει ὁ θεὸς und scheint eine Ableitung von צחח gelesen oder צמח nach aram. צמחא „Glanz“ verstanden zu haben (Ziegler a.a.O. 107; vgl. Gray), falls es sich nicht einfach um eine freie Übersetzung handelt. ’ΑΣΘ lesen ανατολη κυριος, 𝔙 germen Domini, 𝔖 *denḥeh d*^{e}*mārjâ* (Erscheinung, Glanz des Herrn). An 𝔐 dürfte nicht zu rütteln sein. Das Targum, das gewiß צמח gelesen hat, übersetzt mit משיחא דיהוה, d.h., es hat das Wort als messianischen Titel verstanden. Die mittelalterlichen Ausleger (Kimchi, Lyra u.a.), aber auch neuzeitliche Exegeten wie Hengstenberg, Delitzsch, deLagarde u.a. vertraten ebenso die messianische Deutung, wobei ESellin glaubt, daß der Davidide Serubbabel gemeint sei (Serubbabel, 1898, 35f.). צמח wird im Alten Testament tatsächlich für den König der Heilszeit verwendet (s. Jer 23 5: צמח צדיק, 33 15: צמח צדקה, Sach 3 8: עבדי צמח und 6 12: איש צמח שמו, vgl. auch Ps 132 17). Doch ist das Wort im Jeremiabuch noch nicht messianischer Titel, sondern meint einfach „Nachkomme“; ausdrücklich ist an beiden Jeremiastellen hinzugefügt: לדוד. Die Stellen im Sacharjabuch aber wollen nichts anderes sagen, als daß Serubbabel der von Jeremia verheißene Davidsnachkomme sei. In Jes 4 2 wird nun aber nicht von einem „Sproß“ für David, sondern von einem „Sproß Jahwes“ gesprochen. Jesaja spricht in 11 1 vom „Reis aus Isais Wurzelstock“, vom „Schoß aus seinen Wurzeln“. Das zeigt, daß auch er vom צמח aus Davids Geschlecht reden könnte, kaum aber vom צמח יהוה. Da aber 4 2 nicht jesajanisch ist, fällt dieses Argument dahin. Entscheidend spricht jedoch gegen die Deutung auf den Messias der Zusammenhang, zumal die Parallele in 2b: פרי הארץ. Daß auch das eine Bezeichnung für den Messias sein könnte, ist ausgeschlossen. Die Meinung Vitringas, Jahwesproß und Erdenfrucht bezeichneten die göttliche und menschliche Natur des Messias, darf gewiß nicht aus diesem Text herausgelesen werden. Die Deutung der „Erdenfrucht“ auf das fromme Israel (Raschi) und eventuell des Jahwesprosses auf den heiligen Rest (Mauchline) scheitert daran, daß „die Frucht des Landes“ für die Geretteten Israels dasein soll. Es bleibt nichts anderes übrig, als in פרי הארץ, wie es das Naheliegendste ist, die Früchte, die das Land trägt, zu sehen (Dt 1 25 u.ö.). Der Ausdruck meint, was anderwärts etwa mit טוב הארץ (1 19 Jer 2 7), vor allem aber mit פרי האדמה bezeichnet wird (Gn 4 3 u.ö., besonders in den Segensverheißungen des Deuteronomiums, z.B. 28 4. 11 u.ö.). Analog dazu kann das Alte Testament vom צמח האדמה sprechen (Gn 19 25, vgl. Jes 61 11 Ps 65 11). Da Jahwe die Fruchtbäume aus der Erde sprießen läßt (צמח hi. Gn 2 9), kann es nicht befremden, daß vom צמח יהוה gesprochen wird, auch wenn dieser Ausdruck im Alten Testament sonst nicht zu belegen ist. Es ist damit unterstrichen, daß jede gute Gabe des Landes von Jahwe kommt (vgl. Hos 2 10). 2 redet also schlicht von der kommenden Fruchtbarkeit des Landes, wie sie in den Segensverheißungen von Lv 26 und Dt 28 (s. auch schon Ex 23 25) und in den Heilsweissagungen der prophetischen Bücher in Aussicht gestellt ist (Am 9 13ff. Jes 30 23ff. Jer 31 12 Jes 41 17-20 Ez 34 29 Sach 9 16f. Mal 3 11 u.ö.). „An jenem Tage“ wird das geschehen, also am längst erwarteten und doch immer noch ausstehenden Tag, da Jahwe sein Heil über Israel kommen lassen wird. Da das Wort aus nachexilischer Zeit stammt, liegt das Gericht in der Vergangenheit, es hat sich bereits erfüllt, was Jesaja an Unheil angekündet hatte. Von Israel ist nur noch ein Rest, hier פליטה genannt, übrig. Noch steht die Vollendung des Heilswerkes Jahwes an diesen „Übriggebliebenen“ aus. Weil aber der Gerichtssturm bereits über Juda hinweggefahren ist, kann ungeschützter als durch Jesaja selbst von der eschatologischen Heilserwartung gesprochen werden. Das geschieht allerdings immer noch nicht im Sinn der Erwartung eines Endes der Zeit und des Hereinbrechens einer transzendenten Welt, aber doch im Ausblick auf einen Dauerzustand des Heils. Die Erwartung gilt den „Entronnenen Israels“. פליטה wird in 3 aufgenommen durch נשאר und נותר (s.o.S. 27 zu 1 9). Als פליטה wird mit Vorliebe der Rest bezeichnet, der in einer Kriegskatastrophe entrinnen kann (Gn 32 9 2 S 15 14 Jes 15 9 u.ö.). Das Wort gehört offensichtlich nicht wie die Ableitungen der Wurzel שאר zum typischen Wortfeld des heiligen Krieges. Aber auch in andern sekundären Stücken des Jesajabuches hat es theologisches Gewicht, s. 10 20 und 37 31f. Die Entronnenen Israels konstituieren die heilige Gemeinde der nachexilischen Zeit, die für sich ein Ende aller Nöte der Gegenwart erhofft durch ein Handeln Jahwes, das eine bleibende Veränderung ihrer Lebensbedingungen schafft (während das Verbum פלט nie von Jahwes eschatologischem Heilshandeln verwendet wird).

Was Jahwe in der Heilszeit wachsen läßt, wird sich in solcher Fülle darbieten, daß es der zukünftigen Gemeinde zur „Zierde und Ehre“ gereicht. Jesaja selbst verwendet צבי in völlig profanem Sinn (28 1. 4. 5). Aber Jeremia spricht vom Land, das Jahwe Israel gegeben hat, als von der נחלת צבי (3 19), durch die Israel unter den Völkern ausgezeichnet ist, und ebenso wird in Ez 20 6. 15 das „Land, das von Milch und Honig fließt“, צבי unter allen Ländern genannt. Bei Daniel wird vom Land Israels als der ארץ־הצבי (11 16. 41), ja einfach als dem צבי (8 9) gesprochen, und der Zion ist der הר־צבי־קדש (11 45). צבי wird also mit Vorliebe im Lobpreis des von Jahwe Israel als Heilsgabe verliehenen Landes verwendet. Nach der vorliegenden Stelle wird aber in der kommenden Heilszeit das, was dieses Land an Früchten trägt, „Zierde“ für die eschatologische Gemeinde sein, durch welche sie unter den „Heiden“ ausgezeichnet sein wird. Dieser צבי des neuen Israel macht auch seinen כבוד aus. Wie öfters ist כבוד auch hier schwer durch einen deutschen Begriff auszuschöpfen. Das Wort umschließt das, was die Gemeinde der Zukunft auszeichnet, ihr Gewicht verleiht und ihr Ehre einbringt (s.o.S. 125f.). In der zweiten Vershälfte werden die beiden Begriffe noch durch גאון und תפארת erweitert. Für die vorexilischen Propheten kommt גאון Jahwe allein zu. Jeder גאון, den Israel sich in Vermessenheit selbst zulegt, muß in seiner Nichtigkeit enthüllt werden (Am 6 8 Hos 5 5 7 10 u.ö.). Hingegen ist nach andern Stellen (Ps 47 5 Na 2 3) das Land Israels גאון, wie es sein צבי heißen kann. צבי und תפארת גאון der Chaldäer aber ist Babel (Jes 13 19). Auch die תפארת Israels ist zunächst Jahwe selbst (Ps 89 18, s. auch Jes 60 19 und 63 15). Es mag Zufall sein, daß das Land nirgends Israels תפארת genannt wird. Wenn an der vorliegenden Stelle die „Frucht des Landes“ Israels גאון und תפארת sein soll, so spiegelt sich darin die äußerst prekäre wirtschaftliche Lage der nachexilischen Zeit (vgl. Hag 1 6. 10f.), in der die Gemeinde materielle Güter als hochwillkommene Segensgaben Jahwes entgegennahm.

4 3 Das einseitige Zukunftsbild von 2 ist durch einen ersten Ergänzer ausgeweitet worden. Die andere Terminologie für den „Rest“, נשאר und נותר, bedeutet zwar keinen sachlichen Unterschied. Wie sehr פליטה und Derivate der Wurzel שאר als identische Begriffe empfunden wurden, zeigt das Nebeneinander von פליטה und שאר in 10 20 und von שארית und פליטה in 37 32. In 37 31 kann geradezu von der פליטה בית־יהודה הנשארה gesprochen werden. Daß נשאר und נותר ihrerseits synonym sind, bedarf keines Beweises.

Während 2 vom Rest Israels spricht, so 3 von demjenigen in Zion bzw. Jerusalem (s.o.S. 29 zu 1 8). Der Ergänzer wurde sich der Unebenheit wohl gar nicht bewußt. Die Entronnenen Israels sind für ihn problemlos identisch mit dem Rest in Jerusalem. Nicht einmal mehr Juda wird neben Jerusalem erwähnt. Was noch den Anspruch erheben kann, Israel zu repräsentieren, hat sich in und um die heilige Gottesstadt gesammelt und wartet dort auf die Vollendung des Israel zugesagten Heils. Das ist die Situation, wie sie in den Schriften Haggais und Sacharjas, aber auch bei Nehemia/Esra vorausgesetzt ist. Die geschichtliche Entwicklung der Perserzeit hatte dazu geführt, daß nach dem Verlust der staatlichen Souveränität Judas Jerusalem als Kultzentrum, das von den Persern mit weitgehenden religiösen Privilegien ausgestattet worden war, immer mehr der Kristallisationspunkt der Judenschaft wurde, wo alle wichtigen religiösen Entscheidungen fielen. Zumal in der Heilshoffnung der Judenschaft steht die Stadt mit ihrem Heiligtum völlig im Mittelpunkt. Dort kommen die eschatologischen Ereignisse in Gang. Von dort strahlt das Heil auf die ganze Judenschaft aus, vgl. u.a. Sach 1 14–17.

Der Rest in Zion soll „heilig" heißen. Jesaja selbst spricht nicht von Israel/Juda oder der Bevölkerung von Zion/Jerusalem als einer heiligen Gemeinde; er ist allein daran interessiert, von Jahwes Heiligkeit zu künden (s.o.S. 23ff.). גוי קדוש oder עם קדוש ist alter Würdenamen für Israel, in welchem die Erwählung Israels zur Sprache kommt (vgl. dazu HWildberger, Jahwes Eigentumsvolk: AThANT 37, 1960, 95ff.). Im Bereich dieser alten Überlieferung ist Israel darum heilig, weil es Jahwes Besitz ist und seine Feinde sich darum hüten sollen, es anzutasten. Nach der vorliegenden Stelle wird Zion/Jerusalem heilig genannt werden, wenn der Herr – es ist wohl nicht zufällig, daß hier nicht von Jahwe gesprochen wird – an ihm den Akt der eschatologischen Reinigung vollzogen haben wird.

Dieser heilige Rest wird noch näher definiert als כל־הכתוב לחיים. Der genaue Sinn der Formulierung wie der Ursprung der Vorstellung ist umstritten. Gewöhnlich wird etwa gedeutet: Ein Rest von Israeliten ist im Gericht verschont geblieben, weil ihre Namen im himmlischen Buch des Lebens standen. Gott hatte sie also im voraus zum Leben bestimmt. Von einem Buch des Lebens ist im Alten Testament expressis verbis in Ps 69 29 die Rede. Dort bittet der Psalmist, seine Widersacher möchten aus dem ספר חיים getilgt werden, sie sollen nicht unter den Gerechten aufgeschrieben werden. (Von Jes 4 3 her ist die Übersetzung „Buch des Lebens" gegenüber der Wiedergabe mit „Buch der Lebendigen" gesichert, vgl. 𝔊: βίβλος ζώντων, aber Phil 4 3 Apk 3 5 13 8 [P47 א*] 20 15: βίβλος τῆς ζωῆς, Apk 13 8 17 8 20 12 21 27: βίβλιον τῆς ζωῆς.) Sachlich gehört mit Ps 69 29 zweifellos Ex 32 32 zusammen („dein Buch, das du geschrieben hast") und schließlich auch das Buch von Dan 12 1, in dem jeder aufgezeichnet ist, der in der Endzeit errettet werden wird (vgl. auch „Beutel des Lebens" in 1 S 25 29). Israel kennt also die Vorstellung eines himmlischen Buches, in das Jahwe die Namen der Gerechten, die am Leben bleiben sollen, einträgt oder eintragen läßt. Wird der Name des Betreffenden ausgelöscht, so muß er sterben. An ein ewiges Leben ist an den alttestamentlichen Stellen nicht gedacht. Es dürfte auch nicht gemeint sein, daß einfach jeder, der am Leben ist, in diesem Buch vor Gott verzeichnet ist. Registriert werden nur einzelne Auserwählte oder die Schar derer, die in einer Katastrophe bewahrt bleiben sollen. Dann muß חיים wie anderwärts in qualifiziertem Sinn verstanden werden: Leben unter Gottes Schutz und getragen von seinem Segen (zum Verständnis des „Lebens“ im Alten Testament s. ChBarth, Die Errettung vom Tode in den individuellen Klage- und Dankliedern des Alten Testamentes, 1947, 21–51; vgl. auch GvRad, „Gerechtigkeit“ und „Leben“ in der Kultsprache der Psalmen: Festschr. ABertholet, 1950, 418–437 = GesStud 225–247; WZimmerli, „Leben“ und „Tod“ im Buche des Propheten Ezechiel: ThZ 13, 1957, 494–508 = GesAufs 178–191). Das neutestamentliche Verständnis der βίβλος τῆς ζωῆς steht darum dem alttestamentlichen nicht so fern, wie es zunächst aussehen möchte. Das Alte Testament redet allerdings noch in anderm Sinn von einem solchen Buch vor Gott. Ps 56 9 weiß von einem Buch Jahwes, in dem alle Tränen der Elenden, Ps 139 16 von einem Buch, in dem alle Taten des Beters (lies גְּמֻלַי) aufgeschrieben sind, Mal 3 16 von einem ספר זכרון, vgl. auch Jes 65 6 Dan 7 10, ferner äth Hen 81 4 89 61–64 u.ö. sowie Apk 20 12. Kaiser verweist auf die ähnliche Vorstellung in Yasna 31 14. Der Ursprung der Redewendung „Buch des Lebens“ wird mit Bezugnahme auf Jer 22 30 meist in den Bürgerlisten von Jerusalem gesehen (Dillmann, Duhm, Procksch u.a.), s. auch Ez 13 9, wo vom כתב בית־ישראל gesprochen wird, und Esr 2 62 Neh 7 5.64 12 22f. und vgl. Ps 87 6. Da aber Gott selbst die Namen in das Buch des Lebens schreibt und darum auch nur er sie wieder auslöschen kann, da schließlich nicht einfach die Lebenden, sondern die zum wahren Leben Bestimmten in es aufgenommen werden, bereitet diese Herleitung der Metapher Schwierigkeiten. Man hat darum an das in Est 6 1 erwähnte königliche „Merkbuch“, den ספר הזכרנות als Vorbild des Lebensbuches gedacht. Diese Vorstellung könnte tatsächlich hinter den Stellen stehen, wo vom Buch, in dem die menschlichen Taten registriert sind, die Rede ist. In das Buch des Lebens werden aber nicht Taten, sondern Namen aufgeschrieben. Man hat deshalb auf die Schicksalstafeln hingewiesen, von denen man in Babylon spricht (vgl. BMeißner, Babylonien und Assyrien, II, 1925, 125 und ThW I, 619). *Nabû*, der Schreibergott, wird „Träger der Schicksalstafel der Götter“ genannt. Man kann *Nabû*, den Tafelschreiber von Esagil, bitten, die Lebenstage eines Menschen „zu langer Dauer auf seiner Tafel aufzuschreiben“. Man weiß: „Mein Leben ist vor dir geschrieben“ und bittet: „Auf deiner unabänderlichen Tafel... verkünde Länge meiner Tage, schreib auf Nachkommenschaft!“ (s. KAT[3] 401). Versteht man Jes 4 3 von dieser Vorstellung her, so ist der Rest in Zion als die Schar der von Gott in einem Akt der Erwählung zum eschatologischen Heil Ausgesonderten zu verstehen. Das Heil beruht auf göttlicher Prädestination.

Die eschatologische Gemeinde wird durch einen Reinigungsakt 4
zubereitet. Dieser vollzieht sich durch den Geist, der hier רוח משפט (s. auch Jes 28 6) und רוח בער genannt wird. משפט ist vieldeutig; daß es hier neben בער einfach „Recht" heißt, ist unwahrscheinlich, es muß ein Läuterungsgericht gemeint sein, das sich aber nicht durch eine geschichtliche Katastrophe vollzieht, wie das bei Jesaja denkbar wäre, sondern durch den Gottesgeist. הדיח gehört zur Kultsprache Jerusalems (Ez 40 38 2 Ch 4 6), dient hier aber zur Beschreibung des eschatologischen Handelns Gottes. Man denkt an Sach 4 6: „Nicht durch Heeresmacht und nicht durch Gewalt, sondern durch meinen Geist", und natürlich auch an die Taufe durch den Heiligen Geist (Mk 1 8 u.ö.): Die רוח יהוה ist Gottes richtende und heilschaffende Macht (s. ThW VI, 360f.). Falls בער „verbrennen" heißen sollte – s.o. Textanm. 4c –, wäre auch an die „Feuertaufe" des Neuen Testaments zu denken (Mt 3 11f. / Lk 3 16f., vgl. a.a.O. 376f. 943). Die Heiligkeit der künftigen Gemeinde beruht also auf einer „Taufe", die aber nicht durch Wasser vollzogen wird, sondern durch den Geist. Auch in der Gemeinde von Qumran spricht man von der Reinigung durch den Geist: „(Gott) reinigt (טהר pi.) sie durch den Heiligen Geist von allen gottlosen Taten, und er wird über sie den Geist der Wahrheit sprengen wie Reinigungswasser (מי נדה) von allen Greueln der Lügen" (1QS IV, 21, vgl. III, 6ff.). – „Abgewaschen" wird der „Kot der Töchter Zions" und „die Blutschuld Jerusalems". צאה bedeutet konkret die Exkremente (s. Jes 36 12 Qere = 2 Kö 18 27 Qere). Ob damit Verunreinigung durch kultische oder ethische Vergehen gemeint ist und was davon für den Verfasser schwerer ins Gewicht fällt, ist eine Frage, die der Text nicht beantwortet. Der Plural דמים heißt zwar „Blutschuld" (Ex 22 1 1 S 25 26 u.ö.), aber die אנשי דמים (Ps 26 9 u.ö.) sind gewiß nicht alle Mörder im wörtlichen Sinn, vgl. o. S. 46 zu 1 15, ferner Prv 29 10. Ninive ist eine עיר דמים (Na 3 1), aber nicht einfach als Stadt von Mördern, sondern weil es voll ist von Lug und Gewalttat und des Raubens in ihm kein Ende ist. Auch Jerusalem wird von Ezechiel als Blutstadt bezeichnet (22 2 24 6. 9). Blutschuld kann man auch durch einen Verstoß gegen eine Opfervorschrift auf sich laden (Lv 17 4), ebenso durch Götzendienst (s. Ex 22 3ff.). Im priesterlichen Verständnis, das gewiß für die vorliegende Stelle vorauszusetzen ist, bezeichnet Blutschuld demnach umfassend jede Schuld, bei der die göttliche Ordnung, die gottgesetzten Tabus mißachtet worden sind. Mit דמים ist die Schuld nach ihrer hintergründigen, rational nicht zu bewältigenden, durch das Gegengewicht guter Werke nicht aufzuhebenden Art charakterisiert.

Die im einzelnen schwer zu fassenden Verse 5f. reden vom Schutz, 5.6
den die Gemeinde auf dem Zion findet. Der Gedanke, daß Jahwe über jeder Stätte des Berges Zion und über seinen Versammlungen (zu מקראים s.o.S. 43 zu 1 13) eine Wolke am Tag und Rauch des Nachts und Glanz

lodernden Feuers schafft, ist singulär (s.o. Textanm. 5a; anders HW Hertzberg, ZAWBeih 66, 1936, 117, der den Text der Septuaginta für ursprünglich hält, während die Änderung in 𝔐 darauf zurückzuführen sei, daß „den transzendenter gewordenen Vorstellungen von Gott Rechnung getragen wurde". Aber die Vorstellung von einem eschatologischen Erscheinen Gottes über dem Zion, in Wolken und Rauch gehüllt, wäre doch auch für die spätere Zeit keineswegs anstößig gewesen).

Zur alten Auszugstradition gehört als festes Element die Vorstellung, daß Jahwe vor Israel herzog יומם בעמוד ענן ... ולילה בעמוד אש (Ex 13 21f., s. 14 19. 24 Dt 1 33 Ps 78 14 u.ö.). Damit wird die Führung Israels durch Jahwe veranschaulicht. In der Sinaiüberlieferung aber wird von Theophanien in einer Wolke gesprochen: הנה אנכי בא אליך בעב הענן (Ex 19 9), aber auch von Jahwes Erscheinen im Feuer, unter Donnern und Blitzen, gehüllt in Rauch (19 18), worauf dann Gott zu reden beginnt. Hier offenbart sich Jahwe, um seinen Willen kundzutun (vgl. 34 5 Dt 4 11ff. 5 22). Dabei wirken offensichtlich Vorstellungen, die zu einem Gewittergott gehören, nach (s. Ps 18 9ff. = 2 S 22 9ff. Ps 29 97 2ff.). Es kann nicht verwundern, daß sich die beiden Vorstellungsreihen verschmolzen haben, z.B. wenn berichtet wird, daß sich die Wolkensäule an den Eingang des Zeltes stellte, sooft dort Jahwe mit Mose redete (Ex 33 9f. Dt 31 15 u.ö.). Noch Ezechiel sieht das Kommen Jahwes in seiner Berufungsvision nach Art der alten Gewittertheophanien (1 4, hier wie in Ps 18 13 = 2 S 22 13 der Begriff נגה, der in Jes 4 5 neben ענן, עשן und אש steht; zu den Theophanievorstellungen s. HJKraus, Psalmen: BK XV/1, 144f. und JJeremias, Theophanie: WMANT 10, 1965). Auf der späteren Entwicklungsstufe des Vorstellungskreises, wie sie vor allem in der Priesterschrift faßbar ist, erscheint nicht Jahwe selbst, sondern sein כָּבוֹד in der Wolke (Ez 1 28 Ex 16 10 u.ö.). Das Motiv der Wolke, in der Jahwe erscheint, hat sich im Lauf der Zeit mit der jerusalemischen Tempelideologie verbunden. Hat man sich einst vorgestellt, daß sich die Wolkensäule je ad hoc auf das Begegnungszelt niederlasse, so weiß man jetzt zu berichten, daß die „Wolke" und mit ihr der כָּבוֹד Jahwes den Tempel erfülle (1 Kö 8 10f., vgl. Jes 6 4 Ez 10 4 Ex 40 34ff.).

Man muß sich die verschiedenen Modifikationen, welchen die Vorstellung von Jahwes Offenbarung in der Wolke und im Feuer im Lauf der israelitischen Religionsgeschichte unterworfen war, vergegenwärtigen, um Traditionsgebundenheit und Eigenwilligkeit der Interpretation des alten Bildes in Jes 4 5f. zu beurteilen. An der Gegenüberstellung von ענן יומם und אש לילה ist deutlich zu erkennen, daß dem Verfasser die alte Vorstellung vom Führergott der Wüstenzeit noch präsent ist. Andererseits setzt er die Verbindung der Vorstellung mit dem Zion voraus. Er hat nun aber die Kühnheit, unter Verwendung des im Schöpfungshandeln Jahwes beheimateten Begriffs ברא zu künden, daß Jahwe Wolke und Feuerglanz erst schaffen wird. Zum ersten Mal hat Deuterojesaja den term. techn. der Schöpfung ברא auf das Heraufführen der kommenden Heilszeit durch Jahwe transponiert und diese damit als Neuschöpfung qualifiziert. Jahwe schafft für die eschatologische Zukunft noch einmal, was er schon in der Heilszeit der Vergangenheit seinem Volk gewährt

BIBLISCHER KOMMENTAR

ALTES TESTAMENT

HANS WILDBERGER

JESAJA

X 3

NEUKIRCHENER VERLAG
DES ERZIEHUNGSVEREINS·GMBH·NEUKIRCHEN-VLUYN

BIBLISCHER KOMMENTAR
ALTES TESTAMENT

IN VERBINDUNG MIT

ROBERT BACH, KARL ELLIGER,
GILLIS GERLEMAN, SIEGFRIED HERRMANN, FRIEDRICH HORST†,
ALEXANDER REINARD HULST, KLAUS KOCH,
HANS-JOACHIM KRAUS, ERNST KUTSCH, AARRE LAUHA,
OTTO PLÖGER, ROLF RENDTORFF, RUDOLF SMEND,
THEODORUS CHRISTIAAN VRIEZEN, CLAUS WESTERMANN,
HANS WILDBERGER UND WALTHER ZIMMERLI

HERAUSGEGEBEN VON

MARTIN NOTH UND HANS WALTER WOLFF

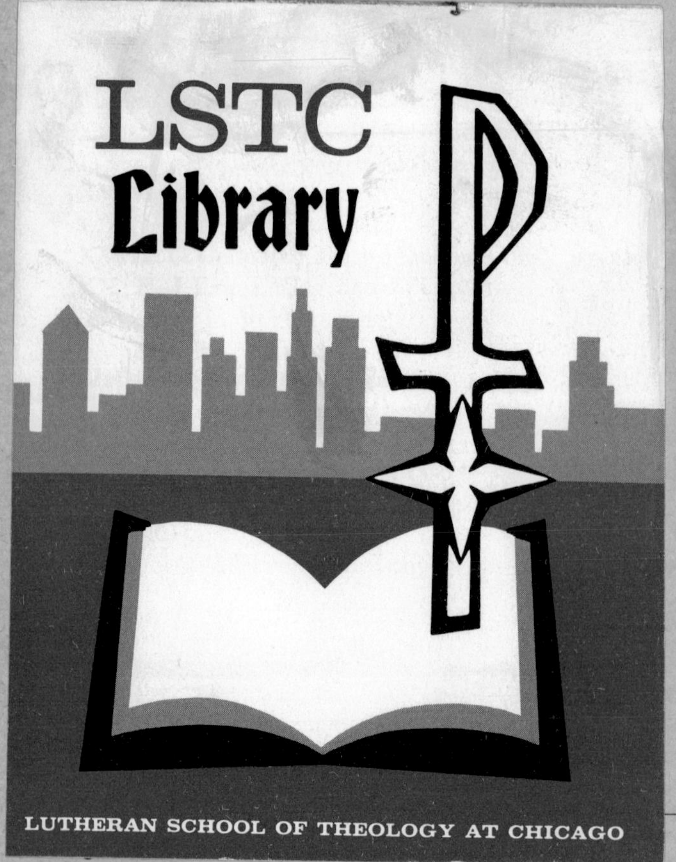

NEUKIRCHENER VERLAG DES ERZIEHUNGSVEREINS GMBH
NEUKIRCHEN – VLUYN

hatte. Wolke und Feuerglanz über dem Zion haben aber einen neuen Sinn, das Volk sitzt längst im Land und bedarf der Führung nicht mehr. Über dem כָּבוֹד, für den Wolke und Feuerglanz nur Vehikel sind, wird sich ein schützendes Dach wölben. Der springende Punkt des neuen Heilshandelns ist demnach der absolute Schutz, dessen sich die Zionsgemeinde in Zukunft erfreuen kann (s.o. Textanm. 5a zu Ps 105 39). חֻפָּה (חפה = „verhüllen") bedeutet im Alten Testament sonst das Brautgemach (Ps 19 6 Jl 2 16, s. auch Jeb III 10 u.ö. und vgl. Dalman, AuS VI, 35 und AGBarrois, Manuel d'archéologie biblique, II, 1935, 18), hier aber ist sein Sinn durch das parallele סֻכָּה festgelegt. Die jerusalemischen Kultlieder künden, daß Jahwe auf dem Zion eine Hütte (סכה oder סֹךְ) oder eine Wohnstatt hat, und der fromme Beter bekennt, daß Gott ihn dort in seiner Hütte birgt (Ps 27 5 31 21, s.o.S. 29). Die Schutz- und Asylfunktion des Heiligtums bedarf keiner weiteren Erklärung. Jahwes Hütte oder Zelt ist des Frommen Zuflucht (סֵתֶר Ps 27 5 31 21a, vgl. מסתור in Jes 4 6b und מחסה neben סתר in 28 17), gewährt ihm tiefste Geborgenheit. Überraschenderweise besteht aber der Schutz der eschatologischen Zeit, in der das Heil, welches der Glaubende jetzt schon auf dem Zion findet, in neuen, vertieften Dimensionen Gestalt gewinnen sollte, in nichts anderem als im Schutz vor Hitze, Wetterguß und Regen. Der Glossator von 5b. 6 scheint bei seiner Erklärung dessen, was Wolke, Rauch und Feuer über dem Zion und seinen Versammlungen bedeuten könnten, auf ein sehr äußerliches Niveau abgesunken zu sein. Möglicherweise sind für ihn Hitze und Regen aber Bilder für die Mächte, die den Frieden und das Glück der Gemeinde der Heiligen stören könnten. Jes 25 4abα nimmt sich wie eine Parallele zur vorliegenden Stelle aus: „Du warst eine Zuflucht dem Geringen, eine Zuflucht dem Armen in seiner Not, ein Obdach vor dem Wetterguß, ein Schatten vor der Hitze" (מחסה מזרם צל מחרב). In 4bβ. 5 wird diese Aussage kommentiert: „Denn der Zorneshauch der Tyrannen war wie ein 'winterlicher' Wetterguß, wie Hitze im dürren Land..." Aber auch daran wird zu denken sein, daß Hagel, Wasserflut, Sturm, Wetterguß gerade bei Jesaja Begleiterscheinungen bzw. Symbolbilder des göttlichen Zornes sind (28 17 30 30). Wie dem auch sei, jedenfalls ist das letzte Ziel des Textes, zu bezeugen, daß es für die glaubende Gemeinde auf dem Zion in der Heilszeit keine Gewalten und Mächte mehr gibt, die sie zu schrecken vermöchten. In neuer, die Führungen Gottes in der alten, großen Zeit der Wüstenwanderung und die gegenwärtige Erfahrung der Glaubenden in Jahwes Heiligtum weit überstrahlender Weise wird dann Geborgenheit volle Wirklichkeit sein.

Ziel

Die verschiedenen Verfasser, die das Ihre zu diesem Abschnitt beigetragen haben, haben offensichtlich wenig darauf geachtet, die Tendenz der Überlieferungselemente, die ihnen vorlagen, zu wahren. In einer relativ späten Zeit ist hier überliefertes Traditionsgut in freier, ja unbekümmerter Weise neu verwendet worden, um der Zukunftshoffnung Gestalt zu geben. So wie sich der Abschnitt jetzt darbietet, bilden die Verse 3f. das theologische Zentrum: die Ankündigung eines neuen Israel, das heilig genannt werden darf. Das Werk der göttlichen Gnade an den Entronnenen Israels kann nur zum Ziel gelangen, wenn der Gottesgeist seine reinigende und läuternde Wirkung getan hat. Daß daneben die durch die Tradition vorgegebene Erwartung paradiesischer Fülle der Gaben des Landes keineswegs vergeistigt wird, ist aus der wirtschaftlich drückenden Lage des nachexilischen Israel zu verstehen, das starke Bedürfnis nach Geborgenheit hingegen, das der Text verrät, aus der Konfrontation mit den Schwierigkeiten einer immer wieder labilen Situation, angesichts deren Israel nicht zu sich selbst kam. Das Zukunftsgemälde, das der vorliegende Abschnitt bietet, ist aus der Frage heraus erwachsen, was denn von Gottes Zusagen, wie sie in der großen Zeit der Vergangenheit ergingen, jetzt, in der trüben Zeit der nachexilischen Epoche, zu halten sei. Der Glaube Israels hat hier versucht, in der veränderten Situation der neuen Zeit an den alten Verheißungen festzuhalten. Das ergangene Gericht hat er bejaht, indem er die Gemeinde der Gegenwart als „heiligen Rest" versteht. Es gehört zu den Grenzen, die bei den alttestamentlichen Heilserwartungen immer wieder sichtbar werden, daß die Hoffnung für die Völker nicht im Gesichtskreis des Wortes liegt (s. dagegen 2 2–4). Noch schwerer wiegt, daß hier Heil angekündet wird, ohne daß Jesajas Ruf zum Glauben zu hören ist. Hier scheinen Verheißungen zu ergehen, ohne daß der Mensch für Gott in Anspruch genommen wird. Damit steht der Abschnitt in starker Spannung zu Jesajas Verkündigung selbst. Das Anliegen der Glossatoren ist aber mit der Auskunft nicht angemessen gekennzeichnet, daß hier der Eindruck der vorhergehenden Drohungen abgeschwächt werden soll (Fohrer). Man muß es verstehen von der tiefen Beunruhigung her, die Israel nach dem Zusammenbruch der alten Ordnungen erfaßt hatte. Der inneren Orientierungslosigkeit des Volkes begegnet der Abschnitt mit der Ankündigung des allein in der göttlichen Erwählung begründeten Werkes der Gnade. Er ist Zeugnis dafür, daß Israel bei nüchterner Einschätzung seiner äußeren und inneren Lage, ohne die Unzulänglichkeit seines Glaubens und Gehorsams zu verkennen, doch unter allen Umständen an Gottes Treue und damit am Ziel der Wege Gottes mit Israel festzuhalten willens war.

DAS WEINBERGLIED

(5 1-7)

MCersoy, L'apologue de la vigne au chapitre V[e] d'Isaïe (versets 1–7): RB 8 (1899) 40–49. – PHaupt, Isaiah's Parable of the Vineyard: AJSL 19 (1902/03) 193–202. – ABentzen, Zur Erläuterung von Jes 5 1-7: AfO 4 (1927) 209–210. – WCGraham, Notes on the Interpretation of Isaiah 5 1-14: AJSL 45 (1928/29) 167–178. – Dalman, AuS IV, 291–468. – HJunker, Die literarische Art von Is 5 1-7: Bibl 40 (1959) 259–266. – SPezzella, La parabola della vigna Is 5 1-7: Bibbia e Oriente 5 (1963) 5–8. – HKosmala, Form and Structure in Ancient Hebrew Poetry (continued): VT 16 (1966) 152–180, s. 167f. Literatur

1Laßt mich singen[a] von meinem Freund, Text
das Lied meines Liebsten[b] von seinem Weinberg.
Einen Weinberg besaß mein Freund
auf fettem Horn[c].
2Er grub ihn um und entsteinte[a] ihn,
bepflanzte ihn mit Edelreben[b],
baute einen Turm darin
und hieb gar[c] eine Kelter in ihm aus.
Da erwartete er, daß er ihm Trauben brächte[d],
doch er trug nichts als faule Beeren.
3Und nun, Bewohner[a] von Jerusalem
und Männer von Juda!
Richtet doch zwischen mir
und meinem Weinberg!
4Was war für meinen Weinberg noch zu tun[a],
und ich hätte es an[b] ihm nicht getan?
Warum hoffte ich, daß er Trauben brächte,
und er trug[c] nichts als faule Beeren?
5Wohlan, ich will euch kundtun,
was ich an meinem Weinberg tun will!
Entfernen[a] seine Hecke[c],
daß er abgeweidet werde,
einreißen[b] seine Mauer,
daß er der Zertretung preisgegeben sei.
6 [a]Der Zerstörung gebe ich ihn anheim[a],
nicht soll er beschnitten werden
und nicht behackt, er gehe auf
in Dornen und Disteln.
Und den Wolken gebiete ich,
ihn nicht[b] zu netzen mit Regen.
7Denn der Weinberg Jahwes der Heere
ist das Haus Israel,
und die Männer Judas
sind die Pflanzung seiner Lust[a].
Er hoffte auf Rechtsspruch,
aber siehe da: Rechtsbruch,
auf Bundestreu,
aber siehe da: Hilfsgeschrei!

51 1a Zum Kohortativ mit נא (s. auch אודיעה־נא in 5) vgl. Joüon, Gr § 114 d.
– b דודי in דודים (Lowth u.a.) bzw. דודַי (Cersoy u.a.) zu ändern ist unnötig
(s. BStade, ZAW 26, 1906, 134f.). – c Procksch will statt בן־שמן lesen: בן־שמש,
da „die Sonne dem Weinberg nottut“. Das mag bei einem deutschen Weinberg
tatsächlich prima cura sein, bei einem palästinensischen ist es die Qualität des
2 Bodens (s. Dalman, AuS IV, 308). – 2a Das pi. סקל hat privative Bedeutung,
s. Joüon, Gr § 52d. – b Zum doppelten Akk. bei נטע vgl. BrSynt § 94b. – c Der
Vorschlag von KBudde (ZAW 50, 1932, 55), וְגַת וָיֶקֶב „Kelter und Kufe“ statt
וגם יקב zu lesen, zerstört die beabsichtigte Steigerung in der Schilderung der
außerordentlichen Sorgfalt, die auf die Anlage des Weinberges verwendet wurde. – d GRDriver (Festschr. ThHRobinson, 1950, 53f.) schlägt vor, עשה nach
dem Arabischen als „auspressen“ zu verstehen, wobei Jahwe das logische Subjekt des inf. bliebe, eine Deutung, die zu unsicher ist, als daß man ihr folgen
3 möchte, vgl. auch die ähnliche Wendung עשה פרי (2 Kö 19 30 u.ö.). – 3a VQa:
4 יושבי für den Sing., aber auch איש ist kollektiver Sing. – 4a לְ mit inf. cstr. zum
Ausdruck notwendiger Handlungen, vgl. BrSynt § 47. – b Für בו bieten einzelne MSS לו (𝔊: αὐτῷ, 𝔗: להון 𝔖: *leh*, 𝔙: ei), möglicherweise mit Recht.
VQa hat im ersten Hemistich בכרמי statt לכרמי. Beide Änderungen beruhen
darauf, daß Abschreiber nicht verstanden haben, daß „Weinberg“ Metapher
für eine Frau ist. – c Für ויעשׂ liest VQa וישה. Ist das nur ein Schreibfehler?
(in 2 liest VQa ויעשה). Vielleicht denkt VQa an Ableitung von נשא (vgl. Ez
5 17 8 נשא פרי, vom Weinstock gesagt, ferner 36 8 Ps 72 3). – 5ab inf. abs. mit
dem Sinn eines Futurs, in 6 werden die inf. mit dem impf. fortgesetzt (vgl.
Joüon, Gr § 119p und 123w). – c Die Vokalisation מְשׂוּכָּתוֹ will die Wahl lassen
zwischen der Lesung מְשֻׂכָּתוֹ (von שׂכך) und מְשׂוּכָתוֹ (bzw. מסוכתו, von שׂוּךְ
bzw. סוּךְ abzuleiten, vgl. Mi 7 4 Prv 15 19). Die beiden Verbalwurzeln sind
6 verwandt, so daß sich am Sinn nichts ändert. – 6a–a Es wird im Gefolge von
Perles vorgeschlagen, ואשביתהו zu lesen: „und ich will ihm ein Ende bereiten“,
aber das ist ein Ausweichen vor der Schwierigkeit, die in בתה liegt. Ebensowenig geht es an, mit Buhl und Fohrer ואשיתהו בתה einfach zu streichen. Man
identifiziert בתה oft mit dem (ebenfalls unsicheren) בַּתָּה von 7 19, das man mit
„Absturz, Schlucht“ o.ä. zu übersetzen pflegt (vgl. arab. *batta* „abschneiden“),
aber auch als „Untergang, Garaus“ o.ä. deutet (Eichrodt: „ich will ihm den
Garaus machen“). Wir folgen GRDriver (JThSt 38, 1937, 38), der akkad.
batû „zerstören“ heranzieht und für בתה die Bedeutung „ruin“ o.ä. postuliert,
indem er auf 𝔗 (רטישין), 𝔖 (*neḥrab*) und 𝔙 (desertam) verweist. – b Zur
7 negierenden Bedeutung von מן s. BrSynt § 111f. – 7a Beachte den Chiasmus
in den beiden ersten Zeilen von 7!

Form Der Abschnitt, dessen Abgrenzung allgemein anerkannt ist, wird in 1 als שירת דודי „Lied meines Geliebten“ bezeichnet; ändert man in שירת דודַי (s.o. Textanm. 1b), so ist mit „Liebeslied“ zu übersetzen. Cersoy, der diesen Vorschlag vertritt, denkt dabei allerdings an ein „Freundeslied“, der Prophet wolle seinen Freund trösten und ihm freundschaftliche Teilnahme an seiner Enttäuschung mit dem Weinberg bekunden. Vermutlich zitiere der Prophet in 1b. 2 den Beginn eines kleinen Volksliedes. Die Meinung, daß Jesaja die Aufmerksamkeit seiner Zuhörer dadurch habe gewinnen wollen, daß er sich als einen volkstümlichen Sänger ausgab, wird auch sonst vertreten, wobei das Stück bald als Weinberglied, bald als ein Liebeslied interpretiert wird. Die Deutung als Liebeslied hängt nicht an der erwähnten Textkorrektur, sondern kann sich darauf berufen, daß in der Liebessprache der alten Welt die Braut häufig mit einem „Weinberg" verglichen wird (s.u.S. 169 und GGerleman, Ruth/ Das Hohelied: BK XVIII, 100f.), und hat darum mancherlei Zustimmung gefunden. Will man sie im einzelnen durchführen, gerät man allerdings in Schwierigkeiten. Wer ist der ידיד bzw. דוד von 1, für den Jesaja das Lied singt? Die Ansicht HSchmidts, wieder vertreten von Budde a.a.O. 53 und Fohrer, daß die Braut von ihrem Bräutigam spreche, ist undurchführbar, nicht nur, weil in einem Liebeslied die Braut gewiß nicht sagen würde, sie habe herbe Frucht getragen, sondern erst recht, weil nach 3 das sprechende Ich nicht der „Weinberg", sondern der Weinbergbesitzer ist. Einen Schritt weiter hat Bentzen (a.a.O.) geführt, indem er die Auffassung vertritt, der Prophet versuche bis zu 7 die Illusion zu erwecken, er trage die elegische Klage eines Freundes vor, der sich in seiner Liebe betrogen gesehen habe. 6 z.B. bedeute, daß die treulose Geliebte in ihrer Ehe keine Kinder bekommen solle. Nach Bentzen bewahrt Jesaja bis zum Schluß sogar eine doppelte Pseudonymität: Er spricht scheinbar von seinem Freunde, und die Zuhörer sollen nicht merken, daß Jahwe gemeint ist, und spricht von einer undankbaren Geliebten, ohne erkennen zu lassen, daß er in Wirklichkeit das Volk meint, bis dieses in der vorauszusetzenden Verurteilung der Geliebten sich selbst das Urteil gesprochen hat. Die Deutung durch Bentzen ist grundsätzlich richtig, bedarf aber im einzelnen noch der Modifikation. So vermag sie nicht zu erklären, warum Jesaja von Jahwe als seinem ידיד oder דוד, also nicht dem der Braut, spricht. Denn daß Jesaja nicht die Sprache des Mystikers spricht, bedarf keines Beweises. Nun hat aber Junker (a.a.O.) auch dafür eine Erklärung beigebracht, indem er auf die Bezeichnung ὁ φίλος τοῦ νυμφίου (Joh 3 29) hingewiesen hat, die als term. techn. für den Brautwerber sachlich identisch mit der rabbinischen Bezeichnung שׁוֹשְׁבִין „Hochzeitsbeistand" ist. Da die Sitte keine direkten Beziehungen zwischen Bräutigam und Braut vor der Hochzeit gestattet, hat der „Freund des Bräutigams" als dessen Vermittler und Sprecher zu amten. Er vertritt auch den Bräutigam, wenn dieser gegen die Braut Klage zu erheben Anlaß hat. Nach Ex R 46 (101a) ist er, wenn über die Braut ein übles Gerücht ergeht, befugt, die Hochzeitsverschreibung mit den Worten zu zerreißen: Es ist besser, daß sie als Ledige gerichtet wird und nicht als Eheweib. Für ähnliche Fälle und zur Funktion des Brautführers überhaupt s. Str-B I, 500ff. Wenn Jesaja also gleichnishaft von Jahwe als seinem ידיד und דוד spricht, dann ist damit keine Vertraulichkeit gegenüber Gott gemeint, die bei ihm befremdlich wirken müßte, er will vielmehr den Eindruck erwecken, als „Freund" eines Bräutigams Klage über die ungebührliche Art der Braut zu erheben.

Dann behält aber Duhm recht: „Jesaja will nicht ein oder gar sein

Liebeslied singen ..., und Konjekturen soll man nicht machen, um den Spieltrieb zu befriedigen". Von einem „Weinberglied" oder „Weinberggleichnis" mag man vom Inhalt her zwar reden, aber damit ist die Gattung noch nicht erfaßt. Der „Freund des Bräutigams" tritt als Kläger auf. Gattungsmäßig haben wir es mit einer Gerichtsrede zu tun, genauer mit einer Anklagerede, die im Namen eines enttäuschten Liebhabers, der sich betrogen sieht, erhoben wird. Im Gegensatz zu den Gerichtsreden von 1 2f., 1 18ff. und 3 13ff., die auf den Gottesbund zurückweisen, bildet bei der vorliegenden Klage die zivilrechtliche Jurisdiktion den Hintergrund. Zu einer Anklagerede gehört „die Feststellung eines verpflichtenden Gemeinschaftsverhältnisses zwischen Kläger und Beklagtem, die Darstellung der eigenen Pflichterfüllung durch den Kläger, die Klage über die mangelnde Pflichterfüllung des Beklagten und die Anrufung der Rechtsgemeinde zum Schiedsspruch" (Fohrer). Diese Elemente sind in 1–4 alle da. Daß dann in 5f. Jesaja nicht mehr als Ankläger, sondern als Richter, der die Strafe ankündigt, fungiert, geht allerdings über die Form des gewöhnlichen Rechtsaktes hinaus und läßt ahnen, daß dieser Kläger, der zugleich das Urteil verkündet, in Wirklichkeit Jahwe ist.

Zum Metrum: Haupt (a.a.O.) glaubte 4 Strophen zu je 4 Doppelzweiern herstellen zu können, eine Uniformität, die er nur durch zahlreiche Eingriffe in den Text erreichen konnte. Auch sonst sind allzuoft Streichungen vorgenommen worden, um ein möglichst einheitliches Metrum zu erreichen. In 1–3 werden 7 Fünfer zu lesen sein (שירת דודי in 1aβ als eine Hebung, ויסקלהו in 2aα doppelbetont. Auch 3bα dürfte, da Jesaja zweifellos nicht שִׁפְטוּ, sondern שְׁפֹטוּ gesprochen hat, drei betonte Silben aufweisen). 4 besteht aus zwei Sechsern (2 + 2 + 2), womit die Empörung, in der diese Fragen gestellt sind, ihren Ausdruck findet. – Die Ankündigung der Strafe in 5a erfolgt in einem schweren Doppelvierer, das Urteil in 5b. 6a in vier hart tönenden Doppelzweiern (6aβ ist vermutlich zu lesen: ולא יעדר ועלה שמיר ושית). In 6b klingt die Strafandrohung mit einem Doppeldreier aus (der Artikel von העבים mag „Prosaisierung" sein). – 7, die Deutung der Allegorie, enthält einen Fünfer (7aα) und drei Doppelzweier (7aβ, bα und bβ, wobei לצדקה wohl doppelbetont ist und damit das entscheidende Gewicht bekommt). Der Wechsel im Versmaß steht auch hier sichtlich zum Inhalt in Korrespondenz, vgl. Kosmala (a.a.O.).

Ort Die Echtheit ist unbestritten. Über die näheren Umstände läßt sich auch hier nichts Sicheres sagen. Allgemein wird angenommen, daß Jesaja diese Worte bei einem Herbst- oder Lesefest vortrug. Das ist möglich, weniger weil das Bild vom Weinberg verwendet wird, sondern weil am Herbstfest Israels Verhältnis zu Jahwe einer kritischen Durchleuchtung unterzogen wurde. Weitgehend besteht auch Einigkeit darüber, daß das Lied in die Frühzeit Jesajas hinein gehört. Nichts deutet darauf hin, daß schon schwere Kriegskatastrophen über das Land hereingebrochen sind. Für diese Datierung spricht auch der Platz im Jesajabuch, indem die anschließenden Weherufe zweifellos der ersten Periode der Tätigkeit

Jesajas zuzuschreiben sind. Auch die Erwägung Duhms, daß Jesaja „in seiner späteren Zeit wohl allgemein, selbst den Landleuten, so bekannt war, daß ihm die Verkleidung nichts geholfen hätte", wird zu bedenken sein.

Die Überlegungen zur Form von 5 1–7 haben zum Ergebnis geführt, daß der ידיד bzw. דוד als der Bräutigam zu verstehen ist, in dessen Auftrag der Prophet zu sprechen vorgibt. Das Alte Testament verwendet ידיד allerdings fast ausschließlich für den „Geliebten" Gottes (Dt 33 12 Jer 11 15 Ps 60 7 108 7 127 2). In Ugarit ist *ydd* oder *mdd 'il*, „Liebling Els", ständiges Epitheton Mots (I* AB I 8 u.ö.) und Jams (II AB II 34 u.ö., vgl. auch den Personennamen *mdd-b'l*). Wie die arab. Kognaten zeigen, steht bei der Verbalwurzel ידד das Moment der Freundschaft im Vordergrund. Leider läßt sich nicht entscheiden, ob auch Jahwe als ידיד Israels bezeichnet worden ist (zum Namen ידידיה 2 S 12 25 vgl. MNoth, Die israelitischen Personennamen: BWANT III/10, 1928, Nr. 577). Beim Parallelbegriff דוד ist das wahrscheinlich. Dieses Wort heißt „Verwandter, Freund" (s. Am 6 10 1 Ch 27 32), aber auch „Oheim" im Sinne von Vatersbruder (Lv 10 4 u.ö.) und „Liebling, Geliebter" (Cant 1 13ff. u.ö.). Das Akkadische kennt Gottesnamen wie *Dadi-ilu* (GWAhlström, Psalm 89, 1959, 164) und Personennamen wie *Abu-dadi*, *Dadija*, *Dadanu* (s. AHw 149). In der leider nicht in jeder Hinsicht durchsichtigen Zeile 12 der Mesa-Inschrift scheint דוד Epitheton Jahwes zu sein (s. dazu SSegert, ArchOr 29, 1961, 241), und in Am 8 14 wird in Parallele zu אלהיך für דרך der einleuchtenden Konjektur דֹּדְךָ zu folgen sein. Neuerdings hat Ahlström (a.a.O. 167) die These verfochten, „daß Dwd die Form ist, unter der ein 'Vegetationsgott' im Jerusalemer Tempel verehrt worden ist" (ähnlich schon ThJMeek, Canticles and the Tammuz Cult: AJSL 39, 1922/23, 1–14). Das zur Verfügung stehende Material ist aber zu knapp, um solche Schlüsse zu sichern. Es beweist jedoch, daß Jesajas Zuhörer, sofern sie hellhörig genug waren, vermuten konnten, daß der „Freund" oder „Geliebte" Jesajas Jahwe sein müsse. Nach Bestimmung der Gattung von 5 1–7 überrascht es, daß der Abschnitt von Jesaja als שירה bezeichnet wird. Aber der Prophet deckt seine Karten nicht sogleich auf, er bezeichnet als harmlose שִׁירָה, was sich alsbald als scharfe Anklage entpuppt. In Ps 45 1 wird das Loblied auf Bräutigam und Braut als שיר ידידות bezeichnet (zu solchen Liedern auf die Braut vgl. Str-B I, 513ff.). Es ist übrigens zu fragen, ob שיר ידידות wirklich, wie übersetzt zu werden pflegt, „Lied der Liebe" meint – das ist der Psalm inhaltlich gar nicht – und nicht vielmehr „Lied der Freundinnen", nämlich der Braut. Wort 5 1a

Der „Freund" Jesajas hat seinen „Weinberg" auf fettem „Horn" angelegt. Es ist nicht leicht zu sagen, was קֶרֶן genau meint, da das Wort nur hier als geomorphologischer Ausdruck begegnet. An ein „Horn" im Sinn von 1b

Bergspitze ist gewiß nicht zu denken. KBL deutet „Berghalde“ (so auch AWSchwarzenbach, Die geographische Terminologie im Hebräischen des Alten Testamentes: Diss. Zürich, 1954, 19f.). Es ist aber nicht einzusehen, warum eine Berghalde „Horn“ heißen soll, und daß ein Weinberg an einem Hang liegen muß, ist für Palästina nicht erforderlich. Im Griechischen bezeichnet κέρας auch einen Flußarm (vgl. das „Goldene Horn“ von Konstantinopel), und lat. cornu kann die Landzunge meinen. Als Flurname bedeutet „Horn“ im Deutschen auch ein gekrümmtes, sich verengerndes Tal. Auch diese Möglichkeiten scheiden aber wohl aus. Am ehesten ist Budde zuzustimmen, der an den „Ausläufer“ eines Berges
5 2a denkt (a.a.O. 55). – Das hapaxleg. עזק gibt KBL mit „behacken, jäten“, Ges-Buhl mit „umgraben“ wieder. 𝔊 (φραγμὸν περιέθηκα) und 𝔙 (saepivit) haben den Sinn nicht mehr erfaßt. Das arab. *'azaqa* bedeutet „aufhacken, umgraben“, und mittelhebr. עזק wird für die „gründlichste Durcharbeitung eines Feldes“ verwendet (Dalman, AuS IV, 323f., vgl. mittelhebr. עֲזִיקָה = „aufgebrochener Boden“). Das Wort bezieht sich also kaum auf das regelmäßige Behacken bzw. Jäten, sondern auf das tiefe Umgraben der Erde, das bei der Zurüstung des Bodens für die Bepflanzung mit Weinstöcken nötig ist. Zu den Arbeiten bei der Neuanlage eines Weinberges gehört auch das Entsteinen (סקל). Man wirft die Steine auf den Weg oder schichtet sie dem Rand des Ackers entlang als schützenden Wall auf und verwendet sie zur Anlage von Stützmauern (Dalman a.a.O. 309, vgl. Jes 62 10). Nachdem der Boden so zubereitet ist, werden die Reben gepflanzt, in diesem Fall sind es Edelreben. In Jer 2 21 begegnet die Vorstellung, daß Jahwe Israel ins Land als einen שׂרק, der als זֶרַע אֱמֶת gewertet ist, eingepflanzt habe. Dort sei es aber zur „stinkenden, fauligen Rebe“ (סוֹרִיָּה, emend. Text) und zu einem „fremden Weinstock“ geworden. Nach der Grundbedeutung von שׂרק muß eine hellrote Traubenart gemeint sein (vgl. RGradwohl, Die Farben im Alten Testament: ZAW Beih 83, 1963, 21f.). Ri 16 4 erwähnt den נחל שׂרק, der wie משׂרקה in Edom (Gn 36 36 1 Ch 1 47) durch die edlen Trauben, die dort gediehen, berühmt gewesen sein wird. – Der Weinbergbesitzer will also eine Musteranlage erstellen und baut inmitten seines Rebgutes einen Turm. Sonst begnügt man sich mit einer Hütte im Weinberg (s.o.S. 29 zu 1 8). Besser als eine solche gewährt aber ein מגדל dem Hüter des Weinberges sichere Unterkunft (s. Dalman a.a.O. 317 und 333; Abb. Nr. 94 mit einem aus groben Steinen aufgeschichteten Rundturm). Es ist durchaus verständlich, daß man im Weinberg auch eine Kelter anlegt. יקב (vgl. arab. *waqb* „Vertiefung“, mittelhebr. יקב pi. „aushöhlen“) scheint des Genaueren der Trog einer Kelter, die Kufe, zu sein, während die Kelter als ganze גַּת heißt. Doch lassen sich die beiden Begriffe nicht klar trennen. Eine Kelter kann aus Holz, Ton oder Stein hergestellt sein, in all diesen Fällen muß sie abgedichtet werden. Sie besteht aus einer oberen und einer unteren Grube,

die obere dient als Tretplatz (s. Am 9 13 Jes 63 2 u.ö.), während die untere, in welche von der oberen durch eine Rinne, צִנּוֹר genannt, der Traubensaft abfließt, als vorläufiger Behälter dient (Abb.: Dalman a.a.O. Nr. 95f. 99–111, ferner GEWright, Biblische Archäologie, 1958, Nr. 133).

Verständlicherweise hofft ein Gutsherr, der seinen Weinberg mit so 5 2b
großer Sorgfalt und so hohen Kosten angelegt hat, auf eine ausgezeichnete Ernte (vgl. Cant 8 11). Jesaja sagt aber nur gerade: „Er hoffte, daß er Trauben brächte“, d.h., er erwartet nichts denn einen ordentlichen Ertrag. Aber der Weinberg trägt nur באשים. Auch dieses Wort, das sich wieder nur im vorliegenden Abschnitt findet, ist nicht genau bestimmbar. 𝔊 liest ἀκάνθας, 𝔙 labruscas. Ges-Buhl verweist auf kopt. *bees* „unreife Frucht“ und vermutet in Anlehnung an die Vulgata-Übersetzung „Trauben von herbem, säuerlichem Geschmack“, GRDriver (Festschr. ThH-Robinson, 1950, 53 Anm. 6) deutet „spoiled by anthracnosa“ (vgl. 'A: σαπρίας). KBL schlägt im Blick auf die Bedeutung des Verbums באש vor: „Stinklinge, faulende Beeren“, was den andern Vorschlägen vorzuziehen ist.

Ein Lied auf die Braut hat man nach 1a erwartet, aber nun scheint 1b. 2
der Sänger von einem Weinberg zu sprechen. Doch liegen in der Beschreibung des Weinbergs Elemente einer Symbolsprache vor, in der man von einem geliebten Mädchen spricht. 1b hat eine frappante formale Parallele in Cant 8 11: כרם היה לשלמה בבעל המון (s. auch 8 12 und vgl. 1 6.14 2 15). Es ist aber ungewiß, wie weit man weitere Ausdrücke wie etwa עזק oder יקב sexuell ausdeuten darf. Diese Unsicherheit in der Interpretation kann nicht überraschen, denn die Zweideutigkeit ist gewollt. Mit 2b wird aber bereits deutlich, daß kein Lob verkündet, sondern Klage erhoben wird.

Auch außerhalb des Alten Testaments ist der Vergleich einer Frau oder eines Mädchens mit einem Feldstück wohl bekannt. In der Weisheitslehre des *Ptah-hotep* wird der Mann gemahnt: „Erfreue ihr Herz, solange sie da ist; sie ist ein guter Acker für ihren Herrn“ (vBissing a.a.O. 48). Andererseits bezeichnet sich in einem altägyptischen Lied ein Mädchen selbst als Grundstück, das dem Geliebten gehöre und fügt hinzu: „Lieblich ist der Kanal darin, den deine Hand gegraben hat“ (SSchott, Altägyptische Liebeslieder, 1950, 56). WFAlbright (VTSuppl 3, 1955, 7) macht aufmerksam auf ein Sprichwort, das der Fürst von Byblos in den Amarna-Briefen gleich viermal zitiert: „Mein Feld ist einer Frau, welche ohne Gatten ist, gleich (*mašil*), wegen Mangels an Bestellung“ (JAKnudtzon, Die El-Amarna-Tafeln: VAB II/1, 1915, Nr. 74 17ff. 75 15ff. 81 37f. 90 42ff.). Ein assyrischer Bräutigam aber erklärt, er werde seine Braut fruchtbar machen wie die Frucht eines Obstgartens (*kīma inib kirî*, s. ThGPinches, Notes upon some recent discoveries in the realm of Assyriology: JTVI 26, 1893, 154).

In 3 werden die Zuhörer aufgefordert, als Rechtssassen ihre Richter- 3
funktion wahrzunehmen. ועתה, womit der Vers eingeleitet ist, „bildet

immer den Wendepunkt der Erörterung", s. HABrongers, Bemerkungen zum Gebrauch des adverbialen *we'attāh* im Alten Testament: VT 15 (1965) 289–299, s. 299; vgl. etwa den Übergang zur Gerichtsankündigung in Am 7 16. Zur Wortfolge Jerusalem/Juda s.o.S. 3. Man erwartet, daß Jesaja nun sagt: Richtet zwischen meinem Freund und seinem Weinberg! Aber der Bräutigam und sein Freund, d.h. Gott und sein Prophet, sind in 3–6 in eins gesehen, während in 7 wieder das „Er" Gottes erscheint. Daß die Zuhörer den „Weinberg" zur Verantwortung ziehen sollen, läßt bereits vermuten, daß hier eine hintergründige Sprache gesprochen wird.

5 4 Der Ankläger stellt fest, daß er in jeder Hinsicht seine Pflicht erfüllt hat und seine Erwartung entsprechenden Lohnes begründet und keineswegs unbillig war. Er hoffte auf Trauben. Auch „Trauben" gehören zur sexuellen Bildsprache, so Cant 7 8f.: „Wie du dastehst, gleichst du der Palme und deine Brüste den Trauben (אשכלות). Ich dachte: Ich will die Palme ersteigen... Deine Brüste sollen mir sein wie Trauben." – מדוע fragt nach dem Grund nicht des Hoffens, sondern der Enttäuschung. Daß die Anklage in die Frageform gekleidet ist, ist ein beliebtes Stilmittel (vgl. etwa Ri 11 25ff. Ps 39 8), ebenso die Versicherung, daß man umsonst vertraut oder gehofft habe (vgl. Ps 69 21 Hi 6 19f. 30 26 u.ö. Jer 8 15 u.ö. Thr 3 18 Jes 59 9.11).

5 Wieder mit ועתה eingeleitet (s. 3) beginnt in 5 die Urteilsverkündigung. Es wird vorausgesetzt, daß der Kläger bei der Darlegung seiner Enttäuschung die innere Zustimmung seiner Zuhörer gefunden hat. Hecke und Mauer um den Weinberg, die ihn gegen Verwüstung durch weidendes Vieh oder Wild schützen sollen, will er niederreißen. Eine משוכה wird aus Dornen bestanden haben, ähnlich wie es heute in Palästina üblich ist, um die Felder Kakteenhecken zu pflanzen, jedenfalls darf man im holzarmen Palästina nicht an einen Palisadenzaun denken. Ein גדר ist ein Steinwall. Mauer und Hecke können durchaus kombiniert werden, s. Dalman a.a.O. 316, Abb. Nr. 92. Zu בער vgl. o.S. 133 zu 3 14. Im Gegensatz zum normalen Abweiden eines Landstückes durch das Weidevieh drückt dieses Verbum das zerstörende Abfressen von Kulturpflanzen oder auch von Bäumen durch eindringende Tiere aus (vgl. Ex 22 4). מרמס wird im Alten Testament (s. 7 25 10 6 28 18 Mi 7 10 Ez 34 18f.) im wesentlichen bei zwei Gelegenheiten verwendet: beim Zertretenwerden des Landes durch das Vieh und beim Zertretenwerden eines Volkes durch den Feind,
6 wobei die erste Verwendung Gleichnis für die zweite sein kann. – Beschneiden und Behacken gehören zur regulären Pflege eines Weinberges. Nach Lv 25 3 ist das Beschneiden der Reben geradeso wichtig und für die Ernte ausschlaggebend wie das Besäen der Felder. Es vollzieht sich in zwei Arbeitsgängen: der erste im frühen Frühjahr besteht im Abschneiden der Schosse, von denen keine Frucht zu erwarten ist, der zweite nach

dem Ansetzen der Frucht zur Beseitigung der überflüssigen Triebe (in Joh 15 2 als καθαίρειν bezeichnet), damit den Trauben möglichst viel Saft zufließt (s. 18 5, wo die מזמרות erwähnt sind, vgl. auch 2 4). Das Behacken (עדר pi.) wird nach Dalman, AuS II, 328 zwischen Saat und Ernte oder nach dem Pflügen und Säen ausgeübt. Jäten (Ausreißen/Abschneiden) und Hacken auf dem Feld sind zusammengehörige Tätigkeiten. Bleibt das Behacken aus, so überwuchern „Dornen und Disteln" die Weinstöcke, die in der Regel nicht, wie bei uns üblich, an Gestellen oder Stützen hochgezogen werden, sondern sich über dem Boden dahinziehen. Die Verbindung שמיר ושית ist wie das deutsche „Dornen und Disteln" um des Stabreims willen gewählt (7 23–25 9 17 10 17 27 4). Nach Saadja (s. Dalman, AuS II, 321) ist שמיר die wilde Möhre, *daucus aureus*, nach ILöw (Die Flora der Juden III, 1924, 133) und GEPost (The Flora of Syria, Palestine and Sinai, 1932, 203) der Stechdorn, *paliurus aculeatus*. שית ist nach dem ersteren eine *achillea* (eine Art Schafgarbe, arab. *qeiṣum*), nach Löw a.a.O. IV, 1934, 33 eine allgemeine Bezeichnung für Dorngestrüpp. Die genaue botanische Bestimmung ist wie in ähnlichen Fällen unmöglich, vgl. AERüthy, Die Pflanze und ihre Teile im biblisch-hebräischen Sprachgebrauch: Diss. Basel (1942) 19ff. Was in 5b. 6a angekündet wird, liegt durchaus in der Macht eines Weinbergbesitzers. Die Drohung von 6b, die Verhinderung des Beregnens, greift aber bereits der Deutung von 7 vor: Den Wolken gebieten kann nur Gott. Bentzen (a.a.O. 210) ist allerdings der Meinung, auch jetzt verrate Jesaja noch nicht, daß er von Gott spreche, es handle sich um eine Verwünschung wie in 2 S 1 21, vgl. aber dort die Negation אל. Ebenso ist kaum anzunehmen, daß auch noch 5f. allegorisch auf die Geliebte auszudeuten sind, etwa in dem Sinn, daß nach 6 die treulose Geliebte in ihrer zukünftigen Ehe keine Kinder bekommen soll (so Bentzen a.a.O. 210).

Nach den Andeutungen von 6b werden die Zuhörer in 7 brüsk mit 5 7a
der eigentlichen Deutung konfrontiert; „Der Weinberg Jahwes der Heere ist das Haus Israels, und die Männer Judas sind seine Lieblingspflanzung." Jetzt sieht man endlich klar: Jesajas Freund ist Gott, und zwar Jahwe der Heere (s.o.S. 27ff. zu 1 9), der Ladegott von Jerusalem, im Gedanken an welchen die Traditionen von seiner Zuwendung zu Israel sofort präsent sind.

Wie das Gottesepitheton Zebaoth erscheint auch die Bezeichnung בית ישראל wohl zuerst im Zusammenhang mit der Lade (1 S 7 2 2 S 6 5. 15). In 2 S 12 8 16 3 1 Kö 12 21 20 31 wird der Ausdruck eindeutig für die Bewohner des Nordreiches verwendet. Relativ häufig erscheint die Bezeichnung bei Jeremia: 2 4 (die Geschlechter des Hauses Israel in Parallele mit Haus Jakobs) 2 26 3 20 5 15 9 25 u.ö. Hier bezeichnet der Ausdruck Israel als Gottesvolk, während er in sekundären Stücken des Jeremiabuches im Gegensatz zu „Haus Juda" das Nordreich meint (s. etwa 3 18, vgl. auch die Ergänzung ובית יהודה in 5 11), ein Sprachgebrauch, der auch bei Hosea (1 6 12 1) und Amos (5 1. 3 u.ö.) vorliegt. Bei Ezechiel (3 1. 4f. u.ö.) begegnen wir wieder dem religiös-kultischen Sinn. An der vorliegenden Stelle steht בית ישראל zweifellos in Parallele und nicht im Gegensatz zu איש יהודה, allerdings den mehr politischen Sinn von איש יהודה nach der religiösen Seite hin modifizierend. Beide Begriffe sind aber letztlich auch identisch mit יושב ירושלם und איש יהודה von 3, d.h.: derselben Zuhörerschaft, an die dort als Richter appelliert worden war, wird jetzt Schuld und Strafe zugesprochen, ähnlich wie Nathan in seinem bekannten Gleichnis in 2 S 12 sich an David als Richter wendet und ihn sich selbst das Urteil sprechen läßt.

„Weinberg Jahwes" ist keine geläufige Metapher für Israel. Das Bild vom Weinstock, den Jahwe im Land anpflanzte und üppig gedeihen ließ (Ps 80 9–12, vgl. Jer 2 21), ist anderer Art. 3 14 zeigt aber, daß es für Jesaja nahelag, vom Volk als von Jahwes כרם zu reden. Die Ambivalenz zwischen 3 14 und 5 7 ist jedoch zu beachten: dort wird den Führern des Volkes vorgeworfen, daß sie den Weinberg abgeweidet haben, hier muß das Volk selbst bestätigen, daß es verdient, dem „Abweiden" preisgegeben zu werden. – In Parallele zu כרם יהוה steht נטע שעשועיו. Das pilp. von שעע II heißt „spielen, zärtlich behandeln" (vgl. 11 8), das Substantiv demnach „Gegenstand des Spiels, des Ergötzens, der Wonne". In Jer 31 20 nennt Jahwe Ephraim יֶלֶד שַׁעֲשֻׁעִים, was nicht, wie übersetzt zu werden pflegt, „Lieblingskind" heißt, sondern „Sohn, an dem der Vater sich ergötzt" (vgl. Prv 8 30f.). Vermutlich wurde das Wort auch in der erotischen Lyrik verwendet, doch fehlen Belege dafür.

5 7b Was Jahwe von seinem Volk erwartete, ist משפט und צדקה. Dazu ist das o.S. 59f. zu „Recht und Gerechtigkeit" in 1 21–26 Ausgeführte zu vergleichen. Die Frage, woran Jesaja in 5 7 konkret gedacht haben mag, hat der Redaktor damit beantwortet, daß er an das Weinberglied die Weherufe von 8–24 anfügte. Angesichts von 1 21–26 werden wir aber vor allem an das Versagen der Rechtsprechung zu denken haben, vgl. 5 23. – Um des Anklanges an משפט und צדקה willen sind als Gegenstück die beiden Begriffe משׂפח und צעקה gewählt. Der Versuche, das Wortspiel im Deutschen wiederzugeben – notwendigermaßen alle auf Kosten des präzisen Wortsinns –, sind viele, z.B. Zürcher Bibel: Guttat, Bluttat – Rechtsspruch, Rechtsbruch; Duhm: Gut Regiment, Blutregiment – Rechtsprechung, Rechtsbrechung; Fohrer: Rechtsspruch, Rechtsbruch – Gerechtigkeit, Schlechtigkeit. Die Bedeutung des hapaxleg. משפח ist nicht gesichert. Man hat an eine Wurzel ספח gedacht (für die hier שׂפח stünde), die mit dem arab. *safaḥa* „ausgießen, (Blut) vergießen" (s. Koran 6 146) zusammengestellt wird (vgl. auch *saffāḥ* „Blutvergießer, Mörder"). Marti, Gray, Procksch folgen dieser Deutung, während Duhm zurückhaltend ist; Buhl denkt an einen Zusammenhang mit arab. *mušaffaḥ* „am Er-

folg verhindert", was nicht gerade wahrscheinlich ist, KBL an arab. *fašaḥa* „abbiegen" und kommt so zur Bedeutung „Abweichung, Rechtsbruch", wobei man die Metathese von שׂ und פ in Kauf nehmen muß. Da die Versionen nicht weiter helfen (𝔊: ἀνομία, 𝔙: iniquitas), ist doch wohl bei der Bedeutung „Blutvergießen" zu bleiben. – צעקה ist das Wehgeschrei des politisch und sozial Vergewaltigten (z.B. Gn 27 34 Ex 3 7.9 11 6 u.ö.), von dem Ps 9 13 sagt, daß Jahwe sein Geschrei nicht vergißt. Damit wird das Lied zu einer schneidend scharfen Anklage, die den Zuhörern um so härter in den Ohren gellen muß, als der Prophet sie durch das Gleichnis dazu gebracht hat, der Strafandrohung zuzustimmen.

Der Abschnitt, der den Hörer zunächst im ungewissen läßt, ob Jesaja als „Freund des Bräutigams" dessen Braut rühmen will oder ob er des Freundes Sorgfalt in der Anlage eines Weinberges loben möchte, scheint in eine Anklagerede gegen die Braut bzw. eine Klage über den Weinberg umzuschlagen, enthüllt sich schließlich aber als Anklage gegen Israel/Juda. Die einzelnen Vorkehrungen des großzügigen Weinbergbesitzers dürfen nicht heilsgeschichtlich ausgedeutet werden, etwa in dem Sinn, daß mit dem „Horn" das westjordanische Gebirge, der Bau des Turms die Errichtung der davidischen Dynastie bedeute (s. dazu Kaiser). Der Vergleichspunkt ist äußerlich schon durch die dreimalige Verwendung von קוה (2.4.7) gekennzeichnet: die Enttäuschung der berechtigten Hoffnung Jahwes angesichts des Undanks seines Volkes. Daß Jesaja diese einfache Wahrheit durch das doppeldeutige Weinberglied zum Ausdruck bringt, ist wie im ähnlichen Fall des Nathangleichnisses von 2 S 12 in der Absicht begründet, seine Zuhörer zur Anerkennung dessen zu zwingen, daß Jahwes Erwartung begründet, seine Enttäuschung berechtigt und darum sein Zorn durchaus verständlich ist. Ziel

Wenn es auch unsachgemäß ist, die Vorkehrungen des Weinbergbesitzers allegorisch auswerten zu wollen, so stellt sich doch die Frage, worin Jesaja nach dem vorliegenden Stück die Guttaten Jahwes an Israel sieht. Daß er das Bild vom Weinberg wählt, könnte an das dritte Thema der Auszugstradition, die Verleihung des Landes, denken lassen, vgl. Ex 15 17: „Du führtest sie hinein und pflanztest sie auf den Berg, der dein eigen..." Aber Jesaja spricht ja nicht davon, daß Jahwe Israel Äcker und Weinberge verlieh, wie das anderswo im Alten Testament geschieht (Dt 6 11), sondern daß Israel/Juda selbst der Weinberg ist, von dem die gute Frucht erwartet wird. Hinter Jes 5 1–7 steht nicht das „kleine geschichtliche Credo" Israels. Hingegen haben wir gesehen, daß nicht nur der Gottesname Jahwe Zebaoth, sondern auch die Bezeichnung für das Gottesvolk „Haus Israel" in die Ladetradition zurückweist. Damit dürfte Jahwe als der Gott verstanden sein, der Israel im Lauf seiner Geschichte je und dann in Zeiten der Bedrängnis seine Gunst zugewendet hat, ihm Schutz gewährte und Gedeihen sicherte. Man wird kaum fehlgehen, wenn man die hier gemeinte Fürsorge Jahwes etwa mit den Termini des 98. Psalms (1–3) umschreibt. Der Wachtturm im Weinberg, die Hecke und der Steinwall um ihn herum darf gewiß als Andeutung der Hilfe Jahwes gegen die Feinde verstanden werden, die Jahwes Erbe zu zertreten gewillt waren. Jahwe war seinem Volke eine feste Burg. Hingegen ist in 6b Jahwe als Herr der Naturvorgänge gesehen. Er bezeugt seinem Volke seine Güte dadurch, daß er dem Land Regen gibt zu seiner Zeit. Das wird auch in der Bundestradition immer wieder erwähnt (Dt 11 11. 14 28 12). Andererseits wird das Ausbleiben des Regens als Strafe für Bundesbruch angekündigt (Dt 11 17 28 24, vgl. auch Lv 26 4 Am 4 7 Jes 30 23 u.ö.). Darum wird zu schließen sein, daß Jesaja neben der Abwehr der Feinde ganz allgemein an die Segnungen Israels durch Jahwe denkt. Sie waren dem Volk als Bundesverheißungen bekannt, und es wußte sehr wohl, daß deren Erfüllung nicht ausgeblieben war.

Jahwes Güte gegen Israel ist als planmäßiges, überlegtes, einen weiten Zeitraum umspannendes Handeln gesehen (vgl. vRad, TheolAT II^4, 187). Wer einen Weinberg anlegt, muß warten können, bis seine „Investierung" sich zu lohnen beginnt. So hat Jahwe an Israel ein erzieherisches Werk auf lange Sicht getan. Jahwe ist kein „Liebhaber", der die Geliebte im Sturm zu erobern sucht, sondern der sie sich durch geduldige Umwerbung und immer neue Zeichen seiner Zuneigung ergeben machen möchte. Es ist ein Bild, das Letztes aussagt über Jahwes Verhältnis zu seinem Volk wie über das Wesen Gottes selbst. Zugleich deckt es die völlige Unbegreiflichkeit des Verhaltens Israels in seinem Undank gegen seinen Herrn, vor allem aber die abgrundtiefe Enttäuschung des liebenden, in seiner Fürsorge sich ausgebenden Gottes auf. Jahwe leidet unsäglich daran, daß seine gütige Hinwendung zu seinem Volk nicht die Antwort findet, die er erhofft hat. Um das auszudrücken, ist Jesaja das Gleichnis vom enttäuschten, erfolglosen Liebhaber Jahwe nicht zu kühn.

Der Weinbergbesitzer kündet in der Gleichnisrede an, was er mit seinem umhegten Besitz tun will. Die Deutung des Gleichnisses aber bricht jäh ab, nachdem die furchtbare Enttäuschung Jahwes über sein Volk mit den wie aus hartem Diamant geschliffenen Worten von 7b aufgedeckt ist. Das Neue Testament hat das Gleichnis Jesajas in der Allegorie von den bösen Weingärtnern (Mk 12 1–12 par.) aufgenommen. Das Versagen des Gottesvolkes ist dort gesteigert bis zur Tötung des Sohnes, der gekommen ist, die Früchte des Weingartens in Empfang zu nehmen. Die Gemeinde, aus der jene Allegorie zweifellos in der jetzigen Form hervorgegangen ist, bezeugt, daß sich auch und gerade angesichts des Neins Israels der Heilswille Gottes durchsetzen wird. Jesaja aber entläßt seine Zuhörer mit der bangen Frage, ob es für das Gottesvolk nach diesem Versagen überhaupt noch eine Zukunft geben kann.

WEHERUFE ÜBER RÜCKSICHTSLOSIGKEIT UND LEICHTSINN

(5 8–24 10 1–4)

JFichtner, Jahwes Plan in der Botschaft des Jesaja: ZAW 63 (1951) 16–33 = GesStud (1965) 27–43. – SSpeier, Zu drei Jesajastellen (1 7; 5 24; 10 7): ThZ 21 (1965) 310–313. – GvRad, Das Werk Jahwes: Festschr. ThCVriezen (1966) 290–298. – JAEmerton, The Textual Problems of Isaiah V 14: VT 17 (1967) 135–142. Literatur

Zu den Weherufen: CWestermann, Grundformen prophetischer Rede: BEvTh 31 (1960; [2]1964) 139ff. – EGerstenberger, The Woe-Oracles of the Prophets: JBL 81 (1962) 249–263. – HWWolff, Amos' geistige Heimat: WMANT 18 (1964) 12–23. – GWanke, אוי und הוי: ZAW 78 (1966) 215–218. – RJClifford, The Use of HÔY in the Prophets: CBQ 28 (1966) 458–464.

8 Weh denen, die Haus an Haus reihen, Text
Feld an Feld fügen,
bis kein [a] Raum mehr ist und ihr allein noch
als Vollbürger inmitten des Landes ansässig seid [b].
9 [a]'Wahrlich', Jahwe der Heere 'hat' in meine Ohren 'den Schwur getan'[a]:
Fürwahr, viele Häuser, große und schöne,
werden veröden, ohne [b] Bewohner sein.
10 Denn zehn Joch [a] Rebland werden nicht mehr tragen als ein [b] Bath,
und ein Chomär Saatgut [c] nicht mehr bringen als ein Epha.

11 Weh denen, die früh [a] am Morgen dem Rauschtrank nachjagen,
die den Abend lange hinausziehen, wenn der Wein sie erhitzt [b].
12 Da gibt's Kastenleiern und Jochleiern, Handpauken und Flöten
[a]'bei' ihren Gelagen [a],
aber auf Jahwes Werk schauen sie nicht,
und das Tun seiner Hände beachten sie nicht.
13 Darum muß mein Volk in die Verbannung,
da es keine Einsicht hat,
und seine Vornehmen sind vor Hunger 'entkräftet'[a],
und sein Pöbel ausgedörrt vor Durst.

14 Darum sperrt Scheol ihren Schlund weit auf,
reißt auf ihren Rachen ohne Maß,
daß hinabfährt ihre [a] Herrlichkeit [b] und ihr [a] Getümmel [b]
und ihr [a] Getöse [b] und wer darin [a] frohlockt [b].
[15 Da wurde [a] der Mensch gebeugt und erniedrigt der Mann,
und senken mußte sich der Hochfahrenden Blick;
16 doch Jahwe der Heere zeigte sich erhaben im Gericht,
und der heilige Gott erwies sich heilig [a] durch Gerechtigkeit.]
17 Und Lämmer werden weiden wie [a] auf ihrer Trift,
[b]und die Schutthaufen fressen Fettschafe ['Böcklein'] ab [b].

18 Weh denen, die die Schuld herbeiziehen mit Stricken des Trugs [a]

und wie[b] mit dem Wagenseil[c] ihrer Sünde Lohn[d],
19die sagen: Es eile[a], es komme doch rasch sein Werk,
damit wir's sehen,
es nahe sich, es treffe ein der Ratschluß des Heiligen Israels,
so erkennen wir ihn!

21Weh denen, die in ihren eigenen Augen weise sind,
und sich selbst verständig dünken.

22Weh den Helden – im Weintrinken
und den Männern, die so tüchtig sind – im Mischen von Rauschtrank.

20Weh denen, die das Böse gut
und das Gute böse nennen,
die Finsternis zu Licht machen
und Licht zu Finsternis,
die bitter zu süß machen
und süß zu bitter,
23 die dem Schuldigen Recht geben für ein Bestechungsgeschenk,
aber 'dem'[a] Schuldlosen sein Recht absprechen[b].
24Darum, wie das züngelnde Feuer Stoppeln verzehrt[a]
[b]und dürres Gras in der Lohe zusammensinkt[b],
wird ihre Wurzel wie Moder[c] sein
und ihre Blüte aufwirbeln wie Staub.
Denn die Weisung Jahwes der Heere haben sie verschmäht
und verworfen das Wort des Heiligen Israels.

10 1Weh denen, die Satzungen[a] aufstellen[b], die lauter Bosheit,
und eifrig 'Verfügungen'[c] verfassen[d], die voll Mühsal sind,
2um die 'Sache'[a] der Geringen zu beugen
und den Armen meines Volkes ihr Recht[b] zu rauben,
daß Witwen ihre Beute werden
und sie Waisen[c] ausplündern können[d].
3Was wollt ihr denn am[a] Tag der Heimsuchung tun,
und beim[a] Unwetter[b], das aus der Ferne kommt?
Zu wem wollt ihr fliehen um Hilfe
und [c]wohin euren Reichtum 'flüchten'[c]?
4 [a][Umsonst! Als Gefangener muß man sich beugen,
und als Erschlagener fällt man hin.][a]
[Bei alledem hat sich sein Zorn nicht gewandt,
und seine Hand ist noch ausgereckt.]

5 8 **8**a Zu אפס s. Joüon, Gr § 160n. – b Der Wiedergabe von 𝔊 (μὴ οἰκήσετε μόνοι) und 𝔙 (nunquid habitabitis vos soli) entspräche הֲיֹשַׁבְתֶּם; 𝔖 (*wetettebûn*) und wohl auch 𝔗 (יתבון) setzen das ḳ voraus. V[Qa] liest zwar וישתם, aber das ist wohl einfach Schreibfehler für וישבתם. Die lectio difficilior von 𝔐 ist vor-
9 zuziehen (zu הוֹשַׁב s. Jes 44 26). – **9**a–a באזני יהוה צבאות ist als Satz („in meinen Ohren ist J.Z.") kaum erträglich. 𝔊 liest ἠκούσθη γάρ = וְנִשְׁמַע (𝔏: audita sunt, vgl. auch 𝔗: הויתי שמע und 𝔖: '*eštema*'). Da nachher, mit אִם־לֹא eingeleitet, ein Schwursatz folgt, nehmen manche Ausleger an, dieses נשמע sei aus ursprünglichem נִשְׁבַּע „er hat geschworen" verdorben. Als Parallele verweist

man auf Am 4 2 6 8 und 8 7, aber auch Jes 14 24, wo נשבע Bestandteil der Einleitungsformel ist. Dazu kommt, daß נשמע im Alten Testament nicht in der
hier zu postulierenden Bedeutung „sich vernehmen lassen“ vorkommt. Da mit
9 das Drohwort beginnt, dürfte vor diesem נשבע noch ein כי (vielleicht לכן)
gestanden haben. 9aα lautete demnach: כי נשבע באזני. – b Zur doppelten
Negation מאין s. Joüon, Gr § 160p. – **10**a Zu Dagesch im ד von צִמְדֵּי vgl. 5 10
Joüon, Gr § 96d. – b Statt אחת liest VQa אחד; da בת in Ez 45 10. 11. 14 mask. ist,
dürfte VQa recht haben. – c Procksch übersetzt wörtlich: „die Saat eines
Scheffels“, aber חמר ist hier „Grundwort“, זרע „Bestimmungswort“ (s. dazu
Gn 43 12 Dan 8 17 11 35. 40 u.ö., vgl. ASchulz, BZ 21, 1933, 150f.). – **11**a Zur 11
asyndetischen Verbindung zwischen dem pt. משכימי und dem impf. ירדפו vgl.
BrSynt § 139a, zum st. cstr. beim pt. vor einer Präposition Joüon, Gr § 129m. –
b Kissane (z.St.) ändert ידליקם in יַדְלִיקוּן und übersetzt: „that they may
pursue wine“ mit der Begründung, daß der Parallelismus diese Auffassung be-
günstige (vgl. שכר ירדפו in 11a, ähnlich auch HLGinsberg, JBL 69, 1950, 52f.).
Aber die von diesen Exegeten postulierte Bedeutung von דלק läßt sich für
das hi. nicht belegen. – **12**a-a משתיהם halten manche Ausleger für unnötig oder 12
unmöglich. WCaspari, Hebräisch בין temporal: OLZ 16 (1913) 337–341, will
ויין משתיהם in בֵּין משתיהם ändern und mit „während ihrer Gelage“ übersetzen.
Procksch streicht ויין משתיהם überhaupt, viele wenigstens ויין (so z.B. Eichrodt:
„und halten ihr Gelage...“). Andere schlagen vor, מְזִמָּתָם „ihr Sinnen“ zu
lesen (so neuerdings wieder Fohrer), und ähnlich will Ginsberg (a.a.O.)
משעתם „their interest(s)“ lesen, da Jesaja keineswegs alkoholische Getränke
und Instrumentalmusik von allen Festen habe verbannen wollen. Von diesen
Vorschlägen hat derjenige von Caspari die größte Wahrscheinlichkeit für sich.
– **13**a מְתֵי רָעָב „Männer des Hungers“ (Kaiser: „Hungerleider“, Eichrodt: 13
„gequält von Hunger“) ist nicht unmöglich. Daneben ist auch מֵתֵי רעב „vor
Hunger gestorbene“ bezeugt (so offenbar auch 𝔊𝔖𝔙𝔗). Aber „tot“ ist keine
genaue Entsprechung zu צחה in der zweiten Vershälfte. Nach Dt 32 24 wird
vorgeschlagen, מזי bzw. מזה „entkräftet“ zu lesen, was eine bessere Parallele
bringt und auch darum Beachtung verdient, weil das Wortfeld von Dt 32 auch
sonst bei Jesaja anklingt. – **14**a Den fem. Suffixen fehlt das Beziehungswort. In 14
𝔗 sind sie mask. plur. Da 13 Suffixe im mask. sing. bietet, wollen viele in 14 an
diese angleichen. Aber לכן zu Beginn von 14 zeigt, daß der Vers nicht Fortsetzung des ebenfalls mit לכן eingeleiteten V. 13 sein kann. In Wirklichkeit gehört die mit לכן in 14 eingeleitete Drohung von Haus aus weder zu 11–13 noch
zu 15f.; die Suffixe beziehen sich doch wohl auf eine Stadt, und zwar auf Jerusalem (s. Emerton a.a.O. 136). – b GRDriver (ZAWBeih 77, 1958, 42f.) faßt
die Subst. הדר, המון und שאון als abstractum pro concreto auf und übersetzt:
„and their splendid ones, their multitude and noisy throng shall go down and
suffer pangs therein (nämlich in der Scheol)“, indem er zu seiner Übersetzung
von עלז auf arab. *'aliza* verweist, das neben „was jubilant“ auch „was restless,
had colic“ bedeute. Aber es besteht kein Anlaß, עלז die Bedeutung abzusprechen, die es sonst im Alten Testament hat, die Übersetzung mit „frohlockend,
ausgelassen“ empfiehlt sich auch für 22 2 (s. ferner 13 3 23 7 24 8 32 13). Auch
die Textemendation von Emerton (a.a.O. 137ff.), וְעָז לִבָּהּ für ועלז בה, ist zu
unsicher, als daß man den überlieferten Text preisgeben möchte. – **15**a Für וַיִּשַּׁח 15
bietet VQa nur ישח, so daß futurisch übersetzt werden müßte. Dann müßte
aber auch וְיִשָּׁפֵל gelesen werden. Da der Satz jetzt innerhalb eines Drohwortes
steht, scheint diese Änderung von 𝔐 in der Tat notwendig zu sein. Aber 15f.
dürfte aus einem andern Zusammenhang hieher gestellt worden sein (vgl. die

5 16 Unsicherheit der Tempora im selben Satz in 2 9. 11. 17). – **16**a Der Cairensis und
weitere MSS vokalisieren als pf. נִקְדַּשׁ, der Leningradensis, der Aleppo-Codex u.a.
(auch die Bombergiana) als pt. נִקְדָּשׁ. Da wir in 16a mit 𝔐 das impf. cons. lesen,
17 ist das pf. vorzuziehen. – **17**a כדברם „wie auf ihrer Trift" gibt einen guten Sinn
und ist nicht nach 𝔖 in בדברם zu ändern. – b–b müßte, wenn man 𝔐 nicht ändert, wohl übersetzt werden: „und Schutzbürger essen die Trümmer der Fettschafe", was ihnen nicht zuzumuten ist. Den Vers mit Steinmann (56) einfach
als Glosse zu streichen, ist eine zu einfache Lösung, als daß man ihr folgen
dürfte. Man hat vorgeschlagen, מחים als pt. pass. von מחה zu vokalisieren
(מְחֻיִם) und גרים von akkad. *gurū* (bzw. (*a*)*gurratu*, „Mutterschaf", AHw 299,
vgl. syr. *gurjâ*, arab. *ğarw*) her zu verstehen (s. GRDriver, JThSt 38, 1937, 38f.),
doch ist diese Bedeutung von גר im Hebr. nicht belegt und „Trümmerstätten
Vertilgter" auch nicht gerade wahrscheinlich, s. aber Kaiser. 𝔊 (καὶ τὰς ἐρήμους
τῶν ἀπειλημμένων ἄρνες φάγονται) kann weiterhelfen. Sie muß גְּדָיִם statt
גרים gelesen haben (vgl. das parallele כבשׂים), das aber seinerseits als Erklärung des nicht mehr verständlichen מֵחִים „Fettschafe" (s. Ps 66 15) in den Text
gekommen sein dürfte (Daß man גדים in גרים verlas, erklärt sich vielleicht
als „Nachgeschichte", indem es ja wirklich „Fremde" waren, die auf der Trift
des Volkes weideten, s. HWHertzberg, ZAWBeih 66, 1936, 112 = Beiträge zur
Traditionsgeschichte und Theologie des Alten Testaments, 1962, 71). Streicht
man גרים bzw. גדים, wird מחים Subjekt, und statt וְחָרְבוֹת muß dann וַחֲרָבוֹת
gelesen werden. Wenn auch mit diesen Änderungen keineswegs jeder Zweifel an
der Ursprünglichkeit des Textes behoben ist, so sind sie doch andern Emenda-
18 tionsversuchen vorzuziehen. – **18**a Das Alte Testament spricht von „Stricken
der Sünde" (Prv 5 22), „der Scheol" (2 S 22 6 = Ps 18 6), „des Todes" (Ps 18 5
116 3) u.ä. und kennt Ausdrücke wie חזון שוא und מתי שוא. Warum sollte
Jesaja nicht von „trügerischen Stricken" reden können (vgl. Hos 8 5)? Doch
sind mancherlei Emendationsvorschläge gemacht worden: Da 𝔊 in 18b
עגלה als δάμαλις „Kuh" (hebr. עֶגְלָה) verstanden hat, wird vorgeschlagen, in
der Parallele von 18a חבלי הַשּׁוֹר „Stierstricke" zu lesen. MJDahood (CBQ 22,
1960, 74f.), dem Kaiser folgt, vermutet hinter שוא ursprünglich *haššā'â* (für
העגלה liest er *hā'ēgel*) und versteht dieses *šā'â* nach dem ugar. *ṯ'at* als „Schaf".
Aber es empfiehlt sich nicht, auf Grund der unsicheren Wiedergabe von העגלה
durch 𝔊 gleich auch noch שוא zu ändern. – b Die Lesung einiger MSS ובעבות
ist abzulehnen; es handelt sich in der zweiten Vershälfte um einen Vergleich,
während in der ersten trotz 𝔊 und Σ (ὡς σχοινίῳ, vgl. 𝔖: *ajk ḥablâ*), sofern man
nicht שוא in שור ändert, בחבלי zu halten ist. – c Die Lesung עֲגָלָה ist beizubehalten, es ist also nicht 𝔊 zu folgen (s. oben zu Textanm. 18a, vgl. auch 𝔙: plaus-
trum und 𝔗: עגלתא). Der Parallelismus zwischen beiden Vershälften ist wie oft
kein absoluter, was auch der Wechsel von ב und כ zeigt. – d Mit 𝔊 'ΑΣΘ ist החטאה
19 (vgl. העון in 18a) zu lesen (Haplogr.). – **19**a Zur Kohortativendung in יחישה vgl.
Joüon, Gr § 45 Anm. 2. 𝔖 liest für יחישה *n^esarheb mārjâ* = יָחִישׁ יהוה, aber in 19b
ist Jahwe auch nicht Subjekt, so daß in 19a יחישה als intransitiv zu verstehen
23 ist; Subjekt ist מעשׂהו. – **23**a Einige MSS sowie die Versionen lesen den sing.
צדיק, der neben רשע (vgl. auch ממנו) alle Wahrscheinlichkeit für sich hat.
Zur paronomastischen Genetiv-Verbindung צדקת צדיק vgl. BrSynt § 79a; sie
steht im sog. casus pendens (Joüon, Gr § 156). – b Fortsetzung des pt. durch
das impf., vgl. Joüon, Gr § 121j. ממנו darf nicht mit Procksch, Eichrodt, Kaiser
24 aus metrischen Gründen gestrichen werden. – **24**a קַשׁ ist das Akkusativobjekt,
לְשׁוֹן אֵשׁ das logische Subjekt zum inf. כאכל, vgl. Ges-K § 115k. – b–b V^Qa liest
ואש לוהבת für וחשש להבה, 'ΑΣΘ geben חשש durch θέρμη (𝔙: calor) wieder.

Wie Speier (a.a.O. 311f.) zeigt, haben viele jüdischen Kommentatoren חשש
als „Feuer“ o.ä. verstanden. V^{Qa} steht offenbar bereits in dieser Tradition
und hat darum das unverständlich gewordene חשש durch אש ersetzt. Jes 33 11
zeigt aber, daß die gemeinhin vertretene Übersetzung „dürres Gras“ o.ä.
(vgl. arab. *ḥašša* „austrocknen“) richtig ist (einen weiteren, höchst unwahr-
scheinlichen Emendationsvorschlag zu 24 macht HLGinsberg, Festschr.
GRDriver, 1963, 72). להבה wird als adverbialer Akk. aufzufassen sein, möglich
ist aber auch, daß nach 𝔗 (בשלהביתא) בלהבה zu lesen ist. Gewiß ist רפה
hier in eigenartiger Weise verwendet, aber es besteht kein Anlaß, das Wort
durch יִסְפֶּה zu ersetzen, wie Tur-Sinai (a.a.O. 167) vorschlägt: „... the flame
consumeth the chaff“. – c 𝔊 (χνοῦς) hat vielleicht כמץ gelesen.
1a חקקי ist nach Joüon, Gr § 96Ap von חֵק*, nicht von חֹק abzuleiten, vgl. 10 1
auch Ges-K § 93bb. V^{Qa} liest חוקקי und hat möglicherweise die ursprüngliche Vokalisation richtig erhalten (s. GRDriver, JThSt 2, 1951, 21). חִקְקֵי
findet sich auch Ri 5 15 (Text unsicher). Die Schreibung mit zwei ק wird
– gegen LKöhler, HUCA 23 (1950/51) 155 – kaum einfach alte Schreibweise
sein. Die seltene Nebenform zu חק dürfte hier gewählt sein, um die Alliteration
an חקקים noch enger zu gestalten. – b V^{Qa}: חוקקים (ohne Artikel), s. aber u.S.
205 Textanm. 12a. – c 𝔗 liest וכתב für ומכתבים, was hebr. וּמִכְתַּב voraussetzt.
Vermutlich ist ומכתבי־ם zu lesen, d.h. auf den st.cstr. folgt ein enklitisches מ.
Damit ist der Parallelismus zur ersten Vershälfte hergestellt (s. HLGinsberg,
JBL 69, 1950, 54; HDHummel, JBL 76, 1957, 94 und Kaiser). – d Nimmt man
die oben vorgeschlagene Textänderung nicht an, so ist zu übersetzen „(wehe)
den Schreibern, die immerfort Mühsal schreiben“ (ähnlich Fohrer), d.h., es
liegt ein „nackter“ Relativsatz vor. Das pi. von כתב kommt nur an dieser Stelle
vor; es will den Eifer der Gesetzesschreiber dartun, wird aber auch wegen der
Alliteration mit מכתבי gewählt sein. – 2a Man pflegt 2aα zu übersetzen: „um 2
die Geringen vom Gericht zu verdrängen“ o.ä. Aber דין heißt „Rechtsanspruch,
Rechtsstreit, Rechtsspruch“, so daß es nahe liegt, das מ zu streichen, da es doch
wohl nicht angeht, ein Substantiv מדין anzunehmen (so Luzzato). Möglicherweise muß das מ mit Ginsberg (s.o. Textanm. 1c) und Kaiser wieder als enklitisches Mem aufgefaßt werden. הַטֵּה דין muß denselben Sinn haben wie das
wiederholt verwendete הטה משפט (Dt 16 19 24 17 27 19). – b 𝔗 liest בדינא, doch
empfiehlt es sich nicht, 𝔐 in במשפט zu ändern, da der Parallelismus zur ersten
Vershälfte für משפט die Bedeutung „Rechtsanspruch“ erfordert. – c Zur Akkusa-
tivpartikel trotz der Indeterminiertheit des Substantivs s. Joüon, Gr § 125h. –
d Zum impf. als Fortsetzung des inf. cstr. vgl. Joüon, Gr § 124q. – 3a ליום פקדה 3
heißt nicht „auf den Tag der Heimsuchung“, sondern „am Tag...“, s. לבקר
„am Morgen“ in Am 4 4 Ps 30 6. Ebenso ist לשואה zu verstehen. – b שואה gehört zur Wurzel שוא (im hi. „übel zurichten“) und nicht zu שאה „öde, wüst
liegen“, ist also nicht mit „Verwüstung“ zu übersetzen. – c–c Vielleicht liegt
eine prägnante Redewendung vor: „Wohin wollt ihr gehen, um dort euren
Reichtum zurückzulassen?“ Aber es ist nicht ausgeschlossen, daß אנה doch mit
„wo“ zu übersetzen ist, vgl. Rt 2 19. Die wahrscheinlichste Lösung ist indessen
die Änderung in תָּעִיזוּ, weil sie vom Parallelismus her nahe liegt. – 4a–a Der 4
Text von 4a bietet Schwierigkeiten, die möglicherweise auf Textverderbnis
beruhen. PdeLagarde (Symmicta I, 1877, 105) hat vorgeschlagen, 4aα zu
lesen: בֵּלְתִּי כֹּרַעַת חַת אֹסִיר „Belthis is sinking, Osiris has been broken“. Diese
Emendation, die Steinmann, Eichrodt, Leslie und Fohrer wieder aufgenommen
haben, ist bestrickend, weil es für sie keiner Änderung am Konsonantenbestand
bedarf. Aber schon KBudde (ZAW 50, 1932, 69) hat sich dagegen gewandt.

Osiris wird im Alten Testamten nirgends erwähnt und Beltis, mit der neben Osiris doch wohl Isis gemeint sein müßte, ebensowenig (HZimmern, Festschr. PHaupt, 1926, 281–292 denkt allerdings an Ṣarpanitu, die Stadtgöttin von Babylon). Wir haben keine Anhaltspunkte dafür, daß die beiden Gottheiten in Jerusalem je eine Rolle gespielt hätten. Die Versionen helfen nicht weiter; wenn 4aβ in 𝔊(BS*Q) fehlt, wird man ihr nicht folgen können. Gray will lesen: לְבִלְתִּי כְּרֹעַ (oder מִבִּלְתִּי) und übersetzt: „to avoid crouching under(?) prisoners, and falling under the slain." CJLabuschagne (VT 14, 1964, 99) nimmt das י von בלתי als Präfix zum Verb und liest: בֵּלֶת יִכְרַע „No, he will crouch..." (vgl. ugar. *blt* „nein, doch!"). Ich schlage vor, בלתי für sich zu nehmen: „nichts (bleibt übrig)" und כרע, das neben dem impf. plur. יפלו verdächtig ist, in den inf. abs. כָּרֹעַ zu ändern: „es gilt, sich zu beugen". Zu dieser Verwendung von בלתי vgl. Nu 11 6. תחת אסיר schließlich heißt nicht „inmitten von Gefangenen", bzw. „unter Gefangenen", sondern „am Ort von Gefangenen", vgl. Ex 16 29 2 S 7 10 1 Ch 17 9. Möglich bleibt bei alledem, daß die Verszeile ein Fragment aus einem andern Zusammenhang ist und sich also die Schwierigkeiten im Verständnis daraus ergeben, daß der Kontext nicht erhalten ist.

Form

Im jetzigen Zusammenhang wollen die Weherufe, aus denen dieser Abschnitt zusammengesetzt ist, konkretisierend aufzeigen, weshalb man über Israel die צעקה erheben muß (s. 7). Von Haus aus haben sie aber mit dem Weinberglied nichts zu tun. Die vorliegende Sammlung kann überhaupt keine ursprüngliche Verkündigungseinheit im Munde Jesajas gewesen sein. Jeder einzelne Weheruf ist vom Propheten zu seiner Stunde vor einem bestimmten Hörerkreis in die jeweilige Situation hinein gesprochen worden. Das zeigt sich schon daran, daß sich 22 inhaltlich stark mit 11 berührt; es ist ausgeschlossen, daß beide Rufe bei derselben Gelegenheit erhoben worden sind. Die einzelnen Sprüche sind also erst sekundär zu einer kleinen Sammlung zusammengestellt worden, ähnlich wie in der Logienquelle der Synoptiker die Weherufe gegen die Schriftgelehrten und Pharisäer (Mt 23 13–36 Lk 11 37–52). Dabei ist mit der Möglichkeit zu rechnen, daß einzelne Sprüche sekundär erweitert wurden, aber auch, daß die vom Sammler beabsichtigte Anordnung gestört ist.

Moderne Exegeten versuchten, aus 5 8–24 (bzw. 25, zuweilen unter Hinzunahme von 10 1–4 und anderer Stücke) einen ursprünglichen Bestand von jesajanischen Weherufen in der ursprünglichen Reihenfolge herauszuarbeiten. Eindrücklich ist vor allem der Versuch von KBudde (ZAW 50, 1932, 57ff.). Er vermutet, daß in 1 29–31 das Fragment eines ersten Abschnittes vorliege, dessen Anfang mit dem „Wehe" verloren gegangen sei. Der zweite Weheruf liegt nach ihm in 5 8–10. 17 vor, der dritte in 5 11–13. Einen vierten erkennt er, unter Umstellung der Verse, in 5 22. 14. Die Verse 15f., die schon Eichhorn als einen von 2 9. 11 abhängigen Einschub beurteilt hat, scheidet er aus (s.u.S. 190–192). Der fünfte Weheruf ist nach Budde in 18f. enthalten, der sechste in 20, der siebente in 21. Den Beginn der letzten ursprünglichen Einheit der Reihe sieht er (wie vor ihm schon GStuder, JbchprTh 7, 1881, 172ff. u.a.) in 10 1. Daran soll sich zunächst 5 23, dann 10 2–4a und 5 24 anschließen. Budde arbeitet also mit mancherlei Unstellungen. Vieles an diesen Vorschlägen ist aber unsicher, wenn nicht unwahrscheinlich. Das gilt vor allem vom Versuch, 1 29–31 den Weherufen von Kap. 5 voranzustellen, und zwar auch dann, wenn man sich der Deutung jener Verse durch Budde anschließt, wonach sie gegen „die intensive Ausnutzung des Bodens zu Zwecken üppigen Genußes" gerichtet seien (a.a.O. 60). Hingegen teilt eine größere Zahl neuerer Ausleger (u.a. Feldmann, Ziegler, Eichrodt, Fohrer, Kaiser, Leslie, s. auch SMowinckel, Die Komposition des Jesajabuches Kap. 1–39: ActaOr 11, 1933, 275 und OEißfeldt, Einleitung in das Alte Testament, [3]1964, 413) die Meinung, daß 10 1ff. ein versprengtes Stück aus der Gruppe der Weherufe von Kap. 5 sei. Daß wir zu einer solch tiefgreifenden Umstellung das Recht haben, ergibt sich daraus, daß, wie unten zu zeigen sein wird, 9 7–20 seine Fortsetzung in 5 25ff. hat. Dann bleiben, wenn man 1 29–31 aus dem Spiel läßt, sieben Einheiten übrig. Die Siebenzahl dürfte beabsichtigt sein. – Auch darin hat Budde recht gesehen, daß 14 nicht Fortsetzung von 13 sein kann, die fem. Suffixe scheinen sich auf eine Stadt zu beziehen, und das לכן von 14 stößt sich mit dem vorangehenden in 13. Aber dieser Suffixe wegen leuchtet es auch nicht ein, daß, wie Budde meint, 14 Fortsetzung von 22 sein soll. Hingegen dürfte 17 zu 14 gehören; daß Tiere weiden, wo einst stolze Städte standen, ist ein bekanntes Motiv. Die beiden Verse sind offensichtlich ein isoliertes Fragment, durch das die Drohung von 13 noch unterstrichen werden soll. – Die dazwischenstehenden Verse 15f. gehören kaum zur Sammlung der Weherufe. Eichrodt hat im Gefolge anderer die Verse hinter 2 9 gestellt, Kaiser hinter 2 21 (s.o.S. 95) und Hertzberg hinter 5 21f., indem er das הוי in 21 streicht und vor 15 לכן ergänzt, was doch kaum statthaft ist. Mit der Beobachtung, daß es sich um einen Einschub handelt, ist über die Frage der Echtheit noch nichts entschieden (s. aber dazu u.S. 190), doch spiegelt die Verschiedenartigkeit der Versuche, die beiden Verse einzuordnen, die Unsicherheit der Exegeten in der Beurteilung des Abschnittes wider. – Fraglich ist auch, welchen Umfang der mit 5 20 beginnende Weheruf besitzt. In 21 und 22 setzen ja neue Einheiten ein. Wie unten S. 195 zu zeigen sein wird, ist 23 höchst wahrscheinlich Fortsetzung von 20. In 24 schließt sich, mit לכן eingeleitet, das zum Weheruf gehörende Drohwort an, das an Schärfe nichts zu wünschen übrig läßt. Man ist aber überrascht, daß in 24b, mit כי eingeführt, noch einmal eine Begründung für das Gerichtswort folgt. Im Gegensatz zu den sonstigen Invektiven der Weherufe klingt der hier erhobene Vorwurf, das Gesetz verworfen, das Wort Jahwes verschmäht zu haben, sehr allgemein. Die beiden Zeilen nehmen sich aus wie das Fazit, das nach Abtrennung von 10 1ff. aus den Weherufen gezogen wird. Damit stellt sich die Frage der Echtheit von 24b (s. dazu u.S. 197).

Nach diesen Erwägungen ergibt sich uns für 5 8ff. der folgende Aufbau:

5 8–10	erster Weheruf mit Drohwort
5 11–13	zweiter Weheruf mit Drohwort
5 14. 17	Fragment eines Drohwortes
5 15f.	Einschub: Jahwes Erhabenheit
5 18f.	dritter Weheruf
5 21	vierter Weheruf
5 22	fünfter Weheruf

5 20. 23. 24a sechster Weheruf mit Drohwort
5 24b Abschluß der Weheruhe von Kap. 5
10 1–3 (4) siebenter Weheruf

Die Weherufe sind alle mit הוי eingeleitet (nicht mit אוי wie in 3 11; s. auch 1 4 und 24). Zum Unterschied der beiden Interjektionen s. Wanke a.a.O. In fünf der sieben Fälle folgt auf הוי ein pt. (5 8. 11. 18. 20 10 1, s. auch 3 11), in zwei wie in 1 4 ein Nomen (5 21. 22, s. auch 10 5 17 12 18 1 28 1 29 1 30 1). Wanke (a.a.O. 217f.) dürfte mit seiner Meinung im Recht sein, daß הוי ursprünglich der Totenklage angehört. In dieser folgt in den meisten Fällen zunächst ein Substantiv, mit dem die Beziehung umschrieben wird, in der der Verstorbene zum Klagenden stand (1 Kö 13 30 Jer 22 18 34 5; vgl. הו in Am 5 16). Wenn die Propheten dieses הוי der Totenklage zur Einleitung ihrer Scheltworte aufnehmen, wollen sie damit kundtun, daß dem anvisierten Frevel der Keim des Todes innewohnt. Die von Gott gesetzten Grundordnungen der Gemeinschaft, die Segen und Gedeihen gewährleisten, sind in Frage gestellt, ja zerstört, was bedeutet, daß der Frevler bereits dem Tod verfallen ist. Darum steht der Weheruf dem Fluchwort nicht fern: Er beklagt den, der sich bereits im Bereich des Todes befindet. (Auch das Fluchwort will nach dem „synthetischen Denken" der Alten Welt im Grunde ja nicht „verfluchen", sondern stellt fest, daß einer verflucht ist.) Dementsprechend versuchte Westermann, die Weherufe von den Fluchsprüchen her zu verstehen (a.a.O.), während Gerstenberger und Wolff (je a.a.O.) sie in weisheitlichen Traditionen verwurzelt sehen. – Es ist gewiß kein Zufall, daß in den prophetischen Weherufen auf das הוי oft ein pt. folgt. Was zu beklagen bzw. zu schelten ist, ist nicht der Mensch an sich, sondern sein Verhalten im aktuellen Verstoß gegen die Gottesordnung. – Wo man auch den Ursprung des Weherufes sehen mag, jedenfalls grundsätzlich bedarf er der Erweiterung durch einen Drohspruch nicht. Wer die Ordnung gebrochen hat, steht schon außerhalb der Sphäre, in welcher heilerfülltes Leben möglich ist. „Kommendes Unheil ist ja schon im 'Wehe' selbst impliziert" (Wolff a.a.O. 14). Die Weherufe von 20 und 21 sind demnach durchaus intakt und nicht als Fragmente zu beurteilen, bei denen aus irgendeinem Grunde das zugehörige Drohwort weggefallen wäre. Andererseits ist es doch bezeichnend, daß gerade in denjenigen Fällen, wo sich an das הוי ein pt. anschließt, eine Gerichtsdrohung folgt: in 9f. eingeleitet durch die Schwurformel, in 13 und 24 markiert durch לכן, vgl. auch 10 3. Das bedeutet, daß das „synthetische Denken" dem ausdrücklichen Wissen weicht, daß Jahwe der Herr der Geschichte ist und also die Folgen der bösen Tat in Gang setzt. Erst damit ist der Weheruf zu einer eigentlich prophetischen Gattung geworden.

Ort Die Echtheit der Weherufe samt den zu ihnen gehörenden Drohworten ist – von Zusätzen abgesehen – im allgemeinen anerkannt. Zu 15f. 24b und 10 4a.b s.u.S. 190ff. 197. 200f. – Da es sich um eine Sammlung handelt, deren Einzelstücke einmal selbständig waren, können diese zu sehr verschiedenen Zeiten gesprochen worden sein, und man müßte grundsätzlich versuchen, für jede ursprüngliche Einheit die Zeit zu bestimmen. Aber es fehlen alle Anhaltspunkte, die zu einer chronologischen Festlegung dienen könnten. Vermutlich sind aber diese Rufe doch allesamt erhoben worden, bevor die assyrische Gefahr in bedrohliche Nähe gerückt war. Sie werden also noch Jesajas Frühzeit angehören und ungefähr in dieselbe Situation Jerusalems wie das Weinberglied hineingesprochen sein.

1. Weheruf 5 8–10: Wider Häuserspekulanten und Großgrundbesitzer

Literatur zum altisraelitischen Bodenrecht: GvRad, Verheißenes Land Literatur
und Jahwes Land im Hexateuch: ZDPV 66 (1943) 191–204 = GesStud 87–100. – AAlt, Der Anteil des Königtums an der sozialen Entwicklung in den Reichen Israel und Juda: KlSchr III, 348–372. – HWildberger, Israel und sein Land: EvTh 16 (1956) 404–422. – FHorst, Das Eigentum nach dem Alten Testament: Gottes Recht (1961) 203–221. – HDonner, Die soziale Botschaft der Propheten im Lichte der Gesellschaftsordnung in Israel: OrAnt 2 (1963) 229–245.

Metrum: 8, das Scheltwort: Zwei Doppeldreier; 9f., das Drohwort, ab- Form
gesehen von der Einleitung: ein Fünfer und drei Doppelzweier. Die kurzen Disticha symbolisieren die schneidende Härte des Gerichts.

Die Anklage, die Jesaja hier erhebt, ist nur voll zu verstehen von der Wort 5 8
wirtschaftlichen Ordnung Altisraels her. Das Land befindet sich im Besitz der einzelnen Sippe, die danach trachtet, sich für ihre Glieder eine angemessene Existenzgrundlage zu sichern. Die Nabotherzählung 1 Kö 21 beweist, daß selbst dem König keine anerkannten Rechtsmittel zur Verfügung standen, um seinen Landbesitz auf Kosten eines freien Bauern zu vergrößern; vgl. dazu das Verbot Lv 25 23, Land לִצְמִתֻת, d.h. unter Verzicht auf das Rückkaufsrecht, zu veräußern. Der Landbesitz ist dabei nicht nur eine Frage der ökonomischen Situation eines Israeliten, sondern er bestimmt auch seine bürgerliche Stellung. Wer Grund und Boden hergeben muß, wird Tagelöhner oder Sklave und verliert damit seinen Einfluß im öffentlichen Leben (vgl. LKöhler, Die hebräische Rechtsgemeinde, in: Der hebräische Mensch, 1953, 147). Daraus erklärt sich die Formulierung וְהוּשַׁבְתֶּם לבדכם בקרב הארץ. Die Übersetzungen von 𝔊 und 𝔙 (vgl. auch 𝔗 und 𝔖, s.o. Textanm. 8b) verharmlosen die Anklage Jesajas. Das ho. הוּשַׁב meint, mit allen öffentlichen Rechten und Pflichten ausgestattet im Lande ansässig sein.

Man beachte, daß in 8bβ der Weheruf in die direkte Anrede, d.h. in den Stil der Scheltrede übergeht (s. Fey a.a.O. 59 Anm. 1).

Die Besitzgier der Reichen läuft also auf die Entrechtung der Volksgenossen hinaus. Wie Mi 2 1ff. zeigt, stand Jesaja mit seiner Entrüstung über die Zerstörung der alten Rechtsordnung nicht allein da (vgl. AAlt, Micha 2 1–5 ΓΗΣ ΑΝΑΔΑΣΜΟΣ in Juda: Festschr. SMowinckel, 1955, 13–23 = KlSchr III, 373–381). Es ist bezeichnend, daß Jesaja nicht den Vorwurf erhebt, daß eine geheiligte Ordnung zerstört sei, sondern daß dem Volksgenossen Recht und Freiheit genommen würden. לבד beinhaltet mehr als unser „allein": arab. *badda* heißt „trennen" und das hebr. בדד „vereinzelt, einsam sein". Die Folge der Besitzgier ist eine Vereinsamung, die den Erfolgreichen selbst um seine natürlichen mitmenschlichen Beziehungen bringt. Bei ארץ soll wohl mitbedacht werden, was die Erfüllung der Verheißung des Landes dem Israeliten bedeutet. Das Land kann נחלה Israels genannt werden, aber es heißt auch Jahwes נחלה (Jer 2 7 16 18 50 11 Dt 32 9). Es ist ein Schlag wider das innerste Bekenntnis Israels, wenn das Land, die große Gabe Gottes, nur noch in den Händen weniger einzelner liegt. Man darf בקרב gewiß nicht pressen, immerhin ist sein ursprünglicher Sinn „Mitte" nicht völlig verschliffen: Jesaja wird an Menschen denken, die im „Zentrum" des Landes, in der sicheren und prosperierenden Hauptstadt sitzen und von dort aus ihren Grundbesitz auch in abgelegenen Winkeln des Landes mehren, ohne die Mühen und Gefahren des Lebens in solchen Landbezirken auf sich nehmen zu müssen.

5 9 Das Drohwort formuliert Jesaja, wie es auch anderwärts geschieht, als Jahweschwur (s. Am 4 2 6 8 8 7 Jer 22 5 44 26 49 13, vgl. auch die Einleitung des Verheißungswortes Jes 14 24). Als ein solcher wird sonst mit Vorliebe die Verheißung an David stilisiert (Ps 89 4. 36 110 4 132 11), oft auch, nämlich in der deuteronomistischen Sprache, die Landverheißung an die Väter (Dt 1 8 u.ö., s. dazu FHorst, Der Eid im Alten Testament: EvTh 17, 1957, 366–384 = Gottes Recht 292–314). Man möchte vermuten, daß Jesaja geradezu in Kontrast zum Schwur bei der Zusicherung des Landes hier die Drohung der Verwüstung des Landes ebenfalls in die Form eines Jahweschwures kleidet. Aber die typisch deuteronomistischen Wendungen sind Jesaja nicht geläufig, und die folgende Drohung verwendet auch nicht das Wortfeld der Väterverheißung. Das Vorkommen der Schwurformel in Jes 14 24 und der Gebrauch bei Ezechiel (16 8 und vgl. die Wendung נשא יד 20 6. 15. 23 u.ö.) zeigen, daß man in recht verschiedenen Fällen einem Jahwewort das Gewicht einer eidlichen Verpflichtung geben kann. Auffallend ist, daß der Schwur „in die Ohren" Jesajas getan wurde. Der Ausdruck hat eine Parallele in 22 14a: וְנִגְלָה באזני י״ צ״, wo ebenfalls eine Einleitung zu einem Schwursatz vorliegt. Der Prophet bezeichnet sich damit als Empfänger geheimer

Offenbarung. – Es ist ein verbreitetes Denkschema, daß die Strafe sich im selben Bereich auswirkt, in dem der Frevel begangen wurde; so wird im vorliegenden Fall Verwüstung (שׁמה) von Häusern und Äckern angedroht. Die Ankündigung von שׁמה ist innerhalb der Bundestradition zuhause (Dt 28 37 2 Kö 22 19, vgl. ferner שׁממה in 1 7 [s.o.S. 26] 6 11 17 9 und das Verbum שׁמם in Lv 26 22. 31f.). Ebenso gehört es zu den stereotypen Drohungen für den Fall des Bundesbruches, daß man Häuser bauen werde, sie aber nicht bewohnen könne (Dt 28 30, s. Lv 26 32). Dieses Motiv ist hier durch מאין יושב aufgenommen (s. 6 11 Jer 4 7 26 9 33 10 u.ö. Zeph 2 5 3 6). Man wird als Ursache dieser Verödung der Wohnstätten an den Einbruch von Feinden zu denken haben. Die geringe Fruchtbarkeit der Felder allerdings wird durch Naturkatastrophen verursacht sein.

Zehn Joch Rebland, d.h. die immerhin respektable Bodenfläche, 5 10
die zehn Ochsengespanne in einem Tag umzupflügen vermöchten (s. dazu BHHW 1162, wonach ein Joch ca. 2000 qm umfaßt), bringen nur gerade ein Bath (zu עשׂה im Sinn von „Frucht tragen“, s.o.S. 164 Textanm. 2d). Ein Bath ist ein Hohlmaß für Flüssigkeiten; für die verschiedenen neueren Ansätze, die von 22 bis 45 lt reichen, s. BHHW 1163. Dem Inhalt nach ist es identisch mit dem Epha, das als Getreidemaß verwendet wird. Die „Eselslast“ (חֹמֶר gehört zu חֲמוֹר „Esel“, akkad. beide *imēru*) beträgt nach Ez 45 11 das Zehnfache davon; in Assyrien rechnete man mit einem *imēru* von 134 lt, entsprechend ca. 90 kg Gerste (s. IDB IV, 834; HLewy, RSO 39, 1964, 181–197). Der Ertrag des Ackers erreicht also gerade noch ein Zehntel der Aussaat. Die Formulierung ist singulär, aber der Gedanke, daß das Land dem frevelhaften Volk seinen Ertrag nicht geben werde, gehört wieder zu den Bundesdrohungen, s. Lv 26 20: „... euer Land wird seinen Ertrag nicht geben“ oder Dt 28 38: „Viel Samen wirst du auf das Feld hinausführen, aber wenig einsammeln“. Diese traditionsgeschichtlichen Zusammenhänge machen klar, daß für Jesaja das Treiben der „Häuserspekulanten“ und „Latifundienbesitzer“ in die Kategorie des Bundesbruches fällt.

2. Weheruf, 5 11–13: Wider Zecher und Tagediebe

Metrum: Weheruf: 11a ist ein Fünfer, 11b ein Doppelzweier. In 12 haben Form
wir bei Übernahme der vorgeschlagenen Emendation zwei Sechser. Drohwort: 13a (unter Ausklammerung von לכן): ein Doppelzweier, der in seiner Kürze die Härte der Drohung unterstreicht. 13b ist wieder ein Sechser.

Voraussetzung auch dieses Wortes ist wieder ein gewisser Wohlstand, Wort 11
aber auch der Einfluß einst kanaanäischer Lebensart. Israel war im allgemeinen ein nüchternes Volk, obwohl es in seinem Land an Weinbergen nicht fehlte. Bedenken gegenüber dem Weingenuß als einer Sitte

Kanaans werden immer wieder laut (vgl. Nu 6 2ff. 20 Jer 35 8f. Dt 29 5 Am 2 12 4 1 6 5f. Mi 2 11). Die Texte von Ras Schamra zeigen, daß in Ugarit der Wein auch im Kult eine große Rolle gespielt hat (I K 164 als Opfergabe, II D I 32 beim Kultmahl, II AB III 43, IV–V 37, VI 53–59 u.ö. beim Gelage der Götter). Nach Jes 28 7 und 29 9 war das in Jerusalem zur Zeit Jesajas nicht anders (vgl. auch 1 S 1 9. 13ff.). Doch sind an der vorliegenden Stelle Unsitten im profanen Leben gemeint. Mit einem Eifer, mit dem man sonst den Feind verfolgt und der einer besseren Sache angemessen wäre (vgl. רדף צדקה in Prv 15 9 21 21), „laufen sie" schon in der Frühe des Morgens dem Rauschtrank nach, vgl. Qoh 10 16f. Ag 2 13ff. Und wie sie schon in der Morgenfrühe hinter dem Becher sitzen, dehnen sie den Abend (נשף) in die Länge. Der נֶשֶׁף ist die Zeit, da ein kühlender Wind bläst (נָשַׁף) und man sich gern von der Hitze und Mühsal des Tages erholt, aber auch die Zeit, da Ehebrecher (Hi 24 15) und Dirnen (Prv 7 9) ihr Unwesen treiben. שכר (akkad. *šikaru*) scheint ein aus Getreide, vornehmlich aus Gerste, hergestelltes Bier zu sein, dem verschiedene Zusätze als Gewürze beigemischt wurden (s.BRL 110f., zu den Getränken und Trinksitten vgl. auch FNötscher, Biblische Altertumskunde, 1940, 41).

5 12a Zu einem Gelage gehört auch zu Jesajas Zeiten entsprechende Unterhaltung durch Musik.

Die genaue Bestimmung der hier genannten Instrumente ist nicht leicht. כנור ist ein Wort, das akkad. als *kinnārum*, heth. als *kinir*, im Sanskrit als *kinari* (*kinnāra* im Tulugu, s. KBL) erscheint; der Name muß also mit dem Instrument von Volk zu Volk gewandert sein, wobei dieses aber kaum überall und immer dieselbe Gestalt gehabt haben wird. Die Übersetzungen mit „Harfe" (Luther) oder „Zither" (KBL) dürften schon darum ungenau sein, weil sich diese beiden Musikinstrumente in Syrien-Palästina archäologisch nicht nachweisen lassen. Manche denken allerdings trotzdem bei נבל an eine Harfe (Zürcher Bibel, KBL, EKolari, Musikinstrumente und ihre Verwendung im Alten Testament: Diss. Helsinki, 1947, 58–64). Das Wort gehört aber vermutlich mit נבל „Wasserschlauch, Krug" zusammen und dürfte nach BRL 391 die „Schräg- oder Jochleier" bezeichnen; der Resonanzboden war hier vielleicht topfförmig oder mit Fell bespannt (BHHW 648). Abb.: BRL 393 (rechts) = ANEP Nr. 199 (rechts); AOB Nr. 151 = ANEP Nr. 205 = BHHW 1259 Nr. 2. – In diesem Fall wird כנור „Kastenleier" bedeuten (s. Kolari a.a.O. 64–72). Abb.: AOB Nr. 51. 456f.; BRL 393 (Mitte) = ANEP Nr. 199 (Mitte) = BHHW 1259 Nr. 1. – Zu den ägyptischen Saiteninstrumenten vgl. HHickmann, Ägypten: Musikgeschichte in Bildern II/1 (1961) 126–139. – תף hingegen meint unzweifelhaft die Handtrommel, das Tamburin. Abb.: BRL 393 (links) = ANEP Nr. 199 (links) = BHHW 1259 Nr. 7; ANEP Nr. 211; Hickmann a.a.O. Nr. 71. – חליל schließlich ist eine Flöte oder Schalmei, vermutlich haben wir an eine Doppelflöte zu denken (anders Kolari a.a.O. 31ff., der für „einfache Pfeife" plädiert). Das Wort gehört zur Verbalwurzel חלל II „durchbohren"; akkad. *ḫalālu* bedeutet auch „flöten". Abb.: BRL 391; AOB Nr. 509. 654; BHHW 1259 Nr. 6. – Dieselben vier Instrumente werden auch in 1 S 10 5 bei der Schilderung einer in Verzückung geratenen Prophetenschar genannt. Sie dienten zur Begleitung von Liedern, vgl. 30 29 und die Beschreibung eines Gelages in Am 6 4–6.

Bei seiner Kritik solcher Trinkgelage ist Jesaja nicht so sehr durch ein altisraelitisches Nomadenideal bestimmt (vgl. die Rechabiten Jer 35 6f.) als durch weisheitliche Regeln der Lebensführung. „Ein Spötter ist der Wein, ein Lärmer (הֹמֶה, vgl. המון in Jes 5 13) der Rauschtrank, keiner, den er taumeln gemacht, wird weise", Prv 20 1, vgl. ferner 21 17 23 20f. 31 4f., in erster Linie aber die „Predigt" gegen die Weintrinker in 23 29–35, s. dort מאחרים על־היין und בל־ידעתי in 35. Prv 23 29ff. gehört zu jenem Teil des Proverbienbuches, der von der Weisheit des Amenemope abhängig ist. Es überrascht darum nicht, daß auch die ägyptische Weisheit oft vor den bösen Folgen der Trunksucht warnt: „Wer sich zuviel mit Wein sättigt, muß mit Katzenjammer ins Bett gehen" (Pap. Insinger, zitiert nach FWvBissing, Altägyptische Lebensweisheit, 1953, 95, s. ebenda 62f. 65, 89 und 31 [Vorwort]). In der Lehre des Anii ist zu lesen: „Unternimm nichts als Folge reichlich genossenen Bieres; tust du es, können zweideutige Worte – ohne daß du es weißt – aus deinem Munde kommen. Fällst du dabei hin und brechen deine Glieder, so ist keiner da, der dir die Hand reicht. Deine Trinkkumpane stehen auf und sagen: 'Weg mit dem Säufer!'" (vBissing a.a.O. 74).

Den trunksüchtigen Schlemmern wird Exilierung angedroht. Be- 5 13
reits Amos hat diese Drohung ausgesprochen, und zwar in voller Erkenntnis der assyrischen Gefahr (5 5.27 6 7 7 11.17). Erst die Assyrer haben die Umsiedelung im großen Maßstab als Mittel radikaler Vernichtung der Kraft eines ihnen feindlichen Volkstums verwendet. Zweifellos hatte man in Jerusalem von diesen Vorgängen Kenntnis, glaubte sich aber im Schutz der Waffen – und im Schutz des Gottes vom Zion – gesichert. Das betrachtet Jesaja als Illusion, die assyrische Bedrohung ist ernst zu nehmen. Aber er legt sich nicht auf ein bestimmtes Bild vom Ablauf der künftigen Ereignisse fest. Das zeigt 13b: „und seine Vornehmen: vor Hunger entkräftet, und der Pöbel: ausgedörrt vor Durst!". Daß es dazu kommt, kann recht verschiedene Ursachen haben. Auch hier steht übrigens die Art des Gerichtes in Beziehung zum frevelhaften Tun: Die sich bei den Gelagen nicht im Zügel halten können (vgl. 22 13 28 7ff.), werden an Hunger und Durst zugrunde gehen.

Wenn das Drohwort schon von Haus aus zum Weheruf gehört, fällt auf, daß zwar die Leute von Gewicht (כבוד, abstractum pro concreto) neben der großen Masse des Volkes (המון, vgl. Am 5 23) besonders genannt werden, aber doch diese beiden Teile des Volkes vom selben Gericht ereilt werden sollen. Die vorher spezifizierend geschilderte Schlemmerei bei Gelagen ist für Jesaja also nur Symptom einer allgemeinen Sittenverwilderung und Sorglosigkeit, in der er das ganze Volk, hoch und niedrig, befangen sieht, oder wie Jesaja selbst sagt, Folge des „Mangels an Einsicht". מבלי־דעת wird zwar von der Zürcher Bibel u.a. mit „unversehens" oder von Fohrer mit „ohne es zu merken" übersetzt. In Dt 4 42 u.ö. heißt das ähnliche בבלי־דעת tatsächlich „ohne es zu merken, unvorsätzlich", doch kann auch dieser Ausdruck „ohne Einsicht" heißen (Hi 35 16). In der oben zitierten Parallele Prv 20 1 hat מבלי־דעת in לא יחכם sein Gegenstück, und im traditionsgeschichtlich ähnlichen Zusammenhang von Hos 4 6 ist die Bedeutung „ohne Einsicht" gesichert. Es ist zu beachten, daß nicht von Erkenntnis Jahwes, sondern von Einsicht schlechthin gesprochen wird. Dieser absolute Gebrauch von ידע ist vor allem weisheitlich (s.o.S. 15 zu 1 3). Aber Jesaja interpretiert die weisheitliche Begrifflichkeit sofort von seinem prophetischen Verständnis der Geschichte her.

5 12b Faktisch ist der Vorwurf des Mangels an Einsicht in 13 doch identisch mit dem von 12b: „auf Jahwes Werk schauen sie nicht, und das Tun seiner Hände beachten sie nicht".

Wie Jesaja hier פעל יהוה und מעשה ידיו nebeneinander stellt, so in 5 19 מעשהו und עצת קדוש ישראל. Vor allem 19 zeigt, daß mit dieser Begrifflichkeit Jahwes Herrsein in der Geschichte umschrieben wird. In 28 21 steht neben מעשה als Synonym עבדה, in 28 29 neben עצה der typisch weisheitliche Begriff תּוּשִׁיָּה, und auch sonst spricht Jesaja von Jahwes Planen bzw. seinem Ratschluß (14 24-27, s. auch 10 12). Natürlich können auch irgendwelche irdischen Mächte ihre Pläne verfolgen; so haben die Jerusalemer nach 30 1 einen Plan, aber einen solchen, „der nicht von mir (Jahwe) kommt", oder auch die Feinde des Ahas, die Jerusalem bedrohen (7 5), deren Ratschluß aber Jahwe sein לא תקום ולא תהיה (7) entgegenstellt, weil sein und nicht der Völker Plan sich durchsetzen wird (vgl. 14 24). Man beachte, daß מעשה, פעל, עבדה und עצה immer im sing. verwendet sind: es geht nicht um einzelne Werke oder Pläne Jahwes, sondern um das eine Walten des einen Gottes nach seinem beschlossenen Plan. „Dieses Werk Jahwes füllt... den ganzen geschichtlichen Raum aus, ...und wie mit ihm die großen Weltreiche in Kollision geraten, die sich selbstbewußt in demselben geschichtlichen Raum breitmachen, das ist eines der ungeheuren Themen, zu dem Jesaja immer wieder zurückgekehrt ist" (GvRad, TheolAT II[4], 169).

Damit scheint die Geschichte durch Jahwes Plan deterministisch festgelegt zu sein. Aber schon die vorliegende Stelle 5 12 zeigt, daß sich diese Deutung nicht aufrechterhalten läßt: Es gälte, auf Jahwes Werk zu schauen, das Tun seiner Hände zu beachten, und das doch darum, weil dann die Geschichte einen andern Lauf nehmen könnte. Jahwe verfährt „wunderbar und wundersam, daß darob die Weisheit seiner Weisen zunichte wird" (29 14), was nach dem Gleichnis vom Ackerbauern, den Gott unterrichtet hat (28 23-29), bedeutet, daß Jahwe je das Angemessene zu seiner Zeit tut. Es kann für die Geschichte der Davididen wie der Israels überhaupt nicht gleichgültig sein, ob Ahas glaubt oder nicht. Dadurch, daß die Geschichte nach dem göttlichen Plan ihren Gang nimmt und jeder menschliche Wille, der sich ihm entgegensetzt, letztlich scheitern muß, ist die Verantwortlichkeit des Menschen in keiner Weise aufgehoben. Gerade bei Jesaja, der so eindrücklich von der göttlichen עצה zu reden weiß, ist menschlicher Haltung und menschlichem Handeln eine sonst kaum so deutlich gesehene Entscheidungsschwere zuerkannt. Man ist geradezu versucht, zu formulieren: Die Geschichte ist gesehen als Folge menschlichen Tuns. Aber dieser Satz hat nur Gültigkeit zusammen mit seinem dialektischen Gegenstück: daß Jahwe der absolute Herr der Geschichte ist und er allein der Geschichte ihre Gestalt gibt. Das wissen allerdings auch die Propheten vor und neben Jesaja. Aber nur bei ihm finden sich עצה , פעל u.s.w. als termini des göttlichen Geschichtshandelns. Aus welchem Bereich hat sie Jesaja übernommen? Er steht in der Tradition des heiligen Krieges. Aber von dorther stammen die Begriffe nicht. Das Gleichnis in 28 23–29, das die Art des göttlichen Ratschlusses darlegen will, gehört in den Bereich der Weisheit. Vornehmster Träger der Weisheit ist aber der König. Einen Plan zu fassen (יעץ עצה) ist königliches Vorrecht und königliche Pflicht (s. Jer 49 30 und vgl. 49 20 50 45). Darum ist auch der messianische König ausgerüstet mit dem Geist der עצה (Jes 11 2), ja er wird geradezu פלא יועץ genannt (9 5). Daß Jesaja so betont von Jahwes Rat spricht, hängt also damit zusammen, daß er Jahwe als König auf einem erhabenen Thron sitzend geschaut hat (6 3): Jahwes Planen ist in Analogie zum Planen irdischer Herrscher gesehen, allerdings in einer Analogie, die die Begriffe, welche die Erfahrung im irdischen Bereich umgreifen, sprengt: הפליא עצה, sagt darum 28 29. Damit ist nicht so sehr, wie man aus פלא schließen könnte, das Wunderhafte, als vielmehr das Überraschende, weil jedem Schema sich entwindende Handeln Gottes gemeint. Es ist darum nicht erstaunlich, daß in 28 21 Jahwes Werk als fremdartig, sein Tun als seltsam beschrieben wird.

Von Jahwes Werk (מעשׂה, פעל, מעלל und עלילה, עבדה ist singulär) wird im Alten Testament, vom Jesajabuch abgesehen, fast nur in den Psalmen gesprochen (Stellennachweis bei HWildberger, Jesajas Verständnis der Geschichte: VTSuppl 9, 1963, 95), und zwar zunächst wohl in Schöpfungshymnen, s. Ps 74 12ff. 77 12ff., dann aber auch in den sog. Geschichtspsalmen (z.B. Ps 87 7. 11). Aber in diesen Hymnen sind mit Jahwes Taten im Gegensatz zum jesajanischen Sprachgebrauch immer seine Taten (beachte den Plural!) in der Frühzeit gemeint (vgl. aber Ps 44 2), sofern nicht das Walten Gottes am einzelnen ins Auge gefaßt ist. Die Eigenart des jesajanischen Sprachgebrauchs ist ein eindrucksvolles Zeugnis seiner Fähigkeit, die Glaubenserfahrung Israels in eine Begrifflichkeit zu fassen, die ihr angemessen ist.

Beim Schauen auf Jahwes Werk müßte nach der vorliegenden Stelle Ziel
דעת zu gewinnen sein. Aber dieses Bedenken der Geschichte findet nicht statt, man gibt sich sorglosem Leichtsinn hin. Das ist für Jesaja Zeichen tiefer Verblendung, jener Verstockung, von der er in 6 9ff. spricht. Die Androhung der Exilierung ist aus der geschichtlichen Stunde heraus formuliert. Aber in der Ankündigung von Hunger und Durst in 13b aktualisiert Jesaja wieder einen Gedanken der Bundestradition (s. Dt 28 48). Auch Amos hat dasselbe Motiv, wenn auch in sublimierter Form, rezipiert (8 11).

Drohwort 5 14. 17: Das Ende der Herrlichkeit

Metrum: 14: (ohne לכן) zwei Doppeldreier; 17: bei Streichung von Form
גדים ebenfalls ein Doppeldreier.

Dieses Stück scheint sich gut an das vorangehende anzuschließen, Ort weil auch in ihm vom Untergang des המון die Rede ist. Auch כבודו in 13 hat an הדרה in 14b eine Entsprechung. Der Zusammenhang ist aber nur ein scheinbarer: In 13 meinen כבוד und המון „hoch" und „niedrig", es sind also Standesbezeichnungen, während הדר und המון (das durch שאון näher bestimmt wird) das hochfahrende, laute Wesen der Bevölkerung der Stadt kennzeichnen wollen.

Wort 5 14 המון und שאון dienen zur Beschreibung menschlicher Wichtigtuerei (s. 13 4 17 12f.). In diesen Bereich gehört auch עלז (vgl. עיר המיה neben קריה עליזה in 22 2). In עַלִּיז bzw. עָלֵז liegt im besonderen das Moment stolzer Selbstsicherheit, s. Zeph 2 15; Zeph 3 11 und Jes 13 3 sagen geradezu עַלִּיזֵי גאוה. Darnach ist an unserer Stelle auch הדר zu deuten: es meint nicht wie כבוד in 13 eine bestimmte Bevölkerungsschicht, nämlich den Adel, sondern beschreibt die stolze Prachtentfaltung der gesamten Bevölkerung. Jesaja schlägt also in 14 wieder eines seiner Lieblingsthemen an: Das Gericht über den Stolz der Menschen, vgl. 2 12ff. Es wird beschrieben mit dem mythologischen Bild der gierig ihre Opfer verschlingenden Scheol, die durchaus noch als persönliches Wesen gedacht ist, das in der Tiefe herrscht, vgl. ירד und s. dieselbe Vorstellung in Nu 16 30ff. und Hab 2 5: כשאול נפשו הרחיב. In פער liegt das Moment unersättlicher Gier, vgl. Hi 16 10 Ps 119 131. Unter Verwendung desselben Vokabulars sprechen die Texte von Ras Schamra davon, daß Baal in den Rachen des El-Sohnes Mot hinuntersteigen muß, s. I*AB I 7f. und vgl. I AB II 17f. und I*AB II 2ff.

17 Verbreitet ist das Motiv, daß Städte, über die das Gericht Gottes ergangen ist, zur „Weide" werden (s. 17 2 27 10 32 14 Zeph 2 6. 14; vgl. Mi 3 12 Thr 5 18). „Das Bild der weidenden Herden an der Stelle des einstigen Großstadttrubels, der zur Unterwelt herabgefahren ist, bringt das völlige Auslöschen dieser selbstbewußten Menschenherrlichkeit mit drückender Schwere zum Bewußtsein" (Eichrodt z.St.).

Einschub: 5 15f.: Der heilige Gott

Form Metrum: 15: Siebener, 16: Doppelvierer.

Ort Die beiden Verse sind gemäß der masor. Punktation präterital zu übersetzen, da es unwahrscheinlich ist, daß einfache Imperfekte zwischen 14 und 17 in impf. cons. geändert worden sein sollten. Da auch der 15 ähnliche Satz 2 9 das impf. cons. verwendet, könnten 15f. einem Zusammenhang entstammen, in welchem Jesaja auf vollzogenes Gericht zurückblickt. Wahrscheinlicher ist jedoch, daß hier ein Ergänzer, der die Gerichtsdrohung von 14 gelesen hat, bezeugen wollte, daß das angekündigte Gericht tatsächlich hereingebrochen sei. Dabei bediente er sich in 15 jesajanischer Diktion (s. dazu o.S. 95f. 104 zu 2 9. 11. 17).

Wort 16 In 16 formuliert der Ergänzer weitgehend selbständig. Der Satz ist von eindrücklicher Prägnanz und für das alttestamentliche Gottesverständnis charakteristisch. Eine „Lehre“ von Jahwes Wesen bietet allerdings auch dieser Vers nicht: er redet von Gott, indem er davon spricht, wie Jahwe der Heere „sich erwiesen hat“. Jahwe ist ein Gott, der nur aus seinem Handeln am Menschen in der Geschichte zu erkennen ist. Es ist aber immerhin beachtenswert, daß „Jahwe Zebaoth“ im Parallelismus membrorum durch האל הקדוש aufgenommen wird. Der Ausdruck ist in der hier verwendeten Form singulär, Jesaja selbst braucht den geschichtsbezogenen Gottesnamen קדוש ישׂראל (s.o.S. 23f.). Ähnliche Bildungen kennt das Alte Testament allerdings auch sonst: אֵל קַנָּא Ex 20 5 u.ö., אֵל־קַנּוֹא Jos 24 19 Na 1 2, אֵל־חַנּוּן וְרַחוּם Jon 4 2 u.ö., אֵל גָּדוֹל Dt 7 21 u.ö., אֵל חַי Jos 3 10 u.ö. Die Kurzform אל wird demnach gerne verwendet, wenn ein adjektivisches Attribut hinzutritt, und es handelt sich nicht immer um altgeprägte Bildungen. Auffallend ist, daß mit Vorliebe von אל gesprochen wird, wenn im Gegensatz zur Mächtigkeit Gottes die Schwachheit des Menschen betont werden soll (31 3 Ez 28 9). Aber was beinhaltet die Gottesbezeichnung האל הקדוש? In Jos 24 19 wird Jahwe mit אלהים קדשׁים, das dort parallel zu אל־קנוא steht, als Gott charakterisiert, der Übertretungen ahndet. In 1 S 6 20 meint האלהים הקדוש Gott, sofern man vor ihm nicht bestehen kann, wobei seine Heiligkeit nach dem Zusammenhang noch ganz als unheimliche, todbringende Kraft erfahren wird. In ganz anderem Sinn nennt der Beter von Hab 1 12 Jahwe אלהי קְדֹשִׁי (emend. Text), nämlich als den Gott, der ihn trotz allem nicht dem Tode preisgeben kann. Aber die Modifikation des Ausdrucks ist wohl zu beachten. Man darf also doch wohl annehmen, daß auch die vorliegende Stelle mit der Bezeichnung האל הקדוש Jahwe als den Gott, der Zuwiderhandlungen nicht ungerächt lassen wird, namhaft machen will.

Daß Jahwe „sich heiligt“ נקדש, ist vor allem bei Ezechiel häufig zu hören (20 41 28 22. 25 36 23 38 16 39 27, s. auch Lv 10 3 22 32 und Nu 20 13). Aber an diesen Stellen besteht der Selbsterweis der Heiligkeit durch Jahwe darin, daß er sich gnädig seinem Volk zuwendet: er heiligt sich „an“ seinem Volk (נקדש ב Lv 10 3, par. zu נכבד על־פני). Von dieser priesterlichen Verwendung des Ausdrucks ist Jes 5 16 zu trennen, indem hier mit ב das Mittel bezeichnet wird, durch das Jahwe seine Heiligkeit manifestiert. Damit stellt sich die Frage nach der genauen Bedeutung von משפט und צדקה im vorliegenden Zusammenhang. In 5 7 hat Jesaja die beiden Begriffe zur Umschreibung des ordnungsgemäßen und darum heilvollen Verhaltens gegenüber dem Volksgenossen verwendet (s. auch 1 21 und 28 17). In 9 6 bezeichnen „Recht und Gerechtigkeit“ die Frieden und Heil begründende Wirksamkeit des zukünftigen Königs (vgl. dazu 11 5 16 5 32 1. 16f.). In all diesen Fällen ist eine Gerechtigkeit ins Auge gefaßt, die שלום und ברכה mit sich bringt und garantiert. „Recht und

Gerechtigkeit", sofern sie von Gott ausgehen, sind göttliche Heilsgaben (s. Fey a.a.O. 75f.) und können darum auch in 33 5 die Gaben der eschatologischen Heilszukunft an den Zion umschreiben, vgl. auch 30 18. Von צדקה als Strafgerechtigkeit spricht Jesaja nie (10 22 dürfte wie 5 15f. Nachtrag von anderer Hand sein, vgl. Fey, a.a.O. 76 Anm. 1). Gerade im Blick auf 5 16 kann aber dem generellen Urteil von KKoch (ZThK 52, 1955, 29, ähnlich GvRad, TheolAT I⁵, 389 und FHorst, RGG³ II, 1404) nicht zugestimmt werden, daß צדק und צדקה nie ein strafendes, sondern nur ein belohnendes Handeln, und zwar auch im rechtlichen Gebrauch, im Auge hätten. Wo die heilvolle Ordnung, die mit צדק gemeint ist, verletzt wird, muß Jahwe eingreifen, und dann gehört zu seinem Handeln in Gerechtigkeit auch die Bestrafung des Frevlers. Geschähe das nicht, wahrte der heilige Gott nicht seine Heiligkeit. Es ist beachtenswert, daß ein Nachfahre sich gedrungen fühlte, an die Gerichtsdrohungen Jesajas das Bekenntnis hinzuzufügen, daß die Gerechtigkeit des heiligen Gottes sich vornehmlich in Jahwes Gericht über des Menschen Hochmut manifestiere.

3. Weheruf 5 18f.: Wider die Spötter über Jahwes Pläne

Form — Metrum: Die metrische Lesung bereitet Schwierigkeiten. 18: Siebener; 19: zwei Sechser (2 + 2 + 2), wobei das letzte Wort, ונדעה, doppelt betont ist.

Wort 5 18f. — Das Stück setzt voraus, daß Jesaja mit seiner Unheilsbotschaft auf Ablehnung gestoßen ist und seine Gegner sich des unbequemen Mahners durch Spott zu entledigen suchten. Von den Propheten werden ihre Gegner oft dadurch charakterisiert, daß sie ihnen Worte in den Mund legen, die diese nicht gesagt haben können (vgl. HWWolff, Das Zitat im Prophetenspruch: EvThBeih 4, 1937 = GesStud 36–129). Im vorliegenden Fall ist aber kaum daran zu zweifeln, daß die אנשי לצון, wie Jesaja diese Leute in 28 14 nennt, wirklich so oder ähnlich gesprochen haben. Aus 12b ist zu schließen, daß Jesaja seine Zuhörer dazu bringen wollte, auf Jahwes „Werk" in der Geschichte zu achten. Hier verwendet er neben מעשה den geradezu zum term. techn. seines Geschichtsverständnisses gewordenen Begriff עצה (s. dazu den Exkurs S. 188f.). Daß Jesaja gerade vom Plan des Heiligen Israels spricht, womit sich der Blick in die Geschichte zwischen Jahwe und seinem Volk öffnet, fügt sich ausgezeichnet in den vorliegenden Zusammenhang. Faktisch meint hier „Plan des Heiligen Israels" Jahwes Geschichtswalten, sofern sich in ihm sein Gericht am Volk vollzieht. Man wird annehmen dürfen, daß Spötter, die höhnend auf das Ausbleiben des Gerichts hinweisen, bereits in der Zeit des syrisch-ephraimitischen Krieges verstummt sind oder doch ihre Argumentation verschoben haben, s. 28 14ff.

Jeremia hat ähnlichen Spott entgegennehmen müssen (17 15 20 8) und beklagt sich darüber bei Gott, von dem er sich doch zu seinen Unheilsandrohungen beauftragt weiß. Jesaja ruft, ohne irgendein Anzeichen davon, daß er sich persönlich betroffen fühlt, über die Gegner das Wehe aus: Wie mit Stricken ziehen sie עון und חטאה herbei. Man kann den Satz nur verstehen, wenn man sich vergegenwärtigt, daß der Begriffsumfang der beiden Wörter עון und חטאה weiter ist als der unserer Vokabeln „Schuld" und „Sünde" (zum sog. „synthetischen Daseinsverständnis" s.o.S. 21f.). Sünde und Schuld tragen latent bereits die Strafe in sich. Die Virulenz des in der bösen Tat bereits beschlossenen Unheils kann durch Jahwes Geduld zurückgehalten, sie kann aber auch durch des Menschen Leichtsinn beschleunigt werden. Das heißt, daß das Unheil, das drohend als Damoklesschwert über Israel hängt, sich nicht in einem automatischen Ablauf einfach austoben muß, es bleibt der Verfügungsgewalt Jahwes unterstellt.

Zu חבלי השוא erinnert SMowinckel (Psalmenstudien I, 1921, 51f.) an die Schnüre mit gebundenen Knoten, die bei magischen Praktiken im Alten Orient verwendet wurden (z.B. Maqlû II, 148ff., s. dazu MJastrow, Die Religion Babyloniens und Assyriens I, 1905, 285.288 und BMeißner, Babylonien und Assyrien II, 1925, 230). Vermutlich hat Jesaja solche Praktiken gekannt, durch die man mit Schnüren oder Stricken ein gewünschtes Ereignis, z.B. Schaden für einen Feind, ins Werk zu setzen versuchte. Dieses erste Bild löst dann ein zweites aus: wie man an Seilen einen Wagen vorwärts zieht, schleppen die Gegner die Sündenstrafe geradezu herbei. Eine עגלה ist ein Bauernwagen, der normalerweise von Kühen gezogen wird (in Jes 28 27 ist das Wort für den Dreschschlitten verwendet). Mit einem solchen wird nach Am 2 13 die Ernte eingeführt (Abb.: BRL 532 = BHHW 2129, wo dargestellt wird, wie die Bewohner des eroberten Lachisch ihre Habe wegführen, s. auch ANEP Nr. 367). Oft genug werden Menschen solche Wagen an Seilen geschleppt haben (s. MABeek, Bildatlas der assyrisch-babylonischen Kultur, 1961, Nr. 42). Was für ein Unsinn, mit solcher Kärrnerarbeit nicht etwa wertvolles Gut, sondern Sündenstrafe herbeizuschleppen.

4. Weheruf 5 21: Wider den Hochmut der „Weisen"

Metrum: Doppeldreier. Form

חכם und נבון zu sein bedeutet in der Welt der Weisheit höchstes Wort 5 21
Lob. Joseph wird als ein Mann, verständig und weise wie kein zweiter, gerühmt. Das ist kein Wunder, denn Gottes Geist ist in ihm (Gn 41 38f., s. dazu GvRad, Josephsgeschichte und ältere Chokma: VTSuppl 1, 1953, 120–127 = GesStud 272–280). David ist נבון דבר und ein איש תאר, und wiederum heißt es, daß Jahwe mit ihm gewesen sei, 1 S 16 18; zu Salomo vgl. 1 Kö 3 12. Mose sucht weise, verständige und einsichtige Männer, um sie an die Spitze des Volkes zu stellen, Dt 1 13.15. Schließlich wird der König der Endzeit durch die רוח חכמה ובינה ausgezeichnet sein, ruht

doch der Geist Jahwes auf ihm, Jes 11 2. Weisheit und Einsicht stellen demnach den Maßstab dar, den man zunächst an einen Herrscher oder eine sonstige Führergestalt legt. In der Spruchliteratur wird aber Weisheit und Einsicht als Ideal für jedermann verkündet (s. auch Dt 4 6). Die eben genannten Stellen zeigen, daß man in Israel die Weisheit als Gabe Gottes betrachtet und die Ideale der Weisheitslehrer in weiten Kreisen hoch zu schätzen wußte. Auch Jesaja ist gegen die Weisheit als solche keineswegs ablehnend eingestellt, wohl aber gegen „Weise", die sich stolz ihrer Weisheit rühmen. Zur recht verstandenen Weisheit gehört gerade auch das Wissen um die Gefahr der Überheblichkeit, s.o.S. 103f. zu 2 9 und S. 108 zu 2 12. Schon die Weisheit selbst, nicht erst der Prophet, distanziert sich mit Schärfe vom eingebildeten Weisen: „Siehst du einen Mann חכם בעיניו – ein Tor darf mehr hoffen als er" (Prv 26 12, s. ferner 26 5. 16 28 11). So lehrt die Weisheit geradezu: „Sei nicht weise in deinen eigenen Augen, fürchte Jahwe und meide das Böse", Prv 3 7. Auf ähnliche Formulierungen stoßen wir auch bei ägyptischen Weisheitslehrern. Ptahhotep spricht vor seinem Sohn: „Sei nicht hochmütig auf dein Wissen und vertraue nicht darauf, daß du kenntnisreich bist" (vBissing a.a.O. 45). Jesaja kämpft also nicht als Prophet gegen die Weisheit schlechthin, wie man unsere Stelle in der Regel deutet, sondern mißt diejenigen, welche sich weise dünken, an ihrem eigenen Ideal. Er baut die tieferen Einsichten der Weisheit in seine Verkündigung ein.

Vermutlich denkt Jesaja bei der Überheblichkeit der Weisen an Politiker, die glauben, nach eigener Einsicht, ohne auf Jahwe bzw. seinen Propheten zu hören, ihre Verantwortung wahrnehmen zu können. Wenn Marti und Kaiser (z.St.) interpretieren, die „Religion" sei in den Augen dieser Männer höchstens noch eine Sache für Frauen und Kinder, so ist damit die Front nicht richtig gezeichnet. Wie Jesaja im Namen der recht verstandenen Weisheit gegen deren Zerrbild kämpft, so im Namen Jahwes gegen eine Religiosität, welche die Geschichtsmächtigkeit und den Geschichtsernst Jahwes nicht sehen will.

5. Weheruf 5 22: Wider die Prahlerei der „Helden"

Form Metrum: Doppeldreier.

Ort Trotz der thematischen Verwandtschaft mit 11–13 ist 22 doch jenem Abschnitt gegenüber selbständig. Hier wird nicht eigentlich die Völlerei angegriffen, sondern die Prahlsucht solcher, die sich als „Helden" und „Ausbunde an Tüchtigkeit" vorkommen.

Wort 5 22 גבורים können die Angehörigen der königlichen Leibwache genannt werden (s.o.S. 121 zu 3 2). Auch איש חיל kann in gewissem Sinn term. techn. sein, nämlich für den „hablichen und vermöglichen Grundbesitzer, der tüchtig und deshalb fähig für den Heerbann und wacker ist" (KBL). Es sind Leute, die man zu Vorgesetzten (Gn 47 6), Richtern (Ex 18 21) und Offizieren (2 S 23 20 Q) macht. So interpretiert Fohrer: „Sie sind zwar eine Garde – aber weniger eine königliche Leibgarde als eine Saufgarde. Ja, sie sind tüchtige Männer – aber... sie passen eher in das Gefolge eines Karnevalsprinzen als in die Miliz eines Königs, der Gott verantwortlich ist". Aber wie גבור ist auch איש חיל nicht so auf diesen Spezialsinn festgelegt, daß ein freierer Gebrauch nicht möglich wäre. Jesaja nimmt diese Bezeichnungen des Selbstruhms mit beißendem Spott auf: Ja, Helden – aber im Weintrinken; gewiß, Ausbunde an Tüchtigkeit – doch nur im Mischen von Rauschtrank. – Dem שכר (s.o.S. 186 zu 11) werden Gewürze und Honig beigemischt (vgl. 19 14 Prv 9 2.5 Cant 8 2). Die richtigen Gewürze in wirkungsvoller Mischung beisetzen zu können, galt schon im Altertum als hohe Kunst.

6. Weheruf 5 20.23.24a: Wider die Verkehrung der Wahrheit

Metrum: 20: Drei Fünfer; 23: Doppeldreier (וצדקת צדיק eine Hebung); 24a: (unter Ausklammerung von לכן) zwei Doppeldreier. Form

Nach Fohrer u.a. richtet sich der Weheruf in 20 „gegen diejenigen, die die 'Umwertung aller Werte' vornehmen und 'jenseits von Gut und Böse' leben, die geltenden Maßstäbe nach ihrem eigenen Urteil umkehren und eine neue eigene Weltanschauung aufbauen" (z.St.). Aber das sind moderne Ideen, mit denen man Jesaja selbst dann nicht interpretieren sollte, wenn man 23f. nicht als Fortsetzung von 20 betrachtet. Diese Verbindung ist indessen sehr wahrscheinlich. Amos fordert im selben Satz, das Böse zu hassen und das Gute zu lieben und das Recht herzustellen im Tor (5 15, vgl. dazu 5 7). Es läßt sich zwar nicht halten, wenn Fey geradezu meint, Jesaja versuche „den Inhalt des Weherufs Am 5 7.10.12b antithetisch zuzuspitzen" (a.a.O. 58), aber der Vergleich mit der amoseischen „Parallele" zeigt doch, in welch konkretem Bezug das jesajanische Diktum steht. Ort

Es ist bezeichnend für das prophetische Denken, daß in ihm das Gute so stark mit dem Recht, das Böse mit dem Unrecht, genauer: mit dem Versagen der Justiz, identifiziert wird. Dabei ist allerdings zu bedenken, daß für den Hebräer טוב und רע nicht zuerst an der sittlichen Norm orientiert sind, sondern das Heil- oder Unheilbringende markieren, es sind nicht primär ethische, sondern religiös-ästhetische Begriffe. Im vorliegenden Zusammenhang zeigt sich das an ihrer Deutung durch die Gegensatzpaare Licht – Finsternis und süß – bitter in 20b. Wo Licht ist, ist Heil, Segen, Glück (vgl. Am 5 18.20 Jes 9 1 Ps 27 1 36 10). Man spricht geradezu vom Licht des Lebens (Ps 56 14 112 4, vgl. Jes 2 5, s. auch Ps 107 10.14 und vgl. SAalen, Die Begriffe „Licht" und „Finsternis" im Alten Testament, im Spätjudentum und im Rabbinismus: SNVAO 1951, 1). Weil das Gute heilbringend ist, kann es mit „süß" und das Böse mit „bitter" umschrieben werden. Ähnlich setzt Amos Recht und „Wermut" Wort 5 20 einander entgegen (5 7, vgl. auch Dt 32 32 Thr 3 15 Prv 5 4). Jesaja ist noch einem ganzheitlichen Denken verpflichtet, für das sittlich-gut, licht-heilvoll und süß-angenehm nur Aspekte derselben Wirklichkeit sind.

Zur Zerrüttung des Rechtswesens s.o.S. 61 zu 1 23. צדיק und רשע sind hier im forensischen Sinn verwendet: Der רשע ist der Schuldige, der verurteilt werden muß, und darum der צדיק keineswegs der „Gerechte" im absoluten Sinn, sondern der hinsichtlich einer konkreten Anklage Schuldlose. Amos, der sich an der Parallelstelle 5 12 gegen Bestechlichkeit wendet, spricht von כֹּפֶר „Schweigegeld". Jesaja verurteilt (wie in 1 23) die Entgegennahme eines שׁחד, d.h. eines Bestechungsgeschenkes. Diese Verschiedenheit in der Terminologie dürfte situationsbedingt sein. Amos denkt an die Wahrung des Rechts durch die Rechtsgemeinde im Tor. Ist dort kein Kläger, bzw. hat man einen potentiellen Kläger durch einen כפר zum Schweigen gebracht, kommt das begangene Unrecht überhaupt nicht zur Sprache. Bei Jesaja hingegen ist wie in 1 23 an beamtete Richter der Hauptstadt zu denken. Das sind vom König eingesetzte שׂרים, an die man im Berufungsverfahren appellieren konnte. In dieser Funktion hätten sich die Richter der Hauptstadt durch besondere Integrität auszeichnen müssen. Aber sie lassen sich durch Geschenke beeinflussen: „seine (Jerusalems) Häupter sprechen Recht um שׁחד" lautet der Vorwurf, den Micha gegen die Verwalter des Rechts in der Kapitale erhebt (3 11).

5 24a Das Drohwort in 24a nimmt nicht direkt auf den vorangehenden Weheruf Bezug. Trotzdem ist es unwahrscheinlich, daß 24 einmal eine Einheit für sich gewesen ist (anders Fohrer), schon לכן zu Beginn des Verses spricht dagegen. In 24a liegt eines der großartigen Bilder vor, über die Jesaja verfügt. קשׁ sind die Stoppeln, genauer die dürren Getreidehalme, die nach dem Abschneiden der Ähren auf dem Acker zurückbleiben (zur heutigen Sitte vgl. Dalman, AuS III, 37). Das Alte Testament redet gerne davon, daß der קשׁ leicht vom Winde verweht wird (Jes 40 24 Jer 13 24 u.ö.), vor allem aber davon, daß er leicht in Brand gerät (Ex 15 7 Jes 33 11 47 14 Na 1 10 u.ö., vgl. Dalman, AuS III, 137). Abgeerntete Getreidefelder werden oft absichtlich in Brand gesteckt, Ri 15 4f. 2 S 14 30. Die Lehre des Amenemope verwendet dasselbe Bild, wenn auch in anderem Zusammenhang: „Schlafe dich aus, ehe du sprichst, der Sturm bricht sonst los wie Feuer im Stroh" (nach vBissing a.a.O. 81). Wie Ex 15 7 zeigt, ist das Verzehrtwerden von Stoppeln im Feuer auch in Israel ein altbekanntes Bild und dient zur Beschreibung der verzehrenden Glut des göttlichen Zorns. Jesaja hat die Metapher weiter entwickelt: wie Stoppeln und Heu im Feuer zusammensinken, zerbricht unter Jahwes Gerichtswalten im Nu jeder Widerstand: eine eindrückliche Illustration des Schicksals dessen, der sich außerhalb der göttlichen Ordnung gestellt hat und damit der Nichtigkeit anheimfällt; ein ähnliches Bild hat Jesaja in 1 31 verwendet.

Wie es für Jesaja typisch ist, geht er in 24aβ zu einem wesentlich anderen Bild über: Wer die Gottesordnung zerschlägt, gleicht einer Pflanze, deren Wurzel vermodert (s. 3 24) oder verfault (vgl. מקק in Lv 26 39 Ez 4 17 u.ö.). Verfault die Wurzel, so verdorrt die Blüte und wird vom Wind weggewirbelt (s. 29 5). אבק ist der Staub, der in der Luft liegt, Dt 28 24, oder der Staub der Straße, den man mit den Füßen aufwirbelt, Na 1 3, vgl. Ez 26 10. Ähnlich wie hier von Wurzel und Blüte spricht Jes 14 29 von Wurzel und Frucht (vgl. 37 31 Am 2 9 Mal 3 19, s. auch Jes 9 13 u.ö., s. dazu HLGinsberg, „Roots below and Fruit above" and Related Matters: Festschr. GRDriver, 1963, 72–76). Gemeint ist immer die Totalität der Vernichtung.

Abschluß der Weherufe von Kap. 5. 5 24b: Die Verwerfung der Weisung Jahwes

Metrum: Doppelvierer. Form

Die Gründe für die Abtrennung von 24b sind oben S. 181 genannt. Es bleibt noch die Frage der Jesajanität. Duhm findet, das poetische אמרה „schmecke" nicht nach dem Stil Jesajas. Noch sicherer ist es Marti, daß 24b (wie 1 4b) Zusammenfassung des späteren Sammlers in typisch deuteronomistischem Stil sei. Procksch nimmt noch metrische Gründe hinzu, doch gesteht er zu, daß die Wendungen durchaus jesajanisch seien. מאס verwendet Jesaja tatsächlich in 8 6 und 30 12 (vgl. auch 7 15 und Am 5 21). Wie נאץ (s. dazu o.S. 22f. zu 1 4) gehört das Verbum dem Wortfeld der Bundestradition an, vgl. Lv 26 15. 43; typisch deuteronomistische Begriffe sind beide Verben nicht. Entscheidend für die richtige Einordnung der Stelle ist das Verständnis von תורה, s. dazu o.S. 36f. zu 1 10 und S. 85 zu 2 3. Daß אמרה nicht nach jesajanischem Stil „schmecke", ist wirklich Geschmackssache, jedenfalls verwendet Jesaja das Wort 28 23 29 4. Die Verwendung dieser seltenen Vokabel ist geradezu Hinweis auf jesajanische Herkunft, der Deuteronomist kennt das Wort nicht (s. aber Dt 32 2 und vor allem 33 9 שמר אמרה par. zu נצר ברית). Gut jesajanisch sind erst recht die Gottesbezeichnungen: Jahwe Zebaoth und Heiliger Israels. Es kann nicht Zufall sein, daß קדוש ישראל hier in einem ganz ähnlichen Zusammenhang wie in 1 4 auftaucht. Damit sind die oben genannten Gründe für die Abtrennung von 24b vom Vorangehenden nicht widerlegt. Es sieht vielmehr so aus, als ob mit 24b ein Redaktor unter Verwendung eines jesajanischen Wortes einen Schlußstrich unter die Sammlung der Weherufe, wie sie jetzt in Kap. 5 vorliegt, ziehen wollte. Ort

Die Anklage, welche dieser abschließende Vers erhebt, lautet, wie die verwendeten Begriffe andeuten, auf völligen Bruch mit Jahwe. (Zu 5 25–30 s.u.S. 203ff.). Wort 5 24b

7. Weheruf 10 1–3 (4): Wider den Eifer der Gesetzgeber

Form Metrum: 1–3: Fünf Doppeldreier, in den sekundären Stücken 4a.b ebenfalls je ein Doppeldreier.

Wort 10 1 Auch in diesem Abschnitt sind jerusalemische Verhältnisse anvisiert. Die חֹקְקִים sind königliche Beamte, die die Gesetzgebung der neuen politischen und wirtschaftlichen Lage anzupassen suchen.

Es ist wohl zu beachten, daß hier von Autoritäten die Rede ist, die sich nicht mit dem משפט, der überlieferten Rechtsordnung, befassen, sondern mit Verordnungen (חקקים). Wer Vollmacht dazu hat, kann jederzeit solche Verordnungen erlassen, vgl. die Formel שׂים לחק 1 S 30 25, wo David ad hoc eine Verordnung über die Verteilung von Beute erläßt, die dann dauernder Rechtsbrauch (משפט) wird. So setzt Joseph einen חק über das Ackerland in Ägypten fest (Gn 47 26, s. auch 22). Die Häuptlinge, die solche Befugnis ausüben können, werden darum מחקקים genannt (Ri 5 9. 14, s. auch Jes 33 22). Wie Gott der Natur ihre Ordnungen gegeben hat (Ps 148 6 Hi 28 26 38 10 Jer 5 22 Prv 8 29), so kann auch ein König Verordnungen aufstellen. Aber solche Gewalt trägt die Gefahr der Willkür und des Mißbrauchs zu eigenem Interesse in sich. Israel war in dieser Hinsicht sehr empfindlich, es ist kein Zufall, daß der König als Gesetzgeber in Israel nicht zum Zuge kam (MNoth, Die Gesetze im Pentateuch: Schr. der Königsberger Gel. Ges. 17/2, 1940, 10 = GesStud 25).

Ist die oben vorgeschlagene Textemendation richtig, so steht מכתבי־ם עמל in Parallele zu חקקי־און. Wie in 2 Ch 35 4 (s. auch 36 22 = Esr 1 1) sind mit מכתבים schriftliche Anordnungen gemeint. Das pi. von כתב, das nur an dieser Stelle vorkommt, ist absichtlich gewählt, es brandmarkt den verdächtigen Eifer, mit dem neue Gesetze fabriziert werden. Man wird nicht fehlgehen, wenn man beispielsweise an Gesetze denkt, welche die in 5 8 genannten Praktiken legitimieren sollen. Die oberen Schichten wollen sich eine Rechtsgrundlage schaffen, um die Expansion ihres Besitzes zu legalisieren. Was diese Leute als zeitgemäße Adaptation des Rechts ausgegeben haben werden, ist für Jesaja און (s. dazu o.S. 43f. zu 1 13), die „Verordnungen" entspringen einem Geist, der Unheil über die Mitmenschen bringt. Parallel zu און steht עמל (vgl. Nu 23 21 Ps 10 7 90 10 u.ö.). Das Wort ist mit der üblichen Übersetzung „Mühsal" schlecht wiedergegeben, wie gerade die Parallele און an der vorliegenden Stelle zeigt (Ps 7 17 steht עמל par. zu חמס, 10 7 neben און, מרמה und תך, Prv 24 2 par. zu שׁד, in Hi 7 3 zu שׁוא u.s.w.). In עמל liegt immer auch das Moment der Gewalttätigkeit und des Trugs.

2 Opfer des Eifers um die Gesetzgebung sind die „Geringen" und „Armen", unter denen Witwen und Waisen besonders hervorgehoben werden. Dem entspricht es, daß Jesaja in 11 4 als vornehmste Aufgabe des Königs der Heilszeit dessen Rechtsschutz für die Geringen und Ar-

men (emend. Text) ansieht, wie er andererseits in 1 17 zur Rechtshilfe für Waise und Witwe aufruft (s.o.S. 48). Während die ענוים in 3 15 geradezu mit Jahwes Volk identifiziert sind, so werden sie hier עניי עמי genannt. Die Armen Israels sind das auserwählte Volk κατ᾽ ἐξοχήν. Zum Vorwurf der Rechtsbeugung zuungunsten der Armen s. 3 14 Am 2 7 Dt 16 19 Prv 17 23 18 5 Thr 3 35, andererseits Ex 23 3 Lv 19 15. Die vorliegende Stelle ist darin einzigartig, daß sie nicht nur den Vorwurf erhebt, daß den kleinen Leuten faktisch das Recht vorenthalten, sondern daß ihnen der Rechts**anspruch** entrissen werde. Wie mit Kriegsfeinden (vgl. גזל und שלל) geht man mit den Hilflosen um, die zu schützen doch die ureigenste Aufgabe des Königs und mit ihm aller Rechtsbeflissenen wäre (s.o.S. 48 zu 1 17).

Die Drohung ist in eine Frage gekleidet: „Was werdet ihr am Tage 10 3a
der Heimsuchung tun?“. Daß der **Tag der Heimsuchung** (יום פקדה, 𝔊: ἡ,ἡμέρα τῆς ἐπισκοπῆς) Tag des Gerichtes sein wird, ist selbstverständlich, obwohl פקד auch in positivem Sinn von „sich jemandes annehmen“ verwendet werden kann. Bereits Hosea kennt die Vorstellung (9 7, par. dazu ימי השלם, s. ferner das Verbum פקד in 1 4 2 15 4 14 8 13). Amos spricht innerhalb eines Jahwewortes vom יום פקדי (3 14, vgl. auch 3 2), und im Jesajabuch ist das Verbum beliebt, wenn vom göttlichen Strafgericht die Rede ist. Es fällt auf, daß das Substantiv im Sinn von „Heimsuchung“ fast nur in der prophetischen Literatur verwendet wird (vgl. dazu HWWolff, Hosea: BK XIV/1 zu 1 4 und JScharbert, BZ 4, 1960, 221f.). Der פקיד ist der Beamte im Sinn des Aufsehers, und dementsprechend meint פקדה „die im eigenen Gewaltbereich durchgeführte dienstaufsichtliche Überprüfung, die die Betroffenen für Versäumnisse und Verfehlungen verantwortlich macht und dagegen einschreitet“ (FHorst, EvTh 16, 1956, 73 = Gottes Recht 289). Das Wort entstammt also einer ganz andern Welt als etwa עון, das auch Strafe bedeuten kann, aber Strafe meint, insofern Schuld sich im Sinn des Tat-Ergehen-Zusammenhangs auswirkt. Es steht in der Nähe von „Rache“ (s. zu 1 24), die ja auch einen Vollstrecker der „Strafe“ voraussetzt. Während aber der Rächer eine Privatperson ist, handelt der פקיד kraft seiner Amtsbefugnis. Man wird annehmen dürfen, daß mit יום פקדה ein Termin bezeichnet werden konnte, an dem Untergebene von ihren Vorgesetzten zur Rechenschaft gezogen wurden. Ps 89 33 zeigt, daß man dabei Strafen mit Stockschlägen vollzogen hat. Der Bedeutung nach ist unter dem „Tag der Heimsuchung“ kaum etwas anderes zu verstehen als unter dem „Tag Jahwes“ (s.o.S. 105f. zu 2 10ff.), der Ursprung der Vorstellung ist aber ein völlig anderer. Ein eschatologischer Sinn liegt in יום פקדה von Haus aus noch weniger als in יום יהוה, was allerdings im Spätjudentum anders wird, vgl. מועד פקודה 1QS III, 18 und עת פקדת הארץ in 4QpJs^b II 2 u.ö.

Womit Jahwe die geschehenen Vergehen ahndet, deutet 3aβ wenigstens an: durch eine שׁוֹאָה, die aus der Ferne kommt. Das Wort wird gern als Bild für Unheil, das plötzlich hereinbricht, verwendet (Jes 47 11 Prv 1 27 3 25, speziell vom Anrücken eines Feindes Ez 38 9). Zeph 1 15 beschreibt den Jahwetag geradezu als יוֹם שֹׁאָה. Auch Jesaja denkt gewiß an einen Feind, der wie ein Unwetter heraufzieht; so wie er hier die שׁוֹאָה מִמֶּרְחָק ankündet, so in 5 26 einen גּוֹי מִמֶּרְחָק (emend. Text), vgl. 13 5 30 27. Nach Kaiser (s. auch Fohrer) ist der „Sturm von fernher" doppelsinnige Metapher, indem der Prophet nicht nur an feindliche Krieger denke, sondern an Jahwes eigenes Kommen im Sturm zum Tag des Gerichts (s. 2 12ff. 59 19 1 Kö 19 11). Aber hier will nicht mehr gesagt werden, als daß der Feind so plötzlich und mit solcher Gewalt hereinbricht wie ein Sturm. Jesaja wird an die Assyrer denken. Wie er deren Kriegstüchtigkeit eingeschätzt hat, schildert 5 26ff. Aber daß der Feind sein Werk nur tun kann, weil er Werkzeug des göttlichen Zornes ist (s. 10 5), steht für Jesaja natürlich fest.

10 3b Vor einem solchen Feind ist an Widerstand nicht zu denken. Mitschleppen kann man seine Schätze nicht (s. 2 20f.), man weiß nicht einmal ein sicheres Versteck, wo man sie unterbringen könnte, so ahnungslos hat man in den Tag hineingelebt (vgl. 5 12b). Der Zorn Gottes ist eine Wirklichkeit, der man nicht entrinnen kann.

4a 4a will offensichtlich auf die Fragen von 3, welche nach der Meinung des Weherufes die Angesprochenen selbst beantworten sollten, eine Antwort geben. Der Ergänzer hat כְּבוֹדְכֶם am Schluß von 3b wie in 5 13 als Bezeichnung der Vornehmen verstanden (vgl. כָּבוֹד als Höflichkeitsbezeichnung im heutigen Ivrit). Seine Antwort ist ein schärfstes Nein. – בִּלְתִּי ist eigentlich ein Substantiv mit der Bedeutung „Nichtmehrsein", s. KBL und Hi 14 12. Es gibt keinerlei Rettung; was bleibt, ist Gefangenschaft oder Tod. Gefangene haben sich im Akt der Unterwerfung vor dem zu beugen, dessen Sieg sie anerkennen müssen. Dabei flehen sie um ihr Leben (2 Kö 1 13, vgl. 2 S 22 40 = Ps 18 40 Ps 17 13 78 31 [כרע hi. in Parallele zu הרג]; Abb.: AOB Nr. 123 = ANEP Nr. 355, Jehu unterwirft sich Salmanassar III.). תַּחַת hat hier noch stark substantivischen Sinn, s. 2 S 2 23 Hi 40 12 u.ö. und vgl. JCGreenfield, The Prepositions B... Taḥat... in Jes 57 5: ZAW 73 (1961) 226–228. Also: Am Ort, wo sich Gefangene vor dem Sieger zu beugen haben, werden auch sie sich beugen müssen, und an der Stelle, wo die Hinrichtungen stattfinden,
4b werden auch sie fallen. 4b wiederholt den Kehrreim von 9 11. 16. 20 5 25. Er kann hier nicht ursprünglich sein, weil er voraussetzt, daß zuvor von einem Gerichtsakt, der sein Ziel, die Umkehr, nicht erreicht hat, die Rede war und nach ihm von einem die früheren Heimsuchungen noch übertreffenden Schlag gesprochen werden müßte. Der Satz dürfte vom selben Redaktor stammen, der 10 1–3 (bzw. 4a) von der Gruppe der Weherufe in Kap. 5 abtrennte. Er hat 4a wohl ebenfalls als Beschreibung eines wirk-

lich geschehenen Gerichtsaktes aufgefaßt. Man wird aber gut daran tun, sich einzugestehen, daß die kompositorischen Verhältnisse des Jesajabuches so schwer zu überschauen sind, daß man über Versuche, an Stellen wie der vorliegenden den Aufbau zu verstehen, nicht hinauskommt. Zur Bedeutung des Satzes s.u.S. 216f.

(Zu 10 5ff. s.u. nach 9 6).

Die Sammlung der Weherufe spiegelt die Breite der Interessen Jesajas. Ziel
Die verhängnisvolle wirtschaftliche Entwicklung, durch welche das schwache Volksglied zum Paria degradiert wird, empört ihn ebenso wie das Versagen derer, die das Recht zu hüten hätten. Er sieht den Leichtsinn derer, die sich bei Wein und Musik ein angenehmes Leben leisten. Er erschrickt vor dem Übermut der Spötter und dem Eigendünkel der Weisen. Er ist aufs Tiefste aufgewühlt, daß es Führer in verantwortlicher Stellung gibt, die ihre Kompetenz mißbrauchen, um das Recht zu ihren Gunsten zu ändern. – Aber der Ergänzer, der 15f. einfügte, hat richtig interpretiert, wenn er auf den Hochmut des Menschen als der Triebfeder des unsozialen Verhaltens hingewiesen hat, mit dem Jesaja in 2 12ff. so scharf ins Gericht gegangen ist. Zerstörerische Überheblichkeit steht gleicherweise hinter der Raffgier der Großgrundbesitzer wie hinter dem Prahlen der Schlemmer, der Selbstverliebtheit der Weisen wie dem Hohn der Spötter über Jesajas Kunde vom nahen Gericht, hinter der Bestechlichkeit der Richter und der Arroganz der Gesetzesfabrikanten. – Da und dort ist leicht zu erkennen, daß Jesaja mit seiner Kritik entweder von der Bundesüberlieferung mit ihren Drohungen oder von weisheitlichen Traditionen herkommt. Aber die Sünde Israels besteht letztlich nicht darin, daß es Gesetzesparagraphen oder weisheitliche Lehren mißachtet, auch nicht darin, daß es nicht sozial denkt oder die Gefahren einer dolce vita nicht erkennt, sondern daß es in seinem Stolz den Plan und das Werk des Heiligen Israels nicht sieht oder doch ihre Bedeutung und ihren Ernst nicht bedenkt. Die Erkenntnis Jahwes, des Heiligen Israels, ist für Führerschaft und Volk keine lebendige Wirklichkeit. – Der Begriff des „Hinschauens" auf Jahwes Taten hat theologisches Gewicht, er ist fast ein Synonym für „Glauben", jedenfalls beschreibt er ähnlich wie der Begriff des „Stilleseins" „eine sehr wesentliche Seite von dem, was Jesaja 'Glauben' nennt" (GvRad, TheolAT II^4, 168). Gelegentlich hat man wohl den Eindruck, Jesaja sei Anwalt eines Ordnungsdenkens und weise als solcher einfach auf die bösen Folgen einer Verletzung der Weltordnung, die allein Gedeihen und Frieden in sich schließen könnte, hin. In Wirklichkeit ist er mit Leidenschaft Theologe, der immer und allein von der Verpflichtung Israels seinem Gott gegenüber spricht. Die Drohworte, die sich mehrfach an die Weherufe anschließen, machen es völlig klar, daß er nicht bloß Konsequenzen eines ordnungswidrigen Verhaltens ankündet, sondern vom Einschreiten des Heiligen Israels spricht, der, wie der Inter-

polator betont, sich durch den Vollzug seiner richterlichen Gerechtigkeit heiligt. Der Schlußsatz 5 24b deutet richtig: Was sich vollzogen hat und in den einzelnen Weherufen ausgeleuchtet wird, ist Verachtung, Verwerfung des Gottes, der mit Israel in das Verhältnis solidarischer Treue eingetreten war. Das bedeutet, wie die Verben מאס und נאץ erkennen lassen, wenn nicht das Ende jeglicher Gemeinschaft mit Jahwe überhaupt, so doch das Ende jeglichen Anspruchs auf seine Hilfe und seinen Schutz (vgl. dazu JFichtner, Die „Umkehrung" in der prophetischen Botschaft, Eine Studie zu dem Verhältnis von Schuld und Gericht in der Verkündigung Jesajas: ThLZ 78, 1953, 459–466).

—

JAHWES AUSGERECKTE HAND

(9 7–20 5 25–30)

Literatur

HDonner, Israel unter den Völkern: VTSuppl 11 (1964) bes. S. 64–75. – AMHoneyman, An Unnoticed Euphemism in Isaiah IX 19–20?: VT 1 (1951) 221–223.

Zu „Wort“: OGrether, Name und Wort Gottes im Alten Testament: ZAWBeih 64 (1934). – LDürr, Die Wertung des göttlichen Wortes im Alten Testament und im antiken Orient: MVAeG 42/1 (1938). – KKoch, Wort und Einheit des Schöpfergottes in Memphis und Jerusalem: ZThK 62 (1965) 251–293.

Zu שׁוּב: HWWolff, Das Thema „Umkehr“ in der alttestamentlichen Prophetie: ZThK 48 (1951) 129–148 = GesStud 130–150. – WLHolladay, The Root Šûbh in the Old Testament (1958).

Text

7Ein Wort[a] sandte ‘Jahwe’[b] wider Jakob,
und nieder fiel's auf Israel.
8Und das ganze Volk erfuhr's[a],
Ephraim und die Bewohner Samarias.
[b]‘Doch sie rühmten sich’[b] in Übermut,
und in hochfahrendem Sinn sprachen sie:
9„Ziegelmauern sind eingestürzt, mit Quadern bauen wir auf,
Sykomorenbalken sind zertrümmert, Zedernholz setzen wir dafür ein[a]“.
10Da ließ Jahwe ‘seine Bedränger’ [Rezin][a] hochkommen[b]
und stachelte seine Feinde gegen es auf[c]:
11Aram von Osten[a] und die Philister von Westen[a],
und sie fraßen Israel mit vollem Maul.
Bei alledem hat sich sein Zorn nicht gewandt,
und noch ist seine Hand ausgereckt.

12Und das Volk kehrte nicht um zu dem, der es schlug[a],
und nach Jahwe der Heere[b] fragten sie nicht.
15Und die Führer dieses Volkes wurden Verführer
und seine Verführten eine verblendete Schar[a].
16aαDarum schonte[a] Jahwe[b] seine Jungmannschaft nicht
und erbarmte sich nicht seiner Witwen und Waisen,
13[a][Jahwe von Israel][a] Kopf und Schwanz hieb er ab,
Stockspross[b] und Binsenhalm an einem Tag.
[a][14Den Ältesten und Würdenträger, das ist der Kopf,
und den Propheten, der Lügen lehrt[b], das ist der Schwanz.][a]
16aβbGottlose und Bösewichte sind sie allesamt,
und jeder Mund redet, was töricht ist.
Bei alledem hat sich sein Zorn nicht gewandt,
und noch ist seine Hand ausgereckt.

17Wahrlich, die Bosheit brannte wie Feuer,
das Dornen und Disteln frißt.

Sie setzt das Dickicht des Waldes in Brand,
daß es emporwirbelt[a] als eine Säule von Rauch.
18 Durch den Grimm Jahwes [der Heere][a] ist das Land versengt[b],
und dem Volk ist's ergangen, als wär's ein Feuerfraß[c].
Keiner schont den andern[d],
19b jeder frißt seines 'Nächsten'[a] Fleisch.
19a Man hieb ein zur Rechten – und blieb hungrig,
und fraß zur Linken – und war nicht satt[b].
20 Manasse den Ephraim und Ephraim den Manasse,
beide zusammen aber (hauen) auf Juda (ein).
Bei alledem hat sich sein Zorn nicht gewandt,
und noch ist seine Hand ausgereckt.

··········

5 25 Darum entbrannte Jahwes Zorn wider sein Volk,
und er reckte aus seine Hand gegen es und schlug es,
daß die [a]Berge erbebten[a] und ihre Leichen lagen
inmitten der Gassen wie Kot.
Bei alledem hat sich sein Zorn nicht gewandt,
und noch ist seine Hand ausgereckt.

26 Da wird er ein Feldzeichen aufrichten [a]'für ein Volk aus der Ferne'[a]
und ihm pfeifen vom Ende der Erde.
Und siehe, eilend, schnell zieht's heran!
27 Kein Müder[a] und kein Strauchelnder ist unter ihm,
[b][es schläft und schlummert nicht][b].
Keinem öffnet sich der Lendenschurz,
und keinem reißt der Riemen seiner Schuhe.
28 Seine Pfeile sind geschärft
und all seine Bogen gespannt.
Seiner Rosse Hufe sind wie Kieselsteine[a]
und seine Wagenräder dem Sturmwind gleich[b].
29 Ein Gebrüll stößt es aus wie ein Löwe,
und wie ein Jungleu brüllt es los[a].
Und es knurrt und packt den Raub
und schleppt ihn weg, und keiner kann's ihm entreißen.
[30 Und es donnert über ihm an jenem Tage
dem Donnern des Meeres gleich.
Und man blickt zur Erde, und siehe, beengende[a b] Finsternis
und Licht[a], das verdunkelt ist in ihrem Gewölk[c].]

97 **7a** 𝔊 liest ϑάνατον, d.h., sie hat דבר als דֶּבֶר „Pest" verstanden, das an einer
Reihe alttestamentlicher Stellen mit ϑάνατος übersetzt wird (Ex 5 3 9 3. 15
Lv 26 25 Nu 14 12 Dt 28 21 u.ö.). – b Für אדני liest V[Qa] יהוה, was vorzuziehen ist. –
8 **8a** DWThomas (JThSt 41, 1940, 43f.) will ידע nicht als „wissen" verstehen,
sondern nach dem arab. *wadu'a* als „erniedrigt werden" („And all the people, even Ephraim and the inhabitant of Samaria shall be humiliated", vgl. GRDriver, ebenda 162: „shall be subdued"). Da sich aber diese Bedeutung im Hebräischen nicht nachweisen läßt, wird man gut daran tun, von ihr abzusehen. – Es ist eine grundlegende Frage für das Verständnis des vorliegenden

Abschnittes, ob der Prophet von der Zukunft oder der Vergangenheit spricht.
Das pf. cons. וידעו scheint auf Kommendes hinauszuschauen, die Perfekte in
7 und 9 müßten dann als pf. prophetica verstanden werden. Aber nach dem
Folgenden will Jesaja zweifellos den Zuhörern vergegenwärtigen, was geschehen ist. Möglicherweise ist darum וַיֵּדְעוּ zu punktieren, vermutlich aber die
Vokalisation von 𝔐 zu belassen, aber ebenso wie das vorangehende ונפל
präterital zu übersetzen. – b–b 8b scheint verstümmelt zu sein. Procksch
schlägt vor, הַמִּתְגָּאֲוָה בגאוה zu lesen; Duhm und Donner a.a.O. 68 ergänzen
etwas blaß: כִּי יֹאמְרוּן bzw. הָאֹמְרִים. Wahrscheinlich ist aber irgend ein anderes
Verb, das wohl im impf. cons. stand und das die Bedeutung „sich rühmen“
hat, verloren gegangen. – **9**a GRDriver (JThSt 34, 1933, 381f.) will nach 99
dem syr. *ḥālûftâ* „Messer“ und arab. *maḫlûf* (s. RDozy, Supplément aux dic-
tionnaires Arabes I, [2]1927, 398) ein Verbum חלף (vielleicht als ḳ oder pi.
vokalisiert) mit der Bedeutung „behauen, meißeln, schnitzen“ annehmen,
während FWutz (BZ 21, 1933, 18) חלף hi. mit „fällen“ wiedergibt (vgl. auch
o.S. 94 zu 2 18). 𝔊 übersetzt völlig frei und fügt in Anlehnung an Gn 11 3f.
hinzu: οἰκοδομήσωμεν ἑαυτοῖς πύργον, s. Ziegler a.a.O. 63. 109). Aber das
übliche Verständnis von חלף hi. „an jem. Stelle treten lassen“ (s. KBL) bietet
keinen Anlaß zur Beanstandung. – **10**a צרי רצין kann nicht richtig sein. Eine 10
größere Zahl von MSS hat den Schaden dadurch zu heilen versucht, daß sie
שָׂרֵי רצין lesen. Aber warum nur „Rezins Fürsten“, nicht diesen selbst? רצין
muß gestrichen werden, was auch das Metrum nahelegt, und צרי ist in Parallele
zu איביו in צָרָ(י)ו oder noch eher mit KBudde und Kaiser in צֹרְרָיו zu ändern. רצין wird von einem Leser, der sich seine Gedanken darüber machte,
was für Feinde gemeint sein könnten, an den Rand geschrieben worden sein.
– b 𝔊 liest καὶ ῥάξει. Darnach wollen Driver (a.a.O. 378f.) und Wutz (a.a.O.,
s.o. Textanm. 9a) שׂגב nach arab. *šaǧaba* „ziehen“ verstehen, aber auch hier
besteht kein Grund, die übliche Deutung zu verlassen. – c Das impf. יסכסך
führt die Handlung nicht weiter, sondern beschreibt einen mit dem vorangehenden gleichzeitigen Umstand. Die Änderung in das pf. סִכְסֵךְ (BStade,
ZAW 26, 1906, 141) erübrigt sich also. את und ואת dürften Prosaisierung sein
und עליו ist zum zweiten Hemistich zu ziehen. – **11**a קדם meint die Vorder-, 11
אחור die Rückseite. Da man sich bei der Orientierung im Raum gegen Sonnen-
aufgang wendet, ist קדם der Osten, אחור der Westen. – **12**a Ein MS liest הַמַּכֶּה, 12
V[Qa] hat das ה des Artikels über der Zeile nachgetragen. Grammatisch ist 𝔐
durchaus in Ordnung, das akkusativische Suffix am pt. determiniert dieses
nicht, s. BrSynt § 73b, doch dürfte der Artikel aus metrischen Gründen zu
streichen sein. Das hebr. pt. kann sich auch auf die Vergangenheit beziehen,
s. ebenda § 99a. – b צבאות fehlt in 𝔊, doch bieten es ΣΘ und die hexapl. Rez.
(※); ein Grund, es zu streichen, besteht nicht (s. aber Marti, Procksch,
Donner a.a.O. 68 u.a.). Hingegen wird את vor יהוה nicht ursprünglich sein. –
13a–a Handschriften der luk. Rez. bieten statt ישׂראל Ιερουσαλημ, aber das Wort 13
handelt von Israel im Sinne des Nordreichs. יהוה מישׂראל dürfte (mit Duhm,
Fohrer, Kaiser u.a.) zu streichen sein, die beiden Wörter stören das Metrum
und sind bei der u.S. 210 vorgeschlagenen Umstellung überflüssig. – b כִּפָּה
(Femininbildung zu כַּף) wird in der Regel mit „Palmzweig“ übersetzt, s. aber
KBL und ILöw, Die Flora der Juden I (1928) 666f. – **14**a–a 14 sieht wie ein 14
alter Zusatz aus, der 13 konkretisieren will (Marti, Gray, Duhm, Kaiser,
Donner a.a.O. 68 u.a.). Man kann sich überlegen, ob bei Streichung von הוא הראשׁ
und הוא הזנב die Zeile Jesaja belassen werden kann (so Procksch und Fohrer,
s. auch MAKlopfenstein, Die Lüge nach dem Alten Testament, 1964, 111f.).

Aber nach 13 müßte nicht nur von der Führerschicht, sondern auch von Leuten
niederen Ranges gesprochen werden. – b Für מורה lesen drei 𝔊-MSS (41,
106, 233) und Cyrill καὶ διδάσκοντα. Damit wäre auch 14b zweigliedrig. –
9 15 **15a** Wörtlich „Verwirrte". Es ist allerdings nicht sicher, ob מְבֻלָּעִים zu בלע III
„verwirren" oder zu בלע I „verschlingen, vertilgen" gehört (בלע I in 28 4,
בלע III pi. in 3 12, ni. in 28 7). Neben מתעים ist aber die Bedeutung „verwirren"
16 vorzuziehen. – **16a** לא־ישמח „er freut sich nicht" ist eine schlechte Parallele
zum zweifellos richtigen לא ירחם „er erbarmt sich nicht". Man hat darum
יפשׂח (= יפסח) für das zu blasse ישמח lesen wollen oder nach dem arab.
samuḥa „gütig, großmütig sein" in *ישמח geändert (Perles, JQR 11, 1899, 689).
VQa liest יחמול, das vielleicht aus 18 stammt. Vermutlich sollte aber dieses
Verb das nicht mehr verstandene ישמח erklären und wurde schließlich an dessen Stelle in den Text gesetzt. Damit bestätigt VQa indirekt die Richtigkeit der
von Perles vorgeschlagenen Konjektur. – b אדני zu streichen (Procksch)
besteht kein Anlaß, hingegen dürfte das Wort wie in ähnlichen Fällen יהוה
vertreten, wenn auch diesmal keine Textzeugen für diese Verschiebung nam-
17 haft zu machen sind (𝔊: ὁ θεός). – **17a** Der genaue Sinn von אבך hitp. steht
nicht fest. 𝔊 hat die schwierige Stelle nach Jer 21 14 27 (50) 32 gedeutet:
συγκαταφάγεται τὰ κύκλῳ τῶν βουνῶν πάντα (Ziegler a.a.O. 109f.). Man stellt
אבך gern mit הפך und akkad. *abāku* „hinbringen, forttragen" zusammen, was
linguistisch durchaus angängig ist. Von הפך „wenden" her ist die Bedeutung
18 „sich verwandeln in" zu erwägen. – **18a** צבאות fehlt in 𝔊 (abgesehen von der
luk. Rez.) und dürfte – auch im Blick auf das Versmaß – zu streichen sein. –
b Was das ni. נעתם bedeutet, ist nicht auszumachen. 𝔊: συγκέκαυται, 𝔗:
חרובת „ist verwüstet", 𝔖: *zā'at* „ist erschüttert", 𝔙: conturbata est. KBL gibt
keine Übersetzung, sondern schlägt Änderung in נִתְּעָה vor, während andere
nach 𝔊𝔗 נִצְּתָה lesen (Cheyne, Procksch, Donner a.a.O. 68f.). WLMoran
(CBQ 12, 1950, 153f.) betrachtet das Wort als 3. sing. fem. pf. ḳ von נוע mit
enklitischem Mem; dieser Lösung schließen sich auch HDHummel (JBL 76,
1957, 94: „at the wrath of Yahweh the earth reeled") und Kaiser an, und auch
der Wiedergabe von 𝔖 mag diese Deutung zugrunde liegen. Der Parallelismus
im zweiten Hemistich zeigt jedoch, daß 𝔊 ungefähr das richtige getroffen hat,
ohne daß wir die hebr. Vorlage rekonstruieren könnten. Durch Haplogr.
dürfte der Artikel zum folgenden ארץ ausgefallen sein (beachte das Metrum!).
– c כמאכלת אש befriedigt viele Ausleger nicht. Es sei „unverständlich, warum
die Leute nicht wirklich, sondern nur gleichsam (כְּ) die Speise des Feuers
sein sollen, und wie die vom Feuer gleichsam Verspeisten erst noch sich selber
auffressen können" (Marti). Duhm hat darum vorgeschlagen, כְּמוֹ אֹכְלֵי אִישׁ
„wie Menschenfresser" zu lesen, ein netter Einfall, aber nicht gerade wahrscheinlich. Eher zu erwägen ist die Konjektur כְּמוֹ אֵשׁ אֹכֶלֶת, doch dürfte der
überlieferte Text (s. auch 9 4) richtig sein, nämlich in dem Sinn, daß sich das
Volk so verzehrt, wie sich bei einem brennenden Holzstoß die einzelnen
Scheite gegenseitig entzünden, d.h. כמאכלת steht für כבמאכלת, Joüon, Gr § 133h.
– d Nach 18 ist 19b einzuschieben, was sich vom Versmaß wie vom Inhalt her
19 empfiehlt. – **19a** „Jeder frißt das Fleisch seines Armes" (זְרֹעוֹ) ist weder an sich
glaubwürdig, noch paßt der Satz in den Zusammenhang. Die alexandrinische
Gruppe der 𝔊-Überlieferung (s. auch Bo Syp) fügt hinzu τοῦ ἀδελφοῦ, und 𝔗
bietet קריביה, was auf hebr. רֵעוֹ schließen läßt. Zu erwägen ist allerdings auch
die Vokalisation זַרְעוֹ (s. Honeyman a.a.O. 222), was sich aber doch nicht glatt
in den Zusammenhang einfügt. – b Bei שׂבעו fällt der Plural auf; es wird
שָׂבֵעַ zu lesen sein, indem das ו in שׂבעו zum folgenden Wort zu nehmen ist.

25a–a Man hat an 𝔐 Anstoß genommen, weil sich das Suffix von נבלתם 5 25
nach dem jetzigen Zusammenhang auf הרים zu beziehen scheint, und schlägt
darum vor (BHK^3, Steinmann), ויהרגו השׂרים zu lesen. Aber das Suffix von
נבלתם kann sehr wohl über הרים zurück das vorangehende עמו aufnehmen. –
26a–a Für לגוים מרחוק „den Völkern aus der Ferne“ wird seit Roorda in 26
Anlehnung an Jer 5 15 gelesen: לְגוֹי מִמֶּרְחָק, mit gutem Recht, denn im folgenden wird nur von einem Volk gesprochen. – 27a Statt עיף bietet V^{Qa} 27
das gleichbedeutende יעף, s. auch 40 29 und 50 4. – b–b wird von Duhm gestrichen. Seine Begründung, daß Jesaja doch bei aller Idealisierung der Assyrer
von ihnen nicht sagen könne, was der Dichter von Ps 121 4 von Gott sage,
schlägt zwar nicht durch, aber die Übereinstimmung mit jenem Psalmwort ist
doch auffallend. Vor allem empfiehlt sich die Streichung aber deshalb, weil
dann der Halbvers 26b in 27aα seine Ergänzung findet (so alle neueren Exegeten außer Schmidt, Fischer und Kissane). – 28a Für כצר liest V^{Qa} כצור, 28
vgl. 𝔊: ὡς στερεὰ πέτρα. 𝔐 dürfte als כַּצֹּר zu punktieren sein. Damit wird die
Deutung von צר als „Meteor“ (GRDriver, JThSt 45, 1944, 13, s. auch Festschr. ThHRobinson, 1950, 55) hinfällig, ebenso der Vorschlag von Tur-
Sinai (a.a.O. 168), כַּצִּנּוֹר statt כצר zu lesen, was „Gottes Blitzstrahl“ meinen
soll, vgl. griech. κέραυνος. – b Das Gedicht ist mit auffallender Regelmäßigkeit aus Doppeldreiern gebaut. Procksch stellt darum נחשבו als Prädikat hinter
כסופה. Einfacher ist es, ו vor גלגליו als Dittographie zu streichen und den
Zakēf ḳāṭôn von נחשבו auf כצר zu setzen. – 29a Q: יִשְׁאַג, K: וְשָׁאַג. In Ana- 29
logie zu den folgenden Verba ist וְיִשְׁאַג zu lesen. Aber das Wort stößt sich
mit שאגה am Anfang des Verses, zudem ist der Hemistich zu kurz. וישאג
dürfte etwa ursprüngliches ויתן קולו ersetzen (vgl. Am 1 2). Vielleicht hat
aber Ziegler (a.a.O. 16) mit seiner Vermutung recht, daß hinter παρέστηκαν
von 𝔊 die hebr. Wendung וַיִּשָּׂא קוֹל stehe, die als וַיַּשְׁקוֹל gelesen worden sei. –
30a Der Zākēf ḳāṭôn ist von חשך auf צר zu verschieben, derjenige bei ואור zu 30
tilgen, d.h., צר ist Adjektiv oder Substantiv im Gen., abhängig von חשך. –
b EZolli (ThZ 6, 1950, 231f.) will für צח צר „flimmernd, glänzend, blank,
klar“ lesen, so daß Kaiser für 30b zur Übersetzung kommt: „Helle und Licht
verfinstert im Regenguß“. Da צַח sonst im Alten Testament nie als Subst.
verwendet wird, ist von dieser Emendation abzusehen. – c Das Suffix von
עריפיה scheint sich auf ארץ zu beziehen, was aber nicht einleuchten will.
Muß der st. abs. gelesen werden? Oder ist das hapaxleg. עריפים vielleicht
überhaupt nur das Ergebnis einer Textkorruption? 𝔊 (ἐν τῇ ἀπορίᾳ αὐτῶν)
hilft kaum weiter, da ihre Übersetzung offensichtlich nur ein Versuch ist, dem
nicht recht verstandenen Text (von 8 22 her?) einen Sinn abzugewinnen. Da
30 ein Zusatz ist, der aus einem andern Zusammenhang stammen könnte,
läßt sich kein sicheres Urteil gewinnen, und es empfiehlt sich, auf Textänderungen zu verzichten. Die Bedeutung ist aber unsicher. KBL leitet das Wort
von ערף I „träufeln“ ab und will mit „Geträufel“ übersetzen. Da das Wort
aber von akkad. *erēpu/arāpu* „sich umwölken“, *erpetu* oder *urpu* (und ugar. *'rpt*)
„Wolke“ nicht zu trennen ist, wird bei der traditionellen Übersetzung
„Gewölk“ zu bleiben sein.

9 7–20 gibt sich durch den Kehrreim „Bei alledem hat sich sein Zorn Form
nicht gewandt, und noch ist seine Hand ausgereckt“ (11.16.20) als Ein- 9 7–20
heit für sich zu erkennen. Der Satz findet sich aber noch zweimal im
Jesajabuch: 5 25 und 10 4. Bei 10 4 kamen wir oben S. 200 zum Schluß,

daß er einem Redaktor zuzuschreiben ist, der 10 1–4 als Fortsetzung von 9 7–20 verstanden wissen wollte. Das kann nicht richtig sein, denn 10 1ff. ist ein Weheruf, der in die Zukunft hinausblickt, während 9 7–20, wie noch näher auszuführen sein wird, von Gottesgerichten spricht, die bereits über Israel hereingebrochen sind, aber nicht zu der von Jahwe erwarteten Umkehr führten.

5 25 Anders ist 5 25 zu beurteilen. Mit 5 24b ist eindeutig ein Abschluß erreicht, und nach der mit לכן eingeführten Gerichtsdrohung ist ohnehin kein zweites, ähnlich eingeführtes Drohwort zu erwarten. Da andererseits 25a (wie die einzelnen Abschnitte von 9 7–20) von einem harten Zugreifen Jahwes in seinem Zorn spricht und 25b wieder feststellt, daß der Zorn Gottes immer noch das Volk bedrohe, liegt es nahe, anzunehmen, daß der Vers (wie schon Ewald und GStuder, JbchprTh 7, 1881, 172 gesehen haben) in den Zusammenhang von 9 7ff. gehört. Darüber besteht in der neueren Forschung weitgehender Konsensus.

Weniger einig ist man sich über die ursprüngliche Stellung von 5 25 im Zusammenhang von 9 7ff. Das ist auch verständlich: mit על־כן kann keine selbständige Einheit beginnen, es müßten zuvor die Gründe des Strafgerichts genannt sein (s. 9 15. 16). Das hat WStaerk (Das assyrische Weltreich im Urteil der Propheten, 1908, 48) bewogen, den Vers nach 9 9 einzuschieben (so auch Schmidt, Eichrodt). Möglich ist auch, daß 5 25 Fragment eines Abschnittes ist, der einmal eine erste, noch vor 9 7 fallende Gerichtsphase erwähnte. Doch dürften am ehesten diejenigen im Recht sein, die mit Budde, Duhm u.a. 25 als Fortsetzung von 9 20 betrachten, so daß hier also von einer weiteren Eskalation des göttlichen Zornes gesprochen wird. Aber wir haben zweifellos auch in diesem Fall nur noch ein Fragment vor uns; zur Verstümmelung des Abschnittes wird es gekommen sein, als man ihn aus seinem ursprünglichen Zusammenhang löste. In seiner jetzigen Stellung ist 5 25 Abschluß der vorangehenden Weherufe und will offenbar, wie das impf. cons. zeigt, betonen, daß das in jenen angedrohte Unheil wirklich eingetroffen ist, ohne doch sein Ziel zu erreichen. Die Begründung des „Entbrennens“ des Zornes Jahwes mußte in diesem Zusammenhang weggelassen werden.

Eine gewisse Unsicherheit über den ursprünglichen Ort von 5 25 bleibt bestehen. Aber wie man den Vers auch beurteilen mag, jedenfalls stellt sich die Frage, wo denn der Abschnitt 9 7ff. zu seinem Ende kommt. Der Kehrvers, der einhämmert, daß Jahwes Hand noch immer ausgestreckt bleibe, verlangt nach einer Fortsetzung. Man könnte sich denken, daß Jesaja Israel angesichts des immer noch drohenden Gotteszorns aufriefe, nun endlich Schritte wirklicher Umkehr zu tun. Doch liegt die Vermutung näher, daß er jetzt einen die vorangehenden Gerichtsakte überbietenden Schlag, in dem sich Jahwes Zorn austoben werde, angekündigt hat. Es spricht viel dafür – auch an diesem Punkt ist sich die
26–30 Forschung weitgehend einig –, daß diese postulierte Fortsetzung in 5 26ff.

vorliegt. Man erwartet zwar vor 26 eine kurze Bemerkung darüber, daß jetzt vom entscheidenden Gericht gesprochen werde. Aber Jesaja wollte offensichtlich seine Zuhörer ohne Unschweife einfach mit der harten Wirklichkeit konfrontieren. Jedenfalls ist es unwahrscheinlich, daß mit 5 26 ein neuer, selbständiger Abschnitt einsetzt. Aus formalen Gründen nicht: weil ונשא zu Beginn von 26 an bereits Gesagtes anknüpfen muß. Und aus inhaltlichen Gründen nicht: weil 26ff., isoliert betrachtet, einfach eine Vorhersage des Hereinbrechens eines unheimlichen Feindes wäre. Es würde dann weder etwas davon gesagt, daß dieser Feind Vollstrecker des göttlichen Zorns ist, noch daß Jahwe seine guten Gründe hat, so zuzuschlagen. Das ist aber nicht die Art, wie Propheten von zukünftigem Geschehen reden. Das stärkste Argument jedoch für die Zugehörigkeit von 5 26ff. zu 9 7ff. liegt im Aufbau der engsten Parallele, welche die hier vorliegende prophetische Geschichtsbetrachtung im Alten Testament hat: Am 4 6-12. Auch dort redet der Prophet von einer Abfolge von Gerichtsschlägen, um jedesmal feststellen zu müssen: „Dennoch seid ihr nicht zu mir zurückgekehrt, spricht Jahwe". Jene Reihe schließt aber nicht mit der bloßen Darstellung dieser Gerichtsakte selbst und also mit dem genannten Refrain, sondern mit der Ankündigung eines noch ausstehenden Eingreifens Jahwes und der Aufforderung, sich darauf zu rüsten. Dieselbe Geschichtsbetrachtung liegt auch in Lv 26 vor, vgl. 21: „... so werde ich euch weiter schlagen, siebenmal nach euren Sünden", und 27: „Wenn ihr mir auch dann noch nicht gehorcht, so..." D.h., es folgen sich einzelne, sich steigernde Gerichtsschläge, bis es am Ende doch zur Umkehr des Volkes kommt, 40ff. Die bei den Propheten vorliegende Geschichtsreflexion, bei der auf eine Reihe von harten Schlägen zurückgeschaut wird, hat also ihr Vorbild in Gerichtsdrohungen im Bereich der Bundestradition. Wie Amos am Schluß der Reihe Israel auffordert, sich für den letzten Schlag zu rüsten, so schließt Jesaja seine Betrachtung in 5 26 mit der Ankündigung des härtesten Schlages. Er ist verhaltener als Amos, indem er sich mit dem Hinweis auf das, was kommen wird, begnügt. Da er an eine bestimmte Form der Geschichtsparänese anknüpft, deren Abzweckung von jedermann verstanden worden ist, kann es den Zuhörern überlassen bleiben, über die Folgerungen nachzudenken, die angesichts des angekündigten Unheils zu ziehen sind.

Diese literarkritische Beurteilung hängt eng zusammen mit der Beantwortung der oben (s. Textanm. 8a) aufgeworfenen Frage, ob in den einzelnen Abschnitten von 9 7ff. wirklich in die Vergangenheit zurückgeblickt werde. Manche Exegeten (Gesenius, Meinhold, Driver, Marti, Gray, Duhm, Procksch, Herntrich u.a.) nehmen an, daß Jesaja von Anfang an von zukünftigem Geschehen spreche; Jesaja habe doch nicht „eine Art Schulaufsatz" liefern wollen, weil er gerade nichts Besseres zu tun gehabt habe (Duhm). Aber die impf. cons. in 10.11.13.15.17.19

5 25 (und bei der oben vorgeschlagenen Emendation auch zu Beginn von 8) zeigen, daß das futurische Verständnis unmöglich ist. Anders ist es natürlich in 5 26ff., der Weissagung, auf welche der ganze Abschnitt hinzielt.

Die Geschichtsbetrachtung, die der Gerichtsdrohung vorangeht, nimmt funktionell den Platz eines Scheltwortes ein, das sonst ein Drohwort zu begründen pflegt. Rein formal zeigt sich das darin, daß in 9 9, wie es in einem Scheltwort üblich ist, das zu „scheltende" Israel durch ein Zitat charakterisiert wird.

Metrum: Donner (a.a.O. 68) erklärt, das Wort, zu dem auch 10 1–4 gehöre, zerfalle in 6 Strophen mit je 7 Doppeldreiern. Wie der Kehrvers zeigt, liegen tatsächlich Strophen vor. Aber wenn auch Doppeldreier vorherrschen, so ist völlige Einheitlichkeit doch nur bei Eingriffen in den Text und Gewalttätigkeiten in der metrischen Lesung möglich. Und ob wirklich jede Strophe aus 7 Zeilen bestand, bleibt ungewiß. Ohne Textemendationen kommt man allerdings ohnehin nicht durch, doch sollen diese nicht durch ein Strophen- und Versschema präjudiziert sein.

1. Strophe: 9 7–11: 7 Zeilen. 7: Siebener (4+3), בישׂראל ist doppelbetont. Der Strophenbeginn ist durch die besonders lange Zeile markiert. 8 (s.o. Textanm. 8b–b): zwei Doppeldreier. 9: zwei Doppelzweier, die Lebhaftigkeit des Einspruchs der Hörer darstellend. 10: Doppeldreier (unter Annahme der oben vorgeschlagenen Textbereinigung). 11a: Siebener wie zu Beginn der Strophe. 11b, der Kehrvers: Doppeldreier.

2. Strophe: 9 12–16: Auch dieser Abschnitt scheint 7 Zeilen zu umfassen. Aber 14 ist Interpretament zu 13. Im übrigen sind Umstellungen nötig: 13 spricht bereits vom Gericht, da kann nicht wohl in 15 von der Verschuldung, und zwar im impf. cons. gesprochen werden. Andererseits erwartet man nach 12 eine Begründung dafür, warum das Gericht weitergehen muß. Diese Schwierigkeiten lösen sich, wenn wir 15 mit 16aα gleich hinter 12 stellen. Darauf folgt mit 13 die Beschreibung des Gerichts, das durch den כי-Satz von 16aβ nochmals eine Begründung erfährt. Für den ursprünglichen Bestand bleiben also nur 6 Zeilen, aber bei den schweren Eingriffen, die diese Strophe erlitten hat, ist es wohl möglich, daß auch sie einmal aus sieben Zeilen bestand.

3. Strophe: 9 17–20: 7 Zeilen. 17: Zwei Doppeldreier. 18abα scheint ein Doppelvierer zu sein, aber bei der Unsicherheit des Textes in der ganzen Zeile ist größte Zurückhaltung geboten. 18bβ und 19b: Doppeldreier, ebenso 19a. In 20a schließt die Schilderung vor dem Kehrvers in 20b wieder mit einem Siebener.

4. Strophe: 5 25 (Fragment): 3 Zeilen, nämlich 25aα: Doppelvierer, 25aβ wieder vor dem Kehrreim ein Siebener. Das Versmaß des Fragments zeigt, daß es sich äußerlich gut in den Rahmen von 9 7–20 fügt.

5. Strophe: 5 26–29: Bei Ausscheidung von 27aβ und unter Berücksichtigung der oben genannten Erwägungen zum Text von 29bα handelt es sich um 7 Doppeldreier.

Das ganze Gedicht ist von einer für das Alte Testament, das kaum Strophen kennt, seltenen Regelmäßigkeit in seiner metrisch-strophischen Struktur.

Ort Die Thematik der prophetischen Geschichtsbetrachtung von 9 7ff., der hochfahrende Sinn Israels, der nicht auf das Walten Jahwes in der Geschichte sieht und sich nicht warnen läßt, ist durchaus jesajanisch. Da der Abschnitt zudem Beziehungen zur Zeitgeschichte Jesajas erkennen läßt, ist seine Echtheit allgemein anerkannt. Das Wort ist nach 9 7 an Israel bzw. an Jakob gerichtet. Es könnte damit Israel als Jahwevolk gemeint sein. Aber 11a, wo von der Bedrängnis Israels durch Aram und die Philister gesprochen wird, läßt sich doch am besten vom Nordreich verstehen. Vor allem aber ist das Israel von 7 offensichtlich identisch mit Ephraim und den Bewohnern Samarias in 8. Procksch allerdings glaubt, daß das Wort vom ganzen Gottesvolk spreche, „wie es denn vom Nordreich auch wirklich auf Juda überspringt (9,20)“. Aber LRost (Israel bei den Propheten: BWANT IV/19, 1937, 44ff.) sieht in 9 20 geradezu den Schlüssel für das gegenteilige Verständnis: „Hier ist vom Kampf der beiden Stämme Ephraim und Manasse die Rede, der nur dann unterbrochen wird, wenn es gilt, Juda anzugreifen. Juda steht nicht auf derselben Stufe wie die beiden israelitischen Stämme“ (a.a.O. 44).

Ein Versuch zur Bestimmung der genaueren Abfassungszeit muß von 5 26–29 ausgehen. Es liegt auf der Hand, daß mit dem „Volk aus der Ferne“ von 26 die Assyrer gemeint sind. Das Wort muß also aus einer Phase akuter Bedrohung des Nordreiches durch Assur stammen. Jesajas Schilderung der Kampftüchtigkeit des feindlichen Heeres, die als durchaus zutreffendes Bild anzusehen ist (s. JHunger, Heerwesen und Kriegführung der Assyrer auf der Höhe ihrer Macht: AO XII/4, 1911), setzt voraus, daß man von den Assyrern in Jerusalem bereits präzise Vorstellungen besaß. Manche, wie neuerdings wieder Donner (a.a.O. 71, s. auch Fohrer und Kaiser) denken an die Zeit nach dem syrisch-ephraimitischen Krieg, als Assur dem Nordreich bereits Galiläa, das Ostjordanland und die Küstenebene entrissen hatte (2 Kö 15 29). Diese Datierung hängt bei ihm im wesentlichen daran, daß er 9 13 auf eben diese von Thiglath-Pileser nach der Eroberung von Damaskus im Jahre 732 verfügte Reduktion Israels zu einem Rumpfstaat mit Ephraim als Kernland bezieht. Diese Deutung ist aber keineswegs die einzige Möglichkeit (s.u.S. 219f.). Man gewinnt aus 5 26–29 den Eindruck, daß es bis anhin noch nicht zu einer harten militärischen Auseinandersetzung zwischen Assur und Israel gekommen ist, es ist kaum denkbar, daß nach dem so harten Schlag von 732 Jesaja Israel die assyrische Macht sozusagen als eine noch nicht bekannte Größe vorstellen mußte. Schon „Volk aus der Ferne“ will nicht passen für einen Zeitpunkt, da Assur bereits auf israelitischem Gebiet seine Provinzverwaltung etabliert hatte. Dasselbe ist erst recht gegen Leslie einzuwenden, der 5 25–30 als Einheit für sich nimmt und glaubt, daß Jesaja hier „with sensitive picturesqueness, but in great solemnity“ das Vorrücken der militärischen Kräfte Assyriens gegen Juda im Jahre 701 schildere (109). Der Abschnitt ist statt dessen mit großer Wahrscheinlichkeit noch der ersten Periode der Wirksamkeit Jesajas, d.h. der Zeit kurz vor dem syrisch-ephraimitischen Krieg, zuzuweisen. Durch den Komplex 6 1–9 6, der sogenannten Denkschrift Jesajas, wurde 9 7ff. zu Unrecht von den Kap. 1–5 abgetrennt, in denen im Ganzen gesehen Abschnitte aus eben jener ersten Periode der Wirksamkeit Jesajas vorliegen. Das Gedicht „steht nicht mehr *in situ*", „es gehört vielmehr wie c. 5 in die Frühzeit des Propheten (Gu Du Schm) und hat seine natürliche Stellung hinter dem fünften Kapitel" (Procksch 102, ähnlich Eichrodt). Die Verflechtung des Abschnittes mit den Weherufen ist insofern nicht falsch, als diese ungefähr derselben Zeit angehören.

Darüber, daß 5 30 nicht von Jesaja stammt, herrscht in der Forschung weitgehend Übereinstimmung.

Wort Der erste Schlag: Aramäer- und Philisterkriege (9 7–11)
9 10.11a Was faktisch geschehen ist, beschreibt der zweite Teil des Wortes,
10. 11a: Israel kam in Bedrängnis (צָרִים) durch Feinde. צר und איב sind Synonyme, aber sie beschreiben den „Feind" doch unter zwei verschiedenen Aspekten, איב nach Gesinnung und Verhalten, צר als den Bringer von Not und Tod. 11a zeigt, daß Jesaja konkrete Ereignisse im Auge hat: Israel hat im Lauf seiner Geschichte unter den Aramäern im Osten und den Philistern im Westen unsäglich leiden müssen (vgl. 2 6, wo auch Leute aus dem Osten den Philistern gegenübergestellt sind). Die eigentlichen Erbfeinde Israels, die es oft genug an den Rand des Untergangs brachten, waren die Aramäer (s. MNoth, Geschichte Israels, [6]1966, 219–228). Die schwersten Kämpfe wurden im 9. Jh. ausgefochten. Aber auch die Macht der Philister bekam Israel immer wieder zu spüren (s. Noth a.a.O. 217–219). Wie lebendig diese Ereignisse in Israel noch zur Zeit Jesajas jedermann vor Augen standen, zeigt Am 1 3–8. Procksch denkt zwar an „die Zeit zwischen Menahems Tribut (738) und Pekahs Thronbesteigung", der mit Assur brach und Anschluß an Aram und Philistäa suchte. Menahem habe durch seine assyrische Vasallenschaft die Feindschaft dieser beiden Mächte heraufbeschworen, die es nach unserer Stelle nicht an Angriffen auf das Nordreich hätten fehlen lassen. Aber nach den assyrischen Quellen (AOT[2] 346, ANET[2] 283) hat auch Rezin von Damaskus Tribut gezahlt, und wenn Jesaja davon spricht, daß diese Feinde Israel „mit vollem Maul" gefressen haben, müßten wir doch im Alten Testament etwas davon erfahren. Der Prophet blickt also wohl tiefer in die Geschichte zurück. Er möchte seinen Hörern doch gerade vorhalten, wie Jahwe über sehr weite Strecken hin an Israel wie ein παιδαγωγός seine Hand zum Schlag erhoben hatte und dabei hoffte, sein Zorn könnte sich wenden.

Jahwe selbst hat die Feinde seines Volkes hochkommen lassen, sie aufgestachelt. Die Grundbedeutung der Wurzel שׂגב ist „hoch sein", das

Verb hat aber die Nebenbedeutung „unzugänglich, unerreichbar sein" (vgl. o.S. 111 zu 2 17). Das paßt ausgezeichnet dazu, daß Israel diese beiden Nachbarstaaten, die doch einst zu Davids Reich gehört hatten, zu seinem Kummer nie wirklich besiegen, jedenfalls nicht auf die Dauer unterwerfen konnte. Jahwe hat diesen Staaten nicht nur Macht gegeben, sondern sie gegen Israel, sein Volk „aufgestachelt". Das pilp. סכסך (von סוך, s. משׂוכה 5 5) kommt noch 19 2 vor; es gehört mit arab. *šawk* und äth. *šōk* „Dornen" zusammen, so daß dieselbe Metapher wie beim deutschen „aufstacheln" zugrunde liegt. – Das Hebräische umschreibt eine militärische Niederlage oft als „gefressen werden" (אכל, s. 1 20, ferner Jer 10 25 30 16 51 34 Ps 79 7). Das Bild ist von daher zu verstehen, daß man den Feind mit einem wilden Tier vergleicht, das über die Beute herfällt (vgl. 19 5 29 Hos 13 7f. Jer 2 15 4 7 5 6, s. auch Hab 1 8).

Das alles ist nicht Unglück und hartes, unverständliches Geschick, 9 7
sondern göttliches Gericht. Jesaja ist aber nicht der erste, der Israels Feinde als Strafwerkzeuge Jahwes auffaßt, man vergleiche die Elia- und Elisatraditionen, 1 Kö 19 16 2 Kö 8 12 u.ö. Er beschreibt in 7 das Wirken früherer Propheten, die er als seine Vorgänger betrachtet. Das Wort, das von Jahwe ausgeht, erscheint hier dem Jesaja als eine fast selbständige Größe, es ist nicht ein Wort als Träger einer Botschaft, die man hören soll, sondern eines Geschehens, das man zu spüren bekommt, ein Wort, das Geschichte schafft und also die Zukunft gestaltet. Es ist bezeichnend, daß 𝔊 übersetzen konnte: θάνατον ἀπέστειλεν ὁ κύριος. Der Begriff דבר ist also unter Absehung eines bestimmten Inhalts als Träger göttlicher Kraftwirkung gesehen, er ist „gleichsam eine Akkumulation latenter Energien, deren Entfesselung nicht mehr lange auf sich warten lassen kann" (Grether a.a.O. 104). So wenig der דבר hier als דבר יהוה bezeichnet wird, so wenig ist ein Prophet als Wortträger genannt. Man wird aber – gegen Grether – doch nicht denken müssen, daß der Prophet bei diesem Geschehen völlig ausgeschaltet sei, indem nur noch das „Gesandtwerden" an das gesprochene Wort erinnere (a.a.O. 105). Eine Hypostase, die ihre Wirkung auch abgesehen vom Ausgesprochenwerden ausübt, ist das „Wort" bei Jesaja noch nicht, er meint, auch wenn er es nicht ausdrücklich sagt, das prophetische Wort. Man mag an Elisa denken, der den Befehl bekommt, nach Damaskus zu gehen und dort Hasael, der über Israel so viel Unheil bringen sollte, zum König zu salben. Diese Auffassung legt sich auch von den jeremianischen Stellen her nahe, die man zum Verständnis der vorliegenden beizuziehen pflegt. In 23 29 ist der דבר Jahwes, der mit dem Feuer oder mit einem Hammer, der Felsen zerschmettert, verglichen wird, Jeremias eigenes Wort (vgl. auch 5 14), und in Hos 6 5 stehen נביאים und אמרי־פי geradezu in Parallele. Die deuteronomistische Theorie, daß der דבר das Mittel sei, durch das Jahwe die Geschichte lenkt, ist demnach durch die Propheten vorbereitet

(vgl. auch Jes 55 10f. und Dt 32 47 לֹא־דָבָר רֵק הוּא). Im Gegensatz zu der im Alten Orient sehr verbreiteten Vorstellung vom Wort der Gottheit als einer physisch-kosmischen Potenz, die auch im Alten Testament durchaus nachzuweisen ist (z.B. Ps 147 15. 18), ist das an den Propheten gebundene Jahwewort im wesentlichen Macht, welche die Geschichte in Bewegung setzt (vgl. Dürr a.a.O. und s. auch Koch a.a.O. 278). In der Regel wird gesagt, daß Jahwe seine Boten, Diener oder Propheten sendet, um sein Wort auszurichten (s. Jes 6 8 Ri 6 8 Jer 26 12 Ps 103 20). Es ändert nicht viel, wenn Jesaja an dieser Stelle abkürzend von der Sendung des Wortes spricht. Es ist auf Israel „gefallen", wie Kriegsvolk sich auf einen Feind stürzt, Jos 11 7.

Wir haben o.S. 211 festgestellt, daß unter „Israel" an dieser Stelle das Nordreich zu verstehen ist. Im selben Sinn ist hier auch „Jakob" zu deuten. So gewiß der Name „Jakob" vom gesamten Stämmebund in Anspruch genommen werden kann, hat er doch eine besondere Affinität zu Israel im Sinn des Nordreiches (vgl. Hos 10 11 12 3 Am 6 8 7 2. 5 Mi 1 5). Seinen Grund hat das darin, daß man im Nordreich bewußt die Jakobstraditionen pflegte, weil die Gruppen, die in Jakob ihren Heros sahen, sich dort in das Stammessystem eingegliedert hatten. Ein gewisser Unterschied zwischen den beiden Bezeichnungen besteht trotzdem, indem „Jakob" das Volk nicht auf seine Staatlichkeit hin anspricht, sondern auf seine heilsgeschichtliche Vergangenheit, die es mit Juda teilt (vgl. auch die häufige Parallele „Jakob–Israel" bei Dtjes 40 27 41 8. 14 u.ö.). Was Jesaja von Jerusalem nach Israel hinausruft, sagt er nicht als Jerusalemit oder Judäer zu den Bürgern des Nachbarstaates, sondern als Angehöriger der Glaubensgemeinschaft, zu der sich auch die Bürger des Nordreiches bekennen. Voraussetzung ist, daß auch zu Jesajas Zeit immer noch enge Bande die Bewohner der beiden Staaten als Träger des gemeinsamen religiösen Erbes verbanden, was einen noch auffallenderen Ausdruck darin gefunden hat, daß sich der Thekoite Amos zur Wirksamkeit im Nordreich berufen wußte.

9 8a Mit „Israel" faktisch identisch ist auch die Bezeichnung „Ephraim und die Bewohner Samarias". In 9 20 meint Jesaja mit „Ephraim" einfach den Stamm, dem er dort „Manasse" gegenüberstellt. In 7 2. 5. 8f. 17 3 (s. auch 11 13) ist aber unter „Ephraim" eindeutig das Nordreich verstanden. Angesichts dieser und ähnlicher Stellen geht es nicht an, „Ephraim" als Bezeichnung des nach dem Eingriff Thiglath-Pilesers vom Jahr 732 noch übriggebliebenen Rumpfstaates aufzufassen (gegen Donner a.a.O. 71 und AAlt, KlSchr II, 319 Anm. 1). Ephraim ist der Stamm, der die Führung Israels beanspruchte und in der Regel auch durchsetzte. Schon nach Gn 49 26 ist Joseph der Geweihte unter seinen Brüdern, s. auch Dt 33 13–17. Darum konnte sein Name a parte potiore mit Israel gleichgesetzt werden (so auch bei Hosea 4 17 5 3. 5 11 8,

während Amos nie von Ephraim spricht). Dadurch, daß Jesaja zunächst vom „Volk insgesamt" spricht, ist diese Auffassung für die vorliegende Stelle gesichert. Die Hauptstadt des Landes, Samaria, liegt allerdings nicht im Gebiet Ephraims, sondern Manasses. Aber der Grund, warum die „Bewohner Samarias" besonders genannt sind, liegt nicht darin, sondern im besondern rechtlichen Status, welcher der Hauptstadt ursprünglich zukam. Omri hatte das Gebiet, auf dem er sie gegründet hat, gekauft, die Stadt war also ursprünglich königlicher Kronbesitz (s. AAlt, Der Stadtstaat Samaria: BAL 101/5, 1954 = KlSchr III, 258–302).

Wenn wir auch der Übersetzung von ידע mit „erniedrigt werden" nicht zustimmen können (s.o. Textanm. 8a), so ist doch zuzugestehen, daß das Verständnis von וידעו Schwierigkeiten bietet. Manche übersetzen das Verb mit „spüren" (Eichrodt, Fohrer u.a.). So muß man wohl deuten, wenn man mit Grether die Sendung des Wortes einfach als Machterweis Jahwes auffaßt. Ist aber das prophetische Wort gemeint, dann muß וידעו העם כלו meinen „und das ganze Volk hat davon erfahren und weiß also davon". Es war nicht ein Wort, das im Verborgenen geblieben ist, Ephraim kann sich nicht salvieren mit der Erklärung, es habe nie davon gehört. Niemand kann leugnen, gewarnt worden zu sein. Man denkt an das „Späheramt" der Propheten (Jer 6 17 Ez 3 17 33 6f.). Wenn nun neben dem ganzen Volk doch noch Ephraim und die Bewohner Samarias genannt werden, so hat das seinen guten Sinn. Niemand ist zu entschuldigen, aber dort, wo die Führung liegt, wiegt auch die Verantwortung doppelt.

Doch der Stolz verhindert, daß man aus dieser Erkenntnis die 9 8b.9
Konsequenzen zieht. Zu גאוה ist dasselbe zu sagen wie zu seinen Synonymen (s.o.S. 108): sie kommt Gott zu (Dt 33 26 Ps 68 35), beansprucht sie der Mensch, kommt er zu Fall (Prv 16 18). גדל לבב, ein Ausdruck, der sich nur noch in 10 12 findet, scheint eine eigene Prägung Jesajas zu sein; die Formulierung erinnert aber an die Sprache der Weisheit, die überall anklingt, wo Jesaja vom Hochmut spricht, man denke etwa an Wendungen wie גבה רוח bzw. שפל רוח Prv 16 18f., רחב לבב Ps 101 5, s. Prv 21 4 und גבה־לב Prv 16 5. Zur Veranschaulichung solchen Hochmuts zitiert Jesaja ein trotziges Sprichwort, mit dem man sich über die harten Schläge hinweghilft, s. HWWolff, Das Zitat im Prophetenspruch: EvThBeih 4 (1937) = GesStud 36–129. Im Munde des Volkes, das Jahwe durch seine Schläge zur Umkehr ruft, zeugt es von völliger Verkennung der wirklichen Lage, ja von abgründiger Verblendung. Die gewöhnlichen Bauten werden aus Lehmziegeln unter Verwendung von Balken aus dem Holz des Maulbeerfeigenbaumes (vgl. Am 7 14) errichtet. Ungebrannte, luftgetrocknete Ziegel aus Lehm, dem man Stroh beifügen kann, sind ein billiges Baumaterial (s. Ex 5 7. 16. 18 und BMeißner, Babylonien und Assyrien I, 1920, 275; Dalman, AuS VII, 18; Darstel-

lung der Ziegelfabrikation aus Ägypten: AOB Nr. 176 = ANEP Nr. 115 = BHHW 2239f.). Im heutigen Palästina sagt man nach TCana'an: „Der Luftziegel trifft (beim Fall) nur den Elenden" (Dalman a.a.O. 19). Maulbeerfeigenbäume werden in großen Mengen in der Schefela angepflanzt (1 Kö 10 27 = 2 Ch 1 15 1 Ch 27 28 2 Ch 9 27; Abb.: Dalman, AuS I/2, Abb. Nr. 6. 8). Ihr Holz ist billig, das ergibt sich schon aus der Kontrastierung mit dem Zedernholz (zur Problematik der Übersetzung von ארז durch „Zeder" s.o.S. 109 zu 2 13 und vgl. HMayer, BZ 11, 1967, 53–66; Abb.: BHHW 2207). Im Handel dürfen Sykomorenhölzer und Zedernhölzer nicht vertauscht werden (Tos. BM VIII 32). Demgegenüber bilden behauene Bausteine (גזית) ein sehr viel dauerhafteres Baumaterial; es sind kostbare Steine von bestimmtem Maß (1 Kö 7 9). Procksch, Fohrer, Kaiser u.a. stellen sich vor, daß von Sykomorenbäumen die Rede sei, die der Feind auf dem Felde umgehauen hat (2 Kö 3 25 19 23) und an deren Stelle nun Zedern gepflanzt werden (so auch Zürcher Bibel: „Zedern pflanzen wir ein"). Dem widerspricht, daß Zedern und Quadern auch sonst als wertvollstes Baumaterial nebeneinander genannt werden (1 Kö 6 36 7 11, s. Alt, KlSchr III, 317), aber auch, daß die Zeder in Palästina nicht „gepflanzt" wird (BHHW 2207). גדע heißt nicht nur „umhauen" (vom Fällen der Bäume 10 33), sondern auch „in Stücke schlagen" (vgl. Sach 11 10. 14 Ez 6 6). Es ist also gemeint, daß bei den Bauten anstelle des billigen Holzes der Sykomore das edle Zedernholz verwendet werden wird. Vermutlich ist vorausgesetzt, daß kriegerische Ereignisse den Einsturz der einfachen Wohnhäuser bewirkt haben. Oft haben allerdings auch Erdbeben ganze Siedlungen aus dem wenig soliden Baumaterial ins Wanken gebracht (so Eichrodt).

9 11b Die im Kehrreim verwendete formelhafte Wendung ... לא־שב אפו ist mit der andern, in 5 25a verwendeten zusammenzusehen: ... חרה אף־יהוה ויט ידו עליו.

Ähnlich wie das Wort ist auch der Zorn eine merkwürdig selbständige Größe, er tut seine Wirkung, wenn er einmal „entbrannt" ist. Man kann sagen, daß sich Jahwe von der Glut seines Zornes abgewandt habe וישב יהוה מחרון אפו (Jos 7 26, vgl. auch Dt 13 18 2 Kö 23 26 Jon 3 9), man bittet Gott, daß er das tun möge, Ex 32 12. Man kann aber auch sagen, daß Gott seinen Zorn wende (שוב hi. Ps 78 38, vgl. Hi 9 13 Prv 24 18 Esr 10 14), oder daß einzelne Menschen Gottes Zorn abwenden konnten (Nu 25 11 Jer 18 20 Ps 106 23). Schließlich ist jedoch an vielen Stellen der Zorn Jahwes Subjekt des Satzes (außer an der vorliegenden und den Parallelen in 16. 20 5 25 10 4 s. 12 1 Nu 25 4 Jer 2 35 Hos 14 5 Hi 14 13 Dan 9 16 2 Ch 12 12 29 10 30 8). Auch Jeremia muß feststellen, daß sich die Glut des Zornes Jahwes nicht von Israel gewendet habe, 4 8 23 20 30 24. (Angesichts dieser Stellen wird das Suffix von לֹא אֲשִׁיבֶנּוּ im Kehrreim Am 1. 2 wohl auch Jahwes Zorn meinen [Holladay a.a.O. 102 denkt allgemeiner an Strafe].)

Der Zorn Jahwes entbrennt, wo ein Tabu übertreten ist. Typisch für den Zusammenhang, in den die Vorstellung von Haus aus hineingehört, ist die Erzählung Nu 25 1-4. Jahwes Zorn entbrennt, weil Israel sich am Fest des Baal Peor beteiligt. Er wird abgewendet, indem Mose die Schuldigen aufspießt (25 4, vgl. Jos 7 26). Nur durch Vollstreckung des Banns kann die Glut des göttlichen Zorns gedämpft werden (Dt 13 18), denn wer ein Tabu übertritt, begeht eine Todsünde (Ex 22 23 32 10f. Nu 11 1. 33 12 9). Darum kann man wohl beten, daß Jahwe von seinem Zorn ablassen möge, oder versuchen, Sühne zu schaffen (Ex 32 12. 30), aber Mose hat das nicht einmal durch das Angebot seines Lebens (32) erreicht. Nur der Tod der Schuldigen kann die Integrität der verletzten Ordnung wiederherstellen. Von diesem Hintergrund her ist der Kehrreim Jesajas zu verstehen: Der Zorn Jahwes ist eine Macht, die erst zur Ruhe kommt, wenn der Frevler vernichtet ist. Obwohl in der vorliegenden Konstruktion der „Zorn" Subjekt ist, ist er aber für Jesaja keine objektive, selbständige Macht mehr, Jahwe ist der Herr der Geschichte, und das Geschick seines Volkes liegt frei in seiner Hand.

„Und noch ist seine Hand ausgereckt". Schon das Meerlied Ex 15 spricht davon, daß Jahwe beim Auszug des Volkes seine Rechte erhoben habe (12). Der Satz, daß Jahwe Israel herausgeführt habe „mit starker Hand und ausgerecktem Arm" gehört in der deuteronomischen Theologie zum grundlegenden Bekenntnis Israels (Dt 4 34 5 15 7 19 11 2 26 8 Jer 32 21 Ps 136 12, vgl. Ez 20 33f. 1 Kö 8 42 = 2 Ch 6 32). In der priesterschriftlichen Erzählung von den ägyptischen Plagen ist das Motiv der erhobenen Hand Moses oder Aarons, aber auch Jahwes (Ex 7 5, s. auch 6 6) fest verankert. Jesaja selbst spricht in 14 26f. von der Hand Jahwes, die er nach seinem Ratschluß über die Völker ausgereckt hat, und auch dort in einem Zusammenhang, in dem die Unabänderlichkeit seines Geschichtsplanes stark betont ist. Es scheint also, daß das Bild von Jahwes ausgereckter Hand zunächst verwendet wurde, wenn man von Jahwes Schutz über dem Israel der Heilszeit sprechen wollte (s. auch Zeph 2 13). Aber im vorliegenden Kehrreim ist es in den Dienst der Gerichtsansage gestellt (s. auch Jer 21 5 Ez 6 14 Zeph 1 4 u.ö.).

Der zweite Schlag: Die Jehu-Revolution (9 12. 15. 16aα. 13. [14]. 16aβb)

Zunächst wird festgestellt, daß der erste Schlag sein Ziel nicht er- 9 12
reicht hat. Der Zorn Jahwes wandte sich nicht ab, weil das Volk nicht kehrt machte zu seinem Gott hin, s. Wolff a.a.O. 133 bzw. 134; Holladay a.a.O. 116–157. Das Gericht ist also, wie oben betont wurde, nicht Ablauf eines Automatismus, der durch Israels Verschuldung ausgelöst wurde. Durch Umkehr könnte der über Israel schwebende Gotteszorn abgelenkt werden.

Was unter Umkehr zu verstehen wäre, sagt der zweite Halbvers mit דרשׁ את־יהוה צבאות. Wir treffen die Wendung bei Jesaja noch einmal in 31 1b, und zwar zur Umschreibung der Haltung des Glaubens, die von Israel gegenüber seinem Gott zu erwarten ist (vgl. die Parallele „schauen auf den Heiligen Israels"). Stellen wie Gn 25 22 1 Kö 22 5ff. 2 Kö 3 11 Jer 37 7 Ez 14 7 bis hin zu 2 Ch 1 5 zeigen, daß mit דרשׁ את־יהוה ursprünglich das Einholen eines Gottesbescheides in einer Notlage, bei Krankheit oder Kriegsgefahr, gemeint ist. Ein solcher Bescheid war nur durch eine Mittelsperson, einen Propheten oder Kultbeamten zu erlangen (s. CWestermann, Die Begriffe für Fragen und Suchen im Alten Testament: KuD 6, 1960, 2–30, s. S. 20). Aber wie bei Amos (5 4. 6), Hosea (10 12) und Zephanja (1 6) hat auch bei Jesaja die Formel einen allgemeineren Sinn, so daß doch nicht mit „befragen", sondern mit „fragen nach" zu übersetzen ist. Die Befragung Jahwes (und nicht etwa der Totengeister 8 19) ist, wie etwa das Schwören bei Jahwe (Jer 12 16), zum Schibboleth echten Jahweglaubens geworden.

9 15 Glücklich das Volk, das in kritischen Augenblicken seiner Geschichte Führer besitzt, die zur Besinnung rufen. In Israel haben die verantwortlichen Kreise versagt (zu אשׁר s.o.S. 34 zu 1 17 und S. 130 zu 3 12). Mit מאשׁרים sind die geistigen Führer gemeint, die in einer solchen Stunde dem Volk zu neuer Orientierung verhelfen sollten. Statt dessen sind sie Verführer, מתעים (s. ebenfalls o.S. 130 zu 3 12). Des genauern ist nicht festzustellen, an was für Führer Jesaja denkt und worin konkret ihre falsche Leitung bestanden hat. Es ist aber zu bedenken, daß Jesaja anderwärts Priestern und Propheten vorhält, daß sie „taumeln" (תעה) bei der Schauung wie beim Rauschtrank (28 7), und daß Micha den Vorwurf erhebt, daß die Propheten das Volk irreführen (תעה hi.), indem sie „Heil verkünden, wenn ihre Zähne etwas zu beißen haben" (3 5). Der Begriff der „Verführung" ist aber auch stark in der Weisheit verwurzelt, und Jesaja mag also auch an jene „Weisen" denken, die nur „weise in ihren eigenen Augen" (5 21) sind, aber nicht die ewig gültigen Normen von Recht und Wahrheit hochhalten. Was Wunder, wenn die also Geführten „Verwirrte" sind! Wer auf Jahwes Werk schaut, müßte nachdenklich werden. Doch die geistigen Lehrer des Volkes würgen solche Regungen ab.

16aα Das heißt aber keineswegs, daß die „Verführten" entschuldigt wären. Jahwe kennt kein Erbarmen. Das wird hier mit einer unerhörten Härte ausgesprochen. Die בחורים sind der Stolz, die Elite des Volkes (1 S 9 2 Jer 48 15 Jes 40 30 u.ö.). Sie stellen Israels Kriegsmacht und sind darum besonders gefährdet (Jer 11 22 49 26 u.ö.). Aber nicht einmal Witwen und Waisen, jene Schwachen, die doch gerade unter Jahwes besonderem Schutz stehen und für die Jesaja sonst so leidenschaftlich Partei ergreift (s. zu 1 17 und 10 2), werden geschont. Man kann den „Widerspruch" gewiß nicht mit Duhm psychologisch ausglätten: „man spürt den Unterschied zwischen dem Feuer des jugendlichen und der Besonnenheit des gereiften Mannes". Es entspricht der bitteren Erfahrung des Lebens, daß auch Schwache und Geringe nicht unschuldig bleiben und mit ihren Unterdrückern zusammen in den Abgrund des Verderbens hineingerissen werden. Für das gute Recht des Schwachen hat sich Jesaja anderwärts mit Vehemenz eingesetzt, aber das Anliegen des vorliegenden Abschnittes geht dahin, dem Volk die Folgen der Verstocktheit gegen Jahwes Ruf zur Umkehr in ihrer ganzen Schwere vor Augen zu stellen (s. die ähnlichen Drohungen Jer 6 11 15 8 18 21).

Dieselbe Totalität des Gerichts umschreibt Jesaja in 13 mit einer 9 13
sprichwörtlichen Wendung vom Ausrotten von „Kopf und Schwanz, Stocksproß und Binsenhalm", vgl. 19 15. Donner versucht die Metapher auf „die territorialen Verhältnisse, in die Assur gewaltsam eingegriffen hatte", zu beziehen (a.a.O. 72). Im Ägyptischen bedeutet *tp*, „Kopf", nicht selten geographisch den „Anfang eines Landes" und *pḥ.wj*, „Hinterteil", das „Ende eines Gebietes". כפה und אגמון versucht er ebenfalls nach dem Ägyptischen als Insignien der Königsherrschaft zu verstehen. Das Bild meine also „eine Minderung des Königtums: Die Hoheitszeichen sind ihm aus der Hand geschlagen, es ist zum Vasallenkönigtum erniedrigt" (a.a.O. 73). Diese geistvolle Deutung mutet doch Jesaja und seinen Zuhörern etwas viel an Kenntnis ägyptischer Symbolik zu. Dazu kommt, daß die Grundbedeutung von כרת wohl „abhauen, abschneiden" ist, daß das hi. הכרית aber nie im Sinn von „abschneiden" und auch das ḳ nie von der Zerstückelung eines Landes verwendet wird. Man wird doch gut daran tun, „Kopf und Schwanz" schlicht als eine sprichwörtliche Redensart für „hoch und niedrig" (Duhm) zu verstehen (Dt 28 13. 44). Das zweite Bild, כפה und אגמון, will zu „Kopf und Schwanz" nicht recht passen, wenn man wie üblich mit „Palmzweig und Binse" übersetzt (so noch Eichrodt und Kaiser). 𝔊 umschreibt diesen Ausdruck dem Sinn nach mit μέγαν καὶ μικρόν. Bei der oben angenommenen Übersetzung gewinnt das Bild aber an Schärfe: wird auch noch der Stocksproß weggeschnitten, so ist das zerstörerische Werk vollendet, dann besteht keine Hoffnung mehr (Hi 15 32).

Wie auch sonst bei so knappen Bildern sind Mißdeutungen leicht mög- 14
lich. Ein Leser hat seine Auffassung in 14 niedergelegt. Zu זקן s.o. S. 122 zu 3 2, zu נשוא־פנים ebenda zu 3 3, zu נביא s.o.S. 121 zu 3 2. Der Glossator hat sich das Vokabular also aus Kap. 3 geholt. Dort hat Jesaja selbst den נביא schlechthin unter die Zahl der Autoritäten, die versagt haben, gerechnet, vgl. 28 7. Der Kommentator schränkt ein: der נביא, sofern er מורה־שקר ist (man müßte denn schon jenen 𝔊-MSS folgen, die καὶ διδάσκοντα lesen). In Hab 2 18, wo diese Wendung noch einmal vorkommt, ist unter מורה שקר das heidnische Lügenorakel verstanden (par. zu מַסֵּכָה und פֶּסֶל). Die „Orakel-Terebinthe" (אֵלוֹן מוֹרֶה) von Sichem war wohl ein

weitberühmter Kultort (Gn 12 6 Dt 11 30, in Ri 9 37 wird sie אֵלוֹן מְעוֹנְנִים genannt, s. Gn 35 4 Jos 24 26; vgl. auch den „Orakel-Hügel" גבעת המורה Ri 7 1). Bleiben wir bei 𝔐, so sind Propheten gemeint, die lügnerische Orakel erteilen. Fohrer denkt an „die Orakel erteilenden Priester", Procksch an priesterliche Toralehrer (s. 2 Kö 17 28 2 Ch 15 3). Bei Jesaja selbst hat das Verb ירה hi. eine weisheitliche Nuance (2 3 28 9.26, vgl. 30 20 [unecht]). Die falschen Orakelgeber werden tatsächlich nicht wenig zur Verführung des Volkes beigetragen haben.

Welche konkreten Ereignisse im Nordreich hatte Jesaja bei diesem Schlag vor Augen? Procksch denkt an die Ermordung Pekahjas durch Pekah (2 Kö 15 25). Aber das war doch eine rein politische Angelegenheit, während unser Text an geistige Autoritäten denken läßt. Wenn, wie wir oben vermuteten, bei den Aramäer- und Philisterkämpfen (10) an die Auseinandersetzungen des 9. Jh. zu denken ist, ist es möglich, daß auch hier der Blick Jesajas relativ weit in die Vergangenheit zurückreicht. Eichrodt, Fohrer, Kaiser u.a. deuten doch wohl mit Recht unsere Stelle auf die Revolution Jehus (2 Kö 9f.). Daß man sich jener Ereignisse zu Jesajas Zeit noch sehr gut erinnerte, zeigt Hos 1 4.

9 16aβ Der begründende Satz 16aβ schließt sich ausgezeichnet an. Das Gericht ist so umfassend, weil „alle" sich verfehlt haben, „Gott entfremdet" sind, wie KBL חנף wiedergibt, vgl. Jer 23 11. Nach Prv 11 9 verdirbt der חָנֵף den Nächsten mit seinem Munde. Der zweite Halbvers, וכל־פה דבר נבלה, drückt denselben Gedanken aus, vgl. auch Ez 13 3. נבלה kann Gegensatz zu חכמה sein, so Dt 32 6; aber gerade die vorliegende Stelle zeigt, daß die Torheit des Törichten darin besteht, daß er nicht im rechten Verhältnis zu Gott steht. Eine נבלה geschieht, wenn eine von Jahwe gesetzte Grundordnung in Israel zerbrochen wird (Gn 34 7 Dt 22 21 u.ö.).

16b Wieder stellt der Kehrvers fest, daß Jahwes Zorn immer noch als Damoklesschwert über Israel hängt. Die Revolution Jehus hat tatsächlich die Mißstände in Israel nicht beseitigt, und die Dynastie der Nimsiden hat sich „fast noch unfähiger und schlechter denn die beseitigte erwiesen" (Fohrer).

Der dritte Schlag: Die Selbstzerfleischung der Bruderstämme (9 17–20)

17 Als ein guter Stilist wiederholt Jesaja die Feststellung von 12 nicht mehr. In 17 begegnen wir wieder der schon oft beobachteten Vorstellung, daß das Böse seine Strafe aus sich selbst heraus gebiert, s. 1 31 oder Prv 13 6: Die Bosheit (רִשְׁעָה) ruiniert den Sünder. Sie ist als verzehrendes Feuer gedacht, das „Dornen und Disteln" auffrißt (zu שמיר ושית s.o.S. 171 zu 5 6) und das „Dickicht des Waldes" entzündet (s. 10 34 Gn 22 13; zum palästinensischen Buschwald mit seinem dichten Gestrüpp s. Dalman,

AuS I/1, 73–89.254–261 und BHHW 2133f.). Jesaja liebt das Bild vom verzehrenden Feuer (1 31 5 24 10 17 30 33). Es liegt ja auch nahe, wenn vom Zorn gesprochen wird, den man gern als „brennend" oder „glühend" bezeichnet (s. 30 27 Jer 4 8 u.ö.). גאות עשן haben wir oben frei mit „Rauchsäule" übersetzt. Jesaja verwendet גאות auch in 28 1.3, aber in der übertragenen Bedeutung „Überheblichkeit", welche die Vokabel auch anderswo besitzt, 12 5 26 10. Er hat das doppelsinnige Wort, das geradezu „hochmütige Anmaßung" bedeuten kann, Ps 17 10, gewiß mit Bedacht gewählt, redet er doch vom Gericht über den Hochmut (s. גאוה neben גדל לבב in 8), wie andererseits „Gestrüpp des Waldes" das Wesen des Volkes, das aus „Verführten und Verwirrten" besteht, kennzeichnen soll. Das „Gestrüpp", das im Rauch aufsteigt, als hätte es seine königliche Erhabenheit zu demonstrieren (Ps 89 10 93 1), löst sich ins Nichts auf.

Bei all dem ist Jahwe am Werk. עברה ist von אף dem Sinn nach kaum 9 18
zu unterscheiden. Es ist aber bezeichnend, daß Jesaja auch hier nicht formuliert: Jahwe versengt das Land durch seinen Zorn, sondern: es wird durch seinen Zorn – wie durch eine unabhängige Größe – versengt. Jahwe braucht gar nicht einzugreifen, Israel zerfleischt sich von selbst.
Gott muß es nur sich selbst überlassen (s.o.S. 98 zu 2 6). Das Bild von 19
19b hat sein Gegenstück in Mi 3 3, wo es noch weiter ausgedeutet ist: dem armen Volk wird die Haut abgezogen und werden die Knochen zerbrochen. Es stammt wohl aus dem derben Volkssprichwort. Doch handelt es sich bei Micha um die Vergewaltigung des kleinen Mannes, hier um Machtkämpfe zwischen den Großen, wobei 18bβ den Eindruck erweckt, daß doch zugleich an all die kleinen Auseinandersetzungen um Geltung und Einfluß zwischen Mensch und Mensch im alltäglichen Leben gedacht sei. Zeiten harter Machtkämpfe im großen verstärken die mitleidlose Härte (s. לא יחמלו) in der Beziehung des einzelnen zum Menschen neben ihm. Mit 19b wird auf Zwistigkeiten und blutige Kämpfe angespielt, wie sie in Israel je und dann zwischen einzelnen Führern, die sich jeweils regionale Interessen oder politische Parteiungen zunutze machten, stattfanden. KBL trennt das גזר unserer Stelle als גזר II vom gewöhnlichen גזר I „schneiden" und deutet es nach dem arab. *ǧaraza* (Metathese!), auf das schon Hitzig verwiesen hatte, als „fressen". Die genaue Deutung des Bildes ist nicht leicht. Das Verb scheint anzudeuten, daß es um Vergrößerung des Landbesitzes bzw. Stammesgebietes auf Kosten der andern ging, aber zugleich natürlich um die Mehrung der Macht.

In 20a wird Jesaja konkreter: Manasse und Ephraim, die zusam- 20a
men das „Haus Joseph" bilden, haben sich während der ganzen Geschichte des Nordreiches als Rivalen empfunden. Donner denkt an Stammeskämpfe in der Zeit um 732/31, „als die Wirren um die Thronbestei-

gung des Usurpators Hosea das Gefüge des Rumpfstaates gefährdeten" (a.a.O. 73). Aber weder 2 Kö 15 30 noch die assyrischen Nachrichten (AOT 348, ANET² 284) berichten uns davon, daß damals Stammeszwistigkeiten im Spiel waren. Eher schon mag die Vermutung von Procksch zutreffen, daß an die Kämpfe zwischen den Parteien Pekahs und Pekahjas zu denken sei, wobei „Manasse" das Ostjordanland (vgl. Nu 32 39ff.), woher Pekah kam (2 Kö 15 25), „Ephraim" das westliche Stammland Josephs repräsentieren soll. Dann muß 20a auf den Anfang des syrisch-ephraimitischen Krieges anspielen (vgl. 2 Kö 15 37 und Jes 7 1ff.). Das ist chronologisch aber doch schwierig, zumal bereits auf diese Ereignisse zurückgeblickt wird. Man mag darum bei 20a eher an den Kampf des Amazja von Juda gegen Joas von Israel denken, in welchem die Judäer geschlagen wurden (2 Kö 14 8ff.), ein Ereignis, das in Jerusalem ein schweres Trauma hinterließ. Hatten zur Zeit der Omriden Juda und Israel eine Politik guter Nachbarschaft betrieben, so waren die Beziehungen nach der Niedermetzelung der Davididen durch Jehu (2 Kö 9 27 10 12-14) äußerst schlecht geworden. Für die Zukunft der beiden Kleinstaaten, die im Blick auf ihre Selbstbehauptung so sehr auf Zusammenarbeit angewiesen gewesen wären, war diese Feindschaft geradezu selbstzerstörerisch, wie dann der syrisch-ephraimitische Krieg mit seinen Folgen offenbar werden ließ. Über die Spannungen zwischen Ephraim und Manasse (Kaiser verweist auf Gn 48 14ff. Ri 6 35 8 1) sind wir im einzelnen zu wenig orientiert, um 20a mit konkreten Ereignissen identifizieren zu können.

9 20b Wieder wird festgestellt, daß Jahwes Zorn weiterhin Israel bedroht. (Zu 10 1-4 s.o.S. 198ff.).

Der vierte Schlag: Der Berge erbeben (5 25)

5 25 Da der Vers nur noch als Fragment erhalten ist (s.o.S. 208), fehlt jede Möglichkeit zur Bestimmung seines konkreten Bezugs. Offensichtlich denkt sich Jesaja das Entbrennen des göttlichen Zorns in Verbindung mit einer Theophanie. Die Berge erbeben (vgl. Ps 18 8 Hab 3 6 1 S 14 15). Es liegt nahe, an ein Erdbeben zu denken, doch ist es sehr wohl möglich, daß das „Beben der Berge" bildlich verstanden ist und an Kriegsnot gedacht werden muß. Beim Eingreifen des göttlichen Zorns kann nur grausige Verwüstung das Ergebnis sein. Die Zeit zum Begräbnis der Toten reicht bei dem großen Sterben nicht aus, vgl. Am 8 3. Daß Leichen unbegraben liegen bleiben, gehört zum weit verbreiteten Schema von Verwünschungen, die man nicht nur in Israel, sondern überhaupt im Alten Orient über Frevler ausspricht, s. dazu DRHillers, Treaty Curses and the Old Testament Prophets (1964) 68f. (Nr. 15). In Kudurru-Inschriften wird der Wunsch geäußert, daß die Götter verhindern mögen, daß die Leichen der Bösewichte begraben würden (z.B. LWKing, Babylonian

Boundary-Stones, 1912, 127 [VI 54f.]: „May his corpse drop and have no one to bury it"). Nach dem Nachfolge-Vertrag Asarhaddons, Zeile 425–427 soll Ninurta die Ebene mit Leichen füllen und ihr Fleisch den Adlern und Schakalen zu fressen geben (DJWiseman, The Vassal-Treaties of Esarhaddon: Iraq 20, 1958, 61f., vgl. Dt 28 26 und s. die weiteren Beispiele bei Hillers a.a.O. und FCFensham, ZAW 75, 1963, 161ff.).

Es ist deutlich, daß in 5 25 von einer Katastrophe gesprochen wird, die die vorangehenden Gerichtsakte an Heftigkeit noch übertrifft. Wenn auch diesmal Jahwes Zorn nicht „umkehren" konnte, so ist eine endgültige Abrechnung fällig. Es ist klar, daß nun das Ende Israels in Blickweite treten muß.

Der fünfte Schlag: Das Volk aus der Ferne (5 26–29 [30])

Die Verben von 26–29 weisen eindeutig in die Zukunft, s. neben den impf. und pf. cons. den „Präsentativ" הִנֵּה (26b), der „ein plötzliches göttliches Eingreifen schildert, durch das die im Scheltwort skizzierte unhaltbare Lage grundlegend verändert wird" (KKoch, Was ist Formgeschichte?, 1964, 237). Die pf. in 27b haben den Sinn eines präs.-pf. (Beer-Meyer, Gr § 101.2b).

Subjekt von נשׂא ist nicht ein unbestimmtes „man", sondern Jahwe, 5 26
wie das folgende שׁרק im Vergleich mit 7 18 zeigt. Aber es ist bezeichnend, daß Jahwe nicht ausdrücklich genannt wird. Ebenso ist auch הנה nicht, wie sonst in solchen Drohworten, mit dem Ich Jahwes verbunden (vgl. Jer 5 15 הנני מביא עליכם גוי ממרחק und Koch a.a.O.). Jahwe ist wohl Herr der Geschichte, aber er bleibt hinter den Ereignissen verborgen.

נס ist eine Standarte, die aufgepflanzt wird, um den Ort zu kennzeichnen, an dem die Truppe sich sammeln soll (vgl. 11 10. 12 18 3). Man stellt sie auf einer weithin sichtbaren Höhe auf, 13 2 30 17, vornehmlich die Führer haben sich an sie zu halten, 31 9. Nach GSchumacher (ZDPV 9, 1886, 232) war zu seinen Zeiten noch im Hauran und Dscholan die Aufpflanzung einer Fahne auf dem Gipfel eines im Weidegebiet des betreffenden Stammes liegenden Berges das Zeichen, welches den Stamm zu den Waffen rief. Standarten wurden dem assyrischen Heer vorangetragen; sie zeigen auf langer Stange mannigfache Embleme (Vögel mit ausgebreiteten Flügeln oder eine kreisrunde Scheibe mit Götterdarstellungen, z.B. mit dem bogenschießenden Nationalgott Assur, s. BRL 160–163, BHHW 194–196). Der Name des Volkes wird nicht genannt, obwohl nur die Assyrer gemeint sein können. Das gehört zum prophetischen Stil: es wird der konkreten Erfahrung nicht vorgegriffen. Daß der Feind aus der Ferne kommt, entspricht zwar der historischen Wirklichkeit (vgl. 39 3), es ist aber zugleich ein festes Motiv, das zu solchen Ankündigungen von Feinden gehört (10 3, vgl. 30 27, in Jer 4 16 5 15 sind es wahrscheinlich die Skythen, in 6 22 steht מארץ צפון parallel zu מירכתי־ארץ, vgl. Ez 38 6. 15).

Wenn Jesaja hier vom „Ende der Erde“ redet (vgl. Ps 72 8 Sach 9 10 Sir 44 21), braucht man das also nicht nachzurechnen; auch in Dt 28 49 stehen גוי מרחוק und מקצה הארץ nebeneinander. Je größer die Entfernung ist, aus der der Feind kommt, umso weniger ist er bekannt und umso unheimlicher ist sein Erscheinen. Bei der durchaus realistischen Art der folgenden Schilderung wird man deuten dürfen: Ein Feind, der so weite Strecken zurücklegen kann, wird nicht so leicht zurückzuschlagen sein. שרק scheint von Haus aus den „Pfiff“ des Imkers zu meinen, mit dem er den Bienenschwarm herbeilockt (s.u. zu 7 18 und vgl. Sach 10 8).

Der Feind kommt von unendlich weit her, aber er kommt auch überraschend schnell. Die Schnelligkeit der assyrischen Heere war ein Hauptgrund für ihre Erfolge. Thiglath-Pileser I. rühmt sich, in einem Tag vom Suchi-Land bis Karkemisch marschiert zu sein, und Assurbanipal eroberte Elam in einem Monat (BMeißner, Babylonien und Assyrien I, 1920, 109). Auch in Israel hat man die Schnelligkeit der Krieger besonders geschätzt, Am 2 1. 4f. Jer 46 6.

5 27 Der physische Zustand des Heeres ist ausgezeichnet (zu עיף vgl. 29 8 Ri 8 4f. 2 S 16 14 17 29). Ist man müde, strauchelt man leicht, vgl. Jes 40 30; Soldaten aber, die straucheln und fallen, sind in der Schlacht verloren (vgl. Jer 46 6. 12. 16 Nah 2 6 Lv 26 37). Die Disziplin ist tadellos: kein Lendenschurz ist geöffnet, kein Schuhriemen zerrissen. Der אזור kann aus Leder (2 Kö 1 8) oder aus einem Tierfell (vgl. Mk 1 6 Mt 3 4) bestehen, wird aber eher aus Leinen verfertigt gewesen sein (Jer 13 1f. Abb.: BHHW 924. 963, 1). Man trägt ihn auf den Hüften, 11 5 u.ö. Der Schurz ist oft durch einen Gürtel oder auch nur mit einem Knoten, der durch die Enden des Zeugstückes geknüpft wird, festgehalten (s. HWHönig, Die Bekleidung des Hebräers: Diss. Zürich, 1957, 22f.). נעל ist die Sandale, die mit Riemen festgebunden wird, s. Gn 14 23. Die leichten assyrischen Bogenschützen gingen auf dem Marsch barfuß, im Kampf waren sie geschützt durch Halbstiefel und Strümpfe oder durch Halbsandalen mit Fersenkappe (Meißner a.a.O. 96; Abb.: ebenda 258 Nr. 70a. b; BRL 359, 3. 4; Dalman, AuS V, Nr. 77f. BHHW 809f. 1738 Nr 1).

28 Wie die persönliche Ausrüstung in tadelloser Ordnung ist, sind auch die Waffen zum Kampf bereit.

Das größte Kontingent der Assyrerheere stellen die Bogenschützen, die besonders zur Taktik der Überraschung geeignet sind.

„Daß Pfeil und Bogen als Waffe des ersten Angriffs sehr geschätzt wurden und in Assyrien die Bogenschützen gar als wichtigste Truppe galten, darf wohl aus der Tatsache geschlossen werden, daß man den Gott Assur gern bogenschießend darstellte. Die Reliefbilder von Assurbanipals Elamfeldzug bringen die Leichtfüßigkeit und das flotte Marschtempo der Bognertruppe sehr glaubhaft zum Ausdruck“ (HSchmökel, Kulturgeschichte des Alten Orient, 1961, 114; Abb.: Meißner a.a.O. Tafel-Abb. 57 = MABeek, Bildatlas der assyrisch-babylonischen Kultur, 1961, Nr. 212). Die Pfeilspitzen aus Horn, Knochen, Feuerstein, Bronze oder Eisen sind geschärft (s. Ps 45 6 120 4 Prv 25 18, vgl. Jer 51 11; Abb.: BRL 418, BHHW 1437f.), die Bogen sind gespannt und daher jederzeit schußbereit. Nach Ausweis der bildlichen Darstellungen wurde in Mesopotamien der zusammengesetzte Bogen, und zwar in der angularen Form verwendet (HBonnet, Die Waffen der Völker des Alten Orients, 1926, 135–145, s. Abb. Nr. 64 und BRL 115 = BHHW 264; ANEP Nr. 185 u.ö.). In der Ruhelage ist nur ein Sehnenende festgemacht, vor dem Gebrauch muß der Bogen „getreten" (דרך) werden, indem man ihn mit Hilfe des Fußes durchbiegt und das andere Sehnenende an einer Schlaufe einhängt (Abb.: Bonnet a.a.O. Nr. 58; FRienecker, Lexikon zur Bibel, 1960, 239). Neben den Fußtruppen werden auch die Kriegswagen erwähnt (s.o.S. 101f. zu 2 7).

Die Hufe der Pferde sind nicht beschlagen, felsiges Gelände sagt ihnen darum nicht zu, vgl. Am 6 12. Aber die Assyrer scheinen Pferde zu besitzen, deren Hufe so hart wie Kiesel sind. Die Räder der Streitwagen fahren wie der Sturmwind einher (vgl. auch 17 13 29 6). Sie besitzen sechs oder acht Speichen und erreichen in spätassyrischer Zeit Mannshöhe. – Das Heraufziehen eines Sturmwindes läßt Unheil ahnen, sieht man ihn hereinbrechen, schreit man schon „Weh uns, Verheerung kommt über uns" (Jer 4 13).

29 hingegen schildert den Feind unter dem Bild des Löwen. Der 5 29
Vergleich eines wilden Kriegers mit einem Löwen liegt nahe. BMazar (VT 13, 1963, 132) vermutet, daß לבאים eine militärische Abteilung, deren Emblem die Löwengöttin war, bezeichnen kann. Diese Truppe sei möglicherweise identisch mit einer Art von Bogenschützen, welche auf Pfeilinschriften bezeugt sind, die bei *el-ḫadr* in der Nähe von Bethlehem gefunden wurden. Diese tragen den Wortlaut חץ עבד לבית („der Pfeil des Knechtes der Löwengöttin", vgl. auch den ugar. Personennamen *'bd-lb'it*, 130 III 38). – Wie seine Vorgänger vergleicht sich auch Asarhaddon mit einem wütenden Löwen (AOT² 356 = RBorger, Die Inschriften Asarhaddons: AfOBeih 9, 1956, 43, s. auch 96f.). שאג und שאגה werden mit Vorliebe vom Löwen verwendet, Ri 14 5 Hi 4 10 u.ö. Das Kriegsgeschrei beim Angriff spielt auch in Israel eine wichtige Rolle, vgl. Jos 6 16. 20 Jer 50 15. Es macht auch Eindruck: Der Feind wird von panischer Angst gepackt, wenn er es vernimmt, Jer 4 19.

Jedermann erschrickt, wenn er das Gebrüll eines Löwen hört, Am 3 8. Man weiß: jetzt stürzt er sich gleich auf seinen Raub und schleppt ihn weg, um ihn an einem sicheren Ort zu verschlingen. Höchst eindrucksvoll endet das Gedicht mit ואין מציל. Wer könnte es schon wagen, einem Löwen seine Beute wieder zu entreißen?

Für den Löwen verwendet Jesaja meist die Vokabeln לביא und כפיר. Nach LKöhler (KBL und ZDPV 62, 1939, 124) ist לביא (panthera leo persica) ein „asianisches" Wort (vgl. akkad. *lābu*, ugar. *lb'u* bzw. *lb'it*, altsüdarab. *lb'*, äg. *rw*, λέων, leo), wogegen אַרְיֵה (bzw. אֲרִי) von Haus aus den afrikanischen

Löwen meint. כפיר hingegen bezeichnet den jungen Löwen (s. Ri 14 5), der allerdings bereits selbständig seine Beute sucht. (Daneben kennt das Alte Testament noch ein viertes Wort für Löwe: לַיִשׁ, s. 30 6.) Diese Differenzierung der Bedeutung der Vokabeln wird von McCullough/Bodenheimer, Art. Lion: IDB III, 136f. bestritten, das normale Wort für Löwe sei ארי und die andern Bezeichnungen würden bloß als poetische Namen verwendet. Die Vielfalt der Bezeichnungen läßt erkennen, welche bedeutsame Rolle der Löwe mindestens in der Vorstellungskraft des alten Israeliten gespielt hat. Zur Zeit Jesajas gab es durchaus noch Löwen in Palästina, sie kommen aus dem Südland (30 6) oder steigen aus dem Dickicht (Jer 4 7) oder dem Hochwuchs des Jordan (Jer 49 19 50 44 Sach 11 3) herauf. Die letzten Löwen in Palästina wurden um 1300 bei Megiddo und Bethsan erlegt, und im Irak wurden sie erst anfangs unseres Jahrhunderts ausgerottet (IDB a.a.O.).

26–29 Das Gedicht endet kommentarlos. Abgesehen von 26a, wo Jahwe Subjekt zu sein scheint, fehlt jede theologische Deutung. In nüchternen, aber höchst prägnanten Worten wird einfach das Bild eines ungestümen Feindes hingeworfen, gegen den jeder Widerstand sinnlos wäre. Daß Jesaja Assur idealisiert (Duhm), wird man kaum sagen können, es geht ihm nur um die Konfrontation seiner Hörer mit der harten Wirklichkeit. Der Feind kommt vom „Ende der Erde"; das erhöht wohl seine Unheimlichkeit, ist aber ein Zug, den man nicht mythologisch ausdeuten darf (s. dagegen „Ende des Himmels" 13 5). Den Zuhörern wird die Vorstellung nicht unbekannt gewesen sein, daß Jahwe selbst im Sturm und Wetter einherfährt (Na 1 3, vgl. auch Am 1 14), ja, daß Jahwe brüllt wie ein Löwe, wenn er zum Gericht erscheint, Am 1 2. Aber von einer Theophanie Jahwes selbst ist nicht die Rede, es ist durchaus eine irdisch-menschliche Macht, durch welche Jahwe sein Gericht vollstreckt, und die angekündigten Ereignisse liegen im Bereich der geschichtlichen Möglichkeiten der damaligen Gegenwart. Das Geschichtsbild Jesajas ist von mythologischen Vorstellungen völlig frei.

30 Anders V. 30. Er ist bezeichnend dafür, wie im Jesajabuch die prophetische Botschaft durch knappe Zusätze neu, nämlich im Sinn eines umfassenden Weltgerichts, interpretiert wird. Der Glossator verrät sich durch das ביום ההוא, das natürlich nicht mit Procksch, weil „unschön gestellt und überflüssig", ausgeschieden werden darf (s.o.S. 111f. zu 2 17). Das „Brüllen des Löwen", das die Assyrer erheben, ist ihm nicht genug. Er will, daß das Verb נהם in 29 vom Heranbrausen überirdischer Mächte (vgl. עליו), die wie das Meer tosen (vgl. etwa 13 4), verstanden werde. Vom Tosen gewaltiger Wasser spricht auch Jesaja selbst, wenn er das Herannahen der Völkermassen schildern will, allerdings nicht unter Verwendung des Verbums נהם, sondern des verwandten המה (17 12). Es scheint, daß das Bild den Vorstellungen vom Kampf des Schöpfergottes gegen das Meer oder die gewaltigen Wasser, die das uranfängliche Chaos darstellen, entnommen ist (s. Ps 46 4. 7; mit der Wurzel המה (הום, המם) gehört ja vielleicht auch תהום zusammen). Aber dieses alte Mythologem

dient Jesaja selbst nur noch zur Veranschaulichung der Wucht des geschichtlichen Feindvolkes. Im Zusatz V. 30 will aber wirklich gesagt werden, daß der chaotische Zustand wieder hereinbricht. Dazu gehört auch die Finsternis, חשך, s. Gn 1 2. Das Wort führt oft keinen Artikel, auch wo man ihn erwarten müßte (Ges-K § 126n), was auf die Beheimatung des Begriffs im Mythos zurückweist. Das Vokabular von 30b ist an sich nicht unjesajanisch, s. 8 22. Aber der Glossator hat die Begriffe remythisiert, er denkt an ein Rückgängigmachen des Schöpfungswerkes: Das Licht wird von der Finsternis verschlungen. Leider ist der Schluß, בעריפיה, nicht sicher zu deuten, vielleicht auch völlig verdorben. Jedenfalls erfahren wir nicht, was der Anlaß der Weltkatastrophe ist.

Der Abschnitt, 9 7–20 und 5 25–29 umfassend, ist trotz seines verhältnismäßig großen Umfanges nicht aus ursprünglich selbständigen Einheiten zusammengesetzt, sondern mündete von Anfang an in das Drohwort 5 26–29 aus. Die Drohung ist mit einer umfassenden Geschichtsschau verbunden. Wenn wir die historischen Anspielungen richtig gedeutet haben, blickt Jesaja über Jahrhunderte bis in die erste Zeit des Staates Israel zurück. Die ganze Epoche ist dadurch charakterisiert, daß Jahwe in immer neuen Schlägen in Israels Geschichte eingegriffen hat. Gedacht ist an die harten Kämpfe um Existenz und Lebensraum, die Israel mit seinen Nachbarn auszufechten hatte. Es ist für Jesaja selbstverständlich, daß Israels Feinde dabei Jahwes Werkzeuge gewesen sind. Diese Sicht bedeutet aber keineswegs eine Mythologisierung der Geschichte. Die Feinde Israels wissen vom letzten Sinn ihres Tuns nichts. Nicht nur die Nöte der Vergangenheit, sondern auch die Gefährdungen, welche der entscheidende Schlag der Zukunft bringen wird, sind Ereignisse, die sich im alltäglichen Rahmen der Zeitgeschichte abspielen. Das heißt aber nicht, daß die Geschichte für Israel verschlossen, ihr Sinn ihm unzugänglich ist. Gegen Jakob wurde das ankündende und deutende Wort gesandt, es ist auf Israel gefallen, und zwar so, daß jedermann von ihm Kenntnis haben konnte, 9 7. Israel stand nicht ohne Schlüssel einem rätselvollen Geschick gegenüber. Ziel

Der Sinn der von Jahwe nicht nur zugelassenen, sondern direkt provozierten Schicksalsschläge (9 10) ist nach diesem Abschnitt nicht das Gericht an sich, sondern die Absicht Jahwes, Israel zur Umkehr zu führen (12). Die Erkenntnis der Gegenwart Jahwes in der Geschichte ist dem Volk gegeben durch das prophetische Wort. Aber es besitzt die Möglichkeit, sich ihm zu entziehen. Jahwe drängt sich Israel nicht mit physischer Gewalt auf. In seltsamem und ständig wachsendem Trotz hat es sich gegen Jahwe der Heere verschlossen. Ist auch der Begriff nicht verwendet, so ist doch die Geschichte Israels vor seinem Gott als Geschichte seiner Verstockung gesehen, was durch den Kehrreim, der festhält, daß sich bei je einem neuen Gericht nichts an Israels Verhalten gegen Jahwe änderte, festgenagelt wird. Der Abschnitt erinnert an die ägyptischen Plagen, durch die der Pharao sich immer tiefer in die Verhärtung gegen Jahwes Willen treiben ließ.

Grund der „Verstockung" Israels ist seine Ursünde, der Hochmut (8f.). Er hindert das Volk daran, den Ernst seiner Situation zu erkennen. Von der Schuld kann niemand ausgenommen werden, alle reden Törichtes, alle sind in ihrem hochfahrenden Sinn Gott entfremdet. Es wird aber doch deutlich, daß der Prophet den geistigen Führern des Volkes, den Propheten und Weisen, aber gewiß auch der politischen Leitung Israels die erste Verantwortung zuschreibt. Sie haben das Volk irregeführt, wenn auch die so Verführten an ihrer Desorientierung mitschuldig sind. Welches die konkreten Gründe waren, um deretwillen Jahwes Zorn so entbrennen mußte, wird nicht ausgeführt. Der Redaktor, der den Abschnitt wohl bewußt so seltsam mit den Weherufen verflochten hat, hat allerdings die Frage auf seine Weise beantwortet. Der Abschnitt selbst redet ganz allgemein von der „Bosheit" (17): es ist der Bruch mitmenschlicher Solidarität und Gemeinschaft: „Jeder frißt das Fleisch seines Nächsten". Jesaja denkt zuerst an das Verhalten im politischen Bereich, an jene unsäglichen inneren Wirren, die Israel an einem wirklich positiven Auf- und Ausbau der Volksgemeinschaft gehindert haben.

Bezeichnend ist für Jesaja wie für den alttestamentlichen Prophetismus überhaupt aber auch der Ernst, mit dem von Jahwes Zorn gesprochen wird. „Hier hat kein leichtfertiges Vertrösten auf den gnädigen Gott Platz, in ganzer Härte tritt die schreckliche Konsequenz, mit der sich geschichtliche Schuld auswirkt, hervor und macht jede Selbstberuhigung ... zunichte" (Eichrodt 118). Der Gedanke, daß Israel als Kleinstaat, ohne hinreichende Möglichkeiten der Selbstverteidigung, Opfer des Expansionsdranges seiner Nachbarn und der Weltmachtpolitik der Großmächte sein könnte, tritt nicht in Erscheinung. Die Abrechnung mit Assur, die sich in 10 5ff. an den Kehrreim vom Zorn über Israel anschließt, zeigt allerdings, daß Jesaja die Frage gesehen hat. Man wird vorsichtig sein müssen mit der Behauptung, daß es sich dort um eine ganz andere Beurteilung Assurs als in 5 26ff. handle, die sich Jesaja erst auf Grund bitterer Erfahrung ergeben habe. Man darf aus 9 20 gewiß auch nicht den Schluß ziehen, daß Jesaja Juda als unschuldiges Opfer seines stärkeren Brudervolkes betrachtet. Er redet in 9 7ff. weder zu Israels Nachbarn noch zu Assur, sondern zu Israel selbst. Diesem soll kein Weg offenbleiben, sich dem zudringenden Gerichtswort zu entziehen.

Der zu erwartende Ausbruch des Zornes Jahwes wird Israel treffen, wie es noch bei keinem der von Jesaja aufgezeigten Schläge der Vergangenheit geschah. Auf Israel wartet eine Stunde von bisher nicht erlebter Finsternis. Nur insofern darf der Begriff „eschatologisch" zur Kennzeichnung des letzten, noch ausstehenden Schlages verwendet werden. –

Ist es auch diesmal ein Gericht, das der Läuterung dienen will, oder ist dieser יום פקדה (vgl. 10 3) ein Tag der Vernichtung? Wird Jahwes Zorn erst „umkehren", wenn es kein Israel mehr gibt, wenn das Ende der Geschichte Gottes mit Israel überhaupt gekommen ist? Darüber spricht der Abschnitt nicht, man darf sich die Antwort auch nicht von ואין מציל, mit dem der ganze Abschnitt todernst schließt, geben lassen. Was der Ansturm der Assyrer für Israels Existenz letzlich bedeutet, davon schweigt der Prophet. Er tut es mit Absicht, denn er ist kein Wahrsager, der weiß, wie alles kommen wird. Aber seine Aufgabe ist es, die ganze Bedrohlichkeit des καιρός aufzuzeigen. Was geschehen wird, wenn die Assyrer kommen, liegt in Gottes עֵצָה. Diese ist aber nicht ein horribile fatum, sondern wird sich enthüllen in Korrespondenz zur Antwort, die Israel auf das Zorngericht Jahwes geben wird.

Der Glossator von 5 30 allerdings scheint sagen zu wollen, daß Israel im Chaos der Gottesfinsternis untergehen muß, weil das eschatologische Ende gekommen ist, und der Kosmos wieder im Chaos versinkt.

THEOPHANIE UND SENDUNGSAUFTRAG

(6 1-13)

Literatur KMarti, Der jesajanische Kern in Jes 6 1-96: ZAWBeih 34 (1920) 113–121. – MMKaplan, Isaiah 6 1-11: JBL 45 (1926) 251–259. – AVaccari, Visio Isaiae (6): VD 10 (1930) 100–106. – KFruhstorfer, Isaias' Berufungsvision: ThPQ 91 (1938) 414–424. – VHerntrich, Die Berufung des Jesajas: MPTh 35 (1939) 158–178. – IEngnell, The Call of Isaiah: UUÅ 1949,4 (1949). – VLaridon, Isaiae ad munus propheticum vocatio: Collationes Brugenses 45 (1949) 3–8.29–33. – PBéguerie, La vocation d'Isaïe: Lectio divina 14 (1954) 11–51. – LJLiebreich, The Position of Chapter Six in the Book of Isaiah: HUCA 25 (1954) 37–40. – JPLove, The Call of Isaiah: Interp 11 (1957) 282–296. – EJenni, Jesajas Berufung in der neueren Forschung: ThZ 15 (1959) 321–339. – CFWhitley, The Call and Mission of Isaiah: JNESt 18 (1959) 38–48, – HWildberger, Jesaja 6 1-8, in GEichholz, Herr, tue meine Lippen auf, V ([2]1961) 346–355. – FMontagnini, La vocazione di Isaia: Bibbia e Oriente 6 (1964) 163–172.

Zum Text: PRuben, A Proposed New Method of Textual Criticism in the Old Testament (Jes 6 11-13): AJSL 51 (1934) 30–45. – WHBrownlee, The Text of Isaiah VI 13 in the Light of DSIa: VT 1 (1951) 296–298. – FHvidberg, The Masseba and the Holy Seed: NTT 56 (1955) 97–99. – SIwry, *Maṣṣēbāh* and *Bāmāh* in 1Q Isaiah[A] 6 13: JBL 76 (1957) 225–232. – NWalker, The Origin of the „Trice-Holy": NTSt 5 (1958/59) 132–133. – BMLeiser, The Trisagion of Isaiah's Vision: NTSt 6 (1959/60) 261–263. – NWalker, Disagion versus Trisagion. A Copyist Defended: NTSt 7 (1960/61) 170–171. – JSawyer, The Qumran Reading of Isaiah 6 13: ASThI 3 (1964) 111–113.

Zu den prophetischen Berufungsberichten: AERüthy, Das prophetische Berufungserlebnis: IKZ 31 (1941) 97–114. – SMowinckel, Die Erkenntnis Gottes bei den alttestamentlichen Propheten: NTTBeih (1941). – IPSeierstad, Die Offenbarungserlebnisse der Propheten Amos, Jesaja und Jeremia: SNVAO 1946, 2 (1946). – FHorst, Die Visionsschilderungen der alttestamentlichen Propheten: EvTh 20 (1960) 193–205. – TTCrabtree, The Prophetic Call – A Dialogue with God: Southw. JTh 4 (1961) 33–35. – NHabel, The Form and Significance of the Call Narratives: ZAW 77 (1965) 297–323.

Zu einzelnen Motiven: WSchmidt, Jerusalemer El-Traditionen bei Jesaja: ZRGG 16 (1964) 302-313. – HSchmidt, Kerubenthron und Lade: Festschr. HGunkel I (1923) 120–144. – RdeVaux, Les chérubins et l'arche d'alliance, les sphinx gardiens et les thrones divins dans l'ancien Orient: MUB 37 (1961) 93–124. – HPMüller, Die himmlische Ratsversammlung: ZNW 54 (1963) 254–267. – ECKingsbury, The Prophets and the Council of Yahweh: JBL 83 (1964) 279–286. – WCaspari, Um ein vorhellenistisches Verständnis des Trisagion: ThBl 4 (1925) 86–89. – MGarcia Cordero, El Santo de Israel: Festschr. ARobert (1957) 165–173. – WSchmidt, Wo hat die Aussage: Jahwe „der Heilige" ihren Ursprung? ZAW 74 (1962) 62–66. – OEißfeldt, Jahwe als König: ZAW 46 (1928) 81–105. – AAlt, Gedanken über das Königtum Jahwes: KlSchr I, 345–357. – VMaag, Malkût JHWH: VTSuppl 7 (1960) 129–153. – JGray, The Kingship of God in the Prophets and Psalms: VT 11 (1961) 1–29.

Zur Verstockung: FHesse, Das Verstockungsproblem im Alten Testament: ZAWBeih 74 (1955). – JADiaz, La ceguera del pueblo en Is 6 9–10 en relaciòn con la acciòn de Dios: EstEcl 34 (1960) 733–739. – JGnilka, Die Verstockung Israels. Isaias 6 9–10 in der Theologie der Synoptiker: StANT 3 (1961).

1Im Todesjahr des Königs Ussia sah[a] ich 'Jahwe'[b]: Er saß auf einem hohen und Text
erhabenen Thron, und [c]die Säume (seines Gewandes) erfüllten den Palast[c].
2Über[a] ihm standen Seraphen. Ein jeder hatte[b] sechs Flügel: mit zweien bedeckten sie[c] ihr Gesicht, mit zweien bedeckten sie ihre Füße, und mit zweien flogen
sie. 3Und einer rief[a] dem andern zu und sprach:
Heilig, heilig, heilig[b] ist Jahwe der Heere!
Seine Ehre kündet, was (immer) die Erde erfüllt[c].
4Ob der (lauten) Stimme derer, die riefen, erzitterten die Türzapfen[a] in den
Schwellen, und das Haus füllte[b] sich mit Rauch. 5Da sprach ich:
Weh mir, ich muß schweigen[a],
denn ich bin ein Mensch mit unreinen Lippen
und wohne inmitten eines Volkes, das unreine Lippen hat.
Denn den König, Jahwe der Heere, haben meine Augen gesehen!
6Da flog einer der Seraphen zu mir mit einer Glühkohle[a] in seiner Hand, die er
mit einer Greifzange vom Altar genommen hatte. 7Mit dieser berührte[a] er meinen Mund und sprach:
Siehe, dies hat deine Lippen berührt,
[b]so weicht deine Schuld und deine Sünde wird bedeckt[b].
8Da hörte ich die Stimme 'Jahwes'[a] sagen:
Wen soll ich senden, wer will gehen für uns[b]?
Ich antwortete: Hier bin ich! Sende mich!
9Da sprach er: Geh und sprich zu diesem Volk:
Hört immerzu[a], doch gewinnt keine Einsicht[b],
und sehet ohne Unterlaß[a], aber Verständnis erlangt nicht[b]!
10[a]Mach fett das Herz dieses Volkes
und verhärte seine Ohren und seine Augen klebe zu[a],
damit es mit seinen Augen nicht sieht und mit seinen Ohren nicht hört
und sein Herz[b] keine Einsicht gewinnt [c]und es umkehrt und heil wird[c].
11Da fragte ich: Wie lange, Herr? Er antwortete:
Bis daß die Städte wüst liegen,
ohne Bewohner
und die Häuser ohne Menschen sind
und der Acker (nur noch) als Wüste 'übrigbleibt'[a].

[12Und Jahwe wird die Menschen wegschaffen,
und groß wird die Verödung[a] mitten im Lande sein.]

[13Und ist noch ein Zehntel darin,
fällt es auch noch dem Abweiden[a] anheim
wie die Eiche und Terebinthe,
bei denen, [b]wenn man sie fällt, doch noch Triebe[c] sind[b].]
[d][Heiliger Same sind die Triebe[c] daran.][d]

1a V^{Qa} hat bloß אראה, vgl. aber zu ו nach einer Zeitbestimmung BrSynt 1
§ 123f. – b Für אדני liest eine große Zahl von MSS יהוה, was ursprünglich

sein dürfte. Die Tendenz, יהוה durch אדני zu ersetzen, läßt sich an manchen
Stellen im Jesajabuch beobachten. – c–c 𝔊 liest καὶ πλήρης ὁ οἶκος τῆς δόξης
αὐτοῦ. Zweifellos hat sie keinen andern hebräischen Text vor sich gehabt, ihre
„Übersetzung" ist dogmatische Korrektur des ihr unerträglichen Anthropo-
morphismus. Der griechische Übersetzer des Jesajabuches hat eine auffallende
Vorliebe für den Begriff δόξα (vgl. dazu LHBrockington, The Greek Translator
of Isaiah and his Interest in ΔΟΞΑ: VT 1, 1951, 23–32). Die שׁוּלִים sind die
Säume eines Mantels, das Wort ist verwandt mit arab. *sawila* „schlaff herab-
2 hängen" (s. JHehn, BZ 14, 1917, 15–24). – 2a 𝔊 liest für ממעל לו κύκλῳ αὐτοῦ.
Auch hier dürfte es sich um eine tendenziöse Änderung handeln, weil es dem
Übersetzer anstößig war, daß die Seraphen über ihrem göttlichen Herrn
stehen sollten. Aber nach dem יְעוֹפֵף am Satzende schweben sie tatsächlich
über ihm. – b In V^Qa^ fehlt das zweite שֵׁשׁ כנפים, doch wohl durch Haplogr.
Die Verdoppelung dient zum Ausdruck der Distribution, BrSynt § 87. – c Wir
verwenden sinngemäß den Plur., das Hebr. setzt hier und bei den folgenden
3 Verben den Sing., weil אחד Subjekt ist. – 3a V^Qa^ liest וקראים. Das ist nicht
ursprünglich, wie die sing. Verben in 2 zeigen (ואמר am Ende von 3aα fehlt
in V^Qa^). Der Plural קראים beweist aber, daß V^Qa^ mit einer Mehrzahl von
Seraphen rechnet. 𝔐 könnte zur Not von einer Zweizahl verstanden werden. Dann wäre zu übersetzen: „und der eine rief dem andern zu", s. dazu
Engnell a.a.O. 34f. und u.S. 246f.. – b V^Qa^ liest קדושׁ nur zweimal, aber kaum
mit Recht (gegen Walker a.a.O.). Das Dreimal-heilig entspricht dem liturgischen Stil, der Gott-König-Psalm 99 enthält dreimal die Formel „heilig ist er"
bzw. „heilig ist Jahwe, unser Gott", vgl. auch Jer 7 4 22 29 Ez 21 32. – c Für מלא
scheint 𝔊, die mit πλήρης übersetzt, מְלֵאָה gelesen zu haben (𝔙: plena, 𝔗: מליא,
𝔖: *d^e^maljâ*), wozu Ps 33 5 72 19 und 104 24 zu vergleichen sind. Aber Ps 24, dessen
Vorstellungen in Jes 6 deutlich anklingen, spricht in 1 von „der Erde und ihrer
Fülle" (הארץ ומלואה), vgl. auch Dt 33 16 Ps 50 12 und 89 12. Daß Jesaja den
Begriff מְלֹא kennt, zeigen 8 8 und 31 4. Folgt man 𝔊, ist כל־הארץ Subjekt des
Satzes; liegt nach 𝔐 ein Nominalsatz vor, dürfte מלא כל־הארץ Subjekt sein,
4 s. BrSynt § 14bγ. – 4a Die Bedeutung des Wortes אמה (sonst „Unterarm,
Elle") ist an dieser Stelle unsicher. Man vermutet „Türpfosten", „feste
Grundlage" o.ä. und übersetzt אמות הספים mit „Türpfosten in ihren Grund-
festen" (Eichrodt), „Schwellensimse" (Duhm), „foundations of the threshold"
(Engnell, Leslie) o.ä. Wahrscheinlich sind aber die in die Schwellen eingelasse-
nen Zapfen der Türflügel gemeint (JHalévy, REJ 14, 1887, 151f.). Die ספים
sind darnach hier nicht oder doch nicht ausschließlich die Oberschwellen
(𝔊: ὑπέρθυρον), sondern zum mindesten auch die Grundschwellen des Ein-
gangs. Abb.: BRL 525; BHHW 2031. – b Man beachte das impf. ימלא und
die Wortstellung, worin zum Ausdruck kommt, daß 4b den begleitenden Um-
5 stand zu 4a angibt. – 5a נדמיתי übersetzt man gewöhnlich mit „ich bin verloren" oder „ich bin vernichtet" o.ä. Das ergibt als Reaktion des Propheten,
der sich vor der Majestät Gottes seiner Sündhaftigkeit bewußt wird, einen guten
Sinn. 𝔊 liest κατανένυγμαι „ich bin betäubt", 𝔖 *tawîr 'nâ* „ich bin bestürzt",
'ΑΣΘ jedoch εσιωπησα, 𝔙 tacui. Mit dieser Auffassung steht die rabbinische
Exegese im Zusammenhang, nach welcher Jesaja in sündhafter Weise zu dem
in 2 Ch 26 16ff. berichteten Unrecht geschwiegen habe, vgl. 𝔗 (חבית) "I have
transgressed" (Stenning). So unwahrscheinlich diese Deutung ist, so setzt doch
auch sie voraus, daß man דמה ni. als „schweigen, verstummen" verstanden hat.
Da Jesaja von der Unreinheit seiner Lippen spricht, liegt diese Übersetzung
auch vom Kontext her nahe. Der Habakukkommentar von Qumran (1QpHab

V9f.) nimmt das Verbum חרשׁ hi., „schweigen“, in Hab 1 13 mit dem ni. von דמה
auf. Entscheidend ist aber, daß sich die Bedeutung „vergehen“ o.ä. für דמה II
(und דמם) sonst kaum belegen läßt (s. LKöhler, Kleine Lichter: Zwingli-
Bücherei 47, 1945, 32–34 und Jenni a.a.O. 322; die Übersetzung „schweigen“ ist
auch von Eichrodt, Fohrer und Kaiser aufgenommen worden). – **6a** רצפה ist 6
nicht der Glühstein, wie häufig übersetzt wird, sondern die „Glühkohle“
(𝔊: ἄνθραξ, s. Lv 16 12). – **7a** Wörtlich: „und er ließ meinen Mund berühren“. 7
– b–b Beachte die chiastische Wortstellung im Hebr. Das impf. bezeichnet den
Nebenumstand, s. Engnell a.a.O. 17, der übersetzt: „thy guilt certainly
departs, thy sin being expiated“. – **8a** Für אדני lesen wieder viele MSS das 8
ursprüngliche יהוה. – b Für לנו bietet 𝔊 πρὸς τὸν λαὸν τοῦτον, eine Lesart,
die aus 9 eingedrungen ist (לעם הזה), falls nicht לנו als לַגּוֹי verlesen wurde. –
9a Der nachgestellte inf. abs. drückt die Dauer einer Handlung, die Beharrlich- 9
keit, mit der etwas ausgeführt wird, aus (Joüon, Gr § 123*l*). – b Nach einem
ersten imp. hat im Hebr. ein zweiter oft konsekutiven Sinn (vgl. Joüon, Gr §
116*f* 3), das gilt hier auch beim negierten Jussiv.– **10a–a** 𝔊 liest 10a ἐπαχύνθη γὰρ ἡ 10
καρδία τοῦ λαοῦ τούτου, καὶ τοῖς ὠσὶν αὐτῶν βαρέως ἤκουσαν καὶ τοὺς ὀφθαλμοὺς
αὐτῶν ἐκάμμυσαν, d.h., statt daß Jesaja den Auftrag zur Verstockung
bekommt, wird davon gesprochen, daß d a s V o l k sich selbst verstockt hat.
Bewußt oder unbewußt ist auf diese Weise das theologische Problem, das sich
damit stellt, daß der Prophet selbst die Verstockung bewirken soll, aus der
Welt geschafft. – b V^{Qa} liest in Analogie zu den vorhergehenden Substantiven
בלבבו, auch die Versionen scheinen diese Lesart vorauszusetzen, danach übersetzt Eichrodt: „und in seinem Herzen“. Die Änderung liegt nahe, ist aber gerade darum verdächtig. – c–c Bei der Übersetzung von ושב ורפא לו (zur Vokalisation וָשָׁב s. Joüon, Gr § 104*d*) gehen die Meinungen der Ausleger auseinander.
Zunächst stellt sich die Frage, ob שוב nicht wie in 13 als sog. Modalverb aufzufassen und mit „wieder“ zu übersetzen sei. Dann wäre allerdings die Punktation וְשָׁב zu erwarten (s. Procksch). Aber daß Israel, wenn es umkehrt
(שוב), Heilung finden werde, gehört zu den geläufigen Anschauungen der
Kulttheologie (vgl. Hos 6 1). – Subjekt von ושב dürfte das Volk sein (𝔊: καὶ
ἐπιστρέψωσι). Wer ist aber Subjekt zum folgenden רפא: Gott, das Herz oder
ein unbestimmtes „man“? Wenn das Volk Subjekt von שב ist, dann dürfte
dieses auch Subjekt des gleich folgenden רפא sein. In diesem Fall ist לו reflexiv
zu verstehen (s. KBL), wörtlich: „und es für sich Heilung finde“. – **11a** Das 11
ni. תִּשָּׁאֶה neben dem ḳ שׁאו stört. Die Wurzel שׁאה I findet sich sonst im ni.
nicht (in 17 12 handelt es sich um das ni. der Wurzel שׁאה II). Die Übersetzung
„der Ackerboden wird zum Ödland verwüstet“ o.ä. ist zwar nicht unmöglich,
doch ist die Lesart von 𝔊 (καὶ ἡ γῆ καταλειφθήσεται ἔρημος), die תִּשָּׁאֵר voraussetzt, vorzuziehen (vgl. 24 12, zur Konstruktion s. Jer 42 2). – **12a** עזובה wört- 12
lich etwa „verlassenes, unbebautes Land“, vgl. 𝔖: *šebîqûtâ*. 𝔊 übersetzt 12:
καὶ μετὰ ταῦτα μακρυνεῖ ὁ θεὸς τοὺς ἀνθρώπους, καὶ οἱ καταλειφθέντες πληθυν-
θήσονται ἐπὶ τῆς γῆς. Ein von 𝔐 abweichender hebr. Wortlaut ist damit nicht
vorausgesetzt, indem μακρυνεῖ רחק und καταλειφθέντες עזובה wiedergeben soll.
Damit ist die harte Gerichtsdrohung in eine Heilsweissagung uminterpretiert
worden (s. Engnell a.a.O. 14). – **13a** בער im pi. bedeutet bei Jesaja nach Aus- 13
weis von 3 14 und 5 5 „abweiden“ (gegen KBL, Eichrodt, Fohrer, mit Hertzberg, Kaiser u.a., s. KBudde, ZAW 41, 1923, 167), wobei das Abweiden durch
eine Kleinviehherde der völligen Vernichtung der Vegetation gleichkommen
kann (Dalman, AuS I/1, 87; VI, 209.212, vgl. Zeph 2 6). – b–b Der Text ist unsicher, שלכת ist hapaxleg.; V^{Qa} liest משלכת für בשלכת (vgl. dazu Σ: αποβαλουσα,

𝔙: quae expandit ramos suos) und במה für בם. Diese Abweichungen sind zum Ausgangspunkt einer tiefgreifenden Neuinterpretation der schwierigen Stelle geworden: Iwry schlägt vor, כאלה וכאלון (ו)אשר(ה) (ה)משלכת (מ)מצבת במה zu lesen, und übersetzt: „Like a terebinth, or an oak, or an Asherah, when flung down from the sacred column of an high place" (a.a.O., vgl. auch WFAlbright, VTSuppl 4, 1957, 254f., Brownlee a.a.O. und Leslie). Aber das wäre doch ein höchst seltsamer Vergleich. Ebenso fragwürdig ist der Rekonstruktionsversuch von Sawyer, der 13bα mit אשר משלכת מצבת zu Ende gehen läßt, weil in V^Qa nach מצבת ein Zwischenraum folgt, במה (als בַּמֶּה vokalisiert) also zum Folgenden schlägt und so 13bβ übersetzt: „Wherein is the holy seed? Its stump!" (a.a.O. 112). So empfiehlt es sich, trotz der anzuerkennenden Schwierigkeiten bei 𝔐 zu bleiben (so auch Hertzberg, Steinmann, Fohrer, Eichrodt, Kaiser, der allerdings מֻשְׁלֶכֶת liest). – c מצבת kommt sonst nur noch in 2 S 18 18 vor, wo es, wie sonst מַצֵּבָה, „Malstein" bedeutet, während man für unsere Stelle die Bedeutung „Baumstumpf" anzunehmen pflegt. Der Zusatz am Schluß des Abschnittes, זרע קדוש מצבתה, zeigt jedenfalls, daß מצבת nicht als Mazzebe verstanden worden ist. Ob das Wort wirklich „Baumstumpf" heißt, ist allerdings höchst ungewiß. Die Vermutung von Tur-Sinai (a.a.O. 169), מצבת bedeute „new planting" (𝔖 liest in 13bβ *neṣbeteh*, נצב aram. und syr. „pflanzen"), nämlich „the new growth to come forth after the trees have been entirely denuded of foliage and fruit", ist sehr zu beachten. – d–d scheint 𝔊(AQBSyh) 𝔏 nicht gelesen zu haben, ein Teil der hexapl. und die luk. Rez. bieten aber mit Θ σπέρμα ἅγιον τὸ στήλωμα αὐτῆς (ähnlich 'A). Σ übersetzt 13bβ mit σπερμα αγιον η αντιστασις. Manche Exegeten wollen das Sätzchen als späte Glosse streichen. Wenn man das für nötig hält, sollte man sich aber nicht auf 𝔊 berufen: In ihr schließt das Kapitel mit ἀπὸ τῆς θήκης αὐτῆς, d.h. mit (מ)מצבתה und nicht mit מצבת בם am Ende von 13bα. Das Fehlen von 13bβ ist also lediglich in einer aberratio oculi begründet (KBudde, ZAW 41, 1923, 167).

Form

Kap. 6 ist eine kerygmatische Einheit: 1 setzt mit seiner präzisen Datierung neu ein, und mit V. 13, der am Schluß einen kurzen, aber hoch bedeutsamen Blick auf kommendes Heil wirft, kommt der Abschnitt zu seinem Ziel.

Das Kapitel ist der „Denkschrift" aus der Zeit des syrisch-ephraimitischen Krieges, die wohl bis 9 6 reicht, vorangestellt (s. KBudde, ZAW 41, 1923, 165 und vor allem ders., Jesajas Erleben, 1928, 1–5, vgl. OEißfeldt, Einleitung in das Alte Testament, [3]1964, 413; ESellin-GFohrer, Einleitung in das Alte Testament, [10]1965, 400ff.). Man bezeichnet es in der Regel als Jesajas Berufungsbericht, obwohl diese Auffassung nicht unbestritten ist, s.u.S. 239f.

Wir setzen ein mit der Frage nach dem traditionsgeschichtlichen Hintergrund der Erzählung. Jesaja lehnt sich bei der Darstellung seines Visionserlebnisses an ein vorgegebenes Schema prophetischer Sendungsberichte an, die zur umfassenderen Gruppe der Selbstberichte in der Ichform gehören. D.h., er berichtet von seiner Vision in Anlehnung an die Weise, wie man in Israel allgemein von solchen Erlebnissen gesprochen hat.

Die engste Parallele zu Jes 6 findet sich in der Erzählung Micha ben Jimlas in 1 Kö 22. Der Vergleich ergibt folgendes Bild:

1 Kö 22		Jes 6	
ראיתי את־יהוה	19	ויראה את־יהוה	1
ישב על־כסאו		ישב על־כסא רם ונשׂא	
וכל־צבא השמים		שׂרפים	2
עמד עליו מימינו ומשׂמאלו		עמדים ממעל לו...	
ויאמר יהוה	20	ואשמע את־קול יהוה אמר	8
מי יפתה את־אחאב...		את־מי אשלח ומי ילך־לנו	
...ויאמר אני אפתנו	21	ואמר הנני שלחני	

Der Berührungen sind noch mehr, als diese Gegenüberstellung auf den ersten Blick erkennen läßt: Micha sieht das Heer des Himmels, Jesaja hat Jahwe der Heere gesehen. Er nennt Jahwe „König", aber auch die Michaerzählung schildert Jahwe als König, obwohl der Begriff מלך nicht fällt. Dem זה אל־זה in Jes 6 3 entspricht זה בכה וזה...בכה in 1 Kö 22 20. Da wie dort vollzieht sich die Sendung nicht nur durch das Ergehen eines göttlichen Wortes an den Berufenen, d.h. durch einen nackten Befehl, sondern in der Form eines Gespräches: In 1 Kö 22 21 fragt Jahwe den „Geist", auf welche Weise er meine, seinen Auftrag erfüllen zu können. In Jes 6 11 möchte der Prophet wissen, wie lange er seinen übermenschlich schweren Dienst zu versehen habe. Soll der „Geist" den Ahab „betören", so Jesaja das Volk „verstocken".

WZimmerli hat in seiner Untersuchung der überlieferungsgeschichtlichen Herkunft von Ez 1-3 (BK XIII, 16–21) zwei Arten von Berufungserzählungen unterschieden: Ein erster Typus ist dadurch gekennzeichnet, daß in ihm alle Motive dem Ergehen des Jahwewortes untergeordnet werden. Zum Schema gehört hier Zögern und Widerspruch des vocandus, beides muß durch Zureden und Zeichengewährung überwunden werden. Dieser Gruppe ist die Berufung und Sendung des Mose nach J, E und P zuzurechnen, einzelne Elemente des Schemas sind bei Gideon und Saul festzustellen (vgl. Zimmerli a.a.O. 17), und seine klassische Ausgestaltung hat der Typus bei Jeremia gefunden. Es scheint, daß dieses erste Schema seine Ausprägung dort gefunden hat, wo man von der Berufung charismatischer Führergestalten zu berichten hatte (s. dazu HGrafReventlow, Liturgie und prophetisches Ich bei Jeremia, 1963, 24–77). Das legt schon die Beobachtung nahe, daß es im Alten Testament zunächst in der Mose-, Gideon- und Saultradition in Erscheinung tritt. In diese Richtung weisen auch einzelne Vorstellungen: Das ermutigende Wort an den Propheten, „fürchte dich nicht!", hat im Heilsorakel an den berufenen Führer im heiligen Krieg seine Parallele, vgl. Dt 20 3f. und s. dazu unten zu Jes 7 4. Das bestätigende Zeichen legitimiert den Führer vor dem Volk, an dessen Spitze er treten soll. Der Prophet stellt sich also durch die Verwendung dieses Erzählungsschemas auf die Linie der großen Rettergestalten der Frühzeit Israels.

Anders der zweite Typus. Mit ראיתי את־יהוה beginnt der Bericht von 1 Kö 22, mit ואראה derjenige von Jes 6: Die visio hat hier viel mehr Gewicht. Da wie dort wird dem Propheten das Schauen des göttlichen Königs inmitten seines Hofstaates, der den Ruhm seines Herrn zu künden hat, gewährt. Der Berufene ist bereit, seines Herrn Willen in dessen Herrschaftsbereich auf Erden auszurichten. Er gleicht damit den dienenden Geistern, die dazu da sind, Jahwes Befehle auszurichten, vgl. Ps 103 20f. Darum auch die Frage את־מי אשלח (מי ילך לנו) bzw. מי יפתה; der Bote wird vom Götterkönig in sein Planen hineingezogen. In Jes 6 gibt allerdings nicht eines der göttlichen Wesen um den Thron des Weltenherrschers die Antwort, sondern der Prophet selbst. Er ist aber gleich den himmlischen Wesen in den Kronrat Gottes hineingenommen. Daraus ergibt sich eine andere Konzeption der Prophetie als beim ersten Typus. Der Prophet fungiert als *göttlicher Bote*. Als solcher war er mit dabei in der himmlischen *Ratsversammlung*, „denn der Herr Jahwe unternimmt nichts, er habe denn seinen Ratschluß (סוד) seinen Knechten, den Propheten, enthüllt“, Am 3 7. Auch nach Jeremia, dem diese Vorstellung trotz seines traditionsgeschichtlich anders verwurzelten Berufungsberichtes keineswegs fremd war, ist der Prophet als solcher dadurch legitimiert, daß er in Jahwes Ratsversammlung (wiederum סוד) gestanden (עמד), in das dortige Geschehen Einblick gewonnen (ראה) und das Wort gehört hat, 23 18. 22. Der Erzählungstypus findet sich, stark modifiziert, auch bei Ezechiel. Auch über diesem Propheten öffnet sich der Himmel. Die vier Lebewesen, die nach seiner Schilderung den Gottesthron umgeben, sind aber im Grunde nur noch Staffage (s. dazu Zimmerli a.a.O. 36). Die strenge Form des Einblicks in die himmlische Ratsversammlung löst sich auf. Einen wirklichen סוד schildert Ezechiel schon darum nicht, weil bei ihm das Übergewicht der göttlichen Majestät eine einseitige göttliche Kundgebung fordert. Aber bei Jesaja ist die Form noch intakt. Man kann sie nach dem Gesagten als Thronratsvision bezeichnen.

Fey weist auf Berührungen von Jes 6 mit Am 9 1–4 hin und nimmt an, Jesaja habe jene „Grenzaussage unter den Amossprüchen“ bei der Niederschrift seines Berufungsberichtes vor Augen gehabt (a.a.O. 114), ja, er fragt sich, ob Jesaja jene Amosstelle ihrer ersten Worte wegen nicht als einen Berufungsbericht aufgefaßt habe (a.a.O. 109f.). Aber die Vorstellung eines himmlischen Thronrates findet sich dort nicht, und nichts legt den Gedanken an eine prophetische Erstberufung wirklich nahe. Mit mehr Recht hat Zimmerli auf den Bericht über die Berufung des Paulus (Ag 9 3ff. 22 6ff. 26 12ff.) hingewiesen (a.a.O. 20f.). Auch dort liegt tatsächlich die Verbindung einer Herrlichkeitserscheinung, wenn auch nicht Gottes, so doch Christi, mit der Sendung zur Vollstreckung des göttlichen Auftrages vor. Auch an die Vision des

Sehers in Apk 4 und 5 ist zu erinnern, die von ezechielischen und jesajanischen Reminiszenzen gesättigt ist. Die vier Wesen, die den Thron des göttlichen Königs umgeben, haben dort allein noch die Aufgabe der Anbetung, sie sind das Urbild der gottesdienstlichen Anbetung in der Gemeinde, die durch die 24 Ältesten repräsentiert ist. An die Stelle des Propheten ist der Seher getreten, der die Herrlichkeit des „Lammes" zu preisen, aber auch den göttlichen Ratschluß über die Erde zu verkünden hat (vgl. Müller a.a.O. und seine Diss., Formgeschichtliche Untersuchungen zu Apc. 4f., Heidelberg, 1963). Schließlich zieht Horst (a.a.O. 198) auch noch Sach 1 7-15 6 1-8 und vor allem 3 1-7 bei. „In allen diesen Fällen, in denen der Prophet im visionären Erleben bei Beratungen oder Entscheidungen am Thronsitz Gottes ... zugegen sein und dadurch 'Wissen des Höchsten wissen' darf, soll er zu einer ungewöhnlichen, sei es zu einer in ihrer Härte befremdenden, sei es zu einer in ihren Erwartungen hochgreifenden Verkündigung beansprucht und ermächtigt werden" (a.a.O. 198).

Das Alte Testament kennt das Motiv der Götterversammlung bzw. des Kronrates auch anderwärts. Dieses setzt im Grunde den Polytheismus mit einem Götterkönig als Spitze des Pantheons voraus. Der Zusammenhang mit Vorstellungen aus der näheren und ferneren Umwelt Israels läßt sich tatsächlich unschwer erkennen.

So liegt das Motiv in Ps 89 6-8 vor, in 8a wird diese Versammlung סוד־קדשים, in 6b als קהל קדשים bezeichnet. Damit sind die בני אלים von 7 und ebenso die סביביו in 8b und die צבאות von 9a identisch. In 6a steht dafür einfach שמים. Wenn in 8 für Gott der Name אל verwendet wird, verrät sich darin der Ursprung des Vorstellungskreises in der kanaanäischen Mythologie. Es kann nicht Zufall sein, daß das Motiv gerade in einem Königspsalm erscheint, ist doch der himmlische Kronrat das Urbild, das der irdische abzubilden hat. Ps 25 14 (סוד יהוה ליראיו) dürfte ein letzter Nachklang des alten Mythologems sein, das so weitgehend „demokratisiert" worden ist, daß nun die Gottesfürchtigen überhaupt an Jahwes סוד, mit dem immer das Moment des Geheimnisvollen verbunden ist, teilhaben können, s. auch Hi 15 8: סוד אלוה (in Hi 29 4 dürfte סוד Textverderbnis sein). Die Vorstellung ist aber nicht an den Terminus סוד gebunden. Von Jahwes Hofstaat redet neben 1 Kö 22 19 auch Hi 1 6 (בני האלהים, s. auch 2 1). In Hi 5 1 wird קדושים verwendet, ebenso in 15 15 (dort wieder par. zu שמים). בני אלים bzw. בני האלהים findet sich auch in Gn 6 2.4 Dt 32 8 (emend. Text nach 𝔊𝔏Σ und V^Q, s. OEißfeldt, BAL 104,5, 1958, 9. 15–25) 32 43a (𝔊) Ps 29 1 Hi 38 7, s. WHerrmann, Die Göttersöhne: ZRGG 12 (1960) 242–251. Ps 82 1 spricht von der עדת־אל, zu der sich die אלהים bzw. die בני עליון (6) versammeln. Des weitern sind Stellen wie Ps 97 7.9 103 19.21 und Sir 24 2 (ἐκκλησία ὑψίστου) zu beachten. Es ist oft ausgesprochen worden, daß auch Gn 1 26 nur von der Vorstellung eines göttlichen Hofstaates her zu verstehen ist (s. WHSchmidt, Die Schöpfungsgeschichte der Priesterschrift: WMANT 17, 1964, 129f.).

Die angeführten alttestamentlichen Stellen verraten deutlich ihren Zusammenhang mit Vorstellungen der Umwelt Israels. Für ihr Vorkommen in der kanaanäischen Welt haben die ugaritischen Texte den Beweis geliefert: „Versammlung der Söhne Els" (*pḫr bn 'ilm*) II AB III 14, „versammelte Schar" (*pḫr m'd*) III AB, B 14.20.31, „Versammlung Els" (*pḫr 'ilm*) 17 7 und 21 2 und „Versammlungsort der Söhne Els" (*mpḫrt bn 'il*) 2 17.34 53 3 u.ä. Am nächsten steht Jes 6 eine Szene aus der Keret-Legende (II K V 10–30), auf die Müller a.a.O. 260ff. aufmerksam gemacht hat. Ferner ist מפחרת אל גבל קדשם in der Inschrift des Jeḥimilk von Byblos aus dem 10.Jh. zu vergleichen (Donner-Röllig, KAI Nr. 4,4–5) und דר בן אלם auf der Stele Azitawaddas (KAI Nr. 26 A III, 19). Material aus dem babylonischen Bereich hat Müller (a.a.O. 262ff.) zusammengestellt. Dabei ist besonders beachtenswert, daß in einer Beschwörung der Maqlû-Serie ein Mensch als Bote der Gottheit fungiert (s. GMeier, Die assyrische Beschwörungssammlung Maqlû: AfOBeih 2, 1937, 9).

Da Jerusalem der Ort der Integration mancher kanaanäischer Mythologeme ist und Jesaja in den jerusalemischen Traditionen so gut beheimatet ist wie kein anderer Prophet, ist es nicht erstaunlich, daß gerade von ihm auch diese Vorstellung seiner Verkündigung dienstbar gemacht wurde. Andererseits zeigt die Verwendung desselben Schemas in der Erzählung Micha ben Jimlas, die doch im Nordreich ihre Gestalt gewonnen haben muß, daß es sich um ein weitverbreitetes „pattern“ handelt.

Der so herausgestellte traditionsgeschichtliche Zusammenhang weist die Richtung für das grundsätzliche Verständnis von Jes 6. HSchmidt konnte in seinem Kommentar noch schreiben: „Es ist ein literaturgeschichtliches Ereignis, daß in dieser Erzählung aus dem eigenen Leben des Propheten, wie in ähnlichen Abschnitten des Amos und Hosea, die Selbstbiographie in den Kreis der im alten Israel und Juda üblichen Literaturgattungen eintritt“ (26). Aber Jesajas Bericht über sein Erlebnis hat nicht die Absicht, „innere, seelische Erlebnisse“ der Nachwelt aufzubewahren (a.a.O.), sondern legt Rechenschaft davon ab, daß Jesaja Recht und Pflicht hat, Jahwes Sprecher zu sein. Darum die genaue, „amtliche“ Datierung am Kopf des Kapitels: Der Prophet weist sich präzis darüber aus, wann seine Sendung Ereignis geworden ist. Darum auch die Ausführlichkeit, mit der Jesaja von der Verstockung spricht; angesichts der Erfolglosigkeit, ja der Sinnlosigkeit seiner Verkündigung war es wichtig, gerade dieses Moment seines Auftrages zu unterstreichen. Die biographische und psychologische Auswertung, um die man sich so stark bemüht hat, wird sehr vorsichtig zu Werk gehen müssen, weil die Erzählung nicht darauf angelegt ist, die Fragen zu beantworten, die man dabei an sie richtet. Jenni spricht in Anschluß an HWWolff von ἀπομνημόνευμα, memorabile (a.a.O. 328). Genauer wäre zu sagen: Jes 6 ist Jesajas prophetischer Legitimationsausweis.

Metrum: Das Trishagion in 3 besteht aus einem Fünfer und einem Dreier. Im Wehe Jesajas über sich selbst von 5 mag man den Anfang, אוי־לי כי־נדמיתי, vorwegnehmen. Dann bleiben drei Fünfer (das erste אנכי dürfte doppelbetont sein, der Artikel vor מלך ist als Prosaisierung zu streichen). Das Wort des Seraphen in 7 wird als zwei Doppelzweier zu lesen sein. Die Botschaft, die Jesaja nach 9 an das Volk zu richten hat, ist ein Doppeldreier, während der Befehl an Jesaja selbst in 10 als zwei Doppelvierer zu akzentuieren ist. Die Antwort Jahwes auf die Frage des Propheten in 11 dürfte wieder in zwei Doppeldreier gefaßt sein (das erste מאן ist wohl doppelbetont, womit ihm ein außerordentliches Gewicht zugemessen wird). Bei 12f. wird man gut tun, kein Versmaß finden zu wollen.

Das Problem der „Echtheit". Als Ichbericht erhebt der Abschnitt den Anspruch, auf Jesaja selbst zurückzugehen. Daran, daß das aufs Ganze gesehen mit Recht geschieht, sollte trotz der starken Verwurzelung in traditionellen Anschauungen nicht gezweifelt werden (anders Whitley a.a.O. 38–42). Kein Prophet hat je außerhalb der Überlieferungen seines Volkes Stellung bezogen. Wenn Jesaja den Beweis zu führen beabsichtigte, legitimer Jahweprophet zu sein, mußte er zeigen, daß an ihn das berufende Jahwewort so ergangen war, wie es andere, anerkannte Jahwepropheten auch erfahren hatten. Die Exegese im einzelnen wird zeigen, wie stark die Vorstellungen des Kapitels mit Jesajas sonstiger Verkündigung verflochten sind. Es ist kein Zufall, daß gerade der Jerusalemer Jesaja, dem wir auch die „messianischen" Weissagungen verdanken und der so leidenschaftlich den Hochmut des Menschen angreift, weil „Jahwe allein hoch sein wird an jenem Tage", Gott als König auf dem „hohen und erhabenen Thron" gesehen hat. Jes 6 trägt alle Zeichen der Echtheit auf der Stirn, es ist ein Bericht genuiner Erfahrung, der von Jesaja selbst verfaßt oder diktiert sein muß. Ort

Die biographische Einordnung von Jes 6. Da hinter Jer 1, wie wir oben feststellten, das Schema der Berufung charismatischer Führer steht, kann es nicht fraglich sein, daß wir dort die Inauguralvision des Propheten vor uns haben. In 1 Kö 22 aber handelt es sich nicht um die Erstberufung Michas, sondern um seine Sendung zur konkreten Aufgabe der „Betörung" Ahabs. Andererseits ist in Ez 1–3 ohne Zweifel die Berufungsvision des Propheten erzählt, aber dort sind die beiden Typen von Sendungserzählungen miteinander vermengt. Auch die Visionen des Amos in 7.8 und 9 sind trotz Versuchen in dieser Richtung (HGrafReventlow, Das Amt des Propheten bei Amos: FRLANT 80, 1962) nicht als Inauguralvisionen zu deuten. MMKaplan hat die alte These wieder aufgegriffen (vgl. schon CPCaspari, Commentar til de tolv føste Capitler of Propheten Jesaia, 1867, 240–245 und SMowinckel, Profeten Jesaja, 1925, 16.20ff., zit. nach Seierstad a.a.O. 43), daß Kap. 6 nicht als Bericht über die Erstberufung Jesajas gedeutet werden darf. Wäre das der Fall, müßte nach ihm an den Propheten eine direkte Anrede ergehen. Das geschehe aber nicht, Jesaja melde sich freiwillig, er müsse sich also schon als Berufener gewußt haben. Hauptgrund für die Ablehnung der üblichen Deutung ist für Kaplan aber der Verstockungsbefehl: „In my opinion, such unqualified and irredeemable destruction could not have constituted the burden of an inaugural message". Wie auch Am 9 1–4 mit seiner Ankündigung der Vernichtung Israels sei die Vision nur zu verstehen „as a result of the failure of the people to heed the repeated call to repentence“ (a.a.O. 253). Jes 6 setze also voraus, daß Jesaja schon lange als Prophet tätig gewesen sei. Im Laufe seiner Wirksamkeit habe ihn das Gefühl der Aussichtslosigkeit seiner Anstrengungen überfallen, so daß sich ihm die Verstockungstheorie als Lösung angeboten habe.

Zu dieser These sind gewichtige Fragezeichen zu setzen. Der Hinweis auf 1 Kö 22 und ähnliche Stellen ist darum nicht schlüssig, weil man Jesaja die Freiheit zugestehen muß, eine an sich bestehende Sprachform auf eine neue Situation zu übertragen. Was Kaplans Erwägungen zur Verstockungstheorie anbelangt, mag man fragen, ob wir imstande sind, abzumessen, wo die Grenze dessen lag, was einem Propheten Israels von seinem Gott zugemutet wurde. Die wohl größte Schwierigkeit der Deutung Kaplans ist die Datierung, die nun einmal über dem Kapitel steht. Daß zur Zeit, da Ussia starb, Jesaja bereits eine längere Zeit der Wirksamkeit hinter sich gehabt hatte, ist unwahrscheinlich, wenn auch zuzugeben ist, daß die Frage mit der Unsicherheit der absoluten Chronologie der Zeit Jesajas belastet bleibt. Wenn Jesaja von seinen unreinen Lippen spricht, dann ist das kein Argument für, sondern eher gegen Kaplans These: Jeder Prophet weiß sich als gefügiges Werkzeug seines Herrn, und es widerspräche völlig seinem prophetischen Bewußtsein, wollte er bekennen, daß er in Ausübung seines prophetischen Auftrages seine Lippen verunreinigt habe. Ein gewichtiges Argument gegen die übliche Deutung scheint zu bleiben: Nirgends im Alten Testament wird ein Prophet Jahwes „Gesandter“ (שָׁלוּחַ) genannt. Wo von der „Sendung“ eines Propheten geredet wird, handelt es sich in älteren Stücken regelmäßig um Beauftragung in einer konkreten Angelegenheit (2 Kö 2 2 Jer 26 12 u.ö.). Auch in Ri 6 14 Jer 1 7 Ez 2 3f. 3 6 bezieht sich das Verbum nicht auf die Berufung (vgl. auch Ri 6 8 13 8 1 S 15 1 2 S 12 1). Berufung und Sendung zu einem bestimmten Auftrag sind also grundsätzlich zu scheiden. Trotzdem ist es durchaus möglich, daß schon im Zusammenhang mit der Berufung von der Sendung gesprochen wird. Im Gegensatz zu den zitierten Stellen verwendet Jesaja den Begriff absolut. In nachjesajanischen Stellen ist mit „Sendung“ die grundsätzliche Berufung zum prophetischen Dienst gemeint (Jes 48 16 61 1, vgl. auch Jer 14 14 23 32 27 15 u.ö.). – Kaplan hat nicht viel Gefolgschaft gefunden. YKaufmann (Toledot ha-Emunah ha-Yisraelit III, 1947, 206f. 176 Anm.4) stimmt zu, ebenso JMilgrom, der 1 10–6 13 überhaupt der Zeit Ussias zuteilt (VT 14, 1964, 172f.), und Horst (a.a.O. 198) ist zum mindesten geneigt, ihm beizupflichten. Letztlich wird sich die Frage an der Auffassung des Verstockungsbefehls entscheiden, der ja Kaplan zu seiner Deutung veranlaßt hat (s.dazu u.S. 255f.).

Die Frage der Integrität. Das Kapitel zerfällt zunächst in die beiden Hauptteile: Theophanie (1–5) und Sendung (6–8). Von der Sen-

MARTIN KÄHLER

Aufsätze zur Bibelfrage

Herausgegeben von Ernst Kähler. (Theologische Bücherei, Band 37) 296 Seiten. Kartoniert DM 14.50

Mit diesen Vorträgen und Aufsätzen entfaltet M. Kähler (1835–1912) in grundsätzlichen und historischen Ausführungen eines der grossen Themen seiner wissenschaftlichen Lebensarbeit: das massgebende Ansehen der Heiligen Schrift in der Kirche systematisch zu verstehen und zu erklären, Umfang und Grenze dieses Ansehens abzustecken und auch in Form historischer Betrachtung einen „Beitrag zur Begründung des Ansehens der Heiligen Schrift" zu geben. „Die andauernde Beunruhigung, die die historisch-kritische Arbeit an der Bibel für die Kirche darstellt, hat ja deutlich erkennbar teilweise dazu geführt, wieder in einem salto mortale zur Inspirationslehre zurückzukehren. Die Ungangbarkeit dieses Weges darzulegen, ist nicht nur eine intellektuell-theologische Aufgabe gegenüber den Gemeinden, sondern auch eine seelsorgerliche. Als Seelsorger im grossen Stil spricht Kähler daher im Grunde in sämtlichen hierher gehörenden Arbeiten, besonders ausgeprägt in dem Traktat ‚Unser Streit um die Bibel'" (Aus dem Vorwort).
Die erneute Begegnung mit diesen Texten vermag zu zeigen, wie lange bereits die hier verhandelten Fragen anstehen. Dem Wiederangebot wesentlicher Schriften Kählers kommt daher nicht nur theologiegeschichtliche Bedeutung zu. Die Fragen, die Kähler stellte, sind auch heute von grosser Aktualität, seine Stellungnahmen von unvermindertem Interesse.

Inhalt: Unser Streit um die Bibel – Das Offenbarungsansehen der Bibel – Geschichte der Bibel in ihrer Wirkung auf die Kirche – Die werdende allgemeine Kirche und ihr werdender Kanon – Die allgemeine Kirche und die Bibel als Stück ihrer Überlieferung – Die Spaltung der Christenheit in Bekenntniskirchen und die Bibel als Grundlage ihres Fortbestandes – Die Geschichte der Bibel und die Geschichte des Kanons – Die Bibel eine Bibliothek oder ein Buch? – Bibel und Kirche – Bibel und Überlieferung – Bibel und Auslegung – Schädliche Wirkung der Bibel? – Das Alte Testament und die Kirche.

BIBLISCHER KOMMENTAR

ALTES TESTAMENT

HANS WILDBERGER

JESAJA

X 4

NEUKIRCHENER VERLAG
DES ERZIEHUNGSVEREINS · GMBH · NEUKIRCHEN-VLUYN

BIBLISCHER KOMMENTAR

ALTES TESTAMENT

IN VERBINDUNG MIT

ROBERT BACH, KARL ELLIGER

GILLIS GERLEMAN, SIEGFRIED HERRMANN, FRIEDRICH HORST†,

ALEXANDER REINARD HULST, KLAUS KOCH,

HANS-JOACHIM KRAUS, ERNST KUTSCH, AARRE LAUHA,

OTTO PLÖGER, ROLF RENDTORFF, RUDOLF SMEND,

ODIL HANNES STECK, THEODORUS CHRISTIAAN VRIEZEN,

CLAUS WESTERMANN, HANS WILDBERGER UND WALTHER ZIMMERLI

HERAUSGEGEBEN VON

MARTIN NOTH† UND HANS WALTER WOLFF

Bisher abgeschlossene Bände:

IX/1	M. Noth, Könige. 1. Teilband (I.1–16). 1968
XIV/1	H. W. Wolff, Dodekapropheton 1 (Hosea) 2., verbesserte und ergänzte Auflage 1965
XV	H.-J. Kraus, Psalmen 3., unveränderte Auflage 1966
XVI/1	F. Horst, Hiob. 1. Teilband (1–19). 1968
XVIII	G. Gerleman, Ruth/Hoheslied. 1965
XX	H.-J. Kraus, Klagelieder (Threni) 3., erweiterte Auflage 1968

Lieferungen zu den Bänden:

I	C. Westermann, Genesis. 1–3
XIII	W. Zimmerli, Ezechiel. 1–17
XIV/2	H. W. Wolff, Dodekapropheton 2 (Joel und Amos). 5–8

NEUKIRCHENER VERLAG DES ERZIEHUNGSVEREINS GMBH
NEUKIRCHEN – VLUYN

dung ist der Verstockungsbefehl in 10 unablösbar. Das ist seltsam, aber Micha ben Jimla erhält den ähnlichen Auftrag, den König Ahab zu betören. Der vorangehende V. 9 enthält formal gesehen allerdings bereits ein Wort an das Volk. In Wirklichkeit soll aber durch dieses Wort Jesaja selbst auf die Härte seiner Aufgabe vorbereitet werden. Auch die Rückfrage des Propheten mit der Antwort Jahwes in 11 gehört noch zum urspünglichen Bestand des Kapitels. Anders ist es mit 12. Den Vers als Fortsetzung der Jahwerede von 11 aufzufassen, verbietet der Stil: Von Jahwe wird in der 3. Person gesprochen, während 11 Wort Jahwes ist. Die Ankündigung, daß die Menschen weggeführt werden, stößt sich mit מאין יושב in 11. Der Vers wird eine Nachinterpretation eines Bearbeiters sein. Möglicherweise stammt 13a.bα von derselben Hand, wahrscheinlicher aber ist darin ein Zusatz aus noch späterer Zeit zu sehen. Schließlich dürfte 13bβ noch einmal jünger sein, so daß also der ursprüngliche Bericht dreimal aus einer je neuen Situation heraus glossiert worden ist. Manche Ausleger vertreten allerdings die Auffassung, daß 12 und 13a.bα von Jesaja selbst stammen, der Prophet habe den Visionsbericht in einer späteren Phase seiner Wirksamkeit ergänzt (Jenni a.a.O. 330), oder ein Redaktor habe ein echtes Jesajawort aus anderem Zusammenhang hinzugefügt (Fohrer, Kaiser). Die Unsicherheit in der Textüberlieferung bzw. Übersetzung von 13 erschwert einen Entscheid. Angesichts der häufigen Zusätze zu echten Jesajaworten wird man doch beim Urteil „nachjesajanisch" zu bleiben haben.

Die starke Glossierung des Abschnittes ist ein Zeichen dafür, wie sehr Jesajas Berufungserzählung die Leser beschäftigt hat. Sie zeigt aber auch, daß die Autorität Jesajas so groß war, daß man ihr gerne die eigenen Ansichten unterstellt hat. Auch sonst ist zu beachten, daß gerade Visionsberichte durch Anfügen neuer Drohworte ausgeweitet wurden (vgl. Am 7 9 im Verhältnis zu 7 1–8 und 8 3 als Glosse zu 8 1f.).

Das Datum der schriftlichen Fixierung. Das Erlebnis, von dem Kap. 6 berichtet, fällt nach 1 ins Todesjahr des Königs Ussia/Asarja, d.h. nach der oben S. 4 angenommenen Chronologie in das Jahr 739. Es ist aber nicht anzunehmen, daß Jesaja den Bericht unmittelbar danach niedergeschrieben hat. Das Thema der „Denkschrift Jesajas", zu der Kap. 6 den Auftakt bildet, ist in 7 und 8 die Verkündigung des Propheten aus der Zeit des syrisch-ephraimitischen Krieges. Diesem Rechenschaftsbericht ist die Berufungserzählung bewußt vorangestellt worden: Jesaja weist sich in ihr als Beauftragter Jahwes aus. Der Gedanke der Verstokkung erhält seine Konkretion in der Glaubensweigerung des Ahas (7 12); die Ankündigung der Verödung von 6 11bff. wird durch die Drohungen der Verheerung des Landes durch die Assyrer (7 17ff.) entfaltet. Es ist also sehr wohl möglich, daß 6 1–11 erst längere Zeit nach der Berufung, vermutlich erst nach den Ereignissen von 733/32 schriftlich niedergelegt worden ist. Vielleicht darf die Datierung in 6 1 als Hinweis darauf gewertet werden, daß die Niederschrift in einer gewissen zeitlichen Distanz vom Erlebnis selbst steht. Es läßt sich auch denken, daß ein früherer Entwurf des Berichtes erst zu diesem späteren Zeitpunkt seine endgültige Gestalt gewonnen hat. Jedenfalls ist festzuhalten: Ein protokollarischer Bericht des Gesprächs zwischen Gott und Jesaja ist Kap. 6 nicht. „Erzählte Visionen sind immer halb unecht, aber darum nicht unwahr oder gar Fiktionen" (Duhm). Die Exegese wird also zu bedenken haben, ob nicht die gegenwärtigen Formulierungen schon unter dem Eindruck von Erfahrungen einer längeren Wirksamkeit, in der der Prophet wenig Gehör gefunden hat, entstanden sind (s. Fohrer 21f.).

Wort 6 1 Zur Datierung nach dem Todesjahr eines Königs vgl. 14 28. „Die historisch-politische Exaktheit, mit der die Propheten gewisse Offenbarungsempfänge zeitgeschichtlich fixieren ..., ist ein religionsgeschichtliches Unikum" (vRad, TheolAT II^4, 387). Jesaja steht an einem bestimmten Punkt im Ablauf der Geschichte Israels, und seine Botschaft gilt unvertauschbar für ihre geschichtliche Stunde. – Das Todesjahr des Ussia ist nicht identisch mit dem ersten Jahr seines Nachfolgers Jotham, da dieser schon seit 750/49 Mitregent seines Vaters war (s.o.S. 4). Gerade um dieser Komplikation willen (die schon den Verfasser von 2 Kö 15 32 dazu verleitet hat, den Regierungsantritt Jothams in das zweite Jahr Pekahs zu setzen) mag es Jesaja vorgezogen haben, nach dem Tod des Ussia statt nach den Regierungsjahren des Jotham zu datieren. Der Tod des bedeutenden Ussia, der lange Zeit die Geschicke Judas geleitet hatte, dann aber vom Aussatz befallen wurde, war gewiß ein Ereignis, das der Erinnerung des Volkes nicht so bald entschwand. Ob die Berufung noch vor oder erst nach dem Tod des Königs stattfand, läßt sich nicht entscheiden. Offiziell wird das Jahr, in dem ein König stirbt, noch ganz seiner Regierungszeit zugerechnet. Der Grund, warum dieser König hier und anderwärts Ussia, sonst aber Asarja heißt, ist nicht klar ersichtlich. Zum Namen Ussia vgl. o.S. 1. 5. Möglicherweise ist Asarja der amtliche Thronname des Königs gewesen (s. HWildberger, Die Thronnamen des Messias, Jes. 9 5b: ThZ 16, 1960, 314–322). Man tut gut daran, keinen inneren Zusammenhang zwischen dem Tod des Königs und der Berufung sehen zu wollen, etwa durch die Annahme, daß das Erlebnis im Propheten durch den Eindruck, den ihm der Tod des Königs machte, ausgelöst worden sei (s. auch MBuber, Der Glaube der Propheten, 1950, 181f.). Weltpolitisch tritt das Jahr 739 kaum besonders in Erscheinung. Thiglath-Pileser III. (745–727) hatte damals zwar seine Anfangsschwierigkeiten hinter sich, war aber an den Grenzen Israels noch nicht in Erscheinung getreten. Die Prophetien aus Jesajas Frühzeit (Kap. 2.3.5) zeigen, daß ihn damals noch nicht die außenpolitische Bedrohung Israels oder Judas aufwühlte; es war der Hochmut und Unglaube, die allgemeine Verwahrlosung und der Mangel an Verantwortung bei den Führern, was ihn in der ersten Periode seiner Wirksamkeit aufs tiefste empörte. Man soll überhaupt nicht fragen, was Jesajas Erlebnis ausgelöst haben könnte. Für ihn beruht es allein auf dem nicht zu begründenden Eingreifen der göttlichen Hand in den bisherigen Ablauf seines Lebens (vgl. 8 11).

Mit ראה meint Jesaja ein visionäres Schauen. Der רֹאֶה ist der Seher bzw. das Gesicht (28 7, s. 30 10 ראים par. zu חזים). Das Verbum ראה kann durchaus „Gesichte sehen" bedeuten (1 Kö 22 19 Am 7 8 9 1 Jer 1 11. 13 Sach 1 8 u.ö., vgl. auch das hi. in Am 7 1. 4. 7 u.ö.). Die Gebundenheit der Erzählung an eine vorgegebene Form und die Aufnahme bestimmter Vorstellungen und Motive vor allem aus der jerusalemischen Kulttheologie darf nicht gegen den erlebnishaften Charakter des Berichts ausgespielt werden.

Die Forschung hat sich stark mit der Frage beschäftigt, welcher Art das visionäre Schauen des Propheten war, d.h., mit welcher Kategorie der Religionspsychologie es allenfalls zu erfassen ist. Als Ergebnis der Diskussion dürfte festzuhalten sein: Die Propheten sind nicht Ekstatiker im Sinn der Aufhebung der normalen Bewußtseinslage (s. GHölscher, Die Propheten, 1914 und JLindblom, Prophecy in Ancient Israel, [2]1963), aber auch nicht eigentliche Mystiker im Sinn einer unio mystica (vgl. HWHines, The Prophet as a Mystic: AJSL 40, 1923, 37ff.). Andererseits wird man ihnen nicht gerecht, wenn man versucht, ihr Erlebnis in Analogie zur dichterischen Schau zu begreifen (so JHänel, Das Erkennen Gottes bei den Schriftpropheten, 1923, 96f., der vom „innern Sehen" und „innern Hören" der Propheten spricht a.a.O. 86). Der Begriff der „Ekstase" ist inadäquat, weil die normale Bewußtseinslage des Propheten durchaus erhalten bleibt; ebenso der der „Mystik", weil das Gegenüber zwischen Mensch und Gott durch das prophetische Erlebnis in keiner Weise eingeebnet wird; und die Kategorie der dichterischen Inspiration ist unzulänglich, weil der Prophet die Vision nicht bloß als innere Wahrnehmung, sondern als visio externa, die auf ihn zukommt, erlebt. Sie ist für ihn deutlich abgehoben von dem, was in der eigenen Psyche vorgeht. „Nie wird der Inhaltswirklichkeit der Eingebung die Note des Transsubjektiven, des Von-Jahwes-Kommens, abgestreift; darum wird sie auch nicht mit der eigenen persönlichen Bezeugung und Entfaltung der göttlichen Gedanken und Absichten vermengt" (Seierstad a.a.O. 221). Könnte das „Sehen" an sich auch vom innern Sehen gemeint sein, zeigt 5 („... denn den König, Jahwe der Heere, haben meine Augen gesehen") eindeutig, daß Jesaja an eine „visio corporalis" denkt, wie immer diese von uns gedeutet werden mag. Bei all dem ist wohl zu beachten, daß die „Schau" Gottes auf keinen Fall Selbstzweck ist. Jede Veranschaulichung des Geschauten fehlt: Der Prophet schildert ja nicht Jahwe selbst, sondern er redet nur von den Säumen seines königlichen Mantels. Die Seraphen werden nicht beschrieben; wenn die drei Flügelpaare erwähnt werden, dann doch nur darum, weil das Bedecken von Gesicht und Füßen durch die Flügel den Eindruck der göttlichen Heiligkeit, die auf diese Weise sozusagen im Spiegelbild sichtbar wird, zum Ausdruck bringen will. Über den היכל erfahren wir so wenig, daß sich die Ausleger nicht einig sind, ob nun eigentlich das irdische Heiligtum oder der himmlische Königspalast der Ort der göttlichen Präsenz ist, in den Jesaja Einblick bekommen hat (s.u.S. 254f.). Vom כבוד ist zwar die Rede, aber gerade nicht, wie man bei einer Vision eigentlich erwarten müßte, davon, daß er von Gott selbst ausstrahlt und den Beschauer blendet. Was Jesaja schaut, ist nur Vorbereitung auf die Berufung, die sich im klaren, zum Dienst sendenden Wort vollzieht.

Wenn auch jeder Versuch, Jahwes Erscheinung zu beschreiben, fehlt, wird doch sein Thron erwähnt. Es handelt sich um einen Stufenthron (vgl. 1 Kö 10 18ff., s.dazu KGalling, JPOS 12, 1932, 44f., BRL 526f., BHHW 1976). Daß dieser hoch und erhaben ist, entspricht der jesajanischen Gottesvorstellung. (Aber auch Baal in Ugarit sitzt auf einem gewaltigen Thron, s. I AB I 31ff.) Wenn Jahwe auf einem solchen Thron sitzt, ist er als König vorgestellt, vgl. 40 22, in 5 wird er dann tatsächlich מלך, Jahwe der Heere, genannt. Es ist oft ausgesprochen worden, daß Jes 6 die älteste sicher datierbare Stelle sei, wo von Jahwe als König gesprochen wird (AvGall, ZAWBeih 27, 1914, 152 und Eißfeldt a.a.O. 104). Doch ist implizit, aber auch explizit die Vorstellung von Jahwes Königtum in Israel sehr viel älter. Schon die Vorstellung von der Lade schließt im Grund das Königtum Jahwes in sich (s. OEißfeldt, Silo und Jerusalem: VTSuppl 4, 1957, 138–147, s. 143f., JdeFraine, La royauté de Yahvé dans les textes concernant l'arche: VTSuppl 15, 1966, 134–149.). Zum Alter der Gott-König-Vorstellung vgl. HWildberger, Jahwes Eigentumsvolk: AThANT 37 (1960) 20ff. 80ff.

Grundsätzlich ist im Alten Testament, wenn von Jahwe als König gesprochen wird, zwischen zwei Vorstellungsreihen zu unterscheiden: Auf der einen Linie ist Jahwe ausschließlich als König Israels gesehen (Ex 19 6 Nu 23 21 Dt 33 5 Ps 114 2). Als solcher ist er Führer des Volkes, er zieht ihm im Kampf voran und beschließt zugleich seinen Zug (Jes 52 12). Auf der andern Linie aber ist Jahwe verstanden als König der Götter (Ps 95 3 96 4f. 97 9, s. auch Jer 10 10), Herr des Kosmos (Ps 47 8f. 93. 97, s. auch 29 10), Herrscher über die Völker (Ps 47 3f. 96 10 99 1f., s. auch Mal 1 14) und als der große Weltenrichter (Ps 96 13 97 8 98 9). Als solcher hat er seinen Thron im Himmel errichtet, von wo aus er über das All herrscht (Ps 103 19). Jesaja folgt eindeutig dieser zweiten Linie, was nicht überraschend ist, weil die Vorstellung vom Gottkönig, der auf dem Thron sitzt und von seinem himmlischen Rat umgeben ist, gerade in Jerusalem zu Hause gewesen sein muß. Schon der Tempelweihspruch 1 Kö 8 13 sagt, daß Salomo Jahwe eine Wohnung errichtet habe als Ort seines Thronens in Ewigkeit. Es sind wiederum vor allem die „Thronbesteigungspsalmen", die von Jahwes Thronen reden (47 9 89 15 93 2 97 2). Jesaja hat, wenn nicht diese Lieder, so doch ähnliche Hymnen, die Jahwe als König preisen, sehr wohl gekannt. Der מלך-Titel für die Gottheit ist gerade in Jerusalem sehr alt und geht in die vorisraelitische Zeit zurück, wie der Name Melchisedek bezeugt. In den ugaritischen Texten ist *mlk* vor allem Attribut Els (vgl. Schmidt a.a.O. 306f.), und es wird nicht Zufall sein, daß in Ps 29, der anerkanntermaßen stark kanaanäische Züge bewahrt hat (s.o.S. 107), von Jahwes Thronen in Ewigkeit gesprochen wird. Israel hat also wie die Vorstellung der Götterversammlung speziell auch die des Götterkönigs samt dem mit diesem Titel verbundenen Kreis von Vorstellungen von Kanaan her übernommen. Zeugnis dieses bedeutsamen Vorganges ist Ps 24, wo der מלך הכבוד ausdrücklich mit יהוה צבאות gleichgesetzt ist. Dem Zusammenhang mit den allgemein altorientalischen Anschauungen entspricht es, daß Jahwes Königtum in diesen Texten durchaus als ein statisches gesehen wird: Gott thront von Ewigkeit zu Ewigkeit, und die Seraphen künden, daß die Fülle der ganzen Erde Jahwes Herrlichkeit ist. Nichts deutet darauf hin, daß Jahwes Herrschaft als eschatologische Größe zu verstehen wäre.

Trotz des hohen Alters der Vorstellung ist das Alte Testament im Gebrauch des Königstitels für Jahwe aber auffallend sparsam. Die Zeitgenossen Jesajas, Amos und Hosea, verwenden ihn nicht, und auch bei Jeremia erscheint die Vorstellung, daß Jahwe König auf dem Zion ist, nur als Zitat im Mund des klagenden Volkes, 8 19. Micha ben Jimla spricht zwar vom Thron Jahwes, vermeidet aber doch den Königsnamen. Der Grund dieser auffallenden Zurückhaltung wird in der Abwehr des kanaanäischen Gedankengutes und der kultischen Gepflogenheiten zu suchen sein, die mit der מלך-Vorstellung, speziell im jerusalemischen Molochkult, verbunden waren. Jesaja aber hatte die innere Freiheit, die Vorstellung trotz solcher Belastungen aufzunehmen. Diese kühne Integration der kanaanäisch-altorientalischen Vorstellung vom Königtum Gottes hat sich für die zukünftige Ausgestaltung des Jahweglaubens in Israel als höchst bedeutsamer Schritt erwiesen (s. Maag a.a.O.).

Jahwe ist für Jesaja so erhaben, daß schon die Säume seines königlichen Mantels den ganzen היכל erfüllen. Daß Gott als König mit einem Mantel als Zeichen seiner Herrscherwürde bekleidet zu denken ist, versteht sich leicht (für den irdischen König vgl. Jon 3 6). Nach Ps 104 1 ist Jahwe bekleidet mit הוד und הדר, und er hüllt sich in Licht wie in einen Mantel. Nach Ps 93 1 sind גאות bzw. עז sein Kleid. Von einem Anthropomorphismus kann also kaum die Rede sein, wenn Jesaja Jahwes „Mantel" erwähnt. Der Prophet sieht Jahwe thronend im היכל. Daß er nicht von בית יהוה spricht, sondern das Fremdwort verwendet (akkad. *ekallu* „Palast", sum. *é-gal* „großes Haus"), mag mit der fremden Herkunft der Vorstellung vom Kronrat zusammenhängen. Im Hebräischen bezeichnet das Wort, anders als im Akkadischen, nicht nur den (königlichen) Palast, sondern den Tempel bzw. dessen Hauptraum, der in Ps 5 8 79 1 138 2 u.ö. genauer היכל קדשך genannt wird. Aber unter היכל kann auch die himmlische Wohnstätte der Gottheit zu verstehen sein. So ist es schon in Ugarit, in dessen Mythologie der Palastbau für Gottheiten eine wichtige Rolle spielt (s. JGray, The Legacy of Canaan: VTSuppl 5, ²1965, 48ff., WSchmidt, Königtum Gottes in Ugarit und Israel: ZAWBeih 80, 1961, 56ff.), dann aber auch im „kanaanäischen" Ps 29 (9), in Ps 11 4 Mi 1 2f. und wohl auch Ps 18 7 und Hab 2 20. Mit den פתחי עולם, durch die nach Ps 24 7.9 der König der Ehren seinen Einzug hält, sind vielleicht die „Tore des Himmels" gemeint (HJKraus, Psalmen: BK XV/1). Daß היכל sowohl das irdische Heiligtum Gottes wie seinen himmlischen Königspalast bedeuten kann, erklärt sich daraus, daß der Tempel Abbild des himmlischen Urbildes ist, Ex 25 9.40 und vgl. Gn 28 10–17. Es ist also keineswegs selbstverständlich, wie die Mehrzahl der Exegeten annimmt, daß Jesaja vom jerusalemischen Tempel spricht. Von den formgeschichtlichen Parallelen 1 Kö 22 19 und Ez 1 1 („da öffneten sich die Himmel, und ich sah göttliche Gesichte"), aber auch von Gn 28 und Ps 29 her legt sich vielmehr die Deutung auf die himmlische Wohnstätte nahe (so unter den Neueren Fischer, König, Fohrer und Wright, vgl. auch Engnell a.a.O. 27f.). Das scheint notwendigerweise in sich zu schließen, daß Jahwe im Himmel wohnt. Jesaja sagt allerdings, wahrscheinlich in Aufnahme einer liturgischen Formel, daß Jahwe „in Zion ein Feuer und zu Jerusalem einen Ofen" hat (31 9), d.h. doch, daß er dort eine Opfer- und Wohnstätte besitzt, und übernimmt sogar die gewiß alte Formulierung: יהוה צבאות השכן בהר ציון 8 18, vgl. 1 Kö 8 13. Doch ist beim Nebeneinander von himmlischer und irdischer Wohnstätte Gottes (s.GvRad, ThW V 503–509, für Ezechiel s.WZimmerli, BK XIII 46) damit die Deutung von היכל auf den himmlischen Königspalast Jahwes nicht einfach widerlegt; die Alternative irdisches oder himmlisches Heiligtum will trennen, wo der antike Mensch keine Scheidung vollzieht. Gott wohnt im Himmel, aber gegenwärtig ist er auch im Heiligtum (s.Habel a.a.O. 310 Anm. 29). Manches an der Schilderung Jesajas läßt aber tatsächlich daran denken, daß der Prophet sich bei seiner Vision am Eingang des Tempels zu Jerusalem befunden hat. Er redet vom Beben der Zapfen in den Türschwellen und von den glühenden Kohlen auf dem Räucheraltar. Aber in seinem Gesicht weitet sich ihm der Blick aus in die himmlische Welt hinein.

6 2 Im Allerheiligsten des Tempels zu Jerusalem, dem דביר, steht die Lade, und auf ihr befinden sich die beiden Cheruben. Ob nun die Lade selbst als Thronsitz Jahwes aufzufassen sei, oder Jahwe, der den Beinamen ישב הכרבים trägt (1 S 4 4 2 S 6 2 = 1 Ch 13 6 Ps 80 2 99 1 2 Kö 19 15 = Jes 37 16, vgl. 1 Ch 28 2 Ps 99 5 132 7 Thr 2 1), auf den Cheruben sitzt (s.de Vaux a.a.O.), jedenfalls thront er unsichtbar im Allerheiligsten. Soll man sich nun vorstellen, daß sich vor Jesaja in seiner Vision die Türflügel zum דביר öffnen (1 Kö 6 31f.) und er dort den sonst unsichtbaren Gott thronen sieht? In diesem Fall wäre zu erwarten, daß Jesaja von einem Cheruben zur Rechten Jahwes und einem zu seiner Linken, aber nicht von einer Mehrzahl von Seraphen spräche. Seit Origenes, der die Seraphen auf den Logos und den Heiligen Geist deutete, ist allerdings oft die These vertreten worden, daß Jesaja nur von zwei „Engeln" rede (s.auch 𝔙: et clamabant alter ad alterum). Ganz allgemein sind im Alten Orient dem König zwei Wesen als Schutzgottheiten zur Seite gestellt (s. dazu Engnell a.a.O. 34f.). Doch spricht Ezechiel in seiner Thronwagenvision von vier Lebewesen, die dem Aussehen nach einem Menschen gleichen. In 10 20 werden sie als Cheruben interpretiert. Das beweist aber nur, daß

Ezechiel und seine Schüler den traditionellen Motiven einer solchen Vision recht frei gegenüberstanden. Wir haben Jesajas Vision vom Kronrat des göttlichen Königs her verstanden, und zu einem solchen gehört eine Vielzahl von lobpreisenden und dienenden Wesen. Die Seraphen sind nicht Schutzgottheiten wie *Šēdu* und *Lamassu* zu Seiten eines Königsthrons im babylonischen Bereich, sondern üben die Funktion des „Heeres des Himmels" von 1 Kö 22 aus. Sie tragen nicht Jahwes Thron wie bei Ezechiel, sondern schweben über ihm. Man muß also zwischen Cheruben und Seraphen unterscheiden; wir sind nicht berechtigt, anzunehmen, daß die Seraphen nichts als „un adjectif appliqué par Isaïe aux chérubins" seien (Steinmann 38). Das geht schon äußerlich gesehen nicht, weil die Cheruben im דביר nur ein Flügelpaar besitzen.

Es ist allerdings schwierig, sich eine präzise Vorstellung vom Wesen und Aussehen der Seraphen zu machen. Man pflegt ihren Namen von der Verbalwurzel שׂרף „verbrennen" herzuleiten und sie danach als Feuerengel oder Reinigungsengel zu deuten, wobei man auf den Sühneakt von 6 hinweisen kann (Delitzsch). Man hat auch an akkad. *Šarrabu* oder *Šarrapu*, Beiname des Pestgottes Nergal, erinnert, wird aber diesen doch eher mit hebr. שָׁרָב „Sonnenhitze" Jes 35 7 49 10 zusammenzustellen haben (KAT³ 415). Ebenso ist bei einem Deutungsversuch von arab. *šarif* „Vornehmer", was Mitglied der himmlischen Versammlung bedeuten soll (Koppe, Gesenius), abzusehen. Eher mag man an ägypt. *śfr* „geflügeltes Fabelwesen", dargestellt in einem Grab zu Beni Hasan (AOB 392), denken (vgl. demot. *serref* „Greif").

Jesaja spricht auch sonst von Seraphen (14 29 שָׂרָף מְעוֹפֵף par. zu נחש und צפע), so daß man zwar kaum mit KBL geradezu mit „Schlange" übersetzen darf, aber doch im Seraphen einen schlangengestaltigen Dämon, der in der Wüste sein Wesen treibt, sehen muß. Dasselbe trifft für 30 6 zu, wo der fliegende Seraph neben Löwe, Leu und Otter genannt wird, und, wie auch nach 14 29, diese andern Tiere an Unheimlichkeit noch übertrifft. Dieselbe Vorstellung liegt auch in Nu 21 6 und Dt 8 15 vor, wo jedesmal der Seraph als נחש definiert wird, und in Nu 21 8 wird der Nehusthan als Seraph bezeichnet. Bis zur Zeit Hiskias befand sich dieses Emblem im jerusalemischen Tempel, 2 Kö 18 4. Jesaja muß es gekannt und wird gewußt haben, daß man die „eherne Schlange" auch שׂרף nannte. Das mag erklären, warum in seiner Sendungsvision die Seraphen Glieder des himmlischen Heeres geworden sind und eine völlig andere Funktion als sonst im Alten Testament ausüben. Welches auch die religionsgeschichtliche Herkunft des Nehusthan war, er mußte dem Jahweglauben integriert werden, nachdem er im Heiligtum zu Jerusalem Heimatrecht gefunden hatte. Das scheint so geschehen zu sein, daß man ihn als Repräsentanten des himmlischen Heeres des Jahwe Zebaoth aufgefaßt hat. Aus dem unheimlichen Wüstendämon ist ein himmlisches Wesen geworden, das Jahwes Lob verkündet und ihm zu Diensten steht.

Damit dürfte sich auch seine äußere Gestalt gewandelt haben. Nach Fohrer waren die Seraphen Mischwesen mit menschlichen Köpfen und Händen, aber einem Schlangenleib und Vogelflügeln; es seien in den Seraphen zwei uralte Vorstellungen verschmolzen: der Vogelmensch und der Schlangenmensch (ähnlich Procksch, Ziegler, Kaiser u.a.). Gewiß besaßen sie Flügel, aber nichts läßt darauf schließen, daß die Seraphen unseres Textes im übrigen tierische Gestalt trugen (Kissane; HHaag, Bibellexikon, [2]1968, 1580f.). Leider ist die archäologische Verifizierung schwierig, da mit einer Reihe ähnlicher Wesen zu rechnen ist. Am nächsten mag der Vorstellung Jesajas ein Genius vom Tell Halaf kommen (BRL 384, 3 = ANEP Nr. 655 = BHHW 1775, vgl. auch ANEP Nr. 654. 656). Er besitzt drei Flügelpaare, hat aber sonst einen Menschenleib. In beiden Händen hält er eine Schlange. Wie in ähnlichen Fällen scheint also die tierische durch die menschliche Gestalt abgelöst worden zu sein, wobei die theriomorphe Form als Symbol weiterlebt.

Von den drei Flügelpaaren benötigen die Seraphen nur eines zum Fliegen. Mit dem zweiten bedecken sie ihr Angesicht. Nicht einmal die himmlischen Wesen um Jahwes Thron dürfen sein Antlitz schauen, denn wer es sieht, muß sterben. Wenn das von himmlischen Mächten gilt, dann vom Menschen erst recht (vgl. Ex 33 20 Ri 13 22). Mit dem dritten Flügelpaar bedecken die Seraphen die Füße. Wie in Ex 4 25 Jes 7 20 ist רגלים als Umschreibung der Genitalgegend verwendet (s. גויה Ez 1 11). „In dem Verhüllen der Scham spricht sich die uralte Erfahrung des Zusammenhangs von Geschlecht und Schuldgefühl aus" (Kaiser). Daß die Seraphen drei Flügelpaare tragen, hat gewiß einmal eine ganz andere Bedeutung gehabt, jetzt aber wird das Motiv verwendet, um die Erhabenheit Gottes, seine Heiligkeit, durch welche er sich von allen Kreaturen scharf und grundsätzlich unterscheidet, zu bezeugen: Das Verhalten der Seraphen stimmt mit den Worten ihres Lobgesangs überein.

63 Das Trishagion war zweifellos Bestandteil der Liturgie des Jerusalemer Kultus. Die Anbetung der himmlischen Wesen ist Vorbild der Anbetung durch die irdische Gemeinde, vgl. Apk 4 8, und in der Darstellung der himmlischen Anbetung liegt die Aufforderung an Gottes Volk auf Erden, ein Gleiches zu tun. Wie in einer responsorischen Liturgie wird der Lobpreis von einem Seraphen (oder Seraphenchor) dem nächsten weitergegeben. – Jahwe Zebaoth ist Kultname des Gottes von Jerusalem (s.o.S. 28f. zu 1 9 und vgl. dazu WKeßler, WZHalle 7, 1957/58, 767). „Zebaoth" ist in diesem Ruf besonders sinnvoll, weil die Seraphen den צבא השמים vertreten (anders MLiverani, s. ZAW 80, 1968, 99).

Die himmlischen Wesen künden Jahwes Erhabenheit im Lob seiner Heiligkeit. Wie oben vermerkt wurde (S. 23ff. zu 1 4), hat auch das Prädikat der Heiligkeit Jahwes seinen Ursprung wohl in der El-Verehrung des kanaanäischen Bereiches. Von dort scheint es Eingang in die Kulttheologie Jerusalems, vor allem in die „Thronbesteigungspsalmen" gefunden zu haben (s. Ps 99 3. 5. 9 und vgl. HRinggren, The Prophetical Conception of Holiness: UUÅ 1948:12, 9ff.), während Altisrael zunächst von der Heiligkeit Israels als des Gottesvolkes gesprochen hat (Ex 19 6 u.ö.).

Das Attribut der Heiligkeit ist im Alten Testament Gott keineswegs so häufig zuerkannt, wie man es beim Gewicht dieser Vorstellung erwarten sollte. Abgesehen von wenigen Stellen (Hos 11 9 Hab 1 12 3 3) wird bei den vorexilischen Propheten Gott nie als der Heilige bezeichnet, und selbst in den Psalmen geschieht das nicht oft (22 4 99 3. 5. 9 1 S 2 2 und s. die oben S. 23 erwähnten Stellen mit קדוש ישׂראל, vgl. noch 1 S 6 20 Jos 24 19). Jesaja hat auch hier mit kühnem Griff eine Aussage gewagt, der gegenüber anderen Zurückhaltung geboten zu sein schien, und damit einen nicht mehr preiszugebenden Beitrag zum Gottesverständnis Israels geleistet. Religiöse Erfahrung ist allerdings immer und überall Begegnung mit dem Heiligen (s. ROtto, Das Heilige, 1917 [[35]1963]). Eben darum aber ist die Frage nicht abzuweisen, was Jahwes Heiligkeit für Jesaja genauer beinhaltet. Procksch meint: „Gottes Natur ist aller geschöpflichen Natur entgegengesetzt ... als dreimal Heiliger steht (er) in absoluter Spannung zu Welt und Weltlichkeit; angesichts des kreatürlichen Gegensatzes empfindet der Mensch Angst, Schauer, Entsetzen, Vernichtung." Vor der Übertragung dieses der Religionsgeschichte entnommenen Heiligkeitsbegriffes auf das jesajanische Gottesverständnis sollte schon Hos 11 9 („heilig, aber nicht ein Vertilger") bewahren. Jesaja denkt gerade nicht an den Gegensatz von Gott und Welt oder Schöpfer und Geschöpf. Israel ist Jahwes Volk, und seine Geschöpfe haben als solche ihre eigene Würde. Im Nachsatz des Dreimal-heilig wird gerade festgestellt, daß die „Fülle der Erde" Jahwes Ehre bezeugt. Die lobpreisenden Seraphen, die gewiß auch zu Jahwes Kreaturen gehören, sind keineswegs erschrocken und verängstigt, wohl aber tief ergriffen von der königlichen Hoheit ihres Herrn. Jesaja bebt nicht zurück, weil er sich als Geschöpf seines Abstandes zu Gott bewußt wird, sondern weil er sich ob seiner „unreinen Lippen" zum Schweigen gezwungen sieht. Jahwes Heiligkeit ist eine durchaus dynamische Größe, nicht eine statische „Eigenschaft". Sie realisiert sich im Zerbrechen der Widerstände, die der Mensch Gott entgegensetzt. Sie ist sein unbedingter Wille, seine Königsherrschaft inmitten seines Volkes, ja der Völkerwelt zur Anerkennung zu bringen. D.h., der in der Umwelt Israels wie in der Religionsgeschichte überhaupt so geläufige Begriff der Heiligkeit ist von Israels Gottesverständnis aus entscheidend modifiziert.

„Ist so Jahve Zebaot als קָדוֹשׁ seiner innersten Natur nach bezeichnet, so enthält seine 'Herrlichkeit' (כְּבוֹדוֹ) die Erscheinungsseite seines Wesens" (Procksch). Die Übersetzung von כבוד bereitet Schwierigkeiten. Gewiß meint das Wort „Herrlichkeit" im Sinn der objektiven Erscheinung, andererseits ist gerade an einer Stelle wie der vorliegenden nicht zu verkennen, daß das Wort zugleich „Ehre" meint, und zwar sowohl die Ehre, die Gott selbst für sich einlegt, als auch diejenige, die ihm von seinen Kreaturen entgegengebracht wird. Man wird nicht fehlgehen, wenn man unsere Stelle von Ps 19 1a her versteht, wonach die Himmel die Ehre Gottes erzählen bzw. seine Herrlichkeit bezeugen. Da nach 1b der Himmel als „Werk seiner Hände" Gottes Lob verkündet, kann natürlich ebenso die Erde und was sie erfüllt diese Zeugnisfunktion ausüben. Ps 29 1f. sekundiert: Jahwe gebührt „Ehre", weil er seine „Herrlichkeit" im Gewittersturm offenbart, vgl. Ps 97 2–6. כבוד gehört zum Wortfeld des irdischen und göttlichen Königtums (s. HWildberger, ThZ 21, 1965, 481f.). Darum wird Jahwe in Ps 24 8ff. geradezu als מלך הכבוד bezeichnet (vgl. אל הכבוד Ps 29 3). Es scheint nach diesen Stellen, die alle Jes 6 3 nahestehen, daß auch die Vorstellung vom כבוד Gottes sich im kanaanäischen Bereich gebildet hat. Es wird auch kaum Zufall sein, wenn Ps 19 1 von der Ehre Els spricht (vgl. Schmidt a.a.O. 308f., RRendtorff, Offenbarung als Geschichte: KuDBeih 1, [3]1965, 28ff.). In Ps 89 6a sind nun aber die „Himmel", die Jahwes Lob verkünden, in einem Atemzug mit dem קהל קדשים genannt, und nach Ps 29 9 ruft man im היכל, in dem Jahwe über der „Flut" thront, כבוד! Es gehört zur Funktion der Wesen um Jahwes Thron, seine „Ehre" auszukünden. Aber wir erkennen die Neufassung: Nach Jes 6 weisen die Vertreter der Versammlung der Heiligen darauf hin, daß die Fülle der Erde selbst Jahwes Herrlichkeit preist. Sein כבוד kann im ganzen Reichtum der irdischen Erscheinungen, die Jahwes Werk sind, angeschaut werden. Ähnlich sagt Ps 97 6: „Seine Gerechtigkeit verkünden die Himmel, und alle Völker schauen seine Herrlichkeit", vgl. auch Ps 8 2.10. Stellen wie Dt 33 16 Jes 34 1 42 10 Ps 50 12 96 11 u.ö. schließen es aber aus, daß mit der „Fülle der Erde" etwa nur oder doch im besondern die Menschen oder Völker gemeint sind, es ist der belebte und unbelebte Kosmos, der auf seine eigene Weise „ohne Sprache, ohne Worte, mit unhörbarer Stimme" (Ps 19 4) von Jahwes Herrlichkeit spricht, vgl. Röm 1 20.

Weit mehr als Jesaja hat Ezechiel die mit der Thronratsvision gegebene Veranlassung, von Jahwes Kabod zu reden, zu einer Neuinterpretation verwendet, indem dort der כבוד die Gestalt ist, in welcher Jahwe erscheint (vgl. Ex 33 18.22, aber auch 1 Kö 8 11). Und noch einmal ganz anders spricht Jes 40 5 – seinerseits Bestandteil einer, wenn auch sehr stark in ihrer Form zersetzten, Berufungsvision – von Jahwes כבוד, der sich offenbaren werde. Nach dem Zusammenhang geschieht das aber nicht im Bereich der Natur, sondern der Geschichte; er ist nicht bereits Gegenwart, sondern sein Erscheinen ist erst in der anbrechenden Heilszukunft zu erwarten.

Dort ist also das Offenbarwerden des כבוד Jahwes der Kern des eschatologischen Geschehens. Aber auch in liturgischen Texten ist das Erscheinen der Herrlichkeit Jahwes in die Perspektive der Zukunft gestellt (Ps 57 6.12 72 19, s. auch Nu 14 21). Man wartet darauf, daß die ganze Erde der Herrlichkeit Gottes voll werden wird. Das entspricht der Erwartung, daß das Königtum Jahwes, das nach den „Thronbesteigungspsalmen" bereits ein gegenwärtiges ist, in der Heilszukunft voll in Erscheinung treten wird, Jes 52 7 24 23. Die im kanaanäischen Bereich einst „mythisch-magische Formel (wird) in die geschichtlich-eschatologischen Kategorien umgesetzt" (Maag a.a.O. 151).

6 4 Vom Lobgesang der Seraphen erzittern die Zapfen der Türflügel und

„das Haus“ füllt sich mit Rauch. Man fragt sich, woher der Rauch komme; vom Altar, sagen die einen, aus dem Munde der Seraphen, vermuten Duhm u.a., und Procksch weiß es noch genauer: der Rauch sei der verdichtete Odem der Lobsingenden. In Wirklichkeit mischen sich hier mit der „Thronratsvision“ Elemente von Theophanieschilderungen (vgl. 4 5 und s.o. 159ff., ferner Ez 1 13f. 10 4 u.ö.). Es gehört zu einer Theophanie, daß die Erde bebt. Das ist zwar im vorliegenden Text nicht ausgesprochen, aber das Erzittern der Türzapfen in den Schwellen dürfte doch von daher zu verstehen sein. Ob gerade „die ganze Aura der Sinai-Theophanie“ (Maag a.a.O. 143, HSchmid, Jud 23, 1965, 250ff.) hier noch präsent ist, läßt sich allerdings nicht ausmachen.

Jesaja fühlt sich gedrängt, in das Lob der Heiligkeit Gottes miteinzu- 6 5
stimmen und spürt wohl, was für ein Vorrecht es wäre, das tun zu dürfen. Aber er weiß, daß er vor Jahwes Gegenwart nur schweigen kann und empfindet das als furchtbares Verhängnis: „Weh mir!“. Zu אוי vgl. o.S. 182. Auch dieses Erschrecken ist ein Element der Theophanie (vgl. Gn 32 31 Ex 3 6 Ri 6 22 13 22). Wer das Wehe über sich ausruft, bezeugt damit, daß er sich in seiner Existenz bedroht weiß, ja, daß über ihm geradezu die Totenklage anzustimmen ist (vgl. Jer 4 31 45 3 u.ö.). Insofern ist die traditionelle Übersetzung von נדמיתי mit „ich bin verloren“ durchaus berechtigt. Das „Weh mir“ entringt sich Jesaja im Gedanken an seine Schuld. Er weiß sich „unrein an den Lippen“ und sieht sich umsomehr belastet, als er unter einem Volk wohnt, dessen Lippen nicht weniger unrein sind. Es ist für das Denken der Antike selbstverständlich, daß das Individuum die Schuld des Kollektivs mitträgt und sich dafür auch mitverantwortlich weiß. טמא bezeichnet sonst kultische Unreinheit. Der kultisch Unreine hat keinen Zutritt zum Heiligtum, und ein Mensch mit unreinen Lippen, das heißt doch wohl zunächst: einer, der unreine Nahrung zu sich genommen hat, darf im Angesicht der Gottheit das Wort gewiß nicht ergreifen. Aber Jesaja hat den Ausdruck im übertragenen Sinn verwendet: unrein sind seine Lippen, weil sie Unlauteres, Unwahres gesagt, vielleicht auch, weil sie nicht angemessen von Gott gesprochen hatten. Man wird an die Bestimmungen der Torliturgien (Ps 15. 24 Jes 33 14b–16) zu denken haben, die z.T. ähnlich formuliert sind: נקי כפים und בר־לבב in Ps 24 4. Sie setzen fest, wer Zugang zum Heiligtum hat, und bemerkenswerterweise sind es ethische Forderungen, über deren Erfüllung sich der Tempelbesucher auszuweisen hat. Es ist unverkennbar, daß Jesaja bei der Formulierung seines Berufungserlebnisses die Gedankenwelt von Ps 24 präsent war. Man beachte, daß 3 den Finger darauf legt, daß der Zion der מקום קדשו ist, daß Ps 15 1 ihn als „Jahwes heiligen Berg“ bezeichnet und Jes 33 14 gar vom verzehrenden Feuer und den ewigen Gluten spricht, denen der standzuhalten hat, der vor Jahwe tritt. Damit ist wenigstens der Bereich abgesteckt, von dem her das „unrein an

den Lippen“ zu verstehen ist. Woran Jesaja bei seinem Bekenntnis konkret denkt, läßt sich bloß vermuten (vgl. auch HJHermisson, Sprache und Ritus im altisraelitischen Kult: WMANT 19, 1965, 89f.). An speziell prophetische Verfehlungen zu denken, verbietet die Parallele von den unreinen Lippen des Volkes. Wie die Torliturgien in Erinnerung rufen, mit welchem Gott es der zu tun bekommt, der den Jahweberg betritt, so steht es Jesaja vor Augen, daß der, den er mit eigenen Augen gesehen hat, der König, Jahwe der Heere, nicht irgendeine Gottheit ist. Der מלך הכבוד ist der Gott der Lade Israels, und seine Heiligkeit erweist sich im Eifern gegen alle Unlauterkeit. Man muß dem Heiligen Israels begegnet sein, um ermessen zu können, welches Gewicht die Sünde hat. Jesaja ist kein Moralprediger, sondern ein Mensch, der aus dem Erschrecken angesichts des heiligen Gottes heraus vom Gericht spricht, und darum auch weiß, daß es Begnadigung ist, wenn er trotzdem von diesem Gott in seinen Dienst genommen wird.

6 6 Diese Begnadigung wird dargestellt durch einen Entsündigungsakt. Ein Seraph reinigt Jesajas Lippen mit einer glühenden Kohle. Die Zange, mit der er sie vom Altar nimmt, wird sonst dazu dienen, das Feuer zu unterhalten. Da die Szene sich im היכל abspielt, kann mit dem Altar nicht der Brandopferaltar im Vorhof gemeint sein, sondern wir haben an den Räucheraltar im Hauptraum des Heiligtums zu denken, vgl. מזבח הקטרת Ex 30 27 31 8 u.ö. Unsere Stelle ist allerdings das erste sichere Zeugnis dafür, daß dieser Altar schon im salomonischen Tempel vorhanden war (s.o.S. 42 zu 1 13). Doch ist unter dem in 1 Kö 7 13–50 genannten Inventar des Heiligtums auch ein מזבח הזהב erwähnt (48). Auf dem Weihrauchaltar lagen gewiß immer glühende Kohlen, auf die man jederzeit Weihrauch legen konnte, vgl. Lv 16 12f. Man möchte annehmen, daß im jerusalemischen Tempel Sühnehandlungen vorgenommen wurden, bei denen glühende Kohlen vom Räucheraltar zur Übermittlung reinigender Kraft eine Rolle spielten. Leider wissen wir darüber nichts, immerhin ist auf die Entsündigung mit Ysop (Ps 51 9 Nu 19 18) und auf die Reinigung von Metallen durch Feuer (Nu 31 22f.) als ähnliche Riten hinzuweisen. Was im himmlischen Tempel Seraphen oder sonstige dienende Wesen um den göttlichen König tun, gehört im irdischen Heiligtum zum Dienst der Priester. Mögen auch die Seraphen den Sühneakt an Jesaja vollziehen, so tun sie es doch nach dem Zusammenhang im Auftrag ihres Herrn. Der Akt der Entsündigung (חטא pi. Ps 51 9) ist so Symbol der göttlichen Vergebung. Der schuldige Prophet hat von seiner Seite nichts beizutragen.

7 Wie häufig stehen עון und חטאת nebeneinander (s. dazu o.S. 21f. zu 1 4). Der Chiasmus in 7b zeigt, daß die beiden Begriffe nicht absolut synonym verstanden sind. Der sing. חטאת bezeichnet, wie der Zusammenhang erkennen läßt, nicht einfach ein einzelnes konkretes Vergehen, sondern

die sündige Haltung Jesajas überhaupt. Die Einzelsünden haben einen permanenten Habitus geschaffen. Genauso ist auch עון im sing. verwendet, meint aber die aus jenem Habitus sich ergebende, die Existenz des Menschen bedrohende Schuld. Diese Schuld ist „gewichen“, weil die Sünde „bedeckt“ worden ist. Das Verbum כפר gehört der Kultsprache an (s. JJStamm, Erlösen und Vergeben im Alten Testament, 1940, 61ff., vgl. auch GRDriver, JThSt 34, 1933, 34–38) und wird speziell verwendet bei einem Sühnevorgang, der eine Blutschuld tilgen soll (vgl. OProcksch, ThW IV, 333 und JHerrmann, ThW III, 301ff.). Grundbedeutung ist „zudecken“, aber im profanen Sprachgebrauch findet sich das Wort kaum (s. die unsichere Stelle Jes 28 18). Es ist natürlich nicht Zufall, daß Jesaja das Verbum gerade hier verwendet, wo er an einen bekannten Ritus anknüpft. Das Verb bedeutet im pi., wenn der Mensch bzw. der Priester Subjekt ist, „Sühne schaffen“, vgl. dazu Lv 19 22. Es ist aber bezeichnend, daß dort beigefügt wird ונסלה לו, d.h., die Sühne beginnt auch in der priesterlichen Welt aus dem Bereich magisch-ritueller Verfügbarkeit herauszutreten, es bedarf göttlicher Vergebung, damit sie wirksam wird. Es kann denn auch gesagt werden, daß Jahwe selbst Sühne schafft, z.B. Dt 32 43 21 8. Wo er das für den Menschen tut, läßt sich כפר geradezu mit „vergeben“ übersetzen, Jes 22 14 Ez 16 63 Ps 78 38 65 4 (vgl. JHerrmann, ThW III, 304) u.s. auch Ps 79 9 und 2 Ch 30 18. „Wo Gott Subjekt ist, fehlt das Mittel; Gottes כִּפֶּר ist freie Gnade, doch handelt es sich dann weniger um väterliche Vergebung als um richterliches Erlassen der Strafe“ (KBL). Jedenfalls liegt an der Glühkohle so wenig wie am Seraphen als Übermittler der Gnade. Daß aber die Entsündigung sich nicht nur im Ergehen des Wortes vollzieht, sondern sozusagen in einem sakramentalen Akt, unterstreicht die Realität und Tragfähigkeit des Vorgangs.

Nachdem Jesaja „entsühnt“ ist, kann er Werkzeug Jahwes, Künder 6 8
und Vollstrecker seines Willens werden, aus der visio folgt die missio.
Gottes Stimme selbst spricht: את־מי אשלח ומי ילך־לנו. Die Auffassung von
לנו bietet Schwierigkeiten, und es wird nicht Zufall sein, daß 𝔊 keine
wörtliche Übersetzung bietet (πρὸς τὸν λαὸν τοῦτον). Ob sie bewußt dem
Eindruck wehren wollte, als rede Gott mit Wesen um seinen Thron, muß
dahingestellt bleiben. Jedenfalls spricht Jahwe nie von sich im pluralis
majestaticus und לנו ist als Relikt der Vorstellung, daß Jahwe von einem
Hofstaat dienender Geister umgeben ist und mit diesen zu Rate geht,
aufzufassen (vgl. Gn 1 26 3 22 11 7).

Natürlich erwartet Gott, daß Jesaja sich bereit erklärt, sich senden zu lassen. Aber daß er fragt und nicht einen direkten Befehl erteilt, ist traditionsgeschichtlich aus der Vorstellung des himmlischen Rates zu verstehen. Die Frage lautet genau so wie im o.S. 238 erwähnten Maqlû-Text (*mannu lušpur*). Gott will die freie Entscheidung Jesajas haben. Jesaja fühlt sich, anders als Jeremia, zu seinem Dienst nicht gezwungen oder gar vergewaltigt. Gleich einem himmlischen Wesen erklärt er in Freiheit seine Bereitschaft, sich senden zu lassen: „Hier bin ich, sende mich!“ Man wird aber bei einer Gegenüberstellung der jeremianischen mit der jesajanischen Berufungserzählung auf die andere Herkunft des zugrundeliegenden Traditionsgutes zu achten haben, bevor man aus der Verschiedenheit der prophetischen Reaktionen Schlüsse auf die Psyche der Propheten zieht (vgl. Procksch: „Das Königliche, Heldische tritt gleich in seiner Berufung zutage“). Man soll aber auch die andere Situation nicht verkennen, in der das sendende Gotteswort den Propheten trifft: Jesaja hat eben Gottes hehre Majestät geschaut und ist aus seiner tiefen Erschrockenheit herausgehoben worden. Es ist das tief erschütternde und zugleich befreiende Erleben gewesen, das Jesaja seine vorbehaltlose Bereitschaft ermöglicht hat.

6 9 Es müßte eigentlich gesagt werden, daß Jahwe Jesajas Angebot akzeptiert hat. Das versteht sich aber von selbst. Dafür folgt gleich der Hinweis auf seinen Auftrag.

Die Sendung vollzieht sich unter Verwendung der kurzen Formel לך ואמרת. Sie wird in dieser oder einer ähnlichen Form bei der Sendung von Boten im profanen Leben verwendet (vgl. 2 S 18 21 1 Kö 18 8. 11. 14 2 Kö 8 10), dient aber auch für die Beauftragung eines Propheten (2 S 7 5 24 12 Jes 20 2 38 5 Jer 2 2 3 12 u.ö.). Auf diese Sendungsformel zielt schon die Frage מי ילך־לנו in 8. Die genannten Parallelen zeigen, daß ein ganz konkreter Auftrag, nicht etwa eine allgemeine Erörterung über das Ziel prophetischer Tätigkeit zu erwarten ist.

Was in 9b als Inhalt der auszurichtenden Botschaft genannt wird, klingt aber höchst befremdlich: „Hört immerzu, doch gewinnt keine Einsicht, und sehet ohne Unterlaß, aber Verständnis erlangt nicht!“. Zunächst ist erstaunlich, daß die Botschaft an „dieses Volk da“ gerichtet sein soll. Bezeichnenderweise spricht Jesaja hier nicht von „Israel“ oder vom „Haus Jakob“ o.ä. Jenni (a.a.O. 337 Anm. 32) weist darauf hin, daß אמר in der jesajanischen Prosa sonst mit אל konstruiert wird, sofern es sich um ein direktes Ansprechen einer andern Person handle (7 3f. 8 1. 3. 19), so daß das ל möglicherweise mit „gegen“ oder „über“ zu übersetzen sei. Das ist unwahrscheinlich, weil die imperativische Anrede folgt. Gewiß hat aber Jesaja so nie zum Volk gesprochen. Es liegt in der Tat kein Droh-, Schelt-, Mahn- oder Verheißungswort vor, aber auch nicht „ein Machtwort, das dynamisch wirkt und handelt, auch ohne daß die Leute hinhören“ (a.a.O. 337). Der Halbvers 9b hat vielmehr den Sinn, das Volk zu charakterisieren in seiner fehlenden Bereitschaft zu hören. Wie Jesaja anderwärts seine Gegner kennzeichnen kann, indem er ihnen Worte in den Mund legt, die ihr innerstes Denken enthüllen, so formuliert er hier ein Wort an das Volk, welches das harte Nein Israels zu seiner Botschaft ankündet, aber so nie gesprochen worden ist. 9b ist Explikation zum vorangehenden העם הזה, im Grunde ist bereits dieser Halbvers und nicht erst 10a Anrede an den Propheten selbst. Darum kann auch 10a ohne weiteres an 9b anschließen, der Adressat wechselt nur formal. Damit wird aber nochmals klar, daß 9b keinesfalls so etwas wie eine Zusammenfassung der Botschaft Jesajas ist. Das ואמרת von 9a steht nur da, weil die Berufungserzählung Jesajas nach dem Schema der Kronratsvision gestaltet ist, nach der ein Bote mit einem bestimmten Auftrag ausgesandt wird. Die durch die Gattung geforderte Form ist durch die Erfordernisse einer wirklichen Inauguralvision durchkreuzt. Zu einer solchen gehört es, daß die Schwere des Auftrages zur Sprache kommt. Sachlich ist 9f. eine enge Parallele zu Ez 3 4–9, vgl. auch Jer 1 17–19.

Jesaja soll also wissen, daß er unter einem Volk zu wirken hat, das wohl „hört" und „sieht", aber, wie sich Ezechiel ausdrückt, eine harte Stirn und ein verstocktes Herz hat und nicht hören will (3 6f., vgl. לא אבוא in Jes 28 12 30 9. 15). An der vorliegenden Stelle sagt Jesaja allerdings: „keine Einsicht gewinnen" und „nicht Verständnis erlangen" (הבין und ידע). Die beiden Verben sind in ihrem absoluten Gebrauch und in ihrer Nebeneinanderstellung typisch für seine Begrifflichkeit. Letztlich sind sie in der Weisheit verwurzelt (s.o.S. 15 zu 1 2). Der Vorwurf zielt nicht nur darauf, daß Israel nicht auf das merkt, was der Prophet sagt oder tut, sondern daß es trotz allen Mahnungen, die Jahwe durch seine Boten an Israel richtet, und bei allen Taten, die in seiner Mitte geschehen, sich nicht zur grundsätzlich „rechten" Glaubens- und Lebenshaltung durchfindet. Es ist bedeutsam, daß der Prophet nicht nur vom „Hören", sondern auch vom „Sehen" spricht; man wird an 5 12b zu denken haben: „auf Jahwes Werk schauen sie nicht, und das Tun seiner Hände beachten sie nicht".

In 10a folgt der sogenannte „Verstockungsbefehl". Daß vom Ver- 6 10a
härten der Ohren und Zukleben der Augen die Rede ist, knüpft an den Parallelismus vom „Sehen" und „Hören" in 9b an. Zu „Auge" und „Ohr" im Zusammenhang der Verstockung s. Hesse a.a.O. 23ff. Aber an erster Stelle, dem Ohr und dem Auge übergeordnet, wird das Herz, לב, „Sitz" jener Einsicht und jenes Verständnisses, von dessen Fehlen 9b sprach, genannt (zur Zuordnung von ידע und בין zu לב s.z.B. Prv 8 5, s. ferner FBaumgärtel, ThW III, 609–611, Köhler, TheolAT 133, Eichrodt, TheolAT II[4] 93ff., Hesse a.a.O. 21f.). השמן לב scheint eine jesajanische Wortfügung zu sein (vgl. Hesse a.a.O. 15f.). Die Bedeutung, die hier dem „Herzen" zugewiesen wird, entspricht durchaus weisheitlicher Tradition, die bei Jesaja immer wieder anklingt. Ein „weises Herz" zu gewinnen, kann für den frommen Israeliten oberstes Ziel sein (Ps 90 12 Prv 16 23 21 11 u.ö.).

Das Verb שעע findet sich überhaupt nur bei Jesaja (s. 29 9 und Hesse a.a.O. 14f.), der Prophet scheint für das Phänomen der Verstockung ganz besonders hellhörig gewesen zu sein. Es ist allerdings bereits vom Jahwisten gesehen (Ex 7ff.), der nicht nur sagen kann, daß das Herz des Pharao verstockt gewesen sei, Ex 8 11. 28 9 7. 34, sondern auch, daß Jahwe es verstockt habe, 10 1 (J?). Auch die Propheten neben Jesaja wissen durchaus, daß Israel „verstockt" ist, auch wenn sie die Terminologie der Verstockung nicht kennen. Das ist z.B. in Am 4 6–12 der Fall, wo der Prophet nach jedem Gerichtsschlag feststellt, daß Israel nicht zu Jahwe zurückgekehrt sei. Das Volk „verhärtete sein Herz" könnte hier durchaus gesagt werden. Aber insofern die Gerichtsschläge ihr Ziel nicht erreichten, ist eben doch Jahwe der Urheber der Verhärtung. Die Verstockung ist kein einliniges Geschehen: die Aussage, daß Israels Herz „schwer" sei, muß dialektisch mit der andern, daß Jahwe es „schwer gemacht" habe, zusammengesehen werden. Es ist kaum anzunehmen, daß Jesaja die Tradition der ägyptischen Plagen kannte. Aber 9 7ff. zeigt, daß ihm der Gedanke, daß Israel sich unter Jahwes Gerichten immer stärker gegen Gott verschloß, aus geschichtstheologischen Betrachtungen vertraut war. Die Härte der Formulierung ist allerdings in 6 10 einmalig. Aber wie 9 7ff. zeigt, wäre es auch bei ihm falsch, Jahwes Urheberschaft der Verstockung nicht in ihrer Polarität mit Israels eigener Verhärtung sehen zu wollen.

6 10b Noch befremdlicher als der Verstockungsbefehl selbst ist die Fortsetzung 10b, in der, mit פן eingeleitet, Sinn und Ziel des Verstokkungsauftrages angegeben wird. Israel soll weder zum Sehen und Hören kommen noch Einsicht gewinnen. Jesaja muß geradezu verhindern, daß es umkehrt und Heilung findet. Dabei wirft er Israel an anderer Stelle vor, daß es nicht auf Jahwes Werk schaue, 5 12, er fordert das Volk auf, Jahwes Wort zu hören, 1 10 u.ö., und das gewiß nicht in der Absicht, mit dieser Aufforderung nur die Verhärtung zu beschleunigen. Er beklagt sich darüber, daß Israel nicht hören will, 28 12 u.ö. Und er hofft doch auf Umkehr, 30 15 u.ö., so gewiß er darum weiß, daß gerade diese Umkehr immer wieder nicht Ereignis wird. Die Alternative von 1 19f. ist nicht nur Rhetorik, sondern ernst gemeint. Was das Ergebnis der Tätigkeit Jesajas sein wird, bleibt also grundsätzlich durchaus offen. Das faktische Verhalten Israels aber ist derart, daß der Weg zum Heil immer wieder keine reale Möglichkeit ist. Darum soll dem Propheten klar sein, daß er an seinem Auftrag nicht irre werden darf, auch wenn sein „Erfolg" in nichts anderem denn in zunehmender Verhärtung besteht. Israel muß wissen, daß diese Wirkung der prophetischen Predigt die Legitimität des Anspruchs Jesajas, Jahwes Bote zu sein, in keiner Weise tangiert. Jesaja ist nicht eo ipso Unheilsprophet, aber er muß es lernen, daß ihm, rebus sic stantibus, nichts anderes übrigbleibt, als Gericht anzusagen, die Reife Israels zum Gericht offenkundig werden zu lassen, ja geradezu zu bewirken. Auch und gerade so wird er Jahwes treuer Diener sein.

Daß sich Jesaja selbst nicht zum vornherein als Gerichtsprophet 6 11
verstanden hat, zeigt sein Einwurf: „Wie lange, Herr?“. עד־מתי gehört zum Klagelied und findet sich häufig in den Volksklagen. Es wird besonders dort verwendet, wo die Feindesnot Israels beklagt wird (Ps 74 10 79 5 90 13 94 3 u.ö.). In der Frage äußert sich etwas vom Erschrecken Jesajas über seine Aufgabe, das sowohl bei Jeremia wie bei Ezechiel offen zutage liegt (vgl. SHBlank, HUCA 27, 1956, 81–92). Vor allem aber: „In dieser Frage steckt die im bisherigen Glauben Jesajas gegründete Voraussetzung, daß das Gericht über das Volk nicht das letzte Ziel der Wege Gottes sein könne“ (Jenni a.a.O. 339). Wie aber ist die Antwort Jahwes zu verstehen? Stößt sie die bisherigen Glaubensvorstellungen Jesajas einfach um und will sie sagen, daß nichts als völlige Vernichtung zu erwarten ist (Fohrer)? Mit andern Worten: Blickt עד אשר auf das Ende Israels oder meint es den Kulminationspunkt des Gerichts, an dem sich zugleich die Wende zum Heil vollziehen wird? Da עד אשר auf die Frage עד־מתי antwortet, dürfte die zweite Möglichkeit zu bejahen sein (s. Jenni a.a.O. 331). Doch hängt die Interpretation letztlich am Gesamtverständnis Jesajas, ja des Prophetismus überhaupt. Daß die Städte verwüstet sind und das Land verödet, heißt noch nicht, daß es kein Israel mehr gibt und die Erwählung gegenstandslos geworden ist. Doch ist im Auge zu behalten, daß Gott hier in keiner Weise von dem spricht, was „nachher“ kommt. Es handelt sich nur darum, Jesaja klar zu machen, daß er ausharren muß, bis sich Jahwes Zorn ausgetobt hat.

Die Antwort an den Propheten kündet eine Kriegskatastrophe an, ohne es direkt auszusprechen. Die Form allerdings berührt sich mit 5 9, wo gesagt wird, daß „viele Häuser“ wüste liegen werden (vgl. dazu auch 1 7). Alte Fluchandrohungen für den Fall eines Bundesbruches klingen auch hier an. Jesaja wird nicht auf Gehör von Seiten des Volks rechnen können, bis sich der längst angedrohte, durch Jesaja neu aktivierte Fluch ausgewirkt hat. Beim Untergang Samarias ist die Ankündigung für Israel, beim Zug Sanheribs gegen Jerusalem für Juda Wirklichkeit geworden.

Im ersten Zusatz wird verdeutlichend von Deportation gesprochen. 12
Das Wort stammt wahrscheinlich aus der Zeit nach 721, als die Bevölkerung des Nordreichs schwerste Verluste erlitten hatte und das Land hart mitgenommen war. Es fällt auf, daß nicht der term. techn. für die Exilierung, גלה hi., verwendet wird, sondern das ganz allgemeine רחק pi. Daß aber doch Deportation der Bevölkerung gemeint sein wird, zeigt der Gebrauch von רחק hi. in Jer 27 10 und Ez 11 16. עזובה bezeichnet sonst die verlassene geschiedene Frau (60 15 62 4), kann aber leicht, wie dieselben Stellen zeigen, metaphorisch von einer Stadt oder einem Land verwendet werden.

13a.bα will vermutlich nach dem Ende Israels davor warnen, sich der 13a.bα

Illusion hinzugeben, das Gericht habe über Israel gewaltet und Juda sei als „Rest“ nun aller Bedrohung enthoben. Dieses Verständnis hängt allerdings daran, daß עשׂריה als Anspielung auf Juda verstanden werden darf. Daß Juda ein Zehntel von Gesamtisrael ausmacht, ist zwar eine verbreitete Theorie, vgl. etwa 1 S 11 8: Saul mustert seine Truppen, es sind 300 000 Israeliten und 30 000 Judäer (s. auch 2 S 19 44 1 Kö 11 31, s. Engnell a.a.O. 51). Doch ist es im Blick auf Am 5 3 und 6 9 möglich, daß einfach von einer schweren „Dezimierung“ des Volkes gesprochen werden soll.

Die Deutung der Einzelheiten ist stark umstritten und hängt bei vielen Exegeten mit Textemendationen zusammen, die unsicher sind. Da der Bezug auf die Zerstörung einer Kulthöhe kaum durchführbar ist (s.o. Textanm. 13b–b), wird man gut daran tun, zu versuchen, mit 𝔐 durchzukommen. Es liegt das Bild eines Wurzelstocks vor, der nach dem Fällen des Baumes noch einmal ausschlägt. Ein Wurzelstock gilt geradezu als Symbol unverwüstlicher Lebenskraft, s. Hi 14 7–9. Als ein solcher „Baumstumpf“, dem auch nach der Katastrophe des Brudervolkes oder vielleicht nach dem Ende der Davididenherrschaft noch die Hoffnung geblieben ist, neue Schosse zu treiben, ist sich Juda vorgekommen. Der Verfasser zerstört diese Zuversicht. Nachdem der Holzfäller seine Arbeit getan hat, wird das Weidevieh durch Abfressen der Jungtriebe das Zerstörungswerk vollenden (s.o. Textanm. 13a).

13a.bα läßt keinen Raum mehr für eine Heilszukunft übrig. Der Satz hat insofern in der Exegese eine fatale Rolle gespielt, als man glaubte, in ihm eine Bestätigung dafür sehen zu können, daß Jesaja ausschließlich Unheil bis hin zum völligen Untergang Israels verkündete. Wenn auch die Triebe, die noch an einem Wurzelstock aufsprießen, vernichtet sind, dann ist tatsächlich das Ende eines Baumes da. Aber 12. 13a.bα. 13bβ stammen nicht von Jesaja, und die Glosse 13bβ ist eine bewußte Korrektur, ein Protest gegen eine Exegese, die Jesaja zum Künder des absoluten Endes Israels machen will.

6 13bβ Die Verheißung liegt auf der Linie von 4 3, wonach das auf dem Zion Übriggebliebene „heilig“ sein werde. Wie dort dürfte auch bei der vorliegenden Schlußbemerkung zu Jes 6 an die eschatologische Gemeinde zu denken sein. Die Gegenwart Gottes oder doch seiner „Herrlichkeit“ wird jede Trübung des Heilszustandes ausschließen. Der Ausdruck „Same der Heiligkeit“ ist allerdings singulär, aber mit andern Vokabeln und unter anderem Aspekt ist mit ihm der „Restgedanke“ bereits in die Berufungserzählung hineingenommen. Nach dem alten Credo ist Israel ein עם קדוש (s. HWildberger, Jahwes Eigentumsvolk: AThANT 37, 1960, 95ff.). Hier wird bezeugt: Die Verheißungen, die ihm gegeben wurden, sind durch die Gerichtskatastrophe nicht außer Kraft gesetzt, sie werden in der Heilszukunft zu ihrer Erfüllung kommen.

Ziel

In der Berufungsvision Jesajas spiegelt sich sein Anspruch, Gesandter Jahwes zu sein. Der Vorstellungskreis des Thronrates, der den himmlischen Gottkönig umgibt, ist ausgezeichnet dazu geeignet, die Vollmacht des Propheten zum Ausdruck zu bringen. Als Bote Jahwes hat er Einblick in Jahwes Rat gewonnen und weiß sich nicht nur gesandt, auf Erden den Willen seines Gottes kundzutun, sondern ihn auch zu vollstrecken. Das von ihm zu verkündende Wort wird seine Wirkung tun – wenn nicht zum Leben, so zum Tode (vgl. 2 Kor 2 15f.). Wie das Wort des Heiligen Israels sich an ihm selbst im Akt der Entsündigung bekundet und im Zuspruch der Vergebung sein Ziel erreicht, so kann und muß es im Volk, das nicht mehr hören kann, eine Verhärtung bewirken, die keinen Raum zur Hoffnung mehr übrig läßt. Augenscheinlicher Mißerfolg in seiner Wirksamkeit, ja offenkundiges Scheitern als Rufer zur Umkehr kann also seine ἐξουσία in keiner Weise in Frage stellen. Durch seine Beauftragung steht der Prophet in einer Freiheit, in der er völlig unabhängig davon ist, ob er die Zustimmung der Menschen findet oder nicht, und zwar gerade jener Menschen, denen die Heilstraditionen Israels teuer sind. Letztlich verpflichtet weiß er sich nur dem lebendigen Gott, Jahwe der Heere, den er mit eigenen Augen geschaut hat.

Darum gehört an den Anfang seines Rechenschaftsberichtes die Erzählung darüber, wie er dazu gekommen ist, Jahwes Bote zu sein. Wo man nicht auf dieses Vorzeichen achtet, das über alles gesetzt ist, was der Prophet zu sagen hat, besteht keine Aussicht, daß man die prophetische Botschaft verstehen kann. Es hat sich gezeigt, daß es allerdings nicht möglich ist, das Geschehen, von welchem Jesaja berichtet, psychologisch befriedigend zu erfassen. Aber selbst wenn das gelingen sollte, bliebe das Geheimnis der göttlichen Offenbarung selbst, das der Prophet nur bezeugen, aber nicht „erklären" will, bestehen. Auch mit seinem „Legitimationsausweis" ist der Prophet völlig darauf angewiesen, daß man seinen Anspruch bejaht, indem man sich der bezeugten Wirklichkeit des heiligen Gottes beugt. Es ist ein höchst erstaunliches Phänomen, daß ein Prophet wie Jesaja es wagen konnte, Glauben an seine Sendung zu fordern im selben Moment, wo er so schroff ankündete, daß er keineswegs einfach Verfechter dessen sein würde, was seinem Volk Gegenstand religiöser Ehrfurcht war (s. 8 11–15) oder weithin als anerkannte Glaubenswahrheit galt.

Aber so wenig sich Jesaja auf irgendein Amt beruft, auf dem seine Autorität beruht hätte und das mit der Verwaltung religiöser Güter Israels verbunden gewesen wäre, so gewiß ist er doch ein Sohn Jerusalems, der seinen geschichtlichen Ort in keiner Weise verleugnet. Das Erbe Israels, an dem er teilhat, hat nicht nur seine Sprache bestimmt, sondern auch – und gewiß mehr als ihm selbst bewußt gewesen ist – sein Erlebnis geformt. Man wird wohl sagen dürfen: der innerste Kreis, in dem er sich bewegt, der entscheidende Punkt, bei dem einzusetzen ist, wenn man ihn im Verhältnis zu dem, was Israel gegeben war, sehen will, ist auch bei ihm die Welt der Jahweamphiktyonie. Vordergründig greifbar ist das allerdings nicht. Aber dorthin weisen die Elemente, die zu einer Theophanieschilderung gehören (5), vor allem aber die Gerichtsandrohung in 11, welche die Fluchworte der alten Bundestradition vergegenwärtigt. So sehr oben auf jerusalemische Kulttraditionen, die letztlich in die kanaanäische Vergangenheit der Stadt zurückgehen, zu verweisen war, so gewiß ist es der Gott vom Sinai, dem Jesaja begegnet ist.

Sein fester Standort im Zentrum dessen, was Israels „Wissen um Gott" ausmachte, hat es ihm jedoch erlaubt, in großer Freiheit Überlieferungselemente in sein Gottesbild einzubauen, deren „fremder" Ursprung noch zu erkennen ist. Die Vorstellung der Heiligkeit Jahwes ist von der Gotteserfahrung des Stämmebundes her neu gefüllt. Dieser Neuinterpretation des „übernommenen" Begriffes der Heiligkeit Gottes ist sich Jesaja offensichtlich durchaus bewußt, indem er anderwärts von Jahwe als dem Heiligen Israels spricht. Für die weitere Geschichte des Gottesglaubens Israels ist neben der Betonung der Heiligkeit Gottes vor allem wichtig geworden, daß Jesaja die Vorstellung des Königtums des höchsten Gottes, wie sie aus dem Alten Orient vertraut war, in die Darstellung seiner Berufung hineingenommen hat. Hier ist die βασιλεία τοῦ θεοῦ von einem anerkannten Vertreter Israels an hervorgehobener Stelle bezeugt. Damit war in das Gottesbild Israels ein Element eingefügt, das in ausgezeichneter Weise das Wesen und Walten Jahwes zum Ausdruck bringen konnte. Die Neuinterpretation ist auch hier mit Händen zu greifen: Der מלך Jahwe ist nicht der höchste Gott der Umwelt Israels, der in ferner Erhabenheit über dem Kosmos, der eo ipso seinen Ruhm verkündet, thront. Er greift in die Geschichte seines Volkes ein, aber, obwohl er der Heilige Israels ist, nicht zugunsten seines Volkes, sondern allein nach Maßgabe dessen, was seine Heiligkeit erfordert. „Seltsam ist sein Tun, befremdlich sein Werk!" (28 21). Jahwe ist nicht ein Gott wie andere Volksgötter oder die Projektion des irdischen Königtums in die Welt der Transzendenz. Als der Heilige muß er auch und gerade sein Volk hineinstellen ins Gericht. Ziel der Geschichte, deren Herr Jahwe ist, kann nur die Verwirklichung der göttlichen Herrschaft sein. Nicht vordergründig, aber in einem letzten Sinn bedeutet diese Manifestation der Heiligkeit Gottes darum doch Heil. Insofern hat der Ergänzer recht, wenn er den Abschnitt in das kurze Wort 13bβ ausmünden ließ, das festhält, daß das Gericht nicht das Ende sein wird. Aber indem dieser Schluß an 12 und 13a.bα anschließt, wo denkbar schroff betont wird, daß das Gericht bis zum bittern Ende ausgekostet werden muß, ist als Gesamtzeugnis von 9–13 nicht zu überhören, daß das zu erhoffende Heil Leben aus dem Tode, und nur eine Möglichkeit als Neusetzung der göttlichen Gnade sein wird. Anders hat ja auch Jesaja selbst nach seinem „weh mir, ich muß schweigen" seine Entsündigung nicht verstehen können.

Es hat sich uns gezeigt, daß gattungsmäßig Ez 1–3 unserem Kapitel in mancher Hinsicht nahe steht. Trotzdem ist der Bericht Ezechiels über seine Berufungsvision Jesaja gegenüber selbständig. Was beiden Propheten gemeinsam ist, gehört zu den Strukturelementen der Gattung. Bei Deuterojesaja (40 1–8) ist die Abwandlung des Schemas so stark und eigenwillig, daß erst recht nicht an Abhängigkeit von Jesaja zu denken ist. Es zeigt sich, wenn man nach den Nachwirkungen der Vision Jesajas fragt, noch einmal, daß Berichte über Berufungsvisionen keinesfalls nur literarische Formen sind, die den prophetischen Anspruch, Jahwes Wort zu sagen, unterbauen wollen, sondern der Niederschlag wirklichen Erlebens, der die Eigenart der betreffenden Persönlichkeit und die Einmaligkeit ihrer historischen Stunde durchaus erkennen läßt.

Das gilt auch noch von der Berufungserzählung des Paulus, die in einzelnen Zügen an Jes 6 erinnert (s.o.S. 236). Im Neuen Testament ist aber vor allem die Vorstellung vom thronenden Gott, umgeben von Wesen, zum Urbild der lobpreisenden Gemeinde der Endzeit umgeprägt worden (s. Müller a.a.O. und seine Diss.). Dabei wurden jesajanisches und ezechielisches Überlieferungsgut miteinander verschmolzen. Die Berufungsvisionen dieser beiden Propheten haben überhaupt das Bild, das sich Synagoge und Kirche von Gott machten, der als König im Himmel seinen Thronsitz hat, entscheidend geprägt. Andererseits ist aus dem Neuen Testament zu erkennen, wie sehr das Thema der Verstockung die junge Kirche beschäftigt hat. Jes 6 gab ihr die Antwort auf die Frage, warum ihre Botschaft nicht das Gehör fand, das sie meinte erwarten zu dürfen (vgl. Mt 13 14f. Mk 4 12 Lk 8 10 Ag 28 26f. und s. dazu Gnilka a.a.O.). Sie hat sich dabei an den Wortlaut der Septuaginta gehalten, die den Verstockungsbefehl als Aussage über die Verstocktheit aufgefaßt hat. Nur Joh 12 40 weiß noch darum, daß Jesaja Gott selbst als Urheber der Verstockung gesehen hat. Man wird aber gerade angesichts dieser neutestamentlichen Verwendung von Jes 6 9f. im Auge behalten müssen, daß der Prophet keine allgemeine Theorie der Verstockung aufstellt, sondern im Zusammenhang mit seiner Berufung in konkreter geschichtlicher Stunde davon spricht, mit welch schonungsloser Härte Jahwe seinen Boten, der sich bereit erklärt hat, für ihn zu gehen, in Dienst nimmt.

[Erst nach Abschluß von Kap. 6 kommen dem Verf. zu Gesicht: AFKey, The Magical Background of Isaiah 6 9–13: JBL 86 (1967) 198–204. – KRJoines, Winged Serpents in Isaiah's Inaugural Vision: JBL 86 (1967) 410–415. – RKilian, Die prophetischen Berufungsberichte: Theologie im Wandel (1967) 356–376. – RKnierim, The Vocation of Isaiah: VT 18 (1968) 47–68. – KBaltzer, Considerations Regarding the Office and Calling of the Prophet: HThR 61 (1968) 567–581.]

NICHT VERZAGTHEIT, SONDERN GLAUBE!

(7 1-17)

Literatur Bei der Fülle der zu diesem Abschnitt erschienenen Literatur kann keine Vollständigkeit angestrebt werden. Es sei auf die am Schluß genannten Forschungsberichte verwiesen. – PdeLagarde, Kritische anmerkungen zum buche Isaias: Semitica I (1878) 1–23. – HSchmidt, Der Mythos vom wiederkehrenden König im Alten Testament: Schriften der Hessischen Hochschulen, Universität Gießen 1 (1925). – JHempel, (Chronik): ZAW 49 (1931) 151–154. – EGKraeling, The Immanuel Prophecy: JBL 50 (1931) 277–297. – KBudde, Das Immanuelzeichen und die Ahaz-Begegnung Jesaja 7: JBL 52 (1933) 22–54. – WCGraham, Isaiah's Part in the Syro-Ephraimitic Crisis: AJSL 50 (1934) 201–216. – EHammershaimb, The Immanuel Sign: Some Aspects of Old Testament Prophecy from Isaiah to Malachi (1966) 9–28 (Nachdruck aus: StTh 3, 1951, 124–142). – SHBlank, Immanuel and Which Isaiah?: JNES 13 (1954) 83–86. – JJStamm, Die Immanuelweissagung: VT 4 (1954) 20–33. – EWürthwein, Jesaja 7, 1–9. Ein Beitrag zu dem Thema: Prophetie und Politik: Festschr. KHeim (1954) 47–63. – EJYoung, The Immanuel Prophecy. Isaiah 7:14–16: Studies in Isaiah (1955) 143–198. – WVischer, Die Immanuel-Botschaft im Rahmen des königlichen Zionsfestes: ThSt Zürich 45 (1955). – ERohland, Die Bedeutung der Erwählungstraditionen Israels für die Eschatologie der alttestamentlichen Propheten: Diss. theol. Heidelberg (1956). – JLindblom, A Study on the Immanuel Section in Isaiah: Scripta Minora Regiae Societatis Humaniorum Litterarum Lundensis 4 (1957–1958); s. dazu die Rezensionen: JJStamm, VT 9 (1959) 331–333; WRudolph, ThLZ 85 (1960) 916–918. – HWWolff, Immanuel: BiblStud 23 (1959). – MSæbø, Formgeschichtliche Erwägungen zu Jes. 7:3–9: StTh 14 (1960) 54–69. – JJStamm, Die Immanuel-Weissagung und die Eschatologie des Jesaja: ThZ 16 (1960) 439–455. –MMcNamara, The Emmanuel Prophecy and its Context: Scripture 14 (1962) 118–125. – HWWolff, Frieden ohne Ende: BiblStud 35 (1962). – AHJGunneweg, Heils- und Unheilsverkündigung in Jes VII: VT 15 (1965) 27–34. – SHerrmann, Die prophetischen Heilserwartungen im Alten Testament: BWANT 85 (1965). – HKruse, Alma Redemptoris Mater. Eine Auslegung der Immanuel-Weissagung Is 7 14: Trierer ThZ 74 (1965) 15–36. – JSchildenberger, Die jungfräuliche Mutter des Emmanuel: Sein und Sendung 30 (1965) 339–353. – RdeVaux, Jérusalem et les prophètes: RB 73 (1966) 481–509. – ThLescow, Das Geburtsmotiv in den messianischen Weissagungen bei Jesaja und Micha: ZAW 79 (1967) 172–207. – JBecker, Isaias – der Prophet und sein Buch: Stuttgarter Bibelstudien 30 (1968) 30–32 u.ö. – JJScullion, An Approach to the Understanding of Isaiah 7 10–17: JBL 87 (1968) 288–300.

Zum Text: KBudde, Isaiah vii. 1 and 2 Kings xvi. 5.: ExpT 11 (1899/1900) 327–330. – OHGates, Notes on Isaiah 1,18b and 7,14b–16: AJSL 17 (1900) 16–21. – ENestle, (Miszelle): ZAW 25 (1905) 213–215. – ABrux, Is 7,6: AJSL 39 (1922) 68–71. – JFichtner, (Mitteilung): ZAW 56 (1938) 176. – JLinder, Zu Isaiah 7 8f. und 7 16: Zeitschrift für Katholische Theologie 64 (1940) 101–104. – SSpeier, (Mitteilung): JBL 72 (1953) XIV. – WFAlbright, The Son of Tabeel (Isaiah 7:6): BASOR 140 (1955) 34–35. – NEWagner, A Note on Isaiah vii 4: VT 8 (1958) 438.

Zur historischen und topographischen Situation: JBegrich,

Der syrisch-ephraimitische Krieg und seine weltpolitischen Zusammenhänge: ZDMG 83 (1929) 213–237 = Gesammelte Studien zum Alten Testament: ThB 21 (1964) 99–120. – GDalman, Jerusalem und sein Gelände: BFchTh 2/19 (1930). – KBudde, Jesaja und Aḥas: ZDMG 84 (1931) 125–138. – HJKraus, Prophetie und Politik: ThEx NF 36 (1952). – EJenni, Die politischen Voraussagen der Propheten: AThANT 29 (1956). – MBurrows, The Conduit of the Upper Pool: ZAW 70 (1958) 221–227. – CSchedl a.a.O. (o.S. 1) 107–110. – GBrunet, Le terrain aux foulons: RB 71 (1964) 230–239. – JMcHugh, The Date of Hezekiah's Birth: VT 14 (1964) 446–453. – RMartin-Achard, Esaïe et Jérémie aux prises avec les problèmes politiques: RHPhR 47 (1967) 208–224.

Zum Thema Glaube: AGamper, La foi d'Esaïe: RThPh NS 10 (1922) 263–291. –JBoehmer, Der Glaube und Jesaja: ZAW 41 (1923) 84–93. – SVirgulin, La „fede" nel profeta Isaia: Bibl 31 (1950) 346–364. – CAKeller, Das quietistische Element in der Botschaft des Jesaja: ThZ 11 (1955) 81–97. – SVirgulin, La „Fede" nella Profezia d'Isaia (1961) 27–49. – RSmend, Zur Geschichte von האמין: Hebräische Wortforschung, Festschr. WBaumgartner: VT Suppl 16 (1967) 284–290. – HWildberger, „Glauben", Erwägungen zu האמין: ebd. 372–386. – ders., „Glauben" im Alten Testament: ZThK 65 (1968) 129–159.

Zur Person des Immanuel und seiner Mutter: KThieme, Vierzigjahrfeier der Eisenacher Erklärung und Jungfrauengeburt: ThBl 11 (1932) 300 – 310, s. 306ff. – KBudde, Noch einmal, Dank an Karl Thieme: ThBl 12 (1933) 36–38. – AESkemp, „Immanuel" and „The Suffering Servant of Jahweh": ExpT 44 (1932/33) 94–95. – A Schulz, ʿAlmā: BZ 23 (1935) 229–241. – JESteinmueller, Etymology and Biblical Usage of ʿAlmah: CBQ 2 (1940) 28 bis 43. – JCoppens, La prophétie de la ʿAlmah: Ephemerides Theologicae Lovanienses 28 (1952) 648–678. – BVawter, The Ugaritic Use of GLMT: CBQ 14 (1952) 319–322. – GDelling, Art. παρθένος, B 1: ThW V, 829–830. – LKöhler, Zum Verständnis von Jes 7 14: ZAW 67 (1955) 249–258. – GFohrer, Zu Jes 7 14 im Zusammenhang von Jes 7 10–22: ZAW 68 (1956) 54–56 = ZAWBeih 99 (1967) 167–169. – HRinggren, The Messiah in the Old Testament: Studies in Biblical Theology 18 (1957). – HJunker, Ursprung und Grundzüge des Messiasbildes bei Isajas: VTSuppl 4 (1957) 182–196. – FLMoriarty, The Emmanuel Prophecies: CBQ 19 (1957) 226–233. – LGRignell, Das Immanuelszeichen: StTh 11 (1957) 99–119. – NKGottwald, Immanuel as the Prophet's Son: VT 8 (1958) 36–47. – EJenni, Art. Immanuel: RGG[3] III, 677–678. – CVendrame, Sentido Coletivo da Almāh (Is 7,14): Revista de Cultura Biblica 7/24 (1963) 10–16. – GVella, Isaia 7,14 e il parto verginale del Messia: Il Messianismo, Atti della XVIII Settimana Biblica (1966) 85–93. – FMontagnini, L'interpretazione di Is 7,14 di J.L. Isenbiehl (1744–1818): ebd. 95 bis 104. – FSalvoni, La Profezia di Isaia sulla „Vergine" partoriente (Is 7,14): Ricerche Bibliche e Religiose 1 (1966) 19–40. – JCoppens, Le messianisme royal: NRTh 90 (1968) 30–49.225–251.479–512.622–650.834–863.936–975.

Zu einzelnen Motiven: HGuthe, Zeichen und Weissagung in Jes 7 14–17: Festschr. JWellhausen (1914) 177–190. – AKaminka, Die fünfundsechzig Jahre in der Weissagung über Ephraim Jes 7,7–9: MGWJ 73 (1929) 471–472. – TEBird, Who is the Boy in Isaias 7:16?: CBQ 6 (1944) 435–443. – SHBlank, The Current Misinterpretation of Isaiah's She'ar Yashub: JBL 67 (1948) 211–215. – MBrunec, De sensu „signi" in Is 7,14: VD 33 (1955) 257bis 266.321–330 und 34 (1956) 16–29. – StPorúbčan, The Word *'OT* in Isaia 7,14: CBQ 22 (1960) 144–159. – KHRengstorf, Art. σημεῖον, B 2: ThW VII, 207 bis

217. – JScharbert, Was versteht das Alte Testament unter Wunder?: BiKi 22 (1967) 37–42. – SStern, „The Knowledge of Good and Evil“: VT 8 (1958) 405–418. – PGDuncker, 'Ut sciat reprobare malum et eligere bonum', Is VII 15b: Sacra Pagina 1 (1959) 408–412. – HDPreuß, „... ich will mit dir sein!“: ZAW 80 (1968) 139–173.

Forschungsberichte: AvBulmerincq, Die Immanuelweissagung im Lichte der neueren Forschung: Acta et Commentationes Universitatis Tartuensis (Dorpatensis) B 37, 1 (1935) 1–17. – JJStamm, La prophétie d'Emmanuel: RThPh NS 32 (1944) 97–123. – JCoppens, La prophétie d'Emmanuel: L'attente du Messie (1954) 39–50. – JJStamm, Neuere Arbeiten zum Immanuel-Problem: ZAW 68 (1956) 46–53. – JCoppens, L'interprétation d'Is., VII, 14, à la lumière des études les plus récentes: Lex tua Veritas, Festschr. HJunker (1961) 31–45. – JPrado, La Madre del Emmanuel: Is 7, 14 (Reseña del estado de las cuestiones): Sefarad 21 (1961) 85–114. – BKipper, O Problema da Almâh nos Estudos Recentes: Revista de Cultura Biblica 7/25–26 (1963) 80–92 und NS 1 (1964) 180–195.

Text

1In den Tagen des Ahas, des Sohnes Jothams, des Sohnes Ussias, des Kö-
nigs von Juda, [[a]zog Rezin[b], der König von Aram, mit Pekah, dem Sohn des
Remalja[c], dem König von Israel, nach Jerusalem <zum Krieg gegen es>[d], aber
er vermochte[e] nicht, es zu bekriegen[a].] 2Als dem Davidshaus gemeldet wurde:
Aram hat sich auf Ephraim niedergelassen[a], da erbebte sein Herz und das Herz seines Volkes, wie die Bäume erbeben[b] im Wind. 3Jahwe aber sprach zu Jesaja[a]:
Geh hinaus Ahas entgegen zusammen mit deinem Sohn Schear-Jaschub zum
Ende der Wasserleitung des oberen Teiches auf die Walkerfeldstraße 4und sprich zu
ihm: Hüte dich und bleibe ruhig, fürchte dich nicht, und dein Herz verzage nicht vor
diesen beiden rauchenden[a] Brandscheitstummeln [b][vor der Zornesglut[c] Rezins
und Arams und des Remaljasohnes][b]! 5Weil[a] Aram gegen dich Böses beschlossen
hat [Ephraim und der Remaljasohn][b] und spricht: 6Wir wollen hinauf gegen Juda
ziehen, ihm Furcht einjagen[a] und es für uns aufbrechen, um dort den Tabeliten[b]
zum König zu machen, 7spricht der Herr Jahwe also:

Es kommt nicht zustande und gelingt nicht,
8denn das Haupt[a] Arams ist Damaskus,
und das Haupt[a] von Damaskus ist Rezin,

[b][und noch dauert es fünfundsechzig Jahre, so ist Ephraim zerbrochen und hat auf-
gehört, ein Volk zu sein][b].

9Und das Haupt von Ephraim ist Samaria,
und das Haupt von Samaria ist der Remaljasohn.
Glaubt ihr nicht, so[a] bleibt ihr nicht[b].

10Und 'Jesaja'[a] fuhr fort, zu Ahas zu reden und sprach: 11Erbitte dir ein Zeichen
von Jahwe, deinem Gott, tief 'in der Unterwelt'[a] oder hoch oben in der Höhe!
12Aber Ahas antwortete: Ich werde nicht bitten und werde Jahwe nicht versuchen. 13Da sprach er[a]: Hört doch, ihr vom Davidshaus! Ist's euch zuwenig, Menschen zu ermüden, daß ihr auch meinen Gott ermüdet[b]? 14So wird euch 'Jahwe'[a]
selbst ein Zeichen geben: Siehe[b], die junge Frau[c] ist[d] schwanger und wird einen
Sohn gebären und wird[e] ihm den Namen Immanuel[f] geben. [a][15Butter[b] und
Honig wird er essen, daß er lerne, das Böse zu verwerfen und das Gute zu wählen.][a] 16Denn ehe der Knabe versteht, das Böse zu verwerfen und das Gute zu
wählen, wird das Land verödet sein, vor dessen beiden Königen dir graut[a]. 17Jahwe
wird aber[a] über dich und über dein Volk [b][und über dein Vaterhaus][b] Tage kommen lassen, wie sie nicht gekommen sind seit den Tagen, da Ephraim sich von Juda
trennte [c][den König von Assur][c].

1a–a 2 Kö 16 5 liest: אז יעלה ר׳ מ־א׳ ופ׳ בן־ר׳ מ׳־י׳ ירושלם למלחמה 71
ויצרו על־אחז ולא יכלו להלחם. Es ist nicht anzunehmen, daß der Text von Jes 7 1,
obwohl er zweifellos auf das Königsbuch zurückgeht, einmal mit dem zitierten Wortlaut völlig übereinstimmte. Der Versuch ist also zu unterlassen, durch kritische Eingriffe die beiden Textformen zu lückenloser Übereinstimmung zu bringen (s. auch KBudde a.a.O. ExpT). – b Für רְצִין liest 𝔊 Ρααασσων, man glaubte darum, den Namen in den Annalen Thiglath-Pilesers als *raṣunnu* lesen zu können, was auf hebr. רָצוֹן schließen ließ. Aber nach BLandsberger (Sam'al, 1948, 66, Anm. 169) muß der Name des letzten Aramäerkönigs von Damaskus in den akkad. Texten als *ra-ḫi-a-nu* transkribiert werden (s. dazu WvSoden, Das akkadische Syllabar, AnOr 27, 1948, 108), sodaß er aram. *ra'jān*, hebr. רַצְיָן gelautet haben dürfte. Die Bedeutung wird „Wohlgefallen“ sein, was mehr einleuchtet als die Bedeutung „Quelle“, die man für רְצִין vermutet hat (s. MNoth, Die israelitischen Personennamen: BWANT 46, 1928, 224; vgl. auch JLindblom a.a.O. 11). – c VQa: רומליה, so auch in 5 und 9, in 4 רמליהו, 𝔊 in 1.5.9: Ρομελίου, s. BASOR 189 (1968) 42. – d למלחמה עליה dürfte dittogr. zu להלחם עליה sein. – e יכל ist zweifellos gegenüber dem Plural in 2 Kö 16 5 (ebenso VQa 𝔊𝔖𝔙) ursprünglicher; die treibende Kraft des Unternehmens war Rezin, Pekah war nur Mitläufer unter aramäischem Druck (s. dazu HM Orlinsky, JQR 43, 1952/53, 331–333). – 2a נחה im gewöhnlichen Sinn von 2
„sich niederlassen, ruhen“ befriedigt nicht und hat zu manchen Textkorrekturen Anlaß gegeben, wie נֶאֶחָה „hat sich verbrüdert“ oder חָנָה „lagert sich“. GRDriver (JThSt 34, 1933, 377) will unter Verweis auf arab. *naḥā* „sich lehnen“ (IV „sich stützen auf“) נָחָה lesen („has inclined towards = become allied with“, danach KBL: נחה II „sich stützen“). In der Festschr. LKöhler (SThU 20, 1950, 23–26) weist OEißfeldt darauf hin, daß akkad. *nâḫu* in der Inschrift auf der Stele des Idrimi aus Alalaḫ (*Tell 'Atšana*) „versöhnt werden, in ein Vertragsverhältnis treten“ o.ä. bedeutet und glaubt, daß hebr. נוח an der vorliegenden Stelle im selben Sinn zu verstehen sei. Diese Auffassung scheint mit der Übersetzung von 𝔊: συνεφώνησεν Αραμ πρὸς τὸν Εφραιμ und der Wiedergabe des Verbs in 𝔖 mit *'ešt'wî* „sich verbinden, sich verschwören“ (𝔗: אתחבר) übereinzustimmen. Indessen spricht das על, mit dem נחה konstruiert ist, dagegen. Vor allem aber läßt sich nicht verstehen, warum eine politische Verständigung der beiden Staaten in Jerusalem eine solche Panik hervorgerufen haben sollte. Das ist indessen sehr wohl einzusehen, wenn bereits ein aramäisches Heer in Israel Standquartier bezogen hatte. נוּחַ kann an der vorliegenden Stelle durchaus wie in 19 oder Ex 10 4 2 S 17 12 21 10 im Sinn von „sich niederlassen auf, herfallen über“ verstanden werden, so daß sich jede Textänderung erübrigt. – b Zum inf. cstr. נוֹעַ (statt des geläufigen נוּעַ) s. Joüon, Gr § 80k. – 3a Für אל ישעיהו wird vorgeschlagen, אֵלַי zu lesen, s. Budde 3
a.a.O. (Jesajas Erleben) 1. Damit könnte der Abschnitt leichter als Bestandteil eines Rechtfertigungsberichtes Jesajas aus der Zeit des syrisch-ephraimitischen Krieges verstanden werden (Kap. 6 1–9 6). Textkritisch besteht zu dieser Änderung aber kein Anlaß; wir haben es, jedenfalls im jetzigen Stand der Überlieferung, mit einem Fremdbericht zu tun. – 4a VQa: עושנים, also pt. statt 4
des adj., das sich auch in Ex 20 18 findet. – b–b 𝔊: ὅταν γὰρ ὀργὴ τοῦ θυμοῦ μου γένηται, πάλιν ἰάσομαι. Natürlich ist der masoretische Text vorzuziehen, aber auch er ist nicht ursprünglich, sondern dürfte Erklärung dafür sein, was unter rauchenden Brandscheitstummeln zu verstehen ist. – c Für בחרי liest 𝔖 *men ḥemtâ*, so daß vielleicht in מחרי zu ändern ist. VQa liest בחורי. Das ist eine orthographische Variante und nicht als pt. plur. cstr. zu verstehen (gegen Wagner

7 5 a.a.O.). – 5a MSæbø (a.a.O.) hat zu zeigen versucht, daß 5f. Begründung zu 4
sei, also nicht mit 7 verbunden werden dürfe. Aber die beiden Verse wollen
nicht das vorangehende, sondern das folgende Jahwewort begründen, und 7 mit
seiner Versicherung „es kommt nicht zustande, es gelingt nicht" bezieht sich
auf den 6 genannten Plan Rezins (vgl. 14 24 40 8 46 10 Jer 44 28f. 51 29 Prv 19 21).
– b Bei אפרים ובן־רמליהו dürfte es sich um eine (sachlich richtige) Glosse han-
6 deln (s. 4b). – 6a Für ונקיצנה wird ונציקנה („und wollen es bedrängen", Gesenius) oder וְנִתְּצֶנָּה („und wollen es anzünden", deLagarde, Semitica I, 1878,
14) zu lesen vorgeschlagen, während Driver (JSS 13, 1968, 39) nach 𝔊 (συλ-
λαλήσαντες) und dem arab. *qāḍa* übersetzen will: „laßt uns Handelsbeziehun-
gen mit ihm eröffnen". HMOrlinsky, JQR 28 (1937/38) 65ff. nimmt für Hi
14 12 eine Wurzel קוץ II (= arab. *qāṣa*) mit der Bedeutung „auseinander-
reißen" an, und SSpeier (JBL 72, 1953, xiv) übernimmt diesen Vorschlag auch
für Jes 7 6. Da das hi. von קוץ I sonst nicht belegt ist, ist diese Deutung erwä-
genswert. Doch fehlt קוץ II im hebr., so daß wir es vorziehen, bei der Ableitung von קוץ I zu bleiben; die Gegner haben gar nicht die Absicht, Jerusalem
zu zerstören, sondern nur, es ihren Plänen gefügig zu machen. – b Die masoretische Punktation טָבְאַל ist wohl eine tendenziöse Änderung („Gut-für-nichts",
s. HWWolff a.a.O. [BiblStud 35] 9, Anm. i). 𝔊 bietet Ταβεηλ, und in Esr 4 7
begegnen wir tatsächlich dem Namen טָבְאֵל („El bzw. Gott ist gut", vgl.
טוֹבִיָּה(וּ) Sach 6 10. 14 u.ö.). Die Namensform ist gewiß nicht zufällig aramäisch,
es muß sich um einen Mann handeln, der bereit war, die aramäische Politik
zu vertreten. WFAlbright (a.a.O. 35) hat darauf aufmerksam gemacht, daß
in einem Text von Kalach von einem Boten Ajanûr, dem Tabeliten (*Ṭa-ab-i-
la-aja*) die Rede ist: mit *Ṭāb'el* bzw. *Bêt Ṭāb'el* ist wohl ein Landstrich nördlich von Gilead gemeint. (Man vgl. Ri 3 31: Samgar בן־ענת, was nicht „Sohn
8 der Anath" heißt, sondern „von Beth-Anath".) – 8a Für ראש hat MScott,
ExpT 38 (1926/27) 525f. ידוש vorgeschlagen, kaum mit Recht. EBaumann,
ZAW 21 (1901) 268 – 270 vermutet bei der Verwendung von ראש ein Wortspiel: es heiße nicht nur „Haupt(stadt)", sondern auch „Gift(gewächs)". Dem
Zuhörer Jesajas mag diese Zweideutigkeit wirklich bewußt gewesen sein, aber
natürlich ist die übliche Übersetzung „Haupt" beizubehalten. – b–b ist sekundärer Einschub, was sich auch daran zeigt, daß die Zeile den Zusammenhang
unerträglich unterbricht. Jesaja sieht das Ende der angreifenden Feinde in
nächster Nähe, kann also nicht von einem Ereignis nach 65 Jahren gesprochen
haben. Kaminkas Versuch, die 65 Jahre im Zusammenhang des Textes verständlich zu machen, überzeugt nicht (MGWJ 73, 1929, 471f.). Die Änderung
von Procksch und HWWolff (a.a.O. 22) – ששים וחמש שנה in שש וחמש שנים o.ä. –
beseitigt diese Schwierigkeit, ist aber unwahrscheinlich, weil sich die vorexilischen Propheten nicht auf solch bestimmte Daten festlegen und der Satz auch
dann noch im Kontext ein Fremdkörper wäre. Jesaja verwendet übrigens חתת in
9 einem andern Sinn (s. 8 9). – 9a Man hat daran Anstoß genommen, daß כי in
einem konditionalen Satzgefüge den Nachsatz einleiten soll, und es darum
durch בִּי ersetzen wollen (s. ENestle a.a.O.), das mit תאמינו zusammenzuneh-
men wäre. Aber Jesaja verwendet האמין auch in 28 16 absolut. כי („so, gewiß") ist, wie die Texte aus Ugarit zeigen, eine archaische emphatische
Partikel (s. ZAW 77, 1965, 300); es will dem Satz Nachdruck verleihen, vgl.
Gn 42 16 und Ges-K § 159ee. – b 𝔊 übersetzt 9b: καὶ ἐὰν μὴ πιστεύσητε, οὐδὲ
μὴ συνῆτε (𝔏: intelligetis, 𝔖: *testaklûn*), was hebr. תָבִינוּ voraussetzt. Das ist
zweifellos eine Textverderbnis, durch welche das jesajanische Wortspiel zer-
10 stört wird. 𝔅 übersetzt sinngemäß: non permanebitis. – 10a Vielfach wird

יהוה in ישעיה geändert. Es ist tatsächlich seltsam, daß Jahwe direkt zu Ahas
sprechen soll, als wäre dieser ein Prophet. Wäre יהוה richtig, müßte es in 11
מֵעִמִּי heißen statt מעם יהוה. Subjekt des ויאמר in 13 ist zudem eindeutig Jesaja.
– **11**a Zu den beiden asyndetisch aufeinander folgenden Imperativen העמק und 7 11
שאלה, wobei der erste adverbialen Sinn gewinnt, vgl. Joüon, Gr § 123*r*; zum
hi. העמק vgl. Ges-K § 114n. 𝔊 liest aber für שְׁאָלָה („bitte doch") εἰς βάθος,
'AΣΘ εις αδην, was beides שְׁאֹלָה voraussetzt. Das ist zweifellos der ursprüngliche
Text, weil so die Wiederholung von שאל vermieden wird und das למעלה die
notwendige Entsprechung erhält. Möglicherweise hat die Korruption in dogmatischen Bedenken ihren Ursprung. – **13**a Um einen Eigenbericht zu erhalten, 13
wird vorgeschlagen, ויאמר in וְאָמַר zu ändern, s. dazu 3a. – b לאה (akkad. *la'û*
„schwach sein") bedeutet „müde, zu etwas nicht mehr imstande sein", das hi.
demgemäß „müde machen", doch kann dieses auch deklarativen Sinn haben
(„für müde, schwach erklären" oder „für müde" bzw. „schwach halten"). Es
handelt sich offensichtlich um ein Spiel mit den verschiedenen Bedeutungen des
hi. – **14**a Mit einer großen Zahl von MSS ist יהוה für אדני zu lesen, s.o. 14
S. 231f. zu 6 1a. – b Die unten S. 289 zu nennenden formgeschichtlichen Parallelen verbieten es, das הנה mit Kaiser und Fohrer (a.a.O. 168) konditional zu
fassen. – c העלמה wird in 𝔊 mit ἡ παρθένος wiedergegeben, 'AΣΘ bieten η νεανις
(Hier.: adolescentula, Filastrius Brixiensis: iuvencula), 𝔗: עולימתא, 𝔖 *betûltâ*,
𝔙: virgo. – d Ob das pt. präsentisch oder futurisch zu übersetzen ist, läßt sich
höchstens von der Gesamtauslegung des Abschnittes her entscheiden. 𝔊: ἐν
γαστρὶ ἕξει (vgl. Mt 1 23), Handschr. der hexapl. Rez.: λη(μ)ψεται (vgl. Lk
1 31), 'A: συλλαμβανει, 𝔙 concipiet. – e וְקָרָאת scheint 2. pers. fem. sing. perf.
zu sein, was aber unmöglich ist, da der König und nicht die Frau angesprochen
wird. Die Form ist als 3. pers. fem. sing. perf. aufzufassen (s. Ges-K § 74g,
Bauer-Leander § 54r). 𝔊 liest καλέσεις (s. auch Mt 1 21 Lk 1 31), 𝔊א aber
καλέσει, G^{Q} und lukian. Handschriften καλέσετε, eine Reihe anderer Textzeugen:
καλέσουσι(ν), 𝔗: ותקרי, 𝔖: *wenetqerê šemeh*, 𝔙: vocabitur, V^{Qa} bietet וקרא,
was nach RTournay a.a.O. 𝔖 und 𝔙 entsprechend als pu. zu punktieren ist:
וְקֹרָא, aber auch וְקָרָא gelesen werden könnte: „und man wird nennen", s.
9 5, HWWolff a.a.O. 9, Anm. o und (G)R(inaldi), Bi e Or 10 (1968) 134.
Gerade die Vielfalt dieser Abweichungen vom MT ist verdächtig. Es kommt
im Alten Testament nicht selten vor, daß die Mutter dem Kind den Namen
gibt, besonders wenn sie dieses göttlichem Eingreifen verdankt, s. Gn 16 11
29 32–30 24 Ri 13 24 1 S 1 20, vgl. Mt 1 21. LDequeker (VT 12, 1962, 331–335)
setzt sich für die Punktation וְקָרָאתָ ein, vgl. dazu etwa Gn 17 19 שרה אשתך יֹלֶדֶת
לך בן וְקָרָאתָ את־שמו יצחק, dazu ferner die Namensgebungen in Hos 1 Lk 1 13,
vor allem aber Jes 8 3, wonach Jesaja, nicht seine Frau, die Kinder benannte.
Doch ist diese Vokalisation unmöglich, weil die Namengebung zum Zeichen
gehört, das dem Ahas verliehen wird (s. auch ThLescow a.a.O. 177, Anm. 20).
Die masoretische Punktation ist also festzuhalten. Mit HDonner a.a.O. 9 den
gordischen Knoten durchzuhauen und kurzerhand וְקָרָאתִי zu lesen, womit
dann jeder Leser gleich schon wüßte, daß der Immanuel Jesajas Sohn ist,
ist unerlaubt. – f FZimmermann (JQR 52, 1962, 157) schlägt vor, den Namen
in עַם נֹאָל „törichtes Volk" zu ändern; eine verlockende Emendation, die aber
an 8 10 scheitert. **15**a–a V. 15 wird von vielen als Zusatz erklärt, vgl. Gottwald 15
a.a.O. 40; CAKeller, Das Wort Oth als „Offenbarungszeichen Gottes"
(1946) 108ff; GFohrer, ZAW 68 (1956) 54–56; Stamm a.a.O. (Immanuel-
Weissagung und Eschatologie) 443, Anm. 18 und die Kommentare; textkritisch ist der Vers aber nicht zu beanstanden (s.u. S. 269). – b Die genaue Be-

deutung von חמאה ist umstritten. Es ist zweifellos ein Milchprodukt gemeint. Die Übersetzer schwanken zwischen: Süßrahm (Sahne), Dickmilch (so HAL [= KBL[3]]), saure Milch und Butter. KBL[1] bietet „süße, frische, noch weiche Butter". Auch Dalman, AuS VI, 307ff. kommt, vor allem auf Grund von Prv 30 33, zum Schluß, „daß die alten Übersetzer doch recht haben, wenn sie mit 'Butter' übersetzen, nur daß diese Butter nicht völlig fest gedacht werden darf" (311). Er erlebte noch, daß ihm „der Schēch in *muḫmās* zu Dünnbrot eine Schüssel mit Honig und flüssiger Kochbutter in Mischung vorsetzen ließ, worin das Brot getunkt werden sollte". – c לדעתו ist in 𝔊 mit πρὶν ἢ γνῶναι wiedergegeben, von Σ aber mit εις το γνωναι, von Θ mit εν τω γνωναι, in 𝔙: ut sciat: Differenzen in den Übersetzungen, die wohl die Unsicherheit im Verständnis der Stelle bezeugen, aber keinen andern Text voraussetzen. ל mit inf. kann tatsächlich zeitlichen Sinn haben: „zur Zeit, da, wenn", vgl. die Lexica. Am nächsten liegt aber zweifellos die finale Bedeutung der Infinitivkonstruk-
717 tion, s. dazu Duncker a.a.O. – **17**a Für יהוה liest 𝔊 ὁ θεός. V^{Qa} liest vor יביא noch ו, das mit „aber" wiederzugeben ist (vgl. HWWolff a.a.O. 10, Anm. r). 𝔊 bietet ἀλλὰ ἐπάξει. – b–b „und über dein Vaterhaus" hinkt nach, nachdem vorher schon vom Volk die Rede war. HWWolff a.a.O. 10, Anm. s tilgt ועל עמך; möglich ist allerdings auch, daß ועל בית אביך nicht ursprünglich ist. – c–c wird allgemein als Zusatz betrachtet; mit Recht, die Wörter hinken nach und durchbrechen das Geheimnis, das in der ursprünglichen Weissagung liegt. Textkritisch darf aber die Glosse nicht ausgemerzt werden.

Form Über die Abgrenzung dieses Abschnittes besteht keine Überein-
7 1–17 stimmung. Zwischen den Versen 9 und 10 liegt zweifellos eine wesentliche Zäsur, und wenn man den Text nicht ändert, erweckt V. 10 den Eindruck einer (eher ungeschickten) redaktionellen Naht (s. oben S. 266f. zu 10). So vertritt Kaiser (ähnlich Fohrer und Porúbčan a.a.O.) die Meinung, 10–17 gehöre wohl sachlich mit dem vorausgehenden Abschnitt zusammen, der neue Einsatz in V. 10 spreche aber doch wohl dafür, daß die nun folgende Szene zeitlich und örtlich von dem Vorhergehenden zu trennen sei. Das ist nicht wahrscheinlich, weil das Zeichen sich auf die in 4–9 an Ahas gerichtete Botschaft bezieht: Zeichen haben nie selbständige Bedeutung, sondern sind mit einem Jahwewort verknüpft (s. CAKeller a.a.O. Oth, 144f.). Bei dem formgeschichtlich verwandten Stück Gn 15 (zur Analyse s. Wildberger a.a.O. ZThK 65, 1968, 142–147) hat dieselbe Diskussion darüber gewaltet, ob 7ff. von Haus aus gegenüber 1–6 selbständig sei, was auch dort nicht zutrifft, obwohl 7 tatsächlich neu einsetzt. Mit 7 9 ist auch erzählerisch kein befriedigender Abschluß erreicht: der Hörer bzw. Leser muß erfahren, ob Ahas sich zum Glauben rufen ließ oder welches die Reaktion des Propheten auf dessen Versagen war. Somit ist an der Einheit des Ortes und der Zeit des Abschnittes 1–17 festzuhalten. Der ursprüngliche Text ist allerdings nicht ohne Eingriffe auf uns gekommen. Wie bereits oben vermerkt (s. S. 265 unter 1a–a), stammt 1 aus 2 Kö 16 5 (wobei die Zeitbestimmung אז, mit welcher dort der Satz beginnt, durch die präzisere Datierung ויהי בימי אחז usw., die wohl bereits zuvor der Jesajaerzählung zugehörte, ersetzt wurde). Die Übernahme

des Satzes aus dem Königsbuch ist ein Beleg dafür, daß man sich mühte, die prophetische Überlieferung in ihrem zeitgeschichtlichen Rahmen zu sehen, indem man die prophetischen Bücher mit den geschichtlichen zusammen gelesen hat. Es ist hier im Kleinen geschehen, was sich in größerem Umfang vollzog, als 2 Kö 18 13. 17–20 19 als Anhang dem Buch Jesaja beigefügt wurde. Im weiteren sind nicht bloß 4b (s.o.S. 265 Textanm. 4b–b) und vor allem 8b (s.o.S. 266 Textanm. 8b–b) als Glossen zu betrachten, sondern höchst wahrscheinlich ist auch 15 ein Fremdkörper innerhalb der ursprünglichen Erzählung. Die auffallende Namengebung erfordert in unmittelbarer Folge eine Begründung (vgl. Gn 16 11 und s.u.S. 289), die durch 15 in keiner Weise gegeben wird, aber, mit כי eingeleitet, in 16 folgt. Für eine spätere Abfassung von V. 15 spricht ferner die Pleneschreibung der beiden inf. מאוס und בחור, im Gegensatz zu V. 16. Das bedeutet, daß 15 nicht herangezogen werden darf, wenn man versucht, das Immanuelzeichen nach dem Verständnis Jesajas selbst zu deuten.

Ein Problem für sich bildet 17. Andern Verstehensversuchen zum Trotz ist es die natürlichste Auffassung, daß der Vers für Juda Unheil ankündet, wie es seit den unglücklichen Tagen, da nach Salomos Tod die Einheit Israels zerbrach, noch keines gegeben habe. Dann scheint er sich aber inhaltlich aufs stärkste mit dem vorangehenden Vers, der vom Unheil spricht, das Judas Feinde trifft, zu stoßen. Man versucht, diesen Widerspruch auszumerzen, indem man den Schluß von 16: „vor dessen beiden Königen dir graut“ streicht (so neuerdings wieder Fohrer), so daß dann auch 16 als Gerichtsankündigung gegen Juda verstanden werden müßte. Andererseits hat man vorgeschlagen, den ersten Teil des Kapitels mit 16 schließen zu lassen und 17 als Einleitung zu 18ff. aufzufassen (z.B. Gray z.St.). Aber im allgemeinen ist man doch geneigt, 17 als integralen Bestandteil von 7 1 bzw. 7 10ff. anzusehen (so unter den Neueren Graham a.a.O. 205, Wolff, Kaiser, Eichrodt). Die Frage ist aber mit der des Verständnisses von 10ff. so eng verknüpft, daß sie nur im Rahmen einer umfassenden Exegese des ganzen Abschnittes zu beantworten ist (s. dazu u.S. 297f.).

Unter Abzug der erwähnten Glossen bleiben zunächst als sicherer Bestand des Abschnittes die Verse 2–16. Es handelt sich um einen Fremdbericht über Jesajas Begegnung mit dem König Ahas beim Ausbruch des Konfliktes mit den verbündeten Aramäern und Nordisraeliten, den man als syrisch-ephraimitischen Krieg zu bezeichnen pflegt. Er ist damit zentraler Bestandteil der sogenannten Denkschrift Jesajas, die sich mit der Wirksamkeit des Propheten in ebendieser Zeit befaßt (6 1–9 6, s.o.S. 234). Im Rahmen dieser Denkschrift müßte der Abschnitt allerdings als Ich- und nicht als Er-bericht formuliert sein. In Kap. 6 war das der Fall, und in 8 1. 3. 11. 16–18 ist dieses Ich wieder da. Es liegt darum nahe, anzunehmen, daß auch 7 1–16 (17) als Ich-Bericht abgefaßt war (s. Duhm z.St. und Budde a.a.O. [Erleben] 1f.). Um einen solchen wiederzugewinnen, bedürfte es nur geringfügiger Änderungen in 3, s.o. Textanm. 3a. Doch wäre es auffallend, wenn sich in der Textüberlieferung ein derartiges Versehen so völlig durchgesetzt haben sollte, daß keine Spuren der ursprünglichen Lesart mehr nachzuweisen sind. Warum sollte von Jesajas Schülern, eventuell sogar von ihm selbst, nicht ein Fremdbericht in diese „Denkschrift" aufgenommen worden sein?

7 1-9 Nach einer knappen Orientierung über die Situation, in der Jesaja dem König Ahas entgegentrat (2), folgt die Sendung des Propheten (3), darauf, eingeleitet mit der bekannten Formel ואמרת אליו, zu Beginn von 4 das eigentliche Jahwewort. In 7-9 haben wir scheinbar einen zweiten Gang vor uns, wobei diesmal die Situationsbestimmung in der Form eines Kausalsatzes (5f.) in das Jahwewort hineingenommen ist. Dadurch entsteht ein recht komplizierter Aufbau, indem im Jahwewort, formal gesehen, ein Botenspruch zitiert wird, und zwar eingeleitet mit der Formel כה אמר אדני יהוה. Das hat Sæbø veranlaßt, den Kausalsatz von 5f. zum Vorangehenden zu ziehen und 7-9 als ein selbständiges Wort Jesajas, wenn auch aus derselben Situation und mit derselben Thematik, aufzufassen (a.a.O. 69). Doch entstehen dadurch für die Deutung von 7-9 Schwierigkeiten, die es geraten scheinen lassen, auf diese Trennung zu verzichten.

4-9 Das Jahwewort, das der Prophet dem König zu übermitteln hat, ist ein Heilsorakel. Entscheidendes Indiz dafür ist die Mahnung „fürchte dich nicht" (s. JBegrich, Das priesterliche Heilsorakel: ZAW 52, 1934, 81–92 = Gesammelte Studien zum Alten Testament: ThB 21, 1964, 217–231). Schon in 4 zeigt es sich, daß auf dieser Aufforderung besonderes Gewicht liegt, wobei sie durch drei andere, parallele Imperative umrahmt und der Grund zur Ängstlichkeit ausdrücklich genannt wird. Aber das Jahwewort kann mit diesen Mahnungen unmöglich zu Ende sein. In der Struktur des Heilsorakels folgt auf die Aufforderung zur Furchtlosigkeit eine nominale oder perfektische Aussage, z.B. „ich bin mit dir" oder „ich habe dich erlöst" (s. Begrich a.a.O. 82f. bzw. 219f.). Dieses Element fehlt hier. Es ist aber indirekt durch den Namen des Kindes der עלמה, עמנו אל, vertreten und ebenso durch 9, insofern der Vers auf die Erwählung des Davidshauses anspielt (s.u.S. 271). Auf die Grundzusage folgt, als imperfektischer Satz formuliert, die konkrete, das Heil ankündende Verheißung, hier die Ankündigung des Scheiterns der Pläne der beiden Gegner des Davididen. Daß das Jahwewort damit nicht endet, sondern in 9 noch einmal auf die Mahnung zur Furchtlosigkeit zurückgreift, gehört zur jesajanischen Abwandlung der überlieferten Form.

Heilsorakel können bei verschiedenen Gelegenheiten einzelnen Persönlichkeiten oder der Gesamtheit des Volkes übermittelt werden. Das vorliegende jesajanische Stück ist neuerdings von der sogenannten Kriegsansprache her, die zum Traditionskreis des heiligen Krieges gehört, verstanden worden (GvRad,

Der Heilige Krieg im Alten Israel, 1951, s.S. 70ff.). Eine solche Rede ist uns in Dt 20 3f. überliefert und klingt auch sonst vor allem im deuteronomistischen Schrifttum an: Dt 7 16–20 9 1–6 31 3–6. 7f., ist aber bereits in Ex 14 greifbar, wo denn auch nach dem Bericht über die Erfüllung des Orakels berichtet werden kann, daß Israel an Jahwe glaubte (s. 13f. [J]. 31). Dazu ist Dt 1 29–32 zu vergleichen, wo festgestellt werden muß, daß Israel trotz dem günstigen Orakel nicht an Jahwe geglaubt habe. Es scheint also, daß im Zusammenhang mit solchen Heilsorakeln zu Beginn eines Krieges zum Glauben (האמין) gemahnt bzw. Glauben erwartet worden ist. Aber die Auskunft, Jesaja lehne sich in seinem Wort an Ahas an die Gattung der „Kriegsansprachen" an, will nicht voll befriedigen: Jesaja ist nicht ein charismatischer Führer oder Sprecher Jahwes im heiligen Krieg, der sich an das Volk wendet. Sein Orakel gilt dem König. Es ist zudem schon oft beobachtet und durch Würthwein des nähern begründet worden, daß 7–9 von der Überlieferung vom Davidsbund her zu verstehen sind (a.a.O. 60ff.). תאמנו in 9b knüpft an die dem Davidshaus zuteil gewordene (und gewiß bei Königsfesten immer wieder aktualisierte) Verheißung vom dauernden Bestand ihrer Dynastie an: וְנֶאְמַן בֵּיתְךָ וּמַמְלַכְתְּךָ עַד־עוֹלָם לְפָנָי 2 S 7 16 (emend. Text, s. BHK, s. auch Jes 9 6 Ps 89 5). Aber auch 8a und 9a sind nur auf diesem Hintergrund voll verständlich. Die beiden Versteile zwingen den Hörer, weiter zu denken: „Und das Haupt von Juda ist Jerusalem, und das Haupt von Jerusalem ist der Davidide", d.h. der König, den Jahwe seinen Sohn nennt (2 S 7 14 Ps 2 7), dem er seine Gnade zugesichert (Jes 55 3 Ps 89 3) und dem er für immer seine Treue (אמונה) verheißen hat (Ps 89 2 u.ö.). Nimmt der Davidide Ahas diese über seinem Haus stehende Zusage Jahwes ernst, bleibt kein Raum für Furcht. Von daher ist Jes 7 3–9 zu bestimmen als Heilsorakel an einen König als den Auserwählten der Gottheit angesichts schwerer Kriegsgefahr.

Wir besitzen für solche Orakel altorientalische Parallelen. In seiner bei Afis gefundenen Inschrift berichtet Zakir, der König von Hamath, in auffallender Parallele zu dem, was Jes 7 erzählt: „Da brachte Barhadad, ... der König von Aram, gegen mich ... zehn Könige zusammen ... Da errichteten alle diese Könige einen Belagerungswall gegen Ḥazra[k] ... Da erhob ich meine Hände zu B'LŠ[MJ]N, und B'LŠMJ[N] erhörte mich. [Da redete] B'LŠMJN zu mir [durch] Vermittlung von Sehern und durch Vermittlung von Zukunftskundigen...: »Fürchte dich nicht; denn ich habe [dich] zum Kön[ig gemacht, und ich werde mich] mit dir [erheb]en, und ich werde dich erretten vor allen [*diesen Königen, die*] einen Belagerungswall gegen dich *aufgeworfen* haben!«" (KAI Nr. 202). Hier ist allerdings nicht expressis verbis von Glauben oder Vertrauen die Rede. Das ist aber in ähnlichen Orakeln aus Assur durchaus der Fall. So versichert z.B. Ištar von Arbela Asarhaddon: „... für späte Tage, ewige Jahre habe ich deinen Thron unter den großen Himmeln festgegründet" und ruft ihm zu: „Fürchte dich nicht, König! Ich habe dich nicht verworfen, ich flößte dir Zuversicht ein, ... in Arbela bin ich dein gnädiger Schild..." (AOT[2] 282, ANET[2] 480). Man beachte, daß auch hier (wie in Jes 7 9) von der Festigkeit des Königsthrones die Rede ist. Dafür daß solche Orakel im Alten Orient längst vor Jesajas Zeit ihre feste Form gefunden hatten, besitzen wir auch ein überraschendes Zeugnis in einem Brief des Hethiterkönigs Suppiluliuma (ca. 1375–1335) an Niqmadu von Ugarit: „Wenn auch Nuḫaš und Mukiš mit mir im Krieg liegen, so fürchte du, Niqmadu sie nicht (*lâ tapalaḫšunu*); hab Vertrauen zu dir selbst... Wenn du dich, o Niqmadu, an die Worte des großen Königs, deines Herrn, hältst ... wirst du, o König, die Gunst schauen, womit der Großkönig, dein Herr, dich beschenken wird ... Dann wirst du, o Niqmadu, in Zukunft in die Worte des Großkönigs, deines Herrn, Vertrauen haben (*amāte ša šarri rabî bêlika taqâp*) (JNougayrol, Le Palais Royal d'Ugarit IV, 1956, Text 17.132, S. 35–37, s. dazu ZAW 67, 1955, 265).

Es ist also keineswegs verwunderlich, daß Jesaja in seinem Jahwewort an Ahas an den Davidsbund erinnert: er benutzt die Gattung des Heilsorakels an Könige. Wir haben im Alten Testament an einer Stelle, wo man es nicht vermutet, eine treffende Parallele: in Gn 15 1ff. (s. dazu HWildberger a.a.O. ZThK 65, 142ff.) In 1b liegt deutlich, wenn auch in knappster Form ein solches Orakel vor: „Fürchte dich nicht, Abram, ich bin dein Schild; dein Lohn ist sehr groß." OKaiser (Traditionsgeschichtliche Untersuchung von Genesis 15: ZAW 70, 1958, 107–126) und HCazelles (Connexions et structure de Gen. XV: RB 69, 1962, 321–349) haben gezeigt, daß die Verheißung („Schild" und „Lohn" im Sinn von Sold, Geschenk an den siegreichen Heerführer) vom Königsorakel her zu verstehen ist. Auch im Zusammenhang mit jenem Orakel ist vom Glauben die Rede.

Es kann also kaum zweifelhaft sein, daß Jesaja sich an das Heilsorakel, wie es in Kriegsgefahr an Könige gerichtet wurde, anlehnt und ihm in der Formensprache dieser Gattung auch das Thema „Glaube" bereits vorgegeben war. Es fragt sich, ob das auch vom Motiv des „Sohnes", der geboren werden soll, gilt. In Gn 15 wird es jedenfalls von Abraham in seiner Rückfrage auf die Verheißung aufgegriffen und von Gott beantwortet (אשר יצא ממעיך 4), und es gehört ganz allgemein zum Gedankengut der Königstradition (זרע אשר יצא ממעיך 2 S 7 12). Es wird auf das Problem zurückzukommen sein, wenn die Frage nach der Identität des Immanuel zu klären ist. Daß ein Heilsorakel durch ein Zeichen unterstützt wird, kann jedenfalls nicht überraschen: Gideon fordert ein Zeichen, nachdem er den Auftrag bekommen hat, Israel zu erretten (Ri 6 16, andere Beispiele s. Keller a.a.O. Oth, 23ff.), und noch den Hirten auf dem Felde, denen das „fürchtet euch nicht" zugerufen wurde, wird ein „Zeichen" genannt (Lk 2 12). So wenig Gn 15 7ff. von 15 1–6 (bzw. der jahwistische Grundbestand der beiden Teile des Kapitels) getrennt werden darf (s. dazu Kaiser, Seebass, Snijders), so wenig kann die Immanuelweissagung vom Jahwewort an Ahas 7 4–9 geschieden werden. Gewiß mag man einwenden, nach 9 müßte vorerst erzählt werden, daß Jesaja den an ihn ergangenen Befehl ausgeführt hat, aber bei Ahas auf Skepsis gestoßen ist. Budde a.a.O. (Erleben) 44f. erklärt diese Lücke als redaktionelle Kürzung des ursprünglichen Textes. Wahrscheinlicher ist die Erklärung der scheinbaren Unebenheit durch WBaumgartner als Eigentümlichkeit des hebräischen Erzählungsstils (Ein Kapitel vom hebräischen Erzählungsstil: Festschr. HGunkel, FRLANT 36/I, 1923, 145–157, s.S. 146–148).

Metrum: Der Versuch von Procksch, 3–17 metrisch zu lesen, überzeugt nicht. Es handelt sich um einen Prosabericht. Auch im Orakel läßt sich nur an den Höhepunkten eine metrische Gliederung sicher erkennen: in 7b ist

לא̀ תקו̀ם ולא̀ תהי̀ה zu lesen, beide Male also mit betontem לא̀. In 8a und 9a liegen zwei parallele Doppeldreier vor, dazu zwingend, in Gedanken eine dritte Zeile hinzuzufügen, ohne die der Kausalsatz unverständlich bliebe, nämlich:

וְרֹאשׁ יְהוּדָה יְרוּשָׁלָ͏ִם
וְרֹאשׁ יְרוּשָׁלַ͏ִם בֶּן־דָּוִד

In der schneidenden Kürze eines Doppeldreiers endet in 9 das Wort. Die Betonung der beiden לא unterstreicht wie in 7b die absolute Unausweichlichkeit des göttlichen Beschlusses.

Es leidet keinen Zweifel, daß der Redaktor, der dem Bericht über das Ort
Orakel an Ahas 2 Kö 16 5 voransetzte, die Begegnung Jesajas mit dem König historisch richtig eingeordnet hat. Da 2–17 vermutlich doch als Fremdbericht zu bewerten ist, erhebt sich aber die Frage, ob der Abschnitt vielleicht als Legende zu betrachten sei. Nachdem schon deLagarde (Semitica I, 1878, 9–13) seine Bedenken gegen die historische Zuverlässigkeit des Abschnittes geäußert hatte, hat HGreßmann (Der Messias: FRLANT 43, 1929, 237) erklärt, die Art, wie Jesaja hier zum Wundertäter degradiert werde, stemple die Erzählung zur Prophetenlegende. Trotzdem brauche man ihre Glaubwürdigkeit nicht ganz zu leugnen. Radikaler noch verfährt Kraeling a.a.O., indem er sagt, die Geschichte sei von derselben Art wie die Jesajaerzählungen von 36–39. Dagegen hat sich mit Recht bereits Budde gewandt: „Das Immanuelzeichen, als Bekräftigung der Verheißung Jesajas aufgefaßt“, (so Kraeling) „müßte unmißverständlich eintreffen, Ahaz sich davon überzeugen lassen, Assyrien nicht zu Hilfe rufen, vielmehr, im Vertrauen auf Jahwes Beistand, den Krieg gegen Aram und Ephraim allein aufnehmen und siegreich bestehn, zum hellen Triumph des Propheten“ a.a.O. (Das Immanuelzeichen) S. 42. Buddes Verteidigung der Historizität ist von der Forschung anerkannt worden, und zwar auch dort, wo man darauf verzichtet, den Fremd- in einen Eigenbericht umzuwandeln. Es ist nach 8 16ff. anzunehmen, daß die „Denkschrift“, deren Bestandteil 7 1–16 ist, nicht lange nach dem syrisch-ephraimitischen Krieg verfaßt worden ist. Dann muß das auch vom Bericht über die Begegnung mit Ahas gelten.

Wir sind also nach dem eben Festgestellten in der glücklichen Lage, Wort
ein Prophetenwort mit großer Sicherheit präzis datieren zu können. Der 7 1
dem 2. Königsbuch entnommene Vers 1 stammt aus den Annalen des jerusalemischen Hofes. Das gilt allerdings nicht von der Datierung „es geschah in den Tagen des Ahas, des Sohnes Jothams, des Sohnes des Ussia, des Königs von Juda“, die das verbindende אז von 2 Kö 16 5 ersetzt und vermutlich, eventuell ohne die Angabe des Vaters und Großvaters des Ahas, bereits dem Bericht von 2ff. vorangestellt war.

Zu den Namen Ahas, Jotham und Ussia s.o.S. 5, zu Rezin s.o.S. 265. Pekah ist Kurzform des Namens פְּקַחְיָה „Jahwe öffnet“ (die Augen oder Ohren, vgl. Ps 146 8 Jes 42 7.20 u.ö.), wie der Vorgänger Pekahs heißt (s. auch Diringer a.a.O. 167. 203f. 353, das Lachisch-Ostrakon 19, Z. 3 und bei Tallqvist, Akkadische Personennamen 180). Der Name seines Vaters רמליהו (s. auch 2 Kö 15 15–37 16 1. 5 Jes 7 4f. 9 8 6, vgl. auch Diringer 179. 217) ist für uns in seinem ersten Bestandteil nicht durchsichtig, vgl. o.S. 265 Textanm. 1c und s. Noth, Pers 257 Nr. 1261a. Ahas regierte nach der von uns angenommenen Chronologie (s.o.S. 3) von 735–715. 2 Kö 15 37 berichtet, daß der Druck Rezins von Damaskus und Pekahs von Israel auf Juda noch zu Lebzeiten Jothams begann. Da jene Notiz kaum in Frage zu stellen ist, muß angenommen werden, daß Ahas gleich zu Beginn seiner Regierung sich mit der Bedrohung seiner nördlichen Nachbarn konfrontiert sah.

Gegenüber Jes 7 1 bietet 2 Kö 16 5 ein wesentliches Plus: וַיָּצֻרוּ עַל־אָחָז (das wohl in וַיָּ' עָלֶיהָ zu ändern ist). Demnach ist es tatsächlich zur befürchteten Belagerung Jerusalems gekommen, die aber offensichtlich zu keinem Überraschungserfolg führte und bald abgebrochen werden mußte. Den Grund erfahren wir aus dem Königsbuch: Ahas erbittet sich die Hilfe Thiglath-Pilesers von Assur und dieser greift daraufhin Damaskus an (2 Kö 16 7–9). Das muß zur Aufhebung der Belagerung der Hauptstadt Judas geführt haben. Ein zweiter Unterschied zwischen den beiden Textformen besteht darin, daß das Jesajabuch לא יכל, also im Gegensatz zu 2 Kö 16 5 nicht den Plural, liest. Das entspricht dem Singular עלה bzw. יַעֲלֶה רצין, ferner der Tatsache, daß das Königsbuch in diesem Zusammenhang noch nicht von einem Angriff Thiglath-Pilesers auf Israel spricht und schließlich dem Satz נחה ארם על־אפרים in 2. Aram und nicht Israel war also die treibende Kraft in diesem unglückseligen Zug gegen Jerusalem. Im übrigen s. zu den historischen Problemen die am Kopf des Kapitels genannte Literatur.

7 2 Im Moment, wo Jesaja dem König auf der Walkerfeldstraße entgegentrat, war die Belagerung Jerusalems noch nicht in Gang gekommen. Man hat einzig vernommen, daß sich Aram in Ephraim festgesetzt hat (zu Ephraim s.o.S. 214f. zu 9 8). Die Zudringlichkeit, mit der der Prophet den König vor einem unbedachten Schritt zurückhalten will (vgl. das „hüte dich" in 4), bleibt unverständlich, wenn die Problematik jener Stunde nicht in ihrem weltgeschichtlichen Rahmen gesehen wird: Mit Thiglath-Pileser III. hatte eine äußerst dynamische Persönlichkeit den Thron Assurs bestiegen. Sobald sich die Herrschaft in seiner Hand konsolidiert hatte, machte er sich mit auffallender Zielstrebigkeit daran, ein Weltreich aufzubauen. 743 hatte er eine antiassyrische Koalition in Nordsyrien unter Führung Dardurs III. von Urartu niedergeschlagen. Fünf Jahre später, 738, gelang es ihm bereits, das Staatengebilde von Hamath in Mittelsyrien zu erobern, das er darauf zum großen Teil dem assyrischen Provinzialsystem eingliederte. Zu den Herrschern, die ihm damals durch Tributleistung ihre Loyalität bekundeten, gehörten auch Rezin von Damas-

kus und Menahem von Israel (Annalen Z. 150ff., s. AOT² 346, ANET² 283). In den folgenden Jahren war Thiglath-Pileser wieder im Norden seines Reiches beschäftigt. Aber 734 unternahm er von neuem einen Feldzug in den Westen, der sich hauptsächlich gegen Gaza richtete (vgl. DJWiseman, Two Historical Inscriptions from Nimrud: Iraq 13, 1951, 21–26 und AAlt, Thiglathpilesers III. erster Feldzug nach Palästina: KlSchr II, 150–162). Schon damals wurde Israel der ihm gehörende Küstenstreifen entrissen und dem assyrischen Reich als Provinz *du'ru* (d.h. Dor) einverleibt. In dieser für die Kleinstaaten des südlichen Syrien und Palästinas bedrohlichen Situation versuchte Rezin offensichtlich, eine antiassyrische Front aufzubauen. Schon Pekah von Israel scheint – wenn unsere Deutung von על־אפרים in 2 richtig ist – allerdings mehr unter Zwang als freiwillig mitgemacht zu haben. Ahas von Jerusalem aber, offensichtlich in nicht unrichtiger Einschätzung der wirklichen Machtverhältnisse, sagt ab. Aber nun soll die Eingliederung Judas in die Koalition mit Waffengewalt erzwungen werden. Man will in Jerusalem eindringen, Ahas stürzen und einen gewissen בן־טבאל an seine Stelle setzen (6). טבאל ist ein aramäischer Name (s. oben S. 266 Textanm. 6b), und ohne Zweifel war sein Träger ein Parteigänger der Aramäer. Das heißt wohl nicht, daß es geradezu ein Mann aus dem Herrschaftsbereich der Aramäer war. Es scheint doch ein fast zu kühner Plan zu sein, die Davididen, die in Jerusalem seit so langer Zeit und so tief verwurzelt waren, auf die Seite zu schieben. Möglicherweise versuchte man, einen Mann auf den Thron zu setzen, der zwar Arams Sache betrieb, aber doch beanspruchen konnte, Davidide zu sein. Die Annahme Albrights hat darum einiges für sich, daß mit בן־טבאל ein Sohn Ussias oder Jothams, also ein Prinz aus davidischem Geschlecht, gemeint sei, dessen Mutter aber aus Tabel bzw. Beth-Tabel stammte (s.o.S. 266 Textanm. 6b und EVogt, „Filius Tāb'ēl“ [Is 7, 6]: Bibl 37, 1956, 263f.). Zur Gewißheit erheben läßt sich diese Vermutung nicht, zumal Lesung und Deutung des von Albright herangezogenen assyrischen Briefes umstritten ist (s. HDonner, MIO 5, 1957, 171, ferner Stamm a.a.O. [Die Immanuel-Weissagung] 441 Anm. 7).

Auf die Kunde von den Vorgängen im benachbarten Ephraim hin herrscht in Jerusalem eitel Bestürzung, nicht zuletzt im „Hause Davids“. Nach 2 Kö 16 2 war Ahas erst 20 Jahre alt, als er König wurde. Er war also zu Beginn seiner Königszeit gewiß noch sehr auf den Rat der Leute am Hof, zumal seiner Verwandten, angewiesen bzw. ihrem Willen ausgeliefert. Auch in 13 redet der Prophet das Davidshaus an, obwohl doch zuvor Ahas gesprochen hatte. Andererseits muß sich in 2 das Suffix von לבבו doch auf Ahas beziehen, da vom Herz eines Hauses nicht wohl gesprochen werden kann. Es ist für das Verständnis des vorliegenden Abschnittes nicht unwichtig, sich vor Augen zu halten, daß in Altisrael der einzelne immer eingebettet gesehen wird in sein „Haus", wie andererseits das „Haus" durch seinen jeweiligen „Chef" repräsentiert wird. Ahas ist nicht nur ein Herrscher, der mit seiner eigenen Leistung und Vollmacht steht und fällt, sondern der Vertreter der Dynastie, die durch ihre Vergangenheit geprägt und durch ihr besonderes Verhältnis zu Jahwe ausgezeichnet ist. Es ist darum schon schwerwiegend, wenn sein Herz „erbebt", nur weil ein benachbarter Kleinkönig sich anschickt, gegen seine Stadt zu ziehen. Man „erbebt" bzw. „schwankt" sonst etwa, wenn man betrunken ist (Jes 29 9 24 20 Ps 107 27), Blinde schwanken (Thr 4 14), aber auch, wie das von Jesaja verwendete Bild so anschaulich sagt: die Bäume des Waldes schwanken vor dem Wind. Innere Gelassenheit und äußere Festigkeit entsprächen in einer derartigen Situation der Würde eines Davididen. Ahas scheint aber dessen nicht fähig zu sein.

7 3 Da bekommt Jesaja den Auftrag, ihm entgegenzutreten. Warum das Treffen ausgerechnet am „Ende der Wasserleitung des oberen Teiches auf der Walkerfeldstraße" stattfinden soll, ist für uns nicht recht durchschaubar. Mag sein, daß Jesaja nicht in den Palast gesandt wird, um nicht aufzufallen, oder damit seine Intervention nicht sofort von den am Hof maßgebenden Leuten durchkreuzt werden konnte. Die Lage des oberen Teiches ist nicht sicher zu bestimmen. Aus dem „geh hinaus" ist zu schließen, daß es sich um eine Örtlichkeit außerhalb der Stadtmauern handelt. Eine מסלה ist nicht ein Feldweg, sondern eine aufgeschüttete Kunststraße. Es ist übrigens das einzige Mal, daß wir den Namen einer Straße in oder beim alten Jerusalem erfahren. Es muß eine bekannte Stelle gewesen sein. Nach 36 2 stellt sich am selben Ort bei der Belagerung der Stadt der Unterhändler des assyrischen Königs auf. Da Jerusalem für ein feindliches Heer nur im Norden einen Zugang freigibt, könnte man vermuten, der obere Teich sei dort zu suchen, eine Meinung, die neuerdings wieder vertreten wird (Donner a.a.O. VTSuppl 11, 11). Aber wenn der untere Teich im Süden der Stadt liegt, heißt das (gegen Donner) nicht, daß der obere Teich im Norden zu suchen sei. Eine Anlage, die mit der Arbeit der Walker in Verbindung stehen muß, wenn dort das Walkerfeld liegt, ist doch nur südlich von Jerusalem denkbar. Doch bieten die drei maßgebenden Werke zur historischen Topographie der Stadt, JSimons, Jerusalem in the Old Testament (1952), LHVincent, Jérusalem de l'Ancien Testament I (1954) II/III (1956) und MAvi-Yonah, Sepher Yeruschalayim (1956) je verschiedene Theorien. MBurrows (a.a.O. 227) denkt an das untere Kidrontal. Dort allein findet sich so viel Wasser, wie die Walker für ihre Arbeit benötigen. Dort liegt auch die עין רוגל, die Walkerquelle (heute *bīr 'eijūb*), s. GDalman a.a.O. (Jerusalem) 163ff., ferner BHHW 826f. Das Walken gehört zur Textilverarbeitung. Arab. *kabasa* heißt kneten, das akkad. *kabāsu* treten, stampfen, vgl. auch ugar. *kbs* (s. dazu GBuccellati, Bi e Or 4, 1962, 204 und

GBrunet a.a.O.). Durch Treten, Kneten und Schlagen im Wasser wird das Tuch nach dem Weben gereinigt und geschmeidig gemacht. Das Wasser wird dabei mit Lauge vermischt (s. Dalman, AuS V 145ff. Abb. 33 und BHHW 2134f.). Nach 2 Kö 16 3 ließ Ahas seinen Sohn durchs Feuer gehen. Danach hält es Steinmann (a.a.O. 83) für wahrscheinlich, daß er zur Abwehr der Gefahr sich mit seinem Hof zum Tophet hinausbegeben hat, um dort seinen ältesten Sohn dem Moloch zu opfern. Auf der Rückkehr habe dann Jesaja zwischen dem Hamra-Teich (Siloahteich) und der Rogelquelle bei der Einmündung des Tyropöontals in das Hinnomtal auf den König gewartet. Aber der Text von Jes 7 gibt zu dieser Kombination keinen Anlaß. Mehr Wahrscheinlichkeit kann die Vermutung für sich beanspruchen, daß der König sich auf einem „Inspektionsgang zur Prüfung der Befestigungsanlagen und der Wasserversorgung befand", als der Prophet ihm entgegentrat (Donner a.a.O. 11).

Der König war nicht ohne Begleitung auf der Walkerfeldstraße, wie schon die Anrede an das Haus Davids in 13 annehmen läßt. Auch Jesaja ist nicht allein; auf das Geheiß Gottes hin hat er seinen Sohn Schear-Jaschub mitgenommen. Die Gegenwart dieses sicher noch jungen Knaben ist bedeutungsvoll um seines Namens willen, was voraussetzt, daß dieser in Jerusalem allgemein bekannt war. Zweifellos soll er wie Maher-Schalal Chasch-Bas (s. 8 1) die prophetische Verkündigung Jesajas bekräftigen (vgl. Hos 1 4-9). In welchem Sinn er verstanden werden muß, ist allerdings für uns nicht so deutlich, wie man es sich wünschen möchte. Schon über das grammatische Verständnis des Namens ist diskutiert worden.

Man pflegt zu übersetzen: „Ein Rest kehrt um." Aber das ließe die umgekehrte Wortfolge, ישוב שאר, erwarten. Namen, bei denen das impf. dem Nomen folgt, sind selten (s. Noth, Pers 28). Köhler (VT 3, 1953, 84f.) will darum ישוב als sogenannten „nackten Relativsatz" auffassen und übersetzt: „der Rest, der umkehrt". Das müßte man wohl dahin deuten, daß der Name des Sohnes nicht nur die Botschaft von der Umkehr eines oder des Restes wachhalten will, sondern daß der Sohn selbst diesen Rest repräsentiert (so auch Gunneweg a.a.O. 27f.). Für solche Namenbildungen finden sich aber im Hebräischen keine Parallelen (in 10 21f. muß שאר Subjekt, ישוב Prädikat sein). Man hat die auffallende Wortstellung vielmehr damit zu erklären, daß שאר betont ist: „ein Rest (wenigstens) kehrt um", oder warnend, ja drohend: „(nur) ein Rest kehrt um" (so etwa SHBlank, HUCA 27, 1956, 86ff.). Damit stellt sich die Frage: Ist der Name als Verheißung oder ist er als Mahnung, Warnung, Drohung gemeint? Oder ist der Restgedanke, um mit HGottlieb zu sprechen (VT 17, 1967, 441f.) zweiseitig, d.h. enthält er ein „Gerichtselement" und trägt doch zugleich einen „Heilsaspekt"? Dazu tritt die andere Frage: Was meint שוב in diesem Zusammenhang? Innere oder äußere Zuwendung zu Jahwe (so etwa Gunneweg a.a.O.)? Umkehr im Sinn der Bekehrung oder innerer Einkehr? Oder Umkehr im profanen Sinn (so z.B. „Rückkehr aus der Schlacht", s. Blank a.a.O. [JBL 67, 1948] 215 mit Berufung auf 1 Kö 22 28 und Jer 22 10)? Schließlich bedeutet שוב auch sich abwenden, so daß selbst die Übersetzung „ein Rest wendet sich ab" theoretisch möglich wäre. Solche Namen sind ohne nähere Umschreibung und ohne Kenntnis der Situation, aus der heraus sie gegeben wurden, vieldeutig. Das Jesajabuch bietet allerdings an anderer Stelle eine Deutung: 10 20-22 (s. dort). „An jenem Tag", und das heißt: in der eschatologischen Zeit des Heils, „wird, was von Israel noch übriggeblieben ist, umkehren zum Heiligen Israels", was bedeutet, daß es „sich in Treue (oder: »in Wahrhaftigkeit«) auf ihn stützen wird." Vers 22 fügt aber hinzu, daß es wirklich nur ein kleiner Rest ist, dem solches Heil widerfährt. Der Abschnitt dürfte aber kaum auf Jesaja zurückgehen, sondern ist ein an sich interessantes Interpretament, das für den ursprünglichen Sinn von שאר ישוב nicht maßgebend sein kann. Mit noch größerer Sicherheit fallen die Stellen 11 11. 16 für die Erhebung der jesajanischen Botschaft außer Betracht. „Rest" ist hier Terminus für die Gemeinde der Heimkehrer aus den Ländern der jüdischen Diaspora (s.o.S. 156f. zu 4 3, S. 258 zu 6 13 und u. zu 28 5). Müssen diese Stellen ausscheiden, wird es deutlich, daß dem Restgedanken bei Jesaja nicht die Bedeutung zukommt, die man ihm oft zugeschrieben hat. Doch weist Herrmann (a.a.O. 127f.) mit Recht auf 1 21-26 hin. Unter Verwendung der mit שאר sinnverwandten Wurzel יתר spricht der Prophet auch in 1 8 7 22(?) 30 17 von einem noch übriggebliebenen Rest. Es ist nach diesen Stellen aber nur ein armseliger Rest, der gerade noch der Katastrophe entronnen ist. Jesaja kennt einen Sichtungsvorgang, und man kann durchaus von einem „Restgedanken" im Sinn einer übriggebliebenen Gruppe sprechen, wenn man die Vorstellung nicht auf Begriffe wie שאר und שארית festlegt. Einen Hinweis auf eine derartige Hoffnung Jesajas kann man vor allem im Jüngerkreis von Jes 8 16-18 und in den Armen von 14 32, die auf dem Zion Zuflucht suchen, sehen, s. GvRad, TheolAT II⁴ 171f.

Wir werden unter diesen Umständen versuchen müssen, den Namen aus der Situation von 7 2-17 heraus zu verstehen (s.u.S. 294f.), was darum mißlich ist, weil das grundsätzliche Verständnis der Immanuelweissagung in einem Ausmaß kontrovers ist wie kaum das eines anderen Abschnittes des Alten Testaments. Immerhin läßt sich wohl folgendes sagen: Der Sohn, der den Vater begleiten kann, und gar zu einem solch hohen Geschäft, muß schon mehrere Jahre alt sein. Er wird also um die Zeit geboren sein, da Jesaja zum Propheten berufen wurde. Das heißt, daß der Name der Verkündigung Jesajas in der ersten Zeit seiner Wirksamkeit entsprechen muß. Obwohl der religiöse Sinn von שוב gesichert sein dürfte (s. 6 10), ist der Name nicht zum vornherein als Bekräftigung jesajanischer Heilsverkündigung zu werten, allerdings auch nicht (wie Blank ihn auffaßt) als solche purer Unheilsweissagung. Er warnt und mahnt. Jesaja will nicht leugnen, daß es Heil gibt. Aber das Heil hängt an der Umkehr zu Jahwe. Und darüber, daß nur ein Rest den Weg zurück zu Jahwe findet, soll sich niemand einer Täuschung hingeben. So wird der Name also sagen wollen: Nur ein Rest wird in all den Katastrophen, die über Israel hereinbrechen werden, umkehren, diejenigen nämlich, die sich im Glauben Jahwe zuwenden. Mit dieser Deutung des Namens ist dann auch die auffallende Wortfolge erklärt (vgl. aber Gunneweg a.a.O. 29, der geradezu von einer „prophetischen ecclesiola" spricht, 31). Wenn

שאר ישוב so verstanden wird, ist es durchaus sinnvoll, den Knaben zum Gespräch mitzunehmen. Sein Name, weit davon entfernt, eine unbedingte Heilsweissagung zu sein, steht in exakter theologischer Korrespondenz zu 9b.

Heilsorakel sind mit Vorliebe durch אַל־תִּירָא eingeleitet. Diese Auf- 7 4
forderung ist an unserer Stelle durch eine Reihe von Parallelbegriffen betont und konkretisiert. Das Herz des Königs soll nicht „weich werden" vor diesen beiden rauchenden Brandscheitstummeln, womit natürlich die beiden feindlichen Herrscher gemeint sind. Die Metapher ist ein ausgezeichnetes Beispiel für die Treffsicherheit der jesajanischen Bildsprache. An den beiden andern Stellen, wo אוד im Alten Testament noch verwendet ist, Am 4 11 und Sach 3 2, ist mit der Vokabel ein aus dem Feuer gerissenes Holzscheit gemeint. Daran wird auch hier zu denken sein: das Holzstück brennt nicht mehr, sondern raucht nur noch, man muß wohl Vorsicht walten lassen, aber es wird bald einmal von selbst erlöschen. Das Interpretament: „vor der Zornesglut Rezins und Arams und des Remaljasohnes" ist nicht gerade glücklich – nicht nur, weil es sagt, was der Hörer oder Leser schon selbst merkt, sondern auch, weil „Zornesglut" höchst gefährlich sein könnte, wäre es nicht die Zornesglut zweier im Grunde machtloser Kleinfürsten, deren Thron keineswegs auf festem Grund steht. Jesaja hat mit seiner Beurteilung der beiden Gegner des Ahas recht. Israel ist durch den ersten Feldzug Thiglath-Pilesers nach Palästina geschwächt, und der Usurpator Pekah, der ohnehin nicht fest im Sattel sitzt, macht selbst nur halb mit. Damaskus aber hat den gefährlicheren Assyrer bereits als Grenznachbarn. Auch am jerusalemischen Hof hat man die Dinge gewiß grundsätzlich nicht anders beurteilt, ansonst Ahas wohl ohne Bedenken der antiassyrischen Front beigetreten wäre.

Die Mahnung אל ירך לבבך hat im „Kriegsorakel" von Dt 20 eine wörtliche Parallele (3), vgl. auch Jer 51 46 (ebenfalls neben ירא). השקט, „sei stille" findet sich zwar sonst in „Kriegsansprachen" nicht, immerhin aber in Ex 14 14 das damit synonyme החריש. Der erste Imperativ indessen, השמר, der als solcher besonderes Gewicht hat, zumal an erster Stelle doch die Mahnung zur Furchtlosigkeit stehen müßte, gehört nicht zur Formensprache des Heilsorakels. Was meint er aber im vorliegenden Zusammenhang? Kaum je ist dieser Imperativ im Alten Testament ohne Angabe, wovor man sich hüten soll, verwendet (s. aber 1 S 19 2). Häufig wird in der deuteronomistischen Diktion gesagt, man möge sich hüten, Jahwes (Dt 4 9 und passim) aber auch der heilsgeschichtlichen Ereignisse (Dt 4 15) oder des Bundes (Dt 4 23) u.ä. zu vergessen. Will also Jesaja sagen, Ahas möge des Jahwebundes mit David mit seinen Zusagen an das Herrscherhaus nicht vergessen? Aber von vergessen spricht der Prophet nicht. Die Meinungen der Exegeten gehen weit auseinander:

Jesaja versuche Ahas vom Krieg zurückzuhalten und wolle also sagen: Hüte dich, militärische Vorbereitungen zu treffen, laß ab von deinem geschäftigen Tun, das sich letztlich von Furcht und Verzagtheit leiten läßt (CAKeller a.a.O. ThZ 21, 82). Das ist, von der Gattung her gesehen, wenig wahrscheinlich. Im Orakel an einen König wird wohl zum Vertrauen auf Gott aufgerufen und seine Hilfe zugesagt. Aber das heißt keineswegs, daß er „nichts tun" soll. ALods (vgl. ZAW 51, 1933, 262) glaubt, Ahas sei gekommen, um zu sehen, ob die Wasserversorgung Jerusalems für eine Belagerung genüge. השמר hieße danach etwa: Hüte dich, nach fremder Hilfe Umschau zu halten und die Jerusalem gegebenen Möglichkeiten der Verteidigung – religiös gewendet: den Jerusalem durch seinen Gott angebotenen Schutz – zu verachten. Aber warum drückt sich Jesaja nicht deutlicher aus? Offenbar, weil er auf einen Umstand anspielt, über den jeder der Anwesenden im Bilde ist, über den man aber nicht offen diskutieren kann. Wie vor allem Würthwein (a.a.O. 53ff.) dargelegt hat, muß der Plan gemeint sein, Assur gegen die Feinde zu Hilfe zu rufen, was nur durch faktische Unterwerfung unter die Großmacht am Tigris zu erreichen war. Ebendas geschah dann auch, wie wir aus dem Königsbuch erfahren (2 Kö 16 7-9). Im Moment, da Jesaja den König traf, war aber die Entscheidung noch nicht gefallen. Man kann gegen diese Deutung der Stelle nicht einwenden, daß Jesaja von diesen doch „geheimen" Plänen nichts wissen konnte. Er ist über die Vorgänge am Hof auch sonst des genauesten orientiert (vgl. etwa 22 15ff.) und hat mit hochgestellten Persönlichkeiten gute Beziehungen (s. 8 2). Der Hintergrund von 7 2-9 ist also die Absicht, sich auf eine faktische Bindung an Assyrien einzulassen, ohne diese Annahme ist „die ganze Stelle ein versiegeltes Buch" (Kraeling a.a.O. 280). Das bedeutet, daß die Alternative: Vertrauen auf Gottes Schutz oder menschliches Handeln (so Keller a.a.O. ThZ 21, 84f., von Rad a.a.O. [Hl. Krieg] 57f.) falsch gestellt ist. Es gibt ein drittes: menschliches Handeln in Ruhe, Furchtlosigkeit und Festigkeit des Herzens. Aber es ist zuzugeben, daß Jesajas Anliegen nicht darin besteht, zu einer aktiven militärischen Abwehrhaltung aufzurufen; das kann er dem König und seinen Beratern überlassen. Ihm liegt daran, Ahas vor dem überaus verhängnisvollen Schritt einer Appellation an Thiglath-Pileser zurückzuhalten. Bei aller Differenzierung der politischen Botschaft der einzelnen Propheten ist doch an diesem Punkt eine auffallend einhellige Haltung zu beobachten: schroffe Ablehnung militärisch-politischer Bindung an Großmächte (für Jesaja s. 18 1ff. 20 1ff. 30 1ff. 31 1ff.). Das ist keineswegs einfach ein politisches Programm und ist nicht „in einer unüberbietbaren Nüchternheit und Sachlichkeit des Urteils in allen irdischen Dingen" (KElliger, Prophet und Politik: ZAW 53, 1935, 13) begründet, so gewiß man den Propheten solches nachrühmen kann, sondern beruht auf ihren religiösen

Prämissen. Von der Bundesideologie zu sprechen geht allerdings in diesem Fall nicht an (gegen Würthwein a.a.O. 57f.). Irgendwie, wenn auch nicht deutlich faßbar, steht zweifellos die Zionstheologie hinter Jesajas Mahnungen. Viel deutlicher erkennbar kommt Jesaja von der Gedankenwelt der Erwählung des Königs her. Das ist der Grund, warum das „Haus Davids" angesprochen wird (vgl. Scullion a.a.O. 289f.). Thiglath-Pileser zu Hilfe rufen heißt, die Verheißungen, die den Davididen gegeben sind, als belanglos auf die Seite schieben. Es wäre letztlich ein glattes Nein zur Treue Gottes, an der allein der Bestand Israels hängt. Aber die Unterwerfung unter Assur war auch unter politischem Aspekt ein überaus schwerwiegender, höchst verhängnisvoller Schritt. Es war Verrat am Nachbarreich, mit dem Juda doch nun einmal schicksalsmäßig verbunden war und mit dem es den Glauben an Jahwe teilte. Es war Preisgabe des Walls, der, repräsentiert durch die beiden Staaten im Norden, Ephraim und Aram (vgl. 17 3), Juda gegen die Mächte des nordsyrischen und mesopotamischen Raumes schützte. Und es war Verzicht auf die eigene Souveränität, der erste Schritt auf das Ende Judas hin. Jede Auflehnung gegen Assur und die Staaten, die in seine Nachfolge treten sollten, war fortan rechtlich nicht mehr Kampf für die eigene Selbständigkeit, sondern Rebellion eines Kleinstaates, der freiwillig die Hegemonie des Oberherrn anerkannt und sich unter seinen Schutz gestellt hatte (vgl. noch Esr 4 15). Es war schon schlimm, als Asa von Jerusalem sich mit Benhadad von Damaskus gegen Israel verbündete, 1 Kö 15 18ff., aber Damaskus war kein unbedingt überlegener Partner. Assur aber war absolute Übermacht. Ahas stand in einer Stunde der Entscheidung, wie es deren wenige in der Geschichte Judas gegeben hat.

Erst in 5f. erfahren wir, welches der Plan der Kriegsgegner des 7 5–6
Ahas war (s. dazu o.S. 274f.). Die Konjunktion יען כי (s. dazu o.S. 137f.) leitet in der Regel den begründenden Vordersatz ein, s. 1 Kö 13 21 21 29 Jes 3 16 8 6f. (anders Neh 11 20), was gegen die These von Sæbø spricht (a.a.O. 58f.), daß der Kausalsatz 5 und 6 zum Vorhergehenden gehöre. Die Glosse „Ephraim und der Remaljasohn" stellt das Nordreich auf dieselbe Stufe wie Aram, was mit 2 nicht übereinstimmt. Es fällt auf, daß in ihr von Pekah wie in 4 nur unter der Bezeichnung „Remaljasohn" gesprochen wird. Das ist ein Zug, in dem sich Verachtung ausdrückt (vgl. 1 S 10 11 20 27. 30 22 12, aber auch בן־טבאל). Pekah war Usurpator, vor seiner gewaltsamen Erhebung auf den Thron war er wohl königlicher Dienstmann, aber zum Königtum nicht legitimiert (s. dazu AAlt, Menschen ohne Namen: KlSchr III 198–213). Das bedeutet, daß hinter ihm nicht Jahwe, der Gott Israels, als Garant seines Thrones steht.

In 7 folgt die eigentliche Weissagung: לא תקום ולא תהיה, nämlich was 7
Aram Böses „geplant" hat. Das Verbum יעץ erinnert an die עצה Jahwes, von der Jesaja so pointiert spricht (s.o.S. 188f.). Nicht der Menschen, son-

dern Jahwes Plan setzt sich durch. Genau das ist es, was Prv 19 21 sagt: רַבּוֹת מַחֲשָׁבוֹת בְּלֶב־אִישׁ וַעֲצַת יהוה הִיא תָקוּם, vgl. auch 21 30 Hi 8 15. Es scheint also, daß Jesaja hier eine weisheitliche Formulierung aufgegriffen hat (die auch eine ägyptische Parallele hat, vgl. HHSchmid, Wesen und Geschichte der Weisheit: ZAWBeih 101, 1966, 147). In ähnlichem Zusammenhang verwendet er den Gedanken in 14 24, auch dort היה neben קום, vgl. auch 40 8 (דְּבַר־אֱלֹהֵינוּ יָקוּם לְעוֹלָם) 46 10 (עֲצָתִי תָקוּם) Jer 44 28ff. 51 29. An sich kann קום durativ („Bestand haben“) oder inchoativ („zustande kommen“) verwendet sein, doch das zu תקום parallele תהיה legt die inchoative Bedeutung nahe. Dann kann man nicht mit Sæbø 7 vom vorangehenden Kausalsatz lösen und dafür mit 8 verbinden („Es soll nicht Bestand haben..., daß Arams Haupt Damaskus ist usw.“).

7 8a.9a Die mit כי eingeleiteten Sätze von 8a und 9a sind nach dem Gesagten nicht Subjektsätze (Sæbø a.a.O. 63f.), sondern wollen begründen, warum der Plan der Feinde nicht zustande kommen kann: es fehlt ihnen die göttliche Legitimation. Beim Usurpator Pekah versteht sich das ohne weiteres. Offenbar teilt Jesaja die Ansicht Hoseas über das Königtum im Nordreich: „Sie haben Könige eingesetzt, aber ohne meinen Willen“ (8 4, vgl. auch 3 4 5 1 7 5 8 10 10 3. 7). Rezin als König eines Volkes, das Jahwe nicht kennt, kann natürlich erst recht nicht darauf Anspruch erheben, Jahwes Bevollmächtigter zu sein (obwohl ihn Jahwe als Herr der Völker gewiß zum Werkzeug bei der Durchführung seiner Pläne machen könnte, wie Jesaja das von Assur sagt [10 5]).

So weit ist der Gedankengang klar. Aber es ist nicht nur von den feindlichen Herrschern, sondern auch und sogar an erster Stelle von ihren Hauptstädten Damaskus und Samaria die Rede. Man kann doch wohl nur deuten: Auch ihnen fehlt die göttliche Beglaubigung, sie haben nicht die Würde der Gottesstadt, welche Jerusalem bzw. dem Zion zukommt. Samaria, die Hauptstadt des Nordreiches, die Omri gegründet hatte (1 Kö 16 24), kann nicht einmal beanspruchen, eine altehrwürdige Stadt zu sein. Ahab hatte dort einen Baalstempel gebaut (1 Kö 16 32). Daran, wie Jesaja über sie urteilt, läßt 28 1–4 keinen Zweifel offen. Sein Zeitgenosse Hosea hat über die Stadt nicht anders gedacht: „Ich verschmähe dein Kalb, Samaria, mein Zorn ist entbrannt wider sie“, 8 5 (s. auch 8 6 7 1 10 5. 7). Es muß büßen, daß es hart gegen seinen Gott rebelliert (Hos 14 1). Und Amos und Micha stimmen zu (Am 3 9. 12 4 1 6 1 Mi 1 5. 6). – Wie hier ist auch in Jes 8 4 mit Samaria zusammen Damaskus genannt, vgl. auch 10 9 und 17 13, wobei der Stadt jedesmal das Ende angekündigt wird. Zum Urteil des Amos über die Aramäerhauptstadt s. Am 1 3. 5.

Wir haben aber bereits festgestellt, daß die Sätze 8a und 9a einer gedanklichen Fortsetzung bedürfen. Geradezu von einer Lücke im Text zu sprechen, besteht allerdings kein Grund (s.o.S. 272f.). Jesaja braucht nicht auszusprechen, was seinen Zuhörern selbstverständlich ist. Man hat seit

Ewald immer wieder vermutet, daß die Fortsetzung lauten müßte: „Und das Haupt von Jerusalem ist Jahwe." Das ist aber von den vorausgehenden Sätzen her unwahrscheinlich. Jahwe ist doch auch Haupt über Israel, im weiteren Sinne auch über Aram. Aber in Jerusalem und nur in Jerusalem hat er seinen König eingesetzt (Ps 2 6), dort stehen die Throne des Hauses Davids (Ps 122 5). Jesaja ist zwar kein Hoftheologe, der die Tradition vom Davidsbund ganz unbesehen hinnähme. Das zeigt gerade seine Haltung gegenüber Ahas, das zeigt auch 11 1, wo er von einem Sproß aus dem Stumpfe Isais spricht. Aber ein Herrscher wie irgendein anderer Machthaber oder gar Usurpator ist der König in Jerusalem auf keinen Fall. Über ihm steht die Erwählung durch seinen Gott, die nicht als wesenlos übergangen werden kann.

Rätselhaft ist die Glosse 8b. 65 Jahre, vom syrisch-ephraimitischen 7 8b
Krieg an gerechnet, dauerte es nicht mehr, bis Israels Ende kam. Also eine Weissagung, die sich nicht erfüllt hat? Man könnte gerade das als Grund der Echtheit betrachten; wie sollte der Verfasser eines vaticinium ex eventu nicht besser gerechnet haben! Es ist aber anzunehmen, daß etwa 65 Jahre nach dem syrisch-ephraimitischen Krieg Ereignisse eintraten, auf welche diese Weissagung Bezug nimmt. Das führt in die letzte Zeit Asarhaddons und auf den Beginn der Regierung Assurbanipals. Damals sind von Asarhaddon im Zusammenhang mit seinem Krieg gegen Baal von Tyrus und Thirhaka von Äthiopien erneut fremde Bevölkerungselemente im Gebiet von Samaria angesiedelt worden (vgl. Esr 4 2), und ähnliches wird noch unter Assurbanipal (= Asnappar Esr 4 10) geschehen sein, was man als schweren Schlag gegen das einheimische Volkstum betrachtet haben wird (s. AAlt, KlSchr II 321, Anm. 4, EJenni, Die politischen Voraussagen der Propheten: AThANT 29, 1956, 18f., und WRudolph, HAT 20, 1949, zu Esr 4 2).

Und nun der berühmte Satz 9b: אם לא תאמינו כי לא תאמנו. Jede 9b
Übersetzung leidet daran, daß sie auf das Wortspiel verzichten muß oder dann nur eine gezwungen klingende Wiedergabe bieten kann. „Wenn ihr nicht vertraut, so bleibt ihr nicht betreut" (MBuber, Der Glaube der Propheten, 1950, 196) ist ungenau. „Wer kein Amen erklärt, der kein Amen erfährt" (HWWolff a.a.O. BiblSt 35, 23) leistet der Meinung Vorschub, glauben bestehe im Amen-Sagen zu biblischen Wahrheiten, was auch von der Umschreibung (ebenda) gilt: „Hältst du das verkündete Wort nicht für zuverlässig, dann hast du deine eigene Existenz verspielt." Am genauesten wäre die Übersetzung: „Wenn ihr nicht glaubt, so habt ihr keinen Bestand." Schöner ist die traditionelle: „Glaubt ihr nicht, so bleibt ihr nicht." (Nachdem Martin Luther und seine Mitarbeiter verschiedene Möglichkeiten erwogen hatten, s. WA DB 2, 8; 4, 45; 11/1, 42, finden wir in der Deutschen Bibel von 1545: „Gleubt jr nicht, So bleibt jr nicht", WA DB 11/1, 43.)

Wir haben oben festgestellt, daß es sich in 7 3–9 um ein Heilsorakel handelt, wie es Königen erteilt zu werden pflegte. Daß in einem solchen

Gottesspruch vom Bestand der Dynastie, eventuell von ihrer ewigen Dauer, gesprochen wurde, versteht sich von selbst. Die Vorstellung von der Unerschütterlichkeit der Dynastie gehört zu den wesentlichen Elementen der jerusalemischen „Königsideologie“, und man braucht auch sonst in diesem Zusammenhang gerne die Wurzel אמן. Davon, daß das ni. hier nur um des Wortspiels mit dem hi. willen verwendet worden wäre (Fohrer I², 105, Anm. 48), kann keine Rede sein.

In einer Inschrift im Ninibtempel von Babylon erklärt Nabopolassar: „Wer gegen Bel treu ist, dessen Grund steht fest, wer dem Sohne Bels treu ist, der wird uralt werden“ (*ša itti ilubêli kînu ikunna išdašu ša itti mâr ilubêli kînu ulabar ana dârâtim*, wobei die akkad. Wurzel *kānu* wie anderwärts hebr. אמן genau entspricht, VAB 4, 1912, 68, Z. 36f.; „Leben“ gehört im Alten Testament zum Wortfeld von האמין, vgl. Hab 2 4 und s. dazu HWildberger a.a.O. ZThK, 1968, 140ff.).

Es wäre die logische Konsequenz der Reihe von 8a und 9a, daß das Heilswort mit der Feststellung schließen würde: „Das Haus Davids aber bleibt unerschütterlich bestehen“, d.h., es ist נֶאֱמָן. An deren Stelle steht jedoch das negativ-konditionale Satzgefüge von 9b. Das hat einst Boehmer (a.a.O. 86) veranlaßt, den Satz Jesaja abzusprechen, eine bedingte Ermutigung sei keine Ermutigung. Wäre Vers 9b wirklich Abschluß von 5–9a, wo der Aufruf zur Unerschrockenheit zureichend begründet werde, würde durch ihn Wirkung und Kraft des mutmachenden Wortes von 4 nur abgeschwächt, ja aufgehoben. Boehmer hat keine Gefolgschaft gefunden. Aber er hat mit Recht den Finger darauf gelegt, daß zwischen 9a und 9b eine überaus scharfe Bruchlinie verläuft. 9b ist im Grunde genommen nach 5–9a so schockierend wie im Weinberglied Vers 7 nach 5 1–6. Der Stil eines Heilsorakels ist durch 9b gesprengt. Gerade in dieser Modifikation, welche die Gattung des Heilsorakels im Grunde zerstört, liegt die jesajanische Leistung: die Verheißungen an das Davidshaus sind für ihn nicht einfach hinfällig – etwa so, wie Hosea vom Königtum Israels nichts mehr erwartet –, aber sie sind unter das Vorzeichen des Glaubens gestellt. Die Heilsprophetie ist in Zucht genommen, ohne daß die Gültigkeit der göttlichen Zusage in Frage gestellt wäre – und der Unheilsprophetie sind Schranken gesetzt, ohne daß die Berechtigung ihrer schwersten Bedenken gegen eine ungeschützte Repristination von Heilstraditionen auf die Seite gerückt wären. Heil und Glaube gehören zuhauf. Luther hat das klar erkannt: „Sola ergo fides certificat et habet solidum fundamentum. Frustra autem fit promissio, nisi accedat fides“ (WA 31/2, 58 Z. 3f., zitiert nach Kaiser). Aus dem Heilsorakel ist damit faktisch ein Mahn- oder Warnwort geworden. המאמין לא יחיש in 28 16 zeigt dieselbe Modifikation einer traditionellen Heilszusage, indem dort das Partizip einen Konditionalsatz vertritt.

Was heißt nun aber des nähern „glauben“? האמין ist absolut verwendet und will in dieser Verwendung ernst genommen sein (s. dazu HWildberger a.a.O. VTSuppl 16, 373ff.). Nie wird das Verb mit dem Akkusativ konstruiert, sodaß Jesaja auf keinen Fall meinen kann: Wenn ihr das, was ich euch eben jetzt als Jahwewort gesagt habe, nicht glaubt, d.h. nicht als wahr betrachtet, ist es mit eurer königlichen Herrlichkeit aus. Das Verb bedeutet von Haus aus: fest, zuverlässig sein, wie profan verwendete Stellen (Hi 39 24 oder 29 24, aber auch Hab 1 5) noch deutlich erkennen lassen (s. dazu a.a.O. VTSuppl 16, 376). An der vorliegenden Stelle greift es – gewiß vertiefend – auf, wozu in 4 mit אל־תירא ולבבך אל־ירך aufgerufen war. Das ist nicht ein zufälliges Zusammentreffen im Vokabular, sondern האמין ist immer wieder in solche und ähnliche Begriffe eingebettet (s. dazu HWildberger a.a.O. ZThK 65, 1968, 133f.) und heißt also an der vorliegenden wie an ähnlichen Stellen „Vertrauen haben, alle Mutlosigkeit überwinden, Festigkeit zeigen". Man mag sich darüber wundern, daß האמין nicht mit ב konstruiert ist, und es ist denn auch schon vorgeschlagen worden (s.o.S. 266 Textanm. 9a), das auf תאמינו folgende כי in בי „an mich" zu ändern (s. dazu auch Gn 15 6 und Jes 28 16 LXX). Aber das könnte nur als Abschwächung wirken: „Die absolute Konstruktion vermittelt uns ... die Absolutheit des Gemeinten" (MBuber, Zwei Glaubensweisen, 1950, 21). Es bedeutet eine tiefgehende Uminterpretation des Glaubensbegriffes, wenn die Chronik, welche das Jesajawort dem Josaphat in den Mund legt, formuliert: האמינו ביהוה אלהיכם ותאמנו האמינו בנביאיו והצליחו (2 Ch 20 20). Das kann dort faktisch nur heißen, „an das Orakel glauben, das eben zuvor der Prophet Jahasiel verkündet hatte". Dann ist Glauben in der Tat, was man oft genug in Jesaja hineingelesen hat: Fürwahrhalten des prophetischen Wortes!

Gewiß bleibt die Frage, was denn Ahas zum Glauben ermächtigen und befähigen könnte. Darauf kann nach dem Zusammenhang nur geantwortet werden: die durch das prophetische Wort angesichts der bedrohlichen Lage aktualisierte Verheißung über dem Davidshaus. Die grundlegende Zusage in der Verheißung und deren gezielte Konkretisierung im „Orakel" sind also nicht Glaubensinhalt, wohl aber Glaubensgrund.

Nach Analogie ähnlicher Fälle müßte nach 4–9 berichtet werden, daß 7 10
Ahas seine Bedenken äußerte, wie das Mose (Ex 3 11) oder Gideon tat (Ri 6 15), oder doch, daß Jesaja der innere Widerstand des Königs nicht verborgen blieb. Der geraffte Erzählstil unseres Abschnittes setzt das stillschweigend voraus (vgl. dazu 1 S 10 2ff.). Jedenfalls versucht Jesaja, das Widerstreben bzw. die Zaghaftigkeit des Königs zu überwinden. Für uns ist ein Zeichen nur ein Hinweis, nach altisraelitischem Verständnis Anfang, Angeld, ἀρραβών der Verwirklichung. Es ist weit weniger als das Wort dem Verdacht der Wesenlosigkeit ausgeliefert. Der Prophet geht so weit, daß er es Ahas freistellt, die Art des Zeichens zu bestim-

men. Was auch mit „tief unten in der Unterwelt" oder „hoch oben in der Höhe" gemeint sein mag (s. etwa PBoccaccio, Bibl 33, 1952, 177f., der die Gegensätze als Ausdruck der Totalität verstehen möchte), jedenfalls soll damit die Großzügigkeit Jesajas bzw. Jahwes unterstrichen werden. Auch Gideon wählt die Art des Zeichens selbst, allerdings ohne dazu ermächtigt worden zu sein (Ri 6 36-40). Gegen die Historizität dieser Aufforderung, sich ein Zeichen zu erbitten, sind allerdings Bedenken angemeldet worden. Angesichts des zweifellos legendären Angebots, das Jesaja nach 38 7f. Hiskia gemacht haben soll, wird man es tatsächlich nicht für ausgeschlossen halten, daß an diesem Punkt die Wirklichkeit übermalt ist (s. deLagarde a.a.O. 10 und o.S. 273, ferner GQuell, Wahre und falsche Propheten: BFchTh 46/1, 1952, 171, Anm. 2). Aber wir haben keine Handhabe, um festzustellen, wie das Gespräch zwischen Jesaja und Ahas dem genauen Wortlaut nach verlaufen ist. Am Zeichenangebot an sich ist jedenfalls nicht zu zweifeln. So wie der Satz dasteht, will er betonen: Es soll ein Zeichen sein, bei dem ganz klar ist, daß es Jesaja nicht manipulieren kann. Die Vermutungen der heutigen Exegeten darüber, worin etwa es hätte bestehen können, sind aber problematisch. Duhm (z.St.) meint: „Es mag sich z.B. die Erde spalten wie Num. 26 28ff. oder die Sonne sich verfinstern." Wolff denkt an einen Blitz oder ein Erdbeben, „so wie die beiden Zeichen Gideons in Ri. 6 Feuer aus dem Felsen und Tau vom Himmel sind" (a.a.O. BiblStud 35, 29). Das Bedenken deLagardes, Jesaja müßte entweder ein Schwärmer oder ein Betrüger gewesen sein, wenn er ein solches Angebot gemacht habe, weist Duhm mit der Bemerkung zurück, bis zum 18. Jh. habe die ganze Menschheit aus solchen „Schwärmern" bestanden. Aber deLagarde hat doch etwas Richtiges gesehen: auf Mirakel haben sich die „Schriftpropheten" nicht eingelassen. Das dann von Jesaja selbst angekündete Zeichen liegt denn auch im Bereich normalen Geschehens, denn darüber ist sich die heutige Exegese bei allen Differenzen in der Auslegung von 14 wenigstens annähernd einig: es kündet nicht die Geburt eines Knaben durch eine Jungfrau an. Eine Zeichenforderung auf ähnlicher Ebene wird Jesaja auch von Ahas erwartet haben.

7 11 Ahas läßt sich auf das Angebot nicht ein: „Ich werde nicht bitten und werde Jahwe nicht versuchen." (Man übersehe bei dieser Übersetzung nicht, daß hebr. שאל nicht nur bitten, sondern auch fordern, verlangen heißt.) Die beiden Verben stehen nur formal auf derselben Ebene. Das zweite expliziert: „bitten" hieße hier, Gott auf die Probe stellen zu wollen. Das aber wäre Hybris, die der Mensch sich gegenüber seinem Gott nicht zuschulden kommen lassen darf. Gott kann Menschen auf die Probe stellen, das ist sein gutes Recht: Gn 22 1 Ex 16 4 Dt 13 14 33 8 Ri 2 22 3 14, und der unschuldig Angeklagte bittet geradezu, daß Gott ihn erprobe, Ps 26 2. Aber daß Israel je und dann Gott „versuchte", ge-

hört zu seinem frevelhaften Trotz, in dem sich die Verkehrung des Verhältnisses zu Gott manifestiert. Die beispielhaften Erzählungen über die „Versuchung" Gottes durch Israel berichten tatsächlich von Fällen, da Israel irgendein Mirakel von Gott forderte, Ex 17 2 Dt 6 16 Ps 78 18. Es ist Israel aber ausdrücklich geboten: „Ihr sollt Jahwe nicht versuchen" (Dt 6 16, vgl. Mk 1 12f. parr.). Damit ist ein ganz wesentlicher Punkt dessen ins Licht gerückt, was Israels Gottesglauben von seiner Umwelt trennt (vgl. auch die Verurteilung von Wundersucht und Zeichenforderung durch Jesus Mt 16 4), in der Zeichendeuterei eine eminente Rolle spielt. – Des Ahas Antwort ist nicht nur schlagfertig, sondern dem Buchstaben nach durchaus korrekt. Es klingt in ihr etwas vom Stolz dessen an, der sich über primitive Religiosität erhaben weiß. Luther meint zur Haltung des Königs: „Impius Ahas simulat sanctimoniam, quod metu Dei nolit postulare signum. Sic hypocritae, ubi non est opus, sunt religiosissimi, rursus ubi debeant esse humiles, sunt superbissimi" (WA 25, 116 Z. 8–11). Man hat gesagt, diese Deutung tue dem König unrecht. Aber hinter der theologischen Korrektheit des Ahas verbirgt sich zweifellos der Mangel an Mut zum Wagnis des Glaubens.

Die Reaktion Jesajas ist dementsprechend scharf: „Ist es euch 7 12
nicht genug, Menschen zu ermüden, daß ihr auch noch meinen Gott ermüdet?" Es ist keine Nachlässigkeit des Stils, daß diese Invektive wieder
an das Kollektiv, die davidische Dynastie, gerichtet ist. Jesaja wird sehr
wohl gewußt haben, daß nicht der König allein und vielleicht nicht einmal er in erster Linie für die Entschlüsse verantwortlich war, mit denen
man der bedrohlichen Situation begegnen zu können hoffte. Zugleich
aber werden mit der Anrede „Haus Davids" noch einmal all die חֲסָדִים
(vgl. Jes 55 3 Ps 89 25. 34) aufgeblendet, deren die Dynastie sich erfreuen
darf. Nach Mi 6 2f. gehört הלאה, müde machen, zur Formsprache eines 13
רִיב. „Er hat mich müde gemacht" in der Anklage bedeutet: Ich habe genug von ihm und bin nicht gewillt, seine Insulte mir noch länger gefallen zu lassen, vgl. 1 14: נִלְאֵיתִי נְשֹׂא. Bei הלאה klingt also der Gedanke mit, daß die Geduld des Partners strapaziert wird. Wieso aber kann Jesaja dem König vorwerfen, Menschen ermüdet zu haben? Manche Ausleger (s. Wolff a.a.O. BiblStud 35, 30, Kaiser z.St.) denken an die Politik der Unentschlossenheit, die den Mut der Bevölkerung Jerusalems einer harten Zerreißprobe unterworfen hätte. Wir wissen über die Stimmung am Hof und in Jerusalem zu wenig, um diese Frage sicher beantworten zu können. Vielleicht darf daran erinnert werden, daß die pentateuchische Erzählung manche Situation schildert, in der Mose Israel bittere Vorwürfe machen konnte, es habe ihn mit seinem rebellischen Wesen müde gemacht. Elia erklärt: „Es ist zuviel" und wünscht sich den Tod, 1 Kö 19 4. Jeremia klagt, daß er müde geworden sei und die Zornglut Jahwes nicht mehr zurückzuhalten vermöge 6 11, vgl. 15 6 20 9. Diese Parallelen geben

der Vermutung einigen Grund, daß Jesaja bei den „Menschen“ vornehmlich an sich selbst denkt. – Man beachte, daß er formuliert: „meinen Gott“. Nie redet Jesaja sonst von Jahwe als „seinem Gott“; wenn er es hier tut, will also diese Inanspruchnahme Jahwes für seine Person andeuten, daß die Verbindung zwischen Jahwe und dem Davidshaus am Zerbrechen ist. Man denkt an die Formulierung von 2 S 7 14: „Ich will ihm (dem „Nachwuchs Davids“) Vater sein, und er soll mir Sohn sein“, vgl. Ps 2 7. Jahwe ist und bleibt zwar Gott, ob der Mensch von ihm Notiz nimmt oder nicht. Aber es kommt alles darauf an, ob er „mein Gott“ ist. Je „mein Gott“ aber ist er nur im Horizont des Glaubens. Die Verobjektivierung der Heilszusage ist hier genau wie in 9b als Illusion aufgedeckt.

7 14 „So (לכן) wird euch Jahwe selbst ein Zeichen geben...“ Die Kontroverse der Exegeten bei der Auslegung dieses meistkommentierten Verses des Alten Testaments geht zunächst darum, ob dieses von Jahwe selbst gegebene Zeichen Heil oder Unheil bedeuten soll. Wenn die Begegnung mit Ahas sozusagen unter dem Signet „nur ein Rest kehrt um“ steht, wenn der Bestand des Davidshauses unter die Voraussetzung des Glaubens gestellt worden ist und wenn daraufhin Ahas klar bekundet hat, daß er zum Wagnis des Glaubens nicht bereit ist, wenn Jesaja ihm den harten Vorwurf machen mußte, nicht nur die Geduld der Menschen, sondern auch die Gottes selbst mißbraucht zu haben, und wenn der Prophet mit dem אלהי statt אלהיכם zum mindesten die Frage aufgeworfen hat, ob denn nun nicht das Band zwischen Jahwe und den Davididen gerissen sei, dann scheint nur noch in Zeichen möglich zu sein, das Unheil kündet. Auf das formale Argument, daß לכן in der Regel und vielleicht immer in echten Teilen des Jesajabuches Drohworte einleite (s. dazu Stamm a.a.O. VT 4, 31), wird man zwar nicht allzuviel Gewicht legen dürfen, da das beim Überwiegen der Unheilsbotschaft nicht anders zu erwarten ist. Aber niemand wird doch wohl im vorliegenden Zusammenhang auf etwas anderes als ein Gerichtswort gefaßt sein. „Nur eine ganz verblendete Exegese kann in den folgenden Worten etwas anderes als Drohung für Achaz sehen“ (Procksch z.St., s. auch Guthe a.a.O.).

Wenn trotzdem immer wieder und auch heute namhafte Kenner des Alten Testaments meinen, das angekündete Zeichen im Sinn einer Heilsweissagung verstehen zu müssen (s. z.B. Hammershaimb a.a.O., Lindblom a.a.O., Coppens a.a.O. Festschr. HJunker, Scullion a.a.O., im übrigen sei auf die angegebenen Forschungsberichte verwiesen), liegt das an den außergewöhnlichen Schwierigkeiten, welche die folgende Verse der Exegese bieten. Nicht ohne Grund hat Buber Jes 7 14 die „wohl umstritten ste Bibelstelle“ genannt (Der Glaube der Propheten, 1950, 201). In der Tat ist der Leser von der in 14b folgenden Ankündigung völlig überrascht: הנה העלמה הרה וילדת בן וקראת שמו עמנו אל. Der Satz ist von Jesaja nicht frei gestaltet, sondern nimmt eine Form auf, die Humbert (AfO

10, 1935, 77–80) den biblischen Verkündigungsstil (besser würde man sagen: „Verkündigungsorakel“) genannt hat.

Gn 16 11 sagt der Bote Jahwes zu Hagar: הנך הרה וילדת בן וקראת שמו ישמעאל כי־שמע יהוה אל־עניך. Ähnlich kündet in Ri 13 3 wieder der Bote Jahwes dem Weib des Manoah an: והרית וילדת בן..., und wiederholt in 5: הנך הרה... בן (emend. aus וְיֹלַדְתְּ) וְיָלַדְתְּ, und er wird anfangen, Israel aus der Hand der Philister zu befreien. Vgl. dazu noch Lk 1 31. Die Normalform des Orakels besteht offensichtlich aus vier Elementen: 1. einem mit הנה beginnenden Satz, der Schwangerschaft und Geburt ankündet, 2. einem Satz im perf. cons., der die Mutter anweist, welchen Namen sie dem Kind geben soll, 3. einem Satz mit כי eingeleitet, der den Grund dieser Namengebung nennt, und 4. gewissen Ausführungen über die Bedeutung des Sohnes, der dazu bestimmt ist, ein außergewöhnliches Werk der Hilfe zu vollbringen. Die Texte von *rās šamra* enthalten Stellen, die wenigstens von ferne an Jesajas Verkündigungsorakel erinnern; die wichtigste findet sich im Nikkaltext Z.7: *hl ǵlmt tld b(n)*, „siehe, das junge Weib gebiert einen Sohn“, wobei nach dem Zusammenhang die Mondgöttin Nikkal gemeint ist (s. dazu Hammershaimb a.a.O. 13 und WHerrmann, Yariḫ und Nikkal und der Preis der Kaṯarāt-Göttinnen: ZAWBeih 106, 1968, 7). Die Ähnlichkeit im Wortlaut ist wohl bemerkenswert, aber die Namengebung samt ihrer Deutung fehlt. Man wird sich also hüten müssen, hier eine engere Beziehung sehen zu wollen (Stamm a.a.O. VT 4).

Der unleugbare Zusammenhang mit den sonstigen „Verkündigungsorakeln“ hingegen klärt einige Fragen: Es kann nicht übersetzt werden (s. z.B. Kaiser z.St.): „Wenn eine junge Frau, die (jetzt) schwanger ist, einen Sohn gebiert, so wird sie seinen Namen Immanuel nennen.“ הנה ist in solchen Fällen Einleitung einer Weissagung, was aber nicht heißt, daß mit einer Vision Jesajas zu rechnen wäre (gegen Wolff a.a.O. Bibl Stud 35, 38f. Zu הנה s.o.S. 120 zu 3 1). Ebenso ist es unwahrscheinlich, daß העלמה nicht eine einzelne bestimmte Frau, sondern irgend eine Frau meine oder kollektiv zu verstehen sei (LKoehler a.a.O. 49, GFohrer a.a.O. 54). Ferner dürfte von der Form her die Auffassung von קראת als 3. pers. fem. sing. gesichert sein. Die genannten Stellen bieten indessen keine Hilfe angesichts der Frage, ob הרה präsentisch (s. Gn 16 11) oder futurisch (s. Ri 13 3) übersetzt werden muß; vermutlich ist das Präsens vorzuziehen. Aber auch sonst bleiben der Fragen genug.

Zunächst: Was heißt עלמה? Die Übersetzung des Wortes mit παρθένος, welche der Deutung der Stelle auf die Jungfrauengeburt zugrunde liegt, ist keineswegs zum vornherein unmöglich. Procksch (z.St.) urteilt geradezu: „Sachlich ist die Übersetzung von 𝔊 παρθένος 𝔙 *virgo* ganz im Recht... während α'σ'θ' νεᾶνις den Sinn entstellen“, vgl. auch Schulz a.a.O. An den alttestamentlichen Stellen, die das Wort verwenden (Gn 24 43 Ex 2 8 Ps 68 26), sind in der Regel unverheiratete Töchter gemeint. Cant 1 3 6 8 bezeichnet das Wort die Geliebte. Nur in Prv 30 19 wird unter dem Begriff die verheiratete Frau wenigstens mitverstanden sein (vgl. auch עֶלֶם in 1 S 20 22). In I K 204 und III K II 22 ist aber mit *ǵlmt* eindeutig die eben heimgeführte Gattin (des

Königs!) gemeint, und wie mit *btlt* (Jungfrau, NK 5, die Lesung ist leider unsicher, s. Vawter a.a.O. und WHerrmann a.a.O. 5) kann das Wort auch mit *aṯt* (Frau, I K 201) in Parallele stehen. Der Bote Baals, *gapn waugar*, kann als *bn ǵlmt* bezeichnet werden (II AB VII 54. Var. 7). Dafür, daß עלמה die junge Frau nur gerade bis zur Geburt des ersten Kindes meine, fehlt im Alten Testament jeder Anhaltspunkt.

Wenn auch die עלמה faktisch fast regelmäßig die unverheiratete Tochter meint und in *rās šamra ǵlmt* vielleicht parallel zu *btlt* verwendet werden kann, so liegt doch das Moment der Jungfräulichkeit nicht im Begriff. Die Grundbedeutung der Wurzel ist offensichtlich „stark, mannbar, geschlechtsreif sein". Die Forschung hat denn auch aufs Ganze gesehen die Übersetzung „Jungfrau" preisgegeben (vgl. schon die Übersetzung mit νεᾶνις in 'ΑΣΘ), weil sie eine Deutung vorwegnimmt, die nicht zwingend ist. Man hat also bei der Übersetzung „die junge Frau" zu bleiben.

Darüber, wer die עלמה ist, herrscht immer noch größter Dissensus, und wir müssen uns auf die Erwähnung einiger weniger Vorschläge beschränken:

1. Die traditionelle Deutung der Kirche, sich auf Mt 1 23 gründend, sieht in der עלמה bzw. παρθένος Maria und im Immanuel Jesus. Sie wird auch heute noch vertreten, wenn auch mit mancherlei Vorbehalten und im Wissen darum, daß Jesaja keineswegs die Art der Erfüllung seiner Weissagung ahnte, s. LMurillo, Bibl 5 (1924) 269–280, Brunec a.a.O., Coppens a.a.O., Herntrich, Junker a.a.O. 181–196, Vella a.a.O., Young a.a.O., Eichrodt, TheolAT I ([7]1962) 326f. und Kommentar I, 90f. Das Zeichen, das Ahas gegeben wird, hat nur einen Sinn, wenn es in kürzester Zeit in Erscheinung tritt. Bevor der Immanuel zwischen gut und böse zu scheiden imstande sein wird, wird das Land seiner beiden Gegner bereits verödet sein.

2. Die Frau des Propheten, so schon Raschi, Ibn Esra, Hugo Grotius. In neuerer Zeit hat sich vor allem JJStamm in seinen Forschungsberichten (s.o. S. 264) sehr um diese Deutung gemüht, s. auch KHFahlgren, SEÅ 4 (1939) 13–24, Gottwald a.a.O., Jenni a.a.O. (RGG[3]). Sie kann aber wenig Wahrscheinlichkeit beanspruchen. Soll denn ein solches Zeichen König Ahas Eindruck machen? Da Jesajas Frau in ebendieser Zeit den Maher-Schalal Chasch-Bas geboren hat (8 3f.), kann nicht wohl von der Geburt eines andern Jesajasohnes die Rede sein (doch s. Gottwald a.a.O. 437, der weiß, daß die עלמה die junge Braut des zum Witwer gewordenen Jesaja war. Salvoni a.a.O. 30–32 hingegen möchte die עלמה mit der נביאה von Kap. 8 und den Immanuel mit dem Maher-Schalal Chasch-Bas gleichsetzen. Er nimmt an, Jesaja hätte außer mit seiner Frau auch mit der Prophetin zusammengelebt, und der Sohn hätte vom Vater den Namen Maher-Schalal Chasch-Bas, von der Mutter aber den prophetischen Namen Immanuel erhalten). Warum redet Jesaja nicht schlicht von seiner Frau (אִשְׁתִּי), wenn er diese meint? Warum nicht ebenso schlicht davon, daß der Immanuel sein Sohn ist? Zudem ist es ausgeschlossen, daß in einem „Verkündigungsorakel" der Vater des Kindes zugleich der Bote Jahwes ist.

3. Man sagt: Irgend eine in der Nähe stehende Frau, auf die der Prophet mit dem Finger hingewiesen haben soll (darum der Artikel; ähnlich neuerdings wieder Lescow a.a.O. 178f.). Man müßte also annehmen, daß beim Gespräch zwischen König und Prophet Frauen, wohl gar schwangere Frauen, anwesend gewesen wären, was nicht gerade orientalischer Sitte entspricht.

4. Die kollektive Deutung: Jedes beliebige Weib, das jetzt schwanger ist (oder wird). Die Auffassung ist heute sehr verbreitet, s. u.a. Duhm, Budde, Koehler a.a.O., Fohrer a.a.O. ZAWBeih 99 und Kommentar, Kaiser. Kruse

a.a.O. versucht, diese Deutung abzuwandeln, indem er unter עלמה die „Tochter Zion“ verstehen will. Sie ist, wie erwähnt, von der Formgeschichte her sehr fraglich. Auch ist nicht gerade anzunehmen, Jesaja wolle sagen, daß in kürzester Zeit alle Frauen (oder jede beliebige Frau, Jesaja setzt ja vor עלמה den Artikel) in Jerusalem schwanger würden, Söhne bekämen und (weil es Mode wurde?) ihren Söhnen den Namen Immanuel gäben. Vor allem: dann müßte in 16 הנער ebenfalls kollektiv verstanden werden, was zweifellos durch den plur. des Verbs angedeutet wäre, es sei denn, man verstehe unter dem נער nicht den Immanuel, sondern mit Bird a.a.O. Jesajas Sohn Schear-Jaschub.

5. Man hat versucht, die עלמה als mythologische Gestalt zu verstehen. So denkt Greßmann (Der Ursprung der israelitisch-jüdischen Eschatologie, 1905, 270ff.) an „die Mutter des göttlichen Kindes“, eine Gestalt der volkstümlichen Eschatologie; RKittel (Die hellenistische Mysterienreligion und das Alte Testament: BWAT 32, 1924), ENorden (Die Geburt des Kindes, 1924) und AvBulmerincq (a.a.O. 9ff.) verweisen auf den Mythos von der Geburt eines göttlichen Knaben durch die Jungfrau, κόρη. Aber das von ihnen namhaft gemachte Vergleichsmaterial aus hellenistischer Zeit ist zu jung, um als Hintergrund der jesajanischen Weissagung in Frage zu kommen. Die ugaritischen Texte aber, die neuerdings herangezogen worden sind (s. dazu Wolff a.a.O. BiblStud 35, 35f.), sind in ihrer Deutung zu wenig gesichert, und vor allem stehen sie doch der jesajanischen Gedankenwelt zu fern, als daß man in ihrem Lichte wirklich zu einem geklärten Verständnis der Jesajastelle gelangen könnte.

6. Hans Schmidt denkt an ein vom Propheten in einer Vision erschautes Weib, das mit der Mutter des Messias identisch sei (z.St.), und Greßmann (a.a.O. [Messias] 240) meint: „Jesaja redet in geheimnisvoller Weise von der jungen Frau, die gebären soll; wer es ist, sagt er nicht, offenbar weil er es selbst nicht weiß.“ Ebenso vermutet Wolff (a.a.O. BiblStud 35, 39f.) eine vom Propheten in seiner Vision erschaute Gestalt, nach deren Identität der Ausleger nicht fragen soll. Jesajas Geheimnis um Mutter und Kind sei vielleicht für ihn selbst verborgen gewesen, sicher aber für seine Zuhörer. König und Hof würden das durch den Sohn der עלמה und damit auch durch seine Mutter gesetzte Zeichen eben daran erkennen, daß man ihn mit dem Namen Immanuel rufen werde. Eine ähnliche Ansicht vertreten Delling (a.a.O.) und Prado (a.a.O. Forschungsbericht). Wenn es uns so schwerfällt, das Geheimnis der עלמה zu lüften, bedeutet das aber nicht, daß die Weissagung für die Zuhörer Jesajas rätselhaft gewesen sein muß. Es ist nicht die Art prophetischer Orakel, unverständlich zu sein.

Schließlich denkt man oft an die Gemahlin des Königs, und gerade diese Deutung hat in neuerer Zeit an Boden gewonnen. So meint Buber (a.a.O. [Glaube der Propheten] 201): „Wenn Ahas, das Wort »die *'almah*« hörend, weiß, wer gemeint ist (und nur dann trifft ihn wirklich das Zeichen), dann kann dies nur eine Frau sein, die ihm nahsteht, und wieder kaum eine andere als die junge Königin; man kann sich wohl denken, daß man sie in Hofkreisen damals als »die junge Frau« zu bezeichnen pflegte.“ In der Tat legen die oben zitierten Keret-Texte aus dem alten Ugarit die Auffassung nahe, daß man die junge Herrscherin in Jerusalem עלמה hieß. Für die Deutung auf die Königin treten Bentzen (z.St.), Hammershaimb (a.a.O. 20), Lindblom (a.a.O. 19), SMowinckel

(He that Cometh, 1956, 110–119), Herrmann (a.a.O. 139f.) und Scullion (a.a.O. 295. 300) ein. Steinmann (a.a.O. 90) weiß Genaueres: die עלמה sei eine Prinzessin, die eben den Harem des Ahas betreten habe, vermutlich Abia, die Tochter des Sacharja, eines Freundes des Propheten, s. 2 Kö 18 2b und Jes 8 3, d.h. die Mutter des Hiskia. Auch gegen diese Deutung sind Bedenken erhoben worden. Freilich, die Lesart קָרָאת wird man nicht anführen dürfen. Daß die Mutter dem Kind den Namen gab, ist bei den vielen Frauen des Königs durchaus denkbar, und die Sprachform des „Verkündigungsorakels" zeigt, daß es ein alter Brauch war, der als solcher sich gerade am Königshof sehr wohl gehalten haben kann (s. oben S. 264 Textanm. 14e und Gn 4 25 35 18 Ri 13 24 1 S 1 20 und ö. und vgl. FNötscher, Biblische Altertumskunde, 1940, 71). Immer wieder wird angeführt, gegen die Deutung auf Hiskia spreche entscheidend die Chronologie. Diese steht aber gerade für die Zeit von Ahas und Hiskia keineswegs fest. Wenn der syrisch-ephraimitische Krieg 734/33 stattfand und Hiskia fünf Jahre alt war, als er 728/27 auf den Thron kam, wie die oben (S. 4) erwähnte Chronologie von Pavlovsky-Vogt annimmt, ist es wenigstens nicht ausgeschlossen, daß an Hiskia zu denken ist. Doch ist angesichts der Ungesichertheit dieser Zahlen, aber auch bei unserer Unwissenheit über die familiären Verhältnisse des Königs in jener Zeit, dem Exegeten in dieser Hinsicht äußerste Zurückhaltung geboten.

Die hier vertretene Lösung der Frage nach der עלמה läßt sich vom Namen des Sohnes, Immanuel, her sichern.

Es fragt sich, welche Assoziationen sich bei den Gesprächspartnern Jesajas unwillkürlich einstellten, wenn sie den Namen Immanuel hörten. Vertreter der kollektiven Deutung, die zudem überzeugt sind, daß das Zeichen nur Unheil ansagen könne, pflegen die Auskunft zu geben, der Name meine „Gott sei mit (bei) uns" im Sinn von: „Gott bewahre uns in der Schreckenszeit". Lescow (a.a.O. 179f.) versteht ihn als Schreckensruf „Gott steh uns bei!", s. auch REisler, Iesous Basileus ou Basileusas II (1930) 651ff. Dagegen sprechen ähnliche Namen wie עמדיה (auf einem Siegel, s. Diringer a.a.O. 218) und עמניה (Elephantine-Papyrus Nr. 22, Z. 105, s. ACowley, Aramaic Papyri of the Fifth Century B.C., 1923, 70), in denen „ohne Zweifel das sichere Vertrauen des Frommen ausgesprochen (liegt), der sich und sein Volk in der Hand der Gottheit, von ihr geleitet und beschirmt weiß" (Noth, Pers 160, der zudem auf akkad. Namen wie *nabu-ittija* und *šamaš-ittija* verweist, vgl. auch den ägyptischen Namen „Amon ist mit mir", s. Preuß a.a.O. 169, ferner Ιεθεβααλ in Tyrus, 1 Kö 16 31 LXX und אתבעל in der Aḥiram-Inschrift, KAI Nr. 1). Wir haben mehr als einmal beobachtet, daß die Namen des Jesajabuches die Kultfrömmigkeit des damaligen Jerusalem widerspiegeln, s. S. 4f. Es fragt sich, ob das auch vom Immanuel gilt. Wolff (a.a.O. BiblStud 35, 42) verweist zunächst auf Ps 46 8. 12: „Jahwe Zebaoth ist mit uns." Man könnte also als Hintergrund der Namengebung an die Zionslieder denken (so Rohland a.a.O. 169ff., s. auch EJenni a.a.O. RGG³), was nicht von vornherein abzuweisen ist, da Jesaja diese Gedankenwelt bekannt war (s. vor allem zu 2 2–4 und 7 8a. 9a, wo der Gedanke an die unüberwindliche Gottesstadt mitschwingt). Noch näherliegender scheint

Wolff allerdings der Zusammenhang mit der Formensprache des heiligen Krieges zu sein: Ri 6 12: Jahwe ist mit dir! (vgl. 13 16 Jos 1 9, vor allem aber Dt 20 4: Jahwe euer Gott zieht mit euch, עִמָּכֶם). Wenn man 7 4–9 grundsätzlich als „Kriegsansprache" versteht, wird man dieser Deutung zustimmen. Aber nun glaubten wir genauer von einem Orakel an den König sprechen zu sollen und meinten, daß in 8a und 9a, vor allem aber in 9b, eindeutig die Davidstradition reinterpretiert sei. Es kommt hinzu, daß die von Wolff genannten Texte von Jahwe sprechen, wie das auch die beiden genannten ähnlichen Namen עמדיה und עמניה tun. Jesaja aber sagt Immanu-el, obwohl er von sich aus sonst, abgesehen von 31 3, nie von El spricht. Er muß also auch darin an gegebene Formulierungen gebunden sein. Dazu ist mit Vischer (a.a.O. 22) auf 2 S 23 5 hinzuweisen: בֵּיתִי עִם־אֵל (lies vorher כִּי־נָכוֹן für כִּי־לֹא־כֵן). Mowinckel (Psalmenstudien II, 1921, 306 Anm. 1) hat vermutet, עמנו אל sei ein alter kultischer Ausruf, und Vischer präzisiert gar: „ein Anruf oder Ausruf in der Liturgie des königlichen Zionsfestes" (s. dazu u.S.333).

Es wird oft genug ausgesprochen, daß Gott in besonderer Weise „mit" den Davididen ist: 2 S 7 9 1 Kö 1 37 Ps 89 22.25. Vor allem ist 1 Kö 11 38 in die Waagschale zu werfen: „... ich werde mit dir (עמך) sein und dir ein gefestigtes Haus (בַּיִת־נֶאֱמָן!) bauen, wie ich es David baute." Wenn das Zeichen von 7 14 irgendwie in Verbindung mit dem Heilsorakel von 7 4–9 mit seinem herausgehobenen Abschluß 9b steht, dann muß also der Name עמנו אל aus dem Zusammenhang der Davidstradition gedeutet werden. Dann ist aber dem Schluß schwerlich auszuweichen, daß der Immanuel der Königssohn und die עלמה die oder doch eine Frau des Ahas ist.

Aber worin besteht das Zeichen? Nicht in einer ungewöhnlichen Schwangerschaft der עלמה und der Geburt des Immanuel im Sinne einer Jungfrauengeburt. Auch darauf wird man kein Gewicht legen wollen, daß Jesaja nicht habe wissen können, ob die עלמה, auch wenn unter ihr seine eigene Frau verstanden sein sollte, einen Sohn und nicht eine Tochter gebäre. (Der oben erwähnte Name עמדיה ist übrigens für eine Frau verwendet, was auch beim Namen עמנו אל durchaus denkbar wäre.) Greßmann (a.a.O. Messias, 238) meint: „Das Wunder kann nur in der Geburt des Knaben Immanuel bestehen, denn ein anderes Wunder enthält das Orakel nicht." Köhler a.a.O. 49 hingegen statuiert: „Das Zeichen besteht ... in der Namengebung und in den Umständen, die zu ihr führen." In Wirklichkeit besteht diese Alternative nicht: Das Zeichen besteht in der Schwangerschaft und Geburt selbst, wird aber in seinem Sinn durch die Namengebung gedeutet. Wenn nun aber Immanuel nicht als „Notschrei" begriffen werden kann, müssen die Umstände, im Blick auf welche dem Sohn dieser Name beigelegt wird, erfreulich sein. Das hängt keineswegs bloß an unserem Verständnis von עמנו אל, sondern steht expressis verbis im Text: Die Namengebung wird in 16 begründet mit dem Satz „Denn ehe der Knabe versteht, das Böse zu verwerfen und das Gute zu wählen, wird das Land verödet sein, vor dessen beiden Königen dir graut.“ Wer das angekündete Zeichen einlinig als Unheilsdrohung auffaßt, kommt angesichts dieses Verses in größte Verlegenheit. Streichen darf man ihn nicht, denn von der Form her ist der כי-Satz zur Erklärung des Namens unentbehrlich. So wird von vielen wenigstens der Relativsatz am Schluß: „vor dessen beiden Königen dir graut“ der eigenen Theorie zum Opfer gebracht, so daß אדמה auf Juda gedeutet werden kann. Man rechtfertigt diesen Eingriff in den Text damit, daß אדמה, „Ackerland“, nicht wie ארץ ein politischer Begriff sei (s. Procksch z.St.). Aber es hat seinen guten Sinn, daß Jesaja in diesem Zusammenhang vom Ackerland und nicht vom Land überhaupt spricht.

Das heißt also: Die עלמה nennt ihren Sohn, wenn er innerhalb einiger Monate zur Welt kommen wird, Immanuel, weil sie Grund hat, dankbar zu bekennen, daß sich wieder einmal bewahrheitet hat, daß Gott mit dem Haus der Davididen ist. Das לא תקום ולא תהיה von 7 hat sich erfüllt.

Insofern redet das Zeichen in der Tat von Heil, das dem Davidshaus widerfährt. Wir sind aber oben zum Schluß gekommen, der durch diese Erwägungen zum Sinn von 14 nicht einfach umgestoßen werden kann, daß nach der Weigerung des Königs, sich durch ein Zeichen Mut zum Glauben – und damit zur richtigen politisch-militärischen Entscheidung – geben zu lassen, nur ein Wort folgen kann, das Ahas Gericht androht. Hier liegt, auch wenn man die Verse 15 und 17 vorläufig noch beiseite läßt, das Dilemma, mit dem sich jede Auslegung dieses Textes abmühen muß.

Aber hinter dieser Verlegenheit der Exegese steht das harte theologische Problem, mit dem Jesaja in seiner Antwort an Ahas zu ringen hat, und zwar von den Voraussetzungen her, die für ihn nun einmal feststehen. Er kann nicht einfach das Ende der davididischen Dynastie ansagen, denn ihr gilt die Verheißung, daß Gott mit ihr ist. Eben noch hat er mit Bestimmtheit erklärt: לא תקום ולא תהיה. Kann er nun, nach des Ahas Weigerung, ankünden, daß jetzt eben der Plan der Feinde Jerusalems durchgeführt wird? Sollte angesichts der Weigerung des Ahas, zu glauben, Gottes Zusage nicht mehr gelten? Sollte sich Jahwes Treue als Illusion erweisen im Moment, wo der Mensch, dem sie zugesagt ist, versagt? Sollte nun einfach das Ende der Davididen, das Ende der Gottesstadt, das Ende Judas gekommen sein? Für Jesaja ist das ein unfaßbarer Gedanke. Aber andererseits: Sollte das Versagen des Verheißungsträgers belanglos sein? Und sollte Jesaja dem Ahas Heil ankünden können, nachdem das „glaubt ihr nicht, so bleibt ihr nicht“ gefallen ist? Auch das ist offensichtlich keine Lösung, die dem Interpreten des Immanuelzeichens offensteht. So bleibt nur noch eine dritte Möglichkeit, die denn auch grundsätzlich von vielen gesehen worden ist: Das Zeichen hat ambivalenten Charakter. Der Einwand, damit werde aus der Not eine Tugend gemacht, schlägt nicht durch: dieser Doppelaspekt entspricht genau der Ambivalenz der theologischen Situation. Er entspricht ebenso der „Zweiseitigkeit" des jesajanischen Restgedankens, von der oben zu sprechen war. Eine Polarität, bei der sich die von den beiden Polen ausgehenden Kräfte aufheben, ist es aber nicht. Grundsätzlich beinhaltet das Zeichen Heil, für Ahas selbst aber schwerste Drohung, eine Drohung, die paradoxerweise gerade in der Ankündigung sichtbar wird, daß Jahwe zu seiner Verheißung steht. Bei unserem Verständnis der עלמה bedeutet das Zeichen, daß die Dynastie der Davididen noch ihre Zukunft hat. Zugleich wird aber dem Ahas vor Augen gestellt, wie schwer angesichts solcher Treue Gottes sein Zweifel wiegt. Sein Verhalten kann nicht ohne bittere Folgen sein.

Die Richtigkeit dieser Auslegung wird durch den übrigen Inhalt des 7. und 8. Kapitels, soweit er allgemein Jesaja zugeschrieben wird, bestätigt: 8 1–4 spricht mit voller Eindeutigkeit von der Katastrophe, die Damaskus und Samaria treffen wird, was beweist, daß 7 16 in seinem jetzigen Wortlaut genau den Erwartungen Jesajas entspricht. 7 18ff. sprechen andererseits von der Not, die Assur über Juda bringen wird. Hammershaimb, der meint, es gebe keinen größeren Fehler, als die Immanuelweissagung als drohend oder ironisch aufzufassen (a.a.O. 21), ist gezwungen, 18ff. auf das Nordreich zu beziehen (24). Das ist darum keine Lösung, weil in 8 5ff. mit aller wünschbaren Eindeutigkeit eben doch vom Heranfluten der Assyrer gegen Jerusalem gesprochen wird. Wer auf der andern Linie fährt, sieht sich zu ebensolchen Interpretationskünsten gezwungen. So Lescow, für den 7 14 eindeutig Unheilsweissagung ist. Er läßt sich zwar nicht dazu verleiten, den Schluß von 16 zu streichen, meint aber, wenn über die beiden feindlichen Königreiche eine so totale Katastrophe komme, könne Juda nicht erwarten, ungeschoren zu bleiben, so daß der Vers indirekt doch als Unheilsweissagung zu verstehen sei. Genauso beurteilt er auch 8 4. So weit muß es in der Vergewaltigung des Textes kommen, wenn nicht anerkannt wird, daß Jesaja auch von Rettung und Heil sprechen kann.

Bis jetzt wurde 15 bewußt aus der Diskussion über das Verständnis 7 15
des Abschnittes ausgeklammert, weil die Echtheit des Verses gerade in neuerer Zeit entschieden verneint wird (s.o.S. 267. 269 und Stamm a.a.O. ThZ 16, 443, Anm. 18). Abgesehen von den Schwierigkeiten, welche die Übersetzung von לדעתו bietet, haben sich die Exegeten vor allem um den Beweis bemüht, daß Butter und Honig je zu ihrer Auffassung der Immanuelweissagung als Ankündigung von Heil oder Unheil ausgezeichnet passe.

Für Greßmann sind Milch und Honig messianische Speise und Hauptnahrung der Endzeit, wozu auf Jl 4 18 Am 9 13 Dt 32 13 hingewiesen und reiches Material aus der griechischen und außergriechischen Mythologie beigezogen wird (a.a.O. Messias 156ff). In Babylon werden Milch und Honig (*dišpu* und *ḫimētu*) oft im Kult verwendet (Hammershaimb a.a.O. 21 und s. Meißner BuA II, 84; EDhorme, RHR 107, 1933, 107f., vgl. auch Scullion a.a.O. 296). Daß Fett und Milch als Zeichen für Kraft und Überfluß gelten, geht aus einer Hymne des Lipitištar von Isin hervor, der von sich selbst sagen kann: „... der Ackersmann, der dort (d.h. im Lande Sumer) die (hohen) Getreidehaufen hinschüttet, der Hirte, der der Hürde Fett und Milch vermehrt, der im Sumpf Fische und Vögel wachsen läßt, der den Wasserläufen dauerndes Wasser im Überfluß bringt, der dem großen Gebirge den üppigen Ertrag steigert, bin ich..." (AFalkenstein-WvSoden, Sumerische und Akkadische Hymnen und Gebete, 1953, 127). In den Mithrasmysterien macht der Genuß von Honig als Speise der Seligen den Göttern gleich (FCumont-GGehrich-KLatte, Die Mysterien des Mithra, [3]1923, 145, vgl. auch Sib 3 744ff. 5 28ff.). Wer 7 14 messianisch-eschatologisch deutet, wird sich V. 15 in dieser Auslegung nicht entgehen lassen. Daneben verstummen aber die Stimmen nicht, die in Dickmilch und Honig gerade nicht Paradiesesspeise, sondern armselige Kost des Nomaden in den kümmerlichen Verhältnissen der Steppe sehen (s. Guthe a.a.O., Fohrer z.St., Stamm a.a.O. RThPh 113f.), doch gilt den Arabern auch heute noch Honig und Butter als bevorzugte Nahrung (s. Driver JSS 13, 1968, 39).

Es ist zuzugeben, daß das religionsgeschichtliche Vergleichsmaterial für die eschatologische Deutung zum Teil weit hergeholt ist. Doch darf bei der Exegese von V. 15 7 22 nicht übersehen werden, wo zweifellos Essen von Butter und Honig als Ausdruck der Fülle der Heilszeit verstanden wird (vgl. die auffallende Ähnlichkeit von 7 21f. mit der oben zitierten Hymne des Lipitištar). Auch wenn man V. 22 (oder wenigstens 22a, s. Fohrer z.St.) als unecht erklärt, beweist die Stelle doch, daß man Butter und Honig keineswegs als Nahrung einer Elendszeit verstanden hat. Der Vers scheint sich also in unsere Deutung des Immanuelzeichens gut einzufügen. Dennoch bereitet er dem Verständnis Schwierigkeiten. Er ist im Zusammenhang nicht nur entbehrlich, sondern stört den Gedankenfluß und widerspricht dem Aufbau eines solchen Verkündigungsorakels (s.o.S. 289). Der Satz stellt eine Neuinterpretation der Immanuelweissagung dar. Diese will davon reden, daß mit dem Immanuel ein Herrscher komme, der mit außerordentlichen Kräften ausgestattet sein wird, weil er bereits in seiner frühen Jugend ungewöhnliche Speise zu sich genommen hat (zu Form und Bedeutung derartiger Aussagen in Sohnesverheißungen vgl. KKoch, Die Sohnesverheißung an den ugaritischen Daniel: ZA 58, 1967, 211–221). Damit steht der Satz am Beginn der messianisch-eschatologischen Deutung der Stelle und dürfte das Werk eines Redaktors sein.

7 16 In 16 aber spricht ohne Zweifel Jesaja selbst. Es ist schwer zu sagen, was für einen Zeitraum Jesaja für nötig gehalten hat, bis ein Kind so weit ist, das Böse zu verwerfen und das Gute zu wählen. Kaiser (zu 15) deutet: „wenn ihre (der Kinder) bewußte, auf persönlicher Erfahrung beruhende Wahlfreiheit voll ausgebildet ist, was etwa mit dem zwan-

zigsten Lebensjahr der Fall ist." Manchmal ist das bekanntlich auch bei Zwanzigjährigen noch nicht der Fall. Aber es scheint, daß „verwerfen" und „wählen" hier in einem ganz abgeblaßten Sinn verwendet sind und vom Moment gesprochen werden will, wo das Kind Unterscheidungen in der Außenwelt zu treffen beginnt (s. PHumbert, Études sur le Récit du Paradis et de la Chute dans la Genèse, 1940, 92–97, HJStoebe, Gut und Böse in der Jahwistischen Quelle des Pentateuch: ZAW 65, 1953, 188–204 und Driver, JSS 13, 1968, 39, der mit drei Jahren rechnet). Man vergleiche dazu Dt 1 39. Hingegen wird man kaum Stellen wie Ex 30 14 Lv 27 3 Nu 1 3.32 heranziehen dürfen, und auch Gn 3 hilft nicht weiter (anders SStern, der ebenfalls an ein Alter von 20 Jahren denkt, „The Knowledge of Good and Evil": VT 8, 1958, 405–418). Jesaja wird bewußt keinen genauen Zeitpunkt nennen wollen. Vorher aber schon wird das Land der beiden Könige verlassen sein, vgl. dazu in 6 11: האדמה תשאה שממה und in 6 12: ורבה העזובה בקרב הארץ. Es wird wohl an Deportation zu denken sein. Im Jahre 732 fiel Damaskus und stand nicht wieder auf. Israel kam zwar für den Moment noch glimpflich davon, aber große Teile seines Gebietes fielen 732 ebenfalls in assyrische Hand, und die Bevölkerung wurde stark dezimiert (2 Kö 15 29), vgl. die Annalen Thiglath-Pilesers, Z. 227–230, AOT^2 347 = ANET^2 283).

V. 17 bereitet der Deutung und Einordnung noch einmal nicht geringe 7 17
Schwierigkeiten. Wird der Schluß, את מלך אשור, als Glosse betrachtet, wie es heute fast allgemein geschieht, scheint es nicht ausgeschlossen zu sein, den Satz als Heilszusage zu verstehen: Es kommen so heilvolle Tage, wie es solche seit der Zeit des noch vereinigten Königreiches unter David und Salomo nicht mehr gegeben hat. Jene Epoche ist von Jesaja als Idealzeit betrachtet worden (s.o.S. 65 zu 1 26). Wird sie nun wiederkehren? Hammershaimb a.a.O. 22f. ist tatsächlich dieser Meinung und fügt bei, daß es kaum zu kühn sei, an die Wiederaufrichtung der davidischen Herrschaft über das Nordreich zu denken (vgl. auch Hattendorf, ZAW 48, 1930, 324f. und vor allem Lindblom a.a.O. 26f.). Man kann zugunsten dieser Auffassung geltend machen, daß 17 ohne jegliche Konjunktion an 16 anschließt, so daß es an sich durchaus naheliegt, 17 als Fortsetzung oder nähere Explikation von 16 zu verstehen. Aber höchstwahrscheinlich hätte Jesaja, wollte er sagen, was diese Ausleger in den Vers hineinlegen, etwa formuliert: Tage, wie sie seit David oder Salomo nicht mehr gewesen sind, oder: wie sich Juda ihrer in früheren Zeiten (s. 1 26 8 23) erfreuen konnte. Gewichtiger ist ein zweites Bedenken: Der Text sagt: עליך, und das meint doch: über (im Sinn von gegen) Ahas. Läßt sich aber der Vers nicht in bonam partem interpretieren, dann bereitet in der Tat der Übergang von 16 zu 17 Mühe. Die Schwierigkeit wird gemildert, wenn man (s.o.S. 268, Textanm. 17a) mit V^{Qa} ויביא für bloßes יביא liest und mit Wolff das ו adversativ faßt: „Aber Jahwe..." Möglicherweise ist

eine noch eindeutigere adversative Partikel ausgefallen (vgl. 𝔊). Vielleicht aber geht der Text bewußt so schroff von einem scheinbar günstigen Bild der Zukunft zur harten Realität der assyrischen Drohung über. Jedenfalls geht es weder an, den Vers als unecht zu erklären, noch ihn (s. z.B. die Zürcher Bibel) zu den in 18 folgenden Unheilsweissagungen zu ziehen. Er ist der notwendige Abschluß des Orakels, der so abrupt einsetzt, damit er den Hörer mit seiner unerwarteten Schärfe schockiere. Der Satz ist also in gewisser Hinsicht eine Parallele zu 9b, wo nach der scheinbar so tröstlichen Zusicherung von 8a und 9a unvermittelt der entscheidende Satz folgt, durch den die vorangehende Heilsankündigung in ein völlig neues Licht tritt.

Jetzt erst wird wirklich deutlich, was das Immanuelzeichen meint: Wohl redet es von Jahwes Treue zu den Davididen, gewiß bestätigt es, daß Jahwes Wort gilt, das heißt, daß die beiden Könige, die gegen Jerusalem ziehen, keine Aussicht auf Verwirklichung ihrer Pläne haben. Aber es offenbart auch, wie unglaublich es ist, daß Ahas angesichts der so offenkundigen Treue Gottes versagt. Versagt darin, daß er nicht Glauben zu halten vermag, versagt auch als Politiker, indem er seine Zuflucht bei den Assyrern sucht, die doch nur schreckliche Tage über ihn bringen werden. Wenn „und über das Haus deines Vaters" Zusatz ist, wird das Unheil dem Ahas persönlich angesagt, nicht der davidischen Dynastie überhaupt, die nach der Meinung Jesajas noch ihre große Zukunft hat. Hingegen wird dem König zu bedenken gegeben, daß das Volk die bittern Konsequenzen seines Unglaubens mittragen muß. Daß das Volk leidet, wenn der Herrscher versagt, bereitet dem Kollektivdenken des Altertums nicht die Mühe, die sie dem modernen Menschen verursacht, der nach der Gerechtigkeit Gottes je für das Individuum fragt.

Es ist interessant, nebenbei zu beobachten, wie tief das Trauma gewesen sein muß, das Juda und speziell die Davididen bei der Reichsteilung erlitten. Es sind an die 200 Jahre verflossen, seit die Einheit zerbrach. Man hat die schwere Krise immer noch nicht vergessen. Das Bewußtsein der Zusammengehörigkeit war trotz der politischen Trennung nicht geschwunden und die Davididen hatten ihren Anspruch auf das ungeteilte Reich nicht aufgegeben, wie noch einmal 100 Jahre später die Politik Josias beim Zusammenbruch der Assyrermacht zeigt (s. Noth, GI 247).

Es fällt auf, daß das Nordreich gerade in diesem Zusammenhang Ephraim genannt wird. Das bestätigt, daß diese Bezeichnung nicht einfach den Rumpfstaat meint, der nach den schweren Gebietsabtrennungen, die Assur 732 vornahm, vom Nordreich noch übrigblieb (s.o.S. 214 zu 9 8). In diesem Zusammenhang ist die Bezeichnung „Ephraim" aber besonders naheliegend, weil der führende Mann der Separation, Jerobeam, ein Ephraimit aus Zereda war und als „Aufseher über die Fronarbeiter des Hauses Joseph" geamtet hatte, 1 Kö 11 26–28.

7 1–17 bietet wohl der Exegese fast unüberwindliche Schwierigkeiten, ist aber hoch bedeutsam für Jesajas Botschaft und die Geschichte des Glaubens Israels überhaupt. Die Stunde der Begegnung mit Ahas bei der Wasserleitung des oberen Teiches ist die Geburtsstunde der biblischen Glaubensvorstellung. Die Frage nach dem traditionsgeschichtlichen Hintergrund des Orakels, das Jesaja dem König zu übermitteln hatte, hat zwar ergeben, daß der religiöse Sprachgebrauch von האמין in Israel schon vor Jesaja beheimatet gewesen sein muß und daß die Glaubensvorstellung schon immer im Heilsorakel verankert gewesen ist. Aber Jesajas Leistung besteht in dreierlei: einmal darin, daß er den Glauben zum entscheidenden Merkmal der Haltung eines Jahweverehrers gegenüber seinem Gott erhoben hat. Glauben ist die allein adäquate Antwort eines Menschen, der mit seiner Gebundenheit an den Gott Israels Ernst macht. Dann darin, daß er Glauben und Verheißung unlösbar verbunden hat. Glaube ist keineswegs leichtfertiges Vertrauen oder gar so etwas wie eine euphoristische Stimmung, sondern gründet in der Geschichte Jahwes mit Israel, im vorliegenden besonderen Fall: in der Geschichte Jahwes mit den Davididen, wie sie in der Tradition von der Erwählung des jerusalemischen Herrscherhauses ihren theologischen Niederschlag gefunden hat. Die Erwählung ist aber nicht historisierbar und darf nicht verobjektiviert werden, sie wird je und dann dadurch reale Gegenwart, daß der vom Prophetenwort Angesprochene glaubt (s. dazu HWildberger a.a.O. ZThK 1968). Und drittens ist wohl zu beachten, welch inhaltliche Füllung Jesaja dem Wort האמין gibt. Die Eigenart seiner Konzeption zeigt sich schon im absoluten Gebrauch des Verbs: nicht das ist das Problem, ob Ahas „an Jahwe glaubt". Natürlich gehört er zur Gemeinde der Jahwebekenner, gewiß hat er den Jahwekult am jerusalemischen Heiligtum gefördert, geschweige denn, daß ihm die Existenz Jahwes ein Problem gewesen wäre. Was von ihm gefordert wird, ist etwas weit anderes als ein formales Bekenntnis zu Jahwe. Wie Jesaja über seine Zeitgenossen denkt, die „Jahwe nur mit dem Munde nahen", sagt er uns in 29 13f. „Glauben" ist die Haltung ruhigen Vertrauens, die mit der Realität der göttlichen Treue, mit der Wahrheit der in der Erwählungszusage den Seinen gegebenen Verheißung in harten Schicksalsstunden der Gegenwart rechnet. An der zweiten Stelle, wo Jesaja von האמין spricht, 28 16, rundet sich das Bild seiner Glaubensvorstellung ab, indem er dort Glauben aufs engste mit Recht und Gerechtigkeit verknüpft sieht. Ziel

Ist die denkwürdige Stunde der Begegnung zwischen Ahas und Jesaja auch die Geburtsstunde der Messiasvorstellung? Sofern man unter dem Messias den eschatologischen Bringer des Heils versteht, hat man von dieser Deutung Abstand zu nehmen. Denn Jesaja erwartet die Geburt des Immanuel nicht „am Ende der Tage", sondern in nächster Zukunft. Es kommt dazu, daß das Immanuelzeichen ambivalente Bedeutung hat und für den Angesprochenen, Ahas, Ankündigung kommenden Unheils ist. Darauf hat Stamm mit Recht den Finger gelegt (a.a.O. ThZ 16, 450f.). In einer messianischen Weissagung könnte nur Heil angekündet sein oder doch vom Gericht nur vor der entscheidenden Wende durch die Geburt des Immanuel die Rede sein. Auch davon wird nicht gesprochen, daß der Immanuel Israel „erretten" werde (vgl. Mt 1 21). Wichtig sind seine Geburt und sein Name, insofern sie Jahwes Treue bezeugen, und zwar eine Treue, an der zugleich die Heillosigkeit des menschlichen Unglaubens offenbar wird (vgl. zur Ambivalenz des Zeichens die ambivalente Bedeutung des Abendmahls bei Paulus, 1 Kor 11 29, s. auch 2 Kor 2 15f.).

Wir meinten allerdings erkennen zu können, daß V. 15 wohl einem Versuch, die Stelle eschatologisch zu verstehen, zuzuschreiben ist. Damit ist der Schwerpunkt der Verheißung auf den Sohn selbst verschoben. Mit einem wesentlichen Gehalt gefüllt wäre auch so verstanden das Messiasbild von 7 14ff. nicht (s. dazu GvRad, TheolAT II[4] 179f.). – Trotzdem behält die Immanuelstelle, auch abgesehen von der weitergehenden Bedeutung, die sie in der Auslegungsgeschichte gewonnen hat, ihr Gewicht. Der Name Immanuel, der Zeichen für Ahas und Israel sein soll, bezeugt einen Sachverhalt, in dem man durchaus die Mitte der alttestamentlichen Botschaft sehen könnte. Und was anderes bezeugt auf seine Weise der Messias, allerdings nicht nur durch seinen Namen, sondern durch sein Werk in Israel, als עמנו אל, „Gott ist mit uns"?

[Nach Abschluß der Korrektur ist erschienen: JJStamm, Die Immanuel–Perikope im Lichte neuerer Veröffentlichungen: ZDMGSuppl I/1 (1969) 281–290.]

UNHEIL UND HEIL „AN JENEM TAG“
(7 18–25)

WMcKane, The Interpretation of Isaiah VII 14–25: VT 17(1967) 208–219. Literatur
Vgl. ferner die o. zu 1ff. genannte Literatur, sofern sie das ganze Kapitel behandelt.

18[Geschehen wird es an jenem Tag:] Text
Pfeifen wird Jahwe [den Fliegen, die am Ende der Ströme[a] Ägyptens und] den Bienen [, die] im Lande Assur [sind].
19Sie werden kommen und sich alle niederlassen
in den Talschluchten[a] und Felsspalten
und in allen Dorngehegen[b] [und an allen Tränkstellen[c]].

****

20[An jenem Tag]
wird abscheren der Herr mit dem Messer[a],
das er jenseits des Stromes[b] gedungen hat
[mit dem König von Assur][c]
das Haupt und die Schamhaare[d]
und auch den Bart nimmt er weg.

****

21[Und an jenem Tag wird es geschehen:
Da wird einer ein Jungrind[a] und zwei Ziegen[b] aufziehen.
22Und ob der vielen Milch, die sie bringen[a], kann man Butter essen.
Ja[a], Butter und Honig wird essen können, wer immer im Lande übriggeblieben ist.]

****

23[An jenem Tage wird es geschehen:
Irgend eine Gegend[a], wo
tausend Rebstöcke tausend Schekel gelten,
wird voll von Disteln und Dornen sein,
24nur mit Bogen und Pfeil betritt man sie,]
[denn voll von Disteln und Dornen wird das ganze Land sein.]
25[Und auf alle Berge, die man (jetzt) mit der Hacke behackt, geht man nicht mehr aus Furcht[a] vor den Dornen und Disteln. Zum Weidland für Stiere wird es, zur Trift, die von Schafen zertreten wird.]

18a יְאֹר stammt aus dem Ägyptischen (*jtr*[*w*], später *jrw*) und meint in 49 7 18
von 53 Fällen im Alten Testament den Nil. Dabei ist der ziemlich häufige Plural mit „Nilarme“ zu übersetzen oder als plur. amplificationis zu erklären (vgl. ASchwarzenbach, Die geographische Terminologie im Hebräischen des Alten Testaments, 1954, 64f.). – **19a** Was בַּתּוֹת heißt, ist ungewiß, s.o.S. 164 zu 19
5 6); nach dem Arabischen dürfte בתת „abschneiden“ bedeuten. Danach ist für בַּתָּה etwa „Absturz“ zu vermuten (𝔊: χώρα, 𝔙: vallis). – **19b** נעצוץ „Kameldorn“, Alhagi Camelorum Fisch, nach Löw II, 416f. Sa‘adja denkt an den

Christusdorn, Zizyphus spina Christi. – **19c** Dalman, AuS II, 323 denkt bei
נהללים ebenfalls an dornige Sträucher oder Bäume, genauer an das Süßholz,
Prosopis Stephanica, einen bis zu 1 m hoch werdenden Strauch, der zu dem
7 20 5 m hoch werdenden Christusdorn gut passen würde. – **20a** תער ist nach Ausweis von Nu 6 5 masc.; das mit dem Art. versehene שׂכירה muß also Substantiv
sein. Dann ist תער השׂכירה entweder als Genetivverbindung aufzufassen, wörtlich „Messer der Dingung" oder השׂכירה ist Apposition, die תער deuten will:
„Messer, nämlich die Dingung". In diesem Fall ist שׂכירה vielleicht konkret als
„Söldnerheer" zu verstehen. – **20b** Der נהר ist der Euphrat, und jedermann
verstand, daß auf die Assyrer angespielt wird. – **20c** במלך אשור hinkt
nach und ist eine alte Glosse, s.o. את מלך אשור am Schluß von 17. – **20d** wörtlich: „das Haar der Füße". Es handelt sich um einen Euphemismus, vgl. Ex
21 4 25 und o.S. 248 zu 6 2. – **21a** wörtlich: „eine junge Kuh der Rinderherde". –
22 **21b** wörtlich: „zwei Stück Kleinvieh". – **22a–a** fehlt in 𝔊, wohl durch aberratio
23 oculi. – **23a** מקום heißt nicht, wie man an dieser Stelle meist übersetzt, „Grundstück". Es ist eine Gegend gemeint, die sich für den Weinbau besonders gut
eignet. V^Qa bietet כול המקום, also „jeder Ort", während 𝔐 meint: „irgendein
25 beliebiger Ort". – **25a** יראת ist adverbialer acc., der den Grund angibt, s. BrSynt
§ 100c.

Ort und Form

Budde a.a.O. (Jesajas Erleben) 58ff. und Rignell a.a.O. 116ff. betrachten das ganze Kapitel 7 als eine Einheit, so daß also 18ff. nur weiter ausführen würde, was 17 zusammenfassend vorweggenommen hat. Wir können nach dem oben Ausgeführten dieser Auffassung nicht beistimmen: 17 bildet den knappen und harten, aber gerade so höchst eindrucksvollen Abschluß von 1ff. Das wiederholte „und es wird geschehen an jenem Tage" zeigt allerdings, daß 18ff. jetzt im Zusammenhang mit dem vorhergehenden Abschnitt verstanden werden wollen. Auch inhaltlich lassen sich wenigstens 18f. und 20 als Konkretisierung des in 17 angekündeten Unheils auffassen. Es ist auch wahrscheinlich, daß es sich dabei um zwei Worte handelt, die von Jesaja aus derselben Situation heraus gesprochen wurden, wie sie 1–17 voraussetzt. Aber der Zusammenhang ist kein ursprünglicher. Jedes weitere Wort der Erläuterung könnte nach dem Blitzstrahl von 17 nur als Abschwächung wirken.

Auch der Zusammenhang der einzelnen Teile von 18–25 untereinander ist nur redaktionell. והיה ביום ההוא in 18. 21. 23, aber auch ביום ההוא in 20, ist typische Redaktorenformel, durch die von Haus aus separate Stücke zusammengekoppelt und Zusätze angehängt werden. Nicht ohne Grund ist auf den mühsamen Stil von 18ff. hingewiesen worden. Das ist nicht lediglich ein subjektives Urteil, wie Rignell meint (a.a.O. 116), und es ist darum zu fragen, ob es sich nicht überhaupt um verschiedenartige Zusätze handelt, die mit Jesaja nichts zu tun haben. Aber die kraftvollen Bilder in 18f. und 20 erwecken durchaus den Eindruck, daß Jesaja selbst das Wort hat. Und angesichts dessen, daß der Prophet nach dem Scheitern seiner Unterredung mit Ahas die Zukunft nur mit schweren Wolken verhängt sehen konnte, spricht auch inhaltlich nichts gegen die Herkunft der beiden Worte von Jesaja und ihre Herleitung aus der Zeit des syrisch-ephraimitischen Krieges. Aber die genannten Formeln zeigen, daß Überarbeitung anzunehmen ist und daß im Zuge der redaktionellen Zusammenstellung des Stückes, z.T. wohl auch erst später, noch sekundäres Gut hinzugefügt worden ist. Ein Überblick über die Meinungen der Exegeten zeigt aber, daß die Aussonderung des jesajanischen Gutes kaum mit voller Sicherheit vorgenommen werden kann. Folgende Einheiten sind zu unterscheiden:

1. 7 18–19 Die Bienen aus dem Lande Assur 7 18–19
Es erweckt Bedenken, daß nebeneinander von Ägypten und Assur Ort
(in dieser Reihenfolge!) gesprochen wird. Die Exegeten finden zwar, die Fliegen paßten ausgezeichnet zu Ägypten oder Äthiopien – hieroglyphisches Zeichen für Unterägypten ist jedoch die Wespe –, und das Bergland Assur ist für seinen Reichtum an Bienenvölkern bekannt, s. Budde a.a.O. (Jes. Erleben) 60 und Fohrer z.St., vgl. schon Cyrill von Alexandrien an der unten S. 304 zitierten Stelle. Aber zur Zeit des syrisch-ephraimitischen Krieges drohte von Ägypten her für Juda keine Gefahr. Nach Budde und Fohrer meint jedoch Jesaja gar nicht, daß der Ansturm der beiden Völker Juda gilt, sondern spricht davon, daß Palästina der Kampfplatz der beiden Großmächte sein werde, was sich nach Budde noch zu Lebzeiten Jesajas mit der Schlacht von Eltheke als zutreffend erwiesen hat (s. „Taylor-Zylinder" Z. 75ff., AOT² 353 = ANET² 287). Aber der Text bietet zu einer solchen Deutung keinen Anhaltspunkt. Man mag erwägen, ob nicht beide konkreten Bezüge, d.h. die Erwähnung Ägyptens und Assurs, zu streichen sind. Aber eine andere Lösung ist ohne Zweifel vorzuziehen: Ursprünglich war nur von den Assyrern die Rede, die mit Bienen verglichen werden. Den Bienen mag der Imker „pfeifen" und sie an einen bestimmten Ort zu lenken versuchen, bei Fliegen wird das gewiß niemand tun. Als Verstecke für Bienen eignen sich Talschluchten, Felsspalten und Dorngehege. An Tränkstellen trifft man sie wohl an, aber man kann nicht sagen, daß sie sich dort niederlassen (נוח!), so dürfte auch diese Angabe sekundär sein, sofern man נהללים nicht als weiteres Wort für dornige Sträucher auffaßt (s.o.S. 302 Textanm. 19c). Zu Fliegen paßt „Tränkstellen" sehr gut. Das ursprüngliche Wort Jesajas wird also gelautet haben:

ישרֹק יהוֹה לדבורֹה [אשר] בארץ אשוֹר
ובֹאו ונֹחו כלֹם בנחלֵי הבתוֹת
ובנקיקֵי הַסֶּלַע[ים] ובכל הנעצוצִים

Metrum: Wenn אשר in der ersten Zeile gestrichen und in der dritten für Form
סלעים der sing. gelesen wird, werden wir den kurzen Abschnitt als drei Fünfer zu lesen haben.

Das Wort ist in einem späteren Zeitpunkt, als auch die ägyptische

Gefahr akut geworden war, erweitert worden. Es besteht kein Anlaß, anzunehmen, daß das erst zur Zeit der Kämpfe zwischen den Seleukiden und Ptolemäern geschehen sei (so Kaiser z.St.). Assur und Ägypten werden auch sonst als die beiden Mächte, die Israel und Juda bedrohen, nebeneinander genannt: Hos 9 3.6 11 5 12 2 Jer 2 36.

Wort Jahwe pfeift den Bienen im Lande Assur (דבורה ist Kollektiv, darum der plur. der Verben in 19). Schon in 5 26 hat der Prophet das Bild vom Herbeipfeifen eines Volkes zum Gericht über Juda verwendet, und auch dort war Assur gemeint.

Cyrill von Alexandria (gest. 444) bemerkt zum Bild der Biene in 18: „Gestaltet ist das Wort gewiß nach einem Vergleich mit der Erfahrung der Imker, welche mit Pfeifenschall die Bienen (zu μυῖα = Biene s. Liddell-Scott, A Greek-English Lexicon, [9]1949, s.v.) aus den Bienenstöcken auf die Felder treiben und hernach wieder heranholen“ (s. Migne, Patrologia, Series Graeca LXX, 1864, 209). Der Glaube, ausschwärmende Bienen durch Lärm zum Ansetzen veranlassen zu können, war im Altertum und bis in die neueste Zeit hinein weit verbreitet. Bacchus zieht durch das Rhodopegebirge und seine Begleiter schlagen das Erz zusammen: „Sieh da! Von dem Klingen angezogen, kommt ein ungewohnter Schwarm zusammen, und dem Geräusch, das das Erz hervorbringt, folgen die Bienen. Liber sammelt sie, die (planlos) schwärmen, schließt sie in einen hohlen Baum, und erhält als Lohn, daß er den Honig findet“ (Ovid, Fasti III 741–744, übersetzt von FBömer, P. Ovidius Naso, Die Fasten I, 1957; weitere Belege aus der Antike s. ebd. Bd. II, 1958, 195). Zu alten und neuern Bräuchen dieser Art s. MSooder, Bienen und Bienenhaltung in der Schweiz: Schriften der Schweizerischen Gesellschaft für Volkskunde 34 (1952) 190ff. Bienen- und Fliegenschwärme sind auch ein homerisches Bild für das Heranstürmen von Völkerscharen: Ilias II 86f.: ἐπεσσεύοντο δὲ λαοὶ ἠΰτε ἔθνεα εἶσι μελισσάων ἀδινάων; und ebenso II 469f.: ἠΰτε μυιάων ἀδινάων ἔθνεα πολλά ... ἠλάσκουσιν. Noch heute ist im Bergland des ehemaligen Assyrien die Bienenzucht ein wichtiger Erwerbszweig. Aber auch der Palästinenser kennt die Bienen und ihre Gewohnheiten sehr gut, Dalman, AuS VII, 291ff. Abb. 171f.

Natürlich ist an der vorliegenden Stelle an wilde Bienen zu denken. Daß sie sich mit Vorliebe in Felsspalten niederlassen, ergibt sich aus Dt 32 13 und Ps 81 17, vgl. auch Gn 43 11 Ri 14 8f. 1 S 14 27 Ez 27 17 (vgl. noch den wilden Honig, den Johannes der Täufer in der Jordanwüste aß, Mt 3 4 Mk 1 6). Das kriegerische, eroberungssüchtige Assur mit der schwer abzuwehrenden, stechenden und nicht ungefährlichen Biene zu vergleichen, lag den alten Israeliten, wie Dt 1 44 und Ps 118 12 zeigen, recht nahe. Offenbar hat Jesaja ein an sich geläufiges Bild für einen gefährlichen Feind auf die Assyrer angewendet.

„An jenem Tage wird es geschehen“ ist nicht als Hinweis auf den eschatologischen Gerichtstag zu verstehen, sondern will nur die Gleichzeitigkeit mit dem in V. 17 angekündeten Unheil betonen. Natürlich schließt das nicht aus, daß in der weiteren Auslegungsgeschichte der Ausdruck nicht doch als Anhaltspunkt für eine eschatologische Deutung dienen mußte.

Die יארי מצרים könnten die Nilarme des Deltas meinen, vgl. 19 6. Aber 7 18 spricht von den „Enden“ der Nilarme, so daß der Verfasser doch wohl Oberägypten oder Äthiopien im Auge hat. Dort oben saß zur Zeit Jesajas Pianchi, der Gründer der äthiopischen Dynastie, der um 726/25 (nach andern erst um 715, s. WAlbright, BASOR 141, 1956, 25) bis ins Delta vorstieß. Möglicherweise stammt der Zusatz aus ebendieser Zeit, da Äthiopien in den Gesichtskreis der Politiker Jerusalems getreten war, s. Kap. 18f. Wie 20 4ff. zu entnehmen ist, hat Jesaja nicht erwartet, daß sich die Äthiopier in Palästina festsetzen könnten.

2. 7 20 Das Schermesser von jenseits des Euphrats 7 20
ביום ההוא ist auch hier Zusatz, beweist aber, daß der Vers nicht von Ort
Haus aus mit 18f. zusammengehört. Auch wenn במלך אשור Glosse ist (s.o.S. 302 Textanm. 20c), dürfte doch auch dieses Wort aus der Zeit des syrisch-ephraimitischen Krieges stammen und mit 18f. etwa gleichzeitig sein.

Metrum: ein Sechser (2+2+2) und ein Doppeldreier. Form

Ein Messer, תער, kann wohl zum Werkzeug des Schreibers gehören, Wort
Jer 36 23, und dient z.B. auch zum Kahlscheren des Hauptes eines Nasiräers, wenn die Zeit seines Gelübdes zu Ende ist, Nu 6 5. Aber geschoren wird auch der Kriegsgefangene und der Sklave (Abb. eines ägyptischen Rasiermessers: BHHW 1691). Es geht nicht an, das Abscheren des Haares als Bild für die Verwüstung und Entvölkerung Judas, das „Abrasieren“ des Landes aufzufassen (so Delitzsch z.St.). Daran ließe sich nur denken, wenn 20 schon von Haus aus Fortsetzung von 18f. wäre. Das Abscheren ist wörtlich zu nehmen, es gilt als tief entehrend (s.o.S. 139 zu 3 17 und 2 S 10 4f.), zumal Jesaja auch vom Abscheren der Schamhaare und des Bartes, beides Zeichen der Manneswürde, spricht („Kahlkopf“ ist ein übles Schimpfwort, 2 Kö 2 23). Mehr noch als ein hartes äußeres Schicksal kündet das Bild vom Schermesser tiefe Schmach an, für die der Israelit überaus empfindlich ist.

Das Schermesser ist jenseits des Stromes „gedungen“. Möglicherweise muß für עברי נהר das übliche עבר הנהר gelesen werden, denn mit einer Ausnahme (Sach 9 10) steht bei נהר, sofern der Euphrat gemeint ist, der Artikel. עבר הנהר bezeichnet in späterer Zeit das Gebiet westlich des Euphrat: 1 Kö 5 4 Esr 8 36 Neh 2 7. 9 3 7, in älteren Texten aber das Land östlich dieses Flusses: Jos 24 2f. 14f. u.ö.; es kommt auf den Standort des Sprechers an, vgl. den Art. Transeuphrat in BHHW 2021. Jesaja kennt die spätere Verwendung, die auf akkad. *ebir nâri* (= Transeuphratebene) zurückgeht, noch nicht, selbstverständlich ist bei ihm das assyrische Gebiet gemeint. שׂכירה gehört mit שָׂכִיר zusammen, das nicht nur den „Tagelöhner“, sondern auch den „Söldner“ bezeichnet, und wie immer der Ausdruck תער השׂכירה grammatisch zu verstehen ist (dazu s.o.S.

302), in jedem Fall meint das Schermesser die assyrische Heeresmacht. Wer aber hat das Messer „gemietet"? Man denkt an Jahwe und kann dazu auf V. 18 verweisen, wo die Assyrer als Stecken und Rute des göttlichen Zorns bezeichnet werden. Aber wenn das Wort wirklich aus derselben Situation wie 7 1–17 zu verstehen ist, wird Jesaja mit dem schillernden Ausdruck zugleich darauf anspielen, daß Ahas mit einem sehr beträchtlichen „Geschenk" (2 Kö 16 8) Thiglath-Pilesers Hilfe gegen seine beiden Nachbarn erkaufte. Jesaja enthüllt so die ganze Ironie des Hilfsgesuchs: die „Söldnertruppe", die er sich gleichsam gedungen hat, bringt ihm und seinem Land statt Rettung Gefangenschaft und Schmach. Nach 2 Kö 16 7 hat Ahas sich mit den Worten unterworfen: „Dein Sklave und dein Sohn bin ich."

7 21–22 3. 7 21–22 Überfluß

Ort und Form Die nähere Interpretation dieses Stückes entscheidet sich an der Grundfrage, ob es sich um eine Ankündigung von Unheil oder Heil handelt. 22a ist eindeutig: wo viel Milch vorhanden ist, kann man nicht von Unheil sprechen. Man klammert darum gelegentlich (s. Fohrer z.St.) diesen Halbvers aus und deutet dann wenigstens 21b und 22b als Gerichtsankündigung. Man wird in diesem Fall bei 22b, ähnlich wie das oft bei 7 15 geschieht, Milch bzw. Butter und Honig als die kärgliche Kost, die in einer harten Notzeit allein noch bleibt, auffassen. Wir haben diese Deutung bei 7 15 abgelehnt. Ihr widerspricht, daß der Glossator von 22a den ihm vorliegenden zweiten Halbvers 22b völlig mißverstanden haben müßte. Dann bleibt höchstens noch 21b als Gerichtswort: Das Land ist so vom Krieg mitgenommen, daß ein Bauer nur noch gerade ein Rind und zwei Ziegen aufziehen kann. In diesem Fall könnte dieser Halbvers auf Jesaja zurückgehen, der dann durch 22 glossiert, d.h. aber in sein Gegenteil verkehrt worden wäre. Aber es ist doch wahrscheinlicher, daß schon 21b zum Heilswort gehört: Zwar wird ein Landmann nur noch sehr wenig Vieh sein eigen nennen können, aber das Land wird so fruchtbar und das Vieh so vortrefflich sein, daß wenige Tiere für die Versorgung einer Familie mit Milch ausreichen, ja noch Milch für die Butterherstellung übrigbleiben wird (vgl. zu diesem Bildmaterial die o.S. 296 zu 7 15 zitierte Hymne des Lipitištar von Isin). In diesem Fall dürfte V. 21f. auf dieselbe Hand zurückgehen, die 15 eingeschoben hat. Es ist allerdings nicht ausgeschlossen, daß 7 22b von einem noch späteren Ergänzer als 22a stammt, der in Erinnerung an 7 15 auch noch auf den Honig als Speise in der kommenden Heilszeit hinweisen wollte.

Wort Auch wenn 21b bereits zur Heilsankündigung gehört, ist doch auch bei diesem Verständnis die Verwüstung des Landes vorausgesetzt. Man muß sozusagen wieder von vorn anfangen. Die Bevölkerung ist auf eine höchst armselige Kulturstufe zurückgeworfen. Daß diese „nomadisch" sei, sollte man nicht sagen, da das Rind in einer solchen keinen Raum hat. Es ist aber doch bezeichnend, daß die Exegeten schwanken, ob sie im Blick auf 21b und 22b von Heil oder Unheil reden wollen. Auch wenn man in Rechnung setzt, daß „Milch und Honig" Gaben sind, die für Israel das Land Kanaan höchst begehrenswert machen, so fällt doch auf, in was für einem bescheidenen Rahmen sich die Heilserwartung hält. Man kann sich wohl vorstellen, daß ein anderer mit seiner Palette Freuden einer paradiesischen Tafel gemalt hätte. Aber die Heilshoffnung des alten Israel gibt sich immer wieder mit einem auffallend engen Horizont zufrieden, man vergleiche etwa 4 5 Am 9 11ff. Dabei ist allerdings die hermeneutische Frage schwer zu beantworten, ob solche Aussagen einfach wörtlich zu nehmen sind oder wieweit nach einem tieferen Sinn zu fragen ist. Wenn Butter und Honig dem Immanuelkind zur Speise dienen, was wohl heißen wird, daß sie ihm mehr als gewöhnliche Fähigkeiten übermitteln, so mag man auch an unserer Stelle an eine Nahrung gedacht haben, die wunderbare Kräfte verleiht. Aber der Text bietet zu einer solchen Auslegung keine direkte Handhabe, und die Phantasie des Bibellesers hat freie Bahn.

4. 7 23–25 „Dornen und Disteln" 7 23–25

„Die Verse sind stilistisch so schwerfällig, daß sie nicht von Jesaja Ort und
hergeleitet werden können", Fohrer z.St., s. etwa auch Duhm. Man kann Form
sich allerdings auch hier fragen, ob nicht ein jesajanisches Diktum durch Überarbeitung und Erweiterung stark entstellt worden ist. Mag sein, daß das ursprüngliche Wort etwa lautete: יהיה כל־מקום אשר יהיה־שם אלף גפן באלף כסף לשמיר ולשית יהיה בחצים ובקשת יבוא שמה. Aber auch für diese Form wäre die Herleitung von Jesaja schwierig: ein Versmaß will sich schwer feststellen lassen, das dreimalige יהיה ist Jesaja kaum zuzutrauen, אשר ist prosaisierend und לשמיר ולשית sieht nach Entlehnung aus 5 6 aus. Schon 23 und 24a werden wir also einem Bearbeiter der Jesajaworte verdanken. Ein noch Späterer hat 24b und 25 hinzugefügt. Die Wendung שמיר ושית hat ihm Eindruck gemacht, aber er bezieht sie nun gleich auf das ganze Land. Daß wenigstens noch Jäger das Dickicht der Disteln und Dornen betreten, will ihm nicht gefallen: überhaupt niemand mehr soll das Land betreten. 25b sagt er dann allerdings doch, daß es noch als Weideland dient, aber offenbar nur, weil er das יהיה למרמס von 5 5 nicht übergehen wollte. Es zeigt sich immer wieder, daß die Ergänzer des Jesajabuches echte Jesajastücke, wie in diesem Fall das Weinberglied, gleichsam als Steinbruch benutzen, aus dem sie ihre Vokabeln holen – nicht nur um zu bezeugen, daß sie Jesaja gelesen haben, sondern auch, um sich mit seiner Autorität zu bekleiden.

McKane (a.a.O. 216) glaubt im Gegensatz zu fast allen Auslegern, Wort
daß auch 23f. nicht als Drohung zu verstehen sei, es werde keineswegs

bedauert, daß Kanaan Jagdgebiet und Weideland geworden sei, sondern es spreche sich in den Versen der Glaube aus, daß Kanaan gerade ohne Korn, Wein und Öl das verheißene Land des Gottesvolkes sei. Es macht in der Tat Mühe, daß auf die Heilsweissagung von 21f. nun noch einmal, und zwar nicht von Jesaja herzuleiten, ein Zusatz (bzw. deren zwei) folgen soll, der Unheil ansagt. Dennoch hat McKane nicht recht. Mag sein, daß gewisse Kreise in Juda auch in später Zeit noch das nomadische Ideal hochhielten, aber daß Kanaan zur Steppe werde, haben sich auch diese Kreise nicht gewünscht. Zudem müßten die Ergänzer die Absicht gehabt haben, das Weinberglied, auf das sie zurückgreifen, bewußt in sein Gegenteil zu verkehren. Wir haben uns damit abzufinden, daß die Ergänzer und Redaktoren des Jesajabuches sich nicht um einen befriedigenden Aufbau des Ganzen sorgten; ein jeder fügte hinzu, was gerade ihm in seiner Situation wichtig erschien.

Das genaue Verständnis des Bildes in 23 und 24a begegnet einigen Schwierigkeiten. Man hat sich mit Recht gewundert über den hohen Wert der Weinstöcke: 1000 Stück = 1000 Schekel. Das ist ein exorbitanter Preis; für zwei Schekel kaufte man nach Lv 5 15 einen Widder (vgl. BRL Sp. 177). Es will auch nicht einleuchten, warum gerade von einem Weinberg mit 1000 Weinstöcken gesprochen wird. In Wirklichkeit will gar nicht vom Preis der Weinstöcke gesprochen werden, wobei man bereit gewesen wäre, für ein Spitzenprodukt einen weit überhöhten Preis hinzulegen. Es ist vielmehr der Preis eines Landstückes gemeint, auf dem man 1000 Weinstöcke pflanzen kann. „Noch jetzt berechnet man im Libanon und in Syrien den Wert eines Weinbergs nach dem Werte der einzelnen Weinstöcke“ (Delitzsch z.St.). Auch so verstanden ist der Preis ein ungewöhnlicher hoher. Das Hohelied spricht allerdings von einem Weinberg, aus dem Salomo einen Ertrag von 1000 Schekel ziehen kann (8 11), aber das ist ein königlicher Weinberg von gewiß sehr großer Ausdehnung. (Es ist übrigens nicht sicher, ob „Weinberg“ dort noch im eigentlichen Sinn gemeint ist oder nur als Bild für „Mädchen“ oder „Harem“ verwendet wird, vgl. GGerleman, BK XVIII 222.) Der Verfasser des Abschnittes meint also: Auch eine Gegend, wo der Landpreis wegen der ungewöhnlich günstigen Lage oder der besonderen Qualität des Bodens das übliche Maß weit übersteigt, wird den Disteln und Dornen überlassen werden. Nur noch mit Pfeil und Bogen wird man in sie eindringen. Das bedeutet zweifellos nicht, daß man versuchen wird, letzte Schlupfwinkel eines Feindes aufzustöbern, sondern, daß das verheerte Land dem Wild überlassen bleibt (s. dazu 5 5) und darum nur noch von Jägern betreten wird (zu Pfeil und Bogen als Jagdgerät s. Dalman, AuS VI, 330ff und vgl. den Art. „Jagd“, BHHW 792, zu שמיר ושית s.o.S. 171 zu 5 6).

Wenn man es schon geschehen läßt, daß ein so kostbarer Weinberg von Dorngestrüpp überwuchert wird, ist durchaus anzunehmen, daß

„das ganze Land Dornen und Disteln sein wird". Aber eben damit, daß 24b eine solche Selbstverständlichkeit ausspricht, erweist sich der Vers als typische Glosse. Dieselbe Tendenz der Verallgemeinerung dessen, was zunächst als bezeichnender Einzelfall herausgehoben war, zeigt sich auch in 25: Es sind gleich „alle Berge", die man nicht mehr betritt. Daß immerhin noch Jäger ein solches Gebiet durchstreifen, will dem Glossator auch nicht gefallen. Er steigert die Drohung noch einmal: Dornen und Disteln haben so gewuchert, daß sich keiner mehr in das Gestrüppe hineingetraut. Tatsächlich gedeihen „Dornen und Disteln" in Palästina so üppig, daß es schwierig werden kann, sich einen Weg durch sie hindurch zu bahnen, s. etwa Budde a.a.O. (Jes. Erleben) 64f. und Abb. 67bis 74 in Dalman, AuS II, und es niemandem zu verargen ist, wenn er sich fürchtet, ein solches Gelände zu betreten. Die Tiere allerdings scheuen sich nicht, dort ihre Nahrung zu suchen. Aber der Ergänzer denkt nicht an Wild, sondern an Vieh, das in das Gestrüpp eindringt.

Es ist verständlich, daß man immer wieder versucht hat, 7 18–25 ir- Ziel
gendwie auf einen Nenner zu bringen. Die obigen Analyse hat aber er- 7 18–20
geben, daß mit einiger Sicherheit nur zwei der Worte, 18f. und 20, auf Jesaja zurückgehen. Man hat zudem den Eindruck, daß es sich um Fragmente handle; jedenfalls bestehen sie nur aus der Gerichtsdrohung und bieten für diese keine Begründung. Es ist aber nicht die Art Jesajas, Gericht anzukünden, ohne zu sagen, warum es kommen wird, er ist nicht Wahrsager, sondern Prophet. Gewiß sind die Worte durch die redaktionelle Klammer ביום ההוא mit 7 1–17 verbunden. Und wenn unsere obige Auffassung von תער שׂכירה in 20 richtig ist, ist die Schmach, die Assur über Juda bringt, als Folge der glaubenslosen Politik des Ahas gesehen. Aber es scheint doch, daß der Redaktor, der 18–20 anfügte, nur noch an der nackten Gerichtsankündigung interessiert ist.

Bei der Heilsweissagung von 21f. hängt das Interesse des Ergän- 7 21–22
zers genau so allein an dem, was die Zukunft bringen wird. Er will trösten, offenbar angesichts einer totalen Verheerung des Landes, die an die Ereignisse von 701 oder noch eher von 587 denken läßt: Es gibt eine Möglichkeit, weiter zu existieren. Ist man bescheiden genug, kann man sich sogar der Fülle des Segens erfreuen. Aber der Verfasser verkündet nicht einmal, daß es Gott ist, der diese Tür auftut, und sagt nur gerade, daß diese Hoffnung denen gilt, die im Land noch übriggeblieben sind. Daß diese der Rest sind, der angesichts des Gerichtes umkehrte, oder diese Übriggebliebenen den von Gott gereinigten und geheiligten Rest (s. 4 3) darstellen, spricht er aber nicht aus. Es kommt dazu, daß das „Heil" von dem er zu reden weiß, nur in „materiellen" Gütern besteht und auch nicht eine Andeutung greifbar ist, die auf ein neues Verhältnis zu Jahwe hinwiese. Wer von Israel übriggeblieben ist, wird noch zu leben haben. Das scheint eine magere Botschaft zu sein. Aber es lassen sich Umstände

denken, unter denen Mahnungen zum Glauben oder zur Umkehr fehl am Platze sind und theologische Reflexionen nicht ankommen, sondern wo die schlichte Feststellung, daß es nach aller Verwüstung noch einen Weg gibt in die Zukunft hinein, das lösende Wort ist.

7 23–25 Um so erschütternder ist es, daß der ganze Abschnitt 18–25, der doch eine kerygmatische Einheit sein will, nicht einmal mit diesem doch bescheidenen Lichtblick enden kann, sondern wieder zu härtester Unheilsandrohung übergeht. Das fällt besonders auf, weil sonst solche Zusätze zum ursprüngliche Bestand des Jesajabuches mit Vorliebe kommendes Heil ausmalen. Es muß aber beachtet werden, daß die Verfasser dieses letzten Abschnittes das Vokabular des Weinbergliedes, 5 1–7, aufgreifen. Sie haben zwar das vorangehende Heilswort nicht streichen wollen. Aber implizit erheben diese letzten Zusätze doch Protest – und zwar im Namen ihres Meisters Jesaja selbst: sie meinen, angesichts der durch schwerste Verheerung gekennzeichneten Situation, vor der sie mit ihrem Volke standen, gebe es nichts Notwendigeres, als zu erkennen, daß nun das von Jesaja angesagte Gericht in seiner ganzen Schwere gekommen sei. Es gehe nicht an, schon wieder nach einer besseren Zukunft Ausschau zu halten, wo doch alles darauf ankomme, dem ganzen Ernst der Gegenwart standzuhalten. Es ist erstaunlich, daß Israel sich in dieser Unerbittlichkeit mit der Strenge des göttlichen Gerichts konfrontieren ließ. Wie wäre das möglich gewesen, wenn nicht in seinem Wissen um die Heiligkeit Gottes, dem die Ehre zu geben ihm vor jedem menschlichen Bedürfnis stand.

EILBEUTE – RASCHRAUB
(8 1–4)

KGalling, Ein Stück judäischen Bodenrechts in Jesaja 8: ZDPV 56 (1933) 209–218. – LGRignell, Das Orakel „Maher-salal Has-bas“. Jesaja 8: StTh 10 (1957) 40–52. – JSchildenberger, Durch Nacht zum Licht (Jes 8,1–9,6): Sein und Sendung 30 (1965) 387–401. Literatur

Zum Text: BStade, Zu Jes. 8,1f.: ZAW 26 (1906) 135–137. – PKatz, Notes on the Septuagint. I. Isaiah VIII 1a: JThSt 47 (1946) 30–31. – FTalmage, חרט אנוש in Isaiah 8:1: HThR 60 (1967) 465–468.

Zu einzelnen Motiven: PHumbert, Mahēr Šalāl Ḥāš Baz: ZAW 50 (1932) 90–92. – SMorenz, „Eilebeute“: ThLZ 74 (1949) 697–699. – AJirku, Zu „Eilebeute“ in Jes. 8,1.3: ThLZ 75 (1950) 118. – EVogt, „Eilig tun“ als adverbielles Verb und der Name des Sohnes Isaias' in Is 8,1: Bibl 48 (1967) 63–69.

IHylander, War Jesaja Nabi?: Le Monde Oriental 25 (1931) 53–66. – CBReynolds, Isajah's Wife: JThSt 36 (1935) 182–185. – AJepsen, Die Nebiah in Jes 8 3: ZAW 72 (1960) 267–268. – HDonner, Israel unter den Völkern, VTSuppl 11 (1964) s.S. 18–30.

[1]Jahwe sprach zu mir: Nimm dir eine [a]große Tafel[a] und schreib auf sie mit einem 'Unheils'griffel[b]: Für [c]Maher-Schalal Chasch-Bas[c] (Eilbeute-Raschraub). [2]Da 'nahm' [a]ich mir vertrauenswürdige Zeugen, Uria, den Priester und Sacharja, den Sohn Jeberechjas[b]. [3]Darnach nahte ich mich der Prophetin. Da ward sie schwanger und gebar einen Sohn. Und Jahwe sprach zu mir: Gib ihm den Namen Maher-Schalal Chasch-Bas. [4]Denn bevor der Knabe „Vater“ und „Mutter“ rufen kann, wird man[a] den Reichtum von Damaskus und die Beute von Samaria vor dem König von Assyrien einhertragen. Text

1a–a גליון גדול übersetzt 𝔊 mit τόμον καινοῦ μεγάλου (einzelne Handschriften τομον καινου χαρτου μεγαλου o.ä., s. Ziegler). 'Α διφθερωμα < μεγα > Σ τευχος μεγα Θ κεφαλιδα μεγαλην 𝔗 לוח רב 𝔖 *gelājūnā rabbā* 𝔙 librum grandem. Die Versionen differieren also in der Wiedergabe von גליון, während sie alle גדול gelesen haben. Galling (a.a.O.) will גליון von 3 23 her verstehen, der einzigen alttestamentlichen Stelle, wo das Wort noch vorkommt. Da dort mit dem Wort eindeutig ein Kleiderstoff gemeint sei, könne es in 8 1 als Papyrusblatt verstanden werden, da Papyrus nachgewiesenermaßen auch zur Herstellung von Kleidern gedient habe (s. SKrauß, Talmudische Archäologie I, 1910, 141 und Plinius, hist. nat. XIII, 22). Für גדול konjiziert Galling גּוֹרָל, Los, im Sinne eines durchs Los zufallenden Grundstückes, so daß er גליון גורל in freier Weise als „Allmendeblatt“ übersetzt (so auch Kaiser). Das καινοῦ von 𝔊 könnte innergriechische Korruption von κλήρου sein (so Katz a.a.O.). Galling denkt bei seiner Interpretation der Stelle an schriftliche Fixierung des Familienstandes, durch welche die Ansprüche des einzelnen an Grund und Boden rechtlich festgelegt worden seien. Aber seine scharfsinnige Deutung erweckt doch Bedenken: In 3 23 dürfte גליון in גלמים zu ändern sein (s.o.S. 144), so daß die Stelle nicht zum Verständnis von גליון in 8 1 herangezogen werden kann. Für eine Notiz, deren Sinn es gerade ist, die Botschaft Jesajas über den 81

Tag hinaus festzuhalten, wäre überdies ein Papyrusblatt nicht sonderlich geeignet. Vor allem erweckt es Bedenken, das so sicher bezeugte גדול in גורל zu ändern. Jesaja will doch mit seiner Inschrift die Aufmerksamkeit der Jerusalemer wecken, und es ist darum sinnvoll, daß der גליון ein Gegenstand ist, der von weitem in die Augen fällt (Driver, Semitic Writing, ²1954, 80 und 229 denkt an ein Plakat). Und ebenso spricht gegen Galling, daß auf Papyrus kaum mit einem Griffel (חֶרֶט von חָרַט, eingraben) geschrieben worden ist. Es empfiehlt sich darum, bei der traditionellen Übersetzung von גליון mit „Tafel" zu bleiben (vgl. KBL und HAL, s. auch לוּחַ Hab 2 2). Driver (JSS 13, 1968, 40) denkt an eine mit Wachs überstrichene Holztafel, wie solche in Ninive gefunden worden sind. –b Auch חרט אנוֹשׁ ist in seiner Bedeutung unsicher. Die wörtliche Übersetzung mit Menschengriffel befriedigt nicht. Zwar spricht Ex 32 16 von einem מכתב אלהים, aber dort schreibt Gott selbst, und zudem ist dort von göttlicher Schrift und nicht von einem göttlichen Griffel die Rede (s. dazu Stade a.a.O. 135). Man pflegt darum חרט אנוֹשׁ mit „gewöhnliche Schrift" zu übersetzen und verweist zur Rechtfertigung auf Dt 3 11 und 2 S 7 14, wo von einer אמת־איש bzw. einem שבט אנשים gesprochen wird, was „gewöhnliche Elle" und „gewöhnliche Rute" bedeuten soll. Aber אמת איש heißt Elle eines Mannes und שבט אנשים menschliche Rute im Gegensatz zu göttlichem Gericht. Procksch u.a. haben, entsprechend der hieratischen und demotischen Schrift in Ägypten, an verschiedene Schriftarten gedacht, und Fohrer meint, אנוֹשׁ bezeichne hier „sozusagen den altfränkischen Mann, der die moderne Schreibweise der gebildeten Beamten nicht kennt" (z.St.). Aber über verschiedene Schriftarten im alten Israel haben wir weder aus dem Alten Testament noch durch die Archäologie Kunde. Vor allem aber leiden all diese Deutungen daran, daß חרט nicht „Schrift", sondern „Griffel" bedeutet. HGreßmann (Der Messias, 1929, 239, Anm. 1) hat gegenüber diesen Versuchen, beim überlieferten Text zu bleiben, vorgeschlagen, אֱנוֹשׁ als אָנוּשׁ zu vokalisieren und bei dieser Emendation „mit hartem Griffel" übersetzt. Das paßt sehr gut in den Zusammenhang, aber אָנוּשׁ heißt nicht hart, sondern unheilbar, heillos. Galling (a.a.O.) will darum חרט אָנוּשׁ mit „unauslöschbare Schrift" wiedergeben (ähnlich Kaiser). Auch diese Deutung fügt sich gut in den Zusammenhang, aber auch sie bedenkt nicht, daß חרט Griffel und nicht Schrift heißt. Zudem ist der Bedeutungsübergang von „unheilvoll" zu „unauslöschbar" nicht zu belegen und an sich nicht sehr wahrscheinlich. Ebenso zweifelhaft ist der Vorschlag von Talmage (a.a.O.), der אָנוּשׁ von akkad. *enēšu* und arab. *'anuṭa* „schwach sein" her verstehen will. Jesaja habe eine breite, biegsame Feder verwendet, um deutlich lesbar schreiben zu können. Die Vokalisierung als אָנוּשׁ dürfte jedoch richtig sein, es ist aber bei der Bedeutung „unheilvoll" zu bleiben. Ein Griffel ist zwar an sich weder glückbringend noch unheilvoll, aber wenn die Botschaft, die mit ihm niedergeschrieben wird, Unheil ankündet, mag man ihn als „Unheilsgriffel" bezeichnen. Daß man mit dieser Deutung auf der rechten Spur ist, zeigt 1QM 12 3 ברית שלומכה חרתה למו בחרט היים. Kann man von einem „Griffel des Lebens" reden, dann gewiß auch von einem solchen des Unheils. – c–c Die übliche Übersetzung von מהר שלל חש בז mit Raubebald-Eilebeute faßt die beiden verbalen Elemente des Namens als Imperative auf. Damit tut man aber חָשׁ Zwang an. Jirku (a.a.O.) hat neuerdings vorgeschlagen, מהר im Sinn des ugaritischen *mhr*, Krieger, Soldat, zu verstehen (s. dazu Aistleitner, WB, Nr. 1532 und AFRainey, The Military Personal of Ugarit: JNESt 24, 1965, 17–27, s.v. Als Fremdwort kommt es auch in ägyptischen Texten vor, s. ARSchulmann, *Mhr* and *Mškb*, Two Egyptian Military Titles

of Semitic Origin: ÄZ 93, 1966, 123–132 und AFRainey, JNESt 26, 1967,
58–60), und will übersetzen: „Krieger der Beute, eilend an Raub“. Das klingt
gezwungen, und es spricht alles dafür, daß מהר und חש dem Sinn wie der
grammatischen Form nach Parallelen sind, zumal Jesaja die Verben מהר
und חוש auch in 5 19 nebeneinander verwendet. חָשׁ könnte als perf. verstanden werden, wobei dann מַהֵר als מִהַר vokalisiert werden müßte (so
HTorczyner, MGWJ 74, 1930, 257). Wahrscheinlicher ist jedoch, daß es
sich um Partizipien handelt. In diesem Fall steht מהר für מְמַהֵר, was nach
der Grammatik durchaus möglich ist (s. Ges.-K § 52s, dazu Zeph 1 14). Die
Kurzform des Partizips wurde gewählt, um den Namen nicht überlang erscheinen zu lassen. Vogt (a.a.O.) hat darauf hingewiesen, daß מהר häufig im Sinn
eines Adverbs, „rasch, bald, sofort“ verwendet wird (vgl. Joüon, Gr § 102*e*).
Dabei könne das nach מהר zu erwartende Hauptverb ausfallen. Das Partizip
sei nur um der Kürze willen für das Imperfekt verwendet worden, so daß
מהר שלל eigentlich שָׁלָל [יִשָּׂא] יְמַהֵר meine, d.h., das Verbum נשא von V. 4 sei
hier schon in Gedanken einzusetzen. Der Doppelname, der sich auf den doppelten Feind beziehe, könne also ctwa so wiedergegeben werden: „Bald wird
man Beute, in kurzem Raub wegtragen.“ Dieser Versuch scheitert daran, daß
dann statt חוש ein transitives Verb zu erwarten wäre. Man wird also den Namen wörtlich etwa mit „Schnell ist die Beute, eilend das Plündergut“ übersetzen müssen. (Die obige Wiedergabe ist lediglich um der nötigen Kürze willen
gewählt.) – **2**a Für וְאָעִידָה liest 𝔊 καὶ μάρτυράς μοι ποίησον 𝔗 וְאַסְהֵיד 𝔖 *washed* 82
lî sāhdê, so daß oft vorgeschlagen wurde, statt 𝔐 den imp. וְהָעִידָה zu lesen, was
durch V^{Qa} (והעד) bestätigt zu werden scheint. Aber in Analogie zu den Verben
in 3 ist doch eher 𝔙 zu folgen (et adhibui) und וָאָעִידָה zu vokalisieren (s. Stade
a.a.O. 136f.). – b Für יברכיהו liest 𝔊 βαραχιου, was auf ברכיהו schließen
läßt. Aber es ist doch wohl die seltenere Namensform mit dem imperf. des
Verbs vorzuziehen. Die 𝔊-Lesung dürfte auf ברכיה in Sach 1 1 bzw. ברכיהו in
Sach 1 7 beruhen. – **4**a Zur Verwendung der 3. Pers. sing. im Sinn des un- 4
bestimmten Subjektes „man“ s. Joüon, Gr. § 155e.

8 1–4 ist ein Prosaabschnitt. Durch seinen Ichstil erhebt er den An- Form
spruch, vom Propheten selbst geschrieben worden zu sein, was auch von der Forschung nicht in Zweifel gezogen wird.

Der kurze Bericht zerfällt in zwei Teile, 1+2 und 3+4. Im ersten erhält der Prophet den Befehl, auf eine Tafel למהר שלל חש בז zu schreiben. Der zweite Teil spricht von der Zeugung und Geburt eines Sohnes, dem eben dieser Name מהר שלל חש בז gegeben werden soll, wobei dessen kerygmatischer Sinn erklärt wird. Die beiden Teile sind durch die Gemeinsamkeit des Namens miteinander verbunden. Es fragt sich aber, ob sie schon von Haus aus zusammengehören. Kann der Prophet den Befehl bekommen haben, mit einem Unheilsgriffel eine solche Inschrift auf eine Tafel zu schreiben und zu diesem Akt noch Zeugen beizuziehen, ohne zu wissen, was das zu Schreibende bedeutet oder doch, daß ihm ein Sohn geboren werden wird, der diesen Namen tragen soll? Diese Schwierigkeit hat Duhm, Marti, Rignell (a.a.O.) u.a., neuerdings auch wieder Kaiser (s. jc z.St.) veranlaßt, 3 plusquamperfektisch zu verstehen: „und ich hatte mich der Prophetin genähert“, während Gray umstellt: 1f. nach

3f. Aber wäre wirklich Plusquamperfekt gemeint, wäre etwa ואנכי קרבתי zu erwarten (s. Procksch z.St., Galling a.a.O. 214, Anm. 1, vgl. auch SRDriver, A Treatise on the Use of the Tenses in Hebrew, [3]1892, § 76 und Donner a.a.O. 19ff.); man wird also וָאֶקְרַב als „Narrativ" auffassen müssen. Aber auch Umstellung der beiden Teile dürfte sich kaum empfehlen. Wäre der Sohn bereits geboren oder doch die Geburt nahe bevorstehend gewesen, hätte sich die Promulgation des Namens auf einer großen Tafel und die Beiziehung von Zeugen erübrigt. Das naheliegendste Verständnis geht also doch dahin, daß die Niederschrift des Namens nicht nur der Geburt, sondern sogar der Zeugung voranging, wobei anzunehmen ist, daß der Prophet den Befehl zur Namengebung unmittelbar nach demjenigen zur Beschriftung der Tafel empfangen hatte. Er selbst war sich des Sinnes des Namens zweifellos bewußt (anders Vriezen, VTSuppl 1, 1953, 209, Anm. 2). Auch die Jerusalemer, die Jesajas Haltung im gegenwärtigen Konflikt kannten, waren gewiß in der Lage zu verstehen, was der Name sagen wollte. Der Prophet konnte sich eben nicht auf die Namengebung, die an sich ein auffallendes Zeichen gewesen wäre, beschränken, weil er das Volk jetzt und nicht erst nach vielen Monaten zur Entscheidung aufrufen wollte. „Die Tafel vertrat gleichsam den noch nicht geborenen Sohn" (Vogt a.a.O.). Andererseits verliehen Geburt und Namengebung der Tafelinschrift noch vermehrtes Gewicht. Der Abschnitt ist also eine Einheit. Indem das Geschehen in seiner zeitlichen Abfolge berichtet wird, ist der Gottesbefehl in die beiden Teile V. 1 und 3b auseinandergerissen worden.

Ort Die Nennung der beiden Zeugen zeigt, daß das Wort die politisch maßgebenden Kreise der Hauptstadt ansprechen soll. Da wie in 7 1ff. Damaskus und Samaria nebeneinander genannt sind und wie dort den beiden Reichen der Untergang angedroht wird, muß auch 8 1–4 in die Zeit des syrisch-ephraimitischen Krieges fallen. Damit gehört auch dieser Abschnitt zur „Denkschrift", die Jesajas Verkündigung in jener für Jerusalem so kritischen Zeit zusammenfaßt (s.o.S. 234). Vermutlich ist 8 1ff. etwas später als die Immanuelweissagung anzusetzen. Da der Prophet sein Ziel in der Unterredung mit dem König nicht erreichte, wendet er sich nun an eine weitere Öffentlichkeit. Es scheint, daß Ahas lange schwankte, bis er sich zur folgenschweren Unterwerfung unter Assur entschloß. Die kritische Situation hat offenbar länger gedauert, als man gewöhnlich annimmt, s. dazu Donner a.a.O. 59ff. Aber jedenfalls steht 8 1–4 zeitlich so nahe bei 7 1ff., daß die עלמה von 7 14 nicht die „Prophetin" von 8 3 sein kann. Will man in jener doch Jesajas Frau sehen, muß die נביאה von 8 3 eine andere Frau des Propheten sein, und man hat Gelegenheit, bei der Darstellung der Familienverhältnisse Jesajas seine Phantasie frei walten zu lassen.

Wort 1 In V. 1 verwendet Jesaja die Formensprache von Zeichenhandlun-

gen, s. Hos 1 2: קח לך אשת זנונים
Ez 4 1: קח לך לבנה
Ez 4 9: קח לך חטין ושׂערים
Ez 5 1: קח לך חרב חדה
vgl auch 1 Kö 11 31 Jer 13 4 25 15 36 2. 28 43 9 Sach 11 15. In der sprachlichen Formulierung steht der vorliegenden Jesajastelle Ez 37 16 am nächsten: קח לך עץ אחד וכתב עליו ליהודה. Von diesen Parallelen her wäre die Beschriftung der Tafel als Zeichenhandlung zu verstehen. Das gilt aber nur in einem vorläufigen Sinn. Sie ist sozusagen Zeichen auf das eigentliche Zeichen hin, die Namengebung des Sohnes. Daß für Jesaja seine Kinder (bzw. deren Namen) „Zeichen von Jahwe" sind, spricht er in 8 18 expressis verbis aus.

Leider läßt sich nicht des genaueren ausmachen, was ein גליון ist (s.o.S. 311f.). Ob die Tafel aus Holz, Leder oder Ton bestand, wissen wir nicht. Ez 37 16 spricht in einem ähnlichen Zusammenhang von עץ, aber Ezechiel scheint nicht an eine Tafel, sondern an einen Herrscherstab zu denken (s. Zimmerli, Ezechiel, BK XIII z.St.). Nach 4 1 hat Ezechiel hingegen einen Ziegelstein zu nehmen und darauf eine Stadt „einzuritzen" (hebr. חקק ein Synonym zu חרט, von dem חֶרֶט an der vorliegenden Jesajastelle abgeleitet ist). Wo man die Tafel zur Schau stellte, läßt sich ebensowenig sagen. Da sie groß sein soll, wird sie zur öffentlichen Schaustellung, vielleicht am Eingang des Tempels, bestimmt gewesen sein. Hab 2 2 belegt den Brauch, daß jerusalemische Kultpropheten ihre Offenbarungen auf Tafeln (לֻחוֹת) geschrieben haben, und zwar in leicht lesbarer Schrift (vgl. die Wiedergabe von גליון durch לוח in 𝔗). In Sir 12 11 begegnen wir dem Ausdruck מגלי ראי (emendierter Text), „der, welcher den Spiegel putzt" (so KBL). Danach dürfte es sich bei גליון um eine Tafel handeln, die „geputzt", d.h. geglättet, worden ist, um leichter beschriftet werden zu können.

Der Inschrift „Eilbeute-Raschraub" ist ein ל vorangesetzt, das man in Analogie zu dem ל auf Siegeln als ל possessoris auffassen kann, wozu ליהודה und ליוסף in Ez 37 16 als Parallelen in Anspruch genommen werden könnten, vgl. dazu Zimmerli, Ezechiel, BK XIII 909f. Es wird aber vorsichtiger sein, mit Ges-K § 119u vom „Lamed inscriptionis" zu sprechen, das im Sinn von „was anbelangt" oder „in bezug auf" nur eine lose Beziehung herstellen will (zur Diskussion über die Bedeutung des ל auf Krughenkeln s. SMoscati, L'epigrafia Ebraica Antica, 1951, 85–89).

Der Name des Sohnes fällt der Form wie der Bedeutung nach völlig aus dem Rahmen der altisraelitischen Namengebung. Noth, Pers 9, rechnet מהר שלל חש בז zu den Namen, die „Produkte künstlicher Bildung bzw. schriftstellerischer Erfindung sind und daher nicht zu dem wirklich gebrauchten israelitischen Namengut gehören". Es fragt sich trotzdem, ob der Name eine völlig spontane Bildung Jesajas ist. Schon Humbert (a.a.O. 90–92) hat auf den

Ausdruck *'is ḥ'k* hingewiesen, der in Urkunden und Inschriften der 18. Dynastie in stereotyper Verwendung vorkommt, und Morenz (a.a.O.) hat das ägyptische Material sorgfältig mit dem jesajanischen Namen verglichen. Grammatisch handelt es sich bei *'is ḥ'k* um zwei Imperative, die etwa mit „eile, erbeute" zu übersetzen sind. Aber faktisch wird die Kombination wie ein Substantiv behandelt, so z.B. im Satz: „Seine Majestät brachte ihn (den nubischen Rebellen) als Gefangenen ein, alle seine Leute als *'is ḥ'k*" (= als „Eile-Beute"). Bei dieser substantivierten Verwendung wird man vom Ägyptischen her nicht ohne weiteres schließen können, daß Jesaja Imperative und nicht Partizipien verwendet hat. Aber ein Zusammenhang von מהר שלל חש בז mit *'is ḥ'k* darf angenommen werden, da die ägyptische Redewendung bzw. deren Übersetzung als Ausdruck der Militärsprache im Jerusalem der jesajanischen Zeit sehr wohl bekannt gewesen sein kann. Die Thronnamen des Messias von 9 5 (s. HWildberger, ThZ 16, 314–332) beweisen jedenfalls, daß Jesaja solche Kenntnisse zuzutrauen sind. Aber natürlich erklärt sich auf diese Weise nur die auffallende Form des Namens. Die Botschaft, die sich durch ihn Gehör schaffen will, ist ganz aus der zeitgeschichtlichen Situation und dem Zusammenhang mit Jesajas sonstiger Verkündigung heraus zu verstehen.

Die Duplizität des Namens entspricht dem Parallelismus membrorum der hebräischen Sprache. שלל und בזז stehen auch Dt 2 35 3 7 20 14 Jes 10 6 Ez 29 19 38 12f. nebeneinander. Andererseits sind auch מהר und חוש Parallelbegriffe. Ein Bedeutungsunterschied zwischen den beiden Verben ist kaum festzustellen. Durch die Doppelung soll die Gewißheit der Ankündigung bekräftigt, wohl auch die zeitliche Nähe des Umschwungs betont werden.

8 2 Jesaja hat Zeugen beigezogen. Daß es zwei sind, entspricht dem israelitischen Recht, s. Dt 17 6 19 15. Der Prophet betont, sie seien נאמנים gewesen; zweifellos waren sie auch der Öffentlichkeit als glaubwürdige Persönlichkeiten bekannt. Er teilt darum auch deren Namen mit. Von einem Priester Uria ist auch in 2 Kö 16 10f. die Rede. Dieser ließ nach dem Befehl des Ahas im Vorhof des Tempels für die königlichen Vasallenopfer einen assyrischen Altar aufstellen. Wir haben also keinen Grund anzunehmen, daß er ein Freund und Gesinnungsgenosse Jesajas war. Er war aber offensichtlich der Hauptpriester am jerusalemischen Heiligtum. Wenn Jesaja die Tafel irgendwo im Bereich des Tempels aufstellte (s. dazu o.S. 315), mußte Uria ohnehin sein Plazet dazu geben. Da dieser Zeuge eine so hochgestellte Persönlichkeit war, ist es wohl möglich, daß es sich beim andern, Sacharja, dem Sohn des Jeberechja, um den Vater der Gemahlin des Ahas, der Mutter des Hiskia, Abi oder Abia, handelt und damit ebenfalls um einen Mann, der gewiß dem Hof und der offiziellen Politik Jerusalems nahe stand, s. 2 Kö 18 2 und 2 Ch 29 1. Daß sich die beiden trotzdem Jesaja zur Verfügung stellten, zeugt vom Respekt, den man ihm in Jerusalem entgegenbrachte. Es ist wohl möglich, daß Jesaja seiner Herkunft nach selbst zur Führungsschicht der Hauptstadt gehörte (s.o.S. 280). Daß er das Amt des führenden Hofpropheten bekleidete, wie

Becker (a.a.O. 21) meint, ist allerdings nicht gerade wahrscheinlich. Beide Zeugen tragen jahwehaltige Namen. Uria dürfte bedeuten: „Jahwe ist Licht", wozu Jes 10 17 und Ps 27 1 zu vergleichen ist (s. auch Noth, Pers 168f.). Sacharja heißt: „Jahwe hat gedacht", vgl. etwa Ps 74 2. 18 Thr 3 19 5 1. Bei Jeberechja steht das verbale Element im imperf. Solche Namensbildungen kommen zwar in alter Zeit schon vor, treten aber erst kurz vor dem Exil häufig auf. Es ist ein Wunschname, der bedeutet: „Jahwe möge segnen", vgl. Ps 67 7f. und Ps 115 22f. Die Namen fügen sich durchaus in den Rahmen der jesajanischen Zeit ein (s.o.S. 4f. zu 1 1) und lassen erkennen, daß sich die führende Schicht im damaligen Jerusalem mit Selbstverständlichkeit in der Welt der für uns in den Psalmen faßbaren Kultfrömmigkeit bewegt.

Warum hält es Jesaja für nötig, Zeugen zuzuziehen? Kaum nur darum, damit sie bestätigen können, daß Jesaja der Verfasser der Inschrift war, auch nicht, um der Öffentlichkeit zu erklären, was sie bedeuten sollte. Wesentlich ist vielmehr die Bezeugung des Zeitpunktes der Niederschrift. Bis der Sohn geboren sein wird, kann sich die Situation im politischen Kräftefeld völlig verändert haben. Jesaja wünscht aber, daß unbezweifelbar feststehe, was er über den Fall von Damaskus und Samaria zu einem Zeitpunkt angekündet hat, da man in Jerusalem noch die Freiheit der Entscheidung besaß. Er ist seiner Sache absolut sicher und wagt es wirklich, „Prophet" zu sein. Was ihm Grund zu dieser Selbstsicherheit gegeben hat, ist aus dem vorliegenden Zusammenhang nicht ersichtlich, er fühlt sich nicht veranlaßt, seine Schau der Zukunft zu begründen, sondern begnügt sich mit dem Anspruch, daß Jahwe zu ihm gesprochen hat.

Wenn Jesaja Zeugen bestellt, rechnet er offensichtlich damit, daß es ihm nicht gelingen werde, mit seiner Verkündigung eine Neuorientierung der offiziellen Politik Jerusalems herbeizuführen. Das Beiziehen der beiden Persönlichkeiten hat denselben Sinn wie das Verwahren der Offenbarung, das Versiegeln der Weisung in seinen Jüngern (V. 16). Findet der Prophet jetzt kein Gehör, so soll doch Jerusalem wissen, daß Jahwe sein Volk nicht ohne klare Weisung gelassen hat. Wenn auch Jesaja keine Änderung des Sinnes zu bewirken vermag, so hat seine Tätigkeit doch den Sinn, die Verstockung des Volkes an den Tag zu bringen.

Erst nach der Beschriftung der Tafel naht sich der Prophet seiner 8 3
Frau. קרב wird auch sonst für den Vollzug der geschlechtlichen Gemeinschaft verwendet: Gen 20 4 Lv 18 6. 14. 19 20 16 Dt 22 14 Ez 18 6. Mit der נביאה kann Jesaja nur seine Frau meinen. Es ist aber unwahrscheinlich, daß er sie einfach so nennt, weil sie seine Frau ist (gegen Duhm, Procksch u.a.). Und ebensowenig darf aus der Bezeichnung geschlossen werden, daß sich Jesaja selbst als נביא verstand. Jesajas Frau mag ähnlich der Hulda zur Zeit Jeremias (s. 2 Kö 22 14) am Heiligtum in Jerusalem das Amt einer

Kultprophetin ausgeübt haben. Bei der Wertschätzung des Tempels durch Jesaja ist das trotz der Vorbehalte, die er gegen die Kultfrömmigkeit zu erheben hatte, keineswegs eine Unmöglichkeit.

Es war in Israel nicht üblich, die Frau mit dem Titel ihres Mannes zu benennen. מלכה ist kein Gegenbeweis, denn nie wird im Alten Testament die Frau eines Königs von Juda oder Israel als Königin bezeichnet; anders ist es erst in Cant 6 8 und im Estherbuch, wo Vasthi und Esther als Königinnen bezeichnet werden (passim). Noch viel weniger wird je die Frau eines Propheten נביאה genannt. Es kommt dazu, daß Jesaja für sich den Titel נביא meidet (s.o.S. 5), er weiß sich als Seher und nicht als ein Nabi. Hingegen spricht das Alte Testament öfter von Prophetinnen: Mirjam Ex 15 20, Debora Ri 4 4, Hulda 2 Kö 22 14 = 2 Ch 34 22, Noadja Neh 6 14. Zur Diskussion s. Hylander a.a.O. 53–56, Reynolds a.a.O., AHJGunneweg, Mündliche und schriftliche Tradition der vorexilischen Prophetenbücher: FRLANT 73 (1959) 102f., RRendtorff, ThW VI 804, Jepsen a.a.O.; für Mari s. AMalamat, VTSuppl 15, 1965, 220f.

ותהר ותלד klingt an die Immanuelweissagung von 7 14 an. Jesaja greift also auch hier auf die Formsprache des Verkündigungsorakels zurück (s. dazu o.S. 289), was sich daraus erklärt, daß er ein an ihn ergangenes Orakel über die Geburt eines Sohnes in erzählende Prosa umgesetzt hat (s. dazu Vogt a.a.O. 68). In 3bβ ist der zweite Teil des Orakels, der Befehl zur Namengebung, noch im Stil der Anrede berichtet. Die Geburt eines Sohnes ist zusammen mit dessen Benennung auch hier wie in 7 14ff. als „Zeichen“ für die Zuverlässigkeit der Botschaft Jesajas zu werten.

8 4 Die Begründung der auffallenden Namengebung beginnt mit demselben Wortlaut wie in 7 16: כי בטרם ידע הנער. Die Zeitangabe ist etwas anders formuliert: „Bevor der Knabe „Vater“ und „Mutter“ rufen kann...“ Ein Kind vermag früher „Vater“ oder „Mutter“ zu sagen, als, wie in 7 16 formuliert ist, das Böse zu verwerfen und das Gute zu erwählen. Aber beide Angaben sind unbestimmt, was natürlich von Jesaja beabsichtigt ist. Auf keinen Fall aber kann von 8 4 aus gesehen in 7 16 ein junger Mann beim Eintritt in das Erwachsenenalter gemeint sein.

Erst jetzt erfährt man, was die Inschrift auf der Tafel meinte: Der Reichtum von Damaskus und die Beute von Samaria werden vor dem König von Assur einhergetragen werden. Im Gegensatz zu 7 17 (את מלך אשור) und 8 7aβ dürfte hier die konkrete Bezugnahme auf die aufsteigende Weltmacht am Tigris ursprünglich sein. Die Hauptstädte der beiden Könige, die Juda bedrängen, werden in kürzester Frist fallen. Zur Furcht besteht in Jerusalem kein Grund, und der unbedachte Hilferuf an Assur ist völlig unnötig. Der חיל von Damaskus muß hier, in Parallele zum שלל von Samaria, Habe und Schätze der Damaszener meinen, obwohl in Neh 3 34 חיל שמרון Bezeichnung für die Oberschicht Samariens ist (s. KBL). Die Formulierung לפני מלך אשור läßt erkennen, daß an einen Triumphzug gedacht ist, bei dem die Kriegsbeute vor dem Sieger einhergetragen wird (vgl. ANEP, Abb. 303f.).

Jesajas Voraussage hat sich erfüllt. 732 hat Thiglath-Pileser III. von Assur Damaskus erobert und dem Reich der Aramäer von Damaskus, das im syrischen Raum zwei Jahrhunderte lang eine führende Rolle gespielt hatte, für immer ein Ende bereitet. Israel wurde auf das ephraimitisch-manassitische Bergland reduziert (2 Kö 15 29). Thiglath-Pileser selber berichtet: „Bît-Ḫumria (= Israel), all seine Bewohner und all ihre Habe, führte ich nach Assyrien. Sie stürzten ihren König Paqaḫa (= Pekah), und ich setzte Ausi' (= Hosea) als König über sie“ (Annalenfragment, ANET 283f. = TGI ²1968, 58f., s. auch AOT² 346f. = ANET 283).

Die beiden symbolischen Handlungen, die Inschrift auf der Tafel und die Benennung des Sohnes, sind nur verständlich und sinnvoll im Zusammenhang mit Jesajas sonstiger Verkündigung zur Zeit der Bedrohung durch Aram und Israel. Für sich genommen klingt die Weissagung des Untergangs von Damaskus und Samaria merkwürdig abrupt, und wollte man sie aus dem Zusammenhang mit Jesajas sonstiger Stellungnahme zu jener politisch-militärischen Lage herausnehmen, könnte man den Eindruck bekommen, es gehe Jesaja nur darum, die Zukunft vorausgewußt zu haben. Weder wird sichtbar, welches der theologische Ort ist, von dem aus er spricht, noch wird ausgesprochen, was Jesaja mit diesen symbolischen Handlungen eigentlich erreichen will, noch ist die conditio fidei von 7 9 präsent. Aber daraus dürfen keine falschen Konsequenzen gezogen werden. Zeichen und Wort sind auch sonst nicht zu trennen. Ein „Zeichen“ ist ein Fanal und ruft hartnäckig zur Besinnung auf, die Inschrift auf der großen Tafel nicht anders als das Nackt- und Barfußgehen des Propheten (Kap. 20). Es veranlaßt die Öffentlichkeit, mit dem Propheten ins Gespräch zu kommen, und, anders als das rasch gesprochene und bald vergessene Wort, wirkt es als Stachel, weit über den Augenblick hinaus. Jesaja kann sich zum vornherein darüber nicht getäuscht haben, daß Jerusalem um seinetwillen kaum sein politisches Konzept preisgeben würde, und spätestens zur Zeit der Geburt seines Sohnes mußte er wissen, daß die Würfel tatsächlich nicht so gefallen waren, wie er es für richtig gehalten hätte. Trotzdem hat er dem Sohn den vorgesehenen Namen gegeben. Kann er den fatalen Entscheid, Assurs Hilfe anzufordern, nicht verhindern oder rückgängig machen, so wird nun eben Maher-Schalal Chasch-Bas zur Anklage gegen das Volk, das sich gegen Jahwe entschieden hat und nicht imstande und willens gewesen ist, Glauben zu halten. Gottes Volk war richtig instruiert, aber es hat versagt. Dafür wird der Jesajasohn mit seinem seltsamen Namen, so lange er lebt, Zeuge sein. Ziel

8 1–4 scheint auf den ersten Blick eine Heilsweissagung darzustellen: Jesaja kündet den Sturz der Feinde an, die Juda bedrängen. Aber nach

dem eben Ausgeführten ist mit dem Schema Heil oder Unheil auch hier nicht durchzukommen. So klar mit Gottes Heilswillen konfrontiert sein und dann doch den Weg der Glaubenslosigkeit wählen, kann nur den Keim einer unheilvollen Zukunft in sich tragen. Damit stehen wir hier vor derselben ambivalenten Verkündigung, die auch das Merkmal der Immanuelweissagung ist, bei welcher der Gang der Forschung deutlich genug erwiesen hat, daß die Alternative Heil oder Unheil nicht anwendbar ist. Jesajas Angebot des Heils wird nicht ergriffen, und er wird, was nach 6 10 sein Auftrag war: ein Prediger, der des Volkes Verstockung bewirkt.

BIBLISCHER KOMMENTAR

ALTES TESTAMENT

HANS WILDBERGER

JESAJA

X 5

NEUKIRCHENER VERLAG
DES ERZIEHUNGSVEREINS · GMBH · NEUKIRCHEN-VLUYN

BIBLISCHER KOMMENTAR

ALTES TESTAMENT

IN VERBINDUNG MIT

ROBERT BACH, KARL ELLIGER

GILLIS GERLEMAN, SIEGFRIED HERRMANN, FRIEDRICH HORST†,

ALEXANDER REINARD HULST, KLAUS KOCH,

HANS-JOACHIM KRAUS, ERNST KUTSCH, AARRE LAUHA,

OTTO PLÖGER, ROLF RENDTORFF, WERNER H. SCHMIDT,

RUDOLF SMEND, ODIL HANNES STECK, CLAUS WESTERMANN,

HANS WILDBERGER UND WALTHER ZIMMERLI

HERAUSGEGEBEN VON

MARTIN NOTH† UND HANS WALTER WOLFF

Bisher sind erschienen:

IX/1	M. Noth, Könige. 1. Teilband (I. 1-16). 1968
XIII	W. Zimmerli, Ezechiel. 1969
XIV/1	H. W. Wolff, Dodekapropheton 1 (Hosea). 2. Auflage 1965
XIV/2	H. W. Wolff, Dodekapropheton 2 (Joel und Amos). 1969
XV	H.-J. Kraus, Psalmen. 3. Auflage 1966
XVI/1	F. Horst, Hiob. 1. Teilband (1-19). 2. Auflage 1969
XVIII	G. Gerleman, Ruth/Hoheslied. 1965
XX	H.-J. Kraus, Klagelieder (Threni). 3. Auflage 1965
I	C. Westermann, Genesis. Lfg. 1-4
XI	K. Elliger, Jesaja II. Lfg. 1

 – ISBN 3 7887 0029 7

NEUKIRCHENER VERLAG DES ERZIEHUNGSVEREINS GMBH

NEUKIRCHEN – VLUYN

SILOAHWASSER UND EUPHRATFLUT
(8 5–8)

OSchroeder, ומשוש eine Glosse zu רָצוֹן: ZAW 32 (1912) 301–302. – KFuller- Literatur
ton, The Interpretation of Isaiah 8 5–10: JBL 43 (1924) 253–289. – KBudde, Jes 8 6b: ZAW 44 (1926) 65–67. – AMHoneyman, Traces of an Early Diakritic Sign in Isaiah 8 6b: JBL 63 (1944) 45–50.

[5][Und Jahwe fuhr fort und redete weiter mit mir:] [6]Weil dieses Volk die leise Text
einhergleitenden Wasser des Siloah verschmäht, aber 'zerfließt vor dem Stolze' Rezins[a] und des Remaljasohns[b], [7]darum[a] siehe, läßt 'Jahwe'[b] [über sie][c] emporsteigen die großen und starken Wasser des Euphratstroms [d][, den König von Assur und all seine Herrlichkeit][d].
Der steigt über all seine Betten
und tritt über all seine Ufer
[8]und fährt dahin über Juda, überschwemmt[a] und überflutet,
reicht[b] bis zum Halse.
[Aber es wird geschehen, daß seine ausgespannten Flügel die ganze Weite deines Landes füllen, Immanuel.][c]

6a ומשוש את רצין „und die Freude mit Rezin" (zur Vokalisation dieses 6
Namens s.o.S. 265 zu 7 1) ist syntaktisch schwierig und ergibt keinen Sinn. Es ist vorgeschlagen worden, את רצין ובן רמליהו zu streichen und מסוס (s. 10 18) statt משוש zu lesen (Hitzig, Giesebrecht), so daß etwa zu übersetzen wäre: „die sanft fließenden und sich verlaufenden Wasser". Das ist unmöglich, weil die Wasser des Siloah Bild für Jahwes Schutz über Jerusalem sind, von dem nicht gesagt werden kann, daß er sich „verläuft". Ebenso unmöglich ist es, משוש als Glosse für das angeblich als רצון („Wohlgefallen") verlesene רצין aufzufassen und dann zu streichen (OSchroeder), oder mit Honeyman משה (herausziehen, nämlich aus dem Wasser) statt משוש zu lesen. Die Emendation von משוש zu מסוס dürfte aber das Richtige treffen, wobei מָסוֹס zu vokalisieren ist. Für das folgende את ist לפני vorgeschlagen worden, dem ursprünglichen Text dürfte aber der Vorschlag מְשֹׂאת näher kommen (מש Haplographie, s. dazu Budde, ZAW 44, 65–67). – b VQa liest ואת בן für ובן, was verständlich ist, nachdem das משאת vor רצין in את verlesen worden war. – 7a 𝔊𝔖𝔙 lesen ו 7
vor לכן nicht; unmöglich ist aber dieses „Waw apodosis" nicht, s. Joüon, Gr § 176. – b VQa scheint יהוה für אדני gelesen zu haben, hat aber über der Zeile אדוני hinzugefügt. – c עליהם ist Interpretament, das, auch wenn man 𝔊 (ἐφ' ὑμᾶς) folgend עליכם liest, zu früh kommt, vgl. V. 7b und s. dazu Fullerton 263f. – d–d ist ein alter konkretisierender Zusatz, aber textkritisch unanfechtbar.
– 8a Eine Anzahl von MSS und 𝔊 lesen ושטף, was unerläßlich ist, wenn man das 8
perf. lesen will. Es empfiehlt sich aber, שטף und עבר als inf. abs. zu vokalisieren (𝔙 bietet Partizipien: inundans et transiens), vgl. dazu JHuesman, Bibl 37 (1956) 287. – b 𝔊 scheint in 8a einen andern Text vorauszusetzen: καὶ ἀφελεῖ ἀπὸ τῆς Ιουδαίας ἄνθρωπον ὃς δυνήσεται κεφαλὴν ἆραι ἢ δυνατὸν συντελέσασθαί τι, der aber keineswegs den Vorzug verdient und auch nicht, wie Eichrodt (z.St.) annimmt, 𝔐 als Ergänzung zuzufügen ist. – c Daß in 8b unvermittelt der Im-

manuel angeredet wird, befremdet. In 𝔖h und lukian. Handschriften von 𝔊 fehlt σου nach χώρας. Das berechtigt aber kaum zum Schluß, daß der Text ursprünglich nur ארץ gelesen habe, das Suffix כ aber als כי zu verstehen sei.

Form V. 5 ist redaktionelle Naht, die 6ff. mit dem vorangehenden Abschnitt verbindet. Das ursprüngliche Wort beginnt in 6, eingeleitet durch einen Kausalsatz. Es ist gleich aufgebaut wie 29 13f., wo auf einen ebenfalls mit יען כי eingeleiteten Begründungssatz ein mit לכן beginnendes Drohwort folgt (s. auch 30 12f. und 3 16, wo לכן allerdings weggelassen ist). Der Kausalsatz vertritt das Scheltwort, das oft einem prophetischen Drohwort vorangeht oder ihm folgt (s.o.S. 136 zu 3 17).

Ob man 6b ebenfalls als ursprünglichen Bestandteil dieses Drohwortes ansehen kann oder nicht, hängt an der Interpretation bzw. an der Rekonstruktion des Textes. Hingegen ist 7aβ את מלך אשור ואת כל כבודו zwar eine zutreffende Deutung des Bildes vom Strom, der gegen Jerusalem heranflutet, muß aber doch als Glosse beurteilt werden, welche die Metapher, die in 7b und 8 weiter entfaltet wird, stört (s.o.S. 268f. zu 7 17). 7b schließt aufs beste an 7aα an.

Sehr umstritten ist hingegen wieder, ob man 8b noch zum ursprünglichen Bestand des Wortes rechnen soll. Man könnte das nur tun, wenn sich auch dieser Schluß des Wortes als Drohung verstehen ließe. Das macht aber Schwierigkeiten, wie unten zu zeigen sein wird, so daß es sich hier um ein Interpretament zum ursprünglichen Drohwort handeln dürfte. – KFullerton hat in einer eindringenden Arbeit über 8 5–10 den Vorschlag gemacht, 8b vom vorhergehenden Wort zu trennen, dafür aber mit 9f. zu verbinden. Er glaubt, daß es sich dabei um ein jesajanisches Wort handle, das zeitlich eng mit 7 4–9 zusammengehöre. Das Suffix von ארצך soll sich auf König Ahas beziehen, der also auch hier, wie in 7 4ff., angesprochen wäre. Indessen setzt doch mit den Imperativen von 9 deutlich eine neue Einheit ein; 8b ist zweifellos als Abschluß zu 5–8a gedacht.

Metrum: Die Verse 5.6 und 7aα sind Prosa. Von 7b ab bedient sich der Prophet aber der poetischen Form, wie schon der Parallelismus der beiden Vershälften zeigt (Doppeldreier). In 8a kommt das ursprüngliche Wort mit einem aus drei Zweiern bestehenden Sechser zum Abschluß. 8b wird man kaum metrisch lesen können.

Ort Die obige Analyse hat ergeben, daß das Drohwort von Haus aus 6. 7aαb und 8a umfaßte. Dieser Grundbestand geht auf Jesaja selbst zurück, was unbestritten ist.

Das Wort setzt voraus, daß die Hofdiplomatie angesichts der syrisch-ephraimitischen Gefahr gegen Jesaja entschieden hat. Der Prophet sieht sich nicht mehr veranlaßt, auf die bevorstehende Zertrümmerung von Aram und Damaskus hinzuweisen und zu einer Haltung des Vertrauens aufzurufen. Die Würfel sind gefallen, und die schwerwiegenden Konsequenzen der falschen Entscheidung beginnen sich abzuzeichnen. Das Wort muß also einige Zeit nach 8 1-4 gesprochen worden sein. Es scheint, daß Thiglath-Pileser bereits eingegriffen hat.

Die Deutung des ganzen Abschnittes ist mit der Textunsicherheit von Wort
6b belastet (s.o.S. 321). Liest man statt des st.cstr. מְשׂוֹשׂ, der syntaktisch 6
vor את unmöglich ist, den abs. מָשׂוֹשׂ, mag man zur Not übersetzen: „und Freude ist mit Rezin und dem Sohn des Remalja“. Aber das ist dem Sinn nach im Zusammenhang unmöglich: Wer in Jerusalem sollte sich mit Rezin und dem Sohn Remaljas gefreut haben, wo doch offenbar jedermann in Furcht vor den beiden lebte? Man müßte sich schon entschließen, unter העם הזה die Bevölkerung Samariens bzw. des Nordreiches zu verstehen, eine Auffassung, die in der Nachfolge des Hieronymus (Migne, Patr. Lat. 24, 119) auch in neuerer Zeit wieder vertreten worden ist (s. dazu Fullerton 256, Anm. 5). Aber das ist wiederum im Blick auf 6a ausgeschlossen. Das Volk, das die sanft fließenden Wasser des Siloah verachtet, kann nur die Bevölkerung von Juda/Jerusalem sein. Bei der oben angenommenen Textrekonstruktion kann 6b zum Grundbestand des Abschnittes gerechnet werden, ohne daß man gezwungen ist, für העם הזה eine gequälte Deutung zu suchen. Jesaja verwendet den Ausdruck (statt עַמִּי) häufig für Juda/Jerusalem (vgl. o. zu 6 9) in Zusammenhängen, wo er tadeln muß. Das Volk hat durch sein Verhalten selbst die Verbindung mit Jahwe in Frage gestellt.

Von den מי השלח ist nur an dieser Stelle im Alten Testament die Rede. Neh 3 15 spricht von der בְּרֵכַת הַשֶּׁלַח לְגַן־הַמֶּלֶךְ, „dem Teich der Wasserleitung zum Königsgarten“. שֶׁלַח muß „Wasserkanal“ bedeuten, vgl. akkad. *šalḫu*, „Bewässerungsröhre“ und *šiliḫtu* „Wasserlauf“, ferner das pi. שִׁלַּח im Sinn von „Wasser entsenden“ in Ps 104 10 und Ez 31 4. Zweifellos ist aber mit dem שֶׁלַח nicht der sog. Siloahtunnel gemeint, der gegenüber dem heutigen Dorf Silwan in den Siloahteich mündet. Er wurde erst durch Hiskia erbaut, und daß das Wasser in ihm nur träge fließt, könnte man nicht sagen. Man hat vielmehr an einen Kanal zu denken, der das Wasser des Gihon (heute *ʿên ʾumm ed-daraǧ* oder Marienquelle) am Osthang der Stadt entlang nach Süden leitete. Dort sind zwei solcher Wasserleitungen entdeckt worden (s. Vincent/Steve 289ff., Simons 175ff. und MBurrows a.a.O. [s.o.S. 263] 226). Jesaja wird an den zweiten von ihnen denken, der 1886 von Schick gefunden worden ist. Zum Teil war er offen, zum Teil mit flachen Steinen überdeckt. Seine Tiefe betrug ca. 1,75 m, seine Breite 30–50 cm. Öffnungen auf die Talseite hin zeigen, daß er zur Bewässerung des Kidrontales diente. Im Süden mündet er in die *birket el-ḥamra* (s. Abb. in BHHW 1796). Weill hat das Gefälle untersucht, es beträgt anfänglich nur 4–5 Promille. Erst gegen das Südende hin steigt es bis auf 5 Prozent an (s. Simons 178). Es versteht sich also gut, daß Jesaja von den sanft fließenden Wassern des Siloah spricht.

Der Gihon, von dem der Siloahkanal ausgeht, ist die einzige perennierende Quelle im Bannkreis Jerusalems. Von ihr lebt die Stadt, und hretwegen wurde sie auf dem relativ tief gelegenen Südosthügel gegründet. Man war in Jerusalem stolz auf sie und hat es sogar gewagt, in Aufnahme von Paradiesesvorstellungen zu sagen: „Eines Stromes Arme erfreuen die Gottesstadt", Ps 46 5. Jesaja spricht allerdings nicht vom Gihon (der Name bedeutet „Sprudler"), sondern vom Kanal, weil es ihm darauf ankommt, vom „sanft" fließenden Wasser sprechen zu können. Damit stellt sich die Frage nach der genaueren Bedeutung des Bildes. Es muß von seinem Pendant her, dem Bild von den reißenden Fluten des Euphrat, die über die Ufer treten und sogar das Land Juda überfluten, verstanden werden. Das Targum interpretiert in seiner Übersetzung: „Wie dieses Volk das Königtum des Hauses David verworfen hat, das über sie sanft herrschte wie die Wasser von Siloah, die sanft dahinfließen, und Gefallen fand an Rezin und dem Sohn des Remalja..." Es hat mit seiner Deutung auch in neuerer Zeit gelegentlich Gefolgschaft gefunden (s. Fullerton 257, Anm. 11), wobei entweder auf die stark geschwächte Stellung oder den friedliebenden Charakter der davidischen Dynastie hingewiesen wird. Aber davon kann keine Rede sein. Wenn nach 7 6 die Feinde des Ahas daran gedacht haben, in Jerusalem den Tabel zum König einzusetzen, so mag das wohl auch der Gedanke einer kleinen Minderheit in Jerusalem gewesen sein, aber aufs Ganze gesehen hat das Volk die Politik des Hofes zweifellos gebilligt. Nicht das Königtum verwirft es, sondern Jahwe. Was des genauern gemeint ist, läßt sich vom Gebrauch des Verbums מאס bei Jesaja her erschließen. In 5 24 redet Jesaja vom Verschmähen der תורה Jahwes der Heere, in 30 12 vom Verschmähen „dieses Wortes". Danach dürfte das Bild nicht so sehr „Jahwe als den Helfer aus aller Not" (Kaiser z.St.) oder die sachte, stille Führung Gottes (Fohrer z.St.) o.ä. meinen, sondern speziell die Ablehnung des göttlichen Wortes, wie es durch Jesaja in ebendiese Situation hinein ausgerichtet worden war. Hinter dem aktuellen Wort des Propheten stehen aber, wie sich bei 7 4ff. zeigen ließ, Israels Traditionen vom Heiligen Krieg, der Unüberwindlichkeit der Gottesstadt und der Erwählung der davidischen Dynastie. Ablehnung des durch Jesaja vermittelten דבר יהוה schließt darum das Nein zu diesem Glaubensgut in sich. Es fragt sich, ob Jesaja das Bild von den Siloahwassern gewählt hat, weil es Assoziationen an diese Traditionen wachrief. Der Gihon hat wohl eine wichtige Rolle im Königsritual gespielt, vgl. 1 Kö 1 33f. (s. MNoth, Könige: BK IX z.St.), vielleicht auch Ps 65 10 110 7 (s. Kraus, Psalmen: BK XV; je z.St. und S. 343f.). Er scheint als Symbol des Paradiesflusses gegolten zu haben (s. Ps 46 5), und nach der späteren Heilserwartung sollte das Wasser der Tempelquelle paradiesische Zustände im Lande schaffen (Jes 33 21 Ez 47 1-12 Jl 4 18 Sach 14 8). Da aber nicht vom Gihon, sondern vom Siloah die Rede ist, bleibt es ungewiß, ob mit solchen Anspielungen zu rechnen ist. Wichtig ist es, das לאט, leise, sanft, sachte, zu beachten. Im Gegensatz zur Macht Assurs, zu der man in Jerusalem meint seine Zuflucht nehmen zu sollen, ist das Wort Jahwes keine spektakuläre Größe. Es fordert Durchhalten auch in Situationen, wo dem Menschen das Verzagen näher liegt, und ist doch „nur“ Wort, dessen Realität allein im Glauben bejaht werden kann. Man wird an Elia erinnert, der Jahwes Gegenwart nicht im Sturm und nicht im Erdbeben und nicht im Feuer erlebte, sondern im קול דממה דקה, der „Stimme verschwebenden Schweigens“ (1 Kö 19 12 in der Verdeutschung von MBuber-FRosenzweig).

Wenn in 6b der Text richtig rekonstruiert ist, führt der Satz den Gedanken von 6a weiter. Dem Verschmähen des Jahwewortes entspricht das „Zerfließen“ vor hochtrabendem menschlichem Wesen. Das ḳal von מסס findet sich nur noch an der leider auch nicht ganz eindeutigen Stelle 10 18. Hingegen ist das ni. ziemlich häufig, und zwar auch im metaphorischen Sinn, wobei in der Regel לב oder לבב das Subjekt ist, vgl. Jos 2 11 5 1 7 5 Jes 13 7 19 1 Ez 21 12 Na 2 11 Ps 22 15. An all diesen Stellen ist es die Furcht vor der Macht des Feindes, die das Herz „zerfließen“ macht. Es scheint, daß die Metapher zum Begriffsmaterial des heiligen Krieges gehört. (In Dt 20 8 findet sich das hi. המס לבב פ״ innerhalb einer „Kriegsansprache“, die an den אִישׁ יְרֵא וְרַךְ לֵבָב gerichtet wird.) Dann ist aber die Authentizität von 8 6b nicht zu bezweifeln, und die Erwähnung von Rezin und dem Remaljasohn kann keineswegs Bedenken erregen. Weniger sicher ist die Emendation Buddes, מְשֹׂאת. Aber der Gedanke ist Jesaja sehr wohl zuzutrauen: Anstatt daß sich der Mensch vor Gott beugt und ihm, der „allein erhaben ist“ (2 11), Vertrauen schenkt, läßt er sich von menschlicher Gewalt imponieren, wenn sie nur recht großspurig einherkommt.

Jesaja redet nicht davon, daß sich Ahas aus Furcht vor den beiden 7aα
Nachbarn im Norden an Assur um Hilfe gewendet hat. Aber das ist zweifellos der konkrete Hintergrund des Vorwurfes, Jahwe verschmäht zu haben. Juda wird nun erfahren müssen, daß, wer auf Menschenmacht vertraut, den eigenen Untergang heraufbeschwört, vgl. 20 6 30 1ff. 31 1ff. Denn wie 7aβ richtig deutet, ist es eben dieser Assyrerkönig, dem sich Ahas in seiner Verzagtheit in die Arme geworfen hat, welcher Juda mit seinen Heeresmassen gleich einem alle Ufer überbordenden Strom überfluten wird. העלה wird häufig vom Heraufziehenlassen von Unwettern verwendet, Jer 10 13 (Q) = 51 16 Ps 135 7, aber auch von Heeren, Jer 50 9 51 27 Ez 26 3 39 2, vgl. auch 2 Ch 36 17. Gegenstück zu den מי השלח sind die מי הנהר, wobei הנהר, wie oft im Alten Testament, den Euphrat bezeichnet. Wenn auch Assur am Tigris liegt, so dringen die Assyrer doch vom Euphrat her, d.h. aus der Gegend von Karkemisch, in den syrisch-palästinensischen Raum ein (s. 7 20, aber auch Dan 10 4). – Das Heranwogen gewaltiger Wasser ist ein naheliegendes Bild für das Ein-

dringen eines starken feindlichen Heeres. עצום oszilliert zwischen „mächtig“ und „zahlreich“ und wird gern bei der Beschreibung eines Heeres verwendet, Dt 4 38 7 1 9 1 11 23 Jos 23 9, vgl. vor allem Jl 1 6 2 2. 5. 11. Das Wort gehört geradezu zum schablonenhaften Vokabular einer Schilderung der Feinde Israels. Je stärker der Gegner, desto größer der Sieg des Volkes bzw. die Hilfe seines Gottes. Jesaja lehnt sich an diesen Sprachgebrauch an, verkehrt ihn aber in sein Gegenteil: Jerusalem wird diesen Heeresmassen schutzlos preisgegeben sein.

7aβ Die Glosse 7aβ charakterisiert die unerhörte Wucht des feindlichen Ansturms durch die Verwendung des Begriffes כבוד. Er ist auch hier schwer zu übersetzen, indem er den Glanz der äußeren Erscheinung wie die geballte innere Kraft des Feindes umschreibt. Die assyrischen Könige pflegen sich dessen zu rühmen, daß der Glanz (sum. *me-lam*, akkad. *melemmu* oder *melammu*) ihres Herrn Assur die Feinde überwältigt habe, oder auch, daß der „Glanz“ ihrer eigenen Herrschaft die Feinde vernichtete (s. z.B. ANET 287a und 287b = AOT 352, ferner das Gebet AOT 251f.). Es mag sein, daß dem Glossator solche Wendungen gegenwärtig waren.

7b 7b führt das Bild von 7aα weiter: Das Wasser steigt über all seine אפיקים. Der Euphrat kann sich in mehrere Arme aufteilen, und Kanäle zweigen von ihm ab. Aber wenn der Schnee im armenischen Bergland schmilzt, treten die Wasser über all ihre Ufer. Überschwemmungen sind auch in Palästina keine Seltenheit (Dalman, AuS I/1, Abb. 16). – Das Hebräische kennt neben גדיה noch andere Vokabeln für „Ufer“, wie שָׂפָה und חוף. גדיה, das mit arab. *ǧadda*, „abschneiden“, verwandt ist, wird hier gewählt sein, weil es speziell die steil abfallende Uferböschung meint, die normalerweise vor Überschwemmungen schützt.

8a Sogar das Bergland von Juda werden diese Wasser überfluten. Das Verbum חלף kann von einem Sturzregen verwendet werden, der unversehens hereinbricht, aber bald auch wieder abzieht (s. Cant 2 11). Das dem Sinn nach ähnliche שטף verwendet Jesaja auch in 28 2. 15. 17. 18 30 18, wo von Jahwes Eingreifen unter dem Bild eines Unwetters, das alles mit sich reißt, gesprochen wird (vgl. auch עבר in 28 18f. und s. ferner 10 22 43 2 66 12). Das Bild vom Euphrat, der über die Ufer tritt, geht offensichtlich unversehens in das Jesaja und seinen Zuhörern vertrautere eines gewaltigen Wolkenbruchs über. Auch die Assyrerkönige verwenden übrigens in ihren Inschriften bei der Schilderung ihrer Kriegstaten gern das Bild eines Unwetters. So schreibt z.B. Salmanassar III.: „Wie Hadad ließ ich ein Unwetter gegen sie regnen“ (AOT 341 = ANET 277), oder Nabonid sagt über den Fall von Ninive: „Es führte gewaltig wie eine Sintflut aus der König von Babylon die Aufgabe Marduks“ (AOT 362).

„Bis zum Hals“ werden die Wasser reichen. Das Bild, das auch in 30 28 verwendet ist, ist der Erfahrung entnommen. So sehr in Palästina die Dürre zu fürchten ist, so leidet seine Bevölkerung doch immer wieder unter Wassernot. Daß die Wasser bis zum Hals reichen, ist als Klimax zu verstehen und nicht als Antithese, nämlich in dem Sinn, daß Gott sein Volk doch nicht völlig untergehen lasse, sondern ihm schon zu Hilfe kommen werde, wenn die Gefahr ihren Höhepunkt erreicht habe (so JMeinhold, Der Heilige Rest: Studien zur israelitischen Religionsgeschichte I/1, 1903, 114). Die Stelle darf allerdings auch nicht dahin interpretiert werden, daß Juda schließlich ohne jeden Rest in der gewaltigen Flut umkommen werde (s. Fohrer z.St.), das Thema des Abschnittes ist die Größe der Assyrernot, die Juda in höchste Gefahr bringen wird.

Falls man 8b als ursprünglichen Abschluß von 6–8a auffassen will, ist 8b
man gezwungen, auch diese Vershälfte als Drohung zu verstehen. So deutet Eichrodt: „Wie mit gewaltigem Flügelschlag ein Adler sich auf seine Beute herabläßt, so bedecken die hereinbrechenden Massen der Assyrer 'dein Land, o Immanuel'." Aber auch bei dieser Auffassung erweckt der abrupte Wechsel des Bildes Bedenken, so daß Fohrer, obwohl er an einen Drachen denkt, der das ganze Land bedecken werde, den Satz doch nicht für jesajanisch halten kann (ähnlich Duhm). Die Bedenken ließen sich überwinden, wenn man unter den כנפים die Arme eines Flusses, der über die Ufer getreten ist, verstehen dürfte (so Delitzsch z.St., s. auch KBL). Aber das Hebräische kennt diesen Gebrauch des Wortes nicht. Ebensowenig geht es an, die כנפים auf die „Flügel" des assyrischen Heeres deuten zu wollen. Im Gegensatz zum lateinischen ala wird כנף nie in diesem übertragenen Sinn verwendet.

Zweifellos liegt das Bild eines großen Vogels vor, was schon durch מֻטָּה, „Spannweite", nämlich der Flügel, gesichert ist. Fraglich ist nur, ob man es wirklich im Sinn der Bedrohung verstehen darf. Man hat zugunsten der negativen Auffassung auf Hos 8 1 und Ez 17 1ff. hingewiesen. Aber im Gegensatz zu diesen Stellen redet Jes 8 8b nicht davon, daß sich ein Vogel auf Juda stürzt, sondern daß ein solcher seine Fittiche über ihm ausgebreitet hält. Die Stelle ist demnach von Rt 2 12 Ps 17 8 36 8 57 2 61 5 63 8 91 4 (vgl. dazu LDelekat, Asylie und Schutzorakel am Zionheiligtum, 1967, 212–215) Mt 23 37 = Lk 13 34 her zu deuten. Das Suffix von כנפיו muß sich dann auf Jahwe beziehen. Gleich einem großen Vogel, der seine Schwingen über dem Nest mit seinen Jungen ausbreitet, schützt Jahwe das Land in seiner ganzen Weite (so Marti, Gray u.a., vgl. auch das ähnliche Bild in Dt 32 11).

Damit ist aber ausgeschlossen, daß 8b zum ursprünglichen Bestand von 8 5ff. gehört. Es ist zwar nicht unmöglich, daß der Halbvers ein Fragment eines jesajanischen Wortes aus einem völlig andern Zusammenhang ist. Eher aber ist er als einer der im Jesajabuch immer wieder begegnenden Zusätze zu verstehen, durch welche Drohworte des Propheten umgedeutet werden. Er begründet seine Meinung mit dem Hinweis auf den Immanuel. Wir haben hier somit ein altes Zeugnis dafür vor uns, daß man diese Gestalt als Garanten des Heils für Juda verstanden hat (s.o. zu 7 15). An einen aus dem Himmel herabsteigenden Heiland ist aber auch hier nicht gedacht, sondern an einen politischen Herrscher oder geistlichen Führer Israels, dem dieser Ehrentitel gebührt.

Ziel Der Abschnitt 6–8a zeigt, wie zutreffend politisch-militärisch gesehen das Urteil Jesajas über die politische Lage war. Assur ist in unaufhaltsamem Aufstieg begriffen. Noch stellen Aram und Israel einen Schutzwall dar gegen die aufsteigende Macht am Tigris, s. 17 3. „Indem Juda die beiden nördlichen Nachbarstaaten beseitigen hilft, reißt es die Dämme ein, die es selbst vor der assyrischen Flut schützen" (Fohrer z.St.). Unrealistisch war also die Politik Jesajas nicht. Aber der Abschnitt tadelt das Volk nicht wegen seiner unheilvollen Politik, sondern klagt es an wegen seines mangelnden Vertrauens zu Jahwe. Grund der verkehrten Politik ist die Glaubenslosigkeit. Aus ihr fließt alles Unheil, ja das Handeln aus der Angst der Glaubenslosigkeit heraus beschwört das Unheil geradezu herauf.

Der Ergänzer von 8b nimmt dem Drohwort seine Schärfe. Er sah sich zweifellos nicht mit derselben Lage konfrontiert wie Jesaja. Er hat gewußt, daß Juda in den dreißiger Jahren verschont blieb und daß es noch einmal davon kam, als Damaskus und Samarien untergingen. Und ihm war gewiß auch bereits bekannt, daß Juda zwar unter der Invasion Sanheribs stark gelitten hat, aber doch auch jene Katastrophe hinter sich brachte. In der Tat, immer wieder reichte zwar Juda das Wasser bis zum Hals. Aber Jahwes Schutz über seinem Volk, so will dieser Kommentator bezeugen, hat sich ebenso immer wieder als reale Macht manifestiert. Was der Name Immanuel bezeugt, „mit uns ist Gott", hat sich als Wahrheit erwiesen, auf die man bauen kann. Er wird sich gerade durch die Immanuelweissagung zu seiner Korrektur ermächtigt gefühlt haben, ohne sich des ambivalenten Charakters jenes Zeichens bewußt zu sein. In Wirklichkeit ist sein theologischer Standort nicht die jesajanische Verkündigung, sondern die jerusalemische Kultfrömmigkeit, die Jesaja nur in kritischer Modifikation aufgenommen hat.

DER PLAN DER VÖLKER
(8 9–10)

KFullerton a.a.O. (s.o.S. 321). – KBudde, Zu Jesaja 8, Vers 9 und 10: JBL 49 (1930) 423–428. – HSchmidt, Jesaja 8, 9 und 10: Stromata, Festgabe des Akademisch-Theologischen Vereins zu Gießen, hg. v. GBertram (1930) 3–10. – MSæbø, Zur Traditionsgeschichte von Jesaja 8 9–10: ZAW 76 (1964) 132–143. – HMLutz, Jahwe, Jerusalem und die Völker: WMANT 27 (1968) 40–47. Literatur

9 'Schließt euch zusammen'[a] ihr Völker – und erschreckt, Text
Horcht auf, alle Fernen der Erde!
Gürtet euch – und erschreckt,
gürtet euch und erschreckt!
10 Schmiedet[a] einen Plan – er geht in die Brüche,
trefft eine Vereinbarung – zustande kommt sie nicht!
Denn mit uns ist Gott!

9a 𝔊 bietet γνῶτε für das umstrittene רעו, hat also – wie auch 𝔏 – hebr. דְּעוּ 9
gelesen. Manche der neuern Ausleger sind ihnen gefolgt: Gray, Buhl, Procksch, Bentzen, Kissane, Kaiser, Fohrer (1. Aufl.), Driver, JSS 13 (1968) 40 u.a. Aber die Emendation will nicht befriedigen. Was denn soll erkannt werden? Syp hat ἀκούσετε gelesen (s. Ziegler). Das ist wohl eine einleuchtende Parallele zu האזינו (s. Jes 1 2.10 28 23 32 9), aber man sieht nicht ein, wie ein שמעו zu רעו hätte korrumpiert werden können. Zudem steht 9aα offensichtlich gar nicht in Parallele zu 9aβ, sondern zu 9bα und 10a. WThomas, JThSt 36 (1935) 410 ändert ebenfalls in דעו, will dieses aber nicht von ידע „kennen" herleiten, sondern nach dem arab. *wada'a*, „ruhig, still werden" verstehen und übersetzt: „be ye reduced to submission...". Aber auch das ist keine Parallele zu התאזרו und עצו עצה. Dasselbe gilt von 𝔖: *zû'* (*zw'w*) „bebet". So empfiehlt sich, wenigstens beim Konsonantenbestand von 𝔐 zu bleiben. רעו scheint imp. pl. m. von רעע I zu sein. Man übersetzt unter dieser Annahme mit „tobt" (Duhm, Feldmann u.a.) oder mit „handelt gottlos" (Rignell a.a.O. 44) o.ä. Aber „toben" ist eine fragwürdige Übersetzung, und „gottlos handeln" steht wiederum nicht auf der Linie der Parallelbegriffe. Andere denken an רעע II (aramaisierend für hebr. רצץ „zerbrechen"). Sæbø hat eine schon von Schmidt (7f.) vorgeschlagene Deutung neu aufgegriffen, indem er רעו von רוע herleitet, das er, obwohl sonst diese Wurzel im ḳal nicht existiert, mit „erhebet den Kriegsruf" übersetzt (so auch Lutz, ähnlich Fohrer, 2. Aufl.). Diese Auffassung fügt sich in der Tat gut in das Wortfeld des Zusammenhangs ein. Noch mehr gilt das aber doch von den Lesarten von 'ΑΣΘ: συναθροίσθητε, 𝔗: אתחברו und 𝔙: congregamini. Diese Versionen haben רעו offensichtlich als eine Form von רעה II verstanden. Dabei muß offenbleiben, ob רעו als רְעוּ zu vokalisieren oder das hitp. dieser Wurzel zu lesen ist. – **10a** עֻצוּ setzt die zum üblichen
יעץ seltene Nebenform עוץ voraus (s. Ri 19 30). Die Änderung in עֲצוּ ist un- 10
nötig.

Zur Abgrenzung gegenüber 8b s.o.S. 322. Daß in 11 eine neue Einheit beginnt, ist unbestritten. Form

Sæbø ist in seiner eingehenden Untersuchung des Abschnittes zum Schluß gekommen, daß Jesaja in 8 9f. „die alte Gattung der 'Aufforderung zum Kampf'" (s. dazu RBach, Die Aufforderungen zur Flucht und zum Kampf im alttestamentlichen Prophetenspruch: WMANT 9, 1962) „nachahmend aufgegriffen, politisch aktualisiert und als Hohn und Spott gegen feindliche Völker ausgerufen hat" (141), vgl. dazu Jer 46 3-6. 9 Jo 4 9ff. Nach Kaiser (z.St.) hingegen steht hinter dem Wort der Glaube an die Unverletzlichkeit der Gottesstadt, wie er in Ps 46. 48. 76 seinen Ausdruck gefunden hat. Das עמנו אל hat tatsächlich in Ps 46 im Kehrreim יהוה צבאות עמנו (V. 8. 12) eine nahe Entsprechung. Andererseits hat bereits Bentzen in seinem Kommentar (S. 70) auf Berührungen mit Ps 2 hingewiesen. Eine klare Entscheidung über den traditionsgeschichtlichen Hintergrund der Stelle ist also schwierig, aber wohl auch nicht zu fordern. Wir haben erkannt, daß sich auch im Prophetenspruch von 7 4ff. Elemente der Formensprache des heiligen Krieges mit solchen der Zion- und Königstradition verbunden haben. Man wird bedenken müssen, daß die Institution des heiligen Krieges zu Jesajas Zeit längst nicht mehr aktuell war; Elemente dieses Überlieferungskreises sind aber offensichtlich in die jerusalemischen Kulttraditionen aufgenommen worden.

Metrum: 9a Doppeldreier, 9b Doppelzweier, 10abα Doppeldreier, 10bβ ein abschließender Dreier, dem durch seine Stellung besonderes Gewicht zukommt (vgl. Ps 46 8. 12, wo ein zweites Glied folgt).

Ort Die Frage der Authentizität ist hart umstritten. Unter den Neuern halten Hertzberg, Kaiser[1], Eichrodt und Lutz die beiden Verse für jesajanisch und können sich auf Duhm, Procksch, Schmidt (a.a.O. 10), Steinmann, Kissane, Lindblom u.a. berufen. Aber ebenso stattlich ist die Reihe derer, die seit Stade (ZAW 4, 1884, 260, Anm. 1) die beiden Verse für unecht halten: Budde (Jes. Erleben und JBL), Gray, Marti, Mowinckel, Fohrer u.a. Die Frage ist eng mit der andern verbunden, an wen die Verse gerichtet sind. Der jetzige Zusammenhang zwingt, an Assur zu denken, aber der Plural עמים läßt das kaum zu. Vor allem aber ließe sich dieses Wort, falls es sich auf Assur bezöge, nicht in die Verkündigung Jesajas zur Zeit des syrisch-ephraimitischen Krieges einordnen. Nach dem vorangehenden Wort 5ff. hat Jesaja angekündet, daß Juda von Assur schwer bedrängt werde. V. 9f. sind darum oft auf Aram und Israel gedeutet worden. Auch das liegt nicht ohne weiteres auf der Hand. Warum spricht denn Jesaja nicht konkret von diesen beiden Staaten, wie er es doch sonst tut, warum gar von „allen Fernen der Erde"? Fullerton (287) hilft sich damit, daß er „horcht auf, alle Fernen der Erde" streicht, Eichrodt (z.St.) spricht von der allgemeinen Bedrängnis, in die Juda gekommen sei (ähnlich Rignell 44); und Donner (VT

Suppl 11, 26f. 60) vermutet, daß die antiassyrische Koalition der Jahre 734/33 „weiträumiger war, als die alttestamentlichen Quellen sonst erkennen lassen“. Sæbø schließlich meint, daß so allgemein von Völkern gesprochen werde, sei im Rahmen der verwendeten Gattung nur formgeschichtlich bedingt (141). Neben den Bedenken, die sich aus dem Fehlen eines konkreten Bezugs von 8 9f. gegen die Authentizität ergeben, scheint der Umstand gegen die Echtheit zu sprechen, daß die beiden Verse ungebrochen Heil ansagen. „Nirgends hat er (Jesaja) so bedingungslos dem Volke Israel Jahwes Schutz gegenüber der ganzen Welt zugesagt“ (Budde [Jes. Erleben] 80). Aber daß Jesaja Jerusalem, wenigstens scheinbar, ganz bedingungslos Schutz zusagen kann, zeigt z.B. 8 1-4. Wenn Fohrer (z.St.) meint, daß das Wort an die Vorstellung vom Völkersturm zu Beginn der Endzeit anknüpfe, geht er über das hinaus, was dasteht; es besteht kein Anlaß, das Wort von der Eschatologie der nachexilischen Zeit her zu verstehen. Entscheidend für Jesaja als Verfasser sprechen das Vokabular und der Stil.

Das Vokabular: חתת ist gerade ein Lieblingsausdruck Jesajas, s. 20 5 31 9, das ni. in 30 31 31 4 (Hi 9 3). מרחק findet sich in 5 26 (emend. Text) 10 3 30 27, um nur die sicher jesajanischen Stellen zu nennen. Zu עצה s.o.S. 188f., 192f. Zur Verbindung עצו עצה ist העצה היעוצה in 14 26 zu vergleichen. יעץ und פרר stehen auch in 14 27 nebeneinander. Das לא יקום hat sein Gegenstück in 7 7 und 14 24. Neben dem Sätzchen כי עמנו אל schließlich steht der Name des Sohnes der עלמה in 7 14, s. dazu auch Lutz 44. Zu den engen Berührungen im Vokabular gesellt sich der Stil: Die ironischen Imperative haben an denen von 6 9b eine genaue Parallele. Und daß dieses Stilmittel für Jesaja typisch ist, zeigt 29 9a: „Starrt einander an – und erstarrt! Schaut um euch – und seid blind!“, vgl. auch 9b.

So wird es beim Urteil von Procksch (z.St.), der sehr wohl sieht, daß der Abschnitt in gewisser Hinsicht aus dem Rahmen des übrigen Kapitels fällt, bleiben müssen: „Jesajanisch ist er in jedem Zuge, so daß Unechtheit ausgeschlossen ist.“

Damit stehen wir allerdings vor dem schwierigen Problem der historischen Einordnung des Abschnittes. Schmidt denkt an die Zeit des Sanheribzuges (10). Inhaltlich berühren sich die Verse ziemlich eng mit 17 12-14, einem Abschnitt, der, sofern man seine Echtheit nicht bestreitet, der 2. Periode der Tätigkeit Jesajas, d.h. den Jahren 721–710, zuzuweisen ist. Beides ist möglich, keines von beiden zu beweisen. Vielleicht haben doch Fullerton 274f., Lindblom (Immanuel) 33, Sæbø 142 u.a. recht, wenn sie die Verse eng mit 7 4ff. zusammenstellen. Daß Jesaja hier von den Völkern spricht, wird in der Tat seinen Grund darin haben, daß er dem Volk von Jerusalem Gedankengänge der längst geprägten jerusalemischen Theologie vor Augen hält. Bei dieser Deutung ist es aber ausgeschlossen, daß 9f. zeitlich direkt auf 6-8a folgte. Am ehesten denkbar sind die beiden Verse ganz zu

Beginn der Krise, als in Jerusalem noch keine Entscheidung gefallen war.

Wort 9f. Daß die Völker sich versammeln zum Sturm auf die Gottesstadt oder zum Sturz des in ihr herrschenden Königs, ist ein bekanntes Motiv der Ziontheologie (das Verb רעה II [oder התרעה, s. dazu o.S. 329] ist allerdings singulär. Ps 2 2 sagt dafür נוסד [oder נועד, s. BHK], und es ist immerhin bemerkenswert, daß man dort als Parallelbegriff die Emendation התיעץ vorgeschlagen hat. Ps 48 5 verwendet ebenfalls נועד, und als Parallele wird dort חבר konjiziert, dasselbe Verb, das 𝔗 in Jes 8 9 bei der Wiedergabe von רעו verwendet). Die Völker sind sich klar darüber, daß der Sturm auf die Gottesstadt ein schweres Unterfangen ist und nur mit vereinten Kräften gelingen kann. Das Aufgebot ergeht darum bis an „alle Fernen der Erde“, vgl. zu diesem Motiv 5 26 (emend. Text), 10 3 13 5 46 11 Jer 4 16 5 15. Man soll sich bereitmachen zum Kampf; es ist sinngemäß richtig, wenn Schmidt (8) התאזרו mit „tut die Waffen um“ übersetzt. Sehr viel konkreter als die vorliegende Stelle spricht etwa Jer 46 3f. von der Zurüstung zur Entscheidungsschlacht. Ein wichtiges Moment der Vorbereitung ist der Kriegsrat der vereinten Gegner (vgl. 7 5 und die oben erwähnte Konjektur in Ps 2 2). – In Parallele zu עצו עצה steht in 10b דברו דבר. Der Ausdruck begegnet ähnlich in Hos 10 4. Dort ist das unbestimmte דברים durch אָלוֹת שָׁוְא spezifiziert und zudem דברו דברים mit כָּרוֹת בְּרִית in Parallele gestellt. Sæbø übersetzt darum דברו דברים geradezu durch „macht ein Abkommen“ (139).

Man schmiedet also Pläne, und zwar keineswegs bloß für den Kampf, sondern bereits für die Zeit nach dem errungenen Sieg, als stünde dieser fraglos fest. Aber das heißt die Rechnung ohne den Wirt machen: Das Unternehmen wird scheitern, wie Jesaja wirkungsvoll mit dem dreifachen ironischen Imperativ ankündet. Daß der Ratschlag der Feinde von vornherein zum Mißerfolg verurteilt ist, sagt in ähnlicher Weise Ps 2 3ff. 46 7. 10 und 48 6ff. Das Verb חתת oszilliert zwischen physischem Zerbrechen und psychischem Zusammenbruch, vgl. 7 8 20 5 30 31 31 4. 9 37 27. Sagt 10a, daß der Plan der Feinde nicht zustande kommt, so 14 27, daß niemand Jahwes Entschluß vereiteln kann.

Der Grund, warum die Pläne der Völker mißlingen, ist einzig der, daß Jahwe mit dem Volk von Jerusalem/Juda ist: עמנו אל. Es ist oben zu 7 14 vermutet worden, daß das Sätzchen aus der jerusalemischen Liturgie stammt. Wenn 8 10, wie anzunehmen ist, vor 7 2ff. fällt, hatte Jesaja also schon vor der denkwürdigen Begegnung mit Ahas durch dieses einfache Bekenntnis seine Zuhörer zum Glauben aufgerufen, so daß der Name Immanuel lediglich Bekräftigung dieser Botschaft ist.

Ziel Die Auslegung hat ergeben, daß die Verse von den jerusalemischen Heilstraditionen her zu verstehen sind. Inhaltlich, z.T. auch in bezug auf das Vokabular, stehen sie 7 4ff. nahe. Ein wesentlicher Unterschied besteht, der manche Ausleger veranlaßt hat, Unechtheit zu deklarieren: Die Verheißung ist nicht expressis verbis an den Glauben gebunden. Wenn die beiden Verse wirklich von Jesaja stammen, sind sie aber nicht als allgemeine Wahrheit zu interpretieren, in dem Sinn, daß hier dem Gottesvolk für immer und in jeder Situation Schutz vor irgendwelcher feindlicher Bedrängnis angeboten würde, sondern sie müssen in ihrer konkreten Ausrichtung auf die Situation, in die sie hineingesprochen sind, verstanden werden. Jetzt, hält Jesaja dem Volk vor, gälte es, Ernst zu machen mit dem Glauben an Jahwes Schutz, jetzt müßte und dürfte man sich an das עמנו אל klammern. Davon zu reden, was geschehen müßte, falls Israel als Gottesvolk versagte, hat der Prophet zunächst keinen Anlaß – anders als in 7, wo Ahas sein Nein spricht, das für Jesaja wohl nicht unerwartet kam. In einem wirklichen Widerspruch zu 7 1–17 steht also 8 9–10 nicht. Maher-Schalal Chasch-Bas, der Sohn Jesajas, war in doppeltem Sinn Zeichen für die Verheißung, die Jahwe seinem Volk gab, dann aber für Israels Versagen angesichts der klaren Bezeugung dieser Verheißung. Genan so war der Immanuel wohl Zeichen dafür, daß Jahwe sein Volk in schwerer Stunde durch die prophetische Weisung stärken wollte, mußte dann aber faktisch das Volk an seine Weigerung, zu hören und zu glauben, erinnern. Die Immanuelweissagung wird für uns durchsichtiger und konnte von den Adressaten am oberen Teich sofort in ihrer Bedeutung erfaßt werden, wenn man von 8 9f. her annehmen darf, daß die Zusicherung עמנו אל in jenen Tagen, auch von der Namengebung für den Sohn der עלמה abgesehen, ein wichtiges Element in der Verkündigung Jesajas war.

JAHWE, DER WAHRE VERSCHWÖRER
(8 11–15)

Literatur GStählin, Skandalon: BFchrTh II/24 (1930). – FHäussermann, Wortempfang und Symbol in der alttestamentlichen Prophetie: ZAW Beih 58 (1932). – GRDriver, Two Misunderstood Passages of the Old Testament: JThSt NS 5 (1954) 82–84. – WIWolverton, Judgment in Advent: AThR 37 (1955) 284–291. – LGRignell (s.o.S. 311). – NLohfink, Isaias 8,12–14: BZ NF 7 (1963) 98–104.

Text 11[Denn][a] so sprach Jahwe zu mir, als[b] die Hand zupackte[c]
'und mich davon abhielt'[d], den Weg dieses Volkes zu gehen:
12Ihr sollt nicht alles Verschwörung[a] heißen,
was dieses Volk da Verschwörung nennt,
und vor dem, was ihm Furcht einjagt, fürchtet euch nicht
und erschreckt nicht![b]
13Jahwe der Heere,
ihn 'heißt Verschwörer'[a],
er sei eure Furcht
und er euer 'Schrecken'[b]!
14Er wird zur 'Verschwörung'[a] werden,
zum Stein des Anstoßes
und zum Fels des Strauchelns
für die beiden Häuser Israels[b],
zum Klappnetz und zum Wurfholz
den Bewohnern[c] Jerusalems.
15aUnd viele werden an ihnen straucheln[a],
fallen und zerbrechen,
werden getroffen und verfangen sich.

11 **11**a כי ist redaktionelle Überleitung, s.u.S. 335. – b BHK³ liest mit 𝔅 יבחזקה
BHS mit L, C VQa und vielen Handschriften 'כח, was richtig sein dürfte, s.
auch 𝔖. – c חזקת ist hier inf. ḳ, s. Bauer-Leander § 43 g, vgl. Dan 11 2 2 Ch 12 1
26 16. – d וְיִסְּרֵנִי müßte als imperf. ḳ von יסר „unterweisen" aufgefaßt werden.
Aber das imperf. kann im Zusammenhang nicht richtig sein, und das ḳ der
Wurzel יסר ist selten. 𝔗 liest ואלפני, 𝔅 erudivit me, was auf וְיִסְּרַנִי schließen
läßt. Doch ist seit Gesenius (Kommentar I 132, Anm. 2) vorgeschlagen worden,
וַיְסִרֵנִי (von סור) zu punktieren (s. Σ: και απεστησε με und 𝔖: *nasṭeni*), was jetzt
12 durch VQa (ויסירני) unterstützt wird und den Vorzug verdient. – **12**a Wenn in
13 mit תקדישו an 𝔐 festgehalten wird, liegt es nahe, קשר in קָדוֹשׁ o.ä. zu ändern.
Aber Jesaja redet zu einer Gruppe von Menschen, die er von העם הזה unterscheidet, d.h. zu einer Schar ihm Vertrauter. Einer solchen hätte er aber kaum sagen müssen, sie möge nicht alles für heilig halten, was das Volk Jerusalems als heilig betrachtete. Vor allem aber ist es viel wahrscheinlicher, daß תקדישו in 13 aus תקשירו korrumpiert ist, vielleicht sogar eine bewußte Korrektur der als anstößig empfundenen Aussage darstellt. Die Übersetzung von קשר ist strittig. Die Grundbedeutung der Wurzel קשר ist „verknüpfen", 𝔖 übersetzt an der vorliegenden Stelle mit σκληρόν, GRDriver 82ff. glaubt

daher, קשר mit „knotty affair, difficulty" übersetzen zu sollen, ähnlich Lindblom (o.S.262) 29f. und Kaiser z.St. („Verwicklung"). Doch bedeutet das subst.
קשר an den übrigen alttestamentlichen Stellen immer „Verschwörung"
(s.𝔗 מרוד). Auch Driver dürfte der Tendenz, die harte Aussage von 13 („ihn
nennt Verschwörer") abzuschwächen, unterlegen sein. – b 𝔗 bietet für
לא תערצו: ועל תוקפיה לא תימרון תקיף, scheint also ein subst. (par. zu מורא in
der ersten Zeilenhälfte) gelesen zu haben, so daß der zweite Hemistich
וְאֶת־מַעֲרָצוֹ לא תעריצו gelautet haben könnte (s. BHS). Es ist aber doch fraglich, ob 13
ein so strikter Parallelismus anzunehmen ist. – **13a** Zur Änderung von תקדישו
in תקשירו s.o. unter Textanm. 12a. Driver übersetzt: „you will find difficult",
Kaiser: „sollt ihr für verwickelt halten"; Procksch ändert אתו in אִתּוֹ (s. auch
BHS) und übersetzt: „mit ihm verschwört euch", womit auch er den Gedankengang in unstatthafter Weise abbiegt. – b Zum subst. מורא paßt das pt.
מערץ nur schlecht. Das Fehlen der mater lectionis dürfte darauf hinweisen,
daß in Wirklichkeit מַעֲרִצְכֶם zu vokalisieren ist (s. Duhm, Buhl, 'A: θροησις,
ΣΘ: κραταιωμα 𝔅 terror vester, vgl. Rahlfs-Lütkeman in: Mitteilungen des
Septuagintaunternehmens I/6 (1915) 301, Anm. 323). – **14a** מקדש ist kein Parallel- 14
begriff zu אבן נגף und צור מכשול (die Übersetzung von Wolverton 288f. mit
„taboo-place" ist ein Notbehelf, zu dem man nicht greifen sollte). 𝔊 übersetzt
ἁγίασμα, setzt aber vor die folgenden Parallelbegriffe die Negation! In Wirklichkeit liegt der Fehler zweifellos bei מקדש, das wie תקדישו in 13 dogmatische
Korrektur sein dürfte. 𝔗 liest פורען = „Vergeltung", Procksch streicht
למקדש ולאבן נגף, in der Regel aber liest man מוקש für מקדש. Doch ist damit das
מוקש von 14b vorweggenommen. Driver 83 schlägt מקשיר o.ä. vor, das er als
Abstraktum („cause of difficulty") übersetzt. Vermutlich hat Driver, was den
Wortlaut des ursprünglichen Textes anbelangt, richtig gesehen, doch dürfte
מקשר nach dem oben Ausgeführten mit „Verschwörung" wiederzugeben
sein (par. zu מַעֲרָץ in 13 wohl als מִקְשָׁר zu vokalisieren). – b Für לשני בתי ישראל
liest 𝔊 ὁ δὲ οἶκος Ιακωβ. Es fällt in der Tat auf, daß 𝔐 von den beiden
Häusern Israels spricht, zumal יושב ירושלם in Parallele steht. Stade und Marti
wollen darum לאיש יהודה lesen, und Procksch, näher beim überlieferten Text
bleibend, לבית ישראל. Doch kann der Parallelismus der Situation entsprechend
gelockert sein. – c Für den sing. יושב lesen mehrere MSS, sowie 𝔊 𝔏 Σ יושבי. –
15a–a Manche (z.B. Duhm, Leslie) wollen den Beginn von 15 streichen, aber 15
כשל ist als Aufnahme von מכשול in 14 notwendig.

8 12–15 ist ein Mahn- und Drohwort. Im Unterschied zu ähnlichen Form
Stücken ist ihm mit 11 eine Einleitung vorangestellt. Jesaja mag gerade bei diesem Stück, das mit so ungewöhnlichen Aussagen über Jahwe in die Diskussion eingreift, das Bedürfnis empfunden haben, sich darauf zu berufen, daß er aus der Tiefendimension prophetischen Ergriffenseins so von Jahwe reden müsse.

Man beachte die Wortspiele zwischen קשר, הקשיר und מקשר, ירא und מורא, העריץ und מערץ, מכשול und כשל, מוקש und נוקש, ebenso die Alliterationen zwischen מורא, מוקש und נוקש, zwischen מערץ, מקשר, מכשול und מוקש, und zwischen ונפלו, ונשברו, ונוקשו, ונלכדו.

Von einem Metrum wird man erst von 12b an sprechen können. Es ist ganz unregelmäßig. 12b: Fünfer, 13: zwei Doppelzweier, 14: drei Doppelzweier. Der abschließende Vers 15 ist aus drei Zweiern zusammengesetzt.

Ort Der Abschnitt ist zweifellos *echt*. Auch er hat die Situation des syrisch-ephraimitischen Krieges zum Hintergrund. Angesprochen ist aber nicht die breite Öffentlichkeit, sondern ein *Kreis von Vertrauten*, die aufgefordert werden, sich von der allgemeinen Panikstimmung Jerusalems zu distanzieren. Ja, zunächst gilt das Jahwewort der Instruktion des Propheten selbst: es soll ihn hindern, „den Weg dieses Volkes" zu gehen (zu העם הזה s.o.S. 323). Jahwe weist dem Propheten selbst seinen Standort in der Verwirrung und Bestürzung bei der Nachricht von den Ereignissen im Norden zu (vgl. 7 2).

Wort In der *Einleitung* 11 berichtet Jesaja in Kürze, wie er dazu kam,
11 das folgende Mahn- und Drohwort auszusprechen; Kaiser (z.St.) spricht geradezu von einer „prophetischen Konfession". Der Prophet betont, daß das Wort Jahwes an ihn im Zusammenhang mit dem Zugriff „der Hand" erging. Er spricht nicht, wie zu erwarten wäre, von der Hand *Jahwes* und sagt nicht, daß der Zugriff *ihm* galt. Diese prägnante Formulierung sieht wie eine Chiffre für das prophetische Grunderlebnis des Wortempfangs aus; offensichtlich greift Jesaja auf eine längst eingebürgerte *Formel* zurück, die zur Beschreibung der prophetischen Erfahrung diente (s. dazu WZimmerli, BK XIII 47ff.). In 1 Kö 18 46 meint das Kommen der Hand Jahwes über Elia dessen Erfaßtwerden vom Geist, in Dt 32 36 Jos 8 20 das Erfülltwerden mit übergewöhnlicher Kraft (יד kann auch „Kraft" bedeuten). Über Elisa kam die Hand Jahwes, „als der Spielmann die Saiten schlug", 2 Kö 3 15, worauf er dann das gewünschte Orakel geben konnte, vgl. dazu Ez 1 3 3 22 33 22. Während an diesen Stellen die Formel היה יד יהוה על lautet, spricht Ezechiel in 8 1 davon, daß Jahwes Hand auf ihn „fiel". Am nächsten steht der jesajanischen Formulierung Ez 3 14 ויד יהוה עלי חָזָקָה, s. auch Jer 15 17. Dadurch, daß Jesaja sich diesen Formulierungen gegenüber darauf beschränkt, von der „Hand" zu sprechen, und sogar darauf verzichtet, sich selbst als Objekt des Ergriffenwerdens zu nennen, stellt er die Hörer vor das Geheimnisvolle, nicht rational Analysierbare des Vorgangs hin; seine Scheu, mit Worten zu artikulieren, was man im Grunde nicht aussprechen kann, ist unverkennbar. Ohne Zweifel ist aber ein *ekstatisches Erlebnis* gemeint. Bei Elisa bedarf es der Musik als Mittel zur Auslösung, und in Ez 3 14 wird im Zusammenhang mit dieser Formel von der Entrückung des Propheten durch den Geist gesprochen. Duhm (z.St.) denkt an einen halbwegs kataleptischen Zustand, gegen den der menschliche Geist sich bitter und grimmig als gegen eine ihm angetane Gewalt wehre. Volz (Der Geist Gottes und die verwandten Erscheinungen..., 1910, 70, Anm. 1) spricht von Versetzung in den Trancezustand. Doch ist die Basis für eine genauere Deutung zu schmal (s. zum Problem FHäussermann 22–24). Wichtiger als die psychologische Einordnung ist die *theologische* Wertung der Aussage: Das

Wort drängt sich dem Propheten mit Gewalt auf (vgl. Jer 15 16 20 7). Es bestimmt nicht nur, was er zu sagen, sondern legt auch den „Weg" fest, den er zu gehen hat. Zweifellos handelt es sich beim vorliegenden Abschnitt nicht um einen singulären Fall, man wird ein derartiges Erlebnis hinter jedem im Namen Jahwes ausgesprochenen Prophetenwort vermuten dürfen.

Die Angesprochenen, Jerusalemiten, die für eine „Weisung" Jesajas 12–13
zugänglich sind, sollen nicht קשר heißen, was die Volksmasse so benennt. Wie oben dargelegt, besteht kein Grund, das Wort anders denn mit „Verschwörung" wiederzugeben. קשר bezeichnet die politische Konspiration zum Sturze eines Herrschers, den Aufruhr, so in 2 S 15 12 den Aufstand Absaloms gegen seinen Vater, in 2 Kö 11 14 den Sturz der Athalja, in 2 Kö 17 4 den Abfall Hoseas von Assur (s. auch Jer 11 9: Aufruhr gegen Gott, Sir 11 31: Unbotmäßigkeit in der eigenen Familie). Zur analogen Verwendung des Verbs s. 1 Kö 15 27 16 9 2 Kö 10 9 15 10. 25 u.ö. Kaum je (vgl. Neh 4 2) wird das Wort von der Bedrohung durch einen äußeren Feind verwendet (s. dazu Lohfink 100). Darum ist es unwahrscheinlich, mit Rignell 45 für die vorliegende Stelle anzunehmen, daß Jesajas Zeitgenossen das gemeinsame Vorgehen Arams und Israels gegen Juda „Verschwörung" nennen, es müssen vielmehr in Jerusalem Gerüchte über ein gegen das Königshaus und seine Anhänger gerichtetes Komplott umgegangen sein. Nach 7 6 planten die Feinde, in Jerusalem den „Tabeliten" zum König zu erheben. Falls dieser, wie oben S. 275 erwogen, wirklich ein Davidide, wenn auch von einer ausländischen Mutter geboren, sein sollte (zu diesem Vorgehen vgl. z.B. das Eingreifen des Aššur-uballiṭ in Babylon zur Zeit von Burnaburiaš und nach dessen Tod, s. ECassin: Fischer Weltgeschichte 3, 1966, 25–27), ließe es sich gut vorstellen, daß dieser im Zusammenhang mit dem militärischen Druck von außen eine Rebellion im Innern geplant hätte. Eine solche hätte die Gegner der Sorge um eine langwierige, im Ausgang ungewisse Belagerung der stark gesicherten Feste Jerusalem enthoben. Das Bekanntwerden eines Umsturzversuches muß am Hof und wohl auch im Volk als harter Schock gewirkt haben. In Jesajas Augen hatte er offensichtlich keine Aussicht auf Gelingen. Aber es konnte allerdings nicht das Anliegen des Propheten sein, der aufgeschreckten Bevölkerung Jerusalems Beruhigungspillen zu verabreichen. Wer sich um das Wohl der Stadt sorgt, müßte in der Tat höchst beunruhigt sein – nicht weil eine Quislingfigur wie der Tabelite das Königshaus zu stürzen plant und das Land den Feinden zu öffnen gedenkt, aber weil Jahwe selbst der Verschwörer ist. Man muß das Wort in seiner bestürzenden Schärfe, die an Gotteslästerung zu grenzen scheint, stehenlassen. קשר setzt den Bestand eines Loyalitätsverhältnisses voraus. Die Klage Jeremias, daß Israel die Verbundenheit mit Jahwe durch eine Verschwörung zer-

schlagen hat (11 9), befremdet nicht. Aber nun gibt Jesaja dem Volk zu bedenken, ob nicht Jahwe seines Volkes müde werden könnte, wie sonst ein Volk seines Königshauses überdrüssig werden mag. Könnte er am Ende nicht an Israel so zu handeln beginnen, wie es ein Verschwörer tut? Natürlich ist im Auge zu behalten, daß der konsternierende Gedanke durch das im Volk umlaufende Stichwort קשר ausgelöst worden ist. Es gehört nicht zum Wesen Jahwes, Verschwörer gegen sein Volk zu sein. Ebensowenig sind „Stein des Anstoßes", „Fels des Strauchelns", „Klappnetz" und „Fallholz" Wesensbestimmungen Jahwes. Thematisch im vorliegenden Abschnitt sind nicht diese Begriffe, sondern ist der Satz: „Jahwe der Heere, er sei eure Furcht und er sei euer Schrecken" (zu מורא vgl. 29 13, zu יהוה צבאות s.o.S. 28f. 248). Scheitert Israel, dann nicht an seinen äußeren oder inneren Feinden, nicht an der politischen Situation, sondern an seinem Gott.

14–15 Davon spricht sehr eindringlich das sich anschließende Drohwort 14f. Faktisch ist doch wohl gemeint, was schon 8 7. 8 angekündet haben: ein Einfall der Assyrer in Juda. Aber Jesaja würde einwenden, daß auch diese nicht Israels מורא sein können. Werden sie bedrohlich, dann, weil Jahwe Grund hat, sein Volk unter das Gericht zu stellen. – Die folgenden Ausdrücke müssen im Kontrast zur Kulttheologie Jerusalems gesehen werden (s. dazu LAlonso-Schökel, Stilistische Analyse bei den Propheten: VTSuppl 7, 1960, 154–166, s.S. 161). Diese kündet: Jahwes Boten behüten den Frommen, daß sein Fuß nicht an einen Stein stoße (פֶּן־תִּגֹּף בָּאֶבֶן רַגְלֶךָ Ps 91 12), Jahwe wird gepriesen als Fels (צור 1 S 2 2 Ps 18 3. 32. 47 = 2 S 22, s. dazu HJKraus, BK XV/1, 142, ferner Ps 19 15 u.ö.), er ist צור עֻזִּי Ps 62 8 oder צור יְשׁוּעָתִי Ps 89 27 u.ä. Jesaja selbst kann anderwärts sagen, daß Jahwe der Fels Israels sei, 30 29. צור scheint geradezu Epitheton des Gottes von Jerusalem zu sein, wie aus Namen wie פְּדָהצוּר, אֱלִיצוּר, צוּרִיאֵל und צוּרִישַׁדַּי (s. auch das Akoristikon צור, den Ortsnamen בית צור, vgl. aram. כֵּיפָא) zu schließen ist (s. dazu Noth, Pers 129, ברצר KAI Nr. 215 Z. 1 und HSchmidt, Der heilige Fels in Jerusalem, 1933, 87ff.). Von den Feinden bezeugt der Beter vor Gott, daß sie straucheln und fallen werden, z.B. Ps 27 2 (כָּשְׁלוּ וְנָפָלוּ), und auch נִשְׁבַּר findet sich in dieser Bedeutung z.B. Jes 28 13 Jer 48 4. 17. 25 50 23 51 8. 30. Gott kann aus dem Klappnetz des Vogelstellers erretten (מִפַּח יָקוּשׁ Ps 91 3, vgl. 124 7) und darum bittet man andererseits, er möge vor dem Klappnetz und Fallholz der Übeltäter bewahren, Ps 141 9, vgl. 69 23. Auf diesem Hintergrund kommt die Schärfe der jesajanischen Drohung zur Geltung: Was dem Frommen in seiner Bedrängnis als Trost angeboten wird, reißt ihm Jesaja aus den Händen; was ihm Grund der Zuversicht war, wird ihm in sein Gegenteil verkehrt. Sein Glaube wird nicht gesichert, sondern als Illusion entlarvt. Der ahnungslose Tempelbesucher von Jerusalem begegnet dem eifernden Gott vom Sinai!

פח und מוקש sind Geräte für die Vogeljagd und wohl auch für den Fang von Kleinwild. פח übersetzt 𝔊 mit παγίς „Schlinge", eine Bedeutung, die auch in deutsche Übersetzungen eingedrungen ist (vgl. das arab. *faḫḫum*, das „Netz, Schlinge, Falle" bedeutet und s. auch Dalman, AuS VI 338). In Wirklichkeit ist פח das Klappnetz. Es besteht aus zwei Rahmen, die je mit einem Netz ausgespannt sind. Einem halbgeöffneten Buch ähnlich wird es ausgelegt. Setzt sich der Vogel auf die Einrichtung, bewirkt ein einfacher Mechanismus, daß die beiden Hälften zusammenklappen, womit der Vogel gefangen ist (s. AOB 182 = BHHW III 2111 und vgl. Ps 124 7 Prv 7 23). Schwieriger ist es, die genauere Bedeutung von מוקש zu bestimmen. 𝔊 übersetzt mit κοίλασμα „Höhlung, Grube", wird also an eine Fanggrube denken; aber die genaue Bedeutung des Wortes war ihr wohl schon unbekannt. יקש scheint wie die verwandte Wurzel נקש von Haus aus „niederschlagen" o.ä. zu bedeuten (vgl. aram. נקש in Dan 5 6 und syr. *neqaš* = „schlagen"), so daß der מוקש das Fall- oder Wurfholz ist, eine dem Bumerang verwandte Waffe, die zum Gemeingut der Jägerkultur zu gehören scheint. (Im syr. und als Fremdwort im arab. ist *neqôšâ* das „Schlagholz", das in den orientalischen Kirchen an Stelle von Glocken verwendet wird.) Gegen diese Bedeutung spricht auch Ps 64 6 nicht, da טמן [gegen Driver, JBL 133] nicht vergraben, sondern verbergen heißt, s. auch HWWolff, Amos: BK XIV/2, 223f. und BHHW II 792, BRL 288f.). Das pt. יוקש und das subst. יָקוּשׁ scheinen allerdings allgemeine Bezeichnungen für den Vogelfänger geworden zu sein, vgl. Ps 124 7, wo die „Seele" dem Vogel verglichen wird, die dem פח des יוקש entrinnt. Möglicherweise ist auch מוקש gelegentlich in diesem allgemeinen Sinn verwendet. Das ni. נוקש pflegt man mit „gefangen, verstrickt werden" zu übersetzen, s. KBL und Ges-Buhl. Das bedeutet aber an der vorliegenden Stelle das folgende נלכד und korrespondiert mit פח, während נוקש das vorangehende מוקש aufnimmt, also mit „niedergeschlagen, getroffen werden" zu übersetzen ist. מכשול und מוקש sind im neutestamentlichen σκάνδαλον zusammengeflossen. Diese griechische Vokabel bedeutet zunächst „Stellholz", dann übertragen „Anstoß, Ärgernis", s. dazu GStählin 10ff. und ThW VII 339.

In so erschreckender Weise also wird sich Jahwe „der Bewohnerschaft Jerusalems" kundtun. Doch sagt die vorangehende Parallele: „den beiden Häusern Israels". Das Gericht gilt also ganz Israel. Man soll in Jerusalem nicht denken, bei der Tragödie des Nordreiches Zuschauer in unangreifbarer Stellung bleiben zu können, vgl. 8 5ff. – Der Ausdruck „die beiden Häuser Israels" findet sich im Alten Testament nur an dieser Stelle. Jesaja will in dieser Situation, in der man bereits die Wolken des Unheils über dem Nordreich aufziehen sieht, betonen, daß die beiden Staatswesen zusammengehören wie zwei Häuser, in denen Söhne des einen Vaters wohnen. Vom Haus Juda (parallel mit יושב ירושלם) spricht Jesaja auch in 22 21. Mit Vorliebe verwendet aber Jeremia die Bezeichnung. Die Stammesgemeinschaft wird als Familiengemeinschaft gesehen. Weit häufiger wird allerdings von den בְּנֵי יְהוּדָה oder dem שֵׁבֶט י׳ gesprochen. Aber auch die Bezeichnung בית ישראל ist üblich (Ex 40 38 1 S 7 2 Jes 46 3 u.a., vgl. auch *Bît-Ḫumria* in assyrischen Inschriften, s.z.B.o.S. 319). Ziemlich geläufig und offensichtlich sehr alt ist die Bezeichnung בֵּית יוֹסֵף Gn 50 8 Jos 17 17 (s. dazu Alt, KlSchr I 189) 18 5 Ri 1 22f.35 2 S 19 21 1 Kö 11 28 Am 5 6 Ob 18 Sach 10 6; sie will die nähere Zusammengehörigkeit der Stämme Ephraim und Manasse bezeugen. בית scheint mit Vorliebe in Zusammenhängen verwendet zu werden, wo es dem Auseinanderbrechen einer völkischen Einheit zu wehren galt. Daß Jesaja an der vorliegenden Stelle von den zwei Häusern Israels spricht, ist ein Kompromiß, welcher der politischen Trennung Rechnung trägt und doch die Zusammengehörigkeit in Verantwortung und Geschick unterstreicht.

15 Viele werden straucheln und fallen. Man darf nicht folgern: „viele", also keineswegs „alle". Wie Kaiser (z.St.) mit Recht bemerkt, ist „das hebräische *rabbîm* im Gegensatz zu seinem deutschen Äquivalent nicht partitiv, sondern generalisierend zu verstehen", man vgl. רבים als Bezeichnung der Gesamtheit der Gemeindeglieder im Qumranschrifttum. Andererseits darf der Satz natürlich auch nicht als Ankündigung eines endgültigen Vernichtungsgerichtes interpretiert werden. – Das בם nach וכשלו darf nicht übersehen werden: Israel kommt an „ihnen", d.h. am „Stein des Anstoßes", am „Fels des Strauchelns", nämlich an seinem Gott zu Fall.

Ziel Der Abschnitt läßt die unerhörte Spannung in Jesajas Denken über Gott erkennen. Der Gott, dessen Treue feststeht, dessen Verheißungen über Israel und Juda/Jerusalem nicht ungültig sein können, ist doch die Macht, die sein Volk allein im Ernst zu fürchten hat. Entweder fürchtet Israel Jahwe, macht Ernst mit dem Wissen um die absolute Geborgenheit in seinem Heilswillen – was bedeutet, daß es sich vor der Macht der Menschen nicht beugen, sich vor ihren Intrigen nicht fürchten darf –, oder: es läßt sich beeindrucken von der Machtentfaltung der Menschen und macht sich so Gott zum Feind, vor dem es kein Entrinnen gibt.

Es war oben festzustellen, daß der Abschnitt formal eine Kombination von Mahn- und Drohwort darstellt. Wo aber liegt der Skopus des Abschnittes? Offensichtlich nicht in der Ankündigung des Strauchelns vieler. Denn angeredet ist der Jüngerkreis, bei dem der Prophet auf Gehör rechnen kann. Jesaja bekennt, durch das Widerfahrnis des „Zupackens der Hand" selbst daran gehindert worden zu sein, „den Weg dieses Volkes zu gehen"; er möchte also offenbar erreichen, daß auch seine Zuhörer sich zurückhalten lassen. Jahwe sollen sie Gegenstand ihrer Furcht sein lassen und sich so aus der im Volk umgehenden Alarmstimmung heraushalten. Die folgende Gerichtsdrohung hat die Funktion, die Folgen einer falschen Entscheidung vor Augen zu führen. Es geht um Heil oder Untergang, Leben oder Tod.

Vom textkritischen Standpunkt aus konnte תקדישו in 13 und מקדש in 14 nicht als ursprünglich angesehen werden. Aus welchen Gründen auch der ursprüngliche Text geändert worden ist, jedenfalls ist mit der Einführung des Begriffes der Heiligkeit die Aussage des Textes zutreffend interpretiert. Schon früher wurde auf den dynamischen Charakter des Heiligkeitsbegriffes hingewiesen (s.o.S. 249). Vom Wissen um die Heiligkeit Jahwes her ist gerade in diesem Abschnitt die vertrauensselige Kultfrömmigkeit als das große Mißverständnis Gottes durchschaut. Aber gerade weil Jahwe der Heilige ist, müßte man nicht vor dem erschrecken, was „diesem Volk da“ Anlaß zur Furcht ist, sondern könnte Zuversicht bewahren und Glauben halten inmitten einer Welt, in der Desolation und Defaitismus lähmend um sich greifen.

Paulus hat in Röm 9 32f. Jes 8 14 mit 28 16 kombiniert. Der λίθος προσκόμματος und die πέτρα σκανδάλου sind für ihn der Christus (vgl. auch 1 Pt 2 8), und das eigentliche σκάνδαλον ist das Wort vom Kreuz (Gal 5 11). Er hat sich damit weit vom wörtlichen Sinn der jesajanischen Stelle entfernt – und hat doch zugleich die Aussage des Propheten über Gott in ihrer paradoxen Tiefe genial erfaßt: Das σκάνδαλον, an dem der Mensch scheitert – oder durch das er das Leben findet –, ist die Botschaft von dem Gott, der sich in Israel offenbart hat, wobei der Apostel, die Paradoxität des Alten Testaments übersteigernd, interpretiert: die Botschaft von dem Gott, der sich entscheidend offenbart in seiner Selbstentäußerung am Kreuz.

DAS VERSIEGELN DER WEISUNG

(8 16–20)

Literatur FMAvandenOudenrijn, L'expression „fils des prophètes" et ses analogies: Bibl 6 (1925) 165–171. – JBoehmer, „Jahwes Lehrlinge" im Buch Jesaja: ARW 33 (1936) 171–175. – LRost, Gruppenbildungen im Alten Testament: ThLZ 80 (1955) 1–8. – SGozzo, Isaia profeta e i suoi figli „segni e presagi in Israele": Antonianum 31 (1956) 215–246. 355–382. – LGRignell a.a.O. (s.o.S. 311). – HLGinsberg, An Unrecognized Allusion to Kings Pekah and Hoshea of Israel: Eretz Israel 5(1958) 61*–65*.

Zum Text: GRDriver, Hebrew Notes on Prophets and Proverbs: JThSt 41 (1940) 162–175. – PWSkehan, Some Textual Problems in Isaia: CBQ 22 (1960) 47–55. – GRDriver, Isaianic Problems: Festschr WEilers (1967) 43–57.

Zu אוב: AvanHoonacker, Divination by the Ôb amongst the Ancient Hebrews: ExpT 9 (1897/98) 157–160. – AJirku, Die Dämonen und ihre Abwehr im Alten Testament (1912) 5–11. – HSchmidt, אוב: Festschr KMarti: ZAWBeih 41 (1925) 253–261. – ITrencsényi-Waldapfel, Die Hexe von Endor und die griechisch-römische Welt: ActaOr Budapest 12 (1961) 201–222. – HWohlstein, Zu den israelitischen Vorstellungen von Toten- und Ahnengeistern: BZ NF 5 (1961) 30–38; praktisch = ders., Zu einigen altisraelitischen Volksvorstellungen von Toten- und Ahnengeistern in biblischer Überlieferung: ZRGG 19 (1967) 348–355. – MVieyra, Les noms du „mundus" en hittite et en assyrien et la pythonisse d'Endor: RHA 19 (1961) 47–55. – FVattioni, La necromanzia nell' Antico Testamento: Aug 3 (1963) 461–481. – HAHoffner, jr., Second Millennium Antecedents to the Hebrew *'ÔB*: JBL 86 (1967) 385–401. – FSchmidtke, Träume, Orakel und Totengeister als Künder der Zukunft in Israel und Babylonien: BZ NF 11 (1967) 240–246.

Text **16 Ich verschnüre die Vermahnung [a], 'versiegle' [b] die Weisung in meinen Schülern [c]**
17 und will hoffen auf Jahwe, der sein Antlitz vor dem Haus Jakob verbirgt, und
harren auf ihn. 18 Siehe, ich und die Kinder, die mir Jahwe gegeben hat, sind
Zeichen und Mahnmale in Israel
von Jahwe der Heere,
der auf dem Berge Zion wohnt.

* * * * *

19 [Und wenn sie zu euch sprechen: Befragt die Totengeister und die Wahrsagegeister, die flüstern und murmeln; soll denn nicht ein Volk seine Ahnengötter befragen, für Lebende (an) Tote (sich wenden)? (so antwortet):
20 Zur Weisung und zur Vermahnung [a]! Fürwahr, diesem Wort gemäß soll man sprechen [b] zu dem, der (ja doch) keine Kraft (das Unheil) zu bannen [c] hat.]

16 **16a** Ginsberg 62* will unter Hinweis auf das altaram. *'ddw* „Wahrsager", das in Parallele zu חזין verwendet wird (s. KAI 202A 12), statt תעודה תְּעֻדָה lesen, eine völlig unnötige Textänderung. – b חָתוֹם scheint imp. zu sein. Dann müßte es sich um ein Jahwewort an Jesaja handeln und die למדי müßten Jahwes „Lehrlinge" sein, wofür Boehmer (171f.) sich denn auch einsetzt. 'A, 𝔗 und 𝔙 lesen zwar ebenfalls den imp., was aber durch das „Ich" des Propheten in V. 17 ausgeschlossen ist. In Wirklichkeit dürfte ursprünglich

der inf. abs. חָתוֹם beabsichtigt gewesen sein, wofür auch die mater lectionis spricht. Dann muß aber auch צוֹר als inf. abs. verstanden werden (wohl nicht von צרר, sondern eher [gegen KBL] von der Nebenform צור herzuleiten). – c 𝔊 bietet für למדי τοῦ μὴ μαθεῖν (= מִלְּמֹד), 𝔖 zieht das Wort zum Folgenden, doch ist 𝔐 vorzuziehen. Zur Streichung besteht kein Anlaß. Ebenso ist die Änderung von Tur-Sinai (ScrHier 8, 1961, 175) in למדיה mit seiner Übersetzung „ihre Schnüre" (vgl. למדים in der Mischna) abzulehnen. – **20**a Wie 20
תורה und תעודה hier zu übersetzen sind, hängt mit der Frage nach der Herkunft des Abschnittes zusammen. Setzt man ihn in die spätnachexilische Zeit, mag man zur Wiedergabe mit „Gesetz" und „Offenbarung" greifen. – b Möglicherweise ist statt יאמרו der sing. zu lesen. Aber der plur. kann auch das unbestimmte deutsche „man" ausdrücken. – c Die übliche Wiedergabe von שחר mit „Morgenröte" vermag nicht recht zu überzeugen. 𝔊 liest δῶρα, 𝔖 *šuḥda* (hebr. שֹׁחַד). Driver, JThSt 162 und FestschrWEilers 45 verweist auf den Gebrauch des pi. von שחר in Jes 47 11 (KBL „Zauber") und zieht zudem syr. *šḥr* (pa) = „zähmen, zwingen" und das arab. *sḫr* II mit derselben Bedeutung bei. Wer schwöre und sich an Tote wende, wolle Zauberkräfte in Bewegung setzen. Die Interpretation des Abschnittes durch Driver ist im einzelnen fragwürdig, aber sein Hinweis auf die inhaltlich ähnliche Stelle Jes 47 11 ist wertvoll; שחר ist demgemäß mit „Zauber", „Kraft, (Unheil) zu bannen" zu übersetzen.

19f. bilden von Haus aus zweifellos nicht die Fortsetzung von 16–18. Form
Die Frage ist nur, ob 19f. (oder auch 19 allein) als ein selbständiges, d.h. unabhängig von 16–18 entstandenes Wort zu verstehen ist (das unter Umständen von Jesaja stammen könnte), oder ob die beiden Nachträge von anderer Hand sind. Offenbar trifft die zweite Möglichkeit zu: In V. 20 erscheinen dieselben beiden Begriffe תורה und תעודה wie in 16, aber in umgekehrter Reihenfolge und anders zu verstehen als dort. Das kann angesichts dessen, daß sich תעודה im Alten Testament nur noch in Rt 4 7 findet, kein Zufall sein: es ist ein Glossator am Werk, der die beiden Begriffe aufgenommen, aber zugleich im Blick auf die von ihm anvisierte Situation mit neuem Inhalt gefüllt hat.

Schon der vorangehende Abschnitt begann in 11 mit einer Aussage, die man als „prophetische Konfession" bezeichnet hat. Für 16–18 ist diese Gattungsbezeichnung durchaus angemessen (s. dazu Lindblom [o.S. 262] 46). Wie die „Konfessionen" Jeremias Vertrautheit mit den Klageliedern des Psalters verraten (s. WBaumgartner, Die Klagegedichte des Jeremia: ZAWBeih 32, 1917, Kap. 4 und GvRad, Die Konfessionen Jeremias: EvTh 3, 1936, 265–276), so erinnern auch in diesem jesajanischen Abschnitt einzelne Formulierungen an die Vertrauensaussagen der Psalmen (s. dazu u.S. 346f.).

Metrum: 16–18a sind prosaisch; es handelt sich allerdings um eine gehobene Prosa, wie das Fehlen des Artikels bei תעודה und תורה zeigt. Hingegen ist der feierliche Abschluß, 18b, ein Doppeldreier. Eigenberichte der Propheten pflegen auch sonst in Prosa verfaßt zu sein, vgl. 6 1ff. 8 11 Jer 11 18ff. u.a. – Beim Zusatz 19f. wird niemand ein Versmaß feststellen wollen.

Ort Die Jesajanität von 16–18 ist unbestritten. Der Prophet zieht einen Schlußstrich unter eine gewisse Periode seiner Wirksamkeit, und zwar, wenn nicht alles täuscht, unter die Zeit seines harten Ringens um Gehör während des syrisch-ephraimitischen Krieges. Was in der „Denkschrift" noch folgt, betrifft nicht mehr Juda, sondern Israel, s.u.S. 358. Jesaja ist mit seinem Wort nicht durchgedrungen, im Gegenteil: seine Tätigkeit hat, wie das die Erzählung von seiner Berufung bereits ausgeführt hat, nur zur Verhärtung geführt. Wenn er noch einmal das Wort ergreift, dann um klarzustellen, daß er nicht schweigt, weil er sich geschlagen gibt oder gar an Jahwe irre geworden wäre; er weiß, daß sein Wort noch eine Zukunft hat. – Es scheint tatsächlich, daß Jesaja von 732 an bis zum Todesjahr des Ahas (s. 14 28–32) nicht in Aktion getreten ist. Auch der Zusatz 19f., der an den deuterojesajanischen Abschnitt 47 10b–12 anklingt, mag der Zeit des Exils entstammen. Wenn alte, einst festgefügte Ordnungen zusammenbrechen, drängen sich dunkle Seiten der Volksreligion, die vordem zu einem unbeachteten Winkeldasein verurteilt waren, ans Tageslicht.

Wort Für das Verständnis von 16 ist die Auffassung von בלמדי entscheidend.
16 Man hat deuten wollen: „zur Aufbewahrung bei ...", Jesaja habe seine Worte niedergeschrieben (oder diktiert) und die versiegelte Schriftrolle seinen Jüngern übergeben, s. Duhm und Mauchline z.St., Schildenberger 394. Wir hätten dann einen erwünschten Beweis dafür in den Händen, daß die Propheten ihre Worte selbst schriftlich fixiert haben. Aber der Text spricht weder vom Niederschreiben seiner Worte noch von einer Rolle, noch von deren Übergabe in die Hände der Jünger. Und sollten Jünger nur dazu da sein, eine versiegelte Rolle zu hüten? Oder man hat übersetzt: „mit meinen Jüngern", nämlich: „in ihrer Gegenwart, mit ihnen zusammen" (Dillmann, Kaiser z.St.), oder „durch meine Jünger", d.h. „mit ihrer Hilfe" (Hitzig, Ewald z.St.). Aber man wird dieser Versuche, den Text wörtlich zu verstehen, nicht froh, und auch Fohrers Ausweg, den gordischen Knoten zu durchhauen und בלמדי zu streichen, ist kaum gangbar. In Wirklichkeit kann das Verschnüren und Versiegeln nur bildlich gemeint sein (s.z.B. Gray, Feldmann, Herntrich, Hertzberg, Procksch, Leslie). Aber das exakte Verständnis des Bildes ist nicht einfach. Man hat wohl Briefe und Urkunden versiegelt, s.z.B. Jes 29 11 1 Kö 21 8 vor allem Jer 32 10–14. 44, oder man konnte Schriftrollen, wie die Qumranfunde zeigen, auch in Krüge stecken, um sie wohl aufzubewahren. Aber hat man solche Urkunden oder Briefe auch verschnürt? Wir erfahren jedenfalls im Alten Testament nichts davon. (Schriftrollen scheint es übrigens erst zur Zeit Jeremias gegeben zu haben, s. Jer 36 4ff., BHHW III 1732f.) Verschnürt wird sonst nach dem Alten Testament z.B. Geld in einem Beutel (2 Kö 5 23 12 11, vgl. auch Dt 14 25 und Ez 5 3, zum Gebrauch des verwandten

צרר s. Hos 4 19 13 12 u.a.). Das subst. צְרוֹר heißt denn auch geradezu „Beutel" (vgl. arab. *ṣirârun*, „Geldbeutel"). Metaphorisch kann man auch davon sprechen, daß ein Beutel eine abstrakte Größe enthalte, so wenn Hiob sich darüber beklagt, daß seine Übertretung in einem Beutel versiegelt sei (חָתֻם, 14 17), oder wenn Sir 6 16 ein treuer Freund verglichen wird mit einem Beutel, der „Leben" (חַיִּים), d.h. Heil und Glück, in sich birgt. So wird OEißfeldt, Der Beutel der Lebendigen: BAL 105/6 (1960) 26f. recht haben, wenn er meint, daß in Jes 8 16 wohl nicht an das Verschnüren einer Leder- oder Papyrusrolle, sondern eines Beutels zu denken sei. Wie man in einem verschnürten oder versiegelten Beutel etwas besonders Kostbares aufbewahrt, will Jesaja in den Jüngern seinen kostbaren Schatz, seine Vermahnung und Weisung niederlegen. Damit hat das בלמדי seinen guten und klaren Sinn. Vgl. die ähnliche Vorstellung in 2 Kor 3 2 Dt 32 34f. Ps 40 9 Prv 3 3 6 21 7 3.

Jesaja bezeichnet seine Botschaft als תעודה und תורה. Zum Gebrauch von תורה s.o.S. 36 und 85. תעודה findet sich im Alten Testament außer in V. 20 nur noch in Rt 4 7, dort im Sinne von Bestätigung, nämlich des Verzichts auf Rechte und Pflichten eines Lösers. Das entspricht der denominativen Bedeutung des hi. von עוד: „Zeuge sein" (von עֵד „Zeuge"), s. 8 2. Die Grundbedeutung von עוד scheint „herumgehen, wiederholen" zu sein (ugar. *t'dt* bedeutet „Botschaft", s. Driver, Canaanite Myths 152, Anm. 22), und für die vorliegende Stelle wird man von der eigentlichen hi.-Bedeutung des Verbs, „warnen, ermahnen", auszugehen haben, vgl. Am 3 13 Jer 6 10 11 7 42 19. Wie Ps 50 7 und 81 9 (s. auch 1 S 8 9) zeigen, kann das Verb die Tätigkeit des Sprechers am Bundesfest umschreiben, der das Volk mit Jahwes Willen konfrontiert. Das Verb ist offensichtlich als geeignet für den Vollzug des prophetischen Auftrags empfunden worden, und es würde nicht überraschen, wenn תעודה häufig für die prophetische Botschaft verwendet würde (s. dazu auch Driver, Festschr WEilers 44). Das Wort steht der Bedeutung von תורה im prophetischen Sprachgebrauch und speziell bei Jesaja sehr nahe, vgl. auch die Verwendung des verwandten עֵדוּת, z.B. Ps 81 6. Für das Selbstverständnis Jesajas ist es nicht uninteressant, daß er seine Botschaft gerade mit diesen beiden Begriffen benennt.

Schon 8 11 ließ erkennen, daß sich um Jesaja ein Kreis Vertrauter gebildet hatte. Diese Anhänger werden hier למדים genannt (abgeleitet von למד wie das neutestamentliche μαθητής von μανθάνω). In der Bedeutung „Anhänger, Schüler" findet sich das Wort nur noch bei Dtjes (50 4 und 54 13), der aber bei der Verwendung dieser Bezeichnung nicht von Schülern eines Propheten, sondern von solchen Gottes spricht. Die Stellen zeigen, daß ein למד nicht nur darum so genannt wird, weil sein Meister ihn belehrt, sondern weil er in die Gemeinschaft mit ihm hineingenommen ist, vgl. dazu die Verwendung von לָמֵד in Jer 13 23. – Wie man sich des nähern einen solchen Kreis von Vertrauten um einen Propheten herum zu denken hat, ist kaum zu sagen. In 1 S 10 5. 10 wird von einem חֶבֶל von Propheten gesprochen. Es ist aber nicht sehr wahrscheinlich, daß man darunter eine eigentliche Prophetenschule im Sinne einer festen Institution zu verstehen hat (s. dazu AJepsen, Nabi, 1934, 167 und 194). 1 Kö 20 35 2 Kö 2 3. 5. 7. 15 4 1–38 5 22 6 1 9 1 erwähnen בְּנֵי הַנְּבִיאִים (s. auch Am 7 14), mit welchen ebenfalls eher freie Gruppierungen gemeint sein dürften. Jedenfalls ist es völlig ausgeschlossen, daß Jesaja einen esoterischen Kreis von „Wissenden" oder einen Konventikel von Frommen formiert hätte, etwa um ihn in die Technik des Offenbarungsempfangs einzuführen oder um ihm nach der Art eines indischen Guru Unterricht über Gott, Seele und Heil zu erteilen. Wie andere Propheten steht er auf einsamer Höhe, aber sein Wort gilt letztlich immer der Öffentlichkeit, dem Volk und dessen verantwortlichen Führern. Das schließt natürlich nicht aus, daß sich Menschen um ihn sammelten, bei denen er Gehör fand. Wenn er sich gelegentlich nur an diese wandte, so war das aber, wie gerade der vorliegende Abschnitt zu erkennen gibt, ein Notbehelf. Man sollte vorsichtig sein mit Feststellungen wie der von Procksch, „daß die Prophetenfamilie zugleich der Kern eines Gottesvolks werden" sollte und „in der Schale des Ἰσραὴλ κατὰ σάρκα ein Ἰσραὴλ τοῦ θεοῦ kraft des Glaubens" heranwachse (s. auch Budde, Jes. Erleben 88 und AHJGunneweg, VT 15, 1965, 31, die davon sprechen, daß hier die ecclesiola in ecclesia im Werden begriffen sei, vgl. dazu die vorsichtig abwägenden Überlegungen bei LRost 4f.). Der Rückzug auf den engen Kreis ist nur eine taktische Maßnahme mit dem Ziel, zum Ausbruch in die Gesamtheit der Volksgemeinde jederzeit gerüstet zu sein.

17 Das „Versiegeln" seiner Botschaft in den Jüngern bedeutet, daß Jesaja mit einer längeren Zeit rechnet, in der sein Wort nicht zur Geltung kommen kann, ja daß er möglicherweise das Eintreffen des verkündeten Wortes nicht mehr erlebt. Wie der Beter eines Klagepsalms bekennt er aber sein Vertrauen: „Ich will auf Jahwe hoffen", „auf ihn harre ich". Besonders bei קוה liegt die Verwurzelung des Begriffs in den Klageliedern klar zutage, s. Ps 25 3. 5. 21 27 14 69 7–21 130 5 u.a., vgl. auch Jer 14 22. חכה findet sich zwar nur im Danklied Ps 33 20 und im Geschichtspsalm 106 13, aber es ist nicht daran zu zweifeln, daß es auch in der Vertrauensaussage des Klageliedes Verwendung fand, vgl. Hab 2 3 und Zeph 3 8. Beide Verben drücken die Spannung aus, die im Hoffen liegt, s. arab. *ḥaka'a* „straffen" und hebr. קָו „(ausgespannte) Meßschnur". Beide Begriffe stehen dem nahe, was Jesaja mit האמין ausdrükken kann, vgl. HWildberger, ZThK 65 (1968) 137f., und die Begrifflichkeit von 30 15. Ebenso zeigt sich der Fromme im Klagelied darüber bedrückt, daß Jahwe sein Angesicht vor ihm verberge: Ps 10 11 13 2 27 9 44 25 u.a.

Im Danklied andererseits wird zurückgeschaut auf die Zeit, da Jahwe sein Angesicht verhüllte, Ps 30 8, oder der Beter bekennt, daß Gott es trotz gegenteiligem Anschein nicht verborgen hatte, 22 25. Diese Motive sind aber von Jesaja in charakteristischer Weise neu verstanden: Er erhofft nicht wie der fromme Beter „Rettung" für seine Person, sondern will warten auf die Erfüllung des ergangenen Wortes. Und er sagt nicht, daß Gott vor ihm das Antlitz verbirgt, sondern vor dem Hause Jakob, s. dazu CWestermann, Das Hoffen im Alten Testament: GesSt, ThB 24 (1964) 219–265, bes. 257, zur Bezeichnung Haus Jakob s.o.S. 87 zu 2 5.

Was bedeutet es, wenn Jahwe vor Israel sein Angesicht verbirgt? Jedenfalls nicht, daß Jahwes Walten ein unergründliches Geheimnis bleibt. Wenn Gott über seinem Volk sein Angesicht leuchten läßt, wendet er ihm seine Gnade zu. Verbirgt er aber sein Angesicht, so gibt cr es dem Schrecken, der Verlorenheit preis (s. Ps 104 29f. 143 7 Dt 32 20 Jer 33 5 Mi 3 4), wobei konkret oft die Auslieferung in die Hand der Feinde gemeint ist (z.B. Ez 39 23f.). Möglicherweise denkt Jesaja, indem er vom Haus Jakob spricht, an die harte Beeinträchtigung, welche das Nordreich 732 von seiten Thiglath-Pilesers erfahren hat. Dabei sieht er jedoch die beiden Staatswesen als eine geistige Einheit (s.o. zu 8 14). – Aber wenn nun auch Jahwe seinem Volk seine heilvolle Gegenwart entzogen hat, so will der Prophet doch ein Hoffender bleiben, und zwar – paradox genug – ein Hoffender auf eben diesen Gott, der sein Antlitz vor dem Hause Jakob verhüllt. Es ist nicht abwegig, in diesem Zusammenhang (s. Procksch z.St.) vom deus absconditus Martin Luthers zu sprechen.

So ist das Verschnüren und Versiegeln der Botschaft geradezu eine 18
Gleichnishandlung, die zum Ausdruck bringen will, daß die in ihr enthaltene Verheißung gilt. Da aber der Inhalt der Botschaft nicht mehr an die Öffentlichkeit getragen wird, sind Zeichen nötig, die an sie erinnern sollen. Jesaja ist in der Lage, auf solche hinzuweisen: auf sich selbst und auf seine „Kinder, die ihm Jahwe gegeben hat". Manche Ausleger wollen unter den „Kindern" die Jünger verstehen, von denen eben die Rede war (z.B. Budde, Jes. Erleben 90, Lindblom 49f.). Das wäre möglich, wenn Jesaja von בנים, Söhnen, spräche; aber dafür, daß ילדים in diesem übertragenen Sinn verwendet werden kann, fehlt jeder Beleg. Es müssen die leiblichen Kinder des Propheten gemeint sein (s. dazu CKeller, Das Wort OTH, 1946, 94f.). Wenn diese אתות und מופתים sein sollen, so ist bei ihnen gewiß zunächst an ihre Namen zu denken. Wir kennen deren zwei: Schear Jaschub und Maher-Schalal Chasch-Bas (s.o.S. 277f. 312ff.). Der zweite dieser Namen hat an sich eindeutig Verheißungscharakter, doch ergab die Exegese von 8 1–4, daß der Name für das im Glauben versagende Jerusalem zur Anklage wer-

den mußte. Dem ersten, Schear Jaschub, meinten wir warnende Bedeutung beilegen zu müssen (s.o.S. 278). War er vor der falschen Entscheidung Warnung, so konnte er gleichwohl dem Haus Jakob unter dem Gericht zum Hinweis auf eine neue Zukunft werden. Die oft beobachtete Ambivalenz der jesajanischen Verkündigung zeigt sich auch hier: Man kann in den Namen, die Zeichen sein sollen, einen Hinweis auf kommendes Gericht, aber auch auf zu erwartendes Heil finden. Sie mahnen auf alle Fälle: Israels Zukunft entscheidet sich an Jahwe.

Inwiefern ist Jesaja selbst Zeichen? Man hat auch bei ihm an den Namen gedacht: „Jahwe hat Heil geschenkt", s.o.S. 4. Aber das ist fraglich; ישעיהו ist kein Name, der die Aufmerksamkeit der Bevölkerung auf sich gezogen hätte. Der Prophet ist Zeichen und Mahnung einfach durch seine Existenz. Jedermann in Jerusalem wird bei seinem Erscheinen an seine Botschaft erinnert. Dann wird man aber des genauern sagen müssen: auch die Kinder sind Zeichen allein schon durch ihr Dasein. Wofür sie Zeichen sind, sagt allerdings erst ihr Name. Was die Existenz Jesajas bedeutet, ist hingegen durch seine Wirksamkeit längst coram publico manifest geworden. – Der Relativsatz אשר נתן לי ist bei diesem Verständnis nicht belanglos. Jahwe hat sie ihm gegeben, es ist also nur natürlich, daß auch sie in seinem Dienst stehen. Um „Wunder", wie man gewöhnlich übersetzt, handelt es sich also nicht, es sei denn, daß man die für das göttliche Wort transparent gewordene alltägliche Wirklichkeit als Wunder bezeichnen will, s. dazu o.S. 287 und 293. Das Wort מופת, dessen Etymologie nicht zu erhellen ist, taucht übrigens bei Jesaja zum ersten Mal auf (s. noch 20 3). An 17 von insgesamt 36 Stellen kommt es mit אות zusammen vor und dies, abgesehen von den beiden Jesajastellen, immer im deuteronomistischen Sprachgebrauch. In nachexilischer Zeit wird מופת allerdings zum Wunderzeichen, z.B. Jl 3 3, s. dazu HWWolff, BK XIV/2, 81.

Zu יהוה צ׳ s.o.S. 28f. und 248. מעם יהוה (צבאות) ist typisch jesajanischer Sprachgebrauch, s. 7 11 28 29 29 6, sonst nur noch 1 Kö 12 15. – Mit der Apposition השכן בהר ציון im zweiten Hemistich nimmt Jesaja zweifellos eine liturgische Formel auf, s. dazu o.S. 246, wo bereits auf 31 9 als Parallele verwiesen worden ist: יהוה אֲשֶׁר־אוּר לוֹ בְּצִיּוֹן וְתַנּוּר לוֹ בִּירוּשָׁלָֽם.

Daß Jahwe auf dem Zion wohnt, ergibt sich aus der Übertragung der Gottesbergvorstellung auf Jerusalem. Der Zion ist „die Gottesstadt, die heiligste der Wohnungen des Höchsten" (קְדֹשׁ מִשְׁכְּנֵי עֶלְיוֹן), Ps 46 5, s. auch 48 2. 4 76 3 84 2 87 1–3. Ps 74, der um das zerstörte Heiligtum klagt, spricht es mit denselben Vokabeln wie Jesaja aus: הַר־צִיּוֹן זֶה שָׁכַנְתָּ בּוֹ, V. 2, vgl. 135 21 (lies dort בציון für מציון), zur Vorstellung s. AKuschke, ZAW 63 (1951) 84–86; GFohrer, ThW VII 307ff.; WSchmidt, ZAW 75 (1963) 91–92. Die Überführung der Lade nach Jerusalem (s. Ps 132 5–13) hat für das Theologumenon sozusagen die Rechtsgrundlage geliefert, und im salomonischen Tempelbau hat sich der Anspruch Jerusalems, Wohnstätte Jahwes zu sein, eindrücklich manifestiert (vgl. 1 Kö 8 12). Bei den vorexilischen Propheten hat es, von Jesaja abgesehen, kaum Echo gefunden (s. aber Am 1 2). Hingegen finden wir es, wenn auch in eschatologischer Neuinterpretation, bei Ezechiel, 43 7. 9, vgl. auch 20 40 (s. dazu Zimmerli, BK XIII 1079f.) und, bereits in apokalyptischer Sicht, bei Joel (2 1 und vor allem 4 17. 21, s. dazu HWWolff, BK XIV/2, 98f.), aber auch bei andern exilischen und nachexilischen Propheten (Ob 16f. Jes 56 7 57 13 65 11. 25 66 20 Sach 2 14 8 3 9 8). Im Deuteronomium ist es zur bekannten Formel sublimiert, daß Jahwe „dort" seinen Namen wohnen lasse, 12 5. 11 14 23 u.ö., und die Priesterschrift deutet es im Gefolge Ezechiels: Jahwe wohnt gewiß im Tempel, aber das besagt, daß er sich inmitten seines Volkes niedergelassen hat, Ex 25 8 29 45 u.ö.

Da der vorliegende Ausdruck nicht von Jesaja geprägt ist, darf er für seine Theologie nur mit Vorsicht ausgemünzt werden. Jesaja ist kein blinder Verfechter derZiontheologie (vgl. dazu u. zu 28 16). Aber ebensowenig hat er ein grundsätzliches Nein zu ihr gesagt. „Jahwe hat Zion gegründet, und auf ihm finden Zuflucht die Armen seines Volkes", 14 32. Er kann wohl Jerusalem schärfstes Gericht ankünden. Sein Ende aber hat er ihm nicht angesagt (s. dazu ThCVriezen, Essentials of the Theology of Isaiah: Festschr JMuilenburg, 1962, 128–146, s.S. 128–131). Darum ist es möglich, daß die Sammlung seiner Worte aus der Zeit des syrisch-ephraimitischen Krieges trotz dem Fiasko, das er, politisch beurteilt, erlitten hat, in ein *Bekenntnis der Hoffnung* ausklingt.

Der *Ergänzer* von 19f. hat 16 wohl nicht im oben explizierten meta- 19
phorischen Sinn verstanden, sondern an die schriftlich niedergelegte תורה gedacht, worunter indessen zweifellos noch nicht der Pentateuch, sondern der Nachlaß der prophetischen Bewegung zu verstehen ist. Er möchte, daß man sich in der Zeit der Auflösung und Haltlosigkeit, in der er lebt, an dieses Erbe hält. Und zwar sieht er sich einer Bewegung gegenüber, die Hilfe bei Totengeistern sucht.

Weder die Herkunft noch die faktische Bedeutung des Begriffes אוב ist leider so geklärt, wie es zu wünschen wäre. Wie 19 3 und 1 Ch 10 13 spricht die vorliegende Stelle vom „Befragen" der אבות (דרשׁ, in Dt 18 11 und 1 Ch 10 13 שׁאל), wie sonst vom Befragen einer Gottheit gesprochen wird (s. 19 3 par. mit דרשׁ אֶל הָאֱלִילִים). Diese Parallele, die Erklärung durch ידענים und der ganze Zusammenhang, in welchem das Wort gerade hier erscheint, lassen an der Bedeutung „*Totengeist*", die auch bei andern Stellen (Lv 19 31 20 6. 27 1 S 28 7f. Jes 29 4) auf der Hand liegt, keinen Zweifel. Indessen bereitet diese Wiedergabe in einer Reihe von andern Fällen Schwierigkeiten, indem vom Wegschaffen (הֵסִיר 1 S 28 3, בִּעֵר 2 Kö 23 24), vom Ausrotten (הִכְרִית 1 S 28 9), vom Verfertigen (עָשָׂה 2 Kö 21 6) von אבות gesprochen wird. Das sind alles Verben, die sich, vor allem beim Deuteronomisten, in ähnlichen Zusammenhängen auf Götter, d.h. aber faktisch auf Götterbilder, beziehen können. Daraus hat man geschlossen, daß mit אוב eigentlich ein Kultgegenstand gemeint sei, der bei der Totenbefragung eine Rolle gespielt hätte (Jirku 6ff.). Schmidt 259ff. denkt genauer an ein Schwirrholz. Ein solches könnte allenfalls zum Vertreiben, nicht aber zum Heraufbeschwören von Geistern dienen (s. KBudde, ZAW 46, 1928, 75f. und Jes. Erleben 92, Anm. 2). Wohlstein, ZRGG 19, 348–352 will von Hi 32 19 ausgehen, wo אוב zweifellos „Weinschlauch" bedeutet. Um die Brücke zwischen „Weinschlauch" und „Totengeist" zu schlagen, hat man auf das syr. *zakkûrâ*, „Totengeist" hingewiesen, das TNöldeke, ZDMG 28 (1874) 667, Anm., von arab. *zukra* „kleiner Schlauch" herleiten will. Doch ist diese Erklärung des syr. *zakkûrâ* unsicher, und es ist wohl denkbar, daß man von der Bedeutung „Weinschlauch" her zur Vorstellung rauschähnlicher ekstatischer Beschwörung gelangen könnte, kaum aber zu der der Totenbefragung. Die Lexikographen stellen darum in der Regel das אוב der Hiobstelle als אוב I für sich. Mehr Wahrscheinlichkeit kann der Versuch beanspruchen, mit älteren und neueren Lexika für אוב II zwei verschiedene Bedeutungen zu unterscheiden, nämlich einerseits „Totengeist", andererseits „Beschwörer/Beschwörung" (Ges-Buhl, Zorell, Baumgärtel in ThW VI 362f.). Aber auch damit kommt man bei Stellen wie 2 Kö 21 6 nicht durch: einen Beschwörer „machen" kann man doch wohl nicht, und die Übersetzung „Totenbeschwörer halten" (Zürcher Bibel) oder „(einen Totengeist) bestellen" (KBL) befriedigt nicht. Der Schluß dürfte unumgänglich sein, daß אוב – wie אשרה sowohl den Kultpfahl als auch die durch ihn repräsentierte Göttin bezeichnet – einerseits ein Gegenstand sein kann, mit dessen Hilfe Tote befragt werden, andererseits aber von den Geistern der Verstorbenen selbst verwendet werden kann.

Welche von diesen beiden Bedeutungen die ursprüngliche ist, ließc sich vielleicht entscheiden, wäre die Etymologie des Wortes geklärt. Man verweist, sofern אוב I für die etymologische Frage von אוב II ausgeschaltet wird, auf arab. *'âba*, „wiederkehren" und erinnert dazu an das franz. revenant (s. vanHoonacker 157f., Eichrodt, Theologie des Alten Testaments II/III, [5]1964, 145–147, WFAlbright, Die Religion Israels im Lichte der archäologischen Ausgrabungen, 1956, 227, Anm. 31, Kaiser z.St.). Andererseits hat CJGadd, Ideas of Divine Rule in the Ancient East (1948) 88f. auf sum. *ab*, *ab-làl* verwiesen, das an einer Stelle der sum. Version des Gilgameš-Epos (akkad. Tafel XII, Z. 79f., s. AOT 185 = ANET 98) „Loch" bedeutet und speziell die Öffnung im Boden bezeichnet, durch welche der Totengeist Enkidus heraufsteigt (zum Phänomen vgl. Trencsényi-Waldapfel). MVieyra hat die These durch den Beizug von akkadischen und hethitischen Texten (in den letzteren weist das betreffende Wort *âpi* Merkmale eines churritischen FW auf, s. auch JFriedrich, HdO I. Abt. II. Band, 1. und 2. Abschn., Liefg. 2, 1969, 23), sowie den Verweis auf ug. *'eb* zu erhärten versucht (s. auch CRabin, Or 32, 1963, 115f. und zusammenfassend Hoffner). FVattioni (477ff.) hat allerdings gegen diese These Bedenken angemeldet und zumal darauf hingewiesen, daß für אוב im Alten Testament nie das Verständnis „Loch" erforderlich ist. Doch sei auf den Zusammenhang verwiesen, in dem אוב in Jes 29 4 steht, und an die Übersetzung des Wortes in 19 3 durch 𝔊 erinnert: τοὺς ἐκ τῆς γῆς φωνοῦντας (vgl. schon vanHoonacker 159). In übrigen ist es nicht verwunderlich, daß bei einem FW das Bewußtsein für die ursprüngliche Bedeutung verlorengegangen ist. Jedenfalls liegt es nahe, anzunehmen daß Israel den Begriff – und damit gewiß auch den mit ihm zusammenhängenden Ritus – aus seiner Umwelt übernommen hat und die scharfe Reaktion gegen die Totenbefragung im Alten Testament schon aus diesem Grunde verständlich ist.

Die folgenden Begriffe dürften kaum andere Kategorien von Geistern bezeichnen wollen; sie erläutern, was unter אבות zu verstehen ist (was um so nötiger ist, wenn es sich um ein FW handelt). In 11 von 16 Fällen, wo von אבות gesprochen wird, werden sie mit den ידענים zusammen genannt. KBL bietet für diesen Parallelbegriff die Übersetzung „Wahrsager". Wenn aber die אבות nicht Totenbeschwörer, sondern Totengeister sind, wird man auch ידענים mit Wahrsagegeister wiedergeben müssen (s. Ges-Buhl und Zorell). Ihren Namen „die Wissenden" tragen sie, weil sie wissen, was Menschen auf Erden verborgen ist. So heißt ein südarabischer Orakeldämon *ḥawkim* (von der Wurzel *ḥkm*, s. MHöfner, Wörterbuch der Mythologie, 1. Abt./I, 1965, 510). Oder es sei an die arabischen Dschinn erinnert, von denen man glaubt, daß sie den Weisen zur Weisheit verhelfen, s. ASchimmel, RGG[3] II 1299, DBMacdonald, Encyclopédie de l'Islam II (1965) 560f. Und natürlich wundert man sich nicht, daß Enkidu als Totengeist Gilgameš über die Ordnung der Unterwelt unterrichten kann (Tafel XII, Z.86f.). Als „Wissende" in solch potenziertem Sinn können die ידענים Auskunft geben über die Zukunft, aber auch Weisung darüber, wie man Unheil bannt, vgl. 1 S 28 15 Jes 19 3. In Assur werden die Traumdeuterinnen, Opferschauerinnen und die *eṭemmu* (Totengeister) über das zukünftige Handeln des Gottes Assur befragt, s. FSchmidtke 245f. (mit weiteren Beispielen). Sie piepsen oder flüstern (מצפצפים, onomapoetisch) oder murmeln (מהגים, הגה wird von der Taube gesagt, s. aber auch Ps 1 2 und Jos 1 8). 𝔊 übersetzt ידענים mit ἐγγαστριμύθους und die beiden folgenden pt. mit τοὺς κενολογοῦντας οἳ ἐκ τῆς κοιλίας φωνοῦσιν. Das geheimnisvolle Murmeln gehört zum Totengeistorakel, vgl. 29 4 (שׁחח ni. „gedämpft tönen"). In der vorislamischen Periode wurde es zuweilen durch *hağâ'* ausgedrückt, und mit diesem Verb scheint der Terminus für die altarabische Spruchweisheit, *hiğâ'* zusammenzugehören (s. IGoldziher, Abhandlungen zur arabischen Philologie I, 1896, 69 mit Anm. 4, Wohlstein 351f.)

Die Fortsetzung des schwierigen Textes in 19b scheint immer noch die Worte der Gegner wiederzugeben: Es ist doch nur natürlich, daß ein עם sich an seinen Ahnen wendet, und warum sollte man nicht tun, was doch allgemein üblich ist (vgl. 1 S 8 5)? Aus der Formulierung klingt durch, wie schwer es Israel gefallen ist, die in der Umwelt verbreitete und scheinbar problemlose Praktik der Totenbefragung von sich zu weisen. עם wird hier allerdings nicht „Volk" im politisch nationalen Sinn meinen, sondern wie in Jer 37 12 Rt 3 11 noch die ältere Bedeutung „Stammesgemeinschaft" besitzen. – Der Totengeist wird auch in 1 S 28 13 אלהים genannt. Es scheint, daß auch das akk. *ilu* wenigstens in Personennamen diese Bedeutung haben kann (s. JJStamm, Akkadische Namengebung, 1939, 283f., ferner CAD I/J 102, dazu aber WvSoden, OLZ 57, 1962, 485). Daß man die Toten für die Lebenden befragen kann, setzt voraus, daß zwischen beiden eine Gemeinschaftsbeziehung besteht, so daß die Übersetzung mit „Ahnengötter" gerechtfertigt zu sein scheint. Die Toten sind bereit, zugunsten, בעד, der Lebenden zu intervenieren. Man vgl. neben דרשׁ בעד 2 Kö 22 13 Jer 21 2, die Ausdrücke התפלל בעד, Gn 20 7 u.ö., התעיר בעד Ex 8 24, זעק בעד 1 S 7 9, בקשׁ בעד 2 S 12 16 und ähnliche Formulierungen. Die Totengeister sind hier also nicht, wie sonst häufig, als bedrohende Mächte verstanden, sondern als wohlwollende „Schutzgötter", von denen Solidarität mit der Sippe zu erwarten ist.

20 In 20 ist der Text anerkanntermaßen erst recht unsicher, und keine Deutung kann mehr als ein Versuch sein. Bei der üblichen Übersetzung von שׁחר mit „Morgenröte" muß diese als Symbol der Hoffnung verstanden werden, wofür man auf Hi 3 9, vgl. auch Jes 58 8, hinweisen mag. Indessen wäre zu erwarten, daß dieser Sinn wenigstens angedeutet würde (vgl. auch die Bedenken Westermanns, ThB 24, 236, Anm. 9). Wie oben (S. 343, Textanm. 20c) dargelegt, ist aber dem Hinweis Drivers auf Jes 47 11 zu folgen. Im dortigen Zusammenhang wird Babel angekündet, daß all seine Zauberkünste (כֶּשֶׁף V. 9) und Bannsprüche (חֶבֶר V. 12), seine Weisheit und sein Wissen (דַּעַת חָכְמָה V. 10) versagen. „Unheil wird über dich kommen" – לֹא תֵדְעִי שַׁחְרָהּ = „du weißt keinen Zauber gegen es", 11aα. In 11aβ steht in Parallele dazu: לֹא תוּכְלִי כַּפְּרָהּ = „du sühnst es nicht fort". Babel hat sich demnach umsonst um die Zauberer bemüht (V. 15, lies dort שֹׁחֲרַיִךְ für סֹחֲרַיִךְ). Die im vorliegenden Text von 8 19f. Angeredeten befinden sich in einer ähnlichen Lage: Unheil ist über sie hereingebrochen. Und sie nehmen ihre Zuflucht zu ähnlichen Praktiken wie das Volk von Babel; sie wenden sich an die אבות, die ידענים. Der Verfasser aber ruft sie zur Ordnung: Zauberkunst bannt die Not nicht. Nur eines kann helfen, der Weg nämlich, den Jesaja gewiesen hat; es gilt sich hinzuwenden zu תורה und תעודה. Wir müßten mehr von diesem Unbekannten wissen, um sagen zu können, welchen Inhalt er diesen von Jesaja übernommenen Begriffen gibt, s.o.S. 345. Daß er ihre Reihenfolge verkehrt, verrät jedenfalls, daß sein erstes Interesse der תורה gilt. Wir werden aber doch deuten dürfen: Er fordert Hinwendung zum überlieferten prophetischen Wort, vgl. Sach 1 6. – Eine Frage für sich ist schließlich, wie כדבר הזה zu verstehen ist. Man pflegt mit „so" zu übersetzen und bezieht dieses auf תורה und תעודה. Aber auch ein Nachfahre des Prophetismus hat doch gewiß nicht gemeint, mit der Rezitation der beiden Vokabeln sei etwas erreicht. Wenn, wie oben gezeigt worden ist, 19f. bewußt als Zusatz zu 16–18 entstanden ist, dürfte sich dieses כדבר הזה auf jenen Abschnitt zurückbeziehen, und der Verfasser wird im besondern das dortige Bekenntnis Jesajas zur Hoffnung auf Jahwe, der auf dem Zion wohnt, im Auge haben.

Ziel Es gibt Zeiten, da der Prophet nicht mehr reden kann, sondern schweigen muß. Jesaja ist nicht ein Beamter, der unter allen Umständen seine Dienstpflicht zu absolvieren hat, sondern ein frei von Gott Berufener und kann es sich leisten, über Jahre hinaus zu warten. Er rechnet sogar damit, daß sein Wort zu seinen Lebzeiten nicht erreichen könnte, wozu es ausgesprochen wurde. Dann mögen andere dafür sorgen, daß sein Anliegen gehört wird – wenn die Stunde dafür reif geworden ist.

Um ein Abtreten Jesajas vom Schauplatz der Geschichte Gottes mit Israel handelt es sich allerdings nicht. Er bleibt mit seinen Kindern zusammen „Zeichen und Mahnmal". Das Nötige ist gesagt; daß das Gesagte Gehör finden sollte, dafür wird er mit den Seinen zusammen unübersehbares signum sein. Die Namen seiner Kinder sind seltsam genug, um in der Öffentlichkeit das Fragen nach ihrem Sinn nicht abbrechen zu lassen. Und die Erscheinung des Propheten in seiner Vaterstadt war gewiß so eindrücklich, daß er auf ihre Bewohnerschaft dauernd als Stachel wirkte. Es gibt Grenzsituationen prophetischer Betätigung, wo das Wort nur noch durch das Zeugnis der Existenz wirksam werden kann (man vergleiche die Ehe Hoseas und die Namen, die er seinen Kindern gegeben hat).

Jesaja will harren und hoffen. Worauf? Die Exegeten antworten in der Regel: auf das Eintreffen des angekündeten Unheils (s. Fohrer z.St.). Hätte Jesaja zur Zeit des syrisch-ephraimitischen Krieges nur Unheil angekündet, wäre diese Auskunft unanfechtbar. Es ergäbe sich dann allerdings ein skurriles Bild Jesajas: ein Prophet, der seine Unheilsprophezeiungen sozusagen zu Protokoll gegeben hat und jetzt, gleich Jona vor den Toren Ninives, nur noch hofft und harrt, daß Jahwe sie erfüllt. Und mit dem Text, wie er vorliegt, wäre schwer durchzukommen: Warum sollte sich Jesaja dann auf den Gott, der auf dem Zion wohnt, berufen? Er tut es offensichtlich, weil Jahwe der Heerscharen doch nun einmal der Gott Israels ist. Wenn auch Jahwe dem Volk auf dem Zion zum Stein des Anstoßes, zum Fels des Strauchelns werden muß und Grund hat, sein Antlitz vor dem Hause Jakob zu verbergen – das letzte Ziel seiner Wege mit Israel ist trotz allem Heil. Eines Tages wird Jesajas Botschaft gehört werden, wird die Furcht Israels Jahwe gelten, wird Jahwe sein Antlitz über seinem Volk wieder leuchten lassen, werden die Pläne der Völker zerschellen, und das „Mit-uns-ist-Gott" (7 14 und 8 10) wird jedermann offenbare Wahrheit geworden sein. Es ist darum keineswegs unmöglich, sondern entspricht der jesajanischen Theologie, daß der Prophet seine Wirksamkeit in den Jahren 734/33 mit der kühnen Hoffnung von 9 1ff. beschließt; s. dazu Lindblom (o.S. 262) 49.

Der Ergänzer von 19f. aktualisiert das Jesajawort zu einer Auseinandersetzung mit dem Usus der Totenbeschwörung, zu dem seine Zeitgenossen Zuflucht genommen haben, in der Hoffnung, auf diese Weise das Unheil ihrer Tage bannen zu können. Er beordert eindrucksvoll die Verblendeten zu „Schrift und Tradition". Das steht zu Jesaja nicht im Widerspruch, solange aus der Überlieferung Verheißung und Forderung des lebendigen Gottes gehört wird. Wo aber das überlieferte Wort als Sammlung heiliger Gottessprüche verstanden wird, durch deren Besitz und Gebrauch allein man sich schon gesichert glaubt, ist Jesaja gründlich mißverstanden. Jahwe ist nicht ein Gott, der, wie andere das von freundlichen Geistern erhoffen, einfach den Schutz seines Volkes garantiert, er ist noch weniger ein Gott, der sich durch Zauberpraktiken manipulieren läßt. Er kann warten, bis Israel es verstanden hat, was es bedeutet, daß er sein Herr ist. Er kann sich verbergen, aber gerade indem er sich vor seinem Volk verbirgt, bleibt er Israels Gott.

BEDRÄNGENDE FINSTERNIS

(8 21–23aα)

LGRignell (s.o.S. 311). – HLGinsberg (s.o.S. 342). – PWSkehan, Some Textual Problems in Isaia: CBQ 22 (1960) 47–55. – AGuillaume, Paronomasia in the Old Testament: JSSt 9 (1964) 282–290. – GRDriver, Isaianic Problems: Festschr WEilers (1967) 43–57. Literatur

21 . . . .
[a]und er durchzieht es[a.b], bedrückt und hungrig[c]. Text
Und wenn er hungert, gerät er in Zorn[d]
und flucht seinem König und seinem Gott.
Und er wendet sich nach oben
22 und blickt zur Erde[a] –
aber siehe: Not und Dunkelheit
und bedrängende Finsternis[b]
[c]und kein Lichtstrahl in tiefer Nacht[c].

* * * * *

23 [Denn es gibt kein Entrinnen[a] für den, der von ihm bedrängt ist[b].]

21a-a Wer Subjekt von עבר ist und worauf sich das Suffix in בה bezieht, 21
läßt sich nicht sagen. Dadurch ist nicht nur das Verständnis des Textes, sondern bereits die textkritische Arbeit erschwert. Leider helfen die alten Versionen nicht weiter. Man wird sich also auch hier im vollen Bewußtsein, daß der Text kaum intakt auf uns gekommen ist, nicht auf gewagte Konjekturen einlassen dürfen, die angesichts des Überlieferungsbestandes nur vage Vermutungen sein könnten. – b Man schlägt vor, בה in בָּאָרֶץ zu emendieren (s. BHK³ und BHS). Da es sich aber doch wohl um ein Fragment handelt, wird das Suffix von בה ein jetzt fehlendes Beziehungswort aufgenommen haben, das in der Tat ארץ oder ein sinnverwandtes Wort gewesen sein mag, kaum jedoch תעודה (בה: „zufolge von ihm“), wie Rignell 49 meint. – c Guillaume 289 will רעב nach dem arab. *ra'îb* als „erschrocken“ („frightened, weak, cowardly“) verstehen, aber das Hebräische kennt dieses Wort nicht. Daß dieselbe Wurzel רעב von Jesaja im selben Atemzug noch einmal verwendet wird, ist wirksames Stilmittel und nicht eine unmögliche Tautologie (Guillaume). – d V[Qa] liest יתחצף, hat also das perf. cons. durch das einfache imperf. ersetzt. Im Hebräischen der Qumranliteratur ist das perf. cons. im Absterben begriffen (s. dazu demnächst EYKutscher, The Language and Linguistic Background of the Isaiah Scroll, 1970). Guillaume 289 verweist zu קצב auf arab. *kaṣuba* und übersetzt mit „ausgemergelt“ („emaciated“), auch das ist angesichts des Fehlens hebräischer Belege wenig wahrscheinlich. – **22**a V[Qa] הארץ, s. 22
dazu Kutscher). – b KBL schlägt vor, für מְעוּף מוּעָף (wie in V. 23) zu lesen. Da das subst. von der Wurzel עוף II „finster sein“ abgeleitet werden kann, ist aber der st.cstr. מְעוּף durchaus möglich (wenn auch eher מְעוּף zu erwarten wäre, s. Joüon, Gr §88Le). – c–c מנדח אפלה mag bedeuten: „in die Finsternis (ist er) hineingestoßen“. 𝔊 liest σκότος ὥστε μὴ βλέπειν =

hebr. א׳ מֵרָאוֹת. Guillaume 289f. gibt auch hier eine Deutung mit Hilfe des arab. Lexikons, indem er *nadaḥa* „ausweiten“ beizieht, מנדח als adverbialen acc. versteht und so אפלה מנדח mit „widespread darkness“ wiedergibt; s. die ähnliche Deutung durch Driver 46. Auch hier dürfte der Rückgriff auf das Arabische zu gewagt sein. Im Hinblick auf das ähnliche Wortfeld von Am 5 20 (s. dort ואפל ולא־נֹגַהּ) dürfte מְנֻדָּח, wie längst vorgeschlagen (s.
23 bei Gray z. St.) in, מְנֹגַהּ zu ändern sein. – **23a** 𝔐 etwa: „Denn nicht ist Verdunkeltes für den, für welchen Bedrängnis ist im Blick auf sie“, was unverständlich ist. Der Satz will offensichtlich zum Ausdruck מעוף צוקה in 22 Stellung nehmen. Man hat ihn als Frage auffassen wollen, indem man הלא statt לא liest (etwa Duhm: „Denn hat nicht Umnachtung, was Angst hat?“). Guillaume 290 verweist auf 𝔙 (et non poterit avolare de angustia sua), die מוּעָף nicht von עוף II, sondern עוף I („fliegen“) abgeleitet hat, und übersetzt nach dem syr.–arab. *ʿawwafa* = „freigeben, loslassen“ לא מועף mit „there is no escape“, ebenso Driver 46. 49. Da עוף im Sinn von „fliegen“ eine weit bekanntere hebräische Wurzel als עוף II „finster sein“ ist, scheint der Glossator das מועף von 22 in ihrem Sinn mißverstanden zu haben. Der Vorschlag von Guillaume hat den Vorzug, auf jede Textänderung verzichten zu können. – b מוּצָק ist pt. ho. von צוק, nicht subst. (s. KBL).

Form Der fragmentarische Charakter des Stückes bereitet seine Schwierigkeiten. Skehan 48ff. hat vorgeschlagen, 8 21f. zwischen 14 25a und 25b einzuschieben; das בה in 8 21 soll sich auf ארץ in 14 25 beziehen. Dazu will er V. 22 nach 5 30b emendieren und liest: *wᵉʾel ʾereṣ yabbîṭ wᵉhinnēh ṣārāh waḥᵃšēkāh wᵉʾôr ḥāšak bāʿᵃrîpêhā* (50). Aber so tiefe Eingriffe in den Überlieferungsbestand sind willkürlich. Es muß also dabei bleiben, daß der ursprüngliche Zusammenhang, in den der Abschnitt hineingehört, nicht mehr erkennbar ist.

23aα stellt offensichtlich eine der im Jesajabuch üblichen Glossen dar (so Gray, Duhm, Procksch, Steinmann, Kaiser, Fohrer u.a.). Typisch dafür ist wieder wie oben bei 19f. die Aufnahme der Begriffe des vorangehenden Abschnittes, wenn auch in veränderter Form oder Bedeutung: מְעוּף/מוּעָף und צוּקָה/מוּצָק s.o. zu 19f. Ebenso ist in der heutigen Forschung fast allgemein anerkannt, daß zwischen 23aα und β eine Zäsur liegt, d.h. daß 23aβb nicht glatte Fortsetzung von 23aα ist. Eine Ausnahme macht Ginsberg (s. auch Kaiser); er liest לוֹ für לא (s. V[Qa]), לֹה für לָהּ und כְּעַתָּה für כָּעֵת und übersetzt: „For if there were glimmering for him for whom there is straitening“, und fährt in β fort: „(only) the former (king) would have brought shame upon the land of the Zebulonite ...“. Aber das Ergebnis seiner Rekonstruktion ist ein schwerfälliger Satz, der erst noch der mit Klammern gekennzeichneten Ergänzungen bedarf, um überhaupt verständlich zu sein, s. dazu JEmerton (s.u.S. 362) 161.

Metrum: Der Dreier von 21a scheint einen zweiten Hemistich des Fragmentes zu bilden, es folgt ein Doppeldreier (בה unbetont), dann ein Zweier, der in 22a durch einen zweiten Zweier zu einem Vierer ergänzt ist, wobei die beiden Zweier einen guten Parallelismus darstellen. Dann folgt in 22b, wenn man והנה aus dem Versmaß herausnimmt, ein Sechser (2 + 2 + 2), womit ein wirkungsvoller Abschluß erreicht ist.

Man beachte das im Deutschen nicht nachzuahmende Wortspiel zwischen עבר und רעב bzw. ירעב, die Alliteration מעלה/מלכו, קלל/התקצף, צרה/צוקה, מנגה und מעוף, dazu das ähnlich klingende Wortpaar אֲפֵלָה/חֲשֵׁכָה und schließlich die das düstere Bild untermalenden dunkeln Vokale in מעוף, צוקה und נגה: Das metrisch kunstvoll aufgebaute Wort mündet in einen gedehnten, makaber klingenden Schluß aus.

Dadurch, daß wir es nur mit einem Fragment zu tun haben und kein faßbarer geschichtlicher Bezug festzustellen ist, ist auch die Entscheidung über die Echtheitsfrage erschwert (s. Marti, Gray, Duhm, Fohrer). Metrum und Stil sprechen durchaus für Jesaja, der Inhalt bietet nichts, was nicht jesajanisch sein könnte, und daß vom König gesprochen wird, zeigt, daß der Abschnitt vorexilisch ist. Auch das Vokabular darf in die Waagschale für jesajanische Herkunft geworfen werden. Zwar beweisen עבר (s. 8 8 28 15. 19 29 5 31 9), רעב (s. 9 19 29 8), קלל (s. 8 23 30 16) חשכה und נגה (9 1) nicht allzuviel. Wichtig für die Beurteilung der Echtheit ist aber die Zusammenstellung בארץ צרה וצוקה in 30 6, vor allem, weil sich צוקה (wiederum mit צרה zusammen) sonst nur noch in Prv 1 27 findet. למעלה erinnert an das Vorkommen der Vokabel in 7 11 (s. dazu u.S. 359). Bei der Vorliebe Jesajas für die Metapher Licht/Finsternis wundert uns nicht, daß er das hap. leg. מעוף verwendet. Es spricht also nichts dagegen, daß der kurze Abschnitt, natürlich von der Glosse 23aα abgesehen, von Jesaja stammt. Ort

Der Abschnitt redet offensichtlich von einer Volksgruppe, die unter schwerem politischem Druck, zu dem sich Hungersnot gesellt, durchs Land zieht, vermutlich um irgendwo Nahrung zu finden. Dabei überfällt sie ein solch fulminanter Ingrimm, daß sie ihren König und ihren Gott zu verfluchen beginnt. Man kann natürlich nicht ausschließen, daß mit dem König einer der Davididen von Jerusalem gemeint ist, obwohl es in diesem Fall Schwierigkeiten bereiten würde, das Wort in der Zeit Jesajas unterzubringen. Sehr viel leichter versteht sich der Satz, wenn man an einen König des Nordreichs denkt. In Frage kommt der letzte, Hosea, der durch seinen Treuebruch den Assyrern gegenüber den Anlaß zum Untergang Nordisraels gegeben hat. Da aber auch der vorliegende Abschnitt doch wohl noch der Sammlung der Worte Jesajas aus der Zeit des syrisch-ephraimitischen Krieges zugehört, liegt es näher, an Pekah zu denken, der mit seiner verfehlten Politik den Verlust der nördlichen und östlichen Teile seines Landes verschuldete. Mit welcher Bitterkeit im Nordreich damals manche jahwetreue Kreise in Israel vom Königtum dachten, erfahren wir aus den Worten des Propheten Hosea, der mit seiner Polemik offensichtlich Pekah im Auge hat, s. vor allem 10 3-7, s. dazu HWWolff, BK XIV/1, 224 und WRudolph, KAT XIII/1, 195. Beweisen läßt sich die These allerdings nicht, aber es ist zu bedenken, daß der anschließende Vers 23aβb vom Schicksal des Nordreiches, und zwar im besondern der 732 vom Assyrerkönig abgetrennten Teile des Nordreiches spricht und „das Volk, das im Finstern wandelt" von 9 1 mit großer Wahrscheinlichkeit die unter schwerem Druck stehende Bewohnerschaft jener geknechteten Gebiete ist. Man muß zwar zugeben, daß es durchaus sinnvoll wäre, wenn die „Denkschrift" mit 8 16–18 abschlösse (s. dazu o.S. 344). Aber es hat nicht weniger seinen guten Sinn, wenn der Sammlung noch Abschnitte beigefügt wurden, in denen Jesaja vom Schicksal des Bruderreiches im Norden spricht, dessen baldige Verheerung er doch in 7 16 angekündet hatte.

Wort Ist unsere zeitgeschichtliche Einordnung des Abschnittes richtig, dann
21 ist als Subjekt der Verben in 21f. wohl ein Teil der Bewohnerschaft
der unter assyrische Herrschaft geratenen Gebiete zu denken. – Zu נקשה ist an die Formel zu erinnern, daß die Hand eines Feindes schwer (קשה) auf einem Lande laste (s. Ri 4 24 Jes 19 4 und vgl. 1 S 5 6). Daß die „Hand" der Assyrer schwer auf den neu integrierten Provinzen lag, bedarf keines Beweises. Schwer lag sie allerdings auch auf dem nunmehrigen Vasallenstaat Israel. Im Zusammenhang mit kriegerischen Katastrophen verursachen aber Hungersnöte und Seuchen oft mehr Elend als die eigentlichen Kriegshandlungen. Am 8 11f. bietet ein anschauliches Bild dafür, wie man auf der Suche nach Brot das Land durchschweift (s. auch Am 4 8, ferner Gn 12 10 26 1 2 Kö 8 1). Nach 1 Kö 18 5ff. durchzieht sogar der König mit seinem „Hofmeister" das Land (lies dort in 5 mit 𝔊 נעבר בארץ) auf der Suche nach Wasser und Futter für die Tiere. So durchzieht man in Israel das Land, um zu finden, was für das Leben unentbehrlich ist. Man kann sich denken, daß der Erfolg gering war. In der Ausweglosigkeit dieser Situation erfaßt das zertretene und mißgeleite Volk, das nun die bösen Folgen der kurzsichtigen Politik der führenden Kreise Israels zu tragen hat, unbändiger Zorn, der sich im Verfluchen des Königs Luft macht und sich nicht scheut, selbst Gott in seine Verwünschungen mit einzubeziehen. קצף meint nicht den Zorn, der unbeherrschtem Wesen entspringt, sondern jenen Ingrimm, der im Menschen aufsteigt, wenn er sich betrogen und verraten fühlt. Daß man sich vom König nach dem schlimmen Ausgang der antiassyrischen Unternehmung schwer enttäuscht sah, versteht sich von selbst. Aber man sieht sich auch von Jahwe hintergangen. Das wird nicht nur darauf beruhen, daß man allgemein meinte, auf seinen Schutz Anrecht zu haben; zweifellos gab es Propheten – worauf übrigens Hosea deutlich anspielt (s. 4 5), die ausdrücklich Hoffnungen geweckt hatten, die sich nun als Illusionen erwiesen. Falsche „Theologie" schlägt zurück auf Gott selbst. Die Fakten, die solcher Theologie widersprechen, führen oft genug nicht zu einem vertieften Nachdenken über Gott, sondern der Mensch läßt sich mit seinem falschen Gottesbild zur Verunehrung Gottes hinreißen.

Natürlich ist auch in Rechnung zu setzen, daß der König als Mandatar Gottes gilt. Grundsätzlich war das im Nordreich gewiß nicht anders als in Juda. Verfluchen des Königs ist darum an sich schon Gotteslästerung. Naboth wird auf Leben und Tod angeklagt, weil er Gott und dem König geflucht habe (1 Kö 21 10.13, hier euphemistisch ברך). Schon das Bundesbuch gebietet: אֱלֹהִים לֹא תְקַלֵּל וְנָשִׂיא בְעַמְּךָ לֹא תָאֹר Ex 22 27, s. ferner Lv 24 15 Ps 10 3 Hi 1 5.11 2 5.9 Jer 10 11, s. dazu JHempel, Die israelitischen Anschauungen von Segen und Fluch im Lichte altorientalischer Parallelen: ZDMG 79 (1925) 20–110 = Apoxysmata: ZAWBeih 81 (1961) 30–113, s.S. 91ff. bzw. 97ff. Wenn Gotteslästerung mit der Todesstrafe zu ahnden ist, kann der nicht leichter wegkommen, der dem Inhaber der „weltlichen" Gewalt flucht. Denn der König als Vertreter Jahwes ist Garant der Weltordnung, deren Funktionieren erste Bedingung eines gedeihlichen Lebens ist. Vgl. die Verfluchung Davids durch Simei, 2 S 16 5ff., und den nachhaltigen Eindruck, den dieser Vorfall offensichtlich machte, 2 S 19 22 (מְשִׁיחַ!) 1 Kö 2 8. Beispiele aus Israels Umwelt bei Hempel 98, Anm. 309a. Wenn die Reaktion des Vertreters der „Ordnung" nicht in Erscheinung tritt, zeigt das nur, wie radikal das Gefüge der Werte bereits zerbrochen ist.

Man flucht allerdings nicht nur, sondern sieht sich auch nach Hilfe 22
um, „wendet sich nach oben und blickt auf die Erde". In 7 11 hatte Jesaja dem König ein Zeichen „tief unten in der Scheol" oder „hoch oben in der Höhe" angeboten. Statt Scheol sagt er hier Erde (wobei aber zu bedenken ist, daß ארץ auch die Unterwelt bezeichnen kann), während an beiden Stellen לְמָעְלָה verwendet ist, um den obern Bereich zu kennzeichnen. Man wird also die vorliegende Stelle etwa dahin deuten dürfen: Man sucht oben am Himmel oder unten auf Erden nach Anzeichen einer kommenden Wende des Geschicks. Dabei ist möglicherweise an Ausschauhalten nach Omina (Vogelflug, Bewegungen oder Konstellationen der Gestirne o.ä., vgl. auch Ez 21 26 und s. dazu WZimmerli, BK XIII 490) zu denken. – Aber kein tröstliches Zeichen ist zu erblicken, sondern nichts denn Bedrängnis und Finsternis (vgl. Jes 5 6). Schon mit צרה (von צרר „eng sein", vgl. 𝔊 ϑλῖψις) ist die bedrückende Enge der Situation hervorgehoben. Der Gedanke wird durch das parallele צוקה unterstrichen (𝔊: ἀπορία στενή), vgl. zu den beiden Ausdrücken Prv 1 27. חשכה und אפלה gehören zum Vorstellungsmaterial des Jahwetages (vgl. Zeph 1 15, s. dort auch צָרָה und מְצוּקָה, und Jl 2 10 3 4 4 15 Jes 13 10), von dem schon Amos angekündet hatte, er sei nicht Licht, sondern Finsternis (zum Jahwetag s.o.S. 105f.). Ja, der Tag Jahwes ist geradezu der יוֹם צָרָה, vgl. neben Zeph 1 15 Nah 1 7 Hab 3 16 Ob 12.14 Jes 33 2 37 3. Hinter der Begrifflichkeit Licht/Finsternis steht das Motiv, daß die Gestirne am יום יהוה ihren Glanz verlieren. Im abgewandelten Sinn findet es sich auch in den Fluchandrohungen von Dt 28

15ff.: „du wirst am hellen Mittag tappen, wie ein Blinder im Dunkeln tappt", V. 29. Vom Jahwetag spricht hier Jesaja zwar nicht, aber er hat die mit ihm verbundenen Mythologeme gekannt und verwendet sie hier, indem er das trostlose Bild der Gegenwart malt.

23aα Damit bricht das Wort ab. Ob es einmal mit einem tröstlicheren Ausblick endete, läßt sich nicht sagen. Wie es jetzt dasteht, bildet es die düstere Folie für die folgende Heilsweissagung. Zunächst aber steht im ersten Teil von 23 noch eine Glosse. Sie doppelt nach: Es gibt kein Entrinnen für den, der von solcher Finsternis bedrängt ist. Man möchte meinen, daß sie von derselben Hand stammt, welche auch den radikal jede Hoffnung abschneidenden Schluß zu Kap 7 setzte. Es ist keineswegs so, daß die Ergänzer des Jesajabuches nur an Heilsweissagung interessiert gewesen wären. Sie können auch mit schneidender Schärfe unterstreichen, wie unheilvoll die Aussichten für Israel sind.

Ziel Das exakte Verständnis des Abschnittes bleibt wegen der oben dargestellten Unsicherheit seiner historischen Fixierung erschwert. Aber seine wesentliche Aussage, die Darstellung der ausweglosen Situation, in die Menschen sich hineintreiben ließen, ist davon unabhängig. Die Lage ist schon objektiv gesehen beinahe aussichtslos geworden. Aber hoffnungslos wird sie nun vollends dadurch, daß der Mensch in ihr völlig falsch reagiert. Man glaubt, die Enttäuschten, Hintergangenen spielen zu müssen und Grund zu haben, sich in blinden Zorn hineinzusteigern, sucht „Sündenböcke" und schiebt die Schuld dem König und Gott zu. Daß man sich gegen Gott wendet, statt das eigene Gottesbild zu revidieren und daraus die nötigen Konsequenzen für sein Verhalten zu ziehen, gehört zu den typischen Fehlleistungen des Menschen in einer solchen Situation. In bezug auf den König scheint der „Zorn" der innern Berechtigung allerdings nicht zu ermangeln, zum mindesten dann, wenn die oben vertretene Deutung auf Pekah richtig ist. Und um das Versagen dieses und anderer Könige hat gewiß nicht nur Hosea, sondern auch Jesaja gewußt. Trotzdem betrachtet er es als Zeichen völliger Desorientierung, dem Königtum die Schuld zuschieben zu wollen. Das Kernproblem: das Versagen Israels als Volk Jahwes ist damit nicht gelöst, daß man Flüche gegen den König schleudert. Den „König" allein für die total verfahrene Situation verantwortlich machen zu wollen, heißt Flucht vor der Verantwortlichkeit, die man selbst zu tragen hätte, und ist darum eine zu billige Lösung der Frage nach der Schuld. Solange der Mensch diese Haltung nicht als falsch durchschaut, ist alle Umschau nach einem Hoffnungsschimmer umsonst. Mit aller Härte hält Jesaja seinen Hörern vor: eine solche Verblendung kann nur in eine אֲפֵלָה מְנֻגָּה hineinführen, in einen Zustand der Verdunkelung, zu dessen Beschreibung der Prophet zum Bild einer kosmischen Verfinsterung greifen muß.

Der Abschnitt ist nach dem jetzigen Zusammenhang der nun folgenden „messianischen Weissagung“ vorangestellt, die scheinbar in völligem Gegensatz zu ihr vom Aufleuchten des Lichtes spricht. Dadurch ist das lux in tenebris lucet zum schärfsten Paradox gesteigert: Das Licht strahlt in eine Finsternis hinein, die nicht erhellbar zu sein schien, Hoffnung tut sich auf aus einer Situation heraus, wo es nichts mehr zu hoffen gab, Heil tritt in Sicht in einer Lage, die ganz und gar heillos verfahren war. Nur die Freiheit der göttlichen Gnade löst dieses Paradox auf.

DAS GROSSE LICHT
(8 23aβ–9 6)

Literatur WEBarnes, A Study of the First Lesson for Christmas Day: JThSt 4 (1903) 17–27. – RHKennett, The Prophecy in Isaiah IX 1–7: JThSt 7 (1906) 321–342. – WCaspari, Echtheit, Hauptbegriff und Gedankengang der Messianischen Weissagung Jes. 9, 1–6: BFChrTh 12 (1908) 280–320. – FEPeiser, Jesaja Kap. 9: OLZ 20 (1917) 129–139. – WErbt, Zu F.E.Peisers „Jesaja Kap. 9“: OLZ 21 (1918) 78–81. – HSchmidt a.a.O. (s.o.S. 262) 11–13. – KDietze, Manasse, eine chronologische Untersuchung zu Jesaja 9 1–6: Festschr des Bremer Gymnasiums (1928) 245–281. – HGreßmann, Der Messias: FRLANT 43 (1929). – GvRad, Das judäische Königsritual: ThLZ 72 (1947) 211–216 = GesStud 205–213. – SMowinckel, Urmensch und „Königsideologie“: StTh 2 (1948) 71–89. – MBCrook, A Suggested Occasion for Isaiah 92–7 and 11 1–9: JBL 68 (1949) 213–224. – AAlt, Jesaja 8,23–9,6. Befreiungsnacht und Krönungstag: KlSchr II 206–225. – HRinggren, König und Messias: ZAW 64 (1952) 120–147. – MBCrook, Did Amos and Micah know Isaiah 92–7 and 11 1–9?: JBL 73 (1954) 144–151. – LGRignell, A Study of Isaiah 9: 2–7: LuthQuart 7 (1955) 31–35. – WVischer a.a.O. (s.o.S. 262). – SMowinckel, He That Cometh (1956) 102–110. – HRinggren, The Messiah in the Old Testament: StBTh 18 (1956). – JLindblom a.a.O. (s.o.S. 262). – LAlonso-Schökel, Dos poemas a la paz: EstBíbl 18 (1959) 149–169. – JCoppens, Le roi idéal d'Is., IX, 5–6 et XI, 1–5, est-il une figure messianique?: Mémorial AGelin (1961) 85–108 (Lit!). – HJKraus, Jesaja 9, 5–6 (6–7): Herr tue meine Lippen auf, hrsg. v. GEichholz, Bd. 5 ([2]1961) 43–53. – HPMüller, Uns ist ein Kind geboren...: EvTh 21 (1961) 408–419. – WZimmerli, Jes 8, 23*–9, 6: Göttinger Predigtmeditationen 16 (1961/62) 64–69. – WHarrelson, Nonroyal Motifs in the Royal Eschatology: Festschr JMuilenburg (1962) 147–165, s.S. 149–153. – HWWolff a.a.O. (BiblStud 35, s.o.S. 262). – JScharbert, Heilsmittler im Alten Testament und im Alten Orient (1964). – SHerrmann, Die prophetischen Heilserwartungen im Alten Testament: BWANT 85 (1965) 131–135. – JSchildenberger a.a.O. (s.o.S. 311). – ThLescow a.a.O. (s.o.S. 262). – JBecker a.a.O. (s.o.S. 262) 22–27. – JScharbert, Der Messias im Alten Testament und im Judentum: Die religiöse und theologische Bedeutung des Alten Testaments (1967) 49–78. – JVollmer, Zur Sprache von Jesaja 9 1–6: ZAW 80 (1968) 343–350. – JCoppens a.a.O. (NRTh 1968, s.o.S. 263) = Le Messianisme Royal: Lectio Divina 54 (1968), hier 491–496 bzw. 77–82. – WHSchmidt, Die Ohnmacht des Messias: KuD 15 (1969) 18–34. – JAEmerton, Some Linguistic and Historical Problems in Isaiah VIII. 23: JSSt 14 (1969) 151-175 (Lit!).

Zum Text: FZorell, Vaticinium messianicum Isaiae 9, 1–6 Hebr. = 9,2–7 Vulg.: Bibl 2 (1921) 215–218. – GRDriver, Festschr WEilers, (s.o.S. 355) 46–49.

Zu einzelnen Motiven: CFBurney, The „Boot“ of Isaiah IX 4: JThSt 11 (1910) 438–443. – HTorczyner, Ein vierter Sohn des Jesaja: MGWJ 74 (1930) 257–259. – NHSnaith, The Interpretation of El Gibbor in Isaiah ix. 5: ExpT 52 (1940/41) 36–37. – WHMcClellan, „El Gibbor“: CBQ 6 (1944) 276–288. – HWildberger, Die Thronnamen des Messias, Jes. 9, 5b: ThZ 16 (1960) 314–332 (Lit!). – HABrongers, Der Eifer des Herrn Zebaoth: VT 13 (1963) 269–284. –

BRenaud, Je suis un Dieu jaloux: Lectio Divina 36 (1963) s.S. 118–126. – GdelOlmoLete, Los títulos mesianicos de Is. 9, 5: EstBíbl 24 (1965) 239–243. – GFohrer, Art. υἱός B: ThW VIII 340–354, besonders 349–352.

Zum religionsgeschichtlichen Vergleichsmaterial: SMorenz, Ägyptische und davidische Königstitulatur: ÄZ 49 (1954) 73–74. – EBrunner-Traut, Die Geburtsgeschichte der Evangelien im Lichte der ägyptologischen Forschungen: ZRGG 12 (1960) 97–111, im wesentlichen identisch mit: dies., Pharao und Jesus als Söhne Gottes: Antaios 2 (1960/61) 266–284. – Dies., Altägyptische Märchen ([2]1965), s.S. 76–87. – HBrunner, Die Geburt des Gottkönigs: ÄgAbh 10 (1964).

8 23aβ Wie die frühere Zeit[a] dem Land[b] Sebulon und dem Land[b] Naphthali Erniedrigung gebracht hat, so bringt die künftige[c] die Meerstraße, das Ostjordanland[d] und den Völkergau zu Ehren. Text

* * * * *

9 1 Das Volk, das durchs Dunkel zieht,
sieht ein großes Licht,
die wohnen im Land der Finsternis[a],
ein Licht strahlt über sie.
2 Du machst 'des Jubels'[a] viel,
die Freude groß,
Man freut sich vor dir,
wie man sich in der Ernte freut[b],
wie man jubelt
beim Teilen der Beute.
3 Denn das Joch, das auf ihm lastet[a],
'das Zugholz'[b] auf seiner Schulter,
den Stock seines Fronvogts
zerbrichst du wie am Midianstag[c].
4 Denn jeder Stiefel, der mit Gedröhn[a] einherstampft,
und (jeder) Mantel in Lachen von Blut[a] gewälzt[b],
verfällt dem Brand,
wird des Feuers Fraß.
5 Denn „uns ist ein Kind geboren[a],
ein Sohn ist uns gegeben,
und die Herrschaft[b] kam auf seine Schulter
und als seinen Namen 'ruft man[c] aus':
[d]Wunderplaner[d],
Gottheld,
Ewigvater, Friedefürst,
6 'in (seiner) Herrschaft groß'[a].
Und des Friedens
(wird) kein Ende (sein)
über Davids Thron
und über seinem Königreich,
da er es festigt und stützt
mit Recht und Gerechtigkeit
von nun an
bis in Ewigkeit."
Der Eifer Jahwes der Heere
wird solches tun.

8 23 **23a** 𝔅 beginnt das 9. Kap. mit כעת, s. dazu u.S. 365f. („23aβb“ meint im folgenden den Vers ab כעת.) עת ist sonst fem., möglicherweise muß in ראשׁוֹנָה
und in אחרוֹנָה geändert werden, vgl. Driver 46, Emerton 156ff. Jedenfalls
geht es nicht an, mit Budde, Jes. Erl. 99ff. הראשון und האחרון als Subjekt zu
fassen, wobei nach seiner Meinung unter dem „Ersten“ Thiglath-Pileser,
unter dem „Spätern“ ein zukünftiger Bedränger zu verstehen ist. – b VQa
liest ארץ für ארצה, was schon vor dem Bekanntwerden des Qumranschrift-
tums als Emendation vorgeschlagen worden ist. Die Änderung ist nicht unbedingt nötig. Doch dürfte ארצה kaum Aramaismus sein (so Kaiser), sondern ist
„erstarrter“ Akkusativ oder Lokativ, vgl. Ges-K §90f., LGRignell, StTh 10
(1956) 51 und Emerton 152f. – c Falls Jahwe als Subjekt von הקל und
הכביד zu denken (bzw. mit Alt, Kaiser u.a. zu ergänzen) wäre, müßte man
האחרון in בָּאחרון ändern. Aber es ist weder einzusehen, warum יהוה ausgefallen sein könnte, noch daß eine neue Einheit ohne Nennung des Subjektes
begänne. Gewiß ist Jahwe das „theologische“ Subjekt des Satzes, aber der
Gottesname ist sicher mit Absicht erst ganz am Schluß des Abschnittes (9 6)
genannt. – d Es wird vorgeschlagen, מֵעבר für עבר zu lesen, was bedingt, daß
man nachher ועד vor גליל הגוים einschieben muß, s.z.B. Fohrer z.St. Aber
die דרך הים führt wirklich bis zum Meer, nicht nur bis hinein in den „Völker-
9 1 gau“. – **9 1a** צלמות ist von den Versionen als Kompositum aus צֵל und מָוֶת
verstanden worden: 𝔊 ἐν χώρᾳ καὶ σκιᾷ θανάτου, s. Mt 4 16 Lk 1 79, 𝔗 טולי
מותא, 𝔖 *ṭelālê mawtâ*, 𝔅 umbra mortis. Trotz dieser einhelligen Überlieferung
ist das Wort der Wurzel צלם „dunkel sein“ zuzuordnen. Das Hebräische kennt
keine derartigen Komposita, und wo sich die Vokabel sonst im AT findet,
empfiehlt sich die Bedeutung „Dunkelheit, Finsternis“, die auch hier durch
den Parallelismus nahegelegt ist. Das Wort ist als צַלְמוּת oder (eher) צַלְמוֹת
2 zu vokalisieren (vgl. dazu DWThomas, JSSt 7, 1962, 191–200). – **2a** הגוי לא
ist sinnlos. Zu den Versuchen, mit 𝔐 zurechtzukommen, s. Rignell
33 („Thou hast made the not-a-people great“) und HWWolff 53ff.
Eine Anzahl von MSS, Q 𝔗 𝔖 lesen הגוי לו, aber auch diese Variante befriedigt
nicht. Allgemein wird הַגִּילָה konjiziert (vgl. in 2b). – b In שמחת will SRin, BZ
NF 5 (1961) 255–258, eine alte abs.-Endung des pl. sehen. Aber der st. cstr.
vor einer präpositionalen Fügung ist keineswegs unmöglich, s. BrSynt §71 d. –
3 **3a** Zu סֻבֳּלוֹ vgl. Ges-K §93 q. – b מַטֵּה „Stecken“ ist keine gute Parallele zu
על „Joch“. Hingegen können מוֹטָה und על einander vertreten, vgl. Jer 28,
ferner Lv 26 13 und Ez 34 27. מַטֵּה dürfte, wie schon Studer vorgeschlagen hat
(Jbch pr Th 7, 1881, 161), demnach in מוֹטָה zu ändern sein (s. auch Jes 58 6. 9).
4 – c VQa liest מדים, s. Μαδιαμ in 𝔊. – **4a** ברעש und בדמים mtr. c. streichen
zu wollen (Procksch) ist verfehlt. 𝔊 und 𝔗 scheinen בְּרֶשַׁע, „mit Bosheit“,
gelesen zu haben, was Tur-Sinai (ScrHier 8, s.o.S. 1) 177 für richtig hält, aber
das eindrückliche Bild zerstört. – b מגוללה in מְגֹאָלָה, „befleckt“, zu ändern
(Zorell 217 und Procksch) ist trotz 𝔖 (*mepalpal*) eine völlig unnötige
5 „Emendation“. – **5a** Beachte die Alliteration ילד ילד לנו, zur Paronomasie
vgl. BrSynt §38c. – b Das hap.leg. משרה ist von 𝔊 als „Herrschaft“ (ἀρχή)
verstanden worden, doch bereitet die Ableitung des Wortes bei dieser Vokalisation Schwierigkeiten. Gray (Komm.) stellte das Wort mit שׂרר „herrschen“ und
שׂר „Fürst“ (akk. *šarru* „König“) zusammen und schlug die Punktation
מְשָׂרָה oder מִשְׂרָה vor. VQa liest משורה, so daß 𝔐 מִשְׂרָה zu vokalisieren ist, vgl.
dazu FNötscher, VT 1 (1951) 302 und GRDriver, VT 2 (1952) 357. – c Das
subj. von וַיִּקְרָא ist nicht genannt. 𝔊 (καλεῖται), 𝔖 (*ʾetqerî*), 𝔅 (vocabitur)
haben das Wort als pass. verstanden (וַיִּקָּרֵא?). Möglicherweise verdient darüber

hinaus der Vorschlag von Duhm (z.St.) Beachtung, das gewöhnliche imperf. zu lesen (וַיִּקְרָא), sofern nicht V^{Qa} zu folgen ist, die das perf. cons. liest, s. dazu u.S. 379. – d-d 𝔊 liest μεγάλης βουλῆς ἄγγελος, eine freie Übersetzung, die umdeutet. Im folgenden „übersetzt" sie ἐγὼ γὰρ ἄξω εἰρήνην ἐπὶ τοὺς ἄρχοντας, εἰρήνην καὶ ὑγίειαν αὐτῷ. 'A hingegen bietet θαυμαστος συμβουλος ισχυρος δυνατος πατηρ ετι αρχων ειρηνης (ähnlich Σ und Θ, vgl. Ziegler). Es ist bezeichnend, daß in all diesen Versuchen אֵל nicht mit „Gott" wiedergegeben ist. Doch liest Origenes (sub ⋇, andere Textzeugen bei Ziegler) in Anlehnung an 𝔐 als Plus zu 𝔊 θαυμαστος συμβουλος θεος ισχυρος. 𝔗: מפלי עיצא אלהא גיברא קיים עלמיא משיחא דשלמא יסגי עלנא ביומוהי „wunderbarer Ratgeber, mächtiger Gott, welcher für immer lebt, der Messias, in dessen Tagen der Friede über uns groß werden wird". 𝔙: admirabilis, consiliarius, Deus, fortis, pater futuri saeculi, princeps pacis (eine entsprechende Sechszahl der Namen in 𝔐 möchte Zorell 218 mit metrischen Argumenten verteidigen). Zu Textänderungen besteht kein Anlaß, die Versionen bezeugen aber die Hilflosigkeit, in der man schon in alter Zeit den Namen „des Messias" gegenüberstand. Zur hier gebotenen Übersetzung s.u.S. 381ff. – 6a למרבה 9 6
(beachte das Mem finale im Wortinnern) bereitet Schwierigkeiten. Manche MSS, V^{Qa} und Q lesen למרבה, was aber nicht weiter hilft. 𝔊: μεγάλη ἡ ἀρχὴ αὐτοῦ, Σ: επλησθη η παιδεια αυτου. 'A und auch 𝔗 ähnlich, 𝔙: multiplicatum eius imperium. Auf Grund dieser Versionen pflegt man לם als dittogr. zu streichen und den Rest als רַבָּה zu lesen: „groß ist die Herrschaft" (andere לָמוֹ רַבָּה oder לוֹ מַרְבָּה). Aber Alt (219) hat erkannt, daß nach ägyptischem Vorbild fünf „Thronnamen" zu erwarten sind und daß im verdorbenen למרבה ein Teil des fünften noch erhalten ist. Er mag מַרְבֵּה המשׂרה, „Mehrer des Reiches" oder, wie oben in der Übersetzung angenommen, רַב המשׂרה gelautet haben, s. dazu u.S. 384.

Eine erste, schwierig zu lösende, aber für das Verständnis wesentliche Form
Frage bei diesem problemreichen Abschnitt ist die der Abgrenzung. Daß mit 9 7 eine neue Einheit einsetzt, ist allerdings unbestritten. Hingegen ist schwer zu entscheiden, wo das vorliegende Verheißungswort beginnt. Schon die Überlieferung schwankt: 𝔊 hat 8 23aβb zu 9 1ff. gestellt (s. auch 𝔅 𝔙). Die Entscheidung wird dadurch erschwert, daß 8 23aβb textlich zu Bedenken Anlaß gibt und die Deutung keineswegs gesichert ist; man wird aber doch die Zugehörigkeit von 8 23aβb zu 9 1–6 bejahen müssen.

Dafür hat sich in neuerer Zeit AAlt mit Nachdruck eingesetzt. Er geht von der poetischen Form von 9 1–6 aus, wo er mit Duhm (Jesaja 2 und 3) vier Strophen mit je zehn zweihebigen Stichen findet. Eine weitere Strophe mit demselben Aufbau glaubt er in 8 23aβb entdeckt zu haben:

כָּעֵת הָרִאשׁוֹן   הֵקַל יהוה
עֵמֶק הַשָּׁרוֹן   וְהַר גִּלְעָד
אַרְצָה זְבֻלוּן   וְאַרְצָה נַפְתָּלִי
וְהָאַחֲרוֹן הִכְבִּיד   דֶּרֶךְ הַיָּם
עֵבֶר הַיַּרְדֵּן   גְּלִיל הַגּוֹיִם

Zu den vorgenommenen Ergänzungen kommt er auf Grund der Überlegung, daß den Objekten von הכביד dem Sinn nach gleichbedeutende Gebietsbezeichnungen in der ersten Hälfte des Verses entsprechen müßten. Aber diese scharfsinnige Rekonstruktion ist reichlich kühn. Schon die Voraussetzung, die Alt bei der Emendation leitet, nämlich die regelmäßige Strophen- und Versbildung in 9 1–6, ist fragwürdig. Man wird darum gut daran tun, an 8 23aβb keine Textänderungen vorzunehmen – nicht weil die Überlieferung über jeden Zweifel erhaben wäre, sondern weil sich keine der vorgeschlagenen Emendationen aufdrängt und unter Umständen durch willkürliche Konjekturen die Deutung von 9 1ff. voreilig festgelegt wird (zu den gemachten Vorschlägen s. Emerton). So wie 8 23aβb dasteht, kann man den Vers kaum metrisch lesen. Das bedeutet aber, daß vom Versmaß her die Zusammengehörigkeit mit 9 1ff. nicht zu beweisen ist. Es ist zwar nicht ausgeschlossen, daß tatsächlich die ursprünglich poetische Form von 23aβb zerstört ist, aber möglich ist auch, daß das hochpoetische Stück 9 1–6 schon von Haus aus mit einer prosaischen Einleitung versehen war. Für den Zusammenhang spricht aber der Gebrauch der sog. perf. prophetica in 8 23aβb wie in 9 1ff. und die Verwandtschaft der Thematik: Harter Bedrückung folgt Freiheit, der Erniedrigung der Vergangenheit neue Ehre in der Zukunft. Der Schluß, 9 6bβ, scheint 8 23aβb, wo man Jahwe als Subjekt vermißt, klärend wiederaufzunehmen. Ob das Hauptbedenken gegen die Einheitlichkeit durchschlägt, nämlich daß 8 23aβb von den Nordprovinzen Israels spricht, die Geburt des Kindes, das auf dem Davidsthron sitzen wird, aber doch in Jerusalem geschehen sein muß (s. etwa HWWolff 61), wird die Exegese zeigen müssen.

Auch die Frage nach der Gattung des Abschnittes ist nicht leicht zu klären. Doch ist von 6bβ auszugehen: קנאת יהוה צבאות תעשה־זאת. Der Satz darf auf keinen Fall als sekundär betrachtet werden (s. etwa Renaud 121f.). Mit ihm ist der Abschnitt eindeutig als Verheißung gekennzeichnet. Das ist angesichts dessen, daß er eine Reihe von perf. (in 5aβb gar imperf. cons., doch s.o. Textanm. 5c) bietet, wohl zu beachten. Doch bestätigt das perf. cons. in 4 (s. auch die finalen inf. in 6), daß das beschriebene Ereignis zum mindesten auch eine futurische Dimension besitzt (s. Lindblom 33). Die perf. sind verwendet, weil die Erfüllung der Verheißung durch Geschehenes, nämlich die Geburt des Kindes, bereits gesichert ist. Die Exegeten sprechen gern vom hymnischen Stil des Stückes. Aber in einem eigentlichen Hymnus wird von Jahwe in der 3. Person gesprochen, während er in 9 2 in der 2. Person angeredet ist. Solche Perfekta sind vielmehr bezeichnend für das Danklied (s. Mowinckel 102, Lindblom 34f. und CWestermanns Unterscheidung zwischen beschreibendem und berichtendem Lob; s. Das Loben Gottes in den Psalmen, 1953, 7–24, bes. 10ff.). Der Zusammenhang mit dem Danklied liegt aber auch im Blick auf einzelne Motive auf der Hand, s.u.S. 374. Im zweiten Teil des Stückes brechen allerdings die terminologischen Beziehungen zum Danklied ab. Das ist nicht anders zu erwarten, denn der Grund des Dankes ist ja ein außerordentlicher: die Geburt des königlichen Kindes. Die Motive reichen hier in die Königsideologie Jerusalems, bzw. des Alten Orients zurück. D.h. also: Die Verheißung von 8 23aβb (bzw. 9 1)–9 6 lehnt sich an die Form eines Dankliedes an, in welches traditionsgegebene Vorstellungen aus der Königsideologie Aufnahme gefunden haben (vgl. das „eschatologische Danklied“ von Kap. 12 und s. Kaiser 99).

Strophen und Metrum. Die oben erwähnte Gliederung des Gedichtes durch Duhm in vier gleichmäßig gebaute Strophen erfordert zu viele Eingriffe in den Text. Wie sich etwa am „Weinberglied“ zeigte, kann bei Jesaja weder mit regelmäßigem Strophenbau noch mit einem einheitlichen Versmaß gerechnet werden (s. zu Metrum und Stil vor allem LASchökel 151ff., zu 5f. auch Renaud 120f.). Strophen als Sinneinheiten sind allerdings festzustellen. Eine erste liegt in V. 1 vor: 2 Doppeldreier, eine zweite in V. 2: 3 Doppelzweier, eine dritte, mit כי eingeleitet, in V. 3, ein Doppelzweier und ein Doppeldreier (wobei wohl הנגש בו zu akzentuieren ist), eine vierte, mit dem zweiten כי eingeleitet, in V. 4: ein Doppeldreier und ein Doppelzweier (כל vielleicht sekundäres Füllsel), eine fünfte in V. 5: wohl ein Doppeldreier in 5a, dann ein Fünfer, ein Doppelzweier und (zusammen mit dem emendierten Anfang von V. 6) ein zweiter Doppelzweier (?), eine sechste dürfte zu akzentuieren sein:

ולשלום אין־קץ
על־כסא דוד ועל־ממלכתו
להכין אתה ולסעדה במשפט ובצדקה
מעתה ועד עולם
קנאת יהוה צבאות תעשה־זאת

Wie immer bei Jesaja steht auch hier das Versmaß in enger Korrelation zum Inhalt: Die beiden Doppeldreier in V. 1 illustrieren die Härte der Not, die o–Laute unterstreichen die Düsterkeit der Lage. Die drei Doppelzweier von V. 2 mit den vielen i-Lauten (man beachte auch den regelmäßigen Wechsel von i und a) lassen die helle Freude aufklingen, welche die vom Druck Aufatmenden ergreift. In der 3. Strophe erinnern die o-Laute wieder an die Schwere des Drucks und an die Mühsal, die es kostete, von ihm frei zu werden. Darum auch in der 2. Zeile von 3 und der 1. von 4 die Rückkehr zum Doppeldreier. In der 1. Zeile von V. 5 beachte man die Häufung der ל, welche den Jubel sozusagen hörbar macht. Die knappen Zeilen mit den Thronnamen geben jedem Wort sein volles Gewicht. Die Doppelbetonung von מעתה gibt der Hoffnung auf Dauer des Friedens ihren adäquaten Ausdruck (s. auch die Anakrusis אין קץ in 6a): Die Verheißung klingt in ruhiger Gewißheit aus. Daß die interpretierende letzte Zeile ein anderes Versmaß aufweist als die vorangehenden Doppelzweier, ist geradezu zu erwarten und darf auf keinen Fall dazu verleiten, sie als unecht zu erklären (s. Renaud 121ff.). – Weitere stilistische Eigentümlichkeiten sind festzustellen: In der 2. Zeile von V. 1 ist der genaue Parallelismus durch den Anakoluth gebrochen, was dem jähen Einbruch des Lichtes entspricht. Die vielen Vokabeln für die Symbole der Fremdherrschaft in 3, Joch, Zugholz, Stab, Last, bringen zum Ausdruck, wie das Volk unter immer neuen Schikanen zu leiden hat. Die Personifizierung des Soldatenstiefels in 4 charakterisiert das Feindesheer als eine erbarmungslose, entmenschlichte Macht, die keinen Regungen des Mitleids zugänglich ist. – Das Lied ist nicht nur durch seinen Inhalt hoch bedeutsam, sondern auch eine Perle der hebräischen Poesie.

Ort Die Echtheit des Abschnittes ist in ähnlicher Weise wie diejenige von 2 2ff. umstritten, s. neuerdings Vollmer. Da die Zugehörigkeit von 8 23aβb zum Folgenden unsicher ist, sei 9 1–6 zunächst für sich untersucht. Unter den Neuern halten Duhm, Kissane, Steinmann, Lindblom, Eichrodt, Kraus, Müller, Zimmerli, Wolff, Kaiser, Leslie, Eißfeldt (Einleitung), Herrmann, von Rad, Schildenberger, Mauchline, Montagnini, Becker, Coppens u.a. den Abschnitt für jesajanisch, während Marti, Gray, Mowinckel, Fohrer, Lescow, Treves, Vollmer u.a. ihn einem andern Verfasser, in der Regel auch einer spätern, meist der nachexilischen Zeit zuschreiben.

Die Gründe für die Verneinung der Authentizität sind mannigfaltig und haben sich im Verlauf der Forschungsgeschichte verschoben. Marti nennt 6 Punkte, die seine Stellungnahme begründen sollen: 1. Jesaja habe seine Hoffnung nicht auf das Königshaus gesetzt, sondern auf eine religiöse Gemeinschaft ohne politische Organisation (wozu er auf 8 16–18 verweist) – eine völlige Verkennung des Charakters der jesajanischen Botschaft, bei der Glaube ohne politische Konkretion undenkbar ist. 2. Der „Eifer Jahwes" sei für die alten Propheten kein Trostgrund, sondern erst von Ezechiel an für Israel ein Hoffnungsmotiv. Aber der Gedanke ist Jesaja nur dann nicht zuzutrauen, wenn man in ihm auf der ganzen Linie einen Unheilskünder sieht. Was er etwa in 30 27–33 Assur ansagt, ist der Sache nach durchaus als ein „Eifern" Jahwes gegen Israels Feinde zu verstehen, s. auch Zeph 1 18 (3 8) und vgl. Brongers 279. 3. Das ganze Volk, nicht nur ein Teil von ihm befinde sich im Unglück, das Wort sei also in Jesajas Zeit nicht unterzubringen. Aber das ist eine Frage der Deutung bzw. des konkreten Bezugs, in dem man 9 1 sieht. 4. Die Familie Davids habe zur Zeit der Weissagung von 9 1ff. keine regierenden Glieder mehr. Aber darüber sagt der Abschnitt kein Wort. 5. Weder Jeremia noch Ezechiel hätten etwas von dieser Verheißung gewußt. Darüber wissen wir nichts, sicher ist aber, daß die vorexilischen Propheten die Prophezeiungen ihrer Vorgänger nicht zu zitieren pflegen. 6. Der Abschnitt stehe am Schluß einer kleinen Sammlung, die wie die übrigen durch einen Ausblick auf eine erfreuliche Zukunft abgeschlossen werden sollte (s. dazu auch GFohrer, Studien zur alttestamentlichen Prophetie: ZAWBeih 99, 1967, 117ff. bes. 125). Aber man muß bei der Handhabung eines solchen Schematismus vorsichtig sein, und wenn er schon beim Aufbau auch kleinerer Sammlungen eine Rolle gespielt hat, so ist damit keineswegs schon erwiesen, daß die hoffnungsvollen Ausblicke an deren Schluß allesamt unecht sein müßten. – Die Gründe, die für diese frühere Phase der Literarkritik typisch sind, schlagen also nicht durch und spielen heute auch keine große Rolle mehr. Mowinckel, der jesajanische Verfasserschaft nicht völlig ausschließen will, sieht das Hauptbedenken darin, daß der Verfasser hier nicht, wie das sonst bei Jesaja immer der Fall sei, die Verheißung an Buße und Umkehr binde (109f., ähnlich Lescow 186f.). Dagegen soll hier nicht mit dem Hinweis auf 2 2ff. und 11 1ff. argumentiert werden, denn wer Jesaja 9 1ff. abspricht, wird auch jene beiden andern Stücke nicht für echt halten. Daß es für Jesaja ohne Buße und Umkehr kein Heil geben kann (Lescow verweist auf 30 15 als Schlüsselvers, s. auch GFohrer, Festschr WEilers, 1967, 66f.), ist zwar grundsätzlich richtig. Es fragt sich nur, ob er sich genötigt sah, in jeder Situation und vor jedem Zuhörerkreis explizit davon zu sprechen. In Stücken wie 14 24–27 oder 30 27–33 tut er es jedenfalls nicht, und selbst in 31 4ff. beherrscht die Verheißung völlig das Feld, und wenn auch der Aufruf zur Umkehr nicht fehlt, so ist er doch nicht als Bedingung des helfenden Eingreifens Jahwes *formuliert*.

Hält man das Wort für unecht, wird seine *zeitliche Ansetzung* zu einem schweren Problem. Mowinckel (110) denkt an einen Kreis von Jesajaschülern, das Wort sei schon sehr früh mit der jesajanischen Überlieferung verbunden worden. Lescow vermutet, das Gedicht widerspiegle den Abzug Sanheribs und sei wohl in Kreisen der Jerusalemer Heilsprophetie entstanden. Fohrer denkt mit andern an die nachexilische eschatologische Prophetie. Aber diese kennt keine wirklichen Parallelen zu Jes 9 1ff. Die Königsideologie, die in 5f. ihren Niederschlag gefunden hat, ist im Alten Testament sonst vornehmlich in den Königspsalmen vertreten, die man heute im Gegensatz zu früheren Phasen der Literarkritik der Königszeit zuschreibt. Daß Jesaja die am jerusalemischen Hof gepflegten religiösen Anschauungen vom Königtum kennt und um ihre Deutung im Blick auf die geschichtliche Situation gerungen hat, hat sich aus 7 1ff. ergeben. (Im Sinn der späteren Eschatologie darf der Abschnitt nicht gedeutet werden.) Die Vorstellungen vom Königtum, wie wir sie in den „Thronnamen" antreffen, dürften in nachexilischer Zeit kaum mehr so lebendig gewesen sein, daß ein Prophet damit hätte rechnen können, von seinen Hörern oder Lesern verstanden zu werden. Die Versionen zeigen jedenfalls, daß man ihnen in späterer Zeit im Grunde verständnislos gegenüberstand (zum messianischen Gedanken in der nachexilischen Zeit s. Coppens, Lectio Divina 54, 31ff.).

Was das Vokabular anbelangt, kommt selbst Lescow zur Feststellung, daß „sich *sprachlich* nichts ernsthaft gegen jesajanische Verfasserschaft geltend machen läßt". Die Begrifflichkeit ist in der Tat durchaus jesajanisch: zu אור und חשך s. 5 20, zu הרבה הגילה vgl. הרבה תפלה in 1 15, zu הגדיל השמחה s. 28 29, zu קציר s. 17 5 18 4f., zu שלל 8 1–4 10 2, zu מטה und שבט s. 10 5. 15 28 27 30 31f., zu שבט allein 14 29, zu חתת 8 9 30 31 31 4, zu שרפה s. 1 7, zu מאכלת אש s. 9 18, zu ילד s. 8 18 (Obj. von נתן), zu על שכמו vgl. 22 22, zu קרא שם s. 7 14 8 3, zu פלא יועץ vgl. 28 29 29 14, zu גבור s. 3 2 (vgl. 5 22), zu אב im Sinn von „Vater des Volkes" s. 22 21, zu עד in der Bedeutung „Ewigkeit" s. 30 8, zu שר s. 3 3. 4. 14, zu כסא 6 1, zu משפט

und צדקה s. 5 7. Wenn in 5f. die Bezüge zur sonstigen jesajanischen Überlieferung spärlicher sind, hat das seinen Grund darin, daß sich der Prophet in diesem Teil sehr stark an ihm vorliegendes Traditionsgut anlehnt. Für 1–4 jedenfalls ist der vokabularische Befund derart, daß absolut zwingende Gründe vorliegen müßten, falls man das Stück nicht von Jesaja herleiten wollte (anders Vollmer).

Stammt der Abschnitt von Jesaja, muß das Wort in eine bestimmte historische Konstellation – und zwar der jesajanischen Zeit – hineingesprochen sein. Beim Versuch, einen solchen Bezug festzustellen, ist aber zu bedenken, daß die geschichtliche Stunde vieler Prophetenworte nicht oder nicht mit Sicherheit zu eruieren ist. Aussagen, die für uns wenig konkret klingen, waren für die Zuhörer in ihrem Bezug auf die Vorgänge ihrer Tage zweifellos durchaus luzid.

8 23aβb kündet eine große Wende an. 9 1–4 konkretisiert: sie besteht in der Befreiung des in der Finsternis sitzenden Volkes. Die Verheißung zerfällt in drei Teile, 8 23aβb, 9 1–4 und 5f. Mit 4 könnte das Wort durchaus zu Ende sein, eine Fortsetzung erwartet man nach מאכלת אש nicht, vgl. etwa den Abschluß von 30 27–33. Daraus ergibt sich die Frage, in welchem Abschnitt der Schwerpunkt liegt. In 1–4 ist die Befreiung des Volkes durch Jahwe die große Wende, die zu erwarten ist. In 5f. aber scheint nicht die Hilfe Jahwes, sondern die Geburt des Prinzen das große Heilsereignis zu sein. Nun beweist aber das כי zu Beginn von 5, daß der zweite Teil dem ersten untergeordnet ist. Entgegen andern Auffassungen steht dieses כי nicht auf derselben Ebene wie die beiden andern zu Beginn von 3 und 4. Was 1–4 beschreiben, ist nicht schon historische Wirklichkeit (zu den Perfekten s.o.S. 366). Wenigstens 5a aber spricht von einem Ereignis, das bereits geschehen ist, und die beiden Verse 5 und 6 (bis ועד עולם) nennen also offensichtlich den G r u n d dafür, warum das Volk sich der großen Hoffnung öffnen darf. Allerdings nicht den Realgrund – das ist die קנאה Jahwes –, aber den noetischen Grund. Mit andern Worten: Die Geburt des königlichen Kindes ist – wie in 7 14 die Geburt des Immanuel – „Z e i c h e n", an dem jedermann erkennen kann, was es um Jahwes Treue ist. Der Unterschied zu 7 14 ist der, daß dort das Zeichen erst erwartet wird, hier aber bereits Ereignis wurde.

Läßt sich nun aber die Verheißung aus dem Text Jesajas heraus verstehen? Welches ist die große Wende, welche in 8 23aβ–9 4 angekündet wird? Die meisten Ausleger, darunter auch solche, die das Wort Jesaja absprechen, neigen dazu, unter dem Feind, dessen Joch zerbrochen werden soll, d i e A s s y r e r zu sehen. Als Indiz dafür wird immer wieder auf das akkadische Lehnwort סאון in 4 verwiesen (s. dazu u.S. 376). In der Tat liegt es nahe, anzunehmen, daß Jesaja nicht zufälligerweise ein akkadisches Wort verwendet. Es kommt anderes dazu: Die Schilderungen der Großmacht Assur durch Jesaja, 5 26–29 10 3f. 10 28–34 14 24–27 17 12 bis 14 passen gut zum Bild des Feindes im vorliegenden Abschnitt, und man mag auf 10 27 verweisen, wo ein Kommentator 9 3 ausdrücklich auf Assur bezogen hat.

Wer ist der Adressat des Wortes? Im Zusammenhang mit seiner Deutung von 8 23aβb auf die assyrische Annexion des nördlichen und östlichen Israel vom Jahre 732 stellt sich Alt (221f.) vor, daß Herolde aus Jerusalem kommend die frohe Botschaft von der baldigen Befreiung in jenes Gebiet getragen hätten. Aber abgesehen davon, daß es kaum möglich gewesen wäre, eine solche Botschaft im vom Feind besetzten Gebiet zu Gehör zu bringen, ist es doch wenig wahrscheinlich, daß dort – zu einer Zeit, da das Nordreich als solches immerhin noch nicht an sein Ende gekommen war – die Botschaft von der Geburt (bzw. mit Alt: der Thronbesteigung) eines Davididen wirklich als tröstlich empfunden worden wäre. Vor allem aber scheint es, daß es kaum eine andere Möglichkeit gibt, als das לנו in 5a auf die Bevölkerung Jerusalem/Judas zu beziehen. Man hat darum immer wieder versucht, das Wort mit einer dortigen Notlage in Verbindung zu bringen. Das bereitet aber Schwierigkeiten: Beim Zug Sanheribs gegen Jerusalem kamen zwar tatsächlich die judäischen Landstädte unter assyrische Fremdherrschaft, und auch auf Jerusalem lag in der Folgezeit Assurs harte Hand (s. Taylor-Zylinder III 12ff., AOT 353f., ANET 288). Aber 22 1ff. läßt es doch als ausgeschlossen erscheinen, daß Jesaja bald nach 701 so hoffnungsvolle Töne angeschlagen hat. Darum denken andere (s. Wolff 62) an die Zeit von 705–701, als Hiskia den Kampf gegen Assur vorbereitete. Das würde bedeuten, daß Jesaja die Hauptschuld an der Rebellion Hiskias gegen Assur zu tragen hätte, was ganz unwahrscheinlich ist. Man wird also doch mit Alt anzunehmen haben, daß Jesaja die Befreiung der von Sanherib unterworfenen Gebiete des Nordreiches ankündet. Diese Deutung empfiehlt sich schon darum, weil 9 1–6 doch wohl den Abschluß der Sammlung jesajanischer Worte aus der Zeit vor und nach 733 darstellt. Eine Bestätigung für diese Annahme wird man in der Erwähnung des Midiantages in 5 sehen dürfen. Es ist nicht einzusehen, warum der Jerusalemer Jesaja gerade an die Gideontradition erinnern würde, spräche er von einem Ereignis, das Juda/Jerusalem betrifft. Ist also auch die Bevölkerung jener Gebiete nicht direkt angesprochen, so nimmt doch der Prophet auf ihre Not Bezug. Bei der Anteilnahme, die man in Jerusalem am Geschick des Nordreiches nahm, hat sein Gebietsverlust zweifellos tiefste Bestürzung ausgelöst. 8 23aβ–9 6 ist das Wort, das Jesaja in diese Situation hineingesprochen hat.

Das Verständnis von 8 23aβb ist, abgesehen von den textlichen Schwierigkeiten, durch die Unsicherheit über die Bedeutung der beiden Verben הקל und הכביד und darüber hinaus durch die Frage nach dem Sinn ihrer perfektischen Verwendung belastet. הקל kann zweifellos „erleich- Wort 823aβb tern“ oder „leichter machen“ bedeuten (1 S 6 5 Jon 1 5 u.a.). Aber ebenso eindeutig bedeutet es auch „verächtlich behandeln“ (2 S 19 44 Jes 23 9 Ez 22 7). Genauso meint הכביד einerseits „schwer machen, schwer lasten machen“ oder „verstocken“, andererseits aber, wenigstens in Jer 30 19, „gewichtig machen, zu Ehren bringen“. Die beiden Verben könnten also durchaus Parallelbegriffe sein. Das ist aber, da der früheren Zeit die spätere entgegengestellt wird, ausgeschlossen (anders Ginsberg, s.o.S. 342, Emerton 156ff.). Wie aber faßt man sie als Konträrbegriffe auf? Wird dem schweren Geschick der Vergangenheit das lichte einer heilvollen Zukunft gegenübergestellt oder ist das Umgekehrte der Fall? Die erstere Möglichkeit hat alle Wahrscheinlichkeit für sich (s.o.S. 66 zu 1 26 über den Gegensatz frühere – zukünftige Zeit). הקל in der Bedeutung „erleichtern“ o.ä. hat ausnahmslos מִן neben sich, während es in der Bedeutung „verachten“ wie an der vorliegenden Stellen einfach mit dem acc. konstruiert ist (Ez 22 7 mit בְּ). Andererseits kann wohl gesagt werden, daß das Joch für ein Volk „schwer“ gemacht werde (1 Kö 12 10. 14 u.ö., vgl. auch Hab 2 6), nie aber, daß das Volk selbst bzw. dessen Land „beschwert“ werde. Die Untersuchung des Sprachgebrauchs der beiden Verben zeigt also klar, daß es sich in 23aβb um die Ankündigung eines Umschwungs von Unheil zu Heil handeln muß. – Bleibt noch das Problem der Tempora. Der vorgetragenen Auffassung scheint das perf. von הכביד entgegenzustehen. Doch steht dieses in genauer Parallele zu den perfecta in 9 1ff. und ist auf dieselbe Weise wie dort zu erklären (s. dazu o.S. 366): Sein Gebrauch ist möglich, weil durch die Geburt des königlichen Kindes die Wende grundsätzlich bereits in Gang gekommen ist.

Wenn auch die oben erwähnte Textrekonstruktion von Alt unsicher bleiben muß, so hat er doch grundsätzlich den Weg zum Verständnis des Verses gewiesen. Die „Erniedrigung“ des Stammesgebietes von Sebulon und Naphthali, von der Jesaja spricht, meint mit aller Wahrscheinlichkeit die in 2 Kö 15 29 erwähnte Eroberung israelitischer Gebiete durch Thiglath-Pileser. Dort ist allerdings auch von Gilead die Rede, das in 23aβ keine Entsprechung hat. Möglicherweise ist darum der uns vorliegende Jesajatext, wie Alt annimmt, nur verkürzt auf uns gekommen. Aber der Prophet ist ja nicht verpflichtet, die Grenzen des gemeinten Landes genau abzustecken. Immerhin ist 23b, die Umschreibung des Gebietes, das zu Ehren kommen soll, dreigliedrig, und das Ostjordanland ist dort unter עבר הירדן vertreten. EForrer (Die Provinzeinteilung des assyrischen Reiches, 1921, 59ff. 69) hat aufgrund der einschlägigen assyrischen Nachrichten gesehen, daß damals nicht nur Galiläa und das Ostjordanland, wie aus 2 Kö 15 29 schon immer zu erschließen war, dem assyrischen Reich angegliedert wurde, sondern auch die palästinensische Küstenebene, soweit sie überhaupt zu Israel gehört hatte (s. dazu auch

AAlt, Das System der assyrischen Provinzen auf dem Boden des Reiches Israel: Alt, KlSchr II 188–205). Und zwar ist nach ihm mit der Bildung dreier assyrischer Provinzen zu rechnen: *du'ru* (= Dor, heute *el burǧ* bei *eṭ-ṭanṭūra*), *magidū* (= Megiddo, heute *tell el-mutesellim*) und wahrscheinlich *gal'azu* (= Gilead, s. 2 Kö 15 29). Offensichtlich entspricht das jesajanische גליל הגוים *magidū* und עבר הירדן *gal'azu*. Dann wird דרך הים das Gebiet der Provinz *du'ru* umschreiben. Man setzt allerdings die דרך הים gerne mit der via maris, d.h. mit der später so genannten Straße von Damaskus durch das Ostjordanland und Galiläa gleich (s. RHartmann, ZDMG 64, 1910, 694–702 und ZDPV 41, 1918, 53–56). Doch ist diese Bezeichnung erst seit dem späteren Mittelalter gebräuchlich, und man sieht nicht ein, was in diesem Fall dann עבר הירדן und גליל הגוים bedeuten sollten. Procksch (z.St.) hat sich so beholfen, daß er unter Änderung in מֵעֵבֶר und גְלִילָה mit „vom Ostjordanland für den Meerweg zum Heidengebiet“ übersetzt, was reichlich gekünstelt klingt. דרך הים muß tatsächlich das Küstengebiet südlich des Karmel bis gegen Jafo hin meinen, das sonst als Ebene Saron bezeichnet wird.

הכביד wird als Denominativ von כבוד zu erklären sein (vgl. das pi. כִּבֵּד, akk. *kubbutu*, „mit Ehren behandeln“). Betrachtet man den Vers isoliert, muß man sich fragen, wie Jesaja es wagen konnte, schon kurz nach 732 so deutlich der Hoffnung auf Befreiung der verlorenen Gebiete Israels Ausdruck zu geben. Ist der Vers aber im Zusammenhang mit 9 1–6 zu sehen, ist die Antwort klar: Die Geburt eines Thronnachfolgers hat Jesaja in seinem Glauben an die Treue über Israel bestärkt. Daß für ihn auch das Nordreich im Horizont seines Glaubens lag, zeigt u.a. 7 17.

Wie oben festgestellt, hat der Prophet in 1f. für die nähere Ausfüh- 9 1
rung seiner Verheißung das Vokabular des Dankliedes verwendet. Damit hängt es natürlich zusammen, daß für uns die historische Situation so schwer faßbar ist. Ps 107 10 spricht von den יֹשְׁבֵי חֹשֶׁךְ וְצַלְמָוֶת, die „in Elend und Eisen gebunden“ waren, nun aber Jahwe preisen sollen, weil er sie aus beidem herausgeführt hat (V. 14), vgl. auch Ps 23 4 91 6 138 7 Hi 29 3. אֶרֶץ צַלְמָוֶת ist nach Stellen wie Ps 107 10.14 Hi 10 21f. Umschreibung für die Scheol. Wer in der „Finsternis“ wandeln muß, ist faktisch bereits im Bereich der Unterwelt (s. JHerrmann, OLZ 19, 1916, 110–113 und ChrBarth, Die Errettung vom Tode in den individuellen Klage- und Dankliedern des Alten Testamentes, 1947, bes. 80). Das Alte Testament kann keineswegs bloß von Menschen, die dem Tode nahe sind, sagen, sie befänden sich bereits in der Scheol, sondern gerade auch von solchen, die hart durch Feinde bedrängt sind (vgl. etwa Ps 18 18 im Verhältnis zu 5f.). – Da Jesaja Motive des Dankliedes verwendet, wäre zu erwarten, er berichte nun davon, daß Jahwe sein Volk aus den Banden der Unterwelt befreit habe, vgl. Ps 107 14. Er formuliert anders:

„sie haben ein großes Licht gesichtet“, und: „ein Licht strahlt über sie“. Das hat seinen guten Grund: Tatsache ist die Befreiung noch nicht. Aber mitten in aller Dunkelheit sieht das Volk doch ein Licht, s. Ps 27 1 36 10 56 14 und vgl. 89 16. „Licht“ ist das Symbol der heilvollen Gegenwart Gottes; dem Rechtschaffenen erstrahlt im Dunkel das Licht (Ps 112 4, vgl. Hi 18 5). Auf dem Zion gibt es Geborgenheit, weil Jahwe dort ein Feuer (אור) besitzt (Jes 31 9). Oder: Jahwe ist Israels Licht, das zum Feuer wird, welches brennt und seine Feinde verzehrt, 10 17. Wer also „ein großes Licht sieht“, darf auch in der Finsternis des Todesbereichs der schützenden und rettenden Präsenz Jahwes gewiß sein und kann ein Danklied anstimmen, auch wenn die materielle Not noch nicht gewichen ist. Die begrifflich engste Parallele zu 9 1 ist Ps 18 28f. (= 2 S 22 28f.): „Du hilfst gedrücktem Volk ... ja du lässest meine (des Königs!) Leuchte leuchten (תָּאִיר), mein Gott läßt erstrahlen (יַגִּיהַ) meine Finsternis.“ Da Ps 18 „Danklied eines Königs“ ist (s. dazu Kraus, BK z.St.), ist anzunehmen, daß V. 1 doch schon auf 5f. hinüberblickt: Das große Licht, das auf Befreiung hoffen läßt, ist in der Tat bereits aufgegangen, nämlich in der Geburt des Kindes am königlichen Hof, und leuchtet nun in die Finsternis des drangvollen Tages hinein. Daß das gemeint ist, kann aber der Hörer höchstens ahnen. (Gegen Müller 409 ist in V 1 nicht von einer Epiphanie die Rede – es wird nicht von Jahwes Erscheinen gesprochen –, sondern von Jahwes heilvoller Gegenwart.)

9 2 V. 2 wendet sich, wie das in einem Danklied üblich ist, direkt an Jahwe. Damit wird klar, daß Gott das eigentliche Subjekt der zu erwartenden Ereignisse ist, während sonst, abgesehen von 6b, rein sachbezogen berichtet wird, was geschehen ist bzw. geschehen soll (zum Wechsel zwischen 2. und 3. Person s. Gunkel-Begrich, Einleitung in die Psalmen, 1933, 47). Freude und Jubel hat Jahwe groß gemacht. Während שמחה ein ganz allgemein verwendetes Wort für „Freude“ ist – in 2b ist die Freude in der Erntezeit als Beispiel genannt –, ist גיל differenzierter; es ist mit seinen Ableitungen zusammen vor allem ein Terminus der Kultsprache und meint speziell Freude vor Gott (vgl. לפניך in 2b, oder etwa אֶל־אֵל שִׂמְחַת גִּילִי in Ps 43 4). Gewiß kann גיל auch der Jubel sein, den man anstimmt, wenn man einen Widersacher überwältigt hat (Ps 13 5). Aber weit häufiger wird gesagt, daß man juble über Jahwes Hilfe (יְשׁוּעָה), Ps 9 15 13 6, oder über seine Gnade (חֶסֶד) 31 8. Vor allem ist Ps 21 2 zu beachten: יְהוָה בְּעָזְּךָ יִשְׂמַח־מֶלֶךְ וּבִישׁוּעָתְךָ מַה־יָּגֶיל מְאֹד. Wie dort der König sich freut und jubelt über den ihm von Jahwe verliehenen Sieg, so freut sich bei Jesaja das Volk über die Geburt eines neuen Herrschers – weil es daraus Hoffnung auf Befreiung vom Druck der Bedränger schöpft. – Die Größe der Freude wird durch zwei Vergleiche unterstrichen: wie man sich freut in der Ernte und wie man sich freut beim Teilen der Beute. Unter קציר ist die Getreideernte zu verstehen, vgl.

zum Jubel beim Einbringen der Garben Ps 126 6, s. auch Ps 4 8 65 14 und Dalman, AuS III 43. Da der Jubel beim Verteilen der Beute nur Vergleich ist, darf man daraus nicht schließen, daß Jesaja Hoffnung auf Kriegsbeute wecke (und durch 2b kann die Übersetzung von אבי־עד in 5b mit „Beutevater" nicht begründet werden). Zum Ausdruck חלק שלל s. Ri 5 31 Jes 53 12 Prv 16 19, zur Sache Nu 31 25–47 Dt 20 14 1 S 30 2f. 1 Kö 20 39f. 2 Ch 20 25, aber auch Jes 8 1.3 und 10 2.6. Der Krieger, sofern er nicht Söldner ist, kann nur auf Beuteanteil als Entgelt für seine Mühsal und Gefährdung hoffen. Mit dem Hinweis darauf spornt man ihn zur Tapferkeit an (2 Kö 3 23). Hat man reiche Beute gewonnen, veranstaltet man ein Gelage (1 S 30 16). Kaum eine andere Freude ist mit der des Beuteteilens zu vergleichen (Ps 119 162 Prv 16 19, s. dazu CFBurney, JThSt 11, 1910, 438–443, deVaux, Institutions II 69f. u. BHHW 236).

Worüber man sich so freuen kann, ist bis jetzt nicht gesagt. Die 9 3–5
drei mit כי (V. 3.4.5) eingeleiteten Sätze sprechen es aus. Die beiden ersten sagen: Man darf sich freuen, weil die Fremdherrschaft gebrochen wird. Wie oben dargelegt wurde, liegt diese Befreiung allerdings erst in der Zukunft. Darum fügt der dritte כי-Satz hinzu: Man darf sich jetzt schon und vorbehaltlos freuen, weil Jahwe mit dem Sohn aus Davids Geschlecht dem Volk sozusagen das Pfand der künftigen Befreiung in die Hand gegeben hat.

סֹבֶל findet sich im Alten Testament nur im Jesajabuch (10 27 14 25), 3
jedesmal übertragen von der Fremdherrschaft verwendet. Das verwandte סֵבֶל meint die Fronarbeit (1 Kö 11 28 Ps 81 7, s. auch Neh 4 11), was durchaus begreiflich ist, denn Kriegsgefangene und Fronarbeiter werden in erster Linie zum Herbeischleppen von Lasten verwendet. Weit häufiger ist „Joch" Bild für die Fremdherrschaft (Jes 47 6 u.ö.) und für Knechtschaft überhaupt (z.B. Jer 30 8, zum Zerbrechen des Jochs als Bild für die Befreiung s. Jer 28 2 u.ö., zur Form und zum Gebrauch des Jochs s. GSchumacher, ZDPV 12, 1889, 159–163, Dalman, AuS II 99–105 und Abb. 21ff. und BHHW 869). נגשׂ wird wohl der Treiber des Lasttiers genannt (s. Hi 39 7) oder der Aufseher der Sklaven (s. Ex 5 6.10.13f.), ist aber auch Bezeichnung für den Machthaber (s.o. zu 3 12), und zwar speziell für den Machthaber, der die ihm gegebene Gewalt mißbraucht, s. Jes 14 2.4 Sach 10 4. Dementsprechend ist שׁבט hier wohl nicht als Stock des Hirten (Ps 23 4) oder Erziehers (Prv 13 24 u.ö.) zu verstehen, sondern als Stab des Herrschers, Gn 49 10 Ri 5 14 Jes 14 5 Am 1 5.8, d.h. als Szepter, s.u.S. 394 zu 10 5 und BRL 329ff., BHHW 2234 und FWillesen, JSSt 3 (1958) 327–335. Leider läßt sich diesen Metaphern nichts über die konkrete Art der Bedrückung entnehmen, und da sie allgemein gebräuchlich sind, gilt es ohnehin, bei ihrer Auswertung für die Frage des historischen Bezuges vorsichtig zu sein. Da Jahwe Subjekt von החתת ist, läßt sich dem Vers auch nichts über den

faktischen Vorgang der zu erwartenden Befreiung entnehmen. Genug zu wissen, daß Jahwes Eifer für Israel gewiß nicht erlahmt.

„Wie am Tage Midians“ will betonen, daß die Befreiung geschieht, auch wenn menschlich beurteilt wenig Hoffnung bleibt. Jahwe handelt wunderbar (s.u. S. 381f. zu פלא יועץ). Bei der Kürze der Anspielung ist nicht auszumachen, ob Jesaja die Tradition über die Gideonschlacht in der Gestalt gekannt hat, die uns in Ri 7 9ff. vorliegt. Jener Sieg ist dort jedenfalls ganz als Jahwes Werk dargestellt (s. 7 22), und Jesaja sieht Jahwes Hilfe auch anderwärts als plötzliches und erstaunliches Eingreifen Gottes in eine scheinbar aussichtslose Situation, s. 14 25 17 13(?) 29 6f. 30 31f. Das Motiv gehört zum Vorstellungskreis des heiligen Kriegs (s. GvRad, Der heilige Krieg in Israel, 1951, 9). Mag sein, daß auch die Vorstellung vom Kampf um die feste Gottesstadt, in welchem die Feinde davonstieben, hineinspielt, vgl. das Zerbrechen der Waffen Ps 46 10 76 4 und s. dazu Müller 409ff.

9 4 Die Bilder vom Soldatenstiefel, der unter Gedröhn einherstampft und vom Mantel, der im Blut gewälzt wurde, sind einmalig und schöne Belege für die kräftige Bildhaftigkeit der jesajanischen Sprache. Warum werden aber Stiefel und Mäntel der Feinde nicht einfach von den Siegern in Gebrauch genommen, zumal doch eben noch vom Teilen der Beute die Rede war? Was Eigentum des Feindes ist, verfällt nach der Ordnung des heiligen Krieges dem Bann (s. Jos 7 23ff., wo unter andern Gegenständen auch der Mantel erwähnt wird), was aber unter dem Bann steht, muß verbrannt werden, vgl. Jos 11 6.9 Hos 2 20 Ez 39 9f. Ps 46 10 (s. dazu Kraus, BK XV/1 z.St.). – סאון geht auf akk. *šēnu* (auch *mešēnu*) zurück, s. auch Achikar 206 und nach Kraeling vielleicht ArPap 2,5 (משאן), möglicherweise auch ug. *s'n*, s. dazu JFriedrich, Or 12 (1943) 20. – Zu מאכלת אש s.o. S. 221 zu 9 18. Die Vorstellung fügt sich gut zu והיה לשרפה. Es ist aber doch zu beachten, daß nach dem königlichen Dankpsalm 18 (V. 9 = 2 S 22 9) beim Erscheinen Jahwes, wenn er dem König zu Hilfe eilt, verzehrendes Feuer aus seinem Munde kommt (אש־מפיו תאכל). Nach dem andern Danklied eines Königs (Ps 21) frißt beim Erscheinen Gottes Feuer die Feinde (V. 10: ...ותאכלם אש). Das bestätigt, daß 1–4 traditionsgeschichtlich sich grundsätzlich doch im Aussagebereich des Dankliedes eines Königs bewegt, wenn auch Vorstellungselemente des heiligen Krieges eingebaut sind.

5f. Das Ereignis, das zu solch freudiger Erwartung berechtigt, ist die Geburt des königlichen Kindes. So wenigstens versteht die traditionelle Auslegung den Abschnitt, – und 5aα drängt diese Deutung geradezu auf. 5aβb allerdings scheint den Akt der Inthronisation eines neuen Herrschers im Auge zu haben: Die Namen, die dem Kind gegeben werden, gleichen den „großen Namen“, die in Ägypten dem Pharao bei der Thronbesteigung verliehen wurden (s.u.). Ebenso scheint der Satz „die Herrschaft kam auf seine Schulter" (vgl. das imperf. cons.) im Rahmen eines Geburtszeremoniells fehl am Platz zu sein.

Diese Beobachtungen haben Alt (217ff.) dazu bewogen, auch in 5aα „uns ist ein Kind geboren, ein Sohn ist uns gegeben" nach Ps 2 7 als Akt der Adoption des Königs zum Gottessohn im Ritual der Inthronisationsfeier zu verstehen. Die Auffassung ist verführerisch, weil nur diese Deutung die Einheit der Zeit für den ganzen Abschnitt zu gewährleisten scheint. Aber sie ist unhaltbar. Gewiß kann der König als Sohn Jahwes, aber eben nicht als Sohn schlechthin bezeichnet werden. Nie wird er ילד „Kind" oder gar „Kind Jahwes" genannt. ילד steht voran und kann darum nicht nur als vages Synonym zu בן unter dem Zwang des parallelismus membrorum verstanden werden, s. dazu Coppens, Mémorial AGelin 99ff. und Messianisme 80, Kraus 45ff. und Lescow 183f. 7 14 spricht von der zu erwartenden Geburt, nicht von der Thronbesteigung des Immanuel. Es wäre schwer verständlich, wenn nun in 9 1ff. nicht die Geburt, sondern die Thronbesteigung das große Ereignis wäre, das die Glaubwürdigkeit der Verheißungen an das Davidshaus bestätigt. Namen wie Jonathan, „Jahwe hat gegeben", sind als Dankbezeugung anläßlich der Geburt eines Kindes gemeint, und in 8 18 spricht Jesaja von den Kindern, ילדים, die ihm Jahwe gegeben habe. Bei der Deutung Alts müßte in 5f. Jahwe selbst der Sprecher sein, das heißt, daß ein Gottesorakel zitiert wäre. Dann wäre aber nicht לנו, sondern לי zu erwarten, denn hier steht nicht, wie in 6 8, die Vorstellung von der Götterversammlung, durch welche לנו gerechtfertigt wäre, im Hintergrund. Aber selbst wenn man dieses לנו übergehen wollte, wäre die passivische Ausdrucksweise unverständlich, es müßte bei Alts Auffassung doch etwa heißen: „Ich habe mir einen Sohn eingesetzt", s. Ps 2 6. Diese Überlegungen machen auch Lescows Argumentation fragwürdig, der unter Verweis auf 1 Kö 13 2 annimmt, es gehe hier nicht um die Geburt, sondern um das Auftreten eines „Sprosses" aus dem Geschlecht der Davididen (184f.).

5aα spricht also zweifellos von der Geburt eines Kindes, durch das die Erbfolge im Hause Davids gesichert ist. Entgegen der traditionellen Auffassung liegt aber diese Geburt nicht in ferner Zukunft, sie ist vielmehr bereits Ereignis geworden, wie das imperf. cons. וַתְּהִי eindeutig zeigt. Für Menschen unter dem Druck harter Knechtschaft wäre ja auch die Aussicht, einmal, nach Jahrzehnten oder Jahrhunderten, werde der große Umschwung zum Durchbruch kommen, ein schlechter Trost.

Im Alten Testament läßt sich allerdings nichts davon erkennen, daß die Geburt eines Kindes im königlichen Haus als Heilsereignis gefeiert wurde. Bei der Grundhaltung des israelitischen Glaubens, der sich weithin eine mehr oder weniger kühle Distanz gegenüber der Institution des Königtums bewahrt hat, ist auch nicht anzunehmen, daß die Geburt eines Prinzen, und sei es eines Thronnachfolgers, religiös stark akzentuiert worden ist. Aber daß man in Hofkreisen zum mindesten die Geburt eines Erbprinzen festlich begangen hat, wird niemand bezweifeln wollen. Die Königspsalmen zeigen, daß auch in Jerusalem die altorientalischen Anschauungen des sakralen Königtums nicht unbekannt gewesen sind. Dann ist aber anzunehmen, daß nicht nur bei der Inthronisation eines Königs (Ps 2. 110), sondern auch anläßlich einer Feier nach der Geburt eines Thronfolgers Elemente der allgemeinen Königsideologie der Umwelt Israels zum Zuge gekommen sind.

Wie sich im Alten Orient hohe Erwartungen an das Kommen eines Königs hefteten, illustriert die Prophezeiung des Priesters Nefer-rehu an König Snefru (4. Dyn., s. AOT 47f. = ANET 445f.). Nach der Schilderung der bösen Zeit der Rechtlosigkeit im „Lande der Verwirrung" wird berichtet: „Ein König wird aus Süden kommen mit Namen Ameni, der Sohn einer Frau aus Nubien, ein Kind von Chenchen. Er wird die oberägyptische Krone empfangen, er wird die unterägyptische Krone sich aufsetzen, ... Die Leute seiner Zeit werden sich freuen, der Edle wird sich einen Namen machen für alle Ewigkeit... Das Recht wird (wieder) an seine Stätte kommen.... Es freut sich der, der (es) sehen wird..." Dieser Text, der in der 2. Hälfte des 2. Jahrtausends niedergeschrieben wurde, aber auf ältere Vorlagen zurückgeht, spricht allerdings nicht von der Geburt eines königlichen Kindes, sondern von dessen Erscheinen in Ägypten. Anders ist es im „Mythos von der Geburt des Pharao": Gleich bei der Zeugung durch den Gott ergeht das Orakel: „Gesprochen wird durch Amun... zu ihr (zur Königsgemahlin und Königsmutter Jahmes): Hatschepsut-Chenemet-Amun ist also der Name dieses deines Sohnes (sic!, obwohl „Tochter" zu erwarten wäre, aber die Sätze sind eben durchaus formelhaft), den ich in (deinen) Leib gelegt habe... Sie wird dieses wohltätige Königtum in diesem ganzen Land ausüben. Mein Ba gehört ihr, meine (Macht) gehört ihr; mein Ansehen (?) gehört ihr... Ich habe für sie die beiden Länder vereinigt in all ihren Namen auf dem Horusthron der Lebenden. Ich werde meinen Schutz um sie knüpfen täglich zusammen mit dem Gott des jeweiligen Tages" (HBrunner 43f.). Nach der Geburt kommt der herrliche Gott, seine geliebte Tochter zu sehen. Er anerkennt sie als sein Kind: „*njnj* (wohl: „willkommen") meine Tochter von meinem Leibe, Maat-Ka-Re, mein strahlendes Abbild, das aus mir hervorgegangen. Du bist ein König, der die beiden Länder in Besitz nimmt auf dem Thron des Horus wie Re... Ich gebe dir hiermit alles Leben, alle Wohlfahrt, alle Gesundheit als ihren Schutz" (HBrunner, 109f., s. auch 121). Und in einer weiteren Szene spricht der Gott: „Sei mir willkommen, sei mir willkommen in Frieden ... Du bist ein König, der erobert und der erscheint auf dem Horusthron der Lebenden ewiglich. Sie wird geküßt, sie wird umarmt, sie wird auf den Schoß genommen, (denn) er hat sie liebgewonnen über alle Dinge" (HBrunner 117f.). Mit diesem Akt wird offensichtlich die Legitimität des Thronfolgers anerkannt. Noch einmal in einer späteren Szene, die sich unter der Flügelsonne abspielt, wird dem Kind offiziell die zukünftige Königswürde verliehen: „Er gibt alles Leben, alle Dauer und alle Wohlfahrt, alle Gesundheit, alle Herzensweite auf dem Thron des Horus, indem sie alle Lebenden leitet, indem sie die Krone in Besitz nimmt,... indem sie die beiden Länder beherrscht in Herzensweite" (HBrunner 149, s. auch 193. Vgl. auch: EBrunner-Traut, Die Segnungen des Gottes Ptah, ZRGG 100 und GRoeder, Urkunden zur Religion des alten Ägypten, 1923, 158–163).

Über die Distanz der jesajanischen Verheißung zu diesen hochmythologischen Texten braucht kein Wort verloren zu werden. Von

Zeugung des Sohnes durch den göttlichen Vater spricht Jesaja nicht, und 9 5f. ist auch kein Gottesorakel, sondern widerspiegelt die Botschaft des Hofes an die Öffentlichkeit. Es ist aber durchaus damit zu rechnen, daß es im königlichen Palast zu Jerusalem bei der Geburt eines Prinzen an Orakeln nicht fehlte, die den ägyptischen Überlieferungen nicht allzu ferne standen. Jedenfalls sind diese ägyptischen Texte für das Verständnis des jesajanischen Wortes instruktiv. Wichtig ist aber vor allem, zu sehen, wie in den ägyptischen Texten von der Verleihung der Königswürde bereits bei der Geburt die Rede ist – dessen ungeachtet, daß die Thronbesteigung noch lange auf sich warten lassen mußte.

Brunner vermutet bei der nicht sehr durchsichtigen Beschreibung der ägyptischen Handlung unter der geflügelten Sonnenscheibe einen „Bekleidungsakt“, so daß „eine Form von ‚Investitur‘ vorliegen könnte“ (150f.). So wird es verständlich, daß Jesaja gleich nach der Verkündigung der Geburt des Kindes sagen kann: „Und die Herrschaft kam auf seine Schulter.“ Der Satz ist nicht eine Aussage über die Thronbesteigung, sondern muß von einem Investiturakt her begriffen werden, durch welchen das Kind offiziell zum Kronprinzen erhoben und als zukünftiger Herrscher proklamiert wurde. Zweifellos entsprach ihm ein Ritus, nämlich die Verleihung eines Herrschaftsabzeichens. Duhm und Marti (z.St.) denken an einen Fürstenmantel, der dem Kind über die Schulter geworfen wurde.

Schwieriger ist es zu verstehen, daß Jesaja gleich noch von der Benennung mit den Thronnamen, die in Ägypten eindeutig zum Fest der Thronbesteigung gehört, sprechen kann (s Wildberger 325ff.). Die Schwierigkeit ist behoben, wenn man dem oben (S. 365, Textanm. 5c) gemachten Vorschlag folgt und statt des imperf. cons. וַיִּקְרָא das einfache imperf. וְיִקְרָא liest oder die Lesart von V^{Qa}, וקרא, übernimmt. Eine Verschiebung in der Vokalisation ist nach dem vorangehenden וַתְּהִי leicht denkbar. Über alle Zweifel erhaben ist die Konjektur allerdings nicht, sie ist zum Verständnis des Textes auch nicht unumgänglich. Die Verleihung eines gewichtigen Namens, der die Bedeutung des Kindes unterstreicht, spielt schon bei der Geburt eine wichtige Rolle, wie gerade auch der oben zitierte „Mythos von der Geburt des Pharao“ zeigt. Es ist ohnehin nicht sicher, ob es in Jerusalem überhaupt üblich war, Thronnamen zu verleihen, vgl. Wildberger 319ff., und wenn es geschah, wurden doch auf keinen Fall dem König so außergewöhnliche Namen zugelegt, wie sie im vorliegenden Text von Jesaja genannt werden. Man muß also, ob man das imperf. cons. וַיִּקְרָא beläßt oder nicht, annehmen, daß Jesaja hier von dem, was am Hof wirklich zu geschehen pflegte, in seiner heißen Hoffnung auf eine neue Zeit in starkem Ausmaß abstrahiert. Beläßt man den Text, ist die Vorstellung also die, daß bereits bei der Feier anläßlich der Geburt des Thronfolgers diesem eine

Titulatur beigelegt worden ist, ähnlich derjenigen, die in Ägypten dem Pharao bei der Thronbesteigung verliehen wurde.

Man wird demnach den Schluß wagen dürfen: 9 5f. ist zu verstehen als prophetische Nachahmung einer Proklamation des Hofes zu Jerusalem, die bald nach der Geburt eines königlichen Kindes anläßlich seiner Einsetzung in die Würde eines Kronprinzen zu erfolgen pflegte. Jesaja verwendet dabei Formulierungen, die über das am Hof zu Jerusalem übliche – jedenfalls über das von Israel allgemein akzeptierte – Ideengut hinausgehen, aber in einem für uns nicht mehr näher überschaubaren Zusammenhang mit Vorstellungen des sakralen Königtums in Ägypten stehen. Man wird immerhin bedenken müssen, daß Salomo eine ägyptische Prinzessin geheiratet hat und Jerusalem bis zur Eroberung durch David unter ägyptischer Oberhoheit stand.

Die Geburt des Kindes und seine Proklamation zum Thronnachfolger ist Jesaja Zeichen und Angeld dafür, daß Israel hoffen darf und die Fremdherrschaft nicht als unabänderliches Geschick hinnehmen muß. Ist die Nachfolge gesichert, heißt das, daß das Bündnis zwischen Jahwe und dem Davidshaus noch Bestand hat. Das wiederum bedeutet nach dem Denken der Alten, daß die Weltordnung intakt ist und Friede gedeihen kann. Das Königtum ist Garant dieser Ordnung. Wo es die ihm bestimmte Funktion auszuüben vermag, muß Recht und Gerechtigkeit, muß „Friede ohne Ende" (V. 6) eines Tages doch noch volle Wirklichkeit werden. Gilt auch das לנו zunächst nur vom Hof, so gilt es doch zugleich für das ganze Volk. – Der Satz: „Und die Herrschaft kam auf seine Schulter" muß im Kontrast zu מוטת שכמו in 3 (s. Textanm. 3b) gesehen werden. Was bedeutet es schon, wenn Völker toben und Nationen auf Nichtiges sinnen (Ps 2 1), solange der Stellvertreter Jahwes auf dem Zion sein Amt ausübt! – Es ist oft beachtet worden (s. Caspari 290f. und vRad, TheolAT II[4] 178 und a.a.O. 210 bzw. 213), daß nicht von der Königsherrschaft, sondern der משׂרה des Heilbringers (und nachher nicht vom Friedenskönig, sondern dem שׂר־שׁלום) gesprochen wird. Das hat aber seinen Grund kaum in einer grundsätzlichen Skepsis gegenüber dem Königtum, sondern in der Konzeption dieser Institution im Alten Orient. Der irdische König ist Vertreter des himmlischen מֶלֶךְ, sein Sachwalter auf Erden (s. HWildberger, Das Abbild Gottes, ThZ 21, 1965, 245–259. 481–501, s. 484–488). Dem Volk gegenüber ist er wohl מֶלֶךְ, in seiner Relation zu Gott aber ist er שׂר „Statthalter in Jahwes Reich". Es ist durchaus sachgemäß, daß gerade Jesaja, der Jahwe als מֶלֶךְ bezeichnen kann (s.o. zu 6 5), den König in der Rolle eines שׂר sieht. Mit dem Gebrauch von משׂרה und שׂר ist also keine Abwertung des Königtums beabsichtigt. Das ergibt sich schon daraus, daß V. 6 ohne Restriktion von der ממלכה Davids spricht. Der Herrscher von Jerusalem ist weit mehr als ein König in eigener Vollmacht oder nach dem Willen des Volkes, er übt Gottes Herrschaft auf Erden aus.

Schon Greßmann, Messias, 245 hat gesehen, daß für die Namen, die dem Königskind in 9 5b gegeben werden, Einfluß der ägyptischen Königstitulatur anzunehmen ist. vRad (215 bzw. 211f.) glaubte dann zeigen zu können, daß in Juda die Namengebung zum Zeremoniell der Thronbesteigungsfeierlichkeiten gehört und Jesaja wenigstens in formaler Hinsicht von einer Tradition abhängig sei, die nach Ägypten zurückweise. Alt 219 schließlich wies nach, daß wenigstens diejenigen Namen, die von Israels Glaubensüberlieferungen her schwer verständlich sind, auch ihrem Inhalt nach letztlich ägyptische Herkunft verraten. In Ägypten ist die Verleihung des „großen" Namens fester Bestandteil des sog. Königsprotokolls (s. dazu RÄRG, Art. Krönung und vgl. 2 S 7 9 und 1 Kö 1 47). Und zwar besteht die Titulatur aus 5 Teilen. Sie lautet z.B. bei Haremheb: 1. Kräftiger Stier, geschickt in Plänen, 2. Groß an Wundern in Karnak, 3. Gesättigt mit Wahrheit, Schöpfer der beiden Länder, 4. Glänzend ist das Wesen Re's, erwählt von Re, 5. Geliebt von Amon, Horus beim Fest, dem Leben verliehen ist (s. Breasted, AR III §29, Wildberger 327). Eine Übersicht über das ganze Material ergibt, daß fast alle Elemente der Thronnamen von 9 5b in der ägypt. Titulatur nähere oder fernere Parallelen haben, und da jene in der Struktur keineswegs den uns bekannten hebräischen Namen entsprechen, kann es tatsächlich nicht zweifelhaft sein, daß die „messianischen" Namen in einem Zusammenhang mit der ägyptischen Titulatur stehen (s. auch Morenz 74), so wenig wir die Zwischenglieder aufzuweisen in der Lage sind. (Immerhin ist der Brauch der Verleihung solcher Titel auch aus Kanaan bekannt: *bʿl ṣdḳ skn bt mlk ṯğr mlk bny*, ug. Text 185, Z. 4–7, s. dazu MDahood, Psalms I, 1966, 11.) Bei Jesaja ist aber alles sorgfältig getilgt, was an den ägyptischen Polytheismus erinnert oder sich nicht in Israels Glauben eingliedern ließe. –

Das Verständnis der Titulatur bietet schon rein grammatisch Schwierigkeiten, was die Unsicherheit in der Abgrenzung und die Vielfalt der Übersetzungsvorschläge zeigt, s. dazu die Komm. und GdelOlmo Lete. Offensichtlich sind die Namen grammatisch nicht gleich gebaut (d.h. nicht alle sind st. cstr.-Verbindungen, wie es bei אבי־עד und שר־שלום eindeutig der Fall ist). Auch die ägyptischen Namen sind von verschiedener Struktur.

Der erste Name lautet פלא יועץ. Um ihn richtig zu deuten, muß man Stellen wie 28 29 (הִפְלִיא עֵצָה) und 29 14 (s. auch 25 1 עָשִׂיתָ פֶּלֶא עֵצוֹת) beiziehen. Ihre Berücksichtigung zeigt, daß פלא יועץ keinesfalls in zwei Titel zerlegt werden kann („Wunder, Rat"), daß der Name nicht als Nominalsatz zu deuten („ein Wunder ist der Ratgeber") und nicht als st.cstr.-Verbindung aufzufassen ist („prodigio de consejero", delOlmo Lete 241, s. auch Coppens, Mémorial AGelin 97, Anm. 34, GJeshurun, JBL 53, 1934, 384) und daß יועץ auch nicht Apposition zu פלא sein kann („ein Wunder, [nämlich] ein Ratgeber"). פלא ist Akkusativobjekt, das um des Nachdrucks willen vorangestellt ist (vgl. etwa תְּשֻׁאוֹת מְלֵאָה in 22 2). Die übliche Übersetzung von יועץ mit „Ratgeber" trifft den Sinn des Wortes nicht. Der König erteilt keine Räte, sondern ist ein

Herrscher, der (was sonst von Jahwe ausgesagt wird) wunderbare, erstaunliche Dinge plant (יעץ s. 28 29) und natürlich auch sie auszuführen imstande ist, so schon GJeshurun. Zu עצה s. JFichtner (o.S. 175) 41 und o. S. 188f. und Wildberger, Jesajas Geschichtsverständnis, VTSuppl 9 (1963) 83–117 (vgl. auch in der zitierten Titulatur Haremhebs die Namensteile „geschickt in Plänen" und „groß an Wundern" und s. Wildberger, ThZ 329, Anm. 68). „Der Messias hat die Eigenschaft, zu der ihm der Geist des Rates verhilft, c. 11 2, große Beschlüsse zu fassen, die er ausführen kann als der אֵל גִּבּוֹר", Duhm z.St. Daß der König durchaus in diesem Sinn als יועץ bezeichnet werden kann, zeigt Mi 4 9, vgl. auch Hi 3 14. Das Planen von Wunderbarem ist in der Regel allerdings Gott vorbehalten. Jahwe ist הָאֵל עֹשֵׂה פֶלֶא, Ps 77 15, s. auch 12 Jes 29 14 31 1. Mit פלא sind nicht Wundertaten im Sinn von Mirakeln gemeint, sondern einerseits „die großen Taten" der Heilsgeschichte, Ex 15 11 Ps 78 12 u.a., andererseits die Errettung aus Nöten, aus welchen sich der Beter in den Klageliedern an Gott wendet, Ps 4 4 17 7 31 22, vgl. 88 11. Wird der „Messias" פלא יועץ genannt, heißt das also, daß man von ihm außergewöhnliche Taten der Geschichte erwarten darf, wie es etwa Gottes Hilfe am „Tag Midians" war oder die in 3f. angekündete Befreiung von fremden Joch sein wird.

Der zweite Name ist אל גבור. Auch ihn darf man nicht in zwei Teile zerlegen („Gott, Held", so GWidengren, Sakrales Königtum, 1955, 55), und im Blick auf Dt 10 27 Jer 32 18 und Neh 9 32 kann es sich auch hier nicht um einen Satznamen handeln („Gott ist Held") oder um ein st.cstr.-Verhältnis („Gott eines Helden" oder „Heldengott"). גבור ist vielmehr Adjektiv, s.z.B. אִישׁ גִּבּוֹר 1 S 14 52. DelOlmoLete 240f. will אל vom ugaritischen *'ul*, „Macht", her verstehen und übersetzt „Kraft eines Kriegshelden". Trotz der Formel יֵשׁ לְאֵל יָד Gn 31 29 u.ö. oder Stellen wie Ps 88 5 ist es aber ausgeschlossen, daß das Wort in der vorliegenden Verbindung „Kraft" bedeuten könnte. אל גבור heißt nichts anderes als „starker Gott". An den erwähnten Stellen wird allerdings Jahwe האל הגבור genannt, höchstens in Jes 10 21 kann man sich fragen, ob אל גבור den König bzw. den Messias meine. Aber diese Parallelität entspricht wiederum der orientalischen Konzeption des Königtums, nach welcher der König mit denselben Prädikaten ausgezeichnet werden kann wie die Gottheit, die er repräsentiert. Thutmose III. kann von sich sagen: „Re selbst setzte mich ein ... ich wurde vorgestellt mit allen Würdezeichen eines Gottes ... seine eigene Titulatur wurde mir beigelegt", Breasted, AR III § 29. Die Gottheit des Königs ist im Alten Orient zweifellos nicht als Beeinträchtigung der Würde der Götter verstanden worden. Um ein Mißverständnis zu vermeiden, wird in Ägypten der Pharao gern „Abbild" der Gottheit genannt, vgl. Gn 1 26 3 5 Ps 8 6 und s. dazu Wildberger, ThZ 21 (1965). Und selbstverständlich will Jesaja keineswegs die Einzigkeit Jahwes in Frage stellen, sowenig wie Ps 45 7, wo der König geradezu als אלהים bezeichnet wird. אל oder אלהים kann im Alten Testament in freierer Weise im Sinn von Gottwesen verstanden werden, s. Duhm z.St., der auf Gn 32 25ff. 33 10 2 S 14 17. 20 Sach 12 8 verweist. Die Bezeichnung des „Messias" als גבור erstaunt weniger, s. etwa Ps 89 20 und 45 4. Aber in Ps 24 8 wird wieder Jahwe גבור genannt, und natürlich kann auch von seiner גְּבוּרָה gesprochen werden, s. z.B. Jes 33 13 63 15 Ps 54 3 89 14. Die Heldenhaftigkeit von Göttern und Königen wird überall im Alten Orient gepriesen, für den mesopotamischen Raum vgl. z.B. Falkenstein–vSoden (o.S. 296) 76. 115. 139, für den ägyptischen etwa den Anfang des Siegesliedes auf Menephta, AOT 21.

אבי־עד kann nur heißen „Vater von Ewigkeit". Unermüdlich wird im Alten Orient dem König „ewiges Leben" zugesprochen. Schon Greßmann, Messias 245 hat auf die ägyptischen Königstitel „Fürst der Ewigkeit" und „Herr der Unendlichkeit" hingewiesen. „Solange der Himmel dauert, dauerst du ... Deine Lebenszeit soll die Ewigkeit sein, die Lebenszeit des Rê als König beider Länder" (Roeder 72). Die Höflinge können gar schmeicheln: „... bis der Ozean zu Fuß (marschiert), bis Berge aufstehen, um zu gehen und zu Schiff zu fahren ..." (Roeder 77). Aber auch im Alten Testament wird dem König „ewiges Leben" gewünscht, Ps 72 5. 17 (s. Kraus, BK XV z.St.) 2 S 7 16, vgl. Ps 21 5 132 11–14. Mehr Mühe macht das Verständnis von אב, vor allem darum, weil im Bereich der Vorstellungen vom Königtum Gott als Vater und der König als Sohn einander zugeordnet sind, s. 2 S 7 14. Und eben vorher war ja von der Geburt des ילד und בן die Rede. Doch wird der Pharao in Ägypten nicht nur Sohn, sondern auch „Vater" genannt. In welchem Sinn אב im vorliegenden Zusammenhang zu verstehen ist, zeigt Jes 22 21: Der Hausminister ist „Vater" für die Bewohner Jerusalems und das Haus Juda, was bedeutet, daß er um ihren Schutz und ihr Wohlergehen besorgt ist. Im Verhältnis zu Jahwe ist der König wohl „Sohn", in der Beziehung zum Volk aber „Vater", ungefähr in dem Sinn, wie man im Deutschen von einem „Landesvater" spricht.

Am leichtesten zu verstehen ist der Titel „Friedefürst". Alt übersetzt mit „Wohlfahrtsbeamter" (219). שלום darf tatsächlich nicht einseitig als Gegensatz zu „Krieg" aufgefaßt werden. Aber wie der Zusammenhang mit 1–4 zeigt, ist hier doch zunächst an Friede im Sinn von Freiheit von fremder Kriegsmacht zu denken; er ist durch das legitime Königtum garantiert. – Eine Parallele zu שר־שלום ist wohl זֶה שָׁלוֹם in Mi 5 4 („Herr des Friedens"?, Text unsicher), auch an den Namen Absalom sei erinnert. Leider ist es ganz unsicher, ob „Salomo" der Thronname des Nachfolgers Davids war, wie Honeyman meint (The Evidence for

Regnal Names among the Hebrews, JBL 67, 1948, 13–25, s. S. 22f.). Daß der König als Wahrer des Friedens gilt, braucht nicht weiter ausgeführt zu werden (s. Ps 72 3. 7). Aber natürlich ist auch und erst recht Jahwe selbst Garant des Friedens, vgl. den Namen des Altars in Ri 6 24, יהוה שלום.

Im Blick darauf, daß die ägyptische Königstitulatur fünfgliedrig ist, meinten wir, hinter dem offensichtlich korrupten Anfang von 6 stehe ein fünfter Thronname, der etwa רב המשרה gelautet haben mag. Diese Emendation findet auch inhaltlich am ägyptischen Material eine gewisse Stütze. So lautet einer der Titel Amenhoteps IV.: „Groß im Königtum von Karnak" (Breasted, AR II § 934. Zur Konstruktion vgl. auch Verbindungen wie רַב־כֹּחַ, „groß an Kraft", Ps 147 5). Größe der Herrschaft wird im Alten Testament dem König immer wieder verheißen, z.B. Ps 2 8 72 7ff., s. dazu Kraus, BK XV, Exkurs 1 zu Ps 2 10. Jerusalem ist die Stadt eines מֶלֶךְ רָב, Ps 48 3 (vgl. die Bezeichnung des assyrischen Königs als *šarru rabû*). Zwar dürfte in Ps 48 3 Jahwe und nicht der König gemeint sein, s. auch Ps 47 3 95 3. Aber wenn die Gottheit ein „großer König" ist, dann ist es nur konsequent, ihren Vertreter auf Erden als „groß in seiner Herrschaft" (oder genauer: „Statthalterschaft") zu preisen.

Was in V. 6 vom regnum des zukünftigen Königs gesagt wird, ist Entfaltung dessen, was sich aus den Thronnamen als Funktion des Herrschers ergibt: „Des Friedens wird kein Ende sein über dem Throne Davids und über seinem Königreich." Im Zusammenhang der ganzen Weissagung ist offensichtlich der Name „Friedefürst" der wichtigste. Wenn auch, wie eben festgestellt, שלום hier zuerst Freiheit von Feindesnot meint, so muß doch die ganze Weite und Tiefe dessen mitgehört werden, was das Wort umfaßt. שלום gründet in Stabilität der Ordnung, welche die Möglichkeit einer gedeihlichen Entwicklung eröffnet. Die Weissagung über das Kind fährt denn auch fort: „Da er es festigt und stützt durch Recht und Gerechtigkeit." Das ל vor den beiden Infinitiven ist nicht final und auch nicht konsekutiv zu verstehen, sondern bezeichnet den begleitenden Umstand (s. KBL 465b, Joüon, Gr § 124 o). Von Salomo wird gesagt: Er setzte sich auf den Thron seines Vaters David, und seine Königsherrschaft festigte sich sehr (וַתִּכֹּן מַלְכֻתוֹ מְאֹד, 1 Kö 2 12, s. auch 45. הכין in der vorliegenden Jesajaweissagung entspricht sachlich dem נאמן der sog. Nathanweissagung, 2 S 7 16, s.o.S. 271. 283f. zu 7 9). Aber nicht nur Festigkeit und Beständigkeit der Herrschaft, sondern auch צדקה und משפט als deren Fundament ist eine durch die Tradition vorgegebene Anschauung: Ps 89 15: צֶדֶק וּמִשְׁפָּט מְכוֹן כִּסְאֶךָ s. auch 97 2 Prv 16 12 20 18. An den genannten Psalmstellen ist allerdings vom Thron Gottes die Rede, aber das entspricht wieder nur der Korrespondenz zwischen Aussagen über das göttliche und menschliche Königtum. HBrunner, Gerechtigkeit als Fundament des Thrones: VT 8 (1958) 426–428, hat darauf aufmerksam gemacht, daß der Königsthron bei ägyptischen

Darstellungen auf einem Sockel ruht, welcher die Form des hieroglyphischen Zeichens für *mꜣʿ.t*, „Gerechtigkeit, Wahrheit, rechte göttliche Ordnung", besitzt. Der Sockel ist die vereinfachte Form des Urhügels, von dem aus der Schöpfergott sein Werk, die Setzung der ordnenden Grenzen, begann. *mꜣʿ.t* kann im Hebräischen nur mit צדק oder צדקה wiedergegeben werden. Wenn nun צדקה das Fundament des Königsthrones ist, dann heißt das nicht nur, daß dieser selbst nicht schwankt, sondern daß das Königtum die gottgegebene Ordnung der Welt sichert, an deren Bestand Friede, Gedeihen, Glück, Segen hängt (s. dazu HHSchmid, Gerechtigkeit als Weltordnung: BHTh 40, 1968, bes. 83–89). Vor צדקה steht nun aber משפט als bestimmender Hauptbegriff. Das bedeutet, daß jene Grundordnung sich auswirkt in der Handhabung des positiven Rechts im Sinn einer Rechtsordnung, bei welcher auch der Geringe und Schwache im politischen und ökonomischen Bereich findet, wessen er bedarf (zu משפט und צדקה s.o.S. 172f. zu 5 7). – Es fällt auf, daß, nachdem bereits vom „Vater der Ewigkeit" und dem „Frieden ohne Ende" gesprochen worden war, das Motiv der Dauer sehr volltönend am Schluß der eigentlichen Weissagung noch einmal aufgenommen wird: מעתה ועד־עולם. Man muß gewiß die Formelhaftigkeit solcher Wendungen in Rechnung setzen. „Ewigkeit" im Sinn einer strengen Eschatologie kann ohnehin nicht gemeint sein (anders Fohrer, Komm. 1² 138f. 143, s. zu עולם EJenni, Das Wort Olam: ZAW 64, 1952, 197–248; 65, 1953, 1–34). Aber es muß schon beachtet werden, daß auf die Beständigkeit des durch den Umschwung zu erwartenden Zustandes größtes Gewicht gelegt wird.

Der abschließende Satz „Der Eifer Jahwes der Heere wird solches tun" hält fest, daß Spender des verkündeten Heils Jahwe, und zwar Jahwe allein, ist. Die überraschend hochgreifenden Aussagen über den Thronnachfolger könnten den Eindruck erwecken, daß er der große Heilbringer sei. Jesaja sichert seine Worte gegen dieses Mißverständnis ab. Daß er sich dazu veranlaßt sieht, ist ein indirekter Beweis dafür, daß er in 5f. nicht eigenständig formuliert, sondern sich an geprägte Überlieferungen angelehnt hat. Zuversicht des Glaubens besitzt ihr festes Fundament allein in Gott, genauer: in Jahwes קנאה. Die ältesten Stellen, an denen die Wurzel קנא auf Jahwe bezogen ist, sind Ex 20 5 34 14 und Jos 24 19. An ihnen soll der Anspruch Jahwes auf Alleingeltung gegenüber andern Göttern unterstrichen werden. Es ist aber zu beachten, daß sich dabei Jahwes קנאה nicht, wie die häufige Übersetzung mit „Eifersucht" vermuten läßt, gegen die Götter, sondern gegen das untreue Israel, das ihnen verfallen ist, richtet. קנאה kann aber keineswegs bloß im negativen Sinn, sondern ebensogut in bonam partem verwendet werden und bedeutet dann „eifern", „sich kümmern um". Immer ist dabei die leidenschaftliche innere Bewegtheit, welche das Handeln begleitet, mit eingeschlossen. Wo der Eifer am

Werk ist, gibt es kein Erlahmen und keinen nur lauen Einsatz. Dasselbe Sätzchen von der קנאת יהוה צבאות findet sich übrigens noch in Jes 37 32 (s. auch 2 Kö 18 31), es scheint sich also um eine fest geprägte Aussage zu handeln, durch welche die Verläßlichkeit von Weissagungen beteuert wird. „Qin'âh ist die Totalität, der Inbegriff von allen seinen (Jahwes) Kräften und Vermögen ... Das einfache *v^e ja'aṣ jhwh zô't* hätte hier auch genügt. Die breitere Umschreibung aber beabsichtigt, besondern Wert auf JHWHs Potenz zu legen" (Brongers 279). In Jes 42 13 ist es übrigens der als גִּבּוֹר geschilderte Jahwe, von dessen קִנְאָה („Kampflust") gesprochen wird, und in 63 15 ist Jahwes קִנְאָה in Parallele gestellt mit seiner גְּבוּרָה. D.h.: die Rede von Jahwes Eifer ist offensichtlich dort rasch zur Hand, wo man von ihm als dem Gott sprechen will, der als Kriegsheld seinem Volk zu Hilfe eilt (s. auch Jes 26 11 59 17 Ez 36 5 u.a. und vgl. Renaud 126). Man kann also geradezu sagen: der Eifer Jahwes ist das Verhalten, das er als אל גבור zeigt. Sicher ist es nicht Zufall, daß קִנְאָה gerade dem Jahwe der Heere zugeschrieben wird (zu dieser Gottesbezeichnung s.o.S. 28f. 248).

Ziel 9 1–6 ist gezielt hineingesprochen in die notvolle Situation der Fremdherrschaft, unter der Israel bzw. ein Teil von ihm zu leiden hatte. Es ist also nicht von einem absoluten, unabänderlichen, ewigen Heilswillen Gottes die Rede. Auch wenn der Bezug auf die an Assur verlorenen Gebiete Israels nicht zutreffen sollte, so wäre doch unter der „Finsternis", durch die das Volk zieht, nicht die menschliche Situation überhaupt gemeint. Dementsprechend wird nicht von Erlösung schlechthin gesprochen, sondern von einer allerdings überraschenden Wende im Ablauf der Geschichte, einem Ereignis, das mit dem „Tag Midians" verglichen werden kann und hellen Jubel auslösen wird.

Die Wende verdankt das Volk allein seinem Gott. Von irgendwelcher aktiven Mitwirkung des Volkes ist nicht die Rede. Die Auslegung ergab, daß von der Befreiung in Analogie zur „Rettung", die in den Dankliedern Israels Gegenstand des Gotteslobes ist, gesprochen wird. Die Erinnerung an die Zurückweisung der Midianiter zeigt aber, daß dabei menschliche Beteiligung nicht ausgeschlossen sein muß. Vom Quietismus Jesajas zu reden ist hier ebensowenig wie bei 7 4ff. Anlaß. Aber das Vertrauen kann sich allerdings nur auf Gott richten, und der Ruhm gebührt ausschließlich ihm.

Von ähnlichen Abschnitten, in denen Jesaja Befreiung von Feindesnot ankündigt – 9 1–6 am nächsten steht 30 27–33 –, unterscheidet sich die vorliegende Verheißung durch die Zufügung von 5f., wo von der Geburt eines königlichen Kindes gesprochen wird. Der Sinn dieser außergewöhnlichen Erweiterung liegt nach den Ergebnissen der Exegese darin, daß sie Mut machen will, der zuvor ausgesprochenen

Verheißung zu trauen: Jahwe hat durch die Geburt eines Thronfolgers einmal mehr seine Treue zu Israel bekundet. Der Hinweis auf dieses Ereignis hat dieselbe Funktion wie die Ankündigung des Immanuelzeichens von 7 14. Und die Botschaft, die hier bezeugt werden will, ist letztlich dieselbe wie dort: „mit uns ist Gott".

Ist das Kind, dessen Geburt 9 5 verkündet, der in 7 14 verheißene Sohn der עַלְמָה? Manche Ausleger meinen es (s. Budde 111, Procksch, Steinmann, Vischer 46, Lindblom 34, HRinggren, The Messiah in the Old Testament, 1956, 30). Aber angesichts der vielen Fragen, die offenbleiben müssen, ist an diesem Punkte äußerste Zurückhaltung geboten. Auf alle Fälle jedoch denkt Jesaja an die Geburt eines Kronprinzen aus davidischem Haus. Sie ist bereits geschehen oder steht, falls ילד und נתן in 5a als perf. prophetica zu verstehen wären, unmittelbar bevor. Von einem Erretter der Endzeit spricht also der Abschnitt nicht. Und da zudem die Hilfe allein von Jahwe zu erwarten ist, scheint es unmöglich zu sein, die Bezeichnung von 9 1–6 als einer messianischen Weissagung beizubehalten. So einfach geht die Rechnung aber nicht auf. Die Geburt des königlichen Kindes ist zwar, wie diejenige des Immanuel von 7 14, als אות zu verstehen, aber doch nicht nur als „Zeichen" im Sinn unseres heutigen Denkens. Sie ist nicht nur Hinweis darauf, daß Jahwe gemäß seiner Verheißung handeln wird, sondern selbst schon eine Realität, die nur Heil bedeuten kann (s. dazu CWestermann, Der Segen in der Bibel und im Handeln der Kirche, 1968, 35f.). Jahwes Eifer für Israel ist am Werke. Zwar nicht in chronologischem, aber in qualitativem Sinn ist die Geburt des Kindes tatsächlich ein „eschatologisches" Ereignis. Sie ist Angeld auf Verwirklichung des Heils.

So erklärt es sich, daß Jesaja dem Kind Namen beilegen kann, welche die geschichtliche Bedeutung eines jeden Davididen weit transzendieren. Es ist verständlich, daß die Exegese immer wieder meinte, es sei hier eine endgeschichtlich-mythische Gestalt anvisiert (HGreßmann, Messias 245, Fohrer z. St.), oder daß neuerdings die These vertreten wurde, es handle sich in 9 5b um Namen Gottes (Rignell 34), wie andererseits der Versuch naheliegen mußte, den Namen des Kindes ihren mythischen Gehalt durch verharmlosende Deutung zu nehmen. In Wirklichkeit wollen die der altorientalischen Königsideologie entnommenen Namen die Präsenz des transzendenten Gottes mitten in der Geschichtlichkeit des bedrohten Israels bezeugen. Was vom Königssohn von 9 5f. gesagt wird, steht grundsätzlich nicht auf einer andern Ebene als manche Aussagen in den Königspsalmen. Wenn Gott nach Ps 110 zum Davididen spricht: „Setze dich zu meiner Rechten", so ist damit der König von Jerusalem als Vezir Gottes angesprochen. Und wenn Jahwe den Davididen seinen Sohn nennen kann (s. 2 S 7 14 Ps 2 7 u.a.), so ist es kein großer Schritt mehr, wenn er geradezu als Gottwesen bezeichnet wird. „Ewigkeit" wird der Herrschaft des Königs auch sonst im Alten Testament in scheinbar unmöglicher Großzügigkeit zugesprochen. Es kann darum angenommen werden, daß bei der Geburt eines Thronfolgers am Hof zu Jerusalem von Hofpropheten Weissagungen zu hören waren, die dem vorliegenden Wort Jesajas nicht unähnlich waren. Jesajas Anknüpfung an die Königsideologie am jerusalemischen Hof, deren Zusammenhang mit den Vorstellungen vom sakralen Königtum im Alten Orient unverkennbar ist, wäre undenkbar, wenn er nicht das Königtum der Davididen in seiner Funktion als Zeichen und Ausdruck der Erwähltheit Israels bejaht hätte. Auch das offensichtliche Versagen des Ahas hat diesen Glauben des Propheten nicht zu erschüttern vermocht. Mit seiner Einschätzung des davidischen Königtums als Einbruchstelle göttlicher Gnade steht Jesaja im AT nicht allein da, man vergleiche Mi 5 1ff. und Am 9 11ff. Aber er unterscheidet sich allerdings überaus scharf von andern Zeugen des Glaubens Israels, allen voran Hosea. Wie er Jahwe den Titel מֶלֶךְ zu geben vermochte und wie er altorientalische Motive vom Gottesberg seiner Verkündigung dienstbar gemacht hat, so hat er auch die Vorstellungen vom Königtum als „Zeichen" der heilvollen Gegenwart Gottes unter den Seinen aufzunehmen gewagt. Nicht zuletzt mit dem abschließenden Satz, der auf den Eifer Jahwes als alleinigen Realgrund der Hoffnung verweist, hat Jesaja aber die mythischen Traditionen um das sakrale Königtum jahwisiert. Der Trennungsstrich gegenüber jenen Hoffnungen, die vom zukünftigen Pharao Heil im weitesten Sinn erwarten, ist klar und scharf. Heilbringer ist der Davidide nicht, wohl aber Garant dessen, daß Gott das Heil schafft und schaffen wird. Damit kann man aber auch die Thronnamen letztlich nicht mehr als Titel auffassen, welche die Würde des Königs bezeichnen; sie sind im Einklang mit dem Namen Immanuel faktisch uminterpretiert zu Trägern der Botschaft vom großen Licht, das von Gott her über dem Volk in der Finsternis strahlt. Sie preisen Gott, der mitten in Israel dieses Signet (s. 11 10) seiner Treue aufgerichtet hat.

Wir haben oben bemerkt, daß der übliche Begriff „messianisch" im Blick auf den vorliegenden Abschnitt problematisch ist. Nirgends ist im Alten Testament von einem מָשִׁיחַ als einer aus der Transzendenz herabsteigenden, der Weltgeschichte ein Ende setzenden Rettergestalt die Rede, s. Greßmann 1f. Das Kind, von dessen Geburt Jesaja im vorliegenden Abschnitt spricht, wird in Jerusalem auf dem Throne Davids sitzen. Aber ohne Zweifel ist seine Geburt ein Heilsereignis. Die Zukunft, die ihm folgt, wird mehr als bloß eine verlängerte Gegenwart sein; sie ist zwar immer noch Geschichte im normalen irdisch-menschlichen Raum, aber doch erfüllte Geschichte. Ein dauernder Zustand des Heils (שלום) wird erwartet, vgl. den volltönenden Schluß מעתה ועד עולם.

In diesem Rahmen behalten die Begriffe messianisch und eschatologisch ihren guten Sinn.

Hat sich Jesajas Erwartung erfüllt? Die von Thiglath-Pileser seinem Reich eingegliederten Provinzen sind nicht befreit worden. Und wer auch der ילד und בן gewesen sein mag, jedenfalls haben sich die im Zusammenhang mit seiner Geburt wachgewordenen Hoffnungen höchstens zum Teil erfüllt. Aber Jesajas Weissagungen von einem Herrscher aus Davids Haus wurden selbst nach dem Untergang des davidischen Reiches nicht ad acta gelegt, selbst dann nicht, als der Versuch der Restaurierung der Davididen unter dem Einfluß Haggais und Sacharjas fehlgeschlagen war. Der Verfasser des Matthäusevangeliums hat im Auftreten Jesu in Galiläa die Erfüllung von 8 23aβb und 9 1 gesehen (Mt 4 15f.), ohne allerdings das Gesamtzeugnis der Perikope aufzunehmen, und der Lobgesang des Zacharias (Luk 1 79) nimmt auf 9 1 Bezug, aber wiederum ohne den Abschnitt als solchen christologisch auszuwerten. Hingegen spielt Lk 1 32f. auf V. 6 an und erhebt den Anspruch, in der Geburt des Mariensohnes habe sich die Erfüllung der jesajanischen Weissagung ereignet.

(Zu 9 7–20 s.o. S.203–229)
(Zu 10 1–4 s.o. S. 198–201)

ASSURS ÜBERHEBLICHKEIT
(10 5–15)

Literatur KFullerton, The Problem of Isaiah, Chapter 10: AJSL 34 (1917/18) 170–184. – PWSkehan, A Note on Is 10,11b–12a: CBQ 14 (1952) 236. – HTadmor, The Campaigns of Sargon II of Assur: JCS 12 (1958) 22–40. 77–100. – JSchildenberger, Das „Wehe" über den stolzen Weltherrscher Assur: Sein und Sendung 30 (1965) 483–489. – BSChilds, Isaiah and the Assyrian Crisis: StBTh 2/3 (1967), bes. 39–44. – GFohrer, Wandlungen Jesajas: Festschr WEilers (1967) 58–71, hier 67–70.

Text 5 Wehe Assur, meinem Stecken des Zorns,
    [a]'in dessen Hand meine Rute der Verwünschung ist'[a].
6 Gegen ein ruchloses Volk laß ich es los
    und wider die Nation, der ich zürnen muß[a], entbiete ich es,
Beute zu erbeuten[b] und Raub zu rauben
    und es zu zertreten[c] wie Kot in den Gassen.
7 Aber es denkt nicht so,
    und sein Sinn meint es so nicht,
sondern zu vertilgen hat es im Sinn
    und Völker auszurotten in nicht geringer Zahl[a].
8 Denn es spricht:
„Ist nicht ein jeder[a] meiner Fürsten ein König?
    9 Ist nicht Kalno[a] wie Karchemis
oder Hamath wie Arpad[b]
    oder Samarien wie Damaskus?"

* * * * *

10 [a][Wie meine Hand nach diesen Götzenkönigreichen[b] griff – und ihre Götzen sind
doch zahlreicher als die von Jerusalem und Samaria –
11 kann ich nicht, wie ich mit Samaria und seinen Götzen verfuhr, auch verfahren
mit Jerusalem und seinen Götzenbildern?][a]
12 [a][Und wenn der Herr sein ganzes Werk auf dem Berge Zion und in Jerusalem
vollenden wird, 'wird er'[b] heimsuchen die Frucht der Überheblichkeit des Assyrerkönigs und den hochmütigen Stolz seiner Augen,
13 denn er spricht:][a]

* * * * *

„Durch die Kraft meiner Hand hab ich's getan
    und durch meine Weisheit, denn ich bin klug!
Ich beseitige[a] die Grenzen der Völker,
    und ihre Vorräte[b] plündere[c] ich.
[d]Ich stoße[a] nieder 'in den Staub' 'die Städte'
    .... ihre Bewohner...[d]
14 Und wie in ein Nest griff meine Hand
    nach dem Reichtum der Völker.
Und wie man[a] verlassene Eier zusammenrafft,
    habe ich zusammengerafft die ganze Erde.

Und keiner war da, der mit den Flügeln schlug,
der den Schnabel aufsperrte und piepte."
15 Rühmt sich denn die Axt gegen den, der mit ihr haut,
oder tut groß die Säge gegen den, der sie zieht?
[a][als schwänge[b] der Stab den[c], der 'ihn' hebt[d]
oder höbe der Stecken den, der nicht Holz[e] ist?][a]

5a–a Die zweite Zeile von V.5 ist unverständlich (Übersetzungsversuchen 5
wie dem von Orelli: „ein Stecken ist er, da durch ihre Vermittlung mein
Grollen" wird man nicht folgen wollen). Gewöhnlich wird הוא בידם gestrichen
und für מַטֵּה der st.cstr. מַטֵּה gelesen. Damit wird aber die zweite Vershälfte
zu kurz. Ginsberg, JBL 69 (1950) 54, meint, das ם in בידם sei ein Mem encliticum und streicht zudem הוא. Eher wird aber Driver, JThSt 34 (1933) 383 zu
folgen sein, der ומַטֵּה זעמי הוא בידם <י> liest und übersetzt: „and the rod of my
wrath – it is in their hand". Da bei solchen Genitivverbindungen das suff. des
gen. zum ganzen Begriff gehört (s. JWeingreen, The Construct-Genitive Relation in Hebrew Syntax: VT 4, 1954, 50–59), ist מטה זעמי mit „mein Stab der
Verwünschung" und dementsprechend שבט אפי mit „mein Stab des Zorns"
wiederzugeben (zu dieser Übersetzung von זעם s.u.S. 395). – 6a Zur Verbindung 6
עם־עברתי vgl. Joüon, Gr § 129g. – b Zur Form des inf. (שְׁלֹל statt שׁל) vgl. Joüon,
Gr § 82k. – c Man lese mit K לְשִׂימוֹ. – 7a 𝔗 übersetzt לא מעט mit לא בחיס 7
„ohne Schonung", s. dazu SSpeier, ThZ 21 (1965) 312f. und vgl. Hab 1 17b. –
8a Zu יחדו vgl. MDGoldman, AustrBR 1(1951)63, der nachweist, daß יחד 8
nicht nur „together", sondern auch „alone, separate(ly)" bedeutet. – 9a 9
כַּלְנוֹ 𝔊: Χαλαννη, in Am 6 2 כַּלְנֵה vokalisiert, keilinschriftlich *kullanī* oder
kulnia (s.u.S. 397); die masoretische Punktation ist zweifellos ungenau. – b Var[Ka]
und sonst im AT אַרְפָּד. – 10f.a-a Vv. 10 und 11 sind Glosse, s.u.S. 392. – b Es wird 10f.
vorgeschlagen, האלה statt האליל zu lesen, was sich rechtfertigen würde, wenn
10f. als jesajanisch betrachtet werden könnte und unmittelbar an das Vorangehende anschlösse. Es scheint sich aber bei 10f. um einen Zusatz zu handeln,
der die Schuld am Untergang der genannten Städte ihrem Götzendienst zuschreibt, was innerhalb der Pralhrede des Assyrers höchst seltsam wäre.
האליל ist also festzuhalten. – 12f.a-a Auch dieser Vers ist ein Einschub, s.u.S. 392. – 12
b Die 1. pers. von אפקד stört, da der vorangehende Temporalsatz von Jahwe
in der 3. pers. spricht. 𝔊 liest ἐπάξει, zweifellos ist 𝔐 mit den meisten Auslegern
in יפקד zu ändern. – 13a Möglicherweise muß für ואסיר das imperf. cons. וָאסיר 13
gelesen werden (s. 𝔖𝔗𝔙, BHK und BHS) und dann natürlich auch in 13bβ
וָאוריד. Nötig ist die Änderung nicht, und möglicherweise ist für וַתִּמְצָא in
14 וְתִמְצָא zu konjizieren. – b Es ist mit K וַעֲתִידֹתֵיהֶם zu lesen; Q וַעֲתוּד׳,
„ihre Böcke" im Sinn von „ihre Anführer" paßt schlecht in den Zusammenhang. – c Viele MSS lesen שׁוסיתי, was die reguläre Schreibweise des Verbs ist
(po. von שׁסה, entsprechend der arab. dritten Stammform). – d–d 13bβ ist zweifellos stark korrumpiert, wir haben vermutlich nur noch einen Torso vor uns.
𝔊 liest: καὶ σείσω πόλεις κατοικουμένας, 𝔗: ואחיתית בתקוף ית יתבי כרכין תקיפין
(„und ich ließ mit Gewalt hinuntersteigen die Bewohner fester Städte"),
𝔖: *wᵉkabšet mᵉdînātâ dᵉjātᵉbān*, 𝔙: et detraxi quasi potens in sublimi residentes.
Nach 𝔊 und 𝔗 ist als ursprünglicher Text etwa zu vermuten וָאוֹרִיד בְּעָפָר
יוֹשְׁבֵיהֶם ... עָרִים (s. Marti), eine völlige Wiederherstellung ist unmöglich. – 14a 14
Das subj. des inf. ist im Hebräischen ziemlich häufig ein unbestimmtes „man",
Joüon, Gr § 124 s. – 15a-a V. 15b dürfte Glosse sein, s.u.S. 393. – b Zur inf.- 15
Konstruktion vgl. BrSynt § 45. – c Für ואת ist mit vielen MSS und Editionen

את zu lesen. – d Einige MSS, 𝔖𝔙 lesen, wohl mit Recht, den sing. (מְרִימוֹ), vgl. 𝔊. – e ERobertson, AJSL 49 (1932/33) 319f. schlägt vor, für das seltsame לא־עץ zu lesen: ל(ו)חֵץ, „Bedrücker". Die Änderung empfiehlt sich nicht, da offensichtlich von Handwerkern und ihren Geräten, nicht von politischen Verhältnissen gesprochen werden soll.

Form Zweifellos beginnt mit dem הוי zu Beginn von 5 ein neuer Abschnitt. Umstritten ist aber, wie weit dieser reicht; der Weheruf von 5–15 scheint im durch לכן eingeleiteten Drohwort 16–19 seine natürliche Fortsetzung zu finden. Aber dieses dürfte Zusatz von anderer Hand sein, s. dazu u.S. 405ff. Man mag einwenden, daß der Weheruf über Assur einer Fortsetzung in einer Gerichtsandrohung geradezu bedürfe. Solche Erweiterungen, die in der Regel mit לכן eingeführt werden, sind zwar möglich (s. die Ausführungen o.S. 182), aber keineswegs nötig; wo das הוי ertönt, ist das Unheil im Grunde bereits in Gang gesetzt.

10–12 sind zweifellos ein Einschub; 13 (von בכח an, כי אמר zu Beginn des Verses ist Überleitung) ist die natürliche Fortsetzung von 9. Die drei Verse sind Prosa (trotz der metrischen Anordnung in BHK und BHS). Es ist ganz unwahrscheinlich, daß Jesaja dem Assyrer die Worte von 10 in den Mund gelegt hätte. Die Wortfügung מצאה ידי hat der Ergänzer V. 14 entnommen. – Während bei 10 die Meinungen der neueren Exegeten kaum auseinandergehen, glauben viele V. 11 für Jesaja festhalten zu können (so Marti, Procksch, Hertzberg, Kaiser, Fohrer, Schildenberger 485 und neuerdings auch Childs 42f., allerdings nur, indem er ולאליליה und ולעצביה streicht). Der Satz ist in Jesajas Mund gewiß nicht undenkbar, aber auch er zerreißt den Zusammenhang: Thema des Abschnittes ist nicht die Bedrohung Jerusalems, sondern die Überheblichkeit Assurs, die sich in seinem Verhalten gegenüber den Völkern und keineswegs speziell gegenüber Jerusalem manifestiert. Der Vers dürfte derselben Hand wie 10 zuzuschreiben sein (so Gray, Duhm, Herntrich u.a.). Daß der Übergang von 10 zu 11 nicht glatt verläuft, wird der Ungeschicklichkeit des Glossators zuzuschreiben sein. – Hingegen schließt V. 12 weder an 10 noch an 11 unmittelbar an, kann andererseits aber auch nicht die Fortsetzung von 5–9 darstellen. Auch er dürfte kaum von Jesaja stammen (s.u.S. 402f.), was schon seine prosaische Form vermuten läßt. Jedenfalls steht er für sich und gehört nicht in den Zusammenhang des Weherufes über Assur hinein.

Weherufe sind ihrem Wesen nach kurz; es muß gesagt werden, wem der Ruf gilt, und der Adressat muß kurz so charakterisiert werden, daß das Wehe als wohl begründet erscheint. Diese einfache Form ist hier erweitert. Bevor in 7–9 und 13f. die zu erwartende Schilderung des Versagens Assurs folgt, wird in 5f. die Funktion umschrieben, die ihm von Jahwe zugewiesen war. Die Charakterisierung Assurs selbst verläuft zunächst in imperfektischen Sätzen (während sonst in der Regel der vom Wehe Betroffene durch appositionelle Partizipien des näheren vorgestellt wird, s. 5 8-24 10 1f.). In 8f. und 13f. läßt Jesaja dann aber den Assyrer, d.h. faktisch den assyrischen König, selbst sprechen – ein Mittel der Enthüllung des wahren Wesens seiner Gegner, das der Prophet immer wieder verwendet, z.B. 3 6 4 1 5 19 22 13 28 15, s.o.S. 192. – V. 15 schließlich will die Anklage gegen Assur damit einsichtig machen, daß durch einen Vergleich die Unsinnigkeit seines Verhaltens aufgewiesen wird.

Die dichterische Kraft der jesajanischen Sprache tritt auch in diesem Abschnitt zutage. Knapp und klar umschreibt der Prophet den Auftrag Assurs mit den beiden Metaphern „mein Stecken des Zorns", „mein Stab der Verwünschung". Treffend schildert er die Frevelhaftigkeit der raubenden und plündernden Großmacht durch das Bild des Eiersammlers und die von Assur verhöhnten schwachen Gegner durch den Vergleich mit wehrlosen Vögeln, die nicht einmal zu piepen wagen. Und anstelle einer Reflexion über die Verwerflichkeit des assyrischen Hochmutes spricht er von der Axt, die sich gegen den rühmt, der mit ihr haut.

Das Metrum des Abschnittes ist von einer seltenen Gleichmäßigkeit, es handelt sich fast durchgehend um Doppeldreier. Nur 6b wird als ein Doppelvierer oder als zwei Doppelzweier zu lesen sein. Dadurch ist der erste Teil des Wortes deutlich von der folgenden Anklage abgesetzt. In der zweiten Zeile von 13 wird עתידתיהם doppelbetont sein, die dritte Zeile, die nur als Bruchstück auf uns gekommen ist, dürfte ebenfalls aus einem Doppeldreier bestanden haben. Hingegen ist der letzte Stichos von 14 als Siebener zu lesen; wieder ist mit diesem Abweichen vom sonstigen Versmaß das Ende eines Unterabschnittes markiert. In 15 schließlich liegen zwei Doppeldreier vor, die Versfüße sind aber gefüllter als im übrigen Gedicht, der Fortschritt des Gedankengangs spiegelt sich auch hier in der äußeren Form.

Die Jesajanität des Abschnittes ist nach Ausscheidung von 10–12 bis auf V. 15 unbestritten. Zu diesem meint Marti, er passe besser zu 11, oder Duhm, das alles sei „theologisches Raisonnement". Aber man sieht nicht ein, warum V.15 „ein späteres Urteil über die Unvernunft der assyrischen Überhebung" (Marti) sein soll. Der Vers fügt sich durchs aus in die Thematik des jesajanischen Weherufs, und es gehört zu Jesaja-Stil, bei der Formulierung seiner Verkündigung sprichwörtliche Wendungen zu benützen. Immerhin dürfte 15bβ.γ sekundäre, erklärende Glosse zu 15a.bα sein. מטה לא־עץ klingt seltsam und ist Jesaja kaum zuzutrauen; es ist ein ungeschickter Versuch, 15a.bα mit 5 zu verknüpfen. Vor allem aber ist die Zeile nicht nur unnötig, sondern verwirrt geradezu das vorhergehende klare Bild, das keiner Erklärung bedarf. Es entspricht wiederum durchaus dem Stil Jesajas, daß er seine Zuhörer mit der nackten Frage von 15a.bα entläßt, vgl. etwa die Art, wie er in 5 29 die Leser kommentarlos ihren eigenen Gedanken überläßt.

Ort

In der Frage der zeitlichen Einordnung des Abschnittes herrscht beträchtliche Unsicherheit. Betrachtet man 11 als jesajanisch, wird man schließen, daß das Wort aus einer Zeit stammt, da man für Jerusalem das Schicksal Samarias befürchtete. Man wird in diesem Fall am ehesten an die Zeit der Invasion Sanheribs in Juda denken, vgl. Duhm, Marti, Schmidt, Steinmann, Balla, Pfeiffer, RStOr 32 (1957) 150f., Fohrer, Eichrodt, Wright, Leslie, Eißfeldt u.a. Da die Eroberung der in 9 erwähnten Städte im syrischen Raum, von Damaskus abgesehen, das den Assyrern schon 732 in die Hände gefallen war, zwischen 722 und 717, d.h. in der Frühzeit Sargons, erfolgte, denken Kaiser, Procksch, Fischer, Ziegler u.a. an die Zeit des asdoditischen Aufstandes gegen Assur in den Jahren 713–711. Wenn aber, wie oben ausgeführt, V. 11 nicht jesajanisch ist, fehlt jeder greifbare Bezug auf Jerusalem. Ein solcher wäre gewiß zu erwarten, wenn das Wort aus einer Zeit akuter Bedrohung der Stadt stammte. Es läßt sich aber vermuten, daß Jesaja das vorliegende Wort gesprochen hat, als die Assyrer unbeschränkte Herren Syriens geworden waren, und gewiß auch ihre Absicht, den Kampf um die Weltherrschaft mit Ägypten aufzunehmen, mit guten Gründen vermutet werden konnte. Dann ist an die Zeit zu denken, da Sargon II. (722–705), der sich selbst auch die Eroberung Samarias zugeschrieben hat (ANET 284–287 und vgl. AOT 350–352), seine Herrschaft durch Niederwerfung aller Aufstandsbewegungen in Syrien/Palästina eben konsolidiert hatte. Genaueres wird sich aus der Einzelexegese ergeben, s.u.S. 397f.

Wort Assur, das in der Zeit Jesajas erneut zur Großmacht aufgestiegen
5 ist, hat in Jesajas Augen Jahwes Zorn an Israel zu vollstrecken (und man wird folgern dürfen: an den Völkern überhaupt). Der Zorn Jahwes gegen sein Volk ist für den Propheten eine Realität, die als ein Damoklesschwert über diesem hängt, vgl. 5 15 9 11. 16 10 4, auch 10 25 und 30 27 und s. dazu o.S. 216f. שבט kann das Szepter des Herrschers meinen Gn 49 10 Nu 24 17 Ri 5 14 Jes 9 3 11 4 14 5 Am 1 5. 8 u.ö. Da Jahwe „König" ist, könnte also sein שבט sehr wohl Symbol seiner Herrschergewalt sein. Indessen spricht auch das Hiobbuch von Jahwes שבט, 9 34 und 21 9 (vgl. auch 37 13), wobei im Hintergrund das Bild von Gott als Erzieher steht, wozu Prv 13 24 22 15 23 13f. 26 3 29 15, aber neben andern Stellen auch 2 S 7 14 23 21 Jes 14 29 zu vergleichen ist. – In Parallele zu שבט אפי spricht Jesaja von מטה זעמי. Genaue Synonyma sind die beiden Wortverbindungen allerdings nicht. מטה bezeichnet zwar auch das Szepter eines Herrschers, Jer 48 17 Ez 19 11–14 Ps 110 2, aber kaum je den Stock in der Hand des Erziehers (das Wort fehlt in den Proverbien). Offensichtlich meint es speziell die Zauberrute, wie sie etwa die ägyptischen Zauberer verwenden, Ex 7 12. Aber auch Aaron und Mose verfügen über eine solche, Ex 4 2–4 7 9–20 17 5 u.ö.; sie kann geradezu als מַטֵּה הָאֱלֹהִים (Ex 17 9) bezeichnet werden. Man spricht daher auch vom מַטֵּה־עֹז Jer 48 17 Ez 19 11 Ps 110 2, dem Stab, in dem Zauberkraft beschlossen

ist. Wie Mose nach Ex 17 9 den Gottesstab in der Hand hält und damit die heranstürmenden Feinde bannen kann, so ist Assur Jahwes Zauberrute in die Hand gegeben. Diese Deutung wird gestützt durch das Verständnis von זעם. KBL und HAL bieten dafür die Übersetzung „Verwünschung", wobei das logische Subjekt, von Hos 7 16 abgesehen, immer Gott ist. Stellen wie Jes 30 27 (Jahwes Lippen sind voll von זעם) Jer 15 17 (der Prophet fühlt sich mit Jahwes זעם erfüllt) und der Ausdruck זַעַם לְשׁוֹנָם an der Hoseastelle zeigen, daß זעם tatsächlich nicht einfach wie üblich (s. Ges-Buhl, Zorell) mit „Zorn" oder „Grimm" übersetzt werden kann, sondern daß an fluchgeladene Verwünschungen zu denken ist, die im Zorn ausgestoßen werden (vgl. Nu 23 7f., wo das Verb זעם par. mit ארר und קבב steht, ähnlich Prv 24 24). Ist אף die Gemütsbewegung, so זעם ihr verbaler Ausdruck, das Wort, durch das Unheil in Gang gesetzt wird. Aber die in Ex 17 9 noch leicht faßbare, im magischen Denken verwurzelte Vorstellung vom Gottesstab in der Hand von Menschen ist zur bloßen Metapher geworden, denn faktisch ist das Werkzeug Assurs zur Ausführung seiner Mission natürlich seine Heeresmacht.

In 6 wird die Beauftragung Assurs mit den beiden Verben שלח und 6
צוה umschrieben (zu dieser Parallele s. auch Jer 14 14 23 32). Jahwe braucht seinen Willen nicht selbst zu vollstrecken. Er ist von himmlischen Mächten umgeben, die er „senden" kann, s. Gn 19 13 Mal 3 1 Ps 78 49 103 20f. u.ö. Die Naturmächte stehen zu seiner Verfügung: das Feuer (Am 1 4.7.10.12 2 2.5) oder der Blitz (Hi 36 32 u.a.), Naturkatastrophen, Seuchen, wilde Tiere, das Schwert oder einfach der Fluch. An die Stelle dieser Mächte können die Propheten treten (passim). Aber in einer Zeit, wo das mythische Denken verblaßt, sendet Jahwe als Gerichtsvollstrecker einen irdischen Feind, Dt 28 48 2 Kö 24 2, wie das an der vorliegenden Jesajastelle der Fall ist. Ebenso kann Jahwe Engelmächte „entbieten" (צוה), vorab um die Seinen zu behüten (Ps 91 11). Auffallend ist, daß das Alte Testament regelmäßig vom „Entbieten" des נָגִיד über Israel spricht, 1 S 13 14 25 30 2 S 6 21 1 Kö 1 35, vgl. auch 2 S 7 11. צוה על עמו ישראל muß geradezu feste Formel für die Bestellung des נגיד zum Werkzeug der Errettung des Volkes gewesen sein (vgl. dazu WRichter, Die *nāgīd*-Formel: BZ NF 9, 1965, 71–84). Es wird kaum Zufall sein, daß Jesaja mit derselben Begrifflichkeit von der Bestellung Assurs zum Werkzeug des Gerichts über Israel spricht. Statt עמי sagt er aber עם עברתי und parallel dazu גוי חנף. חנף hat Jesaja auch in 9 16 zur Bezeichnung des gottentfremdeten Volkes verwendet, s.o.S. 220, und zwar dort im Zusammenhang mit seinen Ausführungen über Jahwes Zorn. Von Jahwes עברה spricht er in 9 18. Abgesehen von diesen jesajanischen Stellen wird im Alten Testament von der עֶבְרַת יהוה nur innerhalb der Formel יום עברת יהוה gesprochen, Jes 13 13 Ez 7 19 Zeph 1 18. Der am Jahwetag entfesselte Zorn gegen Israels Feinde gilt nun also

diesem selbst, es ist geradezu „Volk seines Grimms" (vgl. דּוֹר עֶבְרָתוֹ in Jer 7 29).

Der Auftrag Assurs geht nach 6b außerordentlich weit: Es soll „Beute erbeuten und Raub rauben" (zu שׁלל und בזז s.o.S. 316; die beiden figurae etymologicae nebeneinander auch in Ez 38 12) und Israel zertreten dürfen „wie Kot auf den Gassen". Im „Weinberglied" hatte Jesaja Juda/Jerusalem angedroht, es der Zertretung, מרמס, preiszugeben (s. auch 28 18); an der vorliegenden Stelle wird nun Assur damit beauftragt, diese Zertretung zu vollziehen. Der Zusatz כחמר חוצות unterstreicht noch, daß Assur bei seinem Strafgericht sehr weit gehen darf (vgl. den ähnlichen Ausdruck כַּסּוּחָה בְּקֶרֶב חוּצוֹת in 5 25). – Man möchte meinen, daß angesichts dieser Terminologie doch nur an ein Vernichtungsgericht,
7 das über die Völker ergehen soll, zu denken sei. Aber das ist durch V. 7 ausdrücklich ausgeschlossen. Assur hat seinen Auftrag überschritten, wenn es nicht die Grenzen sieht, die ihm gesetzt sind und sich einbildet, seine Vollmacht zur Vernichtung (השמיד und הכרית) seiner Gegner gebrauchen zu dürfen. Wie eine freigelassene, blutrünstige Bestie lebt es in einer maßlosen Vernichtungsorgie seine Raubtiertriebe aus, über alle Grenzen hinwegschreitend, die das Rechtsempfinden dem Völkermord gesetzt hat. Das גוים לא מעט am Schluß von 7 spielt auf die große Zahl der Völker an, die dem unbändigen Eroberungswillen Assurs zum Opfer fielen. Man kann sich vorstellen, mit welchen Gefühlen man in Jerusalem die Nachricht von der Eroberung immer neuer Gebiete durch Assur vernommen hat. Die beiden Verben חשב und דמה enthalten das Moment der Absicht und des Planens (in 14 24 verwendet Jesaja דמה neben יעץ), und לבב umschreibt keineswegs den Stimmungsgehalt des deutschen Wortes „Herz", sondern zielt auf die kühl berechneten עצות Assurs, deren Scheitern 14 24 ankündet. Es kann tatsächlich nicht zweifelhaft sein, daß Assur in den Jahrzehnten der jesajanischen Wirksamkeit einem festen Konzept einer imperialistischen Eroberungspolitik folgte. – השמיד hat seinen Schwerpunkt im Alten Testament im Dt (von 68 Vorkommen finden sich in ihm deren 20 und im DtrG 17, das ni. steht bei 20 Stellen 8mal im Dt, 2mal im DtrG), es „bezeichnet im sakralen Bannrecht des Jahwekrieges die völlige Vertilgung" (HWWolff, BK XIV/2, 204). Eine ähnliche Streuung zeigt הכרית: 78mal im AT, 2mal im Dt, 18mal im DtrG (נכרת 67mal im AT, davon 9mal im DtrG). Beide Verben werden einerseits für das „Ausrotten" der Völkerschaften Palästinas verwendet, andererseits wird solche „Ausrottung" Israel für den Fall seiner Untreue angedroht. Jesaja teilt also die dt. Theorie von der Vernichtung der Völker ebensowenig wie den Gedanken, Jahwe könnte Israel völlig aus dem Buch der Geschichte tilgen.

8 Der Hochmut Assurs wird in 8f. und 13f. durch Zitierung der stolzen Gedanken seines Königs illustriert. Solche Ruhmesreden der Könige

scheinen geradezu eine feste Form gewesen zu sein, deren sich Jesaja hier hat bedienen können. Man vergleiche etwa Ez 27 3: „Ein Prachtsschiff bin ich, vollendet schön" (emend. Text), Ez 28 2: „Gott bin ich! auf einem Göttersitz throne ich mitten im Meer!" oder Ob 3: „Wer wird mich zur Erde hinabstürzen?", vgl. auch Jes 14 13 Jer 46 8 Ez 35 10ff. Dieser Selbstruhm geht offensichtlich leicht in Schmähung der Gottheit der Feinde über, vgl. 1 Kö 20 28 Ez 35 13, von welchem Schema sich auch der Glossator von 10f. leiten ließ. Andererseits zeiht man den sich auf solche Art rühmenden Feind gern des Hochmuts (s. Jer 46 8 und vgl. 28 2), wie es expressis verbis der Ergänzer von 12 tut (s. dazu Childs 88f.).

Der Assyrer rühmt sich: „Ist nicht ein jeder meiner Fürsten ein König?" Vielleicht wußte Jesaja, daß im Akkadischen *malku* bzw. *maliku*, das dem hebr. מלך entspricht, „Fürst, Stadtkönig" bedeutet, *šarru* aber, die Entsprechung zu hebr. שׂר, den König eines Landes bezeichnet. Jedenfalls haben die Assyrer den unterworfenen Kleinkönigen im syrischen Raum ihren stolzen Titel מלך durchaus belassen. So schreibt der Vasall Thiglath-Pilesers III., Panamuwa von Sam'al (*senğirli*): „Ich lief am Rade meines Herrn, des Königs von Assyrien, inmitten mächtiger Könige (מלכן רברבן) Besitzern von Silber und Besitzern von Gold" (KAI Nr. 216, Z. 8ff.). Oder Assurbanipal berichtet: „Im Verlaufe meines Feldzuges brachten 22 Könige von der Meeresküste, von der Mitte des Meeres und vom Festlande, mir untertänige Knechte, ihr schweres Geschenk vor mich und küßten meine Füße" (Streck, VAB VII/2, 1916, 9).

In 9 läßt Jesaja den Assyrer sich seiner Eroberungen rühmen, wobei als Beispiele Karchemis, Kalno, Arpad, Hamath, Damaskus und Samaria genannt werden.

Das Schicksal dieser Städte in der assyrischen Periode ist uns ziemlich 9
genau bekannt. Karchemis (*ass. karkamis, gargamiš* o.ä., heute *ğerāblus*), am mittleren Euphrat an der jetzigen Grenze zwischen Syrien und der Türkei gelegen, war ein bedeutendes Zentrum der späthethitischen Kultur; es wurde von Sargon im Jahre 717 bezwungen. Früher schon von Assur abhängig, hatte es insgeheim Verbindungen mit Midas von Phrygien aufgenommen, was Sargon den Anlaß bot, es zu unterwerfen und sein Gebiet als eine Provinz seinem eigenen Staatswesen einzuverleiben (s. seine Annalen, ANET 285). – Kalno, nicht zu verwechseln mit dem in Gn 10 10 angeblich im Lande Sinear gelegenen Kalne (כַּלְנֵה, das aber vermutlich seine Existenz nur einer Textkorruption verdankt), aber identisch mit dem in Am 6 2 erwähnten כַּלְנֵה, ist nicht sicher zu lokalisieren, dürfte aber die akk. *kullani* oder *kulnia* genannte Stadt in Nordsyrien sein (zu deren Lage s. KElliger, FestschrEißfeldt, 1947, 97, der es in der Küstenebene in der Nähe von Antiochien sucht, während andere, z.B. WFAlbright, JNESt 3, 1944, 254f., es mit Kullanköy nö von Aleppo gleichsetzen, und IJGelb, AJSL 51, 1934/35, 189–191 es 16 km sö vom *tell refad* glaubt gefunden zu haben). Es wurde bereits im Jahre 738 von Thiglath-Pileser erobert, mag aber im Jahre 717, als Karchemis fiel, nochmals eingenommen worden sein (s. Procksch z.St.). – Arpad (akk. *arpadda*) lag zweifellos an der Stelle des heutigen *tell refad* (auch *refād, erfād* oder *rif'at*

geschrieben), 30 km nördlich von Aleppo. Wie Kalne ist es auch schon von Thiglath-Pileser, und zwar im Jahre 740, nach zweijähriger Belagerung erobert, später aber in den Aufstand von Hamath vom Jahre 720 hineingezogen worden, s. Sargons Annalen ANET 284f., AOT 348f. Im Alten Testament wird es wie an der vorliegenden Stelle immer mit Hamath zusammen genannt (2 Kö 18 34 19 13 = Jes 36 19 bzw. 37 13 Jer 49 23). War jenes die bedeutendste Stadt auf der nördlichen Hochebene Syriens, so Hamath, das heutige *ḥama* am Orontes, die wichtigste im mittelsyrischen Binnenland. Seine Stunde schlug im Jahre 738. Die Assyrer beschränkten es damals auf sein Kerngebiet. 720 versuchte Jaubi'di von Hamath, die assyrische Herrschaft im Verein mit andern syrischen Staaten zu brechen. Er scheiterte, und Hamath wurde endgültig dem assyrischen Reiche integriert. – Damaskus (akk. *dimašqa* o.ä.), die Hauptstadt des Aramäerstaates, der sich südlich an das Gebiet von Hamath anschloß, war seit Salmanassar III. (Schlacht bei Qarqar 854) ständig von Assur bedrängt. 732 wurde es von Thiglath-Pileser, der von Ahas von Juda zu Hilfe gerufen worden war (s.o.S. 280), erobert (vgl. AOT 346) und war fortan Hauptstadt einer der vier Provinzen, in welche das Aramäerreich aufgelöst wurde. Jes 17 1–3 zeigt, wie sehr Jesaja das Schicksal von Damaskus verfolgt hatte und wie folgenschwer in seinen Augen der Fall der Stadt auch für Israel war. – Samaria (akk. *samerina* o.ä.) schließlich, die Hauptstadt des Nordreiches, fiel 722 nach dreijähriger Belagerung den Assyrern in die Hände. Nach 2 Kö 17 6 geschah das noch unter Salmanassar, während in seinen Annalen Sargon II. die Eroberung sich zuschreibt, indem er beifügt: „27290 Leute ... führte ich fort ... Die Leute der Länder, die Beute meiner Hände ließ ich darin wohnen. Meine Kammerherren setzte ich als Statthalter über sie. Tribut und Abgabe wie den Assyrern legte ich ihnen auf" (AOT 348, ANET 284). Es ist aber wahrscheinlich, daß die Stadt noch zu Salmanassars Lebzeiten bezwungen werden konnte, und Sargon nur beanspruchen kann, die neue Ordnung aufgerichtet zu haben (s. Tadmor 33–40 und vgl. RLabat, Fischer Weltgeschichte 4, 1967, 58).

Die Liste ist geographisch geordnet und bringt das unaufhaltsame Vorrücken der Assyrer von Norden nach Süden, und zwar bis an die Nordgrenze Judas, zum Ausdruck. Daß sie gerade mit Karchemis beginnt – sie könnte etwa mit Sam'al einsetzen, das 738 unter assyrische Oberhoheit kam –, wird damit zusammenhängen, daß der Fall dieser starken Festung im Norden in Jerusalem besondern Eindruck machte. Mit ihrem Untergang war die Hoffnung, gegen Assurs Vordringen noch ein Bollwerk errichten zu können, dahin. Wahrscheinlich hat die Eroberung der beiden Städte Kalno und Karchemis im Jahre 717 geradezu den Anlaß zum vorliegenden Jesajawort gegeben. Dann steht aber zu vermuten, daß die Erwähnung der übrigen Städte durch Vorgänge bedingt ist, die ebenfalls zeitlich nicht weit zurücklagen, das heißt durch die Ereignisse, welche dem Aufstand des Jaubi'di von Hamath, der Partner Hannos von Gaza war, folgten und an dem auch Arpad, Damaskus und Samaria beteiligt waren. (Zu 10–12 s.u.S. 401–403).

13 כי אמר zu Beginn von 13 nimmt das כי יאמר am Anfang von 8 nach der Unterbrechung durch 9–12 wieder auf. Daß es sekundär ist, zeigt schon

die Differenz im Tempus. Sehen wir von ihm ab, so schließt 13 ausgezeichnet an 9 an. Hatte der König in 8f. scheinbar einfach registrierend davon gesprochen, daß ihm keine Stadt die Stirne zu bieten vermochte, beginnt er sich nun expressis verbis zu rühmen: „Durch die Kraft meiner Hand habe ich es getan" (vgl. Dt 32 27). Mehr als das deutsche „Hand" ist das hebräische יד Symbol der Kraft (s.o.S. 336), es kann sogar an sich schon Kraft bedeuten (s. 2 S 8 3 Jes 28 2; in 2 Kö 11 7 meint יד geradezu eine Abteilung von Soldaten). – Zur physischen Kraft gesellt sich aber die Weisheit. Sie gehört im Alten Orient allgemein zu den Charismen des Königs, s. 11 2. Assurbanipal z.B. rühmt sich, daß ihm Nabu Weisheit schenkte, wie ihm Ninib und Nergal Mannhaftigkeit und unvergleichliche Kraft verliehen hätten, s. VAB VII/2 (1916) 255. Sie manifestiert sich im Aufstellen weitreichender Pläne (s.o. zu V. 7 und vgl. etwa die Darstellung Thiglath-Pilesers III. bei RLabat [o.S. 398] 51–58 und vgl. פֶּלֶא יוֹעֵץ in 9 5) und befähigt den König, mit den Problemen, die ein Großreich stellt, von Tag zu Tag fertig zu werden, vgl. 1 Kö 3 9 Prv 25 1. – „Ich verschiebe die Grenzen der Völker" wird kaum nur meinen, daß er Gebiete anderer Völker erobert und sich untertan gemacht hat. Assur hat die für den Fortbestand der Völker so verhängnisvolle Politik der Exilierung von Bevölkerungsteilen der eroberten Gebiete und der Neubesiedlung mit Gruppen aus andern Teilen des Reiches als Mittel einer dauerhaften Pazifierung neu gewonnener Gebiete in die Großmachtpolitik eingeführt, wie nicht zuletzt das Schicksal des Nordreiches nach dem Fall Samarias illustriert (2 Kö 17 6. 24). Es hat sich aber auch nicht gescheut, für die unterworfenen Völkergruppen neue Grenzen zu ziehen, wie es beispielsweise der Bericht Sanheribs über die Belagerung Jerusalems schildert: „Seine Städte ... trennte ich von seinem Lande ab ... und verkleinerte so sein Land" (AOT 354, ANET 288). „Grenzen" der Völker sind aber ein für allemal von der Gottheit festgelegt, jedes Volk hat seinen „Erbbesitz", der ihm vom Höchsten selbst zugeteilt worden ist, Dt 32 8. Die Grenzen der Erde sind von Gott genau so festgelegt wie die Bahnen der Gestirne und der Ablauf der Jahreszeiten (Ps 74 16f.). Die nach den Himmelsrichtungen festgesetzten Grenzen einer Stadt „stehen in unmittelbarer Beziehung zur Weltordnung; die Stadt ist viergeteilt, wie auch die Welt" (GvanderLeeuw, Phänomenologie der Religion, ²1956, 454). Sogar die Grenzen von Grundstücken anzutasten untersteht schwerstem Fluch: Dt 19 14 27 17 Hi 24 2, vgl. Prv 22 28 23 10 (s. die Parallelen bei Amenemope, AOT 40 = ANET 422). Assur treibt nicht nur Eroberungspolitik im üblichen Rahmen, sondern begeht unerhörte Freveltaten. In dieser Richtung wird auch das Verbum שׁסה zu deuten sein. Es ist offensichtlich ein stärkeres Wort als שׁלל oder בזז. Plünderungen gehören gewiß zu den unvermeidlichen Begleiterscheinungen eines Krieges, und nach V. 6 ist auch Assur

Kriegsbeute keineswegs verwehrt. Aber es kann kein Zufall sein, daß 13bβ eine andere Terminologie als 6bα verwendet. Es ist nicht dasselbe, ob man Gold, Silber, Waffen und ähnliche Dinge erbeutet oder ob man Vorräte plündert, ohne welche die Bevölkerung dem Hungertode preisgegeben ist. Dt 20 19 verbietet, bei der Belagerung den Bestand an Fruchtbäumen um eine Stadt herum zu vernichten. Aber Thiglath-Pileser rühmt sich im Bericht über seinen Zug gegen Damaskus: „Seine Gärten, Obstpflanzungen ohne Zahl, schlug ich nieder, ließ keinen (Baum) übrig" (AOT 346, zu Salmanassar vgl. AOT 343). Leider ist der Text von 13b verdorben. Zerstörung von Städten ist bei Kriegshandlungen gewiß nichts Außerordentliches. Der Text scheint aber von deren vollständiger Ausradierung gesprochen zu haben. Wieder Thiglath-Pileser rühmt sich, bei der Eroberung des Landes Damaskus 592 Städte so zerstört zu haben, daß sie „Sintfluthügeln" glichen. Assur hat zu Praktiken gegriffen, die hemmungslos über das Recht, das man nach allgemeinem Empfinden dem Sieger zuzubilligen bereit war, hinweggeschritten.

14 Die Unverfrorenheit, mit welcher der Assyrer vorging, illustriert Jesaja mit dem Bild des Eiersammlers, der Vogelnester plündert. Hirtenjungen etwa mögen sich ein Vergnügen daraus gemacht haben, möglichst viele Eier zusammenzuraffen. Dt 22 6f. verbietet, beim Plündern von Nestern neben den Eiern oder den Jungen auch gleich noch die Vogelmutter zu verscheuchen, aber „verlassene Eier" zu sammeln hatte man gewiß keine Bedenken. Ebenso bedenkenlos plündern die Assyrer die Städte der Feinde aus. Und ihre Schläge sind so betäubend, daß keiner es wagt, mit den Flügeln zu schlagen oder den Schnabel aufzusperren und zu piepen. Zu צפצף s.o.S. 351 zu 8 19.

Es ist möglich daß assyrische Könige sich in ihren Berichten selbst dieses Bildes bedient haben; jedenfalls begegnen wir in ihnen ähnlichen Formulierungen: „Ihn selbst (Hiskia) schloß ich (Sanherib) wie einen Käfigvogel in Jerusalem, seiner Residenz, ein" (AOT 353 ANET 288). „Das Land Hamath ganz und gar warf ich (Sargon) wie eine Sintflut nieder (AOT 350, ANET 284). Oder: „Die Jonier mitten im Meer des Westens fing ich (Sargon) wie Fische" (AOT 352, ANET 285). „Wie der beflügelte Sisinnu-Vogel öffnete ich (Asarhaddon) meine Fänge zur Niederwerfung meiner Feinde" (AOT 356, ANET 289). „Sie (die Feinde Assurbanipals) warf das unentrinnbare Netz der großen Götter, meiner Herren, nieder" (VAB VII/2, 1916, 37), u.ä. Man vergleiche dazu die Schilderung der Chaldäer bei Habakuk, bes. 1 8.14f. 2 5.

15 Jesaja leitet seine Hörer an, selbst das Urteil über die geschilderte Hybris Assurs auszusprechen. Er tut es in sublimster Weise in der Form einer Frage, welche die Gesprächspartner zwingt, die Antwort selbst zu erteilen, vgl. Jer 2 11.14 13 23. Vermutlich zitiert er in 15a.bα ein Sprichwort oder bedient sich eines Bildes, das der „Weisheit" zur Hand war, wenn sie die Verwerflichkeit einer hochmütigen Handlung dartun

BIBLISCHER KOMMENTAR

ALTES TESTAMENT

HANS WILDBERGER

JESAJA

Wichtiger Hinweis für den Buchbinder

Die vorliegende Lieferung (X/6) schliesst den 1. Teilband des Jesajakommentars ab; er umfasst die Lieferungen 1-6 (S. 1-495). Der Titelbogen dieses Teilbandes (S. I-VIII) befindet sich in der vorliegenden Lieferung vor Seite 401 und kann nach Ablösen des Umschlags mühelos herausgenommen werden.

X 6

NEUKIRCHENER VERLAG
DES ERZIEHUNGSVEREINS · GMBH · NEUKIRCHEN-VLUYN

BIBLISCHER KOMMENTAR
ALTES TESTAMENT

BEGRÜNDET VON

MARTIN NOTH†

IN VERBINDUNG MIT

ROBERT BACH, HANS JOCHEN BOECKER,

KARL ELLIGER, GILLIS GERLEMAN, FRIEDRICH HORST†,

ALEXANDER REINARD HULST, KLAUS KOCH,

HANS-JOACHIM KRAUS, ERNST KUTSCH, AARRE LAUHA,

OTTO PLÖGER, ROLF RENDTORFF, WERNER H. SCHMIDT,

RUDOLF SMEND, ODIL HANNES STECK,

CLAUS WESTERMANN, HANS WILDBERGER UND WALTHER ZIMMERLI

HERAUSGEGEBEN VON

SIEGFRIED HERRMANN UND HANS WALTER WOLFF

Bisher sind erschienen:

IX/1	M. Noth, Könige. 1. Teilband (I.1–16). 1968
XIII	W. Zimmerli, Ezechiel. 1969
XIV/1	H. W. Wolff, Dodekapropheton 1 (Hosea). 2. Auflage 1965
XIV/2	H. W. Wolff, Dodekapropheton 2 (Joel und Amos). 1969
XV	H.-J. Kraus, Psalmen. 3. Auflage 1966
XVI/1	F. Horst, Hiob. 1. Teilband (1–19). 2. Auflage 1969
XVIII	G. Gerleman, Ruth/Hoheslied. 1965
XX	H.-J. Kraus, Klagelieder (Threni). 3. Auflage 1965
I	C. Westermann, Genesis. Lfg. 1–6
XI	K. Elliger, Jesaja II. Lfg. 1-3
XXI	G. Gerleman, Esther. Lfg. 1

NEUKIRCHEN – VLUYN – ISBN 3 7887 0029 7

wollte. Jedenfalls, und das ist theologisch bedeutsam, argumentiert Jesaja mit dem Hinweis auf die Struktur der Weltordnung, in welcher jedes Ding seinen Platz und ihm entsprechend seine Funktion hat. Dem Werkzeug gebührt es nicht, sich gegenüber dem zu rühmen, der ihm durch seine Verwendung erst Daseinsberechtigung verleiht, ebensowenig also dem Menschen, sich stolz über die Ordnung der Dinge zu erheben, die ihm Aufbau und Sinnerfüllung seines Lebens erst ermöglicht. Auch der König einer Großmacht ist gebunden an die „Ordnung", die er weder gesetzt hat noch aufheben kann. Er hat in den exakten Grenzen seiner missio zu bleiben. – Durch den Zusammenhang, in dem das Wort jetzt steht, hat aber eine wesentliche Verschiebung stattgefunden: Die Weltordnung ruht nicht in sich selbst. Sie ist von Gott gesetzt, und wer gegen sie verstößt, bekommt es mit Jahwe zu tun, dem Gott Israels, „der auf dem Zion wohnt".

Jesaja selbst sagt im vorliegenden Abschnitt nicht, warum Jahwes 10f.
Zorngericht an Israel vollzogen werden soll. Der Ergänzer in 10f. will diese Lücke füllen: Es ist der Götzendienst Jerusalems. Und was für eine Torheit war dieser Götzendienst! Jerusalem hat es ja erlebt, daß die zahlreichen Götzen der syrischen Staaten beim Ansturm der assyrischen Macht in ihrer nackten Ohnmacht entlarvt wurden. Und es hat gesehen, wie Samaria an seinen Götzen zuschanden wurde. Und nun glaubt es seinerseits mit seinen Götzen der Herausforderung der Weltmacht entgegentreten zu können. Der Zusatz will also offensichtlich – post festum – erklären, warum Jerusalem, die Gottesstadt, trotz aller Verheißungen, die über ihr lagen, genau wie die andern Städte dem Feind unterlag: Sie hat genau wie jene auf Götzen vertraut. Die Bezeichnung für diese Götzen, אלילים, hat der Ergänzer der jesajanischen Überlieferung entnommen, s.o.S. 102. Er kennt sich aber in der Terminologie der Götzenpolemik wohl aus und spricht auch von פסילים und עצבים. פסילים ist dem Verb פסל, „aushauen, behauen" zugeordnet, עצבים der Wurzel עצב „bilden, gestalten". Es wäre müßig zu versuchen, für die vorliegende Stelle Bedeutungsunterschiede zwischen den beiden Bezeichnungen zu eruieren oder ergründen zu wollen, warum von den פסילים Samarias, aber den עצבים Jerusalems gesprochen wird. Die Polemik gegen die פסילים ist deuteronomistisch (Ri 3 19.26 Dt 7 5-26 12 3, s. auch 2 Kö 17 41 und vgl. Jer 8 19, hingegen findet sich עצב vor allem in der Polemik Hoseas (nie im Deuteronomium oder beim Deuteronomisten). Der Einschub ist also keineswegs typisch „deuteronomistisch", dürfte aber trotzdem aus der Zeit nach dem Untergang Jerusalems stammen (s. האלילים im Heiligkeitsgesetz: Lev 19 4 26 1 und bei Ezechiel 30 13). Die Reden Rabsakes, Jes 36 14-20 = 2 Kö 18 19-25 und Jes 37 10-13 = 2 Kö 19 10-13 sind Beispiele dafür, wie man die Niederlage eines Volkes allgemein als Schwäche seiner Götter wertete; das Motiv

scheint in der politischen Propaganda eine Rolle gespielt zu haben, vgl. 1 S 4 3ff. ferner Eichrodt, Kommentar II 237.

Durch den Zusatz 10f. ist nicht nur der Gedankengang des Jesajawortes unterbrochen, sondern sein Sinn umgebogen: Während Jesaja den Weheruf über Assur erhebt, weil es gegen seinen Auftrag gehandelt hat, ist dieses im Zusatz rechtmäßiger Gerichtsvollstrecker am götzendienerischen Jerusalem.

12 Der Glossator, dem wir vermutlich 12 verdanken, hat hingegen den Sinn des jesajanischen Weherufs durchaus verstanden. Während Jesaja die Hybris Assurs durch die Rede seines Königs indirekt zur Darstellung bringt, spricht er direkt von ihr unter Verwendung der an sich jesajanischen termini גדל לבב (s. dazu 9 8) und תפארת רום (s. zu תפארת 20 5 28 1. 4, zu רום 2 11. 17, zu רום עינים Prv 21 4). תפארת ist aber vor allem bei den Bearbeitern des Jesajabuches beliebt (3 18 4 2 13 19 28 5, dazu kommen deutero- und tritojesajanische Stellen). Vom Hochmut der Feinde zu reden gehört auch zum Stil der Ankündigung von Unheil für die Fremdvölker, vgl. Jer 48 29f. Von der „Frucht“ der Werke bzw. des Verhaltens spricht besonders gern die Weisheit, s.o.S. 126f. zu 3 10. Abgesehen von seiner Vertrautheit mit Jesaja ist also der Ergänzer auch in den Gedankengängen der Heilsprophetie und der Chokma zu Hause, für welche die bösen Folgen der Überheblichkeit ein beliebtes Thema sind. Doch auch für ihn bewirkt falsches Verhalten nicht automatisch Unheil, sondern Jahwe ist Herr des Gerichts, er sucht Assur heim (zu פקד s.o.S. 199 zu 10 3).

Die Abrechnung mit Assur wird geschehen, „wenn Jahwe sein ganzes Werk auf dem Berg Zion und in Jerusalem vollenden wird“. בצע pi. im Sinn von „vollenden“ findet sich auch in Thr 2 17 und Sach 4 9. Skehan meint, daß 12a durch den Wortlaut von 11b veranlaßt sei (beidemal ירושלים, עשה werde durch מעשה aufgenommen und יבצע sei das rückwärts gelesene עצביה), der Verfasser von 12a habe seinen Satz aus 11b herausgelesen. Das ist möglich und würde beweisen – was ohnehin anzunehmen ist –, daß 10f. dem Ergänzer von 12 bereits vorlag, und mag instruktiv sein für die Art, wie Glossatoren arbeiten. – Da בצע in Sach 4 9 von der Vollendung des Tempels verwendet ist, liegt es nahe, anzunehmen, daß auch bei der vorliegenden Stelle beim zu vollendenden Werk auf dem Zionsberg an den Wiederaufbau des Tempels zur Zeit Haggais und Sacharjas zu denken ist. Es ist also weder von der Vollendung des Planes Jahwes an Jerusalem schlechthin noch einfach von der Vernichtung der Heiden vor der Stadt (Marti z.St.), noch vom eschatologischen Heil (Fohrer z.St.) die Rede. Allerdings erwarten beide genannten Propheten für die Zeit der Vollendung des Tempels einen entscheidenden Umbruch in der Völkerwelt, und diese Erwartung scheint sich auch in Jes 10 12 niedergeschlagen zu haben. מלך אשור wird Deckname für den persischen

Großkönig sein. V.12 dürfte also ein Versuch sein, die jesajanische Kritik an der Großmacht im Blick auf die damalige Gegenwart zu aktualisieren. Es läßt sich auch verstehen, warum der Glossator seine Ergänzung gerade an 10f. anschloß: Er bejaht das Strafgericht, das über Jerusalem/Zion ergangen ist, will aber bezeugen, daß es dabei nicht sein Bewenden haben wird: der Bau des Tempels bedeutet, daß Jahwe erneut unter seinem Volke wohnen will und seine Feinde zerschmettern wird.

Es leidet keinen Zweifel, daß 10 5–9. 13–15 nicht das erste Wort ist, Ziel in dem sich Jesaja über Assur geäußert hat, man vergleiche etwa 5 26–29 7 18–21 8 1–4. 5–8. Jesaja hat schon immer in Assur das Werkzeug Jahwes zum Vollzug seiner Gerichte gesehen. Aber nun erhebt er über es den Weheruf. Manche Ausleger empfinden das als totalen Bruch in Jesajas Denken, andere glauben gar, ein „unmöglich" erklären zu sollen (s. dazu KFullerton 176) und wieder andere schließlich, alle Stellen im Jesajabuch, die Assurs Untergang und Jerusalems Errettung ankünden, dem Propheten absprechen zu sollen (KFullerton, Viewpoints in the Discussion of Isaiah's Hopes for the Future: JBL 41, 1922, 1–101, besonders 44ff.). Andererseits urteilt etwa RKittel, der vorliegende Abschnitt sei „eine der urgewaltigsten Reden Jesajas, zugleich der erste Versuch einer Geschichtsphilosophie im großen Stile, die auf das Gesetz der moralischen Weltordnung in der Geschichte gebaut ist: die Weltgeschichte ist das Weltgericht" (Geschichte des Volkes Israel, II [6]1925, 386, Anm.1, s. auch GFohrer, FestschrWEilers 67–69). Der Abschnitt ist in der Tat hoch bedeutsam für Jesajas Geschichtsverständnis. Von einem Wandel im Urteil Jesajas über Assur zu sprechen ist aber zum mindesten mißverständlich. Nie hat er Assur verherrlicht. Er braucht nichts von dem zurückzunehmen, sondern kann nur bestätigen, was seine frühere Botschaft über Assur war, nämlich daß es „Rute" in Jahwes Hand sei. Aber daran, daß auch die Großmacht Jahwe untertan ist und somit seinen Willen zu vollstrecken hat, zweifelt Jesaja keinen Augenblick. Hingegen – und darin führt hier Jesaja über früher Gesagtes hinaus – kann das auf keinen Fall bedeuten, daß Jahwe das Verhalten Assurs einfach billigen könnte. Auch die Großmacht steht keineswegs außerhalb der für alle Welt gültigen Ordnung, und wenn sie diese Ordnung tangiert, lädt sie „Fluch" auf sich. Der Abschnitt ist Zeugnis einer bemerkenswerten Denkarbeit des Propheten. Er geht von rein theologischen Prämissen – man kann wohl sagen: einer dogmatischen Grundkonzeption – aus: Da Jahwe, der allein Erhabene, Herr der Welt ist, kann Assurs Gewalttätigkeit und Überheblichkeit nicht ungestraft bleiben. Es ist durchaus in Ordnung, daß es sich um einen Weheruf ohne explizite Gerichtsankündigung handelt. Jesaja weiß nichts darüber zu sagen, wie und wann sich Assurs Fall vollziehen werde; irgendwelche Zeichen der Schwäche des Landes am Tigris waren ja zu seiner Zeit gar nicht sichtbar. Aber der

Prophet ist keineswegs auf empirische Beobachtungen angewiesen, auf die sich ein politisch-militärischer „Lagebericht" müßte stützen können. Er kann nur bezeugen: solcher Hochmut zerbricht. Wehe der Macht, die Jahwes Auftrag so schändlich mißbraucht!

Jesaja mißt die fremde Großmacht mit einem Maßstab, den er auch an Israel/Juda angelegt hat; daß Hochmut erniedrigt werden muß, ist geradezu einer seiner Lieblingsgedanken (s.o. zu 2 6ff. 3 16f. 24 9 7ff.). Aber kann Assur an derselben Norm gemessen werden wie Israel, Jahwes Volk? Dieselbe Frage stellt sich auch angesichts der „Fremdvölkerorakel" des Amos (Am 1 3–2 3; vgl. dazu auch HWWolff, BK XIV/2, 209f.). Schon in 2 6ff. hat Jesaja von der „Beugung" und „Erniedrigung" des Menschen bzw. Mannes gesprochen. Die Exegese hat ergeben, daß sich Jesaja bei seiner Argumentation im weisheitlichen Denken bewegt. Assur kennt zwar Jahwe nicht, aber es kennt durchaus die von ihm gesetzte und sanktionierte Weltordnung. Daß die Axt sich nicht gegen den rühmt, der sie schwingt, weiß man auch im Dur-Scharrukin Sargons. Sich mit Unkenntnis dieser Ordnung entschuldigen zu wollen, ist auch für die Völker, die Jahwe nicht kennen, keine Möglichkeit (vgl. dazu Röm 2 1ff).

Klammert man 10–12 aus dem Jesajawort aus, wird klar, daß der Prophet nicht erst Bedenken über Assurs Vorgehen erhob, als dieses Jerusalem bedrohte. Und 13 und 14 sprechen es deutlich genug aus, daß er Assurs gewalttätiges Vorgehen an sich und keineswegs nur gerade sein Verhalten gegen Israel verurteilt. Im Gegenteil: Jesaja stellt fest, daß Assurs Auftrag, das Gottesgericht an Israel zu vollziehen, ihm keineswegs freie Hand zur Mißhandlung der Völker gibt. Assur hat sich an den Grundrechten der Völker vergriffen. Unrecht bleibt Unrecht, und Völkermord ist Völkermord, ob Karchemis oder Samaria oder wer sonst betroffen wird. Jerusalem wird überhaupt nicht genannt. Daraus, daß Samaria die Reihe der genannten Städte schließt, ist aber zu folgern, daß Jesaja durch das Schicksal des Nordreiches besonders tief berührt worden ist.

Diese universale Schau auf das Geschick der Völker teilt der Glossator von 10f. nicht. Er ist nur an Jerusalem interessiert. Das ist begreiflich, wenn er, wie wir meinten annehmen zu sollen, nach der Zerstörung Jerusalems durch die Babylonier geschrieben hat. Und es ist bemerkenswert, daß er festhält, daß Jerusalem sein Schicksal ebensosehr wie die andern Völkerschaften verdient hat. – Der zweite Glossator zieht aus dem Wehe Jesajas über Assur einen Schluß, den Jesaja zum mindesten expressis verbis nicht gezogen hat: Das Gericht über Assur bedeutet ihm Aussicht auf die Begnadigung Jerusalems. Er hat damit die in der Apokalyptik schematisierte Vorstellung vorbereiten helfen, nach welcher das Gericht über die Weltmacht eo ipso Durchgangsphase für die Aufrichtung endgültigen Heiles ist.

DAS GROSSE GOTTESFEUER

(10 16–19)

KFullerton (1917/18, s.o.S. 390). – OSander, Leib-Seele-Dualismus im Alten Testament?: ZAW 77 (1965) 329–332. – Zum Text: ERobertson, Some Obscure Passages in Isaiah: AJSL 49 (1932/33) 313–324, hier 320–322. – GSchwarz, „...das Licht Israels"?: ZAW 82 (1970) 447–448. Literatur

16 Darum wird [der Herr][a] Jahwe der Heere loslassen Text
gegen seine fetten Landstriche Magerkeit,[b]
und unter seiner Pracht wird ausbrechen[c]
ein Brand, gleich einem Feuersbrand.
17 Und das Licht[a] Israels wird zum Feuer
und sein Heiliger zur Flamme werden.
Die wird zünden und sein Dorngestrüpp[b] fressen
und seine Disteln[c] an einem Tag.
18 [a]Und die Pracht seiner Wälder und Baumgärten
wird mit Stumpf und Stiel vernichtet werden.[a]
[b][Es wird sein, wie wenn ein Schwacher verzagt.][b]
19 Und was übrigbleibt von den Bäumen[a] seines Waldes
wird leicht[b] zu zählen sein,
(mühelos) schriebe[c] es ein Knabe auf.

16a האדון fehlt in einigen MSS und in 𝔊 und ist wohl zu streichen, s.Marti 16
und GRDriver, JSSt 13 (1968) 41. – b משמן im sing. ist in Jes 17 4 Abstraktum („Fettheit, Feiste"), in Ps 78 31 aber steht der plur. משמנים neben בַּחוּרִים,
„Jungmannschaft"; KBL verweist auf ar. *samîm*, „Edler", das Wort könnte
also an der vorliegenden Stelle „bedeutende, gewichtige Leute" meinen. Dann
müßte כבוד in 16b als abstractum pro concreto verstanden werden, vgl.
Fohrer und s.o.S. 187 zu 5 13. Doch bedeutet in Gn 27 28. 39 und in Dan 11 24
der plur. „fruchtbare Gegenden". Dieses Verständnis fügt sich zweifellos am
besten in den Zusammenhang von Jes 10 16ff. ein, der von der Zerstörung
einer Landschaft spricht (anders GRDriver, a.a.O. 41f.). Dem widerspricht
רזון, das man mit „Schwindsucht" zu übersetzen pflegt, nicht, da die durchaus mögliche Bedeutung „Magerkeit" sehr wohl auf eine Landschaft angewendet werden kann (vgl. das adj. רזה in Nu 13 20). כבוד in 16b spricht dann
wie in 18 von der Pracht des Landes. – c 𝔗 liest מיקד statt יקד, vermutlich
dürfte mit BHK und BHS יְקֹד zu vokalisieren sein. – **17**a Für ″אור יש wird 17
″צור יש vorgeschlagen (s. BHK³). Im Blick auf 30 29 und 2 S 23 3 (vgl. auch
Dt 32 4. 15. 18. 31) scheint sich diese Änderung zu empfehlen. Doch zeigt
Ps 27 1 (vgl. auch 36 10), daß ″אור יש als Gottesbezeichnung nicht unmöglich
ist, so daß auch der Vorschlag von Schwarz, ″אלהי יש zu lesen dahinfällt. –
b שית findet sich nur im 1. Teil des Jesajabuches, s.o.S. 171 zu 5 6, die Form mit
suff. nur hier (zu שִׁיתוֹ statt שֵׁיתוֹ, s.Ges-K § 93 v, die ungewöhnliche Form שִׁיתוֹ
mag wegen des Anklangs an שָׁמִיר gewählt sein). – c Zu שמיר vgl. o.S. 171 zu
5 6. – **18**a–a 𝔊 liest zwei Verben: ἀποσβεσθήσεται und καταφάγεται. Möglicher- 18
weise muß statt וכרמלו ein zweites Verb gelesen werden (etwa יָצַּת), doch

bleibt das ungewiß. Dasselbe gilt von der von BHS erwogenen Streichung von מנפש ועד בשר. Man wird eine geläufige Redensart anzunehmen haben, ähnlich wie „Kopf und Schwanz, Stocksproß und Binsenhalm" in 9 13. Für יְכַלֶּה bietet Σ ἀναλωθήσεται, 𝔙 consumetur, Bruno (263) schlägt יִכְלֶה vor, „er geht unter" (gemeint ist doch wohl יִכְלֶה, s. auch Kaiser z.St.); Driver, JSSt 13 (1968) 42 und BHS denken an das pu.: יְכֻלֶּה, was denselben Sinn ergibt. Man wird sich tatsächlich zu einer Änderung der Vokalisierung entschließen müssen, denn nach dem fem. בערה in 17b wäre beim trans. pi. תְּכַלֶּה zu erwarten. – b–b Die Bedeutung der im ḳ nur an der vorliegenden Stelle vorkommenden Verbalwurzel נסס ist unsicher, möglicherweise ist der Text verdorben. Man stellt נסס gern mit syr. *nassîs* oder *n^e^sîs*, „krank", zusammen (und hat sogar an griech. νόσος gedacht, s.TNöldeke, Mandäische Grammatik, 1875 [= 1964] XXX, anders schon ZDMG 40, 1886, 729, Anm. 2, ferner Duhm z.St.). GRDriver (JThSt 34, 1933, 375 und JSSt 13, 1968, 42) verweist auf akk. *nasâsu*, I „hin und her schwanken", II „wellen (vom Haar), schütteln", wozu das hitpol. in Ps 60 6 und Sach 9 16 zu vergleichen ist. Diese Deutung (s. auch AHw 806a) dürfte der Ableitung von נֵס, „Panier", vorzuziehen sein („wie wenn ein Fahnenträger verzagt"!). Zu andern Versuchen, den Text zu
19 emendieren und zu deuten s. Robertson 320–322. – 19a Statt עץ den st.cstr.pl. עצי zu lesen (s. BHK) ist nicht nur unnötig, da עץ oft genug kollektiv verwendet wird und ein Kollektiv durchaus mit dem plur. des Verbs konstruiert werden kann, sondern geradezu ausgeschlossen, da עצים „Holzstücke" oder „Holzarten" bedeutet. – b מספר heißt nicht nur „Zahl", sondern auch einschränkend „geringe Zahl", vgl. Dt 33 6 und Verbindungen wie אַנְשֵׁי מִסְפָּר, „wenige Menschen", Ez 12 16. – c Das hebr. impf. kann zum Ausdruck des Konditionals verwendet werden, s.Ges-K § 107 x.

Form Der Abschnitt ist durch לכן zu Beginn von 16 mit 5–15 verknüpft (s.o.S. 392). Nach dem jetzigen, zweifellos redaktionellen Zusammenhang bilden also 10 5–19 eine Einheit, die in ihrer Gesamtheit als Drohwort gegen Assur zu verstehen ist. Gelegentlich betrachten allerdings auch neuere Ausleger diesen Zusammenhang als ursprünglich, so etwa Steinmann, der glaubt, daß 16–19 von der Armee Sanheribs spreche. Es liege durchaus in der Logik des Orakels, daß Jahwe das Heer des Assyrers mit einer Krankheit geschlagen habe, um den Stolz seines Führers zu schlagen (ähnlich Mauchline, Montagnini). Aber 10 5ff. kommt mit V. 15 zu einem guten Ende. Sekundäre Verknüpfung von einzelnen Abschnitten durch לכן bzw. eines Abschnittes mit einem interpretierenden Zusatz ist häufig, s. z. B. u. 10 24 28 14.

Metrum: 16 und 17 enthalten je zwei Fünfer (16a ohne לכן und האדון, 16b liegt die Zäsur nach יֵקַד, כִּיקֹד אֵשׁ ist als eine Hebung zu zählen). 18a mag als Doppeldreier zu lesen sein (18b ist Glosse), 19 dürfte ein Sechser (2+2+2) sein.

Ort 16–19 sind eine Gerichtsandrohung. Betrachtet man den Zusammenhang mit 10 5ff. nicht als ursprünglich, fehlt der Ankündigung die Begründung, was zwar nicht unmöglich, aber doch ungewöhnlich ist. Ebensowenig befriedigt, daß bei einer Trennung von 10 5–15 und 16–19 unklar bleibt, wem das Gericht gelten soll. Bereits 1780 hat JBKoppe (in seinen Anmerkungen zur Übersetzung von RLowths Jesaja, Bd. II, 182f., s. KBudde, ZAW 41, 1923, 194) die Meinung geäußert, daß der Abschnitt 17–23 „ein ganz für sich bestehendes Fragment sey, das nicht Niederlage der Assyrer, sondern Untergang und Verwüstung des jüdischen Staates selbst beschreibe". OProcksch hat in ähnlicher Weise die Auffassung vertreten, 16–19 beziehe sich auf Gesamtisrael, und hat das Wort der Frühzeit Jesajas zugewiesen. Das in 16–19 gezeichnete „Landschaftsbild" passe schlecht auf das bewegliche, gegen Jerusalem anrückende Assyrerheer, „denn an einen wandelnden Wald wie den von Birnam ist doch wohl nicht zu denken" (Procksch z.St., aber schon in: Die Geschichtsbetrachtung bei Amos, Hosea und Jesaja: Diss Königsberg, 1901, 41, Anm. 3, s. auch KBudde a.a.O. und OEißfeldt, Einl., [3]1964, 413f.). Die Beobachtung trifft wohl zu, doch ist mit ihr in keiner Weise bewiesen, daß das Gericht Israel gilt.

Die Frage nach dem Adressaten ist noch kompliziert durch diejenige nach der Autorschaft. Für Procksch steht die Abfassung durch Jesaja fest, und es scheint manchen Auslegern, daß die Jesajanität leichter zu verteidigen sei, wenn die Drohung Israel gilt (wobei sie ja speziell das Nordreich im Auge haben könnte), als wenn Assur eine solch radikale Verheerung seines ganzen Landes angekündet werde. Doch wird man das nicht zum vornherein für ausgeschlossen halten müssen. Bedenken gegen Jesajas Verfasserschaft erheben sich indessen vor allem aus stilistischen Gründen. Einmal die Unausgeglichenheit der einzelnen Bildelemente: In 16 schickt Jahwe die „Schwindsucht" über die Felder, die dann aber gleich mit einem Brand verglichen wird. In 17a aber ist Jahwe nicht der Sender des Brandes, sondern selbst Feuer und Flamme. Nach 17b frißt dieses Dorngestrüpp und Disteln, nach 18f. jedoch wird die Pracht der Wälder und Baumgärten vernichtet. Das läßt vermuten, daß ein Diaskeuast unausgeglichene Elemente verschiedener Herkunft zu einem Gerichtsgemälde zusammengefügt hat. Der Eindruck verstärkt sich durch die Beobachtung, daß Begriffe erscheinen, die auch sonst im Jesajabuch begegnen, aber zu einem guten Teil in anderm Sinn verwendet sind:

Zu שְׁלַח in 17 ist V. 6 zu vergleichen. Die Zusammenstellung רצון/משמן scheint Erinnerung an 17 4b zu sein (וּמִשְׁמַן בְּשָׂרוֹ יֵרָזֶה, auf 17 4 weist auch der Parallelbegriff כבוד in 16a), nur daß משמן jetzt im plur. steht und die Bedeutung „fette Landstriche" angenommen hat. Daß משמן nur übernommene Vokabel ist, zeigt sich daran, daß sie nicht der Art des Gerichtes entspricht, die dem Verfasser vorschwebt; er denkt an einen gewaltigen Brand, der das ganze Land mit all seiner Vegetation verheert. In 9 1 hatte Jesaja vom Licht, das über dem Volk in der Finsternis aufgeht, gesprochen; hier ist dieses Licht ein versengendes Fcuer für die Feinde Israels. Die Gottesbezeichnung אור ישראל mag zugleich eine Erinnerung daran sein, daß nach 31 9 Jahwe einen Ofen (אור)

auf dem Zion hat. An שמיר und שית von 5 6 (und 9 17) hatte schon der Verfasser von 7 25 seine Freude; 9 17 ist hier aufgenommen, obwohl es schlecht zur Parallele כבוד paßt. Von dort stammen auch die beiden Verben בער und אכל. ביום אחד hingegen mag aus 9 13 genommen sein, ein Vers, der auch zur Formulierung מנפש ועד בשׂר angeregt haben mag, s.o.S. 405f., Textanm. 18a–a. כרמל ist bei den Ergänzern des Jesajabuches sehr beliebt (16 10 29 17 32 15f. und vgl. 37 24). Dasselbe gilt auch von שׁאר (vgl. 10 20–22 11 11. 16 14 22 16 14), es mag aus 17 3 stammen. יער weist wieder auf 9 17 zurück. Das Bild vom Knaben, der die übriggebliebenen Bäume aufschreiben könnte, dürfte durch 11 6 angeregt sein (so vermuten wenigstens Marti, Duhm, Kaiser, Fohrer z.St.).

Gewiß sind diese Beziehungen da und dort unsicher, trotzdem ergibt eine Überprüfung des Wortschatzes zweifelsfrei, daß der Verfasser ein guter Kenner der Jesajaüberlieferung ist. Besonders deutlich ist sein Rückgriff auf 9 17f. und 17 3f. (wohl auch 5 6). Da er nicht sagt, von wem er spricht, wird er seine Ergänzung mit לכן selbst ganz bewußt an 10 5ff. angelehnt haben. D.h., er will seine Worte als Ausführung und Konkretisierung des vorher Assur angedrohten Gerichts verstanden wissen. Ob er wirklich das historische Assur meint, das mit dem Aufstieg der Meder und Neubabylonier sein Ende gefunden hat, ist allerdings fraglich. Vielmehr dürfte Assur Deckname für diejenige Weltmacht sein, die zur Zeit des Verfassers die führende Rolle in der Weltgeschichte innehatte. Tatsächlich optieren die Ausleger im allgemeinen für eine recht späte Zeit (s.z.B. Fohrer). Duhm denkt mit andern an „das neue Assur, Syrien, das Reich der Seleuziden, eine Vertauschung der alten Raubmacht mit ihrer Erbin des 2. Jahrhunderts“, die auch an vielen andern Stellen des Alten Testaments begegne. Kaiser sieht sich Vorstellungen gegenüber, die für die schriftgelehrte Apokalyptik bezeichnend seien, der Abschnitt enthalte „Erwartungen, wie sie in der Jesaja-Apokalypse (24–27) und im Danielbuch ausführlicher zu Worte kommen“. Tatsächlich mag man sich in etwa an die Jesaja-Apokalypse erinnert fühlen, den typisch apokalyptischen Vorstellungen, wie sie im Danielbuch enthalten sind, steht der vorliegende Abschnitt aber noch fern. So mag der Zusatz der (späteren) Perserzeit entstammen.

Wort 16 שָׁלַח ist term. techn. für das Entsenden von Mächten durch Jahwe, die seinen Willen ausführen sollen (s.o.S. 395). Im vorliegenden Fall wird zunächst der רזון genannt, der über fruchtbare Landstriche hereinbrechen werde. Wie man sich den Vorgang zu denken hat, erfahren wir nicht. Ein an sich fetter Boden kann durch unkluge Bewirtschaftung ausgemergelt oder etwa durch Überschwemmungen mit Geröll überlagert werden. Dem Verfasser ist das unwesentlich, er kann darum auch ohne Mühe zum Bild vom Feuersbrand übergehen. Allerdings sagt er כיקד אש, „wie ein Feuersbrand“, was dahin verstanden werden könnte, „Feuersbrand“ sei nur Bild für die mit רזון gemeinte Zerstörung des Bodens. Aber das wäre ein höchst unpassender Vergleich, und nach 17f. ist diese Auffassung auch ganz unwahrscheinlich; כיקד אש will einfach dem vorangehenden יֵקַד noch mehr Gewicht verleihen. Das Bild von der Ausmergelung des Bodens ist dem Verfasser zu schwach, so ersetzt er es durch das härtere eines Wald- und Feldbrandes, der in den trockenen Gegenden des Mittelmeerraumes überaus gefürchtet ist und in Palästina unendlich viel Unheil angerichtet hat. – משמניו wird durch כבודו wieder aufgenommen. כבוד wird gern für die Leben und Kraft bezeugende Üppigkeit des Baumwuchses verwendet (Ez 31 18, vgl. Jes 35 2 60 13). – Die ganze „Pracht“ des Landes also – in V. 18 wird spezifiziert: die Bäume und Obstgärten – fällt dem Brand, den Jahwe entzündet, zum Opfer (vgl. dazu Am 7 4).

V. 17 steigert noch einmal: Jahwe, „das Licht Israels“, sendet 17
nicht nur einen Brand, sondern wird selbst zu Feuer und Flamme. Die Bezeichnung „Licht Israels“ für Jahwe findet sich nur hier. Aber ähnlichen Formulierungen begegnet man auch sonst: Nach 2 5 soll das Haus Jakobs im Licht Jahwes wandeln, in 60 1 nennt Israel seinen Gott אוּרִי (vgl. auch V. 19f.), nach Mi 7 8 und Ps 27 1 ist Jahwe das Licht der Frommen (s. dazu o. S. 374). Daß Jahwe Israels Licht ist, meint den heilvollen Schutz, unter dem sein Volk leben darf, was die mit אור zusammengesetzten theophoren Eigennamen bezeugen: אור, אורי, אוריאל, אוריה(ו), s. dazu Noth, Pers 168 und SAalen, Die Begriffe 'Licht' und 'Finsternis' im Alten Testament, im Spätjudentum und im Rabbinismus: SNVAO 1951/1 (1951) 79ff., ferner die Lexikonartikel von SAalen in ThWAT I 160–182 (s. 175) und MSæbø THAT I, Sp. 84–90. Aber dieses Israel schützende Licht wird nun also zum Feuer, zur Flamme, die das Land des Gegners Israels versengt. Anders als 9 17, wo die Bosheit Israels wie Feuer brennt, das Disteln und Dornen aufzehrt, vollzieht hier Jahwe direkt das große Gottesgericht – und eben nicht an Israel, sondern an seinem Feind. Die Vorstellung, daß Jahwe ein verzehrendes Feuer ist, hat zweifellos eine reiche Geschichte. Gewiß hängt sie damit zusammen, daß man im Blitz Jahwes Feuer gesehen hat, Nu 11 1 1 Kö 18 38 2 Kö 1 12 Hi 1 16. Ezechiel spricht vom „Feuer seines Zorns“ (אש עברתו, 21 36 22 21–31 38 19), und die Priesterschrift weiß, daß der כבוד Jahwes auf dem Berge wie eine אשׁ אֹכֶלֶת anzusehen war (Ex 24 17). Aber schon Dt 4 24 9 3 und Jes 33 14 sagen, daß Jahwe eine אש אכלת sei (vgl. Hebr 12 29). 33 14 läßt vermuten, daß diese Seite Jahwes durch die auf dem Altar brennende „ewige“ Flamme symbolisiert war (vgl. die dortige Parallele „ewige Gluten“). Andererseits läßt Dt 9 3 daran denken, daß die Vorstellung von Jahwe als einer אש אכלת ursprünglich zur Vorstellungswelt des heiligen Krieges gehörte: als brennendes Feuer verzehrt Jahwe (durch den Blitz) die Feinde Israels, die auch seine Feinde sind (vgl. Ex 15 7). Interessant ist an der vorliegenden Stelle die

Verbindung von אור und אש: Das Jahwe umstrahlende Licht bzw. das
Licht, das er selbst ist, breitet wohl Segen aus und kann doch jederzeit zur vernichtenden Elementarmacht Feuer werden, die alles Gott-
18 widrige zerstört. – Zu קדוש ישראל vgl. o.S. 23. – Daß dieses Feuer Dornen
und Disteln frißt, gehört, wie oben festgestellt, zum Begriffsmaterial,
mit dem der Ergänzer arbeitet. Das Eigentliche sagt V. 18: Die Pracht
der Wälder und Baumgärten wird vernichtet, und zwar „mit Stumpf
und Stiel". מנפש ועד בשר muß von Haus aus im Blick auf Lebewesen, die
eben aus נפש und בשר bestehen, verwendet worden sein. Aber da der
Ausdruck zur abgeschliffenen Redensart wurde, kann er hier auch von
der Verheerung des Kulturlandes verwendet werden, s. Sander 330. –
19 V. 19 unterstreicht noch einmal die Härte des Gerichts. Bei einem Wald-
brand mögen einzelne isolierte Bäume stehen bleiben. Aber es sind nur
wenige an Zahl; ein Knabe, dessen Schreib- und Rechenkünste doch
bald erschöpft sind, wäre sehr wohl imstande, sie aufzuschreiben (übrigens ein Beleg dafür, daß jedermann im alten Israel wenigstens etwas vom
Schreiben verstand, vgl. Ri 8 14). – Die Glosse in 18b fällt völlig aus dem
Bild. Duhm meint, daß die sprichwörtliche Redensart מנפש ועד בשר in
18a in „greulicher Ideenassoziation" wieder zum Bild der Schwindsucht
zurückführe. Es mag sein, daß der Glossator רזון in 16 tatsächlich als
Schwindsucht, wie sie einen Menschen befallen kann, verstanden hat und
sich so zu seiner Bemerkung veranlaßt sah. Man muß ihm aber auf alle
Fälle zugestehen, daß es ihm ein Bedürfnis war, neben die Schilderung
des Ablaufs der Katastrophe der erschütternden Wirkung auf den Menschen zu gedenken, der in völliger Ohnmacht angesichts eines solchen
Geschehens nur in nichts zerfließen (das heißt נסס) kann.

Ziel Man hat sich zum Verständnis des Abschnittes das unter „Ort" erarbeitete Ergebnis zu vergegenwärtigen. Die Verse 16–19 wollen in einer bestimmten Situation Israels das Jesajawort über Assur aktualisieren. Ob, wie wir vermuteten, die Suffixe in משמניו und כבודו (V. 16) sich wirklich auf die Perser oder vielleicht doch auf eine andere geschichtliche Macht beziehen, ist letztlich gleichgültig. Gewiß will der Verfasser seinen Zeitgenossen bezeugen, daß die Hybris menschlicher Gewalt von Jahwe gebrochen werden wird. Indem er aber die von ihm gemeinte Macht nicht nennt, vor allem aber dadurch, daß er das jesajanische Gerichtswort unbesehen auf seine Gegenwart überträgt, vollzieht er eine Entgeschichtlichung der jesajanischen Botschaft. Was der Prophet einst von Assur sagte, bzw., was er nach Meinung des Ergänzers sagen wollte, das gilt auch jetzt, und das wird immer gelten. Da die Geschichte immer unter demselben Gerechtigkeitswillen Jahwes steht, wird sich auch in ähnlichen Situationen immer wieder dasselbe wiederholen: nämlich daß Jahwes Macht sich gegen alle Widerstände durchsetzen wird. Dem Verfasser liegt daran, zu betonen, daß es Jahwe damit bitterer

Ernst ist. – Während sich nach Jesaja das Gericht im immanenten Ablauf der Geschichte vollzieht, indem die Völker selbst Werkzeuge seines Zorns sein müssen, ist hier der Gerichtsvollzug ganz allein Sache Jahwes. Das Geschichtsdenken ist daran, remythisiert zu werden, und nähert sich damit apokalyptischer Geschichtsschau. Doch spricht der Verfasser nicht wie die Apokalyptik davon, daß Macht und Herrlichkeit der Weltherrschaft auf Israel übergehen werden. Aber darüber, was sich bei der kommenden Geschichtswende in Israel vollziehe, hat sich vermutlich ein anderer die in den folgenden Versen niedergelegten Gedanken gemacht.

DIE UMKEHR DES RESTS
(10 20–23)

Literatur UStegemann, Der Restgedanke bei Isaias: BZ NF 13 (1969) 161–186.

Text [20]An jenem Tag wird es geschehen: Da wird sich der Rest Israels und was entronnen ist vom Haus Jakobs nicht mehr länger stützen auf den, der es schlug, sondern wird sich stützen in Treue[a] auf Jahwe, den Heiligen Israels.
[21]Ein Rest wird umkehren, ein Rest von Jakob, zum starken Gott.
[22]Denn würde auch dein Volk Israel wie der Sand am Meer, so ist's doch nur ein Rest von ihm[a], der umkehren wird.
Vertilgung ist beschlossen, einherflutend mit Gerechtigkeit.
[23]Wahrlich, [a]fest beschlossene Vernichtung[a] vollzieht [der Herr][b], Jahwe der Heere inmitten der ganzen Erde.

20 **20a** באמת soll nach Procksch und Schmidt gestrichen werden, die Stellung
am Schluß des Satzes fällt tatsächlich auf, doch dürfte sie um des Nachdrucks
willen bewußt gewählt worden sein. 𝔊 übersetzt τῇ ἀληθείᾳ, was aber doch
eine leichte Verschiebung des Sinnes bedeutet, s. HWildberger, Art. אמן E
22 III/1: THAT I, Sp. 201. – **22a** בו ist nicht zum folgenden zu ziehen (gegen
GRDriver, JSSt 13, 1968, 42 und BHS), es hat partitiven Sinn: In Israels Mitte
23 sind es nur wenige, die sich zur Umkehr entschließen können. – **23a–a** כלה
ונחרצה, wörtlich: „Vernichtung und Beschlossenes" ist als Hendiadyoin aufzufassen. – b אדני dürfte wie anderwärts im Jesajabuch (3 17f. 6 8 7 14 8 7
9 7–16) Ersatz für Jahwe sein, ist dann aber doch neben diesem stehen geblieben. 𝔊 liest für אדני יהוה צבאות nur ὁ θεός, was nicht ursprünglich sein kann,
der größere Teil der Zeugen der hexapl. Rezension liest κυριος.

Form Mit der Formel והיה ביום ההוא ist der Abschnitt mit dem Vorhergehenden verbunden, verrät sich aber doch als Zusatz. Es wird hier nachgeholt, was der Leser der Gerichtsankündigung über Assur vermissen mußte: Ein Wort über das Ergehen bzw. Verhalten Israels. 20–23 setzt also 16–19 voraus. Es ist aber nicht wahrscheinlich, daß hier noch einmal derselbe Verfasser das Wort ergriffen hat, er hätte, was er über Israel sagen wollte, gewiß enger mit seinem Gerichtswort über Assur verbunden. – V. 24 setzt mit der Botenformel neu ein, und die Thematik von 24ff. ist von der von 20–23 so verschieden, daß auch hier kein ursprünglicher Zusammenhang anzunehmen ist. – Aber nicht einmal die Einheitlichkeit von 20–23 steht fest. So kommt beispielsweise Procksch zum Schluß, 20f. enthalte jesajanische Gedanken, wenn auch die Echtheit ungewiß sei, 22f. hingegen sei ein Nachtrag. Dort herrsche Optimismus, hier Pessimismus. Man kann dieser Überlegung nicht jedes Recht bestreiten. Auch wenn man Bedenken hat, 20f. Jesaja zu belassen, wird man die Möglichkeit nicht ausschließen wollen, daß zwischen 21 und

22 ein Bruch liegt, der auf verschiedene Herkunft der beiden Teile hinweisen könnte. Doch sind die Verse durch die Thematik „Rest Israels" zusammengehalten und lassen sich als Reflexion über diese Vorstellung verstehen, wobei im ersten Teil die Aufrichtigkeit der Umkehr ins Auge gefaßt ist, während der zweite den Akzent darauf legt, daß es wirklich nur ein Rest sei, mit dessen Umkehr gerechnet werden dürfe.

Metrum: BHK hat durch die Druckanordnung wenigstens für 20–22 ein Versmaß angedeutet, BHS verzichtet darauf. Für einzelne Teile kann man metrisch gebundene Sprache annehmen, so deutlich in 21 (ein Sechser: 2+2+2) oder in 22b (ein Vierer), aufs Ganze gesehen aber liegt gehobene Prosa vor.

In ähnlicher Weise wie beim vorhergehenden Abschnitt stellt sich Ort auch hier die Frage nach der Authentizität. Verneint man sie für 16–19, bliebe noch die Möglichkeit, die Einleitungsformel zu Beginn von 20 als sekundär zu betrachten und anzunehmen, daß ein Redaktor ein echtes Jesajawort mit der vorangehenden Ergänzung verbunden hätte. Das ist an sich schon wenig wahrscheinlich. Es gibt aber weitere Gründe, die gegen Jesaja als Verfasser sprechen: Einmal die historische Frage, wer denn bei jesajanischer Herkunft der מכה wäre, auf den Israel vertraut hätte. Duhm formuliert die Schwierigkeit so: „Ahas stützte sich auf Assur (II. Reg. 16), ward aber nicht geschlagen, Hiskia wurde geschlagen, stützte sich aber nicht auf Assur." Hiskia vertraute allerdings auf die Hilfe Ägyptens, das ihn dann schändlich im Stich gelassen hat, aber daß es Juda schlug, hätte doch Jesaja kaum sagen können. Steinmann (z.St.) will 21f. aus dem Jahre 739 herleiten, als Menahem von Israel Tiglath-Pileser von Assur Tribut zahlte. Das ist wenig wahrscheinlich, weil damals Israel von Assur noch nicht geschlagen worden war und von einem „Rest" Israels zu sprechen noch kein Anlaß bestand. Procksch schließlich erklärt: „Der מַכֵּה ist der assyrische Fronvogt, dessen Peitsche Israel wund schlug (9, 3), auf den sich aber Achaz in Judäa gestützt hatte." Damit zerstört man aber die Pointe des Wortes, die gerade darin besteht, daß Israel von eben der Macht geschlagen wird, der es Vertrauen schenkte. – Es kommt dazu, daß der Verfasser auch hier zwar mit jesajanischen Begriffen vertraut ist, sie aber als Baumaterial zur Errichtung seines eigenen Gedankengebäudes verwendet.

In 20f. hat שאר ישוב verheißenden Sinn (wenn auch die Fortsetzung in 22f. vor Illusionen warnt), während der Ausdruck bei Jesaja selbst mahnenden und warnenden Charakter hat. קדש ישראל stammt ebenfalls aus der jesajanischen Überlieferung. Jesaja selbst verwendet aber die Bezeichnung als selbständigen Gottesnamen, nie als bloßes Epitheton zu Jahwe (in 31 15 ist קדש ישראל nicht Epitheton, sondern steigernde Wiederaufnahme des Gottesnamens). Im Gegensatz zum Satznamen שאר ישוב zeigen die Fügungen שאר ישראל und פליטת בית־יעקב, daß man für die Zeit des Verfassers wirklich von einem Restgedanken sprechen kann; „Rest" ist ein theologischer Begriff geworden, der sich fest eingebürgert hat (s. dazu UStegemann 176ff.). אל גבור stammt wohl aus 9 4, ist hier aber auf Jahwe, nicht auf den Messias bezogen. „Wie Sand am Meer“ findet sich auch Hos 2 1 Gn 22 17 32 13, שטף צדקה dürfte Erinnerung an 28 15ff. sein, zu כלה ונחרצה s. 28 22.

Über die Entstehungszeit des Abschnittes ist auch hier nichts Sicheres auszumachen. Im besondern läßt sich nicht sagen, wer der מַכֵּה von V. 21 ist. Das Wort dürfte wie das vorangehende in die Notlage der (späteren) Perserzeit hineingesprochen sein.

Wort 20 והיה ביום ההוא ist „Anschlußformel“, vgl. 7 18. 20f. 23 und s. dazu o.S. 302. Im eschatologischen Sinn darf sie nicht verstanden werden, sie will nur die Gleichzeitigkeit eines Wortes mit dem vorhergehenden Abschnitt bekunden. – Wie oben herausgestellt, bemüht sich der Verfasser um die Klärung des theologischen locus des „Restes Israels“. Das Thema war durch den Namen des Jesajasohnes (7 3) gegeben. Offensichtlich hatte sich unterdessen in Juda das feste Dogma herausgebildet, daß ein Rest Israels bleiben werde und dieser aus den dem Gericht Entronnenen bestehe (vgl. 11 11. 16). Der Rest Israels ist, wie 20 es formuliert, die פליטת בית־יעקב (zu פליטה s.o.S. 155). Wer in Zion noch übrig ist, ist nach 4 3 heilig, und wer zu diesem Rest gehört, glaubt zum Leben aufgeschrieben zu sein (vgl. 6 13). Mit dieser „Rest-Theologie“ ist aber der Verfasser von 20ff. nicht einverstanden. Er hat bei Jesaja gelernt, daß es keinen Heilszustand gibt ohne Hingabe an Jahwe. Er gibt darum seiner Überzeugung Ausdruck, daß der Rest „an jenem Tage“ sich entschlossen Jahwe zuwenden wird. Statt von „glauben“, wie 7 9 und 28 16 sagt, redet er von „sich stützen“ auf Jahwe, wobei er, um nicht einem bloßen Lippenbekenntnis Vorschub zu leisten, hinzufügt באמת. Man könnte die Formulierung נשען על־יהוה באמת durchaus als Umschreibung des jesajanischen Glaubensbegriffes ansehen (vgl. HWildberger, Art. אמן E III/4–5: THAT I, Sp. 202–204). Mi 3 11 läßt aber erkennen, daß נשען על־יהוה in der Kultsprache zum Ausdruck eines Vertrauens diente, dem der Prophet mit Skepsis begegnete. Es kann darum nicht überraschen, daß Jesaja selbst die Vokabel nur verwendet, wenn er vom falschen Vertrauen spricht (30 12 31 1). Die Gefahr, einem leichtfertigen, Israel zu nichts verpflichtenden Vertrauen Vorschub zu leisten, ist aber an der vorliegenden Stelle gebannt durch die negative Abgrenzung: nicht mehr vertrauen auf den, der ihn geschlagen hat. Wirkliches Vertrauen auf Jahwe wird sofort in bestimmten Absagen und Distanzierungen manifest. Noch interessanter ist die Absicherung durch באמת. Man könnte das Wort geradezu als Aufnahme des jesajanischen האמין auffassen. Jedenfalls steht es dem אמונה von Hab 2 4 recht nahe. Es schließt in sich, daß man sich Jahwes Wort gesagt sein läßt und „krumme Wege“ (s. 30 12), die so leicht scheinbar korrekte Frömmigkeit begleiten, meidet.

21 In 21 wird diese Zuwendung zu Gott mit שוב, „umkehren“ um-

schrieben. Aber V. 21 variiert den Gedanken von 20 auch in anderer Hinsicht. שאר ישוב heißt nicht, wie viele (Marti, Gray, Duhm, Bruno, Fohrer u.a.) annehmen: „der Rest kehrt um", sondern „ein Rest kehrt um" (Kissane, Herntrich, Hertzberg, Steinmann, Eichrodt, Schildenberger, Montagnini u.a.). Dabei liegt der Ton, was sich aus der Wortstellung ergibt, auf Rest (s.o.S. 277): (nur) ein Rest, nicht einfach alle, die sich zu Israel zählen. Damit ist die Weiche zu 22f. gestellt. Zu אל גבור vgl. o.S. 382. Falls man versuchen wollte, die Bezeichnung wie in 9 4 auf den messianischen König zu beziehen, müßte שוב nicht mit „umkehren", sondern mit „sich hinwenden zu" übersetzt werden. Schon das ist wenig wahrscheinlich. Aber abgesehen davon bleibt kaum eine andere Möglichkeit, als „starker Gott" als Aufnahme von יהוה קדוש ישראל in 20 zu verstehen.

Nachdem der Verfasser auf diese Weise deutlich die gewöhnliche 22f.
Auffassung vom Reste Israels korrigiert hat, warnt er nun erst recht vor der Illusion, das Heil Israels, soweit es noch existiert, sei gesichert. Das Gericht geht seinen Gang und muß seinen Gang gehen, weil nur so Gerechtigkeit in der Geschichte verwirklicht werden kann. Daß in diesem notwendigen Prozeß Israel als Gesamtheit geschont werden könnte, es also ausgespart bleiben werde, wenn „die fest beschlossene Vernichtung" über die Erde ergeht, ist undenkbar. Gerade angesichts der Erwartung einer schweren Katastrophe für die Weltmacht soll Israel wissen, daß die Formel: dort, unter den Völkern, Unheil, hier, im Gottesvolk, das sich als heiliger Rest versteht, Heil, keineswegs legitim ist. In 28 22 kann mit כלה ונחרצה nur das Gericht über Israel gemeint sein (על כל־הארץ ist dort zu übersetzen „über das ganze Land" oder als Zusatz, der aus 10 23 stammt, anzusehen, בקרב כל־הארץ jedoch an der vorliegenden Stelle muß heißen „inmitten der ganzen Erde"). Auch der Verfasser von 10 23 bewegt sich apokalyptischen Anschauungen entgegen, zu denen das Wissen um ein umfassendes Weltgericht gehört. Als einen Apokalyptiker kann man aber auch ihn nicht bezeichnen, dafür wirkt bei ihm das prophetische Erbe noch zu stark nach.

Nach der Unheilsandrohung von 16–19 erwartet man in 20ff., wo Ziel
sich der Blick auf Israel richtet, eine uneingeschränkte Ankündigung von Heil für den „Rest Israels". Aber die Interpretation, die hier der Restgedanke erfährt, ist höchst bemerkenswert. Sie bewegt sich auffallend nahe der jesajanischen Linie entlang und stellt die Selbstsicherheit der nachexilischen Gemeinde, die sich vor Jahwes Gerichten, die über die Erde ergehen, geschützt glaubt, in Frage. Zwar hält der Verfasser an der Sonderstellung Israels fest, er verneint auch nicht, was sein Vorgänger anzukünden hatte. Aber er verwehrt es Israel, sich an den Gerichten, die über andere ergehen, weiden zu wollen. „Er ist kein Prophet", sagt Fohrer von ihm, weil sein Wort zu einem guten Teil aus Zitaten bestehe.

Aber ein aufmerksamer Leser des prophetischen Wortes war er schon – und mehr als das: ein Hüter des prophetischen Erbes in einer Zeit, in der nur noch wenig Verständnis für das eigentliche Anliegen der Propheten lebendig war.

KEINE FURCHT VOR ASSUR
(10 24–27a)

LEBinns, Midianite Elements in Hebrew Religion: JThSt 31 (1930) 337–354. Literatur

[24]Darum spricht [der Herr][a], Jahwe der Heere: Fürchte dich nicht, mein Volk, Text
das auf dem Zion wohnt, vor Assur, das dich mit dem Stock schlägt und seine
Rute [b]nach der Weise Ägyptens[b] über dich schwingt.
[25]Denn nur noch eine ganz kurze Weile, so[a] hat sich mein[b] Grimm erschöpft, und
mein Zorn [c]wird ganz zu Ende sein[c]. [26]Und Jahwe der Heere[a] wird über es
die Geißel schwingen wie damals, da er Midian am Rabenfelsen schlug [und
sein Stock ist [b]über dem Meer[b], und er wird ihn erheben nach der Weise Ägyptens].
[27][Und geschehen wird's an jenem Tage:
Weichen wird seine Last von seiner Schulter,
und 'weggerissen wird'[a] sein Joch von seinem Hals.]

24a Für אדוני יהוה צבאות liest 𝔊 κύριος σαβαωϑ, wird also אדוני nicht gelesen 24
haben, s.o. Textanm. 16a. – b–b Procksch betrachtet בדרך מצרים als metrisch
überschüssige Glosse, die aus 26 stamme. Aber man wird gut daran tun, in
diesen Versen kein Metrum finden zu wollen. – **25a** Die dominierende Vor- 25
stellung wird vorweggenommen und durch ו mit dem eigentlichen Satz verbunden, s. BrSynt §123f. – b Statt וזעם ist nach 𝔊 (*rwgzj*) und in Parallele zu
זעמי אפי zu lesen. – c–c על תב יתם bereitet Schwierigkeiten. Man könnte תבלית
von בלה herleiten und ihm die Bedeutung „Ende, Vernichtung" zuschreiben,
wobei dann etwa zu übersetzen wäre: „und mein Zorn (geht) auf Vernichtung". Das ist aber sprachlich fragwürdig, und der so gewonnene Sinn steht
im Widerspruch zum vorangehenden כלה זעמי. Einige MSS lesen תכליתם
statt תבליתם, was von כלה abzuleiten wäre, aber keinen wesentlich andern
Sinn ergäbe. Luzzato hat den Vorschlag gemacht, על תבליתם in עַל תֵּבֵל יִתֹּם
aufzulösen, so daß übersetzt werden könnte: „und mein Zorn über die Erde
kommt zu Ende". Doch muß nach dem Zusammenhang vom Zorn über
Israel gesprochen werden. Wir folgen darum der Emendation GRDrivers,
die er in JThSt 38 (1937) 39 (s. auch BHS) begründet hat: וְאַפִּי עַל־תֶּכֶל יִתֹּם,
„and my wrath shall utterly be completed" (תכל sei ein sonst ungebräuch-
liches Substantiv von כלה). – **26a** 𝔊 liest für יהוה צבאות : ὁ ϑεός, die lukianische 26
Rez. κυριος. Möglicherweise ist צבאות zu streichen. – b–b Es wurde vorgeschlagen, für על הַיָּם entweder עֲלֵיהֶם oder עָלָיו zu lesen (HWinckler, Alttestamentliche Untersuchungen, 1892, 177, vgl. Marti und Procksch z.St., BHS).
Aber daß bei einem Vergleich mit Ägypten vom Meer gesprochen wird, kann
keine Bedenken erwecken. – **27a** Für וְחֻבַּל ist (unter Versetzung des Atnach) 27
יְחֻבָּל zu lesen, wie schon WRSmith, Journal of Philology 13 (1885) 62f. erkannt hat (𝔊 liest καταφϑαρήσεται). Der Rest des Verses ist zum folgenden
Abschnitt zu nehmen.

Die Botenformel zu Beginn von 24 zeigt, daß ein neuer Abschnitt Form
einsetzt; לכן dient auch hier wieder allein der Verknüpfung mit dem

Vorhergehenden (s.o. zu V. 16). Auch die neue Thematik zeigt, daß 24ff. nicht die natürliche Fortsetzung von 20–23 ist. – V. 27 beginnt mit der „Anschlußformel“ והיה ביום ההוא; wahrscheinlich ist 27a gegenüber 24–26 sekundär, aber der Satz war zweifellos schon immer als Ergänzung zu 24–26 gemeint. Wie oben festgestellt, endet 27a nicht schon mit צוארך, sondern erst mit dem (emendierten) יחבל. Der Rest des Verses ist nach allgemeiner Übereinstimmung zum folgenden Abschnitt zu ziehen. – Besondere Schwierigkeiten bietet 26b, wo mit der „Geißel über Midian“ der „Stock über dem Meer“ parallelisiert wird. Mit diesem Stock (מטה) ist doch wohl auf den Stab des Mose, den er beim Durchzug durch das Meer erhob, angespielt (Ex 14 16 4 2–5 4 17 7ff.), wobei Ex 17 5. 9 mit eingewirkt haben mag, wo aus dem Stab des Mose ein Stab Gottes (מטה אלהים) geworden ist. Zu מטה s.o.S. 314. Man muß aber zugeben, daß sich bei dieser Auffassung ומטהו, das dann als zweites Objekt zu עורר anzusehen wäre, eine harte Konstruktion ergibt. ומטהו על הים ist darum in der obigen Übersetzung als selbständiger Nominalsatz wiedergegeben: „und sein Stab ist über dem Meer“. Aber auch so versteht man nicht, welches Meer gemeint sein soll, über dem Jahwe den Stock „nach der Weise Ägyptens“ erhebt. Procksch hilft sich damit, daß er emendiert וְנָשָׂא מַטֵּהוּ. Man wird aber statt einer solchen nicht zu sichernden Änderung des Textes eher annehmen müssen, daß 26b eine Glosse ist, die durch בדרך מצרים am Ende von 24 evoziert wurde. Wie das bei solchen Bemerkungen leicht beobachtet werden kann, ist sie nicht sorgfältig in den Textzusammenhang eingefügt.

Metrum: BHK und BHS verstehen den Abschnitt mit einer großen Zahl von Auslegern als Prosa, manche Ausleger (Procksch, Fohrer, Kaiser u.a.) glauben aber, ein Metrum erkennen zu können. Wenn das bei 24–26 möglich ist, kann man überhaupt jeden hebräischen Text metrisch aufgliedern. 27a hingegen besteht, von der Einleitung abgesehen, aus einem Doppelvierer.

Ort Die Ansichten der neuern Forschung über die Authentizität von 24–27a gehen stark auseinander. Für Procksch ist erst dieser Abschnitt der eigentliche Abschluß von 5–15, d.h., erst er enthält nach ihm die göttliche Antwort auf die Assyrerfrage, während in 5–15 nur der Prophet selbst seine Ansicht kundtue. „An der Echtheit des Stückes zu zweifeln, fehlt jeder Anlaß. Gedanke und Sprache tragen jesajanisches Gepräge, als Gegner wird Assur ausdrücklich genannt (v. 24), die Bilder vom Stecken und Stab (v. 5) werden wieder aufgenommen“ (z.St.). Auf der Seite von Procksch stehen Schmidt, Feldmann, Fischer, Kissane, Hertzberg, Leslie, Montagnini u.a. Aber bereits Eichhorn hat die Jesajanität verneint und damit nicht wenig Gefolgschaft gefunden (Marti, Gray, Duhm, König, Herntrich, Eichrodt, Kaiser, Schildenberger, Becker, Fohrer u.a.). Das Urteil von Procksch, die Sprache trage jesajanisches Gepräge, ist zwar durchaus verständlich, aber das bedeutet wie in vielen ähnlichen Fällen nur, daß ein Mann die Feder führt, der in der jesajanischen Überlieferung zu Hause ist. „Auch dieses Heilsorakel atmet... den Geist eifrigen Schriftstudiums“ (Kaiser z.St.): עמי ישב ציון erinnert an 30 19. Vom שבט und מטה Assurs war in 10 5 die Rede, vgl. auch 30 31f. Dort standen auch bereits זעם und אף nebeneinander. Zu הכה ist מכהו in 20 zu beachten. שוט wird 28 15. 18 entnommen sein (dort allerdings in der Bedeutung „Wasserflut“). 27a ist beinahe wörtliches Zitat aus 9 3. Dem Verfasser war die Exodustradition vertraut; auch das spricht gegen die Herkunft von Jesaja, denn nie spielt er sonst in seinen Worten auf den Auszug aus Ägypten an. Nicht zu übersehen ist auch, daß חבל sich eindeutig nur in nachexilischem Schrifttum findet. Gegen jesajanische Verfasserschaft fällt schließlich auch die relative Nähe zur Apokalyptik ins Gewicht, die auch in diesem Abschnitt unverkennbar ist. Wiederum aber läßt sich die Zeit der Abfassung nicht präzis festlegen. Daß das Stück noch aus der assyrischen Zeit stammt, ist trotz der Nennung Assurs vom Inhalt her nicht wahrscheinlich. Assur wird wieder Deckname für eine andere Weltmacht sein und auch in diesem Fall mag man an die spätere Perserzeit denken (s.o.S. 408).

Die Verheißung ist durch die „Botenformel“ eingeleitet, gibt sich Wort 24
also als direktes Gotteswort. Dem entspricht, daß das Heilswort mit der für das priesterliche Heilsorakel typischen Aufforderung zur Furchtlosigkeit, אל תירא, beginnt (s. dazu o.S. 270ff. und die ebenso eingeführten Heilsorakel bei Deuterojesaja in 40 9 41 10. 13f. 43 1.5 u.ö., s. auch 35 4). Zu יהוה צבאות s.o.S. 28f. 248. Angeredet ist Israel als Jahwes Volk. Durch das Suffix in עמי ist der Grund angegeben, warum Israel sich nicht zu fürchten braucht: es ist Jahwes Volk, steht unter seinem Schutz und darf seiner Hilfe gewiß sein; s. die Anrede an das Gottesvolk im Zusammenhang mit der Aufforderung zur Furchtlosigkeit in 41 8: „Du Israel, mein Knecht, Jakob, mein Auserwählter, Nachkommenschaft Abrahams meines Freundes...“ und vgl. dagegen die Bezeichnung Israels als העם הזה, mit der sich Jesaja gegen einen allzu selbstverständlichen Heilsglauben Israels abgrenzt; s. dazu o.S. 254ff. und vgl. den Namen des Hoseasohnes לא עמי (1 9 und im Gegensatz dazu 2 1ff.). Unterstrichen wird die Verbundenheit zwischen Gott und Volk durch ישב ציון als Beifügung zum Gottesnamen. Der Zion (s. dazu o.S. 83ff.) ist zunächst der Ort, da Jahwe seine Wohnstätte hat, wie es der Tempelweihspruch Salomos (1 Kö 8 13) bezeugt: „Ich habe dir gebaut... eine Stätte für dein Thronen (שבתך) in Ewigkeit.“ Dort ist Jahwes „Hütte“, sein „Zelt“, Ps 27 5, vgl. Am 1 2, und Jesaja selbst sagt, daß Jahwe auf dem Berge Zion wohnt (8 18: שכן בהר ציון, s. dazu o.S. 348f.; die Formulierung ישב ציון auf Jahwe bezogen findet sich z.B. in Ps 9 12). Wo Jahwe thront, da kann sein Volk furchtlos unter seinem Schutz leben. Der Jahwetreue darf

Gast sein in Jahwes Zelt, Ps 15 1, und Israel wird in Ps 9 15 geradezu der Titel בת ציון zuerkannt, also ausgerechnet in einem Psalm, der Jahwe als den Zionsbewohner bezeichnet, vgl. Jes 1 8 10 32 16 1 37 22 52 2 62 11 Thr 2 1 u.ö. Es ist also durchaus möglich, Israel als Zionsbewohner anzusprechen (Jes 12 1 Jer 51 35). In Jes 30 19, ebenfalls innerhalb eines nachjesajanischen Abschnittes, ist vom עם בציון ישב בירושלם (für יֵשֵׁב ist יֹשֵׁב zu emendieren) die Rede, und schließlich kann Israel auch kurzerhand ציון heißen (Jes 49 14 51 16 Jer 30 17 u.ö.). Jesaja selbst, der sich nicht scheut, vom Wohnen Jahwes auf dem Zion zu sprechen, hätte, um nicht falschen Vorstellungen von der Gesichertheit Israels Vorschub zu leisten, kaum vom Wohnen Israels auf dem Zion sprechen können, es ist eine typische Vorstellung der Kulttheologie der nachexilischen Zeit.

Auch der Verfasser dieses Abschnittes sieht sich mit der harten Tatsache konfrontiert, daß Israel, Jahwes Volk, der Großmacht dieser Welt, die mit dem Symbolnamen Assur bezeichnet wird, ausgeliefert ist. Er knüpft an das an, was Jesaja über das Assur seiner Zeit zu sagen hatte. Aber es ist doch bezeichnend, wie er das Überlieferte variiert: Er spricht zwar auch von Assurs Stock, aber als Werkzeug Jahwes zum gerechten und notwendigen Gericht über Israel sieht er ihn nicht, son-
25 dern nur als Zeichen der Gewaltherrschaft. Zwar ist dann in 25 doch in Anlehnung an 5 von Jahwes Verwünschung (זעם) und Zorn (אף) die Rede (zu diesen Begriffen s.o.S. 395). Aber es wird von ihnen wie von absoluten Größen gesprochen, einer Art Energiepotential, das sich, einmal in Bewegung gesetzt, auswirken muß, bevor wieder der Zustand der Ruhe eintreten kann (möglicherweise ist in dieser Sicht das suffixlose זעם in 25 doch richtig). Zu diesem Verständnis des Zornes paßt gut, daß das Verbum כלה verwendet wird (vgl. auch das durch Emendation gewonnene תֵּכֶל); es bedeutet „zu Ende gehen" im Sinn von „aufgezehrt sein" (vgl. etwa Ps 71 9: „im Alter erschöpft sich des Menschen Lebenskraft", s. auch Ps 143 7 oder das pi. „aufbrauchen" in Ez 6 12 u.ö.). Es soll zwar dem Verfasser des vorliegenden Abschnittes keinesfalls die Meinung unterschoben werden, daß nach ihm Jahwes Zorn ein grundloses, nicht verstehbares Phänomen sei. Aber sein Interesse gilt in keiner Weise dem Gedanken der vorexilischen Propheten, daß dieser „Zorn" in Israels Verhalten begründet sei, ihm liegt vielmehr nur daran, zu verkünden, daß Israel jetzt mit dem Zuendegehen des Zornes Jahwes rechnen dürfe. Ausdrücklich sagt er עוד מעט מזער, „es dauert nur noch (עוד ist eigentlich ein Substantiv und heißt „Dauer") eine Wenigkeit einer Kleinigkeit". Es wurde oben darauf aufmerksam gemacht, daß עוד מעט מזער durch die Stellung zu Beginn des Satzes deutlich hervorgehoben ist: tatsächlich bildet die Ankündigung der in Bälde zu erwartenden Befreiung vom „assyrischen" Druck den Skopus des Abschnittes. „In dem Grundton des Heilsspruches, dem 'bald', zeigt es sich,

daß aller wirkliche Glaube zugleich Naherwartung ist (vgl. Offb. 22, 20)" (so Kaiser z.St.). Gegenüber dem möglichen Mißverständnis von „Naherwartung" ist aber daran festzuhalten, daß dieses „bald" noch nicht im Sinn eines dogmatisch verfestigten Bildes vom Ablauf der „letzten Dinge" zu verstehen ist, sondern vom Verfasser doch wohl im Bedenken der konkreten Machtverhältnisse seiner Zeit gewagt wurde (vgl. 26 20f.).

Am Schluß von 24 wird „Assurs" gewalttätiges Vorgehen mit בדרך 26a
מצרים charakterisiert. Damit wird, was Jesaja in dieser Weise nicht hätte
tun können, die Bedrückung Israels durch die Großmacht der Gegenwart
mit der (völlig unverdienten und in jeder Hinsicht ungerechten) Bedrückung Israels in Ägypten in Parallele gestellt. „Assur" schwingt so
den Stock über Israel, wie es einst Ägypten getan hat. Das geschieht
allerdings nicht, um „Assur" anzuklagen, sondern um dem Gedanken den
Weg zu bahnen, daß Jahwes Hilfe in der gegenwärtigen Not so wenig
wie damals ferne sein könne. Er führt das aber nicht aus, sondern vergleicht das zu erwartende Eingreifen Jahwes mit dem Schlag gegen
Midian. Israel weiß, wie Jahwe sich je und dann überraschend und über-
wältigend für sein Volk einsetzte, und soll aus diesem Wissen Gewißheit
für die Zukunft schöpfen. – Es ist bemerkenswert, daß dem Verfasser des
vorliegenden Abschnittes eine Einzelheit wie die vom Rabenfelsen bekannt ist. Sie wird ihm aus der schriftlich fixierten Überlieferung, wie sie
uns heute im Richterbuch vorliegt, zugekommen sein (Ri 7 25). Daß
damals Jahwe die Geißel über Midian geschwungen habe, wird dort
allerdings nicht gesagt. שוט ist die Peitsche des Tyrannen (1 Kö 12 11. 14),
der Gewaltherrschaft ausübt. – Mit dieser Peitsche ist in 26b der „Stab 26b
über dem Meer" parallelisiert, den Jahwe „nach der Weise Ägyptens"
erheben werde. Es ist bereits festgestellt worden, daß das eine Glosse ist,
die sich nur schlecht in den Zusammenhang fügt: In 24 ist מטה der Stab,
den Assur in der Weise Ägyptens erhebt, hier muß es der Stab Gottes
sein, aber daß Jahwe den Stab nach der Weise Ägyptens erhebe, ist
doch eine seltsame Aussage; es wird gemeint sein, daß er es tun wird, wie
er es damals gegen die Ägypter getan hat. Die Glosse erklärt sich aus dem
Bestreben, die Heilsgeschichte der Vergangenheit als Typos für das heilvolle Geschehen der Zukunft zu betrachten. Jahwe handelt auch in
Zukunft entsprechend der Art seiner Manifestation in der großen Geschichte mit seinem Volk, in der normativen Vergangenheit.

V. 26a hat auf 9 3 zurückgegriffen. Ein noch späterer Ergänzer hat 27a
noch einmal und noch deutlicher die jesajanische Verheißung zu aktualisieren versucht. Er muß, wie auch der Verfasser von 24–26a, 9 1–6 als
Weissagung über den Untergang Assurs verstanden haben. Aber nun
war „Assur", wenn auch in anderer Gestalt, immer noch an der Macht
und die Vertrauenswürdigkeit der prophetischen Verheißung damit in

Frage gestellt. Darum versichert der Verfasser den Leser, daß die alte Weissagung über Israels Befreiung nun endlich zu ihrer ganzen Erfüllung kommen werde. – So eng sich 27a an 9 3 anlehnt, so sind doch die Verschiebungen interessant: Für das aktive Verbum חִתַּת tritt das passive חֻבַּל ein, und in der ersten Vershälfte verwendet der Ergänzer ein intransitives Verb (סוּר); er ist ausschließlich daran interessiert, daß „jetzt" die Erfüllung der prophetischen Weissagung eintrifft; gebannt blickt er auf die kommenden Ereignisse, nicht auf den sie heraufführenden Gott.

Ziel 24–26 ist mit der Botenformel eingeleitet. Das ist ernst zu nehmen, so sehr es die Exegese deutlich werden ließ, daß der Verfasser auch dieses Abschnittes ein Epigone ist, der die „Schrift" eifrig gelesen hat. Er wagt es, im Namen Gottes seinen Zeitgenossen das „fürchte dich nicht" zuzurufen und das kurz bevorstehende Ende der sich nur auf Gewalt stützenden Weltmacht anzukünden. Die Rechtfertigung für seine Zuversicht sieht er offensichtlich in einem Doppelten: Einmal darin, daß Israel doch Jahwes Volk ist, also mit seiner rettenden Tat rechnen darf. Dann aber in der Gewißheit, daß Jahwe in der Gegenwart so handeln wird, wie er es urbildlich bei den bekannten μεγάλεια der Heilsgeschichte tat, beim Auszug, als es um die Errettung Israels ging, oder in der Zeit Gideons, als der dauernde Besitz des Landes in Frage stand. Beide Argumente wurzeln im Wissen um Jahwes Treue, das gestattet, die bedrückende Gegenwart im Licht der Heilsgeschichte zu sehen. Hinter Abschnitten wie dem vorliegenden steht ein bestimmtes Geschichtsverständnis. Gewiß trägt die Geschichte immer wieder ein neues Gesicht. Aber ihre Strukturen wiederholen sich, weil der Herr der Geschichte sich selbst treu bleibt. Darum ist es möglich, die Zukunft in Analogie zur Vergangenheit zu sehen. Verheißungen sind nicht abgetan, wenn die Zeit, in die sie einmal hineingesprochen wurden, der Vergangenheit angehört. Sie werden immer wieder neu aktuell. – Der Ergänzer von 27a hat das unterstrichen. Man wird aber zugespitzt sagen können: Er orientiert sich nicht an der Treue Gottes und an der sie bekundenden Heilsgeschichte, sondern sein Blick haftet streng am einmal ergangenen und seither tradierten Gotteswort. Da Israel von der Treue Gottes und der sie bekundenden Heilsgeschichte ja auch nur durch das überlieferte Wort weiß, ist das kein Gegensatz, aber immerhin eine Akzentverschiebung, die für die Spätzeit bezeichnend ist.

DER MARSCH AUF JERUSALEM

(10 27b–34)

KFullerton (1917/18, s.o.S. 390), bes. 173ff. – EJenni, Die politischen Voraussagen der Propheten: AThANT 29 (1956). – LAlonso-Schökel, Is 10, 28–32: Análisis estilístico: Bibl 40 (1959) 230–236. – HDonner, Israel unter den Völkern: VTSuppl 11 (1964), hier 30–38. Literatur

Zum Text: ERobertson, Some Obscure Passages in Isaiah: AJSL 49 (1932/33) 313–324, hier 322ff.

Zur Geographie: TKCheyne, Geographical Gains from Textual Criticism: Exp V/10 (1899) 228–232. – GDalman, Das Wādi eṣ-ṣwēnīṭ: ZDPV 28 (1905) 161–175. – LFéderlin, A propos d'Isaïe X, 29–31: RB NS 3 (1906) 266–273. – GDalman, Palästinische Wege und die Bedrohung Jerusalems nach Jesaja 10: PJB 12 (1916) 37–57. – WFAlbright, The Assyrian March on Jerusalem, Isa. X, 28–32: AASOR 4 (1924) 134–140. – AJirku, Die Zwölfzahl der Städte in Jes 10 28–32: ZAW 48 (1930) 230. – AFernández, El paso difícil del ejército asirio: Estúdios Ecclesiasticos 10 (1931) 339–348. – HHWalker, Where were Madmenah and the Gebim?: JPOS 13 (1933) 90–93. – FMAbel, Géographie de la Palestine I ([2]1933), II ([2]1938). – AFernández, Migrón: Miscellanea Biblica BUbach (1953) 138–142. – JSimons, The Geographical and Topographical Texts of the Old Testament (1959), hier § 1588. – HDonner, Der Feind aus dem Norden: ZDPV 84 (1968) 46–54.

Zu einzelnen Motiven: GVermes, The Symbolical Interpretation of *Lebanon* in the Targums: JThSt NS 9 (1958) 1–12.

27b [a]Er zog[b] hinauf von Samarien[a], Text
 28kam auf Ajath zu,
zog durch Migron,
 Michmas[a] anvertraute[b] er seinen Troß.
29Sie durchzogen[a] die Schlucht[b],
 'Geba[c] sei unser[a] Nachtquartier!'
Da erzitterte Rama[c],
 Gibea Sauls floh[d].
30 [a]'Schrei gellend[a], Tochter Gallim!
 Horch auf, Laisa,
gib ihm Antwort, Anathoth[b]!'
 31Madmena hat sich davon gemacht,
Gebims Bewohner brachten sich in Sicherheit[a].
 32Noch heute muß[a] in Nob Stellung bezogen sein,
schwingt er seine Hand gegen den Berg[b] der Tochter Zions,
 gegen die Höhe Jerusalems.

33Siehe, [der Herr][a], Jahwe der Heere
 haut das Gezweig ab mit der Hippe[b].
Die Hochragenden werden gefällt
 und die Erhabenen niedergeschlagen,
34und das Dickicht des Waldes wird mit dem Eisen gerodet,
 [a]und der Libanon 'mit seiner Pracht' stürzt[a].

27 27a–a 𝔐 (wörtlich: „ein Joch angesichts von Fett") ist unverständlich, und
der ursprüngliche Text ist nicht mit Sicherheit wiederzugewinnen. Zweifellos ist
aber für על das Verb עָלָה zu lesen, während מִפְּנֵי kaum zu ändern sein wird.
Dann müßte שמן als Ortsname verstanden werden, aber von einer Örtlichkeit dieses Namens wissen wir nichts. Graphisch am nächsten läge die Konjektur יְשִׁימוֹן, „Wüste", das auch n.l. ist, nämlich Name für den *gôr-el-belqâ*, n.
vom Toten Meer, und einer Örtlichkeit im Negeb. Die letztere Ortslage kommt
nicht in Betracht, die erstere ist nicht wahrscheinlich, und von einem andern
Ort dieses Namens, der irgendwo n. oder ö. von Bethel zu suchen wäre, wissen
wir nichts. Von vielen wird רִמּוֹן (heute *rammûn*) gelesen (Marti, Gray, Duhm,
Zürcher Bibel, Bewer, Simons, Donner [VTSuppl 11, 30], Montagnini). Aber
es fragt sich, wie und warum der Feind nach dem abgelegenen Rimmon gekommen sein sollte. Vor allem ist רמון (in Ri 20 45. 47 heißt es übrigens סֶלַע
[ה]רמון) unwahrscheinlich, falls, was doch recht nahe liegt, Ajath mit Aj (*et-tell*
bei *dēr dubwān*) identifiziert wird. Möglich ist, daß מִ צָּפוֹן oder מִצָּפוֹן (Simons
u.a.) zu lesen ist, liegt aber doch wie das von Dalman vorgeschlagene, an sich
recht einleuchtende מִפְּנֵי בֵית־אֵל graphisch zu weit ab. Während מפני שמאל
(Dalman 45) „von Norden" ebenfalls kaum in Frage kommt, dürfte das wohl
erstmals von vonOrelli (³1904) vorgeschlagene מִפְּנֵי שֹׁמְרוֹן das Richtige treffen
und hat viel Zustimmung gefunden (Procksch, Kissane, Herntrich, Hertzberg,
Bruno, Eichrodt, Kaiser, Leslie, Schildenberger, Fohrer). Jedenfalls hat sich
der Feind der judäischen Hauptstadt von Norden her genähert, und dann
muß seine rückwärtige Basis ja wohl Samaria gewesen sein, zumal Sichem zur
fraglichen Zeit darniederlag (s. GEWright, Shechem, 1965, 162ff.). – b Zu
28 dieser Übersetzung des perf. s.u. S. 426. – **28**a 𝔅 liest מכמש (dieselbe Variante auch
in 1 S 13 2. 5. 11. 16). Die Schreibweise מכמס in Esr 2 27 Neh 7 31 zeigt, daß
מכמש vorzuziehen ist, zweifellos spiegelt aber die Verschiedenheit der Schreibweise verschiedene Aussprachetraditionen wider (s. dazu Joüon, Gr § 5 und
Meyer I, ³1966, § 8,14). – b HDonner (VTSuppl) zieht מכמש zum Vorhergehenden („zog über Migron nach M.") und übersetzt im Folgenden: „mu-
sterte sein Kriegsgerät". Doch bedeutet פקד nur im ḳ. „mustern", im hi. hin-
29 gegen „anvertrauen, beordern". – **29**a Da in 28 der sing. steht, fragt es sich,
ob in 29 für עברו nicht mit VQa 𝔊𝔖𝔅𝔗 עבר zu lesen sei (s. GRDriver,
JThSt 38, 1937, 39). Man müßte sich dann aber entschließen, לנו in 29aβ
ebenfalls zu ändern, sei es, daß man מלון לנו in מְלוֹנוֹ oder מָלוֹן לוֹ (event.
מָלוֹן לָמוֹ) emendierte. Aber solche Änderungen verkennen doch wohl die
Lebhaftigkeit des Stils (möglich ist allerdings, daß עברו als עִבְרוּ zu vokalisieren ist, s.u.S. 432). HDonner (30) übersetzt: „durchzog die Schlucht von Geba,
schlug Nachtlager auf", indem er עבר מעברת גבע מלון לן liest, wozu er wohl
von seiner vorgefaßten Meinung, das Gedicht müsse aus lauter Fünfern zusammengesetzt sein, verführt worden ist. – b מעברה meint den Durchgang
durch ein nur schwer passierbares Tal. – c Metrum und geographische Blickrichtung sollen nach HDonner die Vertauschung der beiden Ortsnamen er-
fordern. Aber auch hier darf das Metrum nicht zu solchen Änderungen veranlassen, und warum die geographische Blickrichtung die Änderung nahelegen
soll, ist unverständlich, da doch Rama näher bei Geba liegt. – d GRDriver
(JThSt 38, 1937, 39) will das Verbum nach dem syr. *nās*, „zittern" (vgl. ar.
nāsa „hin- und herschwingen, baumeln, schaukeln") verstehen, womit er eine
engere Parallele zu חרדה in der ersten Zeilenhälfte erreicht hätte. Aber der
par.membr. ist in diesem Gedicht nur lose durchgeführt und die Bedeutung
„fliehen" für נוס so geläufig, daß sich Drivers Deutung nicht empfiehlt. –

30a–a קולך ist „effiziertes Objekt mit instrumentaler Bedeutung“ (BrSynt 30
§ 93n). – b עניה ענתות müßte heißen: „arm, elend ist Anathoth“. 𝔊 liest
ἐπακούσεται, 𝔖 *wa^cnī*. Es dürfte עֲנִיָה zu lesen sein. – **31**a Das hi. העיז ist sonst 31
im AT immer trans.: „flüchten, bergen“ (vgl. KBL), hier ist es elliptisch verwendet (s. BrSynt § 127b). – **32**a inf. mit ל zum Ausdruck des Müssens, s. 32
Joüon, Gr § 124 l. – b Q V^{Qa} 𝔊𝔖𝔙 lesen, sicher mit Recht, בַּת. Man kann sich
fragen, ob das Wort nicht zu streichen sei; in der Regel sagt das Jesajabuch
הר ציון (4 5 8 18 10 12 u.ö.), doch findet sich auch הר בת ציון (16 1, vgl. für
בת ציון Jer 6 2 Mi 4 8). Das Metrum darf auch hier nicht den Ausschlag geben.
– **33**a האדון dürfte wie in manchen Fällen, wo die Textüberlieferung das nahe- 33
legt, sekundär sein. – b מערצה ist hap.leg. und muß etwa „Schrecken“ bedeuten (s. מערץ o.S. 335, Textanm. 13b). Es empfiehlt sich aber, mit Duhm in
Parallele zu בברזל in 34 במעצד „mit dem Messer (Gerte, Hippe)“ zu lesen
(event. במעצדו).- **34**a–a Die zweite Hälfte von 34 bereitet Schwierigkeiten. 𝔐 34
wäre zu übersetzen „und der Libanon fällt durch einen Prächtigen“ (oder: „Gewaltigen“), wobei unklar bliebe, ob mit dem „Prächtigen“ Jahwe oder der Assyrerkönig gemeint sei. Andere lesen statt אדיר (als Parallele zu ברזל) קַרְדּוֹם „Axt“ (s. BHK), Dalman 57 עַדִּיר „Hacke“ (das sich aber im AT nicht findet), Ehrlich מַשּׂוֹר, „Säge“, Guthe כַּשִּׁיל, ebenfalls „Axt“, Tur-Sinai, ScrHier 8, 186 בארד, „mit Bronze“ (nach akk. *arudû* „Bronze“), d.h., man suchte nach einem Parallelwort zu ברזל in der ersten Vershälfte (vgl. auch das konjizierte מעצד in 33). ERobertson (AJSL 49, 1933, 322ff.) hingegen will כרמל für ברזל lesen und בַּאֲרָדָיו für באדיר, so daß er meint übersetzen zu können: „And he shall cut down the thickets (of the forest) of Carmel. And Lebanon with its cedars he will fell.“ Es scheint aber, daß 𝔊 für אדיר einen plur. gelesen hat (ὁ δὲ Λίβανος σὺν τοῖς ὑψηλοῖς πεσεῖται). אַדִּירִים (event. dafür אַדִּירָיו) könnte auf die Zedern des Libanon anspielen (s. Sach 11 2 und Ez 17 23). Doch dürfte der Vorschlag von ABruno בְּאֶדְרוֹ (von אֶדֶר „Pracht“, s. Sach 11 13 und vgl. Mi 2 8) vorzuziehen sein. Faktisch ist auch so der Zedernschmuck des Libanon gemeint.

Wenn auch 27b nicht mit Sicherheit rekonstruiert werden kann, so ist Form
doch nicht daran zu zweifeln, daß der Halbvers nicht dem vorhergehenden Abschnitt zugehört. Ob er aber den ursprünglichen Anfang des Gedichtes darstellt, ist ungewiß; bei der redaktionellen Zusammenstellung der größeren Einheit 10 5–34, die als ganze zweifellos von Assur reden will, mag die ursprüngliche Einleitung weggefallen sein, aus der ersichtlich gewesen sein muß, von wem gesprochen werden sollte. Umstritten ist auch die Beantwortung der Frage, wie weit der ursprüngliche Abschnitt reicht. Wie bereits JGHerder es getan hatte (Vom Geist der Ebräischen Poesie II/2: Sämmtl. Werke, hrsg. v. BSuphan, 12, 1880, 289) und es Bruno wieder vorschlug, betrachtet Kaiser 33f. (allerdings ohne 33b) als negativen Hintergrund von 11 1–9. In der Regel sieht die heutige Forschung in 33f. aber einen Nachtrag zu 27b–32 (Marti, Gray, Duhm, König, Bewer, Eichrodt, Fohrer u.a.), während Donner, VTSuppl 31, wenigstens V. 34 als Zusatz betrachtet. Die Frage wird noch kompliziert durch diejenige nach dem Verfasser. Duhm z. B. sieht zwar auch in 33f. einen Nachtrag, hält aber trotzdem 27b–32 für nachjesajanisch. „Das

Gedicht ist reich an Wortspielen, aber leer von Inhalt; seine ganze Art scheint mir zu spielerisch zu sein, als daß ich es dem Jesaja zutrauen möchte." Aber diese Beurteilung nach vorwiegend ästhetischen Maßstäben ist willkürlich. Es könnte sein, daß die scheinbar „spielerische Art" des Gedichtes bewußt gewählt wäre, um im Kontrast dazu den blutigen Ernst der Botschaft um so eindrücklicher zu Gehör zu bringen. Aber Duhm hat doch etwas Richtiges gesehen: wenn man 33f. dem ursprünglichen Verfasser des Abschnittes abspricht, gerät man in nicht geringe Verlegenheit, wenn man den Sinn des Abschnittes umschreiben soll. Das Urteil Duhms, das Gedicht sei „leer von Inhalt", ist dann nicht ganz unverständlich. Es ist indessen völlig unberechtigt, wenn auch 33f. von Jesaja stammt (s. dazu u.S.428). - Bei seinem Versuch, zu verstehen, sieht sich der Leser zunächst vor die Alternative gestellt, ob in diesen Versen ein bereits in Gang gekommener Einbruch des Feindes geschildert werden soll, oder ob der Verfasser eine Zukunftsvision zur Darstellung bringt. Im allgemeinen sind die Exegeten der Auffassung, der Abschnitt schildere ein visionär erschautes zukünftiges Geschehen. JLindblom (Die Gesichte der Propheten: StudTheol [Riga] I, 1935, 7–28, hier 22ff.) spricht von revelatorischen Phantasiegebilden, bei denen sich der Schauende dessen bewußt sei, daß das Gesicht seiner Phantasie entspringe, obgleich er es als Eingebung Gottes auffasse. Wie weit man bei der auf die Zukunft bezogenen Auslegung tatsächlich von einem revelatorischen Erlebnis sprechen und das Gedicht nicht schlicht als eine Zukunftsschau bezeichnen will, mag dahingestellt bleiben. Nun hat aber neuerdings HDonner (VTSuppl) energisch den andern Standpunkt vertreten. Er verweist auf die perfecta in 27b–29a: Der Feind sei bereits bis Geba vorgedrungen und habe dort Nachtquartier bezogen. Nun liegen allerdings auch in 29b–31 perfecta vor. Sie schildern aber nicht mehr den Zug selbst, sondern was unter dem Eindruck des überraschenden Vorstoßes der Feinde in den der Front am nächsten liegenden Ortschaften Rama, Gibea Sauls, Anathoth, Madmena und Gebim vor sich gegangen ist, während für Gallim und Laisa die Reaktion der Bevölkerung durch die Imperative „schreie" und „antworte" zur Darstellung kommt. V. 32 hingegen enthüllt nach Donner den Kriegsplan des Gegners, während der durch הנה mit Partizip eingeführte und durch perf. cons. bzw. imperf. fortgeführte Vers 33 die eigentliche Botschaft enthält. Man wird gegen diese Auffassung einwenden, es handle sich bei den perfecta um sog. perfecta prophetica, aber man muß bei der Verwendung dieses Begriffes sehr vorsichtig sein (s. dazu o.S. 209f.), und der Wechsel des Tempus bedarf auf alle Fälle einer Erklärung. Doch ist das Tempus nicht das einzige Moment, das an eine bereits in Gang befindliche kriegerische Aktion denken läßt: Der Feind hat nicht die übliche Anmarschroute gegen Jerusalem eingeschlagen (s.u.S. 432), sondern sich zu einem Umweg östlich der verhältnismäßig bequemen Hauptstraße Sichem-Jerusalem entschlossen. Die Beschreibung ist auffallend präzis und detailliert, die genaueste Schilderung eines Heereszuges gegen Jerusalem, die wir im Alten Testament überhaupt besitzen. Handelte es sich um eine „Vision“, würde sich der Verfasser zweifellos hüten, sich auf solch genaue Voraussagen einzulassen, sondern spräche lediglich in allgemeinen Wendungen vom Heranrücken des Feindes „aus dem Norden“. (Man vergleiche die sog. „Kriegslieder“ Jeremias in Kap. 4–6.) Es dürfte also grundsätzlich dem Verständnis des Abschnittes, wie es Donner vorgeschlagen hat, zuzustimmen sein: Wir haben es mit der Schilderung eines Überraschungsangriffs gegen Jerusalem zu tun, der bereits bis in judäisches Grenzgebiet vorgetragen wurde und die Ortschaften im Vorgelände der Stadt in größten Schrecken versetzt hat. Die Absicht des Feindes, die Stadt der Davididen im Sturm zu nehmen, scheint auf der Hand zu liegen.

Damit aber erhebt sich die schwierigste Frage, die dieser an Schwierigkeiten nicht eben arme Abschnitt stellt: An welchem Punkt der Zeitgeschichte Jesajas ist ein solcher Feindeszug gegen Jerusalem einzuordnen? Wir erfahren nicht einmal, wer der grimmige Gegner ist, der die Absicht zu haben scheint, die Stadt durch einen wohl geplanten Handstreich in seine Gewalt zu bringen. HDonner hat versucht, das Gedicht aus einer bestimmten Phase des syrisch-ephraimitischen Krieges heraus zu verstehen, nämlich von derselben Situation her, aus der auch 8 5–8 zu verstehen sei (VTSuppl 37). Das zwingt ihn, anzunehmen, daß der Hochmut, der nach 33 getroffen werden soll, die Hybris der beiden gegen Jerusalem anmarschierenden Nachbarn Judas im Norden, Israel und Aram, sei (so auch Leslie). Aber gegen diese Deutung erheben sich schwere Bedenken: Der Abschnitt gehört nicht mehr zur „Denkschrift“ über den syrisch-ephraimitischen Krieg (s.o.S. 234). Daß der Feind aus zwei verbündeten Völkern besteht, wird in keiner Weise sichtbar. Der Redaktor, der das Stück an dieser Stelle, nach den Assurstücken des Kap. 10, einordnete, war gewiß der Meinung, daß der Gegner auch hier Assur sei. Das ist in der Tat, jesajanische Herkunft vorausgesetzt, das Naheliegendste. – Zu einer Invasion Assurs in Juda kam es aber im Jahre 701, und darum denken viele Ausleger an einen Angriff Sanheribs gegen Jerusalem (so Steinmann, Pfeiffer [RStOr 32, 1957, 150f.], Kaiser, Mauchline, Fohrer, Montagnini). Aber das ist unmöglich, denn damals erfolgte der Angriff auf Jerusalem nicht von Norden her, sondern von Südwesten, aus der Küstenebene. Procksch (s. auch Kissane und Feldmann) denkt an die Zeit, da Sargon auf dem Gipfel seiner Macht stand. Des genaueren dürfte an die Episode des asdoditischen Aufstandes zu denken sein (über den Sargon in einer Anzahl von Inschriften berichtet, ANET 286f., AOT 350ff., Tadmor [s.o.S. 390] 79f.). Über die Haltung

Ort

Judas während jenes Aufstandes gegen Assur im palästinischen Bereich sagen die Königsbücher nichts. Hingegen schreibt Sargon, daß es dem Rebellen Jamani von Asdod gelungen sei, auch Juda, Moab, Edom und die Inselbewohner, die Assur sonst Tribut und Gaben gebracht hätten, in die antiassyrische Front einzureihen. Jesaja hat sich in dieser Auseinandersetzung offensichtlich sehr engagiert: nach Kap. 20 hat er mit allen Mitteln zu verhindern gesucht, daß man sich auf die Äthiopier verlasse, die Asdod ihre Hilfe zugesagt hatten, und vermutlich ist auch Kap. 18, wonach äthiopische Gesandte am Hof Hiskias erschienen, aus dieser Situation heraus zu verstehen. Wie sich Juda schließlich entschied, ist nicht auszumachen. Aber Sargon hatte auf alle Fälle Grund genug, Juda scharf im Auge zu behalten. Der vorliegende Abschnitt dürfte von einer Vorsichtsmaßnahme sprechen, die der assyrische König ergriff, um das mit Asdod sympathisierende und unter dem diplomatischen Druck der Äthiopier stehende Jerusalem in Schach zu halten. Er ließ (wenn unsere obige Textrekonstruktion das Richtige trifft) von Samaria her, das damals Hauptstadt der gleichnamigen assyrischen Provinz war, Truppen an der Nordgrenze Judas aufmarschieren. Daß Juda darob in beinahe tödlichen Schrecken geriet und einen Angriff auf die Hauptstadt befürchtete, ist begreiflich. Dazu kam es allerdings nicht, sonst wäre uns zweifellos eine entsprechende Nachricht erhalten geblieben. Die feindliche Truppe blieb in Geba stehen, und Juda verhielt sich in der Auseinandersetzung mit Asdod ruhig. Der Zweck der überraschenden Aktion war erreicht, Assur hatte seine Macht demonstriert. Jesaja wird demnach das vorliegende Wort im Moment gesprochen haben, wo die feindliche Truppe bereits den nicht einfachen Übergang durch das *wādi eṣ-ṣuwēnīṭ* zwischen *muḫmās* und *ǧeba'* hinter sich gebracht hatte. Es ist aber festzuhalten, daß sich kein Versuch historischer Einordnung zu unbezweifelbarer Gewißheit erheben läßt.

Und nun ist auf die Frage nach der Authentizität von 33f. zurückzukommen. Ist die oben versuchte Deutung richtig, kann das Wort nur als Gerichtsandrohung gegen Jerusalem, das sich leichtsinnig und aus Unglauben einer falschen Politik verschrieben hat, verstanden werden. Eben davon sprechen aber explizit die beiden letzten Verse des Kapitels. Daß der Feind gerade die führenden Kreise, die mit den „Hochragenden" gemeint sein müssen, treffen werde, ist nicht anders zu erwarten. Der Gedanke des Gerichts über die Hybris, wie seine Formulierung (vgl. die Vokabeln רום, גבה שפל), ist durchaus jesajanisch (s. z.B. 2 11). Es besteht kein Grund, die beiden Verse Jesaja nicht zu belassen, wenn auch zuzugeben ist, daß V. 34 ein Zusatz sein könnte.

Metrum: HDonner (VTSuppl 38) meint, in 27b–32 Fünfer, in 33 zwei Doppeldreier feststellen zu können. Das gelingt ihm nur durch Umstellungen, die sich nicht rechtfertigen lassen. 27b 28aα mag man als einen gewöhnlichen Fünfer ansehen, 28aβb und 29a als einen umgekehrten Fünfer, 29b und 30a wieder als einen gewöhnlichen Fünfer, 30b 31a als einen Vierer, 31b 32a ist ein Sechser, 32b nochmals ein Fünfer. Bis zum Schluß von 34 dürften 3 Sechser folgen (סבכי [ה] יער in 34 ist vielleicht als eine Hebung zu lesen). Doch kann man sich fragen, ob man bei einem solchen Abschnitt nach Metren suchen soll, zumal auch hier (s.o.S. 424) kein par.membr. zu erkennen ist. Aber trotzdem ist es ein höchst eindrückliches Gedicht. Jeder Hemistich reißt den Leser weiter: die kurzen Zeilen malen das sprunghafte Vorrücken des Feindes, die „umgekehrten Fünfer" unterstreichen auf ihre Weise das blitzartige Vorrücken und das Innehalten am nächsten Etappenort. Die „Sechser" am Schluß kennzeichnen den Übergang von der Schilderung zur Reflexion. Delitzsch (z.St.) hat das Urteil gewagt: „Die Schilderung gehört, ästhetisch angesehen, zu dem malerisch Großartigsten, was je menschliche Poesie hervorgebracht... Bis v. 32ᵃ bewegte sich die Rede in stürmischen Eilschritten, dann wird sie zaudernd und wie klopfend vor Bangigkeit." – Das Gedicht macht einen reichen Gebrauch vom Stilmittel der Alliteration, vgl. עָלָה עַל עַיַּת, מַעְבָּרָה עָבְרוּ, עֲנִיָּהוּ עֲנָתוֹת, עַלִי קוֹלֵךְ בַּת גַּלִּים, הָרָמָה חָרְדָה, בְּנֹב יְנֹפֵף, נָדְדָה מַדְמֵנָה, לָנוּ מָלוֹן. Man beachte des weitern die dunkeln o-Vokale im Moment, wo das Unheil auf Jerusalem übergreift (s. dazu LAlonso-Schökel 233), ferner das Spiel mit den Namen nach Art von Volksetymologien, das bei Micha (1 10–15) ein Gegenstück hat. (Duhm hat versucht, diese Kunstmittel nachzuahmen: „sie passiren [sic!] den Paß, Geba gibt Herberge uns, erregt ist Harama... Madmena macht sich davon, antworte ihr, Anathoth!".)

Bei der obigen Deutung des feindlichen Anmarsches gegen Jerusalem ist es nur natürlich, daß Samaria als Ausgangspunkt genannt wird. Gewiß hat Sargon die Truppe nicht selbst geführt, sondern einen Untergebenen, möglicherweise den Statthalter von Samaria, mit der Aktion beauftragt. Auf Widerstand stieß das feindliche Heer natürlich nicht, bevor es die Mauern von Geba vor sich sah; es bewegte sich zunächst lediglich im Grenzgebiet der assyrischen Provinz Samerina. In Geba selbst aber war man offensichtlich so überrascht, daß es ohne Mühe besetzt werden konnte. Wort 27b–32

Die Forschung hat sehr viel Mühe auf die Identifikation der in 27ff. genannten Örtlichkeiten verwandt, ohne wirklich befriedigende Ergebnisse zu erreichen (s.o. unter Literatur, als letzte Arbeit verdient die von HDonner [ZDPV] besondere Beachtung). Ein erstes Handikap ist bereits damit gegeben, daß die Lesung שמרון in 27b nur eine Konjektur ist, der Ausgangspunkt der Expedition also unsicher bleibt. Der erste Ortsname in V. 28, Ajath, ist zwar textlich einwandfrei überliefert, aber nicht sicher zu lokalisieren. Man hat es früher (Albright) gelegentlich auf der *ḫirbet ḥayyān* (bei *dēr dubwān*) gesucht. Aber die amerikanische Probegrabung hat bestätigt, was manche schon auf Grund von Oberflächenuntersuchungen vermuteten, daß es dort keine vorrömische Siedlung gab (s. BASOR 183, 1966, 12–19). Man wird wohl עית als eine feminine Nebenform zu dem bekannten עי anzusehen und auf *et-tell* (2 km sö. von Bethel [*bētīn*] beim heutigen *dēr dubwān*) zu suchen haben (Abel, Géogr. II 239f.). – Noch unsicherer ist die Identifizierung von Migron (s. auch 1 S 14 2). AAlt hat einst den *tell-miryam* (PJB 23, 1927, 17ff.) vorgeschlagen. Aber der Scherbenfund ist unsicher, und abgesehen davon befriedigt die Lokalisierung darum nicht, weil der *tell* nicht auf der Linie Ai-Michmas liegt. Den Text aus diesem Grund umzustellen (so KBL) wäre nur erlaubt, wenn die erwähnte Identifikation gesichert wäre. Donner denkt an den schon von GDalman für Migron erwogenen *tell el-ʿaskar*, 750 m nö. von *muḫmās*. – Daß letztere Örtlichkeit an der Stelle des einstigen Michmas liegt, ist allgemein anerkannt, so daß wenigstens hier ein absolut gesicherter Punkt erreicht ist. Von dort aus überschreiten die Feinde den „Übergang" über das *wādi eṣ-ṣuwēnīṭ*, der in 1 S 13 23 מַעֲבַר מִכְמָשׂ heißt. Geba ist ebenso sicher die Ortslage des heutigen *ǧebaʿ*. – Die folgenden Örtlichkeiten liegen alle wie Geba zweifellos im benjaminitischen Gebiet nördlich von Jerusalem. Sicher lokalisierbar sind Rama, zweifellos das heutige *er-rām*, 8 km nö. von Jerusalem, etwas östlich von der Hauptstraße von Jerusalem nach Norden gelegen, Gibea Sauls, das auf dem heutigen *tell el-fūl* lag, ca. 5,5 km nö. von Jerusalem, an dessen Westseite ebenfalls die Straße von Jerusalem her verläuft (s. dazu die Ausgrabungsberichte in AASOR 4, 1924 und BASOR 52, 1933, 6ff.), und Anathoth auf dem heutigen *rās el-ḫarrūbe*, 800 m ssw. vom heutigen Dorf *ʿanāta* entfernt, das seinerseits 4,5 km nö. von Jerusalem, aber wesentlich ö. der Straße liegt. Nob ist wenigstens mit einiger Sicherheit in der Gegend des *rās el-mušārif* zu suchen, 1,5 km sö. vom *tell el-fūl*, möglicherweise lag es aber auf einer der nördlichen Kuppen des Oelberges, etwa derjenigen der heutigen Augusta-Viktoria-Stiftung. Die übrigen Örtlichkeiten sind nicht zu bestimmen (zu diesen Ortslagen vgl. den Plan S. 431).

Es liegt nahe, die Aufzählung der Ortsnamen von 29b–32 dahin zu verstehen, daß mit ihr die Route, die das Heer von Geba aus einzuschlagen beabsichtigte, vorgezeichnet sei. Danach müßte es von dort aus direkt nach Westen ziehen, um bei Rama die Hauptstraße zu erreichen, würde dann auf dieser in südlicher Richtung marschieren, um über Gibea Sauls bei Nob das Stadtgebiet von Jerusalem zu erreichen. In diesem Fall wären Gallim und Laisa zwischen Gibea und Anathoth zu suchen, Madmena und Gebim zwischen Anathoth und Nob. Aber dieser Annahme steht schon die abseitige Lage von Anathoth im Wege, noch mehr aber die Unmöglichkeit, die genannten Städte auf einer Linie zwischen Geba und Nob unterzubringen. In Erkenntnis dieser Schwierigkeit hat Donner die These aufgestellt, daß drei von Geba aus führende Marschrichtungen gegen die Hauptstraße hin in Aussicht genommen würden. Unter dieser Annahme ist er aus topographischen und archäologischen Gründen zum Schluß gekommen, daß *ḫirbet erḥa* (sö. von *er-rām*), *ḫirbet rās eṭ-ṭawīl*, *ḫirbet el-ʿadase* (beide nö. vom *tell el-fūl*) und *ḫirbet kaʿkūl* (nw. von *ʿanāta*) für die im Text genannten Örtlichkeiten Gallim, Laisa, Madmena und Gebim in Frage kommen könnten, ohne sich näher auf die Identifikation der biblischen mit diesen modernen Ortsbezeichnungen einzulassen. Aber die These Donners von den drei möglichen Marschrichtungen ist unwahrscheinlich. Jesaja will weder die wirkliche Route noch mögliche Anmarschwege des Heeres beschreiben, sondern zählt einfach die Örtlichkeiten auf, die durch einen Angriff auf Jerusalem von Geba aus in panischen Schrecken versetzt worden sind. Abgesehen davon, daß seine Aufzählung sich von Norden nach Süden

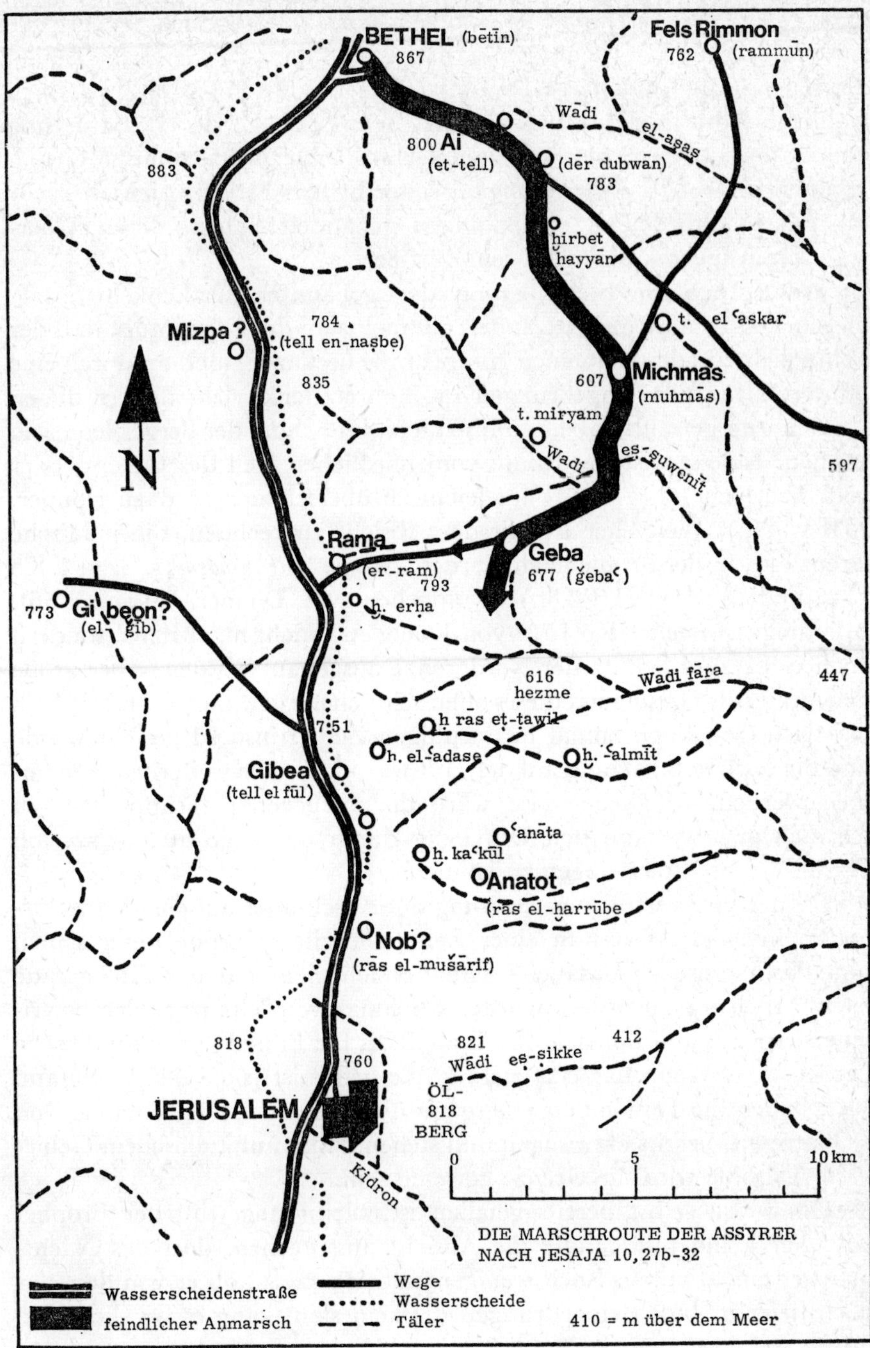
BETHEL (bētīn)
867
Fels Rimmon
762
(rammūn)
Wādi
el-asas
800 Ai
(et-tell)
(dēr dubwān)
783
883
hirbet
hayyān
t. el ʿaskar
784
Mizpa?
(tell en-naṣbe)
835
607
Michmās
(muhmās)
t. miryam
Wadi
es-suwenīṭ
597
N
Rama
(er-rām)
793
Geba
677 (ǧebaʿ)
773
Gibeon?
(el-ǧīb)
h. erha
616
hezme
Wādi fāra
447
751
h rās eṭ-ṭawīl
h. el-ʿadase
h. ʿalmīt
Gibea
(tell el fūl)
ʿanāta
h. kaʿkūl
Anatot
(rās el-harrūbe)
Nob?
(rās el-mušārif)
818
821
Wādi es-sikke
412
760
JERUSALEM
ÖL-
818
BERG
Kidron
0
5
10 km
Wasserscheidenstraße
feindlicher Anmarsch
Wege
Wasserscheide
Täler
410 = m über dem Meer

DIE MARSCHROUTE DER ASSYRER NACH JESAJA 10,27b-32

wendet, ist nicht auszumachen, von welchem Prinzip er sich bei der Aufzählung leiten ließ – wenn er überhaupt nicht einfach die Örtlichkeiten zwischen Geba und Jerusalem mit einiger Vollständigkeit erwähnen wollte. Da die modernen Ortsnamen beim Versuch der Lokalisierung von Gallim, Laisa, Madmena und Gebim keine Anhaltspunkte bieten, könnten bestenfalls Ausgrabungen weiter helfen. Es kann sich aber nur um relativ unbedeutende Siedlungen gehandelt haben, deren Überreste kaum spektakulärer Art sein dürften.

Wenn auch die Identifikation der genannten Örtlichkeiten z.T. unsicher, z. T. unmöglich ist, ändert das nichts an der Erkenntnis, daß der Feind nicht auf der bequemen Hauptstraße heranzog, sondern durch eine Hintertür in Juda eingedrungen ist. Fohrer denkt sich, daß er diesen Nebenweg gewählt habe, um bis zuletzt im Schutz der Berge bleiben zu können. Indessen ist die Route vom nördlichen Teil des Ölbergs oder vom heutigen *rās el-ḫarrūbe* aus leicht zu überschauen (s. dazu Donner, ZDPV 46f.). Weit eher ist mit der Absicht zu rechnen, die judäische Grenzfeste an der Straße nach Norden, Mizpa (*tell en-naṣbe*, s. dazu 1 Kö 15 22 und BHHW, II 1228f.) zu umgehen (vgl. Donner, VTSuppl 36). Allerdings ist nach 1 Kö 15 22 von König Asa nicht nur Mizpa, sondern auch Geba zum Schutz der Nordgrenze ausgebaut worden. Aber große Bedeutung als Festung hat dieses offensichtlich nie gewonnen. Daß jedoch das wichtige Mizpa zumal in unruhigen Zeiten instand gestellt wurde und die dortige Besatzung auf der Hut war, darf ohne weiteres angenommen werden. Möglicherweise wäre die anrückende Truppe viel zu schwach gewesen, um den Durchzug durch das enge *wādi ǧilyān* am Ostfuß der Stadt erzwingen zu können.

28 Bei der hier vertretenen Deutung des Abschnittes auf eine Vorsichtsmaßnahme der Assyrer in einer Zeit politischer Unruhe unter seinen südpalästinensischen Vasallen versteht es sich leicht, daß der Troß gerade nach Michmas beordert wurde. Michmas war Grenzort der assyrischen Provinz und bot sich damit als Basis für Einfälle in das judäische
29–31 Gebiet an. – Wenn das עָבְרוּ richtig überliefert ist (s.o.S. 424, Textanm. 29a), haben die Feinde den Übergang über das *wādi*, das Michmas von Geba trennt, bereits erzwungen und stehen damit auf judäischem Gebiet – die Talsohle wird die Grenze gewesen sein.

Ob Geba selbst bereits gefallen ist, bleibt ungewiß; der Prophet läßt den Feind nur gerade die Absicht aussprechen, dort das Nachtquartier einzurichten. Noch weniger läßt sich sagen, ob er von dort aus noch tiefer in Judäa eingedrungen ist; keinesfalls kann es wirklich zum Sturm auf Jerusalem gekommen sein. Aber der Schrecken war in den wenig stark befestigten Ortschaften Benjamins zweifellos groß; sie wären, nachdem Mizpa umgangen war, schutzlos dem Feind preisgegeben gewesen. Die Bewohner von Gibea, Madmena und Gebim sind bereits geflohen (vgl. dazu Jer 4 5ff. 15–18), die andern Orte sind mit Wehgeschrei erfüllt.

Bevor man sich in Jerusalem vom ersten Schrecken erholt hatte und 32
Nachrichten über die wirkliche Stärke des Feindes eingetroffen waren, mußte man durchaus mit einem Überraschungsangriff auf die Stadt rechnen. Die erfolglose Belagerung durch Sanherib zeigt aber, daß Jerusalem zu gut befestigt war, um ohne größten Einsatz bezwungen werden zu können. Das muß den Assyrern durchaus bewußt gewesen sein. Sie gaben sich damit zufrieden, daß sich Juda bei der Niederzwingung der Rebellion im Philisterland ruhig verhielt. Asdod dürfte tatsächlich keine Hilfe von Jerusalem empfangen haben, und es scheint auch, daß Jerusalem nach dem Fall von Asdod keine Sanktionen über sich ergehen lassen mußte.

Gleichviel ob man 33f. für jesajanisch hält oder nicht, neigt man in 33f.
der Regel dazu, die beiden Verse dahin zu deuten, daß in ihnen das Scheitern des kühnen und heimtückischen Anschlags auf Jerusalem angekündet werde. Falls man sie für einen Nachtrag von zweiter Hand hält, wird tatsächlich kaum eine andere Möglichkeit des Verständnisses offenstehen. Der Ergänzer will dann sagen, daß sich in jenem Zug gegen Jerusalem die Hybris der Macht am Tigris, von der 10 5–15 gesprochen hatte, kundtut, und er läßt Jesaja den Sturz der rücksichtslosen Weltmacht, die mit den Völkern wie mit Figuren auf dem Schachbrett verfährt, ankünden. Hält man die Verse aber für jesajanisch, wird man sehr ernsthaft die andere Möglichkeit erwägen müssen, nämlich daß Jesaja mit den für die judäische Politik Verantwortlichen ins Gericht geht. Er hatte alles ihm Mögliche getan, um Hiskia davon abzuhalten, sich auf die Versprechungen der äthiopischen Gesandten einzulassen und also Asdod Unterstützung zu gewähren. Er scheint mit seinen Warnungen wenig Erfolg gehabt zu haben. Nicht seine Worte, sondern die Wachsamkeit der Assyrer hat es verhindert, daß sich Juda nicht in die abenteuerliche Rebellion von Asdod einließ. Es ist darum doch das Naheliegendste, daß Jesaja der asdodfreundlichen Partei in Jerusalem mit ihrem Hochmut und Leichtsinn den Zusammenbruch androhte (man vergleiche dazu 8 5–8). Er verwendet das Bild vom Roden eines dichten Waldes. יער meint das mit niedrigem Buschwerk besetzte Gelände, das gelegentlich schwer zugänglich ist, weil sich das Gebüsch zu einem undurchdringlichen Dickicht (סְבַךְ V. 34) verflochten hat (vgl. dazu Dalman, AuS I 73ff., bes. 81f. und LRost, PJB 27, 1931, 111–122, bes. 118f.). Aber aus dem dichten Niedergehölz können durchaus einzelne hohe Bäume herausragen. – Zur Vorstellung von der Erniedrigung der „Hohen" und speziell zu den Begriffen רום und שפל ist 2 6ff. zu beachten. קומה, יער und לבנון finden sich, zusammen mit Ableitungen von der Wurzel רום, auch im Spottlied auf Assur in 37 23f. (vgl. auch Ez

31 3. 10ff. innerhalb eines Spottliedes über den Pharao, ferner Ez 6 3). Möglicherweise hat sich Jesaja einer Begrifflichkeit und einer Bildersprache bedient, die man im Spottlied über hochmütige Feinde zu verwenden pflegte. Der Libanon mit seiner üppigen Waldvegetation ist im Alten Testament oft Bild der Hoheit und vitalen Kraft (Jes 2 13 Ez 31 3). – Über die Formen der Axt vgl. BRL Sp. 62–68.

Ziel Was das Bild vom Säubern und Roden des Waldes faktisch für Jerusalem bedeutet, wird nicht ausgeführt. Es wird im besonderen nicht gesagt, daß Jerusalem erobert werden wird. Aber daß man in Jerusalem schwere Befürchtungen hegen mußte, versteht sich von selbst. Doch wenn es auch nicht zum Äußersten kam und nicht einmal zu einer tiefer ausholenden Invasion der benjaminitischen Landschaft, wird es doch, als die Assyrer an der Grenze erschienen waren, um die „Hochwüchsigen" in Jerusalem sehr still geworden sein. Man kann sich leicht vorstellen, daß der assyrische Druck Hiskia zu einer Umorganisation seiner Regierung veranlaßte. Jedenfalls brach der Einfluß der antiassyrischen Gruppe zusammen, und ihr geschäftiger Hochmut wird betretenem Schweigen gewichen sein. Daß es der König in einem spätern Zeitpunkt doch wieder wagte, ihren Einflüsterungen nachzugeben, beweist nur, wie wenig der Mensch aus der Geschichte zu lernen bereit ist und wie rasch prophetische Mahnworte vergessen worden sind.

Der vorliegende Abschnitt macht es einmal mehr klar, daß man Jesaja in keiner Weise gerecht wird, wenn man ihn als Wahrsager versteht, der die politisch-militärischen Ereignisse im voraus ankünden kann. Es ist sinnlos, ihn danach beurteilen zu wollen, ob sich der Gang der äußern Geschichte geradeso abgespielt hat, wie er sich das wohl vorgestellt haben mag. Die Botschaft des vorliegenden und mancher anderer Worte ist die Ankündigung, daß menschlicher Hochmut zerbricht. Damit verbunden ist allerdings auch eine realpolitische Konzeption, die er – und mit ihm andere Propheten – mit auffallender Sicherheit durchgehalten hat: daß sich Juda hüten soll, sich in die Händel der Großmächte einzumischen. Die Zeitgeschichte bietet ihm Material zur Begründung seiner theologischen und politischen Linie: Das unerwartete und blitzschnelle Zuschlagen einer wohl nur kleinen assyrischen Truppe genügt schon, die trügerische Sicherheit, in der man sich in Jerusalem gefällt, zu zerschlagen, und offenbart die Hohlheit der „stolzen" Haltung, in der sich die führenden Kreise Jerusalems befunden haben. Man vergleiche das von Jesaja wohl in derselben Situation ausgesprochene Wort 20 5: „Da werden sie erschrecken und beschämt sein wegen Äthiopiens, nach dem sie ausschauen, und wegen Ägyptens, mit dem sie prahlen." Die Alternative zum Hochmut wäre das Vertrauen in Jahwe (vgl. 7 9 und 31 15). Es ist aber bedenkenswert, wie sehr Vertrauen in Jahwe bei Jesaja – und nicht nur bei ihm unter den alttestamentlichen Propheten – mit einer nüchternen, allen Abenteuern abholden politischen Haltung gepaart ist.

Die Verse 27b–34 schließen das gegen Assur gerichtete 10. Kapitel ab. Der Redaktor, der den Abschnitt hier anfügte, hat 33f. zweifellos wie die Mehrzahl der modernen Ausleger auf das Scheitern Assurs vor Jerusalem gedeutet und mag an die Belagerung Jerusalems durch Sanherib gedacht haben. Aber die vorhergehenden Abschnitte ließen erkennen, daß für ihn „Assur" in Wirklichkeit nicht mehr das Weltreich der jesajanischen Zeit war. Die Erinnerung an den Mißerfolg Assurs zu Jesajas Zeit soll Mut machen zum Vertrauen in Jahwes Hilfe gegen die Weltmacht in seiner Gegenwart. – Dieser Vorgang der Uminterpretation läßt erst recht die einsame Höhe Jesajas erkennen, der gewiß zur Vermessenheit Assurs nicht ja sagt, dem es aber daran liegt, daß Israel in Entrüstung über den gewalttätigen Stolz der Weltmacht die bösen Folgen seiner eigenen Vermessenheit nicht übersieht.

MESSIAS UND FRIEDENSREICH
(11 1–10)

Literatur MBCrook (1949 und 1954, s.o.S. 362). – LAlonso-Schökel, Dos poemas a la paz: EstBíbl 18 (1959) 149–169. – SHerrmann, Die prophetischen Heilserwartungen im Alten Testament: BWANT 85 (1965), hier 137ff. – JSchildenberger, Durch Gericht zum Heil: Sein und Sendung 30 (1965) 531–540. – JBecker (1968, s o.S. 262), hier 27–30. – HWildberger, Jesaja 11, 1–5.9: hören und fragen, hrsg. v. GEichholz und AFalkenroth, Band 5 (1967) 58–67. – MRehm, Der königliche Messias im Licht der Immanuel-Weissagungen des Buches Jesaja: Eichstätter Studien NF 1(o.J. [1968]), hier 185–234. – WHSchmidt (1969, s.o.S. 362).

Zum Text: GBeer, Bemerkungen zu Jes. 11, 1–8: ZAW 18 (1898) 345–347. – GBGray, The Strophic Division of Isaiah 21 1–10 and 11 1–8: ZAW 32 (1912) 190–198.

Zum Messianismus: (s. auch die oben S. 262f. 362 zu diesem Thema angeführte Lit.) WCaspari, Die Anfänge der alttestamentlichen messianischen Weissagung: NKZ 31 (1920) 455–481. – DHCorley, Messianic Prophecy in First Isaiah: AJSL 19 (1922/23) 220–224. – HSchmidt, Der Mythos vom wiederkehrenden König im Alten Testament: Schriften der Hessischen Hochschulen, Universität Gießen, 1925/1 (1925). – HGreßmann, Der Messias: FRLANT 43 (1929), hier 246–248. – WOEOesterley, Messianic Prophecy and Extra-Israelite Beliefs: ChQR 119 (1934/35) 1–11. – SMowinckel, He that Cometh (1956). – HRinggren, The Messiah in the Old Testament: StBTh 18 (1956), hier 30ff. – FLMoriarty, The Emmanuel Prophecies: CBQ 19 (1957) 226–233. – WKoppers, Prophetismus und Messianismus als völkerkundliches und universalgeschichtliches Problem: Saeculum 10 (1959) 38–47. – VLanternari, Messianism. Its Origin and Morphology: History of Religions 2 (1962) 52–72. – JCoppens, Le Messianisme Royal: Lectio Divina 54 (1968), hier 82–85. – JAlonso-Díaz, Mito o coloración mitológica en la figura del Mesías: EstBíbl 27 (1968) 233–245. – JCoppens, Les espérances messianiques du Proto-Isaïe et leurs prétendues relectures: EThL 44 (1968) 491–497.

Zu einzelnen Motiven: RKoch, Der Gottesgeist und der Messias: Bibl 27 (1946) 241–268. – AGarcíadelMoral, Sentido trinitario de la expresión „Espíritu de Yavé" de Is. XI, 2 en I Pdr. IV, 14: EstBíbl 20 (1961) 169–206. – GRuggieri, Il figlio di Dio Davidico: AnGreg 166 (1968). – SPlath, Furcht Gottes: AzTh II/2 (1963), hier 83f. – JBecker, Gottesfurcht im Alten Testament: AnBibl 25 (1965), hier 258f. – HRBalz, Furcht vor Gott?: EvTh 29 (1969) 626–644, hier 629–631. – GWanke, Art. φοβέω B: ThW IX 194–201.

HBruppacher, Die Beurteilung der Armut im Alten Testament (1924). – HBirkeland, *ɛĀnî* und *ɛānāw* in den Psalmen: SNVAO 1932/2 (1933). – AKuschke, Arm und reich im Alten Testament mit besonderer Berücksichtigung der nachexilischen Zeit: ZAW 57 (1939) 31–57.

LDürr, Die Wertung des göttlichen Wortes im Alten Testament und im antiken Orient: MVÄG 42/1 (1938).

FSBodenheimer, Animal Life in Palestine (1935). – I Aharoni, On some Animals Mentioned in the Bible: Osiris 5 (1938) 461–478. AdeGuglielmo, The Fertility of the Land in the Messianic Prophecies: CBQ 19 (1957) 306–311. –

FSBodenheimer, Animal and Man in Bible Lands (1960).

JJStamm/HBietenhard, Der Weltfriede im Lichte der Bibel (1959). – HGroß, Die Idee des ewigen und allgemeinen Weltfriedens im Alten Orient und im Alten Testament: TThSt 7 (²1967). – HHSchmid, šalôm. »Frieden« im Alten Orient und im Alten Testament: SBS 51 (1971) (Lit!).

Zur Interpretation der Qumran-Gemeinde: REBrown, The Messianism of Qumran: CBQ 19 (1957) 53–82. – ASvanderWoude, Die messianischen Vorstellungen der Gemeinde von Qumran: Studia Semitica Neerlandica 3 (1957). – JAFitzmyer, The Aramaic „Elect of God" Text from Qumran Cave IV: CBQ 27 (1965) 348–372.

1Ein Reis wird hervorgehen aus Isais Stumpf[a] Text
und ein Schoß aus seinen Wurzeln 'hervorsprießen'[b].
2Und auf ihm wird ruhen Jahwes Geist,
Geist der Weisheit und der Einsicht,
Geist des Planens und der Heldenkraft,
Geist der Erkenntnis und der Jahwefurcht,
3a[und er wird sein Wohlgefallen an der Furcht Jahwes haben.]a
[Und][b] er richtet nicht nach dem Augenschein[c]
und entscheidet nicht auf bloße Gerüchte[d] hin,
4sondern mit Gerechtigkeit hilft er den Geringen zum Recht
und wird in Gradheit eintreten für 'die Armen'[a] im Land
und schlägt den 'Gewalttätigen'[b] mit dem Stab seines Mundes
und tötet den Frevler mit seiner Lippen Hauch.
5Und Gerechtigkeit[a] ist der Gürtel[b] seiner Hüften
und Treue[a] der Schurz seiner Lenden.
6Da wird der Wolf beim Lamm zu Gaste sein
und der Leopard[a] beim Böcklein lagern.
Da 'werden' Kalb und Jungleu miteinander 'fett'[b],
und ein kleiner Knabe hütet sie.
7Da 'befreunden sich'[a] Kuh und Bär,
und beieinander lagern ihre Jungen.
Da frißt der Löwe Strohhäckfel wie das Rind,
8und der Säugling vergnügt sich am Loch der Viper.
Und nach der jungen[a] Otter
streckt das (entwöhnte) Kind seine Hand aus[b].
9Nichts Böses und nichts Verderbliches wird man tun
auf meinem ganzen heiligen Berg:
Denn das Land wird voll[a] sein von Erkenntnis[b] Jahwes
wie von Wassern, die das Meer[c] bedecken[d].

* * *

10[Und an jenem Tag wird es geschehen: Zur Wurzel Isais, die dasteht wie ein Feldzeichen für die Völker, werden sich die Nationen fragend wenden, und sein Ruhesitz wird Herrlichkeit sein.]

1a 𝔐 (s. BHK[1,2]) vokalisiert גֵּזַע. – b יפרה = „wird fruchtbar sein" ist 1
keine enge Parallele zu ויצא in der ersten Vershälfte. Die Versionen (𝔊: ἀναβήσεται, 𝔗: יתרבי, 𝔖: *nafra'*, 𝔙: ascendet) lassen darauf schließen, daß sie
יפרח, „wird aufsprossen" gelesen haben, was ursprünglich sein dürfte. – 3a–a 3
V. 3a (wörtl.: „und sein Riechen ist an der Jahwefurcht") befriedigt nicht, auch wenn הֵרִיחַ mit „Wohlgefallen haben" übersetzt wird, weil die Wiederholung von יראת יהוה stört. Es kommt dazu, daß die zweite Halbzeile fehlt.

Die Versionen (𝔊: ἐμπλήσει αὐτόν, 𝔗: ויקרביניה, 𝔖: *wenednah* „und er glänzte", 𝔙: et replebit eum) helfen auch nicht weiter. Auch Emendationen wie diejenigen von GBeer (345): והניח בו יראת י׳ (vgl. Ez 24 13, 𝔐 und 𝔊) empfehlen sich nicht (s. auch GRDriver, Textus 1, 1960, 129); es handelt sich zweifellos um eine Dittographie des vorhergehenden רוח (דעת) ויראת יהוה. – b Das ו vor לא ist mit einer größeren Zahl von MSS und den meisten Versionen zu streichen. – c wörtlicher: „nach dem, was seine Augen sehen". – d wörtlicher:
4 „nach dem, was seine Ohren hören". – 4a עָנָו „demütig" dürfte in לַעֲנִיֵּי א׳
zu ändern sein (s. Σ πτωχους, vgl. auch עֲנִיֵּי עַמִּי neben דַּלִּים in 10 2). – b 𝔐 ארץ stört, nachdem der vorhergehende Vers mit demselben Wort schließt, und רשע in der zweiten Vershälfte läßt eine andere Parallele erwarten; zudem versteht man nicht, warum der Messias die Erde schlagen soll, wo doch die Menschen auf ihr gefrevelt haben. Die fast allgemein rezipierte Emendation
5 עָרִ(י)ץ „Gewalttätiger" wird das Richtige treffen. – 5a Es fällt auf, daß
האמונה mit dem Artikel versehen ist, dieser jedoch bei צדק fehlt. Er wird nicht bei צדק zu ergänzen, sondern vor אמונה zu streichen sein. – b Zweimaliges אֵזוֹר in derselben Zeile stört. Die Versionen haben verschiedene Vokabeln. GRDriver (JThSt 38, 1937, 39f.) schlägt vor, für eines der beiden אֵזוֹר אֵסוּר zu lesen, was gleich dem syr. *'esur* „Band, Gürtel" bedeuten soll (𝔙 übersetzt mit cingulum und cinctorium, also zwei ähnlich klingenden, aber nicht identischen Wörtern). Diese Emendation ist der sonst üblichen, חֲגוֹר, vorzuziehen.
6 – 6a נָמֵר ist nicht der Panther, sondern der Leopard, felis pardus. – b Es fällt auf, daß 6bα dreigliedrig ist, während sonst die parallelen Sätze immer nur zwei Glieder enthalten. 𝔊 liest: καὶ μοσχάριον καὶ ταῦρος καὶ λέων ἅμα βοσκηθήσονται (cf. auch 𝔏), was manche Exegeten veranlaßt hat, יִרְעוּ, „sie weiden" statt ומריא zu lesen. Näher beim überlieferten Schriftbild liegt die Konjektur יִמְרְאוּ „und sie werden fett". Das Verb findet sich zwar sonst im AT nicht,
7 wohl aber im Mittelhebr. und ist jetzt auch in Ugarit belegt. – 7a 𝔐 תִּרְעֶינָה
befriedigt nicht, man müßte schon das folgende יחדו gegen die Akzente zur ersten Vershälfte ziehen; aber es ist in der ersten unentbehrlich. Mit deLagarde ist wohl תִּתְרָעֶינָה zu lesen: „sie befreunden sich" (Semitica I, 1878, 21), vgl.
8 das hitp. von רעה II in Prv 22 24: „Gemeinschaft haben mit". – 8a מְאוּרָה
(V^{Qa}: מאורות, 1MS מאירת, part.f.sing.st.cstr., s. MDietrich, Neue palästinisch punktierte Bibelfragmente, 1968, 52) wird von 𝔊 τρώγλη, „Höhle" wiedergegeben (𝔏: cubile, 𝔗: חור, 𝔖: *ḥôrâ*, 𝔙: caverna). Man hat von da her auf hebr. מְעָרָה „Höhle" oder מְעוֹנָה „Wohnstätte, Lager" geschlossen. FPerles (JSOR 9, 1925, 126f.) hat indessen מְאוּרָה mit akkad. *mûru* „Junges" (AHw 677) zusammengestellt, womit sich jede Emendation erübrigt. – b JReider (VT 2, 1952, 115) will für ידו הדה lesen: יְדַהְדֵּה, das er nach dem arab. *dahdah* als „Steine werfen", vielleicht „play pebbles" erklärt. Das perf. הדה fällt tatsächlich aus dem Rahmen (s. dazu u.S. 439). Aber die Annahme dieser Wurzel
9 im Hebräischen ist zu gewagt. – 9a V^{Qa} liest תמלאה, nach STalmon (Textus
4, 1964, 117) eine Kombination der 3. sing. perf. mit der 3. sing. imperf., die vielleicht auch in 𝔗: ארי תתקלי und 𝔖: *detetmele'* bezeugt sei. Möglicherweise ist das imperf. zu lesen, eher aber ist 𝔐 zu belassen und als fut. exactum („wird voll geworden sein") zu übersetzen. – b דֵּעָה fungiert hier als inf.cstr. und ist darum mit dem acc. konstruiert. – c Zu לְ als akk.-Partikel vgl. Joüon, Gr § 125k. – d Zum Fehlen des Artikels beim pt. vgl. Joüon, Gr § 138f.

Form Wie oben (S. 425) erwähnt, hat bereits Herder 10 33f. vom vorangehenden Abschnitt losgelöst und zu Kap. 11 geschlagen. Bruno und

Kaiser haben neuerdings dieser Abgrenzung zugestimmt. Kissane will 10 27–11 14 als Einheit betrachten, wobei er erst noch nach 10 34 10 17–23 einschiebt. Da er jesajanische und nachjesajanische Abschnitte als eine Einheit betrachten will, könnte man diese nur als eine solche redaktioneller Art auffassen. Kaiser begründet seine Abgrenzung mit dem inhaltlichen Zusammenhang und dem gleichen Rhythmus in 10 33a (33b scheidet er um des andern Metrums willen aus) und 10 34 einerseits und 11 1. 2. 5 anderseits. Aber es ist mehr als fraglich, ob 10 33a 34 wirklich als Siebner zu lesen sind (s.o.S.429), und wenn es zutreffen sollte, kann die Übereinstimmung mit dem Siebnermetrum einzelner Zeilen in 11 1ff. bloßer Zufall sein. Was den inhaltlichen Zusammenhang betrifft, kann man gewiß 10 33a 34 als dunkle Folie zur Messiashoffnung in 11 1ff. betrachten (was den Redaktor zur vorliegenden Anordnung veranlaßt haben könnte), aber direkte Beziehungen fehlen. In Wirklichkeit schlägt 11 1 ein Thema an, das in Kap. 10 nicht vorbereitet war: das Aufblühen eines neuen Davidssprosses. Von einem solchen ist auch in V. 10 noch die Rede. Dieser Vers verrät sich aber schon durch seine Einleitung והיה ביום ההוא als Zusatz. Man kann erwägen, ob man ihn darum nicht mit dem in gleicher Weise eingeleiteten Abschnitt 11–16 zusammennehmen soll (so Kaiser). Aber er gehört thematisch zu 1–9 und will offenkundig eine Ergänzung zum vorangehenden Messiasbild bieten. Daß er aber wirklich ein Nachtrag von anderer Hand ist, zeigt der Ausdruck שרש ישי, der die Metapher von 1 unpräzis wiedergibt, und die Entlehnung der Vorstellung vom Feldzeichen aus 5 26, vor allem aber die universale Bedeutung, die in 10 dem Messias zugeschrieben wird, während dieser im ursprünglichen Text (s. 9) nur Herrscher über Israel ist. V. 10 ist eindeutig eine Nachinterpretation von anderer Hand.

Der Abschnitt beginnt mit dem perf. cons. ויצא. Gelegentlich abwechselnd mit dem imperf. beherrscht diese Verbalform den ganzen Abschnitt. Es handelt sich somit eindeutig (darin von 9 1–6 verschieden) um eine Verheißung. Das pt. נֹהֵג in 6 stellt das natürlich nicht in Frage, aber auch nicht הדה am Schluß von 8. Möglicherweise ist an seiner Stelle ein imperf. zu lesen (יֶהְדֶּה?). Zum perf. מלאה in 9 vgl. o.S.438 Textanm. 9a. – Wir haben es mit der Ankündigung eines zukünftigen idealen Herrschers aus dem Davidshaus zu tun. Am nächsten steht ihr dem Inhalt nach Mi 5 1ff. Zweifellos knüpft der Prophet auch hier an eine längst bestehende Gattung an. Das Mittelstück 3–5 redet vom „Messias" nicht anders, als auch sonst im AT vom König gesprochen wird (s. Ps 72 2. 4. 13). Ps 72 und ähnliche Stücke sind aber zweifellos nicht von Jesaja (oder wer auch immer in diesem Abschnitt spricht) abhängig, sondern zum mindesten überlieferungsgeschichtlich älter. Er gehört nach Gunkel (Die Psalmen, HAT II 12, [4]1926, 308) sicher der Königszeit an, nach Kraus (BK XV/1, 495) ist er vorexilisch und ebenso nach Sellin-Fohrer (Einleitung, [11]1969, 313). Seinen „Sitz im Leben" hat er bei einem jerusalemischen Königsfest, möglicherweise bei einer jährlich wiederkehrenden Feier, eher aber bei der Inthronisation des Herrschers. Der Unterschied von Jes 11 1ff. im Vergleich mit Ps 72 ist allerdings nicht zu übersehen: was dort Bitte ist für den gegenwärtigen König, ist hier Orakel für einen zukünftigen Herrscher. Weissagungen über einen künftigen Herrscher, dessen Kommen eine Zeit des Heils heraufführen werde, gab es auch in Israels Umwelt.

Es sei dazu zunächst an die o.S. 378 auszugsweise zitierte Prophezeiung des Priesters Nefer-rehu (oder besser Neferti, s. ANET 444, Anm. 1) erinnert. Dort handelt es sich um die Ankündigung des Erscheinens eines Königs, der Ordnung und Recht im Land herstellen werde. Er kommt aus dem Süden, ist Sohn einer Nubierin, ist also ein homo novus. Möglicherweise ist Amenemhet I, der Gründer der 12. Dynastie, mit jener Weissagung bei seiner Thronbesteigung begrüßt worden (so Ranke, AOT 47f., Anm. k; Snofru, der Empfänger des Orakels, gehörte noch der 4. Dynastie an). Solche Weissagungen gab es auch im mesopotamischen Raum, wenn es auch oft vaticinia ex eventu gewesen sind (s. aber WWHallo, Akkadian Apocalypses: IEJ 16, 1966, 231–242). Das zeigt die Sammlung von Prophezeiungen bei EEbeling, Keilschrifttexte aus Assur religiösen Inhalts, H. IX, Nr. 421 (s. auch AKGrayson, Akkadian Prophecies: JCS 18, 1964, 7–30; AOT 283f., ANET 451f., neu bearbeitet in ANET, [3]1969, 606), wo beispielsweise zu lesen ist: „(Ein Fürst wird aufkommen) 18 Jahre (wird er die Königsherrschaft ausüben). Das Land wird sicher wohnen, das Herz des Landes wird froh sein, die Menschen werden Fü(lle erleben). Die Götter werden die Entscheidung über das Land zum Guten entscheiden, günstige Winde (werden wehen), die Dattelpalme und die Furche werden guten Ertrag bringen... Die Gottheit des Viehs und die Gottheit des Getreides werden im Lande Fülle (?) schaffen. Regengüsse (!) und Fluten werden da sein, die Menschen des Landes werden ein Fest erleben. Der Fürst aber wird bei einem Aufstand mit der Waffe getötet werden." Oder in einem Brief an Assurbanipal ist mit Hinweis auf ein Orakel für den König zu lesen: „Der Gott... hat den Namen des Königs, meines Herrn, zur Königsherrschaft über Assur berufen. Šamaš und Adad haben mit ihrem zuverlässigen Orakel dem Könige, meinem Herrn, für die Königsherrschaft über die Länder eine günstige Regierungszeit bestellt, Tage des Rechts, Jahre der Gerechtigkeit, reichliche Regengüsse, gewaltige Hochwasser, guten Kaufpreis. Die Götter sind freundlich, Gottesfurcht ist weit verbreitet, die Tempel strotzen... Die Greise hüpfen, die Kinder singen, die Frauen und Mädchen sind glücklich (und ma)chen Feste. Sie... heiraten, geschmückt mit Ohrringen. Sie geben Knaben und Mädchen das Leben. Die Nachkommen gedeihen. Wen seine Sünden dem Tode überantwortet hatten, dem hat der König, mein Herr, das Leben geschenkt. Die viele Jahre gefangen waren, hast du freigelassen, die viele Tage krank waren, sind gesund geworden. Die Hungrigen sind satt geworden, die Dürren sind fett geworden, die Nackten sind mit Kleidern bedeckt worden" (s. AOT 328, ANET[3] 626). Immer schon ist auf die vierte Ekloge Vergils hingewiesen worden: „Nun ist gekommen das letzte Zeitalter... von neuem wird geboren der große Reigen der Jahrhunderte... Du reine Lucina, blick freundlich auf den Knaben, wenn er geboren wird, durch den zum ersten Male das eiserne Geschlecht aufhört und in der ganzen Welt das goldene beginnt... Jener – der Knabe – empfängt das Leben der Götter. Er sieht die Heroen mit den Göttern gemischt und wird von ihnen gesehen. Er regiert mit der Kraft seines Vaters die zum Frieden gebrachte Welt... Von allein bringen die Ziegen die von Milch strotzenden Euter nach Hause. Und die Rinder haben keine Furcht mehr vor den großen Löwen. Die Wiege überschüttet dich mit schmeichelnden Blumen. Die Schlange ist nicht mehr. Es ist nicht mehr das tückische Giftkraut. Nein, überall sprießt der Balsam Assyriens... dann allmählich steht gelb das Feld von wogenden Ähren, dann hängt rot die Traube am ungepflegten Dorn, dann triefen vom Honigtau die harten Eichen..." (Zitat auszugsweise nach der Übers. bei HSchmidt 14f.; krit. und komm. Textausgabe z.B. HHoltorf, P. Vergilius Maro, Die größeren Gedichte I, 1959, 160ff., zur Diskussion über die Herkunft aus dem Orient vgl. Groß 53ff. und Díaz 244). Weitere außerbiblische Parallelen s. MRehm 218–228.

Die weitgehende Parallelität in den Motiven ist aus diesen Texten ohne weiteres ersichtlich. Es ist nicht daran zu zweifeln, daß im Kult und auch an den Höfen der Fürsten solche Orakel zu hören waren. Und wenn, was auf uns gekommen ist, auch in der Regel als vaticinium ex eventu zu beurteilen ist, gab es doch auch echte Orakel, die von einem kommenden Herrscher der Gerechtigkeit und des Friedens kündeten. Es ist durchaus anzunehmen, daß ähnliche Prophezeiungen auch in Jerusalem laut wurden. An sie hat der Verfasser von Jes 11 1-9 angeknüpft, um seiner Zukunftshoffnung eine Gestalt zu geben, die seinen Hörern verständlich war.

Metrum: 1 und 2a.bα: 2 Siebner, 2bβ: Sechser, 3b: ein Achter, 4a: ein Sechser, 4b: ein Achter, 5: ein Achter, 6a: ein Sechser, 6b: ein Siebner, 7a: ein Sechser, 7b 8a: ein Sechser, 8b 9a: zwei Sechser, 9b: ein Siebner. 10: bis עַמִּים prosaisch, dann ein Sechser (vgl. die etwas andere Beurteilung bei LAlonso-Schökel 152f.). Es fällt auf, daß das Gedicht aus langen Verszeilen besteht; die Gewichtigkeit der Aussagen will angedeutet werden. Die Achter enthalten die zentralsten Aussagen.

Das Gedicht ist eine Perle der hebräischen Poesie. Staunenswert ist die Mannigfaltigkeit, Treffsicherheit und Ungezwungenheit der Bilder: Das Reis aus dem Wurzelstock, der Stab des Mundes und der Hauch der Lippen, die Gerechtigkeit als Gürtel und die Treue als Lendenschurz. Vor allem ist die Lebendigkeit in der Beschreibung des Tieridylls zu beachten: Wolf, Panther, Jungleu, Bär, Löwe, Viper, Otter werden dem Lamm, dem Böcklein, dem Kalb, dem kleinen Knaben, der Kuh, dem Rind, dem Säugling, dem Kind gegenübergestellt. Dabei ist jeder Schematismus vermieden, jedes Paar bezeugt auf eigene Weise, daß Frieden eingekehrt ist. Gewiß wurzeln die Motive in einer reichen und alten Tradition, aber es ist dem Verfasser gelungen, ein klares, geschlossenes Bild eigener Prägung zu schaffen. Man darf aber nicht vergessen, daß diese Poesie nicht Selbstzweck ist, sondern der Verkündigung dient; sie erwartet nicht, daß der Hörer sich am Spiel mit Wörtern und Bildern berausche, sondern will ihn durch Anknüpfung an Vertrautes und durch die anschauliche Form der Botschaft zum Hören bringen. Wo das Wesentliche zur Sprache kommt, etwa in 3, 4, 9 treten die Bilder zurück, und ohne Schmuck und Zier wird dem Hörer gesagt, was kommen wird. (Über Einzelheiten zum Stil s. LAlonso-Schökel.)

Ort Die Verfasserfrage von 11 1–9 ist hart umstritten. Im Zusammenhang damit ist auch die Integrität von 1–9 zur Diskussion gestellt. Gegen die Herkunft des Abschnittes von Jesaja haben sich ausgesprochen: Marti, Guthe, Hölscher (Die Propheten, 1914, 348), Gray, Mowinckel (Psalmenstudien II, 308, He that cometh, 1956, 17), Budde (ZAW 41, 1923, 189), DHCorley 224, EBalla (Die Botschaft der Propheten, 1958, 475), SHBlank (Prophetic Faith in Isaiah, 1958, 160ff.), Fohrer u.a. Aber auch die Echtheit hat ihre Verteidiger gefunden: Duhm, HSchmidt, König, Greßmann (Messias, 1929, 247), Procksch, Fischer, Kissane, Hertzberg, Steinmann, HRinggren, Eichrodt, Kaiser (1–8), Mauchline, Leslie, GvRad (TheolAT II 176), Schildenberger, Montagnini, Coppens (1968, 83), Rehm 192ff. Manche sind unsicher oder versuchen es mit einer Reduktion auf einen jesajanischen Grundbestand. So entschließt sich Eißfeldt, wenn auch nicht ohne Bedenken, dazu, 1–5 Jesaja zu belassen, will aber 6–8 abtrennen: Da werde mit Farben gearbeitet, die sonst auf Jesajas Palette nicht zu finden seien, wohl aber auf manchen aus späterer Zeit stammenden Gemälden einer glücklichen Endzeit (Einleitung, [3]1964, 429). Ähnlich äußern sich Herrmann (131, Anm. 21) und Becker (27f.). Wie bei 2 2–4 und 9 1–6 bricht hier ein Dissensus auf, der letztlich in einer verschiedenen Konzeption des Verlaufes der Religionsgeschichte Israels und einem verschiedenen Verständnis des Prophetismus begründet ist.

Das schließt nicht aus, daß auch in diesem Falle die Gründe, die für die Ablehnung der Herkunft von Jesaja genannt werden, sorgfältig zu prüfen sind (vgl. auch Rehm 192f.). Marti (z.St.) nennt folgende Punkte: 1. Jesaja erwarte das Heil nicht vom Königtum und die Ausrüstung zum Königtum sei hier abhängig gemacht von der Geistesausgießung. 2. Die bleibende Ausrüstung mit dem Geist Jahwes sei ein Zeichen der späteren Zeit. 3. Wie in 9 1–6 regiere kein Davidide mehr (vgl. dazu Corley 223). 4. Die Darstellung des Gottesfriedens in der Natur passe nicht in die alte Zeit. 5. Es sei wie bei 9 1–6 kaum eine Zeit ausfindig zu machen, die für die Entstehung dieser Weissagung wahrscheinlich zu machen sei. Fohrer, einer der neuesten Vertreter der These von der Unechtheit, fügt hinzu, daß der Verfasser offensichtlich nicht nur in der eschatologischen Theologie, sondern auch in der Weisheitslehre zu Hause sei. – Gegen diese Gründe ist einzuwenden: 1. Jesaja ist ein Sohn Jerusalems und teilt bei aller Zurückhaltung dem empirischen Königtum gegenüber weithin die Hoffnungen, die man auf die Davididen setzte (s. dazu o.S. 270ff.). 2. In der Tat redet erst die nachexilische Zeit vom Geiste Gottes als einem dauernden Besitz des Menschen (Fohrer verweist auf die

Elihureden im Hiobbuch). Aber auch die alte Zeit weiß von ausgezeichneten Persönlichkeiten, über welche der Geist Gottes kommt, ja auf denen er ruht (2 Kö 2 15: נָחָה רוּחַ אֵלִיָּהוּ עַל־אֱלִישָׁע, s. ferner 1 S 10 6. 10 von Saul). In der Erzählung über die Salbung Davids ist zu lesen: „und der Geist Jahwes war wirksam an David" (וַתִּצְלַח רוּחַ־יְהוָה אֶל־דָּוִד, 1 S 16 13), und zwar „von jenem Tage an und weiterhin". 3. 11 1ff. (und ebenso 9 1ff.) sagt nicht, daß die Davididen nicht mehr an der Macht sind, sondern daß sich aus dem alten Königsgeschlecht ein neuer Herrscher erheben werde. 4. Das Idealbild des paradiesischen Gottesfriedens in der Natur reicht weit in den alten Orient zurück und wurde immer wieder im Zusammenhang mit der Machtergreifung eines neuen Herrschers aktualisiert. 5. 11 1ff. gibt tatsächlich keinen Hinweis darauf, welchem Zeitpunkt während der Tätigkeit Jesajas der Abschnitt zuzuweisen sei; wir sind auf Vermutungen angewiesen (s.u.S.444f.). Aber das ist kein singulärer Fall (s. etwa o. zu 10 27b–34). Zum erwähnten Einwand von Fohrer ist schließlich zu sagen, daß es nicht ausgemacht ist, daß der Verfasser des vorliegenden Abschnittes eine eschatologische Theologie vertritt, jedenfalls tut er es nicht im Sinn der Apokalyptik (auch der Unterschied zum späteren Verfasser von V. 10 ist wohl zu beachten). Gewiß ist er mit Gedankengängen der Weisheit vertraut, aber gegen jesajanische Abfassung kann das auf keinen Fall in die Waagschale fallen, zumal die Königsideologie auch sonst weisheitliche Züge verrät (vgl. etwa 1 Kö 3 4ff. und vgl. JLindblom, Wisdom in the Old Testament Prophets: VT Suppl 3, 1955, 192–204, vgl. bes. 198f., aber auch WHarrelson, Nonroyal Motifs in the Royal Eschatology: Israel's Prophetic Heritage, Festschr JMuilenburg, 1962, 147–165, bes. 154f.). Für Jesaja spricht das Vokabular. Sehr enge Berührungen bestehen mit 9 1–6, da aber die Authentizität jenes Abschnittes ebenfalls umstritten ist, sei auf einen Nachweis im einzelnen verzichtet. Aber auch abgesehen von 9 1–6 erweist sich der Wortschatz durchaus als jesajanisch: שֹׁרֶשׁ verwendet Jesaja auch in 5 24 und 14 29f. Typisch jesajanisch ist nicht nur die Verwendung von Ableitungen von חכם und בין, sondern auch deren Zusammenstellung: 3 3 5 21 10 13 29 14, s. dazu oben S. 193f. 399, dann von Ableitungen von גבר und יעץ (zu גבורה s. 28 6 30 15, zu עֵצָה o. S. 188f.) und schließlich von ידע (s.o.S. 15). דלים und ענוים stehen auch in 10 2 nebeneinander (s. auch דלים und אביונים in 14 30). הכה בשבט verwendet Jesaja auch in 30 31 (vgl. שבט מַכֵּךְ in 14 29, s. auch 9 3). Zu המית ist 14 30 zu vergleichen, die Verbindung אזור חלציו findet sich auch in 5 27. Daß אמונה der Lendenschurz um des Messias Hüften ist, entspricht der Glaubensforderung, die Jesaja in 7 9 an Ahas richtet, vgl. auch 28 16 (zum Vokabular von 6–9 vgl. u. S. 444).

Der Wortschatz von 1–5 bezeugt also jesajanische Herkunft. „Die in diesen Versen verwendeten Begriffe... verkörpern die Ideale und wesentlichen Zielpunkte jesajanischer Botschaft und ihres Gerechtigkeitssinns" (Herrmann 138, Anm. 44). Für Jesaja fällt deutlich auch die theologische Konzeption ins Gewicht: Aus dem Stumpf des abgehauenen Wurzelstockes wird ein neuer Herrscher hervorgehen. Jesaja sieht die alten Heilstraditionen durch das faktische Verhalten der Davididen in Frage gestellt. Aber er gibt die Verheißung über ihnen nicht preis, die Katastrophe, die über sie gekommen ist, eröffnet zugleich die Möglichkeit eines Neuanfangs. „Das Bild vom Wurzelstock zeigt ganz ähnlich wie das Bild der Läuterung (1 21–26) die Denkstruktur eines vorsichtigen Weitertastens über die Katastrophe hinaus. Es ist wohl kaum möglich, diese Denkstruktur Jesaja abzusprechen, deren maßvolle Zurückhaltung das Eigentum großer Persönlichkeiten ist" (Herrmann 138).

Auch die Abtrennung von 6–8 (und dann natürlich auch 9) ist kaum zu rechtfertigen. Es ist zwar richtig, daß Jesaja „die ethische Umwandlung des Menschen näher (lag) als die Umwandlung der Natur der Tiere" (Marti). Aber Jesaja arbeitet hier mit traditionsgegebenen Denkschemata. Worauf es ankommt, spricht er deutlich genug in 9 aus: daß nichts Böses geschieht auf dem ganzen heiligen Berg. Gewiß liegt zwischen 5 und 6 bzw. 8 und 9 je eine Zäsur. Aber 9 ist die Interpretation, die Jesaja selbst dem überkommenen Motiv vom Tierfrieden gibt. Durch sie ist aber auch das Zwischenstück 6–8, das zuerst aus dem Rahmen zu fallen scheint, an 1–5 angeschlossen. Bei der zweifellos starken Anlehnung an ein längst geprägtes Gemälde friedvoller Harmonie zwischen Tier und Tier und Tier und Mensch, könnte es nicht erstaunen, wenn man feststellen müßte, daß der Wortschatz keineswegs jesajanisch wäre. Es kommt dazu, daß man die meisten der hier verwendeten Begriffe sehr wohl bei irgendeinem alttestamentlichen Schriftsteller erwarten könnte. Aber es lassen sich doch auffallende Verbindungslinien beobachten:

Zu כבשׂ s. 1 11 und 5 17 (hier auch גור!), zu רבץ 14 30 (in derselben Zeile auch דלים s.o.), zu כפיר 5 29 und 31 4 (hier auch אריה!). Das eher seltene נהג findet sich auch in 20 4, zum ebenfalls nicht häufigen שׁעשׁע s. שׁעשׁועים in 5 7, zu צפעון das verwandte צֶפַע in 14 29, zu גמל im Sinn von „entwöhnen" s. 28 9 und zu השׁחיתו 1 4.

Entscheidend ist hier aber wohl Struktur und Thematik solcher Weissagungen über Heilskönige. Sie sprechen, wie die oben angeführten Beispiele aus dem Alten Orient zeigen, vom kommenden Herrscher als einem Wahrer der Gerechtigkeit, zugleich aber auch als Garanten des Friedens, wobei unter dem Frieden keineswegs bloß Friede unter Menschen und Völkern, sondern auch im Tierreich gemeint sein kann. Der Übergang von 5 zu 6, d.h. vom Thema Gerechtigkeit zum Thema Friede, ist von der Gattung her geradezu erforderlich.

Ist die Weissagung von 11 1–9 jesajanisch, muß man grundsätzlich versuchen, sie in der Zeit der Wirksamkeit dieses Propheten festzulegen. Da der Abschnitt selbst keinen Anhaltspunkt gibt, verzichten allerdings manche Ausleger auf jeden Versuch einer Ortsbestimmung. Duhm hat über 2 2–4 11 1–8 32 1–5 und 15–20 geurteilt: „Hat Jes. diese vier Gedichte... verfaßt, dann am ersten im Greisenalter, nach dem Sturm der Zeit Sanheribs, nicht für das große Publikum, sondern für die Jünger und Gläubigen, nicht als beauftragter Prophet, sondern als prophetischer

Dichter; vielleicht war dieser Zyklus sein Schwanengesang" (zu 2 2-4). Der Gedanke, 11 1ff. sei sozusagen Teil eines Testamentes, das der greise Prophet nach hartem Kampf und vielen Enttäuschungen einem Kreis von Vertrauten hinterließ, ist ansprechend, aber unbeweisbar. Daß das Wort an einen kleinen Kreis von Gesinnungsgenossen gerichtet war, läßt sich zwar durchaus vorstellen. Aber daß der Prophet sozusagen nebenamtlich sich auch als „Dichter" betätigt hätte – und das würde doch bedeuten, daß das Stück nicht als verbindliches Gotteswort gemeint war –, ist unwahrscheinlich. Procksch will das Wort in die Nähe von 9 1ff. und damit auch der Immanuelweissagung rücken. Eine gewisse sachliche Nähe zu diesen Stücken liegt auf der Hand. Dies hat auch Leslie bewogen, 9 1ff. und 11 1ff. aus derselben Situation herzuleiten; die beiden Abschnitte seien für das Fest der Thronbesteigung Hiskias geschaffen worden. 9 1ff. spricht aber nicht von der Krönung eines Königs, sondern der Geburt eines Kronprinzen, und 11 1-9 kündet das Kommen eines neuen Herrschers an, der aus dem „Wurzelstock Isais" hervorgehen werde, also wohl noch nicht einmal geboren, jedenfalls nicht bereits daran war, die Macht zu übernehmen. Es läßt sich denken, daß 11 1ff. etwas vor 9 1ff. anzusetzen wäre und damit vielleicht in die Zeit der Immanuelweissagung fiele. Die Verheißung eines neuen Sprosses aus dem Geschlecht Isais wäre dann auf ihre Weise eine Antwort auf das glaubenslose Verhalten des Ahas. Daß der Prophet nicht konkreter wird, sondern sich damit begnügt, seine Kritik am Königshaus dadurch zu äußern, daß er vom Stumpf Isais spricht, ist begreiflich genug; man wird doch damit zu rechnen haben, daß er auch dieses Wort in der Öffentlichkeit, vielleicht sogar an einem Königsfest vortrug (s. Kaiser z.St.). – Aber vielleicht setzt doch 11 1ff. eine noch tiefere Krise der davidischen Dynastie und eine noch grundsätzlichere Erschütterung des Glaubens Jesajas an die Davididen voraus, als Jes 7 das erkennen läßt. Es muß den Propheten besonders schwer getroffen haben, als er es erleben mußte, daß Hiskia seinen warnenden Worten beim Aufstand von Asdod gegen Assur kein Gehör schenkte. Auf seine Weise setzte der König die verhängnisvolle Politik seines Vaters, der sich an Assur um Hilfe gewandt hatte, fort, indem er sich nun mit Ägypten bzw. Äthiopien einließ (s. dazu MBuber, Der Glaube der Propheten, 1950, 213). Es kann doch nicht Zufall sein, daß Jesaja der fest gefügten jerusalemischen Königsideologie zum Trotz nicht mehr vom Haus oder Königtum Davids spricht (wie er es noch in 9 5 getan hatte!), sondern vom Geschlecht Isais. Die Enttäuschung Jesajas über Hiskia muß um so tiefer gewesen sein, wenn Jes 9 1ff. tatsächlich die Hoffnungen widerspiegeln sollte, die man auf den damals geborenen Kronprinzen, Hiskia, setzte (s.o.S. 370f.). Das läßt sich zwar keineswegs beweisen, aber vermutlich gehört 11 1-9 doch zeitlich in die Nähe von 10 27b-34, so daß diejenigen Ausleger bis zu einem gewissen Grad recht bekommen, die 10 27bff. bzw. 33f. mit 11 1ff. verbinden möchten (s. dazu Hertzberg z.St.). 10 27bff. läßt erahnen, daß Jesaja damals eine vernichtende Katastrophe für Jerusalem erwartet hat. Zu den „Hochragenden" und „Erhabenen", die nach ihm dabei vom Strudel der Ereignisse in die Tiefe gerissen werden (33b), können sehr wohl auch die Davididen gehören, die zweifellos ein wesentliches Stück der Schuld an den mißlichen Verhältnissen trugen. Jesajas Warnung an Ahas „Glaubt ihr nicht, so bleibt ihr nicht" stand nach dem syrisch-ephraimitischen Krieg immer noch über dem Davidshaus, obwohl die Herrscher von Jerusalem gewiß glaubten, daß ihre Politik sich als richtig erwiesen habe. Vor dieser Situation mußte Jesaja darüber Auskunft geben, ob es denn für die Davididen und damit für Israel überhaupt noch eine Zukunft gebe. Seine Antwort lautet, daß ein neuer Herrscher kommen werde, in dem sich die Hoffnungen, die Israel auf einen gottgegebenen König richtete, erfüllen würden. Es sei aber betont, daß beim Fehlen konkreter Anhaltspunkte die Möglichkeit offenbleiben muß, daß Jesaja zu einem andern Zeitpunkt seiner Wirksamkeit (vielleicht, wie viele meinen, nach 701) zu dieser Extrapolation der Erwartungen, die man an das Königtum richtete, gekommen ist.

Wort 1 1a kündet das „Hervorgehen" eines neuen Herrschers an. Durch das perf. cons. ist das Ereignis eindeutig in die Dimension der Zukunft gestellt. Bei der Immanuelweissagung kann nur eine kurze Zeitspanne in Frage kommen, bis der Sohn von der עלמה geboren werden wird. Auch an der vorliegenden Stelle blickt der Prophet sicher nicht in eine ferne Zukunft hinaus. Aber jede Andeutung über das „Wann" ist vermieden; es liegt in Gottes Hand, der Glaube muß sich damit begnügen, zu wissen, daß das heilbringende Ereignis kommt. Auch das Verb יצא ist reichlich unbestimmt. Es kann das Geborenwerden (s. etwa Hi 1 21), aber auch das Auftreten (s. Sach 5 5) gemeint sein, und in Gn 17 6 heißt יצא מן „abstammen von". Das parallele פרח, „sprossen" (Emendation!) sagt über die Weise des Kommens ebensowenig, läßt aber deutlicher erkennen, daß es sich um einen überraschenden Neubeginn handelt. Die oben (S. 378) zitierte Weissagung des Neferti betont, daß der angekündete Herrscher, der aus dem Süden kommt, einem neuen Herrscherhaus entstammt. Nach Jesaja ist es allerdings keine neue Dynastie, die den König stellen wird, aber er greift hinter David auf Isai, dessen Vater, zurück. Ähnlich spricht Mi 5 1 vom Kommen (wieder יצא) des Herrschers für Israel aus Bethlehem und nicht aus Jerusalem. – „Der da kommen soll", wird חטר „Rute" (s. Prv 14 3), „Schößling, Reis" bzw. in der parallelen zweiten Vershälfte נצר „Sproß" genannt. Das „Reis" entspringt nicht einem gesunden, üppigen Baum, allerdings auch nicht direkt aus der jungfräulichen Erde, sondern aus dem גזע,

„dem Baumstumpf" bzw. aus den Wurzeln Isais. Zu diesem Bild ist Hi 14 7 zu vergleichen: Der gefällte Baum kann wieder treiben. „Auch wenn seine Wurzel (שׁרשׁ) alt geworden und sein Stumpf (גזע) erstorben ist", kann er wieder ausschlagen (פרח) und neue Zweige treiben. Das ist das Wunder der Lebenskraft der Natur. Für Jesaja ist es Äußerung der Treue Gottes, des חסד zu seinem עבד und damit zu seinem Volk. Er hat das Bild aber nicht wie der Autor der Hiobdichtung übersteigert: Der Wurzelstock Isais ist nicht tot. Aber daß ein Baumstrunk noch einmal Schoße treibt, bezeugt auch so jenes Handeln Jahwes, das Jesaja als „wunderbar" bezeichnet (28 29 29 14), ohne daß es darum dem gewöhnlichen Ablauf der Vorgänge in Natur und Geschichte widersprechen muß. Die Wahl des Bildes hängt vielleicht mit der Idee des Lebensbaumes als eines Symbols für das Königtum zusammen (vgl. GWidengren, The King and the Tree of Life, UUÅ 1951/4, 50). – Man wird es dahin deuten müssen, daß Jesaja den Sturz der königlichen Familie erwartet hat. Was bleiben wird, ist nur noch ein Stumpf. Wenn Jesaja nicht gleich Neferti das Auftreten eines Herrschers aus einem bisher unbekannten Geschlecht ankündet, entspricht das dem dynastischen Denken der alten Zeit: der Anspruch auf die Königsherrschaft muß legitimiert werden können, und dazu bedarf es einer Verbindungslinie zum alten Königshaus. Das Unheil, das im Bruderland Israel durch den Wechsel der Dynastien heraufbeschworen wurde, die labile Rechtslage, die dort der grundsätzliche Verzicht auf eine dynastische Erbfolge erzeugt hatte, wird Jerusalem/Juda immer wieder von der Richtigkeit seiner andern Konzeption des Königtums überzeugt haben. Man kann sich denken, daß Jesaja (und seinen Zuhörern) bei der Erwähnung des Sprosses aus der Isaiwurzel bestimmte Ansprüche auf den Davidsthron vor Augen standen. Aber es geht Jesaja zweifellos um mehr als das Festhalten an einer politischen Ordnung oder gar die Unterstützung bestimmter Aspirationen. Jahwes Verheißungen galten dem Hause Davids. Menschliche Untreue hat sie wohl in Frage gestellt, aber die Treue Gottes bleibt. So ist die vorliegende Formulierung Ausdruck des Ringens Jesajas um das Verständnis von Erwählung, bei dem zum Ausdruck kommen soll, daß Erwähltheit dem Erwählten die Forderung der Bewährung auf keinen Fall erspart, daß sie aber auch beim Versagen des Menschen nicht einfach hinfällig werden kann.

Auf dem kommenden König ruht der Geist Jahwes. Daß dem 2
König göttlicher Geist verliehen wird, ist keineswegs eine auffallende Vorstellung. Der König ist eo ipso Charismatiker, er hat eine außerordentliche Aufgabe zu bewältigen und muß darum mit außergewöhnlichen Kräften begabt sein, s. 1 S 10 6. 10 11 6 16 13. 14 19 9 20 23. Er ist Jahwes „Knecht", der Sachwalter der göttlichen Herrschaft auf Erden. In ihm als dem Gesalbten redet Jahwes Geist, 2 S 23 2. Vielen Ausle-

gern scheint es allerdings nicht in die Vorstellung vom Königtum in der vorexilischen Zeit zu passen, daß nicht nur gesagt ist, daß Jahwes Geist über den Herrscher kommen, sondern daß er auf ihm ruhen wird (zu נוח an dieser Stelle s. AGarcíadelMoral 192f.). Ganz zu Unrecht, König wird man auf Lebenszeit, gleichgültig ob einer in einer Erbmonarchie die Herrschaft übernimmt oder in einem Wahlkönigtum durch Akklamation auf den Thron gehoben wird. Dagegen spricht nicht, wenn erzählt wird, daß der Geist Gottes von Saul wich, 1 S 16 14. Das ist geschrieben vom Standpunkt der Davididen aus, die den Herrschaftsanspruch des Hauses Sauls bestritten. Doch ist bei der Formulierung Jesajas auch zu bedenken, daß er ein Idealbild eines Königs zeichnet. Dazu gehört die Stabilität seiner Amtsausrüstung, die allein eine ungestörte Herrschaft, gekennzeichnet durch שׁלום, erwarten läßt. Nach 1 S 16 13 wird der Geist durch die Salbung übermittelt. Salbung aber erzeugt sozusagen einen character indelebilis, vgl. 1 S 24 7. 11 u.ö.

Der Geist Jahwes befähigt den König zur Ausübung seines Amtes. Das zeigt die Entfaltung, die der Geistbegriff erfährt. Es werden drei Paare von Begabungen aufgezählt, die durch ihn verliehen werden: Weisheit und Einsicht, Rat und Kraft, Erkenntnis und Jahwefurcht. Es sind nicht ausschließlich, aber doch vornehmlich königliche Charismata. Zu einem idealen König gehört Weisheit und Einsicht (s. auch GvRad, Weisheit in Israel, 1970, 28f. 36). Die „weise Frau" von Thekoa rühmt David, er sei wie ein Engel Gottes, daß er Gutes und Böses unterscheiden könne (2 S 14 17). Eben davon spricht exemplarisch 1 Kö 3. Salomo wird auf seine Bitte hin ein לֵב חָכָם וְנָבוֹן gegeben (12), V. 28 stellt fest, daß göttliche Weisheit in ihm war, und 5 9 rundet das Bild: „Gott gab dem Salomo Weisheit und hohe Einsicht (תְּבוּנָה) und einen Verstand so weitreichend wie der Sand am Meer." Wie sehr die Geistesgaben von 11 2 zum traditionellen Bild eines Königs gehören, ist auch 10 13 zu entnehmen, wo Jesaja dem Assyrer die Worte in den Mund legt: „In Weisheit habe ich gehandelt, denn ich bin klug" (נָבוֹן). Prv 8 15f. rühmt sich die Weisheit: „Durch mich herrschen die Könige und entscheiden die Machthaber gerecht, durch mich regieren Fürsten." Der König bedarf der Weisheit zur Erledigung seiner Regierungsgeschäfte. Salomo wünscht sich Weisheit, um unterscheiden zu können, was gut und böse ist (1 Kö 3 9), bzw. um imstande zu sein, sein Volk zu regieren (was שׁפט an jener Stelle wohl bedeutet). In der zweifellos jüngern Bemerkung von 3 28 wird dann allerdings, wie es die vorangehende Erzählung von Salomos Richterspruch illustriert hat, festgestellt, daß Weisheit in ihm war, „um Recht zu sprechen" (לעשׂות משׁפט). Ebenso wird in Jes 11 1ff. durch 3–5 die Weisheit des Herrschers mit Nachdruck für das richterliche Amt des Königs in Anspruch genommen: Vor allen andern Aufgaben ist der König Verwalter des göttlichen Rechts, eine

Akzentuierung, die durchaus dem jesajanischen Denken entspricht. – חכמה und בינה sind gewiß inhaltlich nah verwandte Begriffe. Immerhin wird man sagen können: חכמה meint mehr die Weisheit, deren es bedarf, um die Probleme des Alltags zu bewältigen, während בינה in starkem Maß den Verstand, die intellektuellen Fähigkeiten bezeichnet, die nötig sind, um eine Situation zu durchschauen, aus ihr die richtigen Schlüsse zu ziehen und die notwendigen Entschlüsse zu fassen. – Das zweite Begriffspaar, mit dem Jesaja das Wirken des Geistes umschreibt, ist עצה und גבורה. In ähnlicher Weise erscheinen in Prv 8 14 als „Früchte" der Weisheit Rat (עצה), Tüchtigkeit (תושיה, s. auch Jes 28 29), Einsicht (בינה) und Stärke (גבורה). Eine Parallele zum vorliegenden Begriffspaar sind die beiden Thronnamen פלא יועץ und אל גבור in 9 4, s. dazu o.S. 381ff. Es ist hier wie dort unwahrscheinlich, daß man für die Wurzel יעץ die Bedeutung „raten" annehmen darf. Ein König berät sich wohl mit seinen Fürsten und Ratgebern (s. 2 Kö 6 8 Jes 19 11 u.a.), aber er selbst gibt nicht Ratschläge, sondern trifft die Entscheidungen, er „plant". Nach 2 Kö 18 20 (= Jes 36 5) ist unter der רוח עצה in der Regel zweifellos die Befähigung, Kriegspläne aufzustellen und die entsprechenden Entscheidungen zu treffen, gemeint (vgl. Jes 7 5). So wird auch die Zuordnung von גבורה durchaus verständlich (s. wiederum 2 Kö 18 20). Dem entspricht es, daß der König גבור genannt werden kann (s.o.S. 382f.). Stereotyp wird in den Königsbüchern von der גבורה eines Königs gesprochen (1 Kö 15 23 16 5.27 22 46 u.ö.), worunter dessen kriegerische Tüchtigkeit verstanden wird. Aber so eindeutig der alttestamentliche Befund ist, so gewiß beziehen sich für Jesaja עצה und גבורה nicht auf die militärischen Fähigkeiten des Königs. Der אל גבור von 9 4 ist ja der שׂר שלום. Prv 8 14 zeigt denn auch, daß der „zivile" Gebrauch von עצה und גבורה durchaus möglich ist. Jesaja verwendet also wohl Begriffe, die in der üblichen Königsideologie geläufig waren, aber er deutet sie radikal im Sinn seiner Friedenserwartung um. – Entscheidend ist für ihn zweifellos das Wortpaar דעת und יראת יהוה. Das ergibt sich schon daraus, daß es nicht zum traditionellen Vorstellungsgut der Königsideologie gehört (s. aber יראת אלהים in 2 S 23 3). Beide Vokabeln sind Zentralbegriffe des Jahweglaubens. Für Jesaja ist vor allem דעת wesentlich; es ist bezeichnend, daß der Begriff, variiert zu דעה, im vorliegenden Abschnitt noch einmal erscheint (V. 9), und zwar keineswegs speziell auf den König bezogen. In 5 13 ist das subst. דעת ohne Näherbestimmung durch den Genetiv יהוה verwendet, in 1 3 und 6 9 das Verbum ידע ohne den acc. des Gottesnamens. Jesaja hat sich also an den Sprachgebrauch der Weisheit angelehnt, der es um Erkenntnis schlechthin geht (s.o.S. 15. 188). Es ist zu vermuten, daß das auch an der vorliegenden Stelle nicht anders ist, d.h. יהוה nur Genetiv zu יראת ist (s. dazu 33 6, wo דעת und יראת יהוה ebenfalls aufeinanderfolgen, aber durch den Atnach getrennt sind, anders Joüon,

Gr § 129a, 386, Anm. 3). Der König bedarf der Erkenntnis schlechthin. Andererseits ist diese Erkenntnis Wirkung des Jahwegeistes und durch die Parallele יראת יהוה als Ausdruck der Beziehung zu Jahwe interpretiert. Die Verbindung von דעת und יראת יהוה ist in der Weisheit durchaus geläufig, s. Prv 1 29 2 5f. Aber genauso sind natürlich auch die andern Geistesgaben durch dieses abschließende יראת יהוה in bestimmter Weise akzentuiert, wie die israelitische Weisheit überhaupt auf weite Strecken als Ausdruck der יראת יהוה in den Jahweglauben integriert wurde (s. z.B. Prv 1 7 9 10 15 33). Die durch Dittographie entstandene Glosse 3a unterstreicht noch das Gewicht der Gottesfurcht. יראת יהוה bedeutet aber nicht Angst vor Gott, sie ist ja selbst Gabe Gottes; man wird etwa formulieren dürfen, daß sie „Gewähr dafür bietet, daß (der Messias) den Willen Gottes nicht nur kennt, sondern auch respektiert“ (Plath 83f.). Darum ist aber auch nicht, wie das deutsche Wort, aber auch der Gebrauch von יִרְאֵי יהוה in den Psalmen nahe legt, einfach eine fromme Haltung Gott gegenüber im Sinn der griechischen εὐσέβεια gemeint. Bereits nach den „letzten Worten Davids“ ist der מֹושֵׁל יראת יהוה ein מוֹשֵׁל בָּאָדָם צַדִּיק (2 S 23 3), d.h.: wer in Gottesfurcht herrscht, ist ein Herrscher, der für Gerechtigkeit sorgt. Gewiß erschöpft sich Gottesfurcht nicht in dieser Relation, sie meint vielmehr eine religiöse Grundhaltung, aus der heraus das Lebensideal eines Weisen, an der vorliegenden Stelle speziell eines der Weisheit verpflichteten Königs verwirklicht wird, aber sie ist unablösbar mit der rechten Verwaltung des richterlichen Amtes durch den König verbunden.

Die weisheitlichen Begriffe, mit denen Jesaja den Messias zeichnet, könnten zum Schluß verführen, daß er in ihm den idealen Weisen sah. Doch wäre dies ein Trugschluß. Der Messias nimmt eine einmalige Sonderstellung ein, denn die Gaben der Weisheit sind ihm durch den Gottesgeist direkt übermittelt. Er ist mehr als primus inter pares, er steht dem Volk als Gottes Mandatar gegenüber, besitzt einen unvergleichlichen Auftrag und handelt in unbestreitbarer Autorität. (Die Vorstellung, daß jeder Mensch der Gabe des Geistes teilhaftig werden kann, erscheint erst relativ spät: Ez 11 19 36 26f., vgl. auch das Thema der Ausgießung des Geistes: Jes 32 15 61 1 Jo 3 1ff. und vgl. Ps 51 12 Sach 12 10 13 2.)

3–5 Der Übergang von 2 zu 3–5, das heißt von der Schilderung der Charismata des Königs zu derjenigen seiner Funktion als Wahrer des Rechts ist nach dem Gesagten in keiner Weise ein Bruch. Und immer schon hat man in Israel vom König erwartet, daß er für das Recht, und zwar vor allem das Recht der Kleinen und Geringen, eintrete.

Man kann sich zwar fragen, wie weit der König von Jerusalem überhaupt für das Recht verantwortlich war und auf die Rechtspflege Einfluß nehmen konnte. In Mesopotamien werden die jeweiligen Gesetzesbücher einem König zugeschrieben. Zwar hat dieser sie gewiß nicht geschaffen, aber sie wurden doch unter seiner Autorität promulgiert. In Israel stiftet der König kein Recht, und wenn er, wie Josaphat, 2 Ch 19 5ff., oder Josia, 2 Kö 23 1f., ein Gesetz in Kraft setzt, so ist es nicht sein, sondern Jahwes bzw. Moses Gesetz. Aber es leidet doch keinen Zweifel, daß der König oberste richterliche Instanz war und für das Funktionieren der Rechtspflege die letzte Verantwortung trug. Von David wird berichtet: „Er herrschte über ganz Israel und übte Recht und Gerechtigkeit an seinem ganzen Volk", 2 S 8 15, vgl. ferner 2 S 12 1-6 14 4-11 15 4 1 Kö 3 28 2 Kö 15 5 u.a. Vor allem ist Jer 22 15f. zu beachten: „Er (Josia) übte Recht und Gerechtigkeit, den Elenden und Armen verhalf er zum Recht." Es gab im Palaste Salomos eine „Gerichtshalle", in der der König Recht sprach, 1 Kö 7 7. Es hat also zweifellos in Jerusalem ein königlicher Gerichtshof bestanden, bei dem jeder Staatsbürger Berufung einlegen konnte, vgl. dazu deVaux, Lebensordnungen I 241–245. Darum betet man mit gutem Grund für den König: „O Gott, gib dem König deine Rechtsentscheidungen und deine Gerechtigkeit dem Königssohn, daß er dein Volk richte in Gerechtigkeit und deine Armen nach dem Recht... er möge Recht schaffen (שׁפט) den Armen des Volkes, er helfe den Söhnen des Elenden und zermalme den Bedrücker", Ps 72 1f. 4. Und vom „gerechten Sproß" (צמח צדיק) wird nach Jer 23 5f. erwartet, daß er weise handle und משפט und צדקה im Lande aufrichte, s. ferner 1 S 8 5 1 Kö 3 6 Jer 22 3. 13 Jes 9 6 32 1 Sach 9 9 Ps 45 6-8 101 Prv 8 15 20 8. 28 25 5.

Israel teilt damit Erwartungen, die auch sonst im Alten Orient an den König gerichtet wurden. Nach einer Hymne Lipitištars von Isin ist der König der, „... der das Recht in aller Mund legt, der den Gerechten für immer bestehen läßt, der bei Gericht und Entscheidung gerechtes Wort spricht... Gerechtigkeit habe ich für Sumer und Akkad gesetzt, dem Lande es wohlergehen lassen... Ich, Lipitištar, habe das Volk recht geleitet" (Falkenstein/v. Soden [s.o.S. 296] 129). In der sogenannten untern Torinschrift von Karatepe schreibt Azitawadda: „Ich zerbrach die Aufsässigen und rottete all das Böse aus, das im Lande war. Und ich richtete das Haus meiner Herrschaft auf Freundlichkeit und machte Güte zur Wurzel meiner Herrschaft", KAI Nr. 26 Z. 8ff. In Ägypten entspricht dem hebr. צדק in etwa der Begriff Maat (m3c.t): Sie ist Gabe der Gottheit an den König: „Ich (Horus) gebe dir die Maat in dein Herz, um sie zu üben." „Ich (Hathor) gebe dir die Maat, damit du von ihr lebst, dich mit ihr verbrüderst und dein Herz sich freue." Es ist geradezu gesagt worden, daß der Pharao die Moral „kraft seines göttlichen Wesens substanziell gleich einem Sakrament (empfange)" (s. SMorenz, Ägyptische Religion, 1960, 128). Der Perser Darius schließlich rühmt sich auf dem Felsengrab von *naqš-i-rustām*: „Was recht ist, liebe ich, Unrecht hasse ich. Nicht ist mein Gefallen, daß der Niedere des Hohen wegen Unrecht leide, noch ist es mein Gefallen, daß der Hohe des Niederen wegen Unrecht leide. Was recht ist, das ist mein Gefallen. Den Anhänger des Trugs hasse ich" (nach EHerzfeld, Altpersische Inschriften, 1938, 4ff.). Ausdrücklich ist hier bezeugt, daß sich der König dem Rechtsschutz des Geringen verpflichtet weiß. Aber noch näher stehen dem Alten Testament Texte von Ugarit. In der Keretlegende von *râs šamra* wird der König von seinem Sohn mit den Worten getadelt: „Du gibst den ärgsten Gewaltmenschen nach,... lässest deine Hand auf Ungerechtigkeit verfallen, du lässest der Witwe nicht Gerechtigkeit widerfahren (*tdn dn*), sprichst den Notleidenden nicht Recht (*ṯṯpṭ ṯpṭ*), entfernst nicht jene, die auf den Schwachen treten..." (Übersetzung nach Aistleitner II K VI, 43–50, vgl. 30b–34). Oder man liest: „Dn'il... setzte sich in die Öffnung des Tores unter die Vornehmen, die auf der Tenne sind. Er entschied (*ydn dn*) die Sache der Witwe und schaffte Recht (*yṯpṭ ṯpṭ*) der Waise" (II D, V 4–8, vgl. I D, 19–25). Auch im Ugaritischen bedeutet *ṯpṭ*, das Äquivalent von hebr. שׁפט, sowohl richten, zum Recht verhelfen, als auch regieren.

3b Der Messias richtet nicht nach dem, was die Augen sehen. Das heißt nicht nur, daß es bei ihm kein Ansehen der Person gebe, er also völlig unparteiisch richte (s. Lv 19 15 Dt 1 17 16 19 Jak 2 9). Denn dann müßte man die zweite Vershälfte dahin deuten, daß es bei ihm auch kein Anhören der Parteien gebe. Die Meinung ist vielmehr die, daß er bei seiner Urteilsfindung nicht allein auf das angewiesen ist, was er sieht und hört; kraft seiner Weisheit und Einsicht vermag er zu erkennen, was hinter dem, was zu sehen und zu hören ist, als Wirklichkeit steht, vgl. 1 S 16 7 1 Kor 4 3–5 1 Petr 1 17. „Orakelspruch (קֶסֶם) ist auf des Königs Lippen; wenn er ein Urteil spricht, greift er nicht fehl", Prv 16 10, vgl. auch 25 2f.: „... des Königs Ehre ist es, eine Sache zu ergründen. Wie die Höhe des Himmels und die Tiefe der Erde, so unergründlich ist auch des Königs Herz" (לֵב = Verstand). Der Gottesgeist erschließt dem Messias das Wissen, das er zu seinem Amte nötig hat. Salomo hat sich erbeten הָבִין לִשְׁמֹעַ מִשְׁפָּט = „Einsicht, das Recht zu verstehen" (1 Kö 3 11), dem Messias aber erschließt der Gottesgeist das Wissen, das er zu seinem Amte braucht. Zu שׁפט und הוכיח s.o.S. 86.

Die obige Übersicht über außerbiblische Zeugnisse zum Richteramt des Königs hat ergeben, daß das Messiasideal, wie es Jesaja zeichnet, weit verzweigte Wurzeln im Alten Orient hat (s. dazu auch EHammershaimb, VT Suppl 7, 1960, 89ff.). Wenn aber Jesaja so viel Gewicht auf die Herstellung des Rechts für Arme und Kleine legt, ist das durchaus begründet in der Verlotterung des Rechtswesens, wie er es anderwärts beklagen muß (5 20. 23 10 2 s. auch 1 17). Es entspricht aber auch dem alttestamentlichen Gottesgedanken: Jahwe ist ein Gott, der sich je und dann zum Anwalt der Kleinen macht (Ps 9 10 68 6 Hi 5 15f. u.ö.). Der König als עבד יהוה hat zu vollziehen, was seines göttlichen Herrn Wille ist. – Im oben zitierten Text aus Karatepe rühmt sich der König dessen, daß ihn bei seiner Herrschaft Freundlichkeit und Güte (נעם) leiteten. Das hebr. צדק steht diesen Begriffen inhaltlich nicht fern (s.o.S. 59f.). An der vorliegenden Stelle steht neben צדק das verwandte מישור. Das Zepter des Königs ist nach Ps 45 7 ein שׁבט מישור, und auch Jahwe selbst richtet die Völker mit מישור, Ps 67 5.

Das akk. *mī/ēšaru* o.ä. deckt sich durchaus mit dem Verwendungsbereich des hebr. צדק. Man spricht von Šamaš als dem „König des Himmels und der Erde, Herr des Rechts und der Gerechtigkeit" (*bēl kitti u mēšari*, ASchollmeyer, Sumerisch-babylonische Hymnen und Gebete an Samas, 1912, 107 u.ö.). Bel ist *šar mēšeri* (EEbeling, Literarische Keilschrifttexte aus Assur, 1953, Nr. 38, Z. 2). Man spricht von „Šamaš, dem Richter (*šapîṭ*) der Götter und Menschen, dem Billigkeit zugewiesen ist" (*ša mēšerum isikšuma*, Syria 32, 1955, 12). Zu weiteren akk. Königsepitheta der Wurzel *ešēru* vgl. MJSeux, Épithètes royales akkadiennes et sumériennes (1967) 88ff., zum entsprechenden sum. Titel *si-sá* 446.

Im Unterschied zu צדק betont aber das hebr. מישור das Moment der Gradheit, Lauterkeit (während „Billigkeit", wie man es an der vorliegenden Stelle in der Regel wiedergibt, eher durch צדק ausgedrückt wird, vgl. die Formulierung שפט (בְּ)מֵישָׁרִים in Ps 58 2 75 3 98 9). – Die דלים sind die sozial Benachteiligten, einflußlose Leute, auf die man keine Rücksicht zu nehmen braucht. Daß das meistens auch „Arme" sind, liegt auf der Hand. דל steht denn auch gern in Parallele zu עני (Jes 10 2 u.ö.) oder אביון (z.B. Ps 82 4). Darum ist die Änderung von ענוי in עניי zweifellos richtig. Zwar erscheint in 29 19 ענו neben אביון, doch ist jene Stelle der nachexilischen Zeit zuzuweisen, in der ענו, „demütig" Bezeichnung für den Frommen wird (vgl. Bruppacher 67f.), und dürfte dort nicht zu ändern sein. Dann ist aber auch die Korruption von עניי in ענוי nicht nur ein Versehen, sondern Ausdruck der nachexilischen Frömmigkeit. (Wer überzeugt ist, daß 11 1-9 nachexilisch ist, wird darum auch konsequenterweise ענוי nicht ändern, s. Fohrer z.St.). – עני ist seinerseits wie דל nicht (wie רוש) zuerst ein ökonomischer, sondern ein sozialer Begriff, s. AKuschke 48ff. Als Grundbedeutung der Wurzel ענה dürfte etwa „sich in einem Zustande von verminderter Fähigkeit, Kraft und Wert befinde(n)" anzunehmen sein (so Birkeland 8). Dem entspricht es, daß im Alten Testament Reichtum keineswegs an sich als widergöttlich oder verwerflich gilt, sondern nur insofern, als er durch die Macht, die er verleiht, zu unsozialem Verhalten verleitet. Darum werden den Begriffen דל und עני von 4a in 4b עריץ und רשע gegenübergestellt (s. auch ענו und עריץ in 29 19f.). Der עריץ verfügt über Macht und ist hemmungslos genug, um diese skrupellos zu gebrauchen. Es ist mitzuhören, daß in Parallele zu עריץ nicht nur, wie an der vorliegenden Stelle רשע (oder זָר z.B. Ps 54 5) steht, sondern auch לֵץ (29 20 und צַר Hi 6 23). Mit Gewalttätigkeit paart sich Hochfahrenheit, jene Hybris, deren unheilvolle Folgen Jesaja aufzuzeigen nicht müde wird. Könige aber haben die Aufgabe, solcher Gewalttätigkeit zu wehren, wie schon die oben (S. 451f.) zitierte Partie aus der Keretlegende voraussetzt (s. auch die dort erwähnte Dariusinschrift). – Die Bestrafung bzw. Vernichtung der Gewalttätigen und Frevler vollzieht der König mit dem „Stab seines Mundes", dem „Hauch seiner Lippen". Die Formulierungen verraten ein Verständnis des Wortes als einer dynamischen Macht, wie man ihm überall in der alten Welt begegnet. Propheten „töten durch das Wort meines (Jahwes) Mundes" (Hos 6 5). Der עבד יהוה Deuterojesajas bekennt, daß Jahwe seinen Mund zum scharfen Schwert gemacht habe (49 2). Priester und

Propheten verfügen über eine Gewalt des Wortes, die der gewöhnliche Mensch nicht kennt (s. noch Act 5 1-11). Das gilt natürlich auch vom König.

Ähnliche Aussagen vom gewöhnlichen König sind im Alten Testament allerdings kaum aufzuweisen. Hingegen sind entsprechende Aussagen in Ägypten und Mesopotamien häufig. „Gleich dem Sonnengott stehen dem Könige im Begriff des ‚Ka' alle Eigenschaften göttlicher Machtfülle und Lebenskraft zur Verfügung" (HKees, Ägypten: Kulturgeschichte des Alten Orients I, 1933, 177). Auf einer Stele von *kubbān* ist von Ramses II. zu lesen: „Der Gott des Ausspruches ist in deinem Munde und der der Erkenntnis in deinem Herzen; der Thron deiner Zunge ist ein Tempel der Wahrheit, und Gott sitzt auf deinen Lippen. Deine Worte vollziehen sich täglich, und deines Herzens Gedanken werden verwirklicht wie die des Ptah, wenn er Kunstwerke schafft" (zit. nach Dürr 97). In einem Brief an Asarhaddon ist am Schluß zu lesen: „Was der König, mein Herr, gesprochen, ist vollendet wie das Wort des Gottes" (ebenda 102). Und in den Sprüchen Aḥiqars wird man belehrt: „Weich ist die Rede eines Königs und schärfer und schneidender als ein zweischneidiges Schwert (VII, 100, s. AOT 458, ANET 428 und vgl. dazu Jer 5 14 20 9 23 29 und noch Eph 6 17 und Hebr 4 12).

Wenn auch das Alte Testament nicht sagt, daß der König mit seinem Wort zuschlage, so spricht es doch von seinem machtvollen Zepter. Mit eisernem Stab (שבט) zerschlägt er nach Ps 2 9 seine Feinde. Und zwar dient dieses Emblem der Königsherrschaft nicht nur zur Abwehr der äußern Feinde, sondern auch zur Wahrung der Rechtsordnung im Innern: „Dein königliches Zepter ist ein Zepter des Rechts (שבט מישור)" Ps 45 7. Aber im vorliegenden Text ist dieses Machtemblem des Königs zum „Zepter des Mundes" geworden. Das ist eine Spiritualisierung, die, wie die oben zitierten Texte aus Israels Umwelt nahelegen, sich vielleicht auch in Jerusalem schon vor Jesaja im Bereich der Königsideologie vollzogen hat. Natürlich ist unter dem „Hauch der Lippen" ebenso das königliche Wort zu verstehen, s. Ps 33 6 147 18 Jdt 16 15 Syr Bar 21 6 (für den Alten Orient s. Dürr 20. 22. 27 u.ö.). Dabei ist in Rechnung zu setzen, daß רוח, das im Zusammenhang der vorliegenden Verheißung gewiß mit „Hauch" wiederzugeben ist, doch auch den „Wind" mit seiner elementaren Wucht bedeuten kann. Noch in den Psalmen Salomos wird vom Messias gesagt: „Er zerschlage des Sünders Übermut wie Töpfergeschirr, mit eisernem Stab zerschmettere er all ihr Wesen, vernichte die Gottlosen mit dem Wort seines Mundes" (17 26f., s. auch 2 Thess 2 8 Apk 19 15). Eine Frage für sich ist es, wie weit Jesaja, wenn er Formulierungen verwendet, die aus dem magischen Wortverständnis zu erklären sind, die Anschauung von der unwiderstehlichen vernichtenden Gewalt des Wortes noch teilt. Jedenfalls kann der Messias nicht eo ipso als König über dieses so wirksame Instrument verfügen, sondern, weil Jahwes Geist auf ihm ruht, der ein Geist der גבורה ist. Damit ist die Vorstellung vom kraftgeladenen Wort der Welt der Magie entzogen und in den Bereich der Gottesgemeinschaft hineingestellt. Vermutlich ist für Jesaja das machtgeladene Wort des Messias einfach sein Richterspruch, der zwar den Frevler nicht direkt vernichtet, ihn aber unfehlbar der verdienten Bestrafung ausliefert.

V. 5 unterstreicht das in 3 und 4 Gesagte. Gerechtigkeit und 5
Treue sind Gürtel und Lendenschurz des Messias. Der אזור (s. dazu o. S. 224) ist das „innerste, zuletzt ausgezogene" Kleidungsstück (KBL). Wie der Mann mit einem solchen Kleidungsstück umgürtet ist und nie anders in Erscheinung tritt, so ist der Messias mit Gerechtigkeit und Treue bekleidet. – War צדק in 4 durch מישור in bestimmter Weise akzentuiert, so hier durch אמונה. Diese Parallelisierung ist im Alten Testament häufig anzutreffen, Ps 33 4f. 36 6f. 40 11 88 12f. 96 13 98 2f. u.ö., s. dazu Wildberger, Art. אמן THAT I, 1971, Sp. 198). Von der אמונה bzw. dem צדק und der אמונה des irdischen Königs ist aber im Alten Testament sonst nie die Rede, dafür in auffallender Häufung, aber auf Jahwe bezogen, im Königspsalm 89 (V. 2.3. 6. 34. 50), und die Verbindung Gerechtigkeit und Treue ist bezeichnenderweise auch in den Thronbesteigungsliedern zu Hause, wo Jahwe als König oder, was ja keine Funktion sui generis ist, als Richter gefeiert wird. Wenn nun im vorliegenden Abschnitt dieselbe Aussage über den Messias gemacht wird, so entspricht das der bei Jesaja auch sonst zu beobachtenden Konzeption (s.o.S.382), daß Aussagen über den göttlichen König auf den irdischen übertragen werden. Man kann sich fragen, ob אמונה eine Beziehung zur Forderung des Glaubens, die Jesaja in 7 9 an das Davidshaus gerichtet hat, ausdrücken möchte, ob also Jesaja sagen will, daß der Glaube, den er bei den Davididen so schmerzlich vermißt, beim Isaisproß der Zukunft ein integriertes Moment seines Habitus sei. Man hätte dann das Recht, אמונה mit Glauben wiederzugeben (s. dazu HWildberger, Art. אמן THAT I, Sp. 198). Aber die Verbindung mit צדק zeigt, daß der Messias auch in 5 noch in seiner richterlichen Funktion gesehen ist. Die אמונה des Richters ist die absolute Zuverlässigkeit, mit welcher derjenige sollte rechnen können, der der Rechtshilfe bedarf. Ps 93 5 sagt von den Anordnungen des göttlichen Richters, sie seien überaus zuverlässig (נֶאֶמְנוּ מְאֹד).

Mit dem Hinweis auf die אמונה des Messias ist 1–5 zu einem guten 6–8
Abschluß gekommen. Mit 6 wird ein neues Thema angeschlagen: das friedliche Beieinanderwohnen von Tier und Tier und Mensch und Tier. Vom Messias ist nicht mehr die Rede. Es wurde aber bereits (o.S. 444) auf die innere Zusammengehörigkeit der beiden Teile hingewiesen. Wo ein legitimer König als Statthalter der Gottheit bzw. als Garant der Weltordnung in Gerechtigkeit seines Amtes waltet, kann die Welt von ihrer Heillosigkeit genesen, da kann durch den ganzen Kosmos שלום Wirklichkeit werden: Der Geringe kommt zu seinem Recht, die Kriege nehmen ein Ende (s. 9 6 und den Titel שַׂר שָׁלוֹם in 9 5), reicher Regen wird

die Fluren tränken (vgl. Ps 72 6), das Land spendet Gaben im Überfluß (Ps 72 16 Ez 34 26ff.), die Herde wird fruchtbar sein, s. dazu ADeGuglielmo, The Fertility of the Land in the Messianic Prophecies, CBQ 19 (1957) 306–311.

Für den Alten Orient sind die Texte S.440f. zu vergleichen. Als Beispiel für viele sei ein Passus aus dem Lied zur Thronbesteigung Meren-Ptahs hinzugefügt: „Freue dich, du ganzes Land, die schöne Zeit ist gekommen... Die Maat hat die Lüge geschlagen, die Sünder sind auf ihr Antlitz gefallen, alle Gierigen sind zurückgesetzt. Das Wasser steht und versiegt nicht, und der Nil trägt eine hohe (Flut)" (zit. nach Erman, Literatur 346f.). Es wird nicht gesagt, daß der König für all das sorge, sondern lediglich, daß unter seiner guten Herrschaft solche segensvollen Umstände eintreten werden. Die Weltordnung ist auf Heil hin angelegt und gibt auch Heil her, wo sie respektiert wird. Es gilt, was in Jes 32 17 in die knappen Worte gefaßt ist: „Das Werk der Gerechtigkeit wird Friede sein und die Frucht der Gerechtigkeit Ruhe und Sicherheit auf ewig." Überraschend ist einzig, daß Jesaja das kommende Heil durch die Schilderung des Tierfriedens illustriert. Das Motiv selbst war in Israel allerdings nicht unbekannt. Hosea spricht von einem Bund mit den Tieren des Feldes, den Vögeln des Himmels und dem Gewürm der Erde, 2 20, ähnlich Ez 34 25ff. Jes 35 9, s. auch Lev 26 6, wo zwar die Gefährdung durch die wilden Tiere durch deren Ausrottung beseitigt wird, aber jedenfalls eine von Gefahren freie Zukunft, nicht bedroht durch Raubtiere, verheißen wird (s. dazu Groß 83–93). Im Gedicht Enmerkar und der Herr von Aratta (ca 1700 vor Chr.) ist zu lesen: „Einmal vor langer Zeit da gab es keine Schlange, gab es keinen Skorpion, gab es keine Hyäne, gab es keinen Löwen, gab es keinen wilden Hund, gab es keinen Wolf, gab es keine Furcht, kein Entsetzen. Der Mensch hatte keinen Nebenbuhler" (Text nach SNKramer, Geschichte beginnt mit Sumer, 1959, 177, s. Kramer, Enmerkar and the Lord of Aratta, 1952, 15, Zeile 136–140). Die Erzählung von Enki und Ninhursag schildert das paradiesische Land Dilmun mit den Worten: „In Dilmun stößt der Rabe keinen Schrei aus, der *ittidu*-Vogel stößt nicht den Schrei des *ittidu*-Vogels aus, der Löwe tötet nicht, der Wolf reißt nicht das Lamm, unbekannt ist der Wildhund, der das Zicklein verschlingt..." (ebenda, 1959, 112f., s. auch Groß 19). Ein schwacher Nachklang ist im Gilgameš-Epos festzustellen: „Mit den Gazellen ißt er Kräuter, mit dem Vieh besucht er die Tränke. Mit dem Gewimmel des Wassers ist froh sein Herz", Tafel I 89–91. Alte Vorstellungen über den heilen Anfang sind also zur Darstellung des messianischen Friedens verwendet worden. Was einst in der intakten Urzeit heilvolle Wirklichkeit war, wird wiederkehren, wenn ein treuer Hüter der gottgesetzten Ordnungen seines Amtes walten wird (zu ähnlichen Vorstellungen in Griechenland s. HUsener, Milch und Honig: Rheinisches Museum f.Phil. NF 57, 1902, 177bis 195, für Rom vgl. die oben zitierte 4. Ekloge Vergils, s. auch HGroß 47–59).

6 Die Bilder 6–8 sprechen für sich. Der Wolf wird die Gastfreundschaft und den Schutz, den man einem Gast gewährt, beim zarten Lamm genießen (so auch 65 25), ausgerechnet der Wolf, der in Ez 22 27 טֹרֵף טֶרֶף genannt wird. Nicht in besserm Ruf steht der Leopard, der beim Böckchen liegt, in Jer 5 6 wird er mit dem Wolf, in Hos 13 7 mit dem Löwen und Bären zusammen genannt. Noch 1834 soll ein Leopard nach einem

Erdbeben in Safed eingedrungen sein (Bodenheimer, Animal Life 114); Leoparden konnten bis zum Jahre 1911 in Palästina beobachtet werden (ZDPV 49, 1926, 251). נהג heißt speziell das Vieh auf neue, entfernte Weidegründe treiben, s. Gn 31 18 Ex 3 1 1 S 30 20 Ps 80 2. Der Löwe ist zum Vegetarier geworden, der Jungleu (כפיר) treibt sich mit dem Kalb auf der Weide herum, und der Altlöwe frißt wie das Rindvieh Häcksel. (Daß der כפיר neben dem Kalb genannt wurde, beweist übrigens, daß das Wort nicht das erwachsene Tier bezeichnet, s.o.S. 226). Auch der Bär war im alten Palästina durchaus zu Hause (1 S 17 34 2 Kö 2 24) und war im Hermongebiet bis zum ersten Weltkrieg anzutreffen (Bodenheimer 114). Dem wilden Tier ist das Kleinkind hilflos ausgeliefert, darum wird in 6 der „kleine Knabe" – der aber bereits das Vieh hüten kann, s. Gn 37 2 1 S 16 11 17 15 – und in 8 der Säugling, יונק, und der Entwöhnte, גמול, erwähnt. (Entwöhnt wird das Kleinkind erst im Alter von etwa 3–4 Jahren, s. LKöhler, Der hebräische Mensch, 1953, 55.) Säugling und Kleinkind vergnügen sich mit den ehedem so gefährlichen Schlangen. Zu שעשע s.o.S. 172. An Schlangenarten werden פתן und צפעוני genannt. פתן ist nach Aharoni 475 die Kobra (cobra naja ḥaje). צפעוני ist kaum sicher zu bestimmen. HGuthe, Palästina ([2]1927) 76 nennt neben der Kobra als besonders gefürchtet die kleine gehörnte Schlange Cerastes und die große, gelbe Daboia Xanthina. Nach GLHarding, Auf biblischem Boden (1961) 18, gibt es heute in Palästina nur noch zwei giftige Schlangenarten, die Kreuzotter und die Hornviper, die nur in der Wüste anzutreffen ist.

Die obigen Überlegungen haben ergeben, daß das Motiv des Tier- 6–8
friedens in der Weissagung vom künftigen König keinen Fremdkörper darstellt. Es erhebt sich aber die Frage, welchen Stellenwert es in der Verkündigung des Jesaja einnimmt. Handelt es sich um eine Hoffnung, deren wörtlich-reale Erfüllung der Prophet erwartet, sind es Bilder, die einfach den allgemeinen Frieden der heilvollen Zukunft ankünden wollen? Das Problem ist ein ähnliches wie dasjenige, das sich bei der Auslegung von 2 2 erhob, nämlich ob die Erhöhung des Zion über alle andern Berge physisch oder symbolisch zu verstehen sei (s.o. 82f.). Versteht man die Bilder wörtlich, müßte man von einem mythologischen Zukunftsgemälde reden (vgl. MLandmann, Ursprungsbild und Schöpfertat, 1966, 281f. und Díaz 238). Löwen fressen kein Gras und könnten sich auch nicht von Gras nähren, und Giftschlangen können nicht leben, ohne das Gift ihrer Zähne zur Lähmung ihrer Opfer zu gebrauchen. Bei diesem mythologischen Verständnis stünde der Verfasser – der dann kaum Jesaja sein könnte – der Hoffnung der Apokalyptik auf eine neue Welt schon recht nahe. MBuber (Der Glaube der Propheten, 1950, 215) meint, „dieses Idyll, wo die wilden Tiere bei den zahmen 'gasten', (sei) nur ein Sinnbild des Völkerfriedens, in dem man unter den Namen der Wildlinge

bestimmte Nationen erkannte". In diesem Fall müßte der Text durch
allegorische Deutung erschlossen werden. Wahrscheinlich ist das bei
jesajanischer Herkunft nicht, und der Text selbst gibt auch keinerlei
Hinweise in dieser Richtung, im Gegenteil: es dürfte dann nur von
Tieren und könnte nicht von Kindern gesprochen werden. Das alte
mythologische Bildmaterial ist vielmehr durch Jesaja selbst interpretiert:
9 „Nichts Böses und Verderbliches wird man tun auf meinem ganzen
heiligen Berg" (9, s. dazu Kissane z.St. und MRehm 209–218). Man hat
den Vers abtrennen wollen (s.o.S. 444), genauso, wie manche den interpretierenden Vers 9 6 als Zusatz zu 9 1–5 betrachten. Aber in 11 9 ergreift
wirklich Jesaja selbst das Wort und spricht seine eigene Sprache. Es gibt
in der Heilszukunft unter den Menschen auf Jahwes heiligem Berg
keine Bosheit mehr (auch in Jes 65 25 gehört diese Aussage zum Tierfrieden). Der Schwache braucht den Starken nicht mehr zu fürchten,
denn der Starke ist in Schranken gehalten, und der Schwache weiß, wo
er Schutz finden kann. Der Harmlose fällt nicht mehr dem Hinterlistigen
zum Opfer, denn der Hinterlistige wird keine Möglichkeit haben, mit
Kniffen und Ränken sein Ziel zu erreichen, und der Harmlose wird
Verteidiger haben, die sich wie ein Wall vor seine Unschuld stellen. Jesaja
fügt hinzu: בכל־הר קדשי. Das Suffix in קדשי macht dem Hörer, der sich
am schönen Zukunftsbild erfreut, bewußt, daß sich hier nicht ein Dichter
in unverbindlichen Zukunftsvisionen ergeht, sondern ein Prophet in
göttlichem Auftrag spricht. Unter dem heiligen Berg Jahwes wird man
doch Zion/Jerusalem verstehen müssen (vgl. Ps 2 6 3 5 48 2 99 9, s. aber
Jer 31 23, wo das Land Juda הַר הַקֹּדֶשׁ heißt, und evtl. Ps 78 54). Voraussetzung dieses Friedens ist nach 9b die Erkenntnis Jahwes, die dann das
ganze Land erfüllen wird. Der Satz steht in einer gewissen Spannung zu
2bβ, wonach der Messias mit der רוח דעת ausgerüstet ist. Aber es ist
bezeichnend, daß Jesaja in 9 allfällige Mißverständnisse abwehrt. Es
geht um Erkenntnis Jahwes, und Erkenntnis Jahwes wird jedem zuteil
werden, und zwar „wie Wasser, die das Meer bedecken". (Der Satz
findet sich fast wörtlich in Hab 2 14, ist dort aber vielleicht aus Jesaja
eingetragen, vgl. Sellin, KAT 12, [3]1929 und Robinson, HAT 14, 1938,
je z.St.).
10 Nach 1–9 hat der Messias Heilsbedeutung nur für Juda/Israel; V. 9,
der nur gerade von Jahwes heiligem Berg spricht, schließt jeden Zweifel daran aus. Nach 10 aber steht der Messias da als Panier für die
Völker, die zum Zion ziehen. Daß er „Wurzel Isais" und nicht wie in
1 „Sproß aus seiner Wurzel" genannt wird, zeigt die Sorglosigkeit der
Anknüpfung (vgl. auch die ungeschickte Satzkonstruktion); dem Ergänzer liegt keineswegs an einer präzisen Auslegung, sondern an der
Ausweitung, um nicht zu sagen Korrektur der jesajanischen Erwartung.
Der König auf dem Zion wird dastehen wie ein Feldzeichen oder Signal

(zu נס s.o.S. 223). Es soll den Völkern zeigen, wo sie sich sammeln (vgl. 18 3) bzw. wohin sie sich mit ihren Fragen wenden sollen. Die Stelle ist in einem gewissen Sinn eine Parallele zu 2 2-4 – mit dem allerdings wichtigen Unterschied, daß dort der Messias keine Rolle spielt. Das alte Motiv der Huldigung der Völker (vgl. Ps 18 44ff. 72 9ff. 45 12ff., s. dazu HSchmidt, Israel, Zion und die Völker: Diss Zürich, 1968, 22–26), wonach diese ihre Gaben zum Herrscher auf dem Zion bringen, ist umgebogen: Die Völker tragen nicht Tribute und Geschenke nach Jerusalem, sondern holen sich Rat. Der Zion ist Zentrum der Völkerwelt, auf ihm finden die Fragen der Menschheit ihre Antwort. Nur daß hier, anders als in 2 2-4, die Antwort nicht direkt von Jahwe, sondern durch seinen Gesalbten erteilt wird. Was die Völker zu fragen haben, wird nicht gesagt. Ist der Messias eine geistliche Gestalt, die über Fragen des Gesetzes und Kultes Auskunft gibt? Doch wohl kaum. Zweifellos ist auch hier der Messias als Verwalter des Rechtes gedacht, und zwar in diesem Fall als Schiedsrichter in Streitfällen unter den Nationen. Die Völker kommen freiwillig, sie beugen sich nicht der Gewalt, sondern der geistigen Autorität. Aus dem Welteneroberer, der zerschmettert „mit eisernem Stab" (Ps 2 9 Nu 24 17) ist zwar nicht ein sanfter Heiland, nicht einmal eigentlich ein Weltenherrscher, aber ein bevollmächtigter Führer der Menschheit geworden. – Der Abschnitt endet mit dem seltsam klingenden Satz: „Und seine Ruhestatt wird Herrlichkeit sein." Er wird verständlich von der Geschichte der מנוחה-Vorstellung her. Zunächst ist מנוחה der Rastplatz für die Herden. Einen solchen zu finden ist des Nomaden Sorge, zum Ruheplatz zu kommen ist des wandernden Volkes Israels heiß ersehntes Ziel (1 Kö 8 56 Jes 32 18 Hebr 4 1ff. u. vgl. Dt 12 9 28 65 Ps 95 11 und Jes 28 12). Andererseits ist der Zion „Rastplatz" der Lade (Ps 132 8. 14 1 Ch 28 2). Da lag es nahe, Jerusalem auch als Rastplatz des Königs zu betrachten. Wer zum Rastplatz gekommen ist, hat das Ziel erreicht, kann sozusagen leben im Zustand des Heils. – Welche Vorstellung der Verfasser mit כבוד verbunden hat, ist schwer zu sagen. Er denkt wohl nicht einfach an Prunk und Glanz, wie sie einer königlichen Residenz eigen sind, sondern dürfte meinen, daß der Wohnsitz des Königs der Heilszeit Einbruchstelle göttlicher himmlischer Herrlichkeit auf Erden sein wird. Von dort strahlt sie aber aus in die weite Völkerwelt.

Ziel

Noch deutlicher als bei 9 1-6 sind die Motive von 11 1-9 in der Königsideologie des Alten Testaments aufzuweisen. Aber es sind doch einzelne besondere Momente zu beachten: Einmal die Ankündigung eines Herrschers nicht aus Davids Haus, sondern aus dem Wurzelstock Isais. Die Geschichte geht wohl weiter, aber nicht ohne einen scharfen Bruch, ein Zurückgreifen auf die heilvollen Anfänge des Königtums in Juda. Daneben sind charakteristische Akzentsetzungen in der Beschreibung des Königs zu beachten: Die ihn auszeichnenden Eigenschaften sind Geistesgaben Jahwes, ihre Dauerhaftigkeit wird betont, und sie sind ausgerichtet auf die Jahwefurcht. Unübersehbar ist die energische Konzentration des Messiasbildes auf den Dienst an der Gerechtigkeit. 6–8 haben wir nur als ein Bild verstehen können, das in der Sprache des Paradiesesmythus die radikale Überwindung der Bosheit und des Unrechts ankündet. Ebenso bedeutsam ist das Fehlen von Zügen, die man im Bild eines Königs erwartet. Der Messias ist kein Schlachtenheld und auch nicht ein Welteroberer mit religiösem Anstrich. עצה und גבורה sind „zivile" Tugenden geworden. Der Messias ist ein Friedefürst. Es gehört zur „maßvollen Zurückhaltung" Jesajas, aber auch zu seinem nüchternen Sinn für die Realitäten, daß der Herrschaftsbereich des Messias nur gerade Juda/Israel ist. Die meisten Ausleger sprechen von eschatologischer Erwartung. Die Problematik des Begriffes eschatologisch ist aber auch hier im Auge zu behalten: der Prophet spricht wohl von einer im Vergleich zur Gegenwart veränderten Zukunft, aber durchaus einer Zukunft in dieser Zeit (s.o.S. 82). Demgemäß ist der Begriff „messianisch" zu verstehen. Die Bezeichnung „Messias", die der Text selbst nicht verwendet, ist insofern zu rechtfertigen, als in diesem zukünftigen Herrscher zur Erfüllung kommt, was sich in Israels Glauben als Bild eines idealen Herrschers auf dem jerusalemischen Königsthron herausgebildet hat.

Obwohl sich das „Messiasbild" von Jes 11 1–9 (–10) nicht einfach mit den gewöhnlichen Vorstellungen über das Königtum deckt, sondern diese eine deutliche Korrektur erfahren haben, bedarf es doch keines Beweises, daß auch diese modifizierte messianische Erwartung sich mit dem neutestamentlichen Christusglauben in keiner Weise deckt. Im Alten Testament selbst besitzt sie in Mi 5 1ff. eine gewisse Parallele, im übrigen hat sie kaum Echo gefunden. Ezechiel, Haggai und Sacharja haben bei ihrer Messiaserwartung von der jesajanischen Schau keine Notiz genommen. Ein deutlicher Nachklang von Jes 11 ist aber im Messiasbild der Qumranschriften festzustellen, vgl. insbesondere 1Q Sb V, 20ff., wo von der Berufung des Fürsten der Gemeinde gesprochen wird, „damit er aufrichte das Königreich seines Volkes bis in Ewigke(it und die Dürftigen gerecht richte) und recht(mäßig) für (die Ar)men des Landes eintrete und man wandle vor seinem Antlitz unsträflich auf allen (seinen festen) Wegen... und er halte (seinen heiligen) Bun(d, wenn) es denen, die (ihn) suchen, bangt. Der Herr erh(ebe) dich zur ewigen Höhe und wie einen fes(ten) Turm auf einer steilen Mauer, damit (du schlagest die Nationen) durch die Gewalt deines (Mundes), durch dein Szepter verheerest die Erde und durch den Atem deiner Lippen tötest die Gottl(osen mit dem Geist des Rat)es und ewiger Kraft, dem Geist der Erkenntnis und Gottesfurcht. Und sei Gerechtigkeit der Gürtel (deiner Hüften und Wahrhei)t der Gürtel deiner Lenden..." (Übersetzung und Ergänzungen nach van der Woude 112f.). Die Übernahme jesajanischer Begriffe liegt auf der Hand, aber die jesajanische Konzentration des Königsbildes auf die Herstellung der Gerechtigkeit (und damit des Friedens) ist wieder zugunsten von Vorstellungen, wie sie in Ps 2 und anderwärts zu finden sind, verlassen. (Zur Deutung von Jes 11 1ff. in der Qumrangemeinde s. auch 4Q Mess ar, wozu JAFitzmyer beizuziehen ist.) In den Psalmen Salomos wird um das Kommen des Messias mit den Worten gebetet: „Umgürte ihn mit Kraft, daß er des Frevlers Herrscher niederschmettere!... In Weisheit und Gerechtigkeit treib er die Sünder aus dem Erbteil fort, zerschlag des Sünders Übermut gleich Tongeschirr! Mit einem Eisenstock zerschmettere er ihr ganzes Wesen, vernichte mit seines Wortes Mund die frevelhaften Heiden" (17 24. 26f., s. auch 29. 36. 39 18 8f.). Die Abhängigkeit von Jes 11 1ff. liegt auch hier auf der Hand, die innere Distanz zu Jesajas Erwartung ist aber noch deutlicher als in Qumran. – Unbeschadet der oben festgestellten Diskrepanz hat Jes 11 1–10 auch seinen Beitrag geleistet zur Ausgestaltung des neutestamentlichen Messiasbildes, s. Röm 15 12 2 Thess 2 8 Apk 5 5f. 19 11. 15. Die Anklänge gehen aber offensichtlich nicht direkt auf Jesaja zurück, sondern sind den Autoren des NT über die Messiashoffnung der jüdischen Apokalyptik übermittelt worden. Mit den sieben Geistern der Johannesapokalypse (1 20 3 1 14 4 5 5 6) haben die Geistesgaben des Messias nichts zu tun (erst 𝔊 und 𝔖 sind auf verschiedenen Wegen zur Siebenzahl gekommen, s. dazu ESchweizer, Die sieben Geister der Apokalypse: Neotestamentica, 1963, 190–202). Hingegen hat Jes 11 im Neuen Testament darin ein Echo gefunden, daß die Gaben des Geistes, die nach Jesaja auf dem Messias ruhen, dem Christusgläubigen zugesprochen werden (Eph 6 14. 17 1 Petr 4 14).

Als relevante Botschaft von 11 1–9 ist festzuhalten, daß es in der Herrschaft des Messias um das Raumgewinnen der βασιλεία τοῦ θεοῦ im geschichtlichen Israel geht, was sich in der Verwirklichung der göttlichen Ordnung der Gerechtigkeit vollzieht. Die Gabe der Gerechtigkeit Gottes kann sich nicht verwirklichen, es sei denn, daß sie im sozialökonomischen Bereich Gestalt gewinne, und der Friede, den sie schafft, ist nicht der „Seelenfriede" des Glaubenden, auch mitten in einer heillosen Welt, sondern ist nur zu erlangen durch die Überwindung des Bösen, die allein das Weichen von Unsicherheit und Angst gewährleistet. Die so zu erwartende Heilssituation wird unabdingbar in der Jahweerkenntnis gegründet sein.

Obwohl nach dem Alten Testament die Völkerwelt durchaus im Horizont des Herrschers auf dem Zion steht (z.B. Ps 72 8–11. 17), beschränkt sich die messianische Hoffnung Jesajas auf Israel. Dem Ergänzer von 10 aber liegt die Bedeutung des Messias für die Völker am Herzen. Er sieht ihn jedoch nicht als Besieger und Beherrscher der

Völker, sondern ist deren Ratgeber und Schlichter ihrer Streitigkeiten. Auch der Schlußsatz „sein Wohnsitz wird Herrlichkeit sein" zeigt die Dissonanz zu Jesaja, dem es nicht um Herrlichkeit, sondern schlicht um das Ende der Bosheit unter den Menschen geht. Dem Ergänzer aber ist es ein Anliegen, zu betonen, daß sich die Hoheit des Messias als Vertreter Jahwes auf Erden in göttlichem Glanz manifestiert.

HEIMKEHR UND HEIL
(11 11–16)

Vgl. die o. S. 436 zu 11 1ff. genannte Literatur, soweit sie das ganze Kapitel behandelt. Literatur

11 Und an jenem Tage geschiehts: Text
'Jahwe'[a] wird wiederum seine Hand 'erheben'[b],
loszukaufen den Rest seines Volkes,
der von Assur [und Ägypten] übrigblieb
[und von Pathros und von Kusch und von Elam und von Sinear und von
Hamath[c] [d]und von den Inseln des Meeres[d]].
12 Und er wird den Völkern ein Feldzeichen aufrichten
und die Zersprengten[a] Israels sammeln
und die Verstreuten Judas einbringen
von den vier Säumen der Erde.
13 Da wird die Eifersucht Ephraims weichen
und die 'Feindschaft'[a] Judas getilgt.
[Ephraim wird nicht eifersüchtig sein auf Juda
und Juda Ephraim nicht bedrängen.]
14 Da werden sie meerwärts [a]über den 'Hang' der Philister fliegen[a],
miteinander die Ostleute ausplündern.
Nach Edom und Moab strecken sie ihre Hände aus[b],
und die Ammoniter werden ihnen hörig.
15 Und Jahwe 'trocknet aus'[a] die Zunge des Ägyptermeers
und schwingt seine Hand über den Euphrat [b]durch seines Sturmes Gewalt[b]
und zerschlägt ihn zu sieben Bächen,
daß man ihn mit Sandalen betreten kann.
16 Da wird eine Straße entstehen für den Rest seines Volkes,
der aus Assur übrigbleiben wird,
Wie es eine solche für Israel damals gab,
als es heraufzog aus Ägypten[land].

11a Für אדני ist mit zahlreichen Handschriften יהוה zu lesen. – b 𝔐 שֵׁנִית, 11
„zum zweiten Mal" ist neben יוֹסִיף überflüssig, dagegen vermißt man vor ידו ein Verb. 𝔊 liest προσϑήσει κύριος τοῦ δεῖξαι τὴν χεῖρα αὐτοῦ. BHS schlägt vor, שַׂנּוֹת ידו zu lesen, was nach dem arab. *sanija* „hoch sein", „die Hand erheben" bedeuten soll. Doch läßt sich diese Bedeutung des hebr. שׂנה nicht nachweisen. Ebenso heißt יד kaum je „Liebe", weshalb der Vorschlag von AFitzgerald, CBQ 29 (1967) 369f., יָדוֹ zu punktieren und ohne weitere Änderung mit „er wird fortfahren, seine Liebe zu verdoppeln" o.ä. zu übersetzen, abzuweisen ist. Möglicherweise ist für שנית ידו wie in V. 15 הֵנִיף ידו zu lesen, doch liegt es graphisch näher, nach 49 22 u.ö. in שְׂאֵת ידו zu emendieren. – c Die Nennung der mittelsyrischen Stadt Hamath inmitten von Weltreichen fällt auf, zumal wir nichts davon wissen, daß sich dort jüdische Exulanten befanden. Cheyne u.a. schlagen vor אחמתא, s. CCornill, ZAW 4 (1884) 93, Ekbatana, zu lesen, was bei diesem offensichtlich jungen Text immerhin wahrscheinlicher ist als die Konjektur מֵחִתִּים „von den Hethitern". Hamath

dürfte aber als pars pro toto für den syrischen Raum stehen und wird also zu
belassen sein. – d-d מאיי הים „und von den Inseln des Meers", fehlt in 𝔊 (in
der Hexapla ergänzt). Es dürfte sich um einen Nachtrag zur Aufzählung der
Länder handeln, da auch an den Küstengebieten und auf den Inseln des
12 östlichen Mittelmeers Juden ansässig waren. – **12a** Zu נִדְחֵי (ohne Dagesch
13 forte) s. Ges-K § 20 m. – **13a** PJoüon, Bibl 10 (1929) 195, proponiert für
צֹרְרֵי, das schlecht zum Abstraktum קִנְאַת passe, צָרְרֵי (Abstrakt-Plural wie
z.B. מְגוּרִים), mit der Bedeutung „Feindschaft", während Procksch צֹרְרִים
selbst als Abstrakt-Plural auffaßt (vgl. חֹבְלִים „Verbindung" in Sach 11 7).
Jedenfalls dürfte als ursprünglicher Text eine Vokabel mit der Bedeutung
14 „Feindschaft" vorauszusetzen sein. – **14a–a** Ist der st.abs. כָּתֵף richtig, ist zu
übersetzen: „Und die Philister werden über einen Berghang meerwärts fliegen." Aber nach dem Zusammenhang müssen die Ephraimiten und Judäer
Subjekt des Satzes sein. FWutz, BZ 18 (1929) 27f., glaubt, daß statt בכתף wohl
בְּפֶלֶךְ zu lesen sei, ändert וְעָפוּ in וְצָפוּ und übersetzt: „sie fahren auf dem Floß
der Philister ins Meer" (zu צוף verweist er auf syr. *ṭwp*, „zu Schiff fahren",
zu פלך auf arab. *fulk*, „Schiff, Flotte"). JKomlosh schließlich will עפר nach
dem Aram. mit „sie zerstören" wiedergeben. Das sind allzu kühne Emendationen, so daß bei 𝔐 zu bleiben ist. Da aber כתף kaum als st.cstr. aufgefaßt werden kann, muß כֶּתֶף punktiert werden (vgl. 𝔙: in umeros Philisthiim). – b
Statt מִשְׁלוֹח in BHS bieten viele Handschriften und Editionen mit BHK[3]
15 מִשְׁלוֹחַ. – **15a** 𝔐 והחרים in der Bedeutung „und er wird bannen" ist sinnlos
und kann trotz der Annahme HJStoebes (ThZ 18, 1962, 399f.), in einem solchen sekundär interpretierenden Text seien die Bilder nicht völlig angemessen, nicht so stehen bleiben. GRDriver, JThSt 32 (1931) 251, verweist auf eine akk. Wurzel *ḫarâmu*, die „to cut off, cut through" bedeuten soll (vgl. AHw 323: *ḫarāmu* II, absondern). Aber auch in diesem Fall ist es kaum tunlich, von einer andern semitischen Sprache her ein sonst nicht zu belegendes hebr. Wort zu postulieren, zumal sich der so gewonnene Sinn nicht sonderlich gut in den Kontext fügt. 𝔊 liest ἐρημώσει, 𝔗: וייביש, 𝔖: *wenaḥreb* (𝔙: desolabit), was auf hebr. והחריב, „und er wird austrocknen lassen" schließen läßt. – b–b בַּעְיָם רוחו hat bis jetzt noch keine wirklich befriedigende Erklärung gefunden. 𝔊: πνεύματι βιαίῳ, 𝔗: במימר נביוהי, „durch das Wort seiner Propheten", 𝔖: *be'uḥdānâ derûḥeh*, „mit der Gewalt seines Windes", 𝔙: in fortitudine spiritus sui. Man hat בעים mit dem arab. *ġāma*, „bewölkt sein" und „von brennendem Durst geplagt werden" (subst. *ġajm*, „Wolke, Ärger, Durst") zusammengestellt und geglaubt von da her בעים mit „Glut" übersetzen zu können. Auch JReider (HUCA 24, 1952/53, 87) plädiert für den Zusammenhang mit der erwähnten arab. Wurzel, kommt aber zur Übersetzung „with the violence of his wind". Obwohl diese Wiedergabe mit der von 𝔖 und 𝔙 übereinstimmt, bleibt die Ableitung doch höchst unsicher. Fragwürdig ist auch die Deutung von HGeers, AJSL 34 (1917) 132f.: er sieht in בעים ein Adverb der Wurzel בעה (s. 30 13 64 1) mit der Bedeutung „beyond the normal, energetic, strong, powerful". Bei dieser Auffassung entstehen aber im Satz syntaktische Schwierigkeiten, was auch vom Vorschlag von Hummel (JBL 76, 1957, 94f) gilt, בעים als inf. abs. von בעה mit folgendem enklitischen Mem aufzufassen (mit dem Übersetzungsvorschlag „boiling of water"). Tur Sinai schließlich (ScrHier 8, 1961, 188) denkt an das akk. *ûmu* und will von dort her ein hebr. עְיָם mit der Bedeutung „Sturm" annehmen. Bei der Ungesichertheit, ja Unwahrscheinlichkeit dieser Konjekturen wird man gut daran tun, 𝔐 zu belassen. Auf Grund der Versionen dürfte aber die Übersetzung „mit der Gewalt seines Windes" gerechtfertigt sein.

Form

Während der sekundäre V. 10 die Weissagung vom Sproß aus dem Wurzelstock Isais aufnimmt und auf seine Weise deutet, ist in 11-16 kein direkter Zusammenhang mit 1-9 mehr festzustellen. Es kommt dazu, daß 11 mit dem bekannten והיה ביום ההוא (s. dazu o.S. 302. 412) neu einsetzt: 11-16 stammt wohl von einem andern Verfasser als 10. Der Abschnitt setzt jedoch 10 voraus, indem er dorther die Vorstellung vom נס, der den Völkern den Weg nach Jerusalem weist, aufnimmt und als Signal, das den Völkern den Weg nach Jerusalem weist, deutet (wie 10 bereits an 5 26 angeknüpft hatte).

Vom Inhalt her gliedert sich die Weissagung in vier Teile: 11f.: die Heimkehr der Gola, 13: die Überwindung der „Eifersucht" zwischen Ephraim und Juda, 14: die Machtentfaltung des „erlösten" Volkes, 15f.: die Straßen für die Heimkehrer. Der vierte Teil nimmt die Thematik des ersten wieder auf, womit der Abschnitt seine Abrundung findet.

Die an sich bereits späte Weissagung (s. dazu u.S. 466f.) ist ihrerseits noch einmal erweitert worden. ומאיי הים fehlt in 𝔊 und stellt wohl eine letzte Erweiterung dar. Aber die Liste der Länder ist zweifellos bereits von Pathros an sekundär (Duhm, Procksch, Condamin, Feldmann, Steinmann, Fohrer u.a.). In 15f. ist nur noch von Mesopotamien und Ägypten die Rede, und wenn die ganze Reihe der Ländernamen ursprünglich wäre, müßten Elam und Sinear neben Assur stehen. Vermutlich ist aber sogar וממצרים nach מאשור nicht ursprünglich (s. Procksch und Steinmann). 16b spricht zwar von Ägypten, aber nur indem die zu erwartende Heimkehr mit dem Exodus aus Ägypten verglichen wird. Diese Erwähnung Ägyptens hat aber dazu geführt, daß in 11 ממצרים eingefügt wurde, aber auch in 15aα das Thema Ägypten nochmals aufgenommen wurde. Schon das Versmaß zeigt, daß 15 aufgefüllt ist. In 16b dürfte ממצרים statt מארץ מצרים zu lesen sein (s. das Metrum). Schließlich wird von manchen auch 13b als Erweiterung angesehen (Duhm, Cheyne, Fohrer u.a.). Wenn in 13a der Text richtig überliefert ist, steht 13b zu ihm tatsächlich in Spannung, denn wenn die Feinde Judas in Ephraim „ausgerottet" sind, ist es überflüssig, zu sagen, daß Ephraim dann nicht mehr gegen Juda eifern werde. Dieses Argument verliert allerdings bei den oben (S. 464, Textanm. 13a) angestellten Erwägungen zu צררי an Gewicht. Aber auch so sieht 13b wie eine unnötige Glosse zu 13a aus, wofür vom Vokabular her auch die Wiederholung der Begriffe der vorhergehenden Zeile spricht.

Der Abschnitt ist eine Heilsweissagung für Israel, wie solche für die Zusätze im Jesajabuch bezeichnend sind (vgl. 4 2-6 6 13 10 20-23 und 24-27a). Die sekundären Stücke von Kap. 10 haben gezeigt, daß man das Bedürfnis empfand, die jesajanische Weissagung über Assur immer wieder zu aktualisieren. Erst recht mußte aber die Weissagung von 11 1-9 (mit Einschluß des bereits sekundären Verses 10) der Frage nach der Bedeutung für die Gegenwart rufen. LAlonso-Schökel (168) hat auf die

Entsprechungen von „Geist Jahwes" in 2 und „Hand Jahwes" in 11 und 15, der gerechten Regierung des Messias in 3–5 und den militärischen Erfolgen Judas gegen die Nachbarn in 14, des Tierfriedens in 6f. und der Versöhnung von Ephraim und Juda in 13 aufmerksam gemacht. Es ist aber bemerkenswert, daß der Interpret für die Gestalt des Messias kein Interesse zeigt.

Metrum: Der Abschnitt enthält zunächst Doppeldreier: zwei in 11 (unter Voraussetzung der oben angenommenen Zusätze, die prosaischer Natur sind), ebenfalls zwei in 12 und einer in 13a (13b verrät sich durch die beiden את als Prosa). Möglicherweise ist auch 14a ein Doppeldreier, da ימה Glosse sein könnte. Da aber 14b ein Siebner ist, dürfte das auch für 14a zutreffen. 15 enthält nach Ausscheiden von 15aα zwei Fünfer, 16 schließt mit einem Siebner und einem Sechser. (Vgl. die z.T. abweichende Auffassung vom Metrum bei LAlonso-Schökel 153.)

Ort In der modernen Forschung herrscht fast vollständige Einigkeit darüber, daß 11–16 nicht von Jesaja stammen (s. aber Fischer z.St. und BOtzen, Studien über Deuterosacharja: Acta Theologica Danica 6, 1964, 44). Israel/Juda lebt „zerstreut" in der Diaspora und soll zurückkehren dürfen von den „vier Säumen der Erde". – Eine Rückkehr aus Assur hat Jesaja nicht erwarten können (die Erwähnung von Juda in 12 verwehrt, ausschließlich an die aus dem Nordreich deportierten Israeliten zu denken). Die Eifersüchteleien zwischen Ephraim und Juda sind typisch für die nachexilische Zeit, vgl. Neh 3 33ff. 6 1ff. V. 14 ist im Munde Jesajas undenkbar, und die Anspielung auf die Auszugstradition in 16 würde überraschen, weil der Prophet selbst nie vom Auszug aus Ägypten spricht. Hingegen gehört die Parallelisierung eines neuen Exodus mit demjenigen aus Ägypten zum Gedankengut Deuterojesajas. Zu קנה in 11 ist 43 24 zu vergleichen, zu נדחי ישׂראל Jer 43 5, s. auch Mi 4 6 Zeph 3 19. Es scheint, daß dem Verfasser insbesondere Abschnitte wie 43 1–7 49 11f. (vgl. מסלה) 49 22f. (s. נס) 51 9–11 für das Motiv der Einigung zwischen Ephraim und Juda Jer 3 18 Ez 34 23 37 15–28 zu Gevatter standen. Ob das auch von Sach 10 3–12 gilt, mag man bezweifeln, die Gemeinsamkeit der Motive muß nicht Abhängigkeit von 11 10–16 von Deuterosacharja bedeuten, sondern kann durch gemeinsame Herkunft der Vorstellungen, letztlich wohl von Deuterojesaja, zu erklären sein (s. dazu MSæbø, Sacharja 9–14: WMANT 34, 1969, 221ff.). Der Abschnitt ist also sicher jünger als Jeremia, Ezechiel und Deuterojesaja, aber doch wohl älter als Deuterosacharja. V. 13 zeigt, daß er aus einer Zeit stammen muß, da die Spannung zwischen Ephraim bzw. Samaria und Juda in ein akutes Stadium getreten war: es geht nicht nur wie an den genannten Stellen des Jeremia- und Ezechielbuches um die Vereinigung der beiden Teile Israels, sondern um deren Versöhnung. Kaiser (z.St.) denkt an das samaritanische Schisma (zu dessen Ansetzung s. HHRowley,

Sanballat and the Samaritan Temple, BJRL 38, 1955, 166–198, hier 187ff. und MHengel, Judentum und Hellenismus: Wiss. Unters. z. NT 10, 1969, 166ff.). Doch ist das keineswegs die einzige Möglichkeit, im Gegenteil: nach dem Schisma war die gegenseitige Distanzierung so scharf, daß jede Partei den Anspruch erhob, das wahre Israel zu sein. Erst recht kommt die Makkabäerzeit, an die Duhm und Marti dachten, nicht in Betracht; an sie kann man höchstens für die jüngsten Zusätze denken. Es scheint, daß an die Zeit Haggais und Sacharjas, wahrscheinlicher aber an diejenige Nehemias und Esras zu denken ist (s. Procksch: 4., evtl. 3. Jh.). Damals waren die Perser bereit, den Juden bedeutende Konzessionen zu machen, um mit Palästina ein festes Bollwerk an der Grenze Ägyptens in der Hand zu haben (s. KGalling, Studien zur Geschichte Israels im persischen Zeitalter, 1964, 156). Das mochte der Hoffnung auf Rückkehr neuer Kontingente von Exilierten aus „Assur" Auftrieb geben. Man kann gegen einen solchen Versuch der Datierung einwenden, daß das Motiv der Heimkehr der „Zerstreuten" fester Bestandteil der Zukunftshoffnung Israels geworden sei; somit bleibe jeder Versuch, Bezüge zur Zeitgeschichte zu entdecken, problematisch. Da aber das Wort nach seinem ursprünglichen Bestand nur gerade von der Rückwanderung aus Assur sprach, d.h. die Verallgemeinerungen sekundär sind, ist die Hoffnung auf die Repatriierung offensichtlich noch nicht zur dogmatischen Schablone erstarrt.

Die Formel „an jenem Tage" dient auch hier lediglich zur Ver- Wort 11
bindung mit dem Vorhergehenden, d.h. V.10 bzw. 1–10. Der Ergänzer will sagen: Wenn der neue Herrscher, dessen „Ruhesitz" auf dem Zion „Herrlichkeit" sein wird (10), seine Herrschaft ausübt, wird noch weit mehr geschehen, als was in 1–9 und 10 verheißen ist: Israel wird in seinem Lande wieder in seiner Totalität hergestellt. Es ist aber nicht der König, der die Ereignisse in Gang bringt und beherrscht, sondern Jahwe selbst. Er wird weiterhin seine Hand erheben, das heißt seine Macht zur Geltung bringen (anders Fitzgerald, CBQ 29, 1967, 369f.). Zu יד „Macht" s.o.S. 399. (Das durch Korruption entstandene שֵׁנִית, „zum zweiten Mal", stellt die zu erwartende Heimkehr der ersten, d.h. doch wohl derjenigen zu Beginn der Perserzeit, gegenüber.) נשא יד meint an den meisten Stellen im Alten Testament, wo Jahwe Subjekt ist, das Erheben der Hand zum Schwur, die hier anzunehmende Bedeutung ist aber durch 49 22 (s. dort auch die Parallele נס) gesichert. Der Bedeutung nach ist die Wendung kaum verschieden von נִפֵּף יָד (s.o. zu 10 32) oder הֵנִיף יָד, 2 Kö 5 11 Jes 11 15 19 16 u.ö. Der Zweck des Eingreifens Jahwes ist der Loskauf des Restes seines Volkes, und zwar des Restes מאשור, was doch wohl nicht bedeutet: des Restes, den Assur noch übrigließ, sondern der noch in Assur zurückgeblieben ist. Das יוֹסִיף läßt erkennen, daß die Rückkehr längst in Gang gekommen ist, aber nun ein Abschluß der Rückwande-

rung erwartet wird. Bekanntlich sind zu Beginn der Perserzeit längst nicht alle Juden aus dem babylonischen Gebiet nach Palästina zurückgekehrt (s. Noth, GI 279. 291, JBright, Geschichte Israels, 1966, 365ff., über die Lage der Juden im persischen Reich ebenda 392f.). Es ist aber durchaus berechtigt, von einem „Rest“ des Volkes zu sprechen, nicht nur, weil ein Teil unterdessen zurückgekehrt war, sondern viele Nachkommen der Exilierten durch Assimilation für Israel verlorengingen. Andere mögen gelegentlichen Ausbrüchen von Feindschaft gegen das jüdische Volk zum Opfer gefallen sein. Wir möchten gerne wissen, ob der Verfasser noch Kunde davon hatte, daß auch Nachkommen ehemaliger Bewohner des Nordreichs in „Assur“ lebten, von deren Existenz Jeremia noch wußte und deren Befreiung er erhoffte (s. Jer 30f.). – Die Heimkehr des Restes bezeichnet der Verfasser als Loskauf durch Jahwe. In ähnlicher Weise redet Jes 43 3 von einem כֹּפֶר, „Lösegeld“, das Jahwe für Israel zahle (כֹּפֶר meint „Lösegeld“ für einen dem Tode Verfallenen, Ex 21 30 u.ö.). קנה bedeutet speziell das Loskaufen eines Sklaven (Neh 5 8) und ist somit ein naher Parallelbegriff zum häufigeren term. techn. פדה. Wie dieses kann es für den Loskauf Israels durch Jahwe aus der Knechtschaft Ägyptens verwendet werden, Ex 15 16 Ps 74 2 (par. גאל). Anders als beim deutschen „erlösen“ kommt in diesen hebräischen Begriffen zum Ausdruck, daß Jahwes Erlösungshandeln ein Inbesitznehmen des Volkes durch seinen Gott in sich schließt. Manche Juden, die in Babylonien blieben, obwohl ihnen die Möglichkeit zur Heimkehr gegeben war, haben sich gewiß damit gerechtfertigt, daß man Jahwe in der Fremde genauso wie in der alten Heimat dienen könne, s. auch Jer 29 5–9. Aber das ist ein Gedanke, der sich in den maßgebenden Kreisen der Jahwegemeinde nie wirklich durchgesetzt hat: Israel muß, um seiner Sendung gerecht werden und seinen Glauben verwirklichen zu können, die Möglichkeit haben, frei von fremder Herrschaft im Land der Väter, der terra promissa, zu leben.

Babylonien war das eigentliche Zentrum der jüdischen Diaspora in der persischen Zeit. Das Hauptproblem war zweifellos die Heimkehr der dortigen Galut. Wie oben (S. 465) begründet wurde, dürfte bereits ממצרים Erweiterung sein. Es gab allerdings jüdische Gemeinden in Ober- und Unterägypten, die bis in die vorexilische Zeit zurückgehen (s. Bright a.a.O. 355f.). Wie die Elephantine-Papyri erkennen lassen, stand die jüdische Militärkolonie von Syene/Assuan zu Zeiten unter dem schweren Druck der ägyptischen Bevölkerung. Es ist also durchaus möglich, ja anzunehmen, daß manche ihrer Glieder in Erwartung von Verfolgungen nach Palästina zurückzukehren hofften und auch tatsächlich zurückgekehrt sind, so daß zur Parallelisierung von Ägypten mit Assur schon Anlaß bestand (vgl. סִינִים, V^{Qa}: סוניים = Assuan in Jes 49 12). – Mit großer Sicherheit kann die folgende, spezifizierende Länderliste als

Nachtrag angesehen werden. Pathros, äg. *pꜣ-r-rꜣśj*, „das Südland" meint Oberägypten (s. Jer 44 1. 15 Ez 30 14 und vgl. Gn 10 14 1 Ch 1 12). Angesichts der offensichtlich bedeutenden Gemeinde von Elephantine ist die Erwähnung von Pathros gerechtfertigt. An Oberägypten schließt sich, südlich vom ersten Nilkatarakt, Äthiopien, d.h. Kusch, an, vgl. 43 3 45 14 Ez 30 4. 9 u.ö. Kusch lag durchaus im Gesichtskreis Israels, aber davon, daß dort in alter Zeit Diasporajuden lebten, wissen wir nichts. Möglicherweise gab es südlich des eigentlichen Ägypten kleinere Gruppen seit dem ersten Feldzug des Kambyses nach Nubien (ca. 525). Ohne Zweifel hielten sich aber seit alter Zeit Juden in Elam, nö. des Unterlaufes des Tigris, mit seiner alten Hauptstadt Susa auf, vgl. Jes 21 2 22 6 Jer 25 24 49 34–39 Ez 32 24 Dan 8 2. Nach Esra 2 7 8 7 10 2. 26 Neh 7 12 12 42 existierte in Jerusalem ein Geschlecht Elam, zweifellos so genannt, weil das sein ehemaliger Wohnsitz war (WRudolph, HAT 20, 1949, 20). Durch solche Rückwanderer wird das Interesse an den Zurückgebliebenen in Jerusalem lebendig erhalten worden sein. Sinear (s. auch Gn 10 10f. 11 2f. Sach 5 11) ist Name für Babylon im Unterschied zu Assur (zur Gleichsetzung von שנער mit bab. *šanḫara*, ass. *singara*, ägypt. *śngr* s. JSimons, The Geographical and Topographical Texts of the Old Testament, 1959, § 236). Es handelt sich um einen archaischen Namen, was für die Arbeitsweise des Ergänzers bezeichnend ist. – Hamath ist im Alten Testament sonst immer Name der bekannten mittelsyrischen Stadt (heute *ḥama* am *nahr el ʿāṣi* = Orontes). Die Möglichkeit einer Korruption des Textes ist nicht auszuschließen, s. dazu o.S. 463, Textanm. 11c, vermutlich steht aber Hamath einfach für Mittelsyrien, vgl. Sach 9 2. – „Inseln des Meeres" schließlich ist schwer näher zu bestimmen. Es können Inseln des östlichen Mittelmeers, aber auch Halbinseln und sonstige Küstengebiete gemeint sein. In Jes 20 6 sind mit dem יֹשֵׁב הָאִי die Philister gemeint, in 23 2. 6 mit den יֹשְׁבֵי אִי die Phönizier. Da im vorliegenden Text der Ausdruck neben Hamath steht, wird man an das phönizisch-syrische Küstengebiet denken dürfen. – Die aufgezählten Gebiete liegen alle innerhalb der Grenzen oder doch des Einflußbereiches der Perser; nichts deutet auf die Diaspora der hellenistischen Zeit hin.

Es ist nicht leicht, den Weg aus der Ferne in die alte Heimat zu fin- 12
den. Jahwe hilft, er richtet ein Signal auf (zu נס s.o.S. 223), wie Jesaja in 5 26 angekündet hatte, daß Jahwe den Assyrern ein solches aufpflanzen werde (s. auch 11 10). Merkwürdig ist nur, daß es ein Signal „für die Völker" ist und nicht ein solches für Israel selbst. Es müssen die Völker gemeint sein, durch deren Gebiet die Heimkehrer ziehen werden. Die Formulierung wird durch Anlehnung an 5 26 11 10, vor allem aber an 49 22 entstanden sein, wonach das Signal bedeutet, daß die Völker dem durch ihr Gebiet heimziehenden Israel behilflich sein sollen. – נדח wird mit Vorliebe vom versprengten Tier verwendet: Dt 22 1 Ez 34 4. 16

Mi 4 6, was auch von נפץ gilt: 1 Kö 22 17 Jer 10 21 Ez 34 6. 12 u.a. Aber beide Vokabeln dienen auch zur Bezeichnung des Diasporajuden. 𝔊 verwendet zur Übersetzung gerne Formen des Verbs διασπείρειν oder das Subst. διασπορά, s. Dt 30 4 Jes 56 8 Jer 30 21 (= 𝔐 49 5) Ps 146 2 (= 𝔐 147 2) 2 Esdr 11 9 (= 𝔐 Neh 1 9) u.a. Zu נפץ ist Jer 47 15 (= 𝔐 40 15) Ez 11 17 zu vergleichen. Im Grunde eignen sich diese Begriffe wenig zur Beschreibung von Deportierten, sondern weit mehr für solche, die aufgeschreckt durch Kriegsereignisse geflohen oder aus wirtschaftlichen Gründen ausgewandert sind (Jer 40 15 Ez 11 17 20 34. 41 28 25 29 13). Man empfindet die Not der Diaspora nicht so sehr als Zwang, unter fremder Herrschaft in fremdem Land leben zu müssen, denn als Abgeschnittensein von der Gemeinschaft mit seinem Volk, in der sich der antike Mensch ganz anders als der moderne gesichert und geborgen weiß. Wer aus solcher Verbundenheit herausgerissen ist, fühlt sich getrennt vom Lebensquell. Es fällt auf, daß der vorliegende Text neben dem masc. נדחי ישׂראל das fem. נפוצות יהודה stellt. Duhm, Fohrer u.a. übersetzen: „die verstreuten Judäerinnen". Procksch gibt die Auskunft, das masc. beziehe sich auf Stämme, das fem. auf Städte. Gray verweist auf 49 22 und 60 4, wo von der Heimkehr von Söhnen und Töchtern gesprochen wird. Zweifellos sind beide st. cstr. mit beiden Genetiven verbunden zu denken: Israeliten und Judäer, Männer und Frauen werden „gesammelt" werden; die Aufteilung der beiden Geschlechter auf die beiden Teile Israels ist allein durch den par. membr. bedingt (vgl. etwa: „Ein weiser Sohn macht seinem Vater Freude, aber ein törichter Sohn ist seiner Mutter Herzeleid", Prv 10 1). – Den beiden Ausdrücken für die Zerstreuung entsprechen präzis die beiden Verben für die „Sammlung" אסף und קִבֵּץ. אסף wird primär vom Einbringen der Ernte verwendet (Ex 23 10 Dt 16 13 Hi 39 12), dann aber auch vom Aufnehmen eines verirrten Stücks Vieh (Dt 22 2) oder eines Flüchtlings (Jos 20 4), קִבֵּץ meint sehr oft das Einbringen zerstreuter Schafe, 13 14 40 11 Jer 23 3 49 5 u.ö., eine zweifellos in Palästina nicht seltene Aufgabe des Hirten, s. Dalman, AuS VI 259. 262f. und Abb. 35, vgl. noch Lk 15 4–6 1 Petr 2 25, daneben aber ist das Wort geradezu term. techn. für die Sammlung der Exilierten: Dt 30 3f. Jes 43 5 54 7 56 8 u.ö. – Die Heimkehr vollzieht sich von den vier Säumen der Erde her. Diese Bemerkung mag Anlaß gegeben haben zur Aufzählung der Länder in 11. Wenn aber mit Assur in Wirklichkeit Persien gemeint ist, bedarf der Ausdruck keiner weiteren Erklärung, übrigens auch darum nicht, weil er, wie ähnliche Wendungen, die Totalität des Erlösungsaktes beschreiben will und darum nicht nachzurechnen ist. Man spricht ja auch davon, daß Israel „in alle Winde zerstreut" sei (Ez 5 12 17 21 Sach 2 10), vgl. auch Jes 43 6 („von Norden und Süden, aus der Ferne und von den Enden der Erde") 49 12 Jer 31 8 Am 9 9.

Zum Heil der Zukunft gehört nicht nur die Sammlung der Zerstreu- 13
ten, sondern auch die Versöhnung der beiden getrennten „Brüder“. Jes 7 17 läßt erkennen, wie sehr die Loslösung der Nordstämme in Jerusalem immer noch als schmerzende Wunde empfunden wurde. Josia glaubte, die Stunde der Wiederaufrichtung des davidischen Reiches sei gekommen (s. JBright a.a.O. 320), und nach Jer 30 9 (wohl nachjeremianisch, s. WRudolph, HAT 12, ³1968, z.St.) durfte man nicht nur auf die Heimkehr der Exilierten, sondern auch auf deren Vereinigung mit Juda hoffen. Wie sehr der Gedanke der Wiedervereinigung die jüdische Gemeinde bewegte, belegen darüber hinaus Stellen wie Jer 3 18 Ez 34 23 37 15–28 Hos 3 5 Am 9 11ff., s. auch Jes 27 6 und Sach 11 7–16. Der vorliegende Text redet aber nicht nur von der Wiedervereinigung an sich, sondern von der Überwindung der Eifersucht Ephraims und, sofern die oben vorgeschlagene Emendation richtig ist, der Feindschaft Judas. 𝔐 müßte dahin gedeutet werden, daß der Friede zwischen den beiden Teilen dadurch hergestellt wird, daß die Feinde Judas (in Ephraim) kurzerhand ausgerottet werden. Tatsächlich ist der Versuch immer wieder unternommen worden, das Problem der Trennung mit Gewalt zu lösen – bis hin zur Zerstörung des Tempels auf dem Garizim durch Johannes Hyrkan (128 vor Chr.). Aber das kann nicht das Rezept des Verfassers von 11 11ff. gewesen sein (13b wäre dann eine falsche Interpretation bzw. eine Korrektur von 13a). – Als Grund der Spannung wird auf seiten Ephraims „Eifersucht“ angegeben, gewiß eine zutreffende Charakterisierung der Gefühle „Ephraims“ gegenüber Juda. Die Bewohner des Nordreiches haben es nie überwinden können, daß mit David die Hegemonie Israels auf Juda/Jerusalem überging, und deren Nachfahren in der nachexilischen Zeit fiel es nicht leicht, die Prärogative, die Juda hinsichtlich des Tempels beanspruchte, neidlos zuzugestehen. Die Haltung Judas gegen Ephraim bezeichnet der Verfasser einfach als „Feindschaft“. Das ist darum bemerkenswert, weil 11 11–16 gewiß aus Jerusalem stammt. Die dort verfolgte Politik einer harten Abgrenzung gegen Samaria, die schon zur Zeit Haggais befolgt wurde (2 10–14) und bei Nehemia zu einem äußerst gespannten Verhältnis führte (Neh 3 33 bis 4 17 6, vgl. auch Sach 11 4–17), mag man mit der Notwendigkeit rechtfertigen, das Judentum vor dem Verlust seiner Eigenart zu schützen (vgl. etwa JBright a.a.O. 474ff.), war aber doch eine harte Belastung für den Glauben Israels. Nach der vorliegenden Stelle muß es auch in Juda eine Richtung gegeben haben, die sich bei diesem Konflikt der Schuld Judas gegenüber Ephraim durchaus bewußt war.

Solch versöhnliche Gedanken hegt der Verfasser allerdings nicht ge- 14
genüber den Nachbarn Judas. Einen Widerspruch in seiner Haltung hat er aber gewiß nicht empfunden: Die Vereinigung Judas und Ephraims ist eine Phase bei der Wiederherstellung von Davids Reich, die Unter-

werfung der Nachbarn eine andere. Die Ephraimiten und Judäer stürmen vereint über den Westabhang des Gebirges in das Philisterland hinunter. Zu כתף פלשתים ist כֶּתֶף הַר־יְעָרִים in Jos 15 10 und כֶּתֶף עֶקְרוֹן in Jos 15 11 zu vergleichen (s. dazu GvRad, PJB 29, 1933, 33ff.). Dann sind die בני קדם an der Reihe (zu dieser Bezeichnung s. Gn 29 1 Ri 6 3. 33 7 12 8 10 1 Kö 5 10 Jer 49 28 Ez 25 4. 10 Hi 1 3). Mit ihnen sind nicht etwa die nachfolgend genannten Edomiter, Moabiter und Ammoniter gemeint; sie werden auch nicht unterworfen, sondern ausgeplündert. Die „Söhne des Ostens" sind vielmehr aramäische und später wohl auch arabische Beduinenstämme im südöstlichen Hinterland von Damaskus (OEißfeldt, ZDMG 104, 1954, 97–99 = KlSchr III, 1966, 297 bis 300 und HDonner, MIO 5, 1957, 175). Ihre Jer 49 28 bezeugte Aufsässigkeit veranlaßte Nebukadnezar zu einer Strafaktion (vgl. das Jahr 6 Nebukadnezars in der „Wiseman-Chronik", ANET[3], 1969, 564). In Ez 25 4.10 droht der Prophet, daß sie von Osten her Moab und Ammon überfluten. Immer wieder einmal dringen sie in das Kulturland ein; sie plündern und werden auf Strafexpeditionen ihrerseits ausgeplündert, aber wirklich zu fassen sind diese Wüstensöhne nicht. – Edomiter und Moabiter indessen können nicht entweichen, sie sind משלוח ידם. Dieser Ausdruck entspricht der Wendung שלח יד, „die Hand ausstrecken", und zwar, um etwas in seinen Besitz zu bringen (s. Gn 3 22). Der die Stellung der Ammoniter umschreibende parallele Ausdruck משמעת kann die Leibwache bezeichnen (z.B. 1 S 22 14), bedeutet hier aber als abstractum pro concreto die „Gehorsamspflichtigen", d.h. die „Untertanen" (vgl. dazu die Meša-Inschrift: כל דיבן משמעת „ganz Dibon war untertänig" Z. 28, zum Nominalsatz dieser Art s. BrSynt § 14bε). Die drei Völker im Ostjordanland waren wie das Philisterland allesamt von David abhängig geworden (zu den Philistern s. 2 S 8 1, den Edomitern 2 S 8 13f. 1 Kö 11 15–18, den Moabitern 2 S 8 2, den Ammonitern 2 S 10 1–5). Die Herrschaft Israels über diese Nachbarn war allerdings nicht von langer Dauer: Die Philister (mit Ausnahme Gaths) sagten sich schon unter Salomo von den Davididen wieder los (2 Ch 11 8, vgl. vRad, PJB 29, 40), Moab nach der Regierung Ahabs (vgl. die Meša-Inschrift), und auch Ammon scheint nach der Reichstrennung seine Selbständigkeit wieder erlangt zu haben. Edom, das ebenfalls schon unter Salomo wieder unabhängig geworden war, wurde zwar durch Joram noch einmal bezwungen (1 Kö 22 48 2 Kö 8 22ff., vgl. auch 2 Kö 14 7), doch war auch das kein bleibender Erfolg. Aber den grundsätzlichen Anspruch auf diese Gebiete hat Israel kaum jemals wirklich aufgegeben. Der Schluß des Amosbuches spricht von der Wiederaufrichtung der zerfallenen Hütte Davids, und dazu gehört die Rückgewinnung Edoms und „aller Völker, über die mein Name ausgerufen wurde" (9 11f.), worunter eben die Nachbarn zu verstehen sind, welche einst dem Reich Davids eingegliedert und damit der Herrschaft Jahwes unterstellt worden waren. Der dauernde Verlust dieser Gebiete war wenigstens zum Teil eine Folge der Reichstrennung. So war zu hoffen, daß die Aussöhnung von Ephraim und Juda auch die Herstellung des Reiches Davids nach seinem ursprünglichen Umfang ermögliche. Das war nicht nur ein Traum von Phantasten, welche die große Vergangenheit nicht vergessen konnten: Israel war in nachexilischer Zeit dem Druck der Nachbarvölker fast wehrlos ausgesetzt. Schon Ezechiel hatte ihnen das Gericht Gottes angekündet (Kap. 25). Zu Philistäa sei zudem auf Zeph 2 4f. und Jer 47 4f. verwiesen, zu Edom auf Obadja, zu Moab auf Jes 15f. (vor allem 16 5f.), zu Ammon auf den im Nehemiabuch mehrfach erwähnten Tobia, den ammonitischen „Knecht“ (oder „Beamten“, s. Rudolph HAT 20, 109 zu Neh 2 10). Das in 11 14 entworfene Zukunftsbild ist also nicht nur Ausdruck jüdischen Machtdenkens, sondern muß vom Bedürfnis Israels her verstanden werden, innerhalb gesicherter Grenzen sein Leben nach seinen eigenen Idealen gestalten zu können.

Die Verse 13 und 14 stehen sozusagen in Parenthese, sie werfen einen 15
Blick auf die Vorgänge in Palästina. Mit 15 wendet sich der Blick wieder der Heimkehr der Zerstreuten zu. Eine Wanderung von Völkerschaften über weite Strecken hin ist ein schwieriges Unternehmen, die natürlichen Hindernisse sind fast unüberwindlich. Aber seit Deuterojesaja gehört es zur Hoffnung auf die Heimkehr, daß Jahwe selbst sein Volk geleiten und ihm den Weg bahnen werde. Zunächst ist von der Fürsorge für diejenigen, die aus Ägypten zurückkehren, die Rede: Jahwe wird die Zunge des Ägyptermeeres austrocknen, 15aα. Wie oben (S. 465) festgestellt, hat hier ein Ergänzer das Wort. Der Verfasser knüpft an Ex 14 21 an, wonach, als Mose die Hand ausreckte, Jahwe das Meer trocken legte (וישם את הים לחרבה vgl. Jos 2 10). Das Motiv war ebenfalls bereits durch Deuterojesaja aktualisiert worden, aber nicht im Sinn eines neuen Exodus aus Ägypten, sondern als Urbild der Hilfe Jahwes bei der Heimkehr aus Babylon, 50 2 51 10, s. ferner Jer 51 36 Sach 10 11. Hier aber ist das Austrocknen des Meeres durch Jahwe nicht nur Urbild, sondern Parallele zur Hilfe Jahwes bei der Heimkehr aus dem Zweistromland. Wie es bei Deuterojesaja auf der Hand liegt, ist zweifellos auch an der vorliegenden Stelle das Walten des erlösenden Gottes zusammengesehen mit dem des Schöpfers, der das Meer durch sein Schelten zurücktreibt (s. auch Nah 1 4 und vgl. ALauha, Das Schilfmeermotiv im Alten Testament: VTSuppl 9, 1963, 32–46). Die Kraft, die sich bei der Schöpfung darin kundtat, daß Jahwe das Meer in seine Schranken zurückwies, setzt er jetzt erneut zur Befreiung seines Volkes ein. Auffallend ist die Bezeichnung der Örtlichkeit des Durchzugs als „Zunge des Ägyptermeers“. Nach Jos 15 5 18 19 wurde der Norden des Salzmeeres „Zunge des Meers“ genannt. Von da her mußte es nahe liegen, den

Golf von Suez, der hier zweifellos als Stelle des Durchzugs gemeint ist, ebenso zu bezeichnen. – Der ursprüngliche Text berichtete allein von der Hilfe für die Heimkehrer aus Assur: Jahwe schwingt seine Hand über den Euphrat (zu הנהר als Bezeichnung für diesen Fluß s.o.S. 305). Der Ausdruck הניף יד (Jesaja selbst sagt נפף יד 10 32, vgl. 10 15) mag Aufnahme des synonymen נטה יד aus der Auszugserzählung sein (Ex 14 16.21.26f. s. auch 15 12 und die Verbindung יד נטויה, s.o.S. 217). Jedenfalls denkt der Verfasser bei seiner Formulierung „durch die Gewalt seines Sturmes" an den starken Ostwind, der den Israeliten den Durchzug durch das Meer ermöglichte, Ex 14 21aβ (J). Im Grund stoßen sich die beiden Vorstellungen von der erhobenen Hand und der Gewalt des Sturms, aber sie sind ja bereits in der Exoduserzählung kombiniert. Es braucht darum nicht zu stören, daß die Fortsetzung in 15b im Grunde nur zur Vorstellung von der erhobenen Hand paßt: Jahwe zerschlägt den Euphrat in sieben נחלים, „Rinnsale", deren Überschreiten keine Gefahr mehr bedeutet. Auch das mag Erinnerung an das Schlagen des Wassers durch Mose sein (Ex 17 5), zugleich aber ist es Aktualisierung des Chaoskampfes, bei dem Jahwe das Meer zerspalten hat (Jes 51 10 63 12f. Ps 74 13f. 78 17 89 11 106 9 136 13f. Hi 26 12 Neh 9 11). So konnte man trockenen Fußes durch das Meer ziehen (Ps 66 6 vgl. Jes 51 10 Ps 114 3.5). Der Verfasser der vorliegenden Stelle scheint sich überlegt zu haben, daß man einen Strom nicht einfach aufhalten, aber ihn doch in einzelne Arme zerteilen kann (wozu der Euphrat selbst ja anschauliche Beispiele bietet), so daß es möglich ist, ihn in Sandalen zu überschreiten (zu נעלים s.o.S. 224).

16 Dem heimkehrenden Rest aus Assur wird eine מסלה zur Verfügung stehen (zu מסלה, „aufgeschüttete Kunststraße" s.o.S. 276). Davon spricht der Verfasser zweifellos im Blick auf 40 3, vgl. auch 19 23 49 11 62 10 und 35 8 (hier מַסְלוּל). Die feste Straße aus fernem Land gehört zum traditionell gewordenen Bildmaterial der Schilderung der Heimkehr, es wird nicht nur eine דרך oder ein ארח sein (s. dazu KElliger, Jesaja II: BK XI 17f.). Die Illustration zu solchen Straßen boten den Israeliten der Perserzeit die Routen, die als Vorläufer des römischen Straßennetzes die einzelnen Teile des Reiches verbanden (s. dazu ATOlmstead, History of the Persian Empire, 1948, 299ff.). – Überraschend ist der Vergleich in 16b: „wie es eine solche damals für Israel gab, als es aus Ägyptenland heraufgezogen ist". Wir erfahren nichts davon, daß Israel beim Auszug aus Ägypten eine solche Straße benützen konnte. Aber die Parallelisierung des zweiten Exodus mit dem ersten scheint sich so stark eingebürgert zu haben, daß Züge des neuen Auszugs in die Beschreibung des alten zurückgetragen wurden (zum Problem alter und neuer Exodus s. BWAnderson, Exodus Typology in Second Isaiah: Festschr JMuilenburg, 1962, 177–195, und WZimmerli, Der „neue Exodus": Festschr

WVischer, 1960, 216–227 = Gottes Offenbarung: ThB 19, 1963, 192–204).

Der Abschnitt bezeugt die Hoffnung auf ein neues Israel, die weite Kreise des Volkes in der nachexilischen Zeit beschäftigt haben muß. Das Hoffnungsbild, das Jesaja selbst in 1–9 entworfen und ein Ergänzer mit 10 erweitert hatte, genügte dem Verfasser des Abschnittes nicht. Der Messias ist ihm nur Zeichen der anbrechenden Heilszeit, das Heil führt Jahwe selbst herauf, wobei das erlöste Volk das Seine zur Konsolidierung des Heilszustandes beiträgt. Im Unterschied zu Jesaja, aber doch auch zu Ezechiel und Deuterojesaja denkt der Verfasser ahistorisch. Israel darf heimkehren; warum das möglich sein wird, d.h., welche politischen Konstellationen das erlauben, erfahren wir nicht. Ebensowenig scheint sich der Verfasser überlegt zu haben, ob Israel zur Heimkehr reif und ob die Heimkehr in seiner inneren Umkehr begründet sei oder ob eine solche doch wenigstens als Antwort auf Jahwes erneute Zuwendung erwartet werden könne. Eine Frage wie die, ob all die Heimkehrer in der alten Heimat auch wirklich ihr Auskommen finden könnten, hat er sich nicht gestellt. Während Deuterojesaja um Vertrauen und Bereitschaft zur Rückkehr wirbt, wird hier beides einfach vorausgesetzt. Die Bezugnahme auf den ersten Exodus (und damit indirekt auf Jahwes Handeln als Schöpfer) und das einstige Reich Davids zeigen aber wenigstens implizit, was dem Verfasser die Zuversicht zu seiner Verheißung gibt: das Wissen um Jahwes Kraft und seine Verbundenheit mit Israel. Er sieht die Erlösung als einen absoluten Gnadenakt Jahwes, bei dessen Ankündigung weder die geschichtliche Stunde noch der Status Israels reflektiert werden muß. Seine Vorstellung von Jahwes Handeln ist wieder mythisch: Gott wird eingreifen, und dieses Eingreifen wird schlechthin wunderbar sein, wie es in der großen längst mit mythischen Vorstellungen überhöhten Heilsgeschichte der Vergangenheit der Fall war. Nach Israels Glauben und Gehorsam wird nicht gefragt. Ebensowenig wird das Motiv der Aufrichtung der Gerechtigkeit, das in Jesajas Zukunftsbild so zentral war, aufgenommen, es sei denn, daß sich die Gerechtigkeit Jahwes in der Wiedererrichtung des Reiches Davids manifestiert. Der geschichtliche Ablauf ist nicht mehr als „Gespräch" zwischen Gott und seinem Volk gesehen (s. HWWolff, Das Geschichtsverständnis der alttestamentlichen Prophetie, in Ges. Stud.: ThB 22, 1964, 289–307, s. 307, und HWildberger, Jesajas Verständnis der Geschichte: VTSuppl 9, 1963, 83–117, s. 108), sondern ist schematische Erfüllung gegebener Verheißungen der Vergangenheit. In all dem steht der Verfasser zu Jesaja in großer Distanz, dafür bereits in beträchtlicher Nähe zum apokalyptischen Geschichtsverständnis. Hoch anzurechnen ist ihm, daß für ihn die Versöhnung zwischen Ephraim und Juda eine unerläßliche Voraussetzung kommenden Heils ist und daß er die Schuld des Zerwürfnisses nicht nur auf der einen Seite sucht.

Ziel

Sein Wort hat zweifellos dazu beigetragen, daß das Israel der Diaspora sich nicht aufgab und das Israel der Heimat die Brüder in der Ferne nicht vergaß.

DER LOBPREIS DER ERLÖSTEN

(12 1-6)

Literatur

LAlonso-Schökel, De duabus methodis pericopam explicandi: VD 34 (1956) 154–160. – FCrüsemann, Studien zur Formgeschichte von Hymnus und Danklied in Israel: WMANT 32 (1969), bes. 227f.

Zum Text: RMSpence, Yah, Yahve: ExpT 11 (1899/1900) 94–95. – Seydl, Zur Strophik von Jesaja 12: TheolQuart 82 (1900) 390–395. – JZolli, Note esegetiche: Giornale della Società Asiatica Italiana NS 3 (1935) 290–292. – SELoewenstamm, „The Lord is my Strength and my Glory“: VT 19 (1969) 464–470.

Zu einzelnen Motiven: Pressel, Art. Laubhüttenfest: Realenzyklopädie für protestantische Theologie und Kirche, Band 8 (²1881) 479–484. – DFeuchtwang, Das Wasseropfer und die damit verbundenen Zeremonien: MGWJ 54 (1910) 535–552. 713–729; 55 (1911) 43–63. – ELEhrlich, Die Kultsymbolik im Alten Testament und im nachbiblischen Judentum: Symbolik der Religionen, hrsg. v. FHerrmann, III (1959), hier 54–58.

Text

1 Und du sollst sagen an jenem Tag:
Ich danke dir, Jahwe, wahrlich du hast mir gezürnt,
[a]so wende sich dein Zorn, daß du mich tröstest[a].
2 Siehe,[a] Gott ist meine Hilfe,
ich habe Vertrauen und fürchte mich nicht.
Denn meine Kraft und Stärke[b] ist Jah[Jahwe][c].
Ja, er ward mir zum Heil.
3 So werdet ihr Wasser schöpfen mit Freuden
aus den Quellen des Heils.

* * * * *

4 Und ihr werdet sprechen an jenem Tag:
Preiset Jahwe, ruft seinen Namen aus!
Tut unter den Völkern seine Taten kund.
Macht bekannt, daß sein Name erhaben ist.
5 Singt Jahwe, denn er hat erhabene Dinge getan,
sie sollen kundwerden[a] auf der ganzen Erde.
6 Juble und frohlocke, du Zionsbürgerschaft[a],
denn groß ist in deiner Mitte der Heilige Israels.

1a–a Der Jussiv יָשֹׁב und das Imperf. וּתְנַחֲמֵנִי fallen in einem Danklied, das 1
man nach dem Beginn mit אוֹדְךָ erwartet, auf. 𝔊 liest διότι ὠργίσθης μοι καὶ
ἀνέστρεψας τὸν θυμόν σου καὶ ἠλέησάς με, 𝔖: *w'hpkt rwgzk wbj'tnj*, 𝔙 con-
versus est furor tuus, et consolatus es me. Es liegt nahe, von diesen Versionen
her וְשָׁב oder וַיָּשָׁב statt יָשֹׁב und וַתְּרַחֲמֵנִי oder doch וַתְּנַחֲמֵנִי für וּתְנַחֲמֵנִי zu
lesen: „dein Zorn hat sich gewandt, und du erbarmtest dich meiner“ bzw.
„und du tröstetest mich“. Es ist aber doch fraglich, ob man auf diese Weise
dem Text von 𝔐 seine nonkonformistische Kühnheit nehmen darf. 𝔗 liest
das imperf.: יתוב רוגזך מני ותרחים עלי. Da Danklieder auch Bitten enthalten
(s. HGunkel-JBegrich, Einleitung in die Psalmen, 1933, 275), ist der Jussiv
keineswegs unmöglich. – **2**a Es ist vorgeschlagen worden, vor אל mit 𝔖 על zu 2

lesen (VQa bietet אל אל), so daß man übersetzen könnte: „siehe, auf den Gott meiner Hilfe vertraue ich...“. Beläßt man 𝔐, ist 2aβ ein Satz für sich. Es fragt sich, ob dann in 2aα אל ישועתי als st. cstr.-Verbindung aufzufassen ist (Procksch: „Schau, da ist der Gott meines Heils!“, ähnlich Marti). Vermutlich liegt aber doch ein Nominalsatz vor. – b זִמְרָת ist eine ganz ungewöhnliche Form (s. dazu Joüon, Gr § 89n). Sie findet sich aber auch in Ex 15 2 und Ps 118 14, und zwar ebenfalls je mit folgendem יה. VQa liest זמרתי mit beigefügtem höher gestelltem ה, s. dazu STalmon, VT 4 (1954) 206f. und Textus 1 (1960) 163, Anm. 47, und an den beiden andern Stellen lesen einige Handschriften ebenfalls זמרתי, s. dazu GRDriver, JThSt NS 2 (1951) 25. 𝔐 erklärt sich vermutlich daraus, daß im liturgischen Gebrauch das Suffix der 1. Pers. mit dem folgenden יה verschliffen wurde, s. auch OLehman, JNESt 26 (1967) 98, der aber zu Unrecht „the actual spoken language“ (94) für den Vorgang verantwortlich macht (etwas anders Loewenstamm 469). – זמרה bedeutet nicht wie in der Regel „Lied“, sondern „Stärke“ (vgl. arab. *ḏamara* „antreiben“ und *ḏimr[un]* „stark“, altsüdarab. *ḏmr* und amor. *zmr* „schützen“, s. JZolli 290–292, und vgl. KBL³ zu זמר III, ferner die Eigennamen בעלזמר, Diringer [s.o.S. 1] 43 und זמריהו, ebenda 211 und den biblischen Namen זִמְרִי, vgl. Noth, Pers 176 [anders Loewenstamm 465ff.]). – c יה wird in der Regel gestrichen, es steht aber auch an den beiden Parallelstellen Ex 15 2 und Ps
118 14. Hingegen muß das folgende יהוה ausgeschieden werden (Dittogr. zum
5 folg. ויהי, s. dazu RMSpence, ExpT 11, 1899/1900, 94f.). – 5a 𝔐 läßt die Wahl
zwischen K מְיֻדַּעַת und Q מוּדַעַת, 𝔊 ἀναγγείλατε = הודיעו. Aber 𝔗 liest גליא
und 𝔖 *jdj‘hj*, d.h. wie 𝔐 Partizipia (VQa: מודעות). Da das pt.pu. von ידע
die Spezialbedeutung „Bekannter, Vertrauter“ angenommen hat, dürfte mit
6 Q das ho. zu lesen sein. – 6a fem. als Kollektivum s. Joüon, Gr § 134c.

Form 1–3

12 1 setzt ohne Zweifel neu ein, was wiederum die verknüpfende Formel ביום ההוא beweist, s. zu 11 10 und 11 11. Sie ist aber in diesem Fall verbunden mit der Einführung einer „Heroldsinstruktion“ (s. dazu Crüsemann 50–55) ואמרת. Diese Gattung ist gelegentlich mit Elementen des „imperativischen Hymnus“ verbunden, Crüsemann 19–82. Ein solcher liegt aber erst in 4–6 vor, und dort findet sich noch einmal dieselbe Einführung, allerdings im Plural des Verbs. Zunächst scheint diese Formel einfach ein Danklied eines einzelnen einzuleiten, wofür אודך bezeichnend ist und ebenso der mit כי eingeführte Hinweis auf den Grund des Dankens. Dann aber folgen überraschenderweise die Jussive יָשֹׁב und וּתְנַחֲמֵנִי, wenigstens sofern man die Vokalisation nicht ändert oder schlankweg die Jussive einfach mit dem deutschen imperf. übersetzt (so Crüsemann 227). Diese Formen erwartet man im Klagelied. – V. 2 kann man als Element eines Dankliedes verstehen (s. Ps 118 8f. 14 Ex 15 2a), aber es ist ebenso möglich, die beiden Zeilen als Vertrauensäußerungen im Rahmen eines Klageliedes aufzufassen (Gunkel-Begrich 232ff.). V. 3 aber ist eine Verheißung, wie man sie als Antwort auf ein Volksklagelied erwartet. Wir haben also schon in 1–3 eine merkwürdige Mischung von Formelementen vor uns. Man wird grundsätzlich von einem Danklied des Einzelnen reden müssen. Aber die

Form eines solchen ist gebrochen, weil es erst „an jenem Tage“ angestimmt werden soll; der Verfasser fällt darum wieder in die Gegenwart zurück, in der nicht zu danken, sondern zu bitten ist, und in der Verheißungen im Blick auf „jenen Tag“ gegeben werden.

Umstritten ist, ob 4 nicht neu einsetzt (s. dazu Seydl, der glaubt 4–6
1–3 und 4–6 in Parallele setzen zu können). Dafür scheint das erneute ביום ההוא zu sprechen, aber auch der Plural ואמרתם im Gegensatz zum Singular ואמרת in 1. Es kommt dazu, daß 4–6 den Stil eines imperativischen Hymnus aufweisen (s. dazu Crüsemann 55f.), während in 1–3 grundsätzlich ein Danklied eines einzelnen vorlag. Aber 4–6 sind mit 1–3 doch dadurch verbunden, daß das „Ihr“ von אמרתם dasselbe ist wie das „Ihr“ in ושאבתם von 3, das mit dem Du von אמרת in 1 nicht identisch ist. Es kommt dazu, daß ואמרת ביום ההוא in 1 außerhalb des Versmaßes steht, während ואמרתם ביום ההוא in 4 in das Gedicht integriert ist. Die verschiedene Herkunft der Stilelemente darf darum nicht stören, weil auch 1–3 zeigt, daß der Verfasser Materialien verschiedener Herkunft zusammengestellt hat. 1–6 ist also doch als eine Einheit zu betrachten. Das in 1aα angesprochene „Du“ wendet sich in 1aβ an Jahwe, rezitiert in 2 vor der Gemeinde sein Bekenntnis, spricht in 3 diese Gemeinde mit einer Verheißung an und fordert sie in 4 auf, den (imperativischen) Hymnus 4b–6 anzustimmen.

Man spricht im Blick auf Kap. 12 gern von einem eschatologischen Danklied. Das ist insofern berechtigt, als das Lied anzustimmen ist, wenn das in Kap. 11 angekündete Heil, die Rückkehr der Gola und die Wiederherstellung des „Reiches“, Wirklichkeit geworden sein wird. Das heißt: das wird der Fall sein in einer im Vergleich zur gegenwärtigen veränderten Welt, von einem neuen Aeon ist jedoch nicht die Rede. Inhaltlich kündet der Psalm nichts an, was nicht in einem auf die Gegenwart bezogenen Danklied bzw. Hymnus gesagt werden könnte. Jahwe ist der starke Helfer, dem man sein volles Vertrauen schenken darf.

Metrum: (s. dazu Seydl) 1aβb: Siebner, 2: zwei Sechser (bei Streichung von יהוה und Doppelbetonung von לִישׁוּעָה), 3: vermutlich auch ein Sechser (bei Doppelbetonung von ממעיני und Streichung des Artikels von הישועה), 4: ein Achter (ואמרתם doppelbetont) und ein Sechser, 5 und 6: je ein Achter.

Die Forschung ist fast einhellig der Meinung, daß Kap. 12 nicht Ort
von Jesaja stammt (s. dazu Kissane). Die Sprache ist die der Psalmenliteratur, es sind geradezu wörtliche Entlehnungen aus dem Psalter festzustellen: 2b = Ex 15 2a, 4aβ.γ = Ps 105 1, 4b (teilweise) = Ps 148 13. Gegen jesajanische Herkunft spricht die vage Umschreibung des kommenden Heils, die sich deutlich von den konkreten Erwartungen von 2 2–4 9 1–6 und 11 1–9 abhebt. Gegen diese Argumente kommt קדוש ישראל am Schluß des Abschnittes nicht auf. Diese Bezeichnung für Jahwe

ist zwar für Jesaja bezeichnend, aber kaum von ihm geschaffen worden (s.o.S.23) und ist auch der Psalmenliteratur durchaus bekannt (s. 71 22 78 41 89 19). Sie kommt auch sonst in nachjesajanischen Partien des Jesajabuches vor, wird aber im Blick auf den jesajanischen Sprachgebrauch vom Verfasser mit Bedacht gewählt worden sein. Ob dieser mit dem Ergänzer identisch ist, der in 11 11–16 das Wort hat, ist nicht auszumachen, Kap. 12 setzt aber 11 11–16 voraus. Vermutlich ist der Autor identisch mit dem letzten Bearbeiter von 1–11; er wollte die Sammlung bewußt mit dem Hinweis auf das Gotteslob der zukünftigen Heilszeit beschließen.

Wort Das sonst übliche והיה ביום ההוא ist hier abgewandelt zu ואמרת ביום
1aα ההוא. Mit der Einführungsformel der Heroldsinstruktion ist das folgende Danklied der Funktion nach zu einer Heilsverheißung geworden. Das hier angesprochene „Du" bzw. das „Ich", dem die folgenden Worte in den Mund gelegt werden, ist an sich das „Ich" des individuellen Dankliedes. Aber nach dem Zusammenhang, in den das liturgische Stück hier hineingestellt ist, muß das Volk der Heilszeit angesprochen sein. Diesem „Ich" steht nun allerdings das „Ihr" von 3ff. entgegen. Man wird also folgern müssen: Das „Ich" ist die Kerngemeinde, neben der die „Ihr", d.h. die übrigen Glieder des Gottesvolkes, stehen: das Israel κατὰ πνεῦμα spricht das Israel κατὰ σάρκα an, um es hineinzuziehen in das wache Bewußtsein widerfahrener Gotteshilfe, von der die Glaubensgemeinde Zeugnis gibt.

1aβb Für das hebr. הודה existiert kein deutsches Äquivalent vom selben Bedeutungsumfang. Es umfaßt bekennen, danken und loben. Das Loben besteht im Bekenntnis der Erfahrung der hilfreichen Zuwendung Gottes, und in solchem Bekennen liegt auch bereits der Dank. V. 2 spricht darum durchaus aus, was in einem Danklied zu erwarten ist. Aber 1aβb überrascht. Wollte man den oben diskutierten Emendationsvorschlägen folgen, könnte man deuten: Du hast mir wohl gezürnt, aber nun hat sich dein Zorn ja gewendet, und ich kann wieder aufatmen (zu נחם s.o.S 64). Das Loben wird dann faktisch nicht mit dem Zürnen Gottes, sondern mit der Beendigung des Zorns begründet, entsprechend der Formel: „wie lange willst du zürnen?" oder der andern, daß Jahwe nicht „ewiglich zürnt" (z.B. Ps 79 5 80 5 85 6, vgl. SAHG 333: „Wie lange noch zürnst du, meine Herrin, und ist dein Gesicht abgewandt? Wie lange noch bist du, meine Herrin, zornerregt und ist dein Gemüt ergrimmt?"). Aber gerade von diesem Hintergrund her wird auch 𝔐 durchaus verständlich. Man wird deuten müssen: Ich danke dir, Jahwe, daß du deinen Zorn gegen mich hast walten lassen, denn das gibt mir Zuversicht, zu bitten, daß sich dein Zorn jetzt von mir wenden möge und ich deinen Trost erfahren dürfe. Dabei ist die antike Vorstellung vom Zorn der Gottheit in Rechnung zu setzen (s.o.S. 216f.). Einer unheilschweren

Wolke gleich lastet er über dem Menschen, und solange das der Fall ist, gibt es kein Aufatmen. Man empfindet es geradezu als Befreiung, wenn der Zorn sich austobt, weil damit die Spannung weichen kann, s. etwa 2 S 12 20ff. Der Zorn ist ein objektiv über dem betreffenden Menschen schwebendes Verhängnis, das beseitigt werden muß, wenn Gott die Möglichkeit haben soll, seine Gnade wirksam zur Geltung zu bringen. Wie stark diese Vorstellung auch an der vorliegenden Stelle noch nachwirkt, zeigt sich darin, daß nicht formuliert wird, Jahwe möge sein Zürnen beenden, sondern der Zorn selbst möge sich wenden. – נחם, „trösten“ darf nicht zum vornherein „geistlich“ verstanden werden. Nicht nur Worte trösten, sondern „dein Stecken und Stab“, Ps 23 4, das heißt Jahwes wirksamer Schutz. Trösten heißt „helfen“ (Ps 86 17), „zu hohen Ehren bringen“ (Ps 71 21), man spricht vom Becher des Trostes (Jer 16 7), d.h., „Trost“ schließt die Gewährung handgreiflicher Gaben in sich (s. etwa 2 S 12 24 Ps 51 3 Hi 42 11). Es entspricht aber durchaus dem Stil solcher Psalmen, daß ihnen nicht zu entnehmen ist, worin konkret der erwartete oder empfangene Trost besteht.

Das „berichtende Lob“ Gottes ist in diesem Psalm einzig durch das 2
perf. אנפת vertreten, V. 2 geht in das „beschreibende Lob“ über (zu dieser Terminologie und der Verbindung der beiden Stilformen s. CWestermann, Das Loben Gottes in den Psalmen, 1953, 83ff.). Zur Einführung dient die Präsentativformel (zu dieser Bezeichnung s.o.S. 120) הנה in 2a. Sie hat ähnliche Bedeutung wie das כי in 2b („siehe“ im Sinn von: „es ist jedermann erkennbar, liegt klar zutage“). Ist der Text richtig überliefert, dürfte אל ישועתי ein Nominalsatz sein (s.o.S. 477f., Textanm. 2a, zur Inversion s. KBL 239a). – אל als Gottesbezeichnung ist in den Psalmen häufig, was eine Nachwirkung dessen sein dürfte, daß die Psalmenliteratur Israels in enger Anlehnung an diejenige Kanaans geschaffen worden ist (vgl. אל עליון als Bezeichnung des Stadtgottes von Jerusalem, Gn 14 18–22, und s. dazu FStolz, Strukturen und Figuren im Kult von Jerusalem: ZAWBeih 118, 1970, bes. 149–180). Faktisch dient die Bezeichnung aber als Variation des Gottesnamens Jahwe (s. 2b), und auf einer späteren Stufe (Qumranliteratur) hat sie den Gottesnamen überhaupt verdrängt. Daß Jahwe Hilfe ist (nicht nur Hilfe gewährt), ist wiederum ein häufiges Bekenntnis in der Kultliteratur, s. Ps 62 3.7 68 20 118 14.21 140 8; er hilft nicht nur, sondern ist sozusagen die Hilfe in Person (vgl. 2b: „Jahwe ist meine Kraft und meine Stärke“). ישועה ist weitgehend die alttestamentliche Entsprechung für das neutestamentliche σωτηρία (s. Fohrer, ThW VII 970f.). Aber es ist dazu ähnliches zu sagen wie oben zu נחם: es betrifft den inwendigen und äußern Menschen, materielle und geistige Werte. Seine Bedeutung liegt nahe bei der von שלום und meint Heil im ursprünglichen Sinn des deutschen Wortes: Ganzheit, Unversehrtheit, Integrität, ein Zustand also, in dem es zur

vollen Ausgestaltung dessen kommen kann, was der Mensch seiner Bestimmung nach ist (vgl. auch ὅλος mit lat. salvus und engl. whole mit deutschem heil). Jahwe ist „Hilfe", weil er Raum zu ungestörter Entfaltung schafft, welche volle Ausgestaltung heilvollen Daseins möglich macht. 2b führt das näher aus: Jahwe ist des Beters „Kraft" und „Stärke". Die ganze Zeile findet sich wörtlich genau in Ex 15 2 und Ps 118 14. Ob die Entlehnung geradezu eine literarische ist, läßt sich nicht beweisen, die gleiche „Korruption" von זמרת könnte sekundäre Angleichung sein. Jedenfalls schöpft der Verfasser von Jes 12 aus seiner Kenntnis der Überlieferungen Israels und begründet, obwohl ויהי לי לישועה persönliches Erleben zu bezeugen scheint, seine Zuversicht im Grunde nicht durch seine eigene Gotteserfahrung, sondern durch die Wiederholung des Zeugnisses der Väter, den Rückgriff auf das überlieferte Wort. Die Zitierung mag durch das Stichwort ישועה in 2a ausgelöst worden sein. – Das Wissen um Jahwe, über das der Israelit durch das Festhalten an den Glaubensüberlieferungen seines Volkes verfügt, ermöglicht ihm die Überwindung von Furcht (פחד) und damit eine Haltung des Vertrauens (בטח). Im Gegensatz zum bedeutungsverwandten האמין ist בטח in der Sprache der Psalmen sehr stark beheimatet (s. HWildberger, „Glauben" im Alten Testament: ZThK 65, 1968, 129–159). Jesaja selbst meidet das Verb (s. aber בִּטְחָה in 30 15) oder verwendet es nur im negativen Sinn einer nicht zu rechtfertigenden Vertrauensseligkeit (30 12 31 1 32 9). Es ist aber bemerkenswert, daß בטח hier, wie האמין bei Jesaja, absolut verwendet ist (vgl. Jer 12 5: „sich sicher fühlen", Ps 27 3: „Vertrauen bewahren, getrost bleiben", Prv 28 1: „unerschrocken sein" u.ö.). In dieser Verwendung ist בטח ein präzises Oppositum zu פחד (wie האמין in 7 9 zu ירא in 7 4, das, negiert, im Psalter ebenfalls zur Beschreibung der Haltung des Glaubenden verwendet wird, 27 1).

3 Während der Psalm in 1.2 eine durchaus traditionsgegebene Begrifflichkeit verwendet, bedient er sich in 3 eines sonst im Alten Testament nicht nachzuweisenden Bildes: „Ihr werdet Wasser schöpfen mit Freuden." Vermutlich hat es seinen realen Hintergrund in einem bestimmten Ritus. Das Schöpfen und Ausgießen von Wasser „vor Jahwe" gehört nach 1 S 7 6 zum Ritual eines Fasttages (vgl. auch 2 S 23 16). Wenn Jahwe „Quell des Lebens" genannt wird (Jer 17 13, s. auch 2 13), mag auch diese Metapher ihren Ursprung darin haben, daß es im Bereich des Heiligtums zu Jerusalem eine Quelle gab, deren Wasser im Kult als lebenspendendes Element eine Rolle spielte (vgl. Ps 36 10, auch 65 10 und 110 7). Nach der Topographie Jerusalems kann dafür nur der Gihon (*'en 'umm ed-darağ*) am Fuß des Südosthügels in Frage kommen (s.o.S. 323ff.). Näheres erfahren wir darüber im Alten Testament nicht. Hingegen berichtet der Talmud (Trakt. Sukkah 4 und 5) von

einem symbolischen Wasserschöpfen am Laubhüttenfest, bei dem die vorliegende Stelle aus dem Jesajabuch gesungen worden sei (s. dazu Pressel, Ehrlich und Feuchtwang).

Pressel (483) beschreibt ihn folgendermaßen: „... Zum Trankopfer, welches Morgens (sic!) und Abends (sic!) unter Räuchern und Trommetenschall dargebracht ward, nahm man außer dem Wein auch Wasser aus der Quelle Siloa: zu den sonst hier fungirenden (sic!) 9 Priestern ward noch ein zehnter bestellt, um das Wasser in goldener, 18 Eierschalen messender Kanne daselbst zu schöpfen; hatte er es unter Trommetenschall durch das vor der Mittagsseite des innern Tempelvorhofs befindliche Wassertor gebracht, so nahm es ihm ein anderer Priester ab mit den Worten aus Jes. 12,3: 'Ihr werdet mit Freuden Wasser schöpfen aus dem Heilsbrunnen!' und der Chor der Priester sammt (sic!) dem Volke stimmte unter lautem Gesang in diese Worte ein; der Priester trug es sofort zum Altar, ging links herum, goss (sic!) einen Teil desselben in den Trankopferwein, den Wein dann wider (sic!) in das übrige Wasser, schüttete es in dieser Mischung nun in eine silberne Kanne und goß es endlich unter Musik in eine Röhre des Altars, durch welche es nach dem Kidron abfloss (sic!)". Es scheint sich um einen Brauch zu handeln, der in die alte Zeit zurückreicht, so daß er in irgendeiner Form bereits in Übung gewesen sein könnte, als der vorliegende Psalm entstand. Der Talmud selbst deutet den Ritus folgendermaßen: „Warum sagt die Thora, gießet Wasser am Chag aus? Gott sagte: Gießet Wasser am Chag vor mir aus, damit euch die Regengüsse des Jahres gesegnet werden" (R.K.š.I, 2).

Solchen Riten kann ohne Mühe ein neuer Sinn unterlegt werden. Das Wasserschöpfen aus den Quellen des Heils ist Bild für den Empfang von heilvollen Kräften überhaupt. Es ist allerdings nicht nur ein symbolischer Akt in unserm Sinn, sondern sakramentale Handlung. Das übermittelte Heil ist eine reale Größe, es eröffnet und sichert „Leben" in Fülle und Kraft.

Die Heilsempfänger sollen ihre Erfahrungen „an jenem Tage" weiter- 4
geben, indem sie Jahwes Taten unter den Völkern kundwerden lassen. Der Verfasser drückt das in geläufigen Formulierungen aus (vgl. Ps 105 1 und 148 13). Man soll Jahwe preisen, seinen Namen anrufen. קָרָא בְשֵׁם (eigentl.: mit dem Namen nennen) ist eine sehr alte Ausdrucksweise. Man muß den Namen einer Gottheit kennen, wenn man mit ihr in Beziehung treten will. Aber wenn das der Fall ist, hat man auch Zugang zu ihr, in der Kenntnis des Namens erschließt sich das Geheimnis der Gottheit, vgl. Ex 3 13ff. Ri 13 17. Doch ist die Formel an der vorliegenden Stelle zweifellos verblaßt zur Bezeichnung kultischer Verehrung Gottes überhaupt. Im Klagelied bedeutet sie „den Namen anrufen", hier, im Hymnus, „den Namen ausrufen" (s. HJKraus, BK XV/2, 719f.). Faktisch geschieht das so, daß die עלילות Jahwes den Völkern bekanntgemacht werden. Der Gedanke begegnet auch sonst in der Psalmenliteratur; nicht nur auf dem Zion soll von Jahwes Taten die Rede sein, sondern auch vor den עמים, s. Ps 9 12 und vgl. Ps 49 2. Man kann sich fragen, ob mit עמים wirklich

die nicht-israelitischen Fremdvölker (𝔊 ἐν τοῖς ἔθνεσιν) gemeint seien und nicht einfach die Volksgenossen, „die Leute". Aber angesichts von בכל הארץ in 5 ist das ausgeschlossen. Auch nach Deuterojesaja hat nicht nur der „Gottesknecht", sondern auch Israel selbst einen Auftrag an den Völkern (55 5). Um ihn zu erfüllen, braucht Israel nicht die Grenzen Palästinas zu überschreiten. „Völker", „Heiden" leben mitten in Israel, es gibt in der nachexilischen Zeit kein geschlossenes jahwegläubiges Territorium. Andererseits hat sich das Judentum noch nicht in ein Ghetto zurückgezogen, sondern nimmt die Herausforderung der Völker an und beantwortet sie mit der Verkündigung der Taten Jahwes. Ps 105, dem der Verfasser das Zitat entnommen hat, ist ein Geschichtspsalm, Jahwes עלילות sind nach ihm diejenigen der Heilsgeschichte von Abraham an. Aber im jetzigen Zusammenhang des „eschatologischen" Psalms muß, ähnlich wie bei Deuterojesaja, Jahwes neues Handeln, die Wiederherstellung Israels, in Rechnung gesetzt werden. Auf alle Fälle aber liegt Jahwes Handeln in der Geschichte im Blickfeld des Verfassers. Da Jahwe solche Taten vollbringt, steht er in hohem Ansehen, sein Name ist „erhaben" (נשׂגב, s. dazu o.S. 111f.). Die Götter der Antike stehen untereinander in scharfer Konkurrenz, sie können aufsteigen, berühmt werden, aber auch Sympathien verlieren und gar in Vergessenheit absinken. Ihr Schicksal hängt damit zusammen, was man von ihren Taten zu berichten weiß, welchen Ruf ihre Heiligtümer sich zu erwerben wissen. Auch Jahwe ist in diesen Kampf um die Gunst der Völker hineingestellt, er ist auf das preisende Bekenntnis seiner Gemeinde angewiesen. Man wird in diesem Zusammenhang הזכיר kaum mit „in Erinnerung rufen" (s. KBL[3]) übersetzen dürfen. Es meint als Synonym zu הודיע „bekanntmachen" (s. Nu 5 15 1 Kö 17 18 Ez 21 28f. 29 16); der מזכיר ist der Berichterstatter (s. JHempel, ThLZ 82, 1957, Sp. 818). Der שם Jahwes aber, dessen Größe bekanntzumachen ist, ist „das Machtmittel, bzw. ... das Machtwesen..., durch welches Jahwe in der Offenbarung in die Welt eingreift und den Seinen Schutz, Hilfe und Stärkung widerfahren läßt" (OGrether, Name und Wort Gottes im AT: BZAW 64, 1934, 51).

5 Faktisch ereignet sich diese Bekanntmachung des Jahwenamens im Kult. Das zeigt eindeutig das dritte Verb, das den Lobpreis Jahwes umschreibt, זמר. Es ist ein typischer und eindeutiger Begriff der Kultsprache und bezeichnet den liturgischen Lobpreis unter Musikbegleitung. עלילות ist hier durch גאות aufgenommen. Das ist an sich ein Abstraktum, das zur Beschreibung der königlichen Hoheit Jahwes dienen kann (s. Ps 93 1 und vgl. Jes 26 10), hier aber ist an Taten, die Jahwes Hoheit bekunden, zu denken. Und noch einmal findet in 5b das Anliegen der „Kundmachung" seinen Ausdruck: Diese erhabenen Taten Jahwes sollen bekanntwerden auf der ganzen Erde. Das bedeutet aber nicht, daß Jahwemissionare in die weite Welt hinausziehen sollen, sondern ent-

spricht der Meinung des Ergänzers von 11 10, daß „die Wurzel Isais“
den Völkern den Weg zum Heiligtum Jahwes weisen wird. – In 6 wen- 6
det sich der Blick des Dichters noch einmal der *Kultgemeinde Jahwes*
in Jerusalem zu, der ישבת ציון, die jubeln und frohlocken soll (vgl.
יושב ירושלם für die „Bürgergemeinde“ in 5 3, aber auch יושב ציון in 10 24, s.
dazu o.S. 419f.; zum gleichbedeutenden Ausdruck בת ציון s.o.S. 29 zu 1 8).
Auch von Jahwe kann gesagt werden, daß er auf dem Zion wohnt (s.
dazu o.S 348f.). Das ist kein Widerspruch: Wo Jahwes Gemeinde ist, da
ist er mitten unter ihr, und ebendas macht den Vorzug der Gemeinde
aus, daß sie an dem Ort leben darf, wo Jahwe seine Wohnstatt hat. So
gewiß die Wahrheit von Jahwe auf der ganzen Erde kundwerden soll, so
gewiß ist und bleibt Jahwe der Heilige Israels (s. dazu o.S. 23f. zu 1 4),
und so gewiß erweist er sich in der Mitte Israels als גָּדוֹל.

Formgeschichtliche Analyse und Einzelexegese haben ergeben, daß Ziel
Kap. 12 zusammengestellt ist aus Elementen, die entweder direkt dem Psalter entnommen sind oder doch dessen Sprache sprechen. Das Spezifische des Psalms besteht grundsätzlich einzig in der Einleitung „und du sollst sagen an jenem Tag“. Während sich die Kultlyrik darauf beschränkt, den Horizont der Gegenwart abzuschreiten, wird hier in die *Zukunft* hinausgeblickt, in welcher das Heil, das sonst in der Gegenwart erlebt oder für sie erwartet wird, sich einstellen wird. Es wäre hier zu wiederholen, was unter „Ziel“ im vorhergehenden Abschnitt ausgeführt wurde: es wird nicht begründet, warum „an jenem Tag“ Heil möglich werden wird – dafür genügt die Feststellung, daß Jahwe „gezürnt“ hat, doch wohl nicht. Die „Zionsbürgerschaft“ ist eine fraglos intakte Größe, die weder umkehren muß noch zum Glauben aufzurufen ist, sondern einfach Gott zu loben hat. Damit steht auch dieses Lied der jesajanischen Botschaft fern. In *einer* Hinsicht berührt es sich allerdings mit 11 1-9: wie dort der Prophet Heilserwartungen der Königsideologie zum Gegenstand der Hoffnung erhoben hat, so sind hier Inhalte der Heilsverkündigung, wie sie im Gottesdienst Israels je und dann laut wurden, in die Heilszukunft hinausprojiziert. Erwartungen der Kultlyrik sind zu Elementen prophetischer Verheißung geworden. Die Einleitung in 1aα erhebt den Psalm zur „Heroldsinstruktion“.

Was den Inhalt dieser Instruktion anbelangt, so setzt der Verfasser trotz seiner fast totalen Abhängigkeit von der Tradition zwei überraschende Akzente: *Einmal* durch die vorbehaltlose *Bejahung des Zornes Gottes* als notwendigen Durchgang zum Heil. Wann er auch geschrieben hat, jedenfalls geschah es in einer wenig Zuversicht einflößenden Stunde der nachexilischen Zeit. Trotzdem klagt der Verfasser nicht, noch hält er Gott vor, daß er jetzt lange genug gezürnt habe. Er *dankt*. Daran, daß Jahwe gezürnt hat, kann Israel erkennen, daß er es nicht aus der Gemeinschaft mit ihm entlassen will und nicht darauf verzichtet hat, seinen Heilsplan zum Ziel zu bringen. Das Ja des Menschen zu Gottes Züchtigung ist der erste Schritt hinein in die „Weite" (ישועה), in die wahre Freiheit von der Gebundenheit an ein schwer zu tragendes Geschick, die Voraussetzung für die Wende, für Jahwes „Trost". Es gehört zur Größe Israels, daß es am Verlust seiner Eigenstaatlichkeit, ja am Zerbrechen scheinbar unentbehrlicher Fundamente des Glaubens nicht zugrunde gegangen ist, sondern ja sagen konnte zu seinem Geschick als dem notwendigen und darum sinnvollen Weg zum endlichen Heil. – Dazu kommt das andere: „Tut unter den Völkern seine Taten kund." Das Gotteslob muß vom Zion her in alle Welt hinaus klingen. Gewiß, es heißt nicht, daß die Bewohner des Zion versuchen sollen, die Völker zu bekehren oder daß diese aufgerufen seien, den Jahweglauben anzunehmen. Es ist nur gefordert, daß das Zeugnis von Jahwes גאות, die Botschaft von seiner עלילות der Völkerwelt nicht vorenthalten werden darf. Die „Heiden" sollen hineingenommen werden in Israels großen Jubel. Was das für Folgen haben könnte, wird nicht ausgeführt und soll auch nicht die Sorge Israels sein.

Der Psalm Jes 12 1–6 setzt einen Schlußpunkt unter die elf ersten Kapitel des Jesajabuches. Der Redaktor, der für die Endgestalt dieser Kapitel verantwortlich ist, ließ sie zweifellos mit Bedacht in diese Zukunftsschau ausmünden. Wie überlegt er vorgegangen ist, mag das kleine Detail zeigen, daß er an den Schluß den für Jesajas Gottesverständnis zweifellos zentralen Jahwenamen „der Heilige Israels" gestellt hat.

CORRIGENDA

S. 1, Abschn. „Literatur“, Z. 1 v.u.: lies „321“ statt „341“.
S. 1, Z. 4 v.u.: lies „iscrizioni“ statt „inscrizioni“.
S. 11, Z. 11 v.u.: Randbemerkung muß lauten: Wort 1 2a.
S. 21, Z. 24: lies „*ḫaṭi’a*“ statt „*ḫaṭa’a*“.
S. 26, Z. 19 v.u.: lies „311“ statt „310“.
S. 29, Z. 18: lies „Σιών“ statt „Σιων“.
S. 34, Z. 19 v.u.: streiche das „,“ nach „Tur-Sinai“.
S. 62, Z. 3: lies „die eigentliche“.
S. 64, Z. 1 v.u.: lies „u.ö.“ statt „u.a.“.
S. 65, Z. 4: lies „LČerný“ statt „LČerny“.
S. 65, Z. 5: lies „Yahweh“ statt „Jahwe“.
S. 75, Z. 8: lies „Pacifism“ statt „Pacifisme“.
S. 79, Z. 15: lies „JGray“ statt „JJGray“.
S. 85, Z. 4: lies „o.S. 36f.“ statt „o.S. 35“.
S. 90, Z. 6f. lies „:“ statt „;“ nach „Sym-bol“.
S. 104, Z. 16: streiche „5 15“, da unecht, vgl. S. 190.
S. 136, Z. 21: füge vor „29 13“ noch „8 6“ ein.
S. 158, Z. 4 v.u.: füge nach „KAT³ 401“ ein: „und SAHG 286“.
S. 177, Z. 6 v.u.: lies „וְעוֹ“ statt „וְעֹז“.
S. 280, Z. 4 und
S. 280, Z. 15 v.u.: lies je „ThZ 11“ statt „ThZ 21“.
S. 286, Z. 5 v.u.: streiche „zu“ vor „wollen“.
S. 288, Z. 20 v.u.: lies „ein Zeichen“ statt „in Zeichen“.
S. 288, Z. 6 v.u.: lies „folgenden“ statt „folgende“.
S. 288, Z. 5 v.u.: lies „umstritten-“ statt „umstritten“.
S. 290, Z. 3: lies „*aṯt*“ statt „*aṭt*“.
S. 292, Z. 10 v.u.: lies „Ιεϑεβααλ“.
S. 309, Z. 17: lies „obige Analyse“ statt „obigen Analyse“.
S. 310, Z. 9: lies „ursprünglichen“ statt „ursprüngliche“.
S. 312, Z. 9 v.u.: lies „חיים“ statt „היים“.
S. 325, Z. 20: lies „יֵרָא“ statt „יֵרא“.
S. 350, Z. 22: lies „ließe“ statt „ließc“.
S. 393, Z. 12–11 v.u.: lies „durch-aus“.
S. 393, Z. 11 v.u.: lies „Jesajas“ statt „Jesaja-“.